社会制御過程の
社会学

●

舩橋晴俊

東信堂

全体の解題

1　本書のめざしているもの

　本書は、故舩橋晴俊氏のライフワーク本である。著者は、本書によって何をめざしていたのだろうか。遺された沢山のメモのなかから、著者の意図をあらわした記述を紹介しよう。

　　「存立構造論」「社会構想と社会制御」「環境問題への社会学的視座」のような論理性、問題の立て方の根本性、記述の密度をもち、『新幹線公害』のいくつかの章のような形での、現実とのかみ合い性が存在するような作品をめざすべきなのだ。
　　　　　　　　　　　　　　　「目標としての作品」(2000年10月23日)

　　一般性、一貫性のある理論的枠組みを提供しつつ、しかも、身近な現代社会の問題に対して、解明することができ、洞察を与え、意味発見を可能にし、規則性の把握に道を開くような理論枠組みはないものか。
　　　　　　　　　　　　　　　　　「あとがきメモ」(2004年5月3日)

　　非常に複雑な現代社会の仕組みを、透明化することをめざしたい。その意味は、個々の担当している役割、集団、組織、社会制度という連関のなかで、自分がどこに位置しているのかについて、自己認識を深めるような努力である。
　　　　　　　　　　　　　　　　　「まえがきメモ」(2006年12月8日)

　　本書のねらいは、「社会制御システム論」をふまえた、「○○問題の解明と

解決への提言」というようなことが可能になるようにしたい。本書は、「政策過程論」の諸問題に主要な対象をおき、そこを起点にして、「問題解決論」にもアプローチする道を切り開こうとするものである。」

「序論のための論点メモ」(2008年8月23日)

　本書の課題と方法については、第1章に余すところなく明確に書かれている通りであるが、このようなメモにみられる志からも、本書は理論研究と実証研究を往復しながら、実践的な解決の道をぎりぎり追求する姿勢に貫かれていることがわかる。

　本書は、既発表論文を並べ直しただけの単なる論文集ではない。実証研究と切り結ぶかたちで、一貫した基礎理論体系の構築をめざして、何度も書き直し、推敲を重ねていたものである。各章は少なくとも数回の書き直しを経ており、章によっては10をこえるバージョンを記録している。

2　執筆から刊行までの経緯

　本書の構想は、20年近く前に遡る。『岩波講座現代社会学26 社会構想の社会学』に掲載された「社会構想と社会制御」論文(1996年)を読んだ北樹出版の編集者から、教科書の執筆依頼を受けたのを機に、1999年頃から法政大学社会学部の「社会計画論」講義のテキストと博士論文を重ねるかたちで構想し、執筆を進めた。著者は、『社会学をいかに学ぶか』(2012年)でも述べているように、研究と教育を重ねる方針を堅持しており、講義資料として学生・院生に草稿を配布し、講義の手応えを見ながら、加筆修正を積み重ねてきた。それは、決して妥協して平易な表現に書き換えるためではなく、学生・院生に提示することを通じて、複雑な現実を透明化する経験の万人に対する可能性を試していたのだといえよう。

　時が経つにつれて、論点が豊富化し、構想はふくらみ、精緻化した。2000年時点では、8章構成であったが、2009年には、現在の2部構成17章のかたちに発展している。各事例章で採りあげる事例も変化し、理論的位置づけに対してより適切な事例に差し替えられた。既発表の事例研究でそれ自体として完成度の高い論文でも、新たな理論的切りくちの下に加筆修正が重ねられた。

　著者は、2011年度のサバティカルを使って一気にまとめ上げるつもりであったようだが、東日本大震災と福島原発事故の後、喫緊の社会的課題に真摯に向

き合うことを最優先にして東奔西走し、ついに自らの手で完成させることなく、2014年8月15日、突然の病に倒れ、膨大な草稿を遺して急逝してしまった。

2015年7月の「偲ぶ会」を経て、何とか舩橋晴俊氏のライフワーク本を刊行したいという声が集まって、2016年2月に編集委員会が立ち上がり、出版を東信堂が引き受けてくださった。

3　各章の完成度と編集方針

ここで、基本的な編集方針と各章の完成度について述べておきたい。編集委員会では、原則として編者による内容的な加筆はしないという方針を定めた。理由は、著者の意向を最大限尊重するためである。編集委員会は、著者は編者による加筆を好まないだろうという意見で一致した。実際に、著者の自己評価で完成度が高い章については、テクニカルな校正を施せばよかった。しかし、沢山のファイルのなかから最終バージョンを確定し、内容を精査していくと、完成度が低い章もあり、著者自身がどのように加筆修正すべきかのメモを残したままになっている章や節があった。また、草稿が存在せず、概略目次案と執筆のためのメモしか残されていない章や節もあった。そのような場合は、できるだけ著者の書いた素材で近いものを探して用いながら、内容を左右しない最低限のつなぎ文を加筆する必要があった。したがって、著者自身が完成させた章と、編者が残されたメモなどをつないでかたちを整えた章とでは、おのずと切れ味が異なる。

具体的にいえば、第Ⅰ部（単位的な社会制御過程）の1章から8章までは、2010年3月末までに一応完成していた。著者も「ほぼ完成」と記してあり、若干の文献補充をしたり、事実確認をしたりする程度で、ほとんどテクニカルな校正で済ませることができた。

第Ⅱ部（複合的な社会制御過程）は、完成度にバラツキがあった。

9章と16章の理論的考察は、一応の草稿がまとまっており、科研費の報告書等として公表されていたが、それはとりあえずの内容であって、おそらく最終的には書き直すはずであったと思われるが、編者が勝手に加筆することは控えた。特に9章は、著者による加筆修正が第1節で止まっており、その後の編集は、残された文章の順番を入れ替え、前のバージョンに残された未使用の文章を引いてくるなどの工夫を要した（9章の解題を参照）。

10～15章の事例章のうち、10章「フランスの新幹線公害対策と公益調査制

度」と13章「初期熊本水俣病における行政組織の対処の失敗」は、既発表論文を使用しながら、著者自身によって本書の理論的文脈で加筆修正ができていたので、テクニカルな編集を施した。しかし、12章「鉄道政策における政府の失敗」と15章「環境制御システムの形成——行政組織の再編成を事例として」は、既発表論文に加筆修正する予定だったが、未達成であったため、本書の文脈で読みやすいように編注を付け、最低限の加筆修正をおこなった。

　編集が困難であったのは、11章「再生可能エネルギー政策の日独比較」と14章「日本の原子力政策の問題点」であり、部分草稿とメモしか残されていなかった。この2つの章については、著者の執筆意図に沿って、内容の近い既発表論文やメモなどをつなぎ合わせて編集した（編集の詳細については、11章と14章の解題を参照）。

　最も編集が困難であったのは、第Ⅱ部の終章であり、規範理論的な総括と展望を描くはずの17章「社会制御の指針」であった。草稿が全く存在せず、膨大なメモ書きと目次案の概要だけが残されていた。そこで、著者の目次案に沿いながら、バラバラなメモをKJ法的に寄せ集めて、最低限のつなぎ言葉を加筆して、文章の様態に整えた（詳しくは17章の解題を参照）。

　Ⅰ部・Ⅱ部を編集するうちに、震災後に執筆された多数の論考が、いかに本書の理論にもとづいているかが明確になってきた。Ⅰ部・Ⅱ部の事例考察と理論枠組みがなければ、震災後の鋭い原子力問題の分析や被災地支援論はありえなかったのではないか。著者は、長年にわたり青森県六ヶ所村を中心とする核燃料サイクル問題を実証研究しており、その経験が原発事故後の諸問題の分析に有効であったことは言うまでもないが、それ以上に、本書で取り上げられているような幅広い諸問題（ゴミ問題、地域開発問題、新幹線公害対策、整備新幹線と旧国鉄財政問題、水俣病問題、再生可能エネルギー政策など）の事例研究を通じて練り上げられてきた「社会制御過程の社会学」の基礎理論の枠組みが、震災後の多数の論文執筆の骨組みとして存在しているのである。その繋がりを示すことによって、一見古い事例を扱っているかのように誤解されてしまうかも知れない「社会制御過程の社会学」Ⅰ部・Ⅱ部の有効性が、よく理解されるであろう。

　そのように考えて、編集委員会は、著書の当初の構成案にはなかった第Ⅲ部を設け、震災後の執筆のなかから代表的な論文6本を選んで収録した（詳細は第Ⅲ部の解題を参照）。

　一般の読者には、東日本大震災の諸問題がわかりやすく書かれている第Ⅲ部

の各章から読み始め、次いで第Ⅰ部・第Ⅱ部の事例章（3章〜6章、10章〜15章）へと進み、そこで使用されている概念枠組みを理解するために理論章（1〜2章、7〜9章、16〜17章）へと読み進んでいかれることを推奨したい。社会科学研究者には、第1章から順に読み始めていただいて構わないが、一般的には、いきなり高度に抽象的な理論枠組みの話になってしまうのは読みづらいかも知れない。

読者の理解を助けるために、主要概念については、巻末の索引で太字にしたので、ご参照いただきたい。

4　章構成と理論的位置づけ

ここで、Ⅰ部・Ⅱ部の章構成と理論的位置づけを簡潔にまとめておきたい。ほとんどの章が、本書の構想を念頭に発表し蓄積していた論文、あるいは過去の論文にもとづいているが、本書のために新しく書きおろしているのは、3章、7章、11章、17章である。

第Ⅰ部では、事業システムを明示的な対象としながら、第2章で展開される「経営システムと支配システムの両義性論」を基礎理論として、4つの事例分析をおこなっている。とりあげられた事例には、それぞれ理論的な位置づけがあり、第3章（沼津市における分別収集の導入）は、経営システムにおける変革過程を、第4章（名古屋市における新幹線公害問題）は、支配システムにおける被支配問題の部分的解決を、第5章（沼津・三島・清水における石油コンビナート建設阻止）は、支配システムにおける総合的選択としての問題解決を、第6章（東京ゴミ戦争と「対抗的分業」）は経営システムと支配システムでの同時的問題解決を、というように理論的に発展的に分析を深めている。その理論的総括を第7章でおこない、さらに第7章までの経験理論に加えて第8章で規範理論へと踏み込んでいく。

第Ⅱ部では、第Ⅰ部で築いた土台のうえに、重層的な4つの制御システム（事業システム、社会制御システム、国家体制制御システム、国際社会制御システム）の関係性や複数のシステムの連結条件、アリーナ論へと基礎理論を重層化していく。第9章で展開された第Ⅱ部のための基礎理論を使いながら、6つの事例分析をおこなう。

第10章（フランスの新幹線公害対策と公益調査制度）は、支配システムの文脈で社会制御システムが事業システムに課す枠組み条件の効果を、第11章（再生可能エネルギー政策の日独比較）は、経営システムの文脈で社会制御システムが事業シス

テムに課す枠組み条件の効果を扱い、ともに優れた枠組み条件のあり方を析出している。

第12章(鉄道政策における政府の失敗)は、経営システムの文脈で「負の随伴的帰結の自己回帰」の欠如が「政府の失敗」を生みだす過程を、第13章(初期熊本水俣病における行政組織の対処の失敗)は、支配システムの文脈で「多段的帰結」としての「悪循環的閉塞」のメカニズムを、ともに批判的に分析している。そのうえで、第14章(日本の原子力政策の問題点)では、支配システムの文脈で国家体制制御システムが社会制御システムに課す枠組み条件の効果を、「負の多段的帰結」「二重基準の連鎖構造」「制御中枢圏の劣化」「公共圏」などの視点から批判的に分析する。

第15章(環境制御システムの形成——行政組織の再編成を事例として)は、進化的・段階的変革、民主主義の統治能力の回復、優先順序の変更という、地道な変革過程を描く。

以上の6つの事例分析だけでは、まだ第Ⅱ部の包括的理論検討の途上にあるのだが、とりあえず第16章で第Ⅱ部の理論的総括をおこなっている。そして第17章(社会制御の指針)では、規範理論的総括として社会制御システムの理性化の道が模索される。

5　本書の意義と残された課題

本書は、すべての社会問題を解明する単一の理論をめざしたものではない。社会問題はじつに多様であり、その切りくちも無数にありうる。著者も再三述べているように、原理論としての「存立構造論」によって基礎づけられた「経営システムと支配システムの両義性論」という基礎理論の視点から一貫して複雑な現実を透明化し、現代史的な意義をもつ諸事例の分析から得た教訓を、今日生起している諸問題を解明する手がかりとして提供しているのである。

基礎理論の水準で提示されている著者の概念枠組みは、主要には環境問題の領域で練り上げられてきたものであるが、福祉問題やその他の領域の問題にも応用可能である。ちなみに、著者は、2009年春まで14章では介護保険制度の問題を扱う予定で素材を収集していた。その内容については、わずかに16章の事例紹介に書き残されているのみであるが、環境問題以外の領域にも通用する可能性を示唆している。

また、本書で扱われている10の事例は、著者が実証研究したすべての事例と

いうわけではない。時間をかけて調査研究しながら取り上げなかった事例もある。たとえば、著者の地元である神奈川県大磯町でのゴミ問題やヨットハーバー建設拒否の運動、各地の環境基本計画とグリーンコンシューマー運動、新潟水俣病問題などは、本書では取り上げられていない。取り上げた事例には、それぞれ分析上の理論的位置づけがあり、第Ⅰ部では4つの事例が理論的飽和に至っているが、第Ⅱ部の6つの事例は必ずしも理論的飽和には至っていない。全体構想について時々に記していた著者のメモには、「私の抱えている困難さは、〈理論枠組みの十分な一般性〉に対して、それと十分に対応する豊富な事例群を揃えることが時間的に困難であるということである。第Ⅰ部においては、最低限の4パターンを出した。第Ⅱ部においては、6つの事例を取り出したとしても、カバーしきれない感じがする」(2008年10月20日)と書き遺している。

理論的視点として本書でも一応言及されてはいるが、本格的には別書を構想していたため、正面から十分に展開しきれていないテーマもある。たとえば、社会的ジレンマ論、水俣病と科学のあり方の問題、社会制御の類型論などである。また、アリーナ論は、各章に分散して少しずつ述べられており、体系的には提示されていないが、もっと生きる時間が与えられていたならば、おそらく体系的な展開が可能であっただろう。

さらに、社会学諸理論のひとつの分類の試みとして、著者は、以下のようなメモを遺している。本書の構成を理解する上で、参考になる分類図であろう。

> ひとくらに社会学理論と言っても、その中には、原理論、基礎理論、中範囲の理論という異なる水準の理論があり、それぞれの課題は異なるものである。また、理論は、規範的問題の扱いという視点からは、経験理論(一般理論、歴史理論)と規範理論に分けることができる。経験理論(一般理論、歴史理論)における論証と規範理論における正当化 (justification) とは、異なる議論の仕方を要請する。理論の果たす役割についても、経験理論の課題は「規則性の発見」と「意味の発見」であり、規範理論の課題は「規範的原則の発見」

	経験理論		規範理論
	一般理論	歴史理論	
中範囲の理論			中範囲の規範理論
基礎理論	例、戦略分析 協働連関の両義性論		規範的原則の基礎理論
原理論	例、存立構造論		正義論

であると考える。

　このような分類をしてみると、原理論としての存立構造論と正義論は、「虚の光源」「虚の座標軸」を使用した論理構成になるところが照応していて、その点が興味深い。

(2003年5月23日メモ)

6　社会制御の概念

　最後に、「社会制御」という言葉について、触れておきたい。なぜ「社会制御」なのか。「社会制御」とは何か。

　「社会制御」を主題とする最初の著者の論文は、1990年に『社会学評論』に掲載された「社会制御の三水準－新幹線公害対策の日仏比較を事例として－」である。そこでは、「社会制御システム」を「社会あるいはその一部分を制御するシステム」と定義し、「制御主体」「制御目標」「制御手段」「制御対象」「制御努力」などの構成要素が示され、さらに「制御システムは、経営システムと支配システムという両義的性格を持っている」とされた（舩橋 1990b: 307）。

　著者が自らの業績に対して付したコメントを辿ると、1990年に『公害研究』に掲載された論文「フランスにおける新幹線公害対策－緑地遊歩道とその実現過程（上・下）」が、「社会制御システム」の発想の源泉である。この論文は、1986-88年の２年間のフランス留学中の現地調査にもとづくもので、フランスの新幹線公害対策における公益調査制度の姿は、名古屋の新幹線公害問題を調査研究してきた著者に新鮮な驚きとインスピレーションを与えたようである。この論文の中には「社会制御」という言葉は使われていないが、著者みずから「以後、ここから、社会制御システム論という新しい地平に思考が展開していく」と記している（『舩橋晴俊－研究・教育・社会変革に懸けた一筋の道』2015年: 13）。その第１弾が上記の『社会学評論』の論文であった。著者は、これを「社会制御システム論を初めて本格的に展開。ただし、用語の定義は、以後、修正が必要となる」と記している（同上: 14）。

　以後、本書の構想以前に、まとまって「社会制御」の概念を示している代表的な論文は、①「環境問題への社会学的視座－「社会的ジレンマ論」と「社会制御システム論」」（1995年『環境社会学研究』Vol.1: 5-20）、②「社会構想と社会制御」（1996年『岩波講座現代社会学 第26巻 社会構想の社会学』: 1-24)、③「環境問題の未来と社会変

動−社会の自己破壊性と自己組織性」(1998年『講座社会学12 環境』:191-224) である。ここで細かい検討は省くが、論文①では、市場メカニズムなどの「自生的社会システム」に対するものとして「社会制御システム」の概念が置かれ、「制御」概念を「市場の失敗」に対して「行政組織による政策努力と、運動による問題解決努力とを共に含む言葉として用いる」としている (舩橋 1995a: 14)。論文②では、「社会構想をより具体的な水準で現実化しようとする努力には、行政組織を主要な担い手とする「社会計画」と民衆を担い手とする「社会運動」とがある。両者はともに「社会制御」を担うものであり、両者の相互作用の総体を、「社会制御システム」と言うことにしよう」と重ねている (舩橋 1996a: 11)。論文③では、「環境問題の解決という文脈においては、まさに社会の自己破壊性を克服するような自己組織性が求められている。ここで必要な自己組織性の方向は、環境制御システムの形成とその社会に対する介入、とりわけ経済システムに対する介入の深化であり、その条件としての公共圏の豊富化である」(1998b: 203) と述べ、さらに「社会を組織化する普遍性をもった原則」(舩橋 1998b: 218) の探究を示唆している。

　このような発想の進展をふまえて、本書では、第1章で、「さまざまな社会問題の解決過程として存在する社会制御過程」、「組織や社会システムが有する経営システムと支配システムという両義性を一括して表現する言葉として、「制御システム」という言葉を使う」と述べているのである。

　「社会制御」という言葉を英語にすると social control になるが、『現代社会学事典』(2012) では、social control は「社会統制」の意味で紹介されている。本書の「社会制御」は、この「社会統制」とは異なる点に注意が必要である。また、本書では、「市場の失敗」のみならず「政府の失敗」を克服する視点も提示されている。特定の主体を「制御主体」として特権的に扱うものではない。政府や行政は、制御中枢に位置するが、社会運動を含む公共圏によって制御されないと劣化し、暴走し、失敗する危険性があるのである。社会運動も重要であるが、最終的にはオールタナティブな政策提言にまで至らなければ、社会変革は実らない。もちろん社会運動に文字通りのオールタナティブ政策を出すことを求めるのではないが、社会運動の批判を受けて、行政と運動が相互の働きかけのなかでオールタナティブを生みだすことが期待されているのである。

　著者の発想の原点に戻るならば、「対抗的分業」(6章) にみられるような社会的な諸主体の〈関係性〉が重要であり、「フランスの公益調査制度」(10章) にみられるような社会的諸主体をポジティブに組織化する〈制度的枠組み〉が重要なので

ある。本書の概念を使用するならば、経営システムの文脈における「合理性」と、支配システムの文脈における「道理性」が、「社会制御」の概念を理解する鍵なのではないだろうか。このようにみると、「社会制御システム」は、現存する具体的な主体や制度をさしているというよりも、社会変革に向かって諸主体と諸制度が動きだす可能性や方向性を示唆する、一種の批判理論的な光源(理念型)といえるのかも知れない。

　編者一同、この未完の大著が、社会問題に取りくんでいる幅広い方々にとって、何らかの示唆を得られる作品であることを願うものである。また、本書の到達点が次の世代に引き継がれ、発展していくことを期待している。

　2018年5月20日
　　　　　　　　　　　　　　　　　　『社会制御過程の社会学』編集委員会
　　　　　　　　　　　　　　　　　　　　　　　　　　　　舩橋惠子
　　　　　　　　　　　　　　　　　　　　　　　　　　　　湯浅陽一
　　　　　　　　　　　　　　　　　　　　　　　　　　　　茅野恒秀

　編集委員会では、4、7、8、10、12章を湯浅陽一が、3、5、13、15章を茅野恒秀が、1、2、6、9、11、14、16、17章と第Ⅲ部および全体の調整を舩橋惠子が担当したが、7回にわたる会合を持ち、東信堂の下田社長と編集部向井氏を交えて、さまざまな問題点を議論し共有しながら進めた。また、校正において、朝井志歩、宇田和子、角一典、大門信也、堀田恭子の各氏に支援をいただいた。舩橋真俊氏には全体の論理チェックとコメントをいただいた。記してお礼を申し上げたい。

大目次

第1章 「社会制御過程の社会学」の課題と方法 …………………… 3

第Ⅰ部　単位的な社会制御過程

第2章 協働連関の二重の意味での両義性……………………… 35
第3章 沼津市における分別収集の導入…………………………… 96
　　　──経営システムにおける変革過程
第4章 名古屋市における新幹線公害問題……………………… 122
　　　──支配システムにおける被支配問題の解決
第5章 沼津・三島・清水における石油コンビナート建設阻止…… 150
第6章 東京ゴミ戦争と「対抗的分業」…………………………… 181
第7章 問題解決過程と問題解決の成否を左右する諸要因 ……… 206
第8章 社会制御システム論における規範理論の基本問題………… 249

第Ⅱ部　複合的な社会制御過程

第9章 制御システムの4水準と社会制御システムの特性………… 285
第10章 フランスの新幹線公害対策と公益調査制度 ……………… 341
　　　──支配システムの文脈で社会制御システムが事業システムに課す枠組み条件の効果
第11章 再生可能エネルギー普及政策の日独比較 ………………… 365
　　　──経営システムの文脈で社会制御システムが事業システムに課す枠組み条件の効果
第12章 鉄道政策における政府の失敗 ……………………………… 392
第13章 初期熊本水俣病における行政組織の対処の失敗 ………… 435
第14章 原子力政策の問題点 ………………………………………… 501
第15章 環境制御システムの形成 …………………………………… 532
　　　──行政組織の再編成を事例として

| 第16章 | 複合的な社会制御過程における問題解決の可能性 | 560 |
| 第17章 | 社会制御の指針 | 617 |

第Ⅲ部　東日本大震災と社会制御過程の社会学（遺稿）

序　論	災害型の環境破壊を防ぐ社会制御の探究	652
	——東日本大震災は日本社会に対する自己批判的解明を要請している	
第18章	持続可能性をめぐる制御不能性と制御可能性	659
第19章	原子力政策は何を判断基準とすべきか	683
	——政策転換に必要なパラダイム転換とは	
第20章	震災問題対処のために必要な政策議題設定と日本社会における制御能力の欠陥	693
第21章	高レベル放射性廃棄物という難問への応答	719
	——科学の自律性と公平性の確保	
第22章	「生活環境の破壊」としての原発震災と地域再生のための「第3の道」	730
第23章	エネルギー戦略シフトと地域自然エネルギー基本条例	742

詳細目次

全体の解題……………………………………………………………i
  1 本書のめざしているもの ……………………………………i
  2 執筆から刊行までの経緯 ……………………………… ii
  3 各章の完成度と編集方針 ……………………………… iii
  4 章構成と理論的位置づけ ……………………………… v
  5 本書の意義と残された課題 …………………………… vi
  6 社会制御の概念 ……………………………………… viii

第1章　「社会制御過程の社会学」の課題と方法 ……… 3
  第1節　本書の課題……………………………………………… 3
    1 社会問題の解決過程とはどういうものか——経験科学的な課題　4
    2 「望ましい社会とは何か」の探究——規範理論の課題　10
  第2節　2つの理論的枠組み …………………………………… 11
    1 経営システムと支配システムの両義性論　11
    2 制御システムの階層性論　13
  第3節　本書の方法——T字型の研究戦略と存立構造論 …………… 14
    1 T字型の研究戦略　15
    2 鍵概念定立の根拠としての存立構造論　17
  第4節　社会制御過程における重要論点 …………………………… 23
    1 社会を組織化する価値の定義　24
    2 社会制御の双方向性　26
    3 意図せざる帰結　28
    4 制御過程に登場する主体のあり方　29
  第5節　本書の構成 …………………………………………… 31

第Ⅰ部　単位的な社会制御過程

第2章　協働連関の二重の意味での両義性…………… 35
  はじめに ……………………………………………………… 35

第1節　「協働関連の両義性」とは何か……………………… 36
  1　協働連関の二重の意味での両義性　36
  2　対象的＝客観的組織構造（制度構造）と主体的＝主観的行為の両義性　37
  3　経営システムと支配システムの両義性　38
  4　二重の意味での両義性論の必要性と正当性　40

第2節　個人主体と組織構造との関係　……………………… 42
  1　主体と組織構造の両義性の基本的意味　42
  2　物象化した組織構造についての基本的な論点　43
  3　組織構造と組織成員の行為との関係（その1）――拘束効果と成型効果　45
  4　組織構造と組織成員の行為との関係（その2）――戦略分析の主体観　48
  5　主体性の諸契機　51

第3節　経営システムと経営問題………………………………… 54
  1　経営課題とその充足　54
  2　経営システムの作動の論理　59
  3　扇型関係と統率アリーナ　63
  4　経営問題とその解決　64

第4節　支配システムと被格差・被排除・被支配問題………… 70
  1　支配システムの基本的意味　70
  2　政治システム　71
  3　閉鎖的受益圏の階層構造　79
  4　被格差問題、被排除問題、被支配問題、支配問題　82

第5節　経営システムと支配システムとの相互連関…………… 86
  1　両システムの特徴対比　86
  2　支配システムは経営システムをどのように規定しているか　89
  3　経営システムは支配システムをどのよう規定しているか　90
  4　経営問題と被格差・被排除・被支配問題との相互関係　92

結　び……………………………………………………………… 94

第3章　沼津市における分別収集の導入………………… 96
――経営システムにおける変革過程

はじめに…………………………………………………………… 96

第1節　問題の特徴と背景………………………………………… 96
  1　沼津市における清掃行政の危機　96
  2　ゴミ問題をめぐる「構造的緊張」　99

第2節　変革過程と解決策の案出……………………………… 100
  1　分別収集の導入の過程　100
  2　分別収集の仕組みと沼津方式の特徴　106
  3　分別収集方式のメリット　108

         4　導入にあたっての困難の克服　111
　第3節　変革の性格と変革を可能にした諸要因……………………112
         1　経営システムの文脈での変革　112
         2　変革を可能にした過程と要因は何か　115
         3　変革力の性格としての触発的変革力　117
　結　び…………………………………………………………………121

第4章　名古屋市における新幹線公害問題………………122
　　　　──支配システムにおける被支配問題の解決

　はじめに………………………………………………………………122
　第1節　新幹線公害問題の特質と歴史的経過……………………122
         1　新幹線公害問題の概要　122
         2　開業準備期と問題発生の要因　126
         3　開業から1971年6月まで　128
　第2節　住民運動と訴訟──公害紛争の歴史的展開 ……………129
         1　住民運動の組織化　129
         2　公害差し止め訴訟の開始　132
         3　裁判での争点　133
         4　訴訟の長期化と提訴自体の問題解決機能　134
         5　提訴自体による問題解決の前進　136
         6　第一審判決　136
         7　第二審の過程と二審判決　138
         8　直接交渉による和解　139
　第3節　支配システムの変革過程にかかわる理論的諸問題……140
         1　どのような意味での問題解決がなされたのか　140
         2　問題解決を規定した要因連関　143
　結　び…………………………………………………………………148

第5章　沼津・三島・清水における石油コンビナート建設阻止…150
　はじめに………………………………………………………………150
　第1節　石油化学コンビナート建設計画と地域社会の危機……151
         1　石油化学コンビナート建設計画とその背景　151
         2　地域社会に引き起こされた構造的緊張　155
         3　1963年12月の情勢　156
　第2節　コンビナート阻止運動の事実経過…………………………157
         1　各自治体における反対運動の組織化　157
         2　「二市一町住民協」の結成と各自治体での反対の意志表示　161
         3　沼津市の反対表明と計画の中止　165

第3節　問題解決過程の本質的特徴と、問題解決を可能にした要因… 168
　　　　1　争点の性格と問題解決過程の特徴　168
　　　　2　問題解決を可能にした要因は何か　171
　　　　3　地域社会の特質――共鳴基盤を用意する先行条件としての地域内の集団活動とネットワーク　175
　　　結　び　　　　　　　　　　　　　　　　　　　　　　　　　　　　　178

第6章　東京ゴミ戦争と「対抗的分業」……………………………181
　　　第1節　杉並清掃工場建設問題と利害対立の構造………………181
　　　　1　「東京ゴミ戦争」とは　181
　　　　2　1960年代のゴミ問題と課題としての杉並清掃工場建設　183
　　　　3　高井戸案の決定と第一期美濃部都政における扱い（第2期）　183
　　　第2節　東京ゴミ戦争の経過と帰結………………………………187
　　　　1　第二期美濃部都政の発足とゴミ戦争宣言　187
　　　　2　都区懇の設置と用地の再選定（第4期）　192
　　　　3　話し合いの決裂と裁判所における和解（第5期）　194
　　　第3節　「対抗的分業」としてのゴミ戦争の意義　………………196
　　　　1　問題解決過程の基本性格はどのようなものか　196
　　　　2　どういう場合に、対抗的分業は可能になるのか　199
　　　　3　対抗的分業概念の意義　203
　　　結　び　　　　　　　　　　　　　　　　　　　　　　　　　　　　204

第7章　問題解決過程と問題解決の成否を左右する諸要因　206
　　　はじめに　…………………………………………………………206
　　　第1節　4つの事例の示す問題解決過程の位置　………………206
　　　　1　4つの事例の特徴のまとめ　206
　　　　2　問題解決の成立条件についての第一次的考察　211
　　　　3　問題解決過程の基本サイクル：変革＝変動過程の4局面　213
　　　　4　制御アリーナとコミュニケーション回路への注目　218
　　　第2節　変革主体形成による流動化としての相転移　……………219
　　　　1　流動化の含意と集団的変革主体形成　219
　　　　2　流動化を可能にする諸要因　221
　　　第3節　経営システムにおける問題解決と統率アリーナ………226
　　　　1　経営問題解決の鍵としての「外的条件」と「整合化」の含意　226
　　　　2　整合化の成否を分析する際の視点の分節　228
　　　　3　「決定案準備段階」の整合化努力　228
　　　　4　整合化の最終段階としての「受容問題の解決」　230
　　　第4節　支配システムにおける問題解決と利害調整アリーナ…233
　　　　1　関与する制御アリーナ群　233
　　　　2　政治システムの状相の差異による勢力関係の主たる規定要因の変化　234

3　被格差・被排除・被支配問題の解決を可能にする利害調整アリーナの条件　235
　　4　利害調整アリーナの問題解決能力　238
　第5節　問題解決過程についての総合的考察 …………………… 240
　　1　経営問題の困難さの2つの意味　240
　　2　支配システムの類型によって異なる経営問題解決努力の意義　241
　　3　支配システムの類型移行の重要性　243
　結　び ……………………………………………………………… 244

第8章　社会制御システム論における規範理論の基本問題 …249
　はじめに …………………………………………………………… 249
　第1節　社会学的規範理論の課題と規範的原則の探究の手続き … 250
　　1　規範的原則の探究の意義　250
　　2　規範的原則の導出の方法　251
　第2節　制御システムの両義性に即した2つの規範的公準 …… 255
　　1　「2つの文脈での両立的な問題解決」の公準　256
　　2　「支配システム優先の逐次的順序設定」の公準　257
　第3節　2つの規範的公準の適用のために必要となる価値理念 … 260
　　1　概念(concept)と概念解釈(conceptual interpretation)の区別　260
　　2　経営システムにおける価値理念としての合理性　262
　　3　支配システムにおける価値理念としての道理性　263
　　4　価値理念を表す諸概念の相互関係　265
　第4節　規範的判断の焦点としての逆連動問題 ………………… 267
　　1　規範的公準の具体的適用における難問としての逆連動問題　267
　　2　逆連動問題の解決の焦点としての「受忍限度の定義問題」　268
　第5節　合意形成をめぐる難問を解決する道をどのように探るか　271
　　1　規範理論的問題設定の転回——「実体的基準の探究」から「手続き的原則の探究」へ　271
　　2　制度的手続きの洗練と主体の資質の探究　274
　　3　「勢力関係モデルの理性化」あるいは「理性的制御モデルへの漸次的接近」　275
　結　び ……………………………………………………………… 277

第II部　複合的な社会制御過程

第II部　序 ……………………………………………………… 281
第9章　制御システムの4水準と社会制御システムの特性 … 285
　はじめに …………………………………………………………… 285
　第1節　社会制御の4水準と相互関係 …………………………… 286
　　1　社会制御の4水準　286

2　事業システム　288
　　　3　社会制御システム　288
　　　4　総合的社会制御システム　291
　　　5　国際社会制御システム　296
　　　6　4水準の制御システムの相互関係についての基本命題　296
　　　7　相互関係についての基本命題の含意　302
　第2節　社会制御システムとアリーナ群の布置連関……………303
　　　1　社会制御システムの内部構成　303
　　　2　取り組み条件としての主体・アリーナ群の布置連関　306
　　　3　制御アリーナの果たす機能　308
　　　4　事業システムをめぐる内属的アリーナと外在的アリーナ　310
　　　5　アリーナをとりまく環視条件　313
　　　6　公共圏と公論形成の場　315
　第3節　社会制御の中心課題としての「民主主義の統治能力」…317
　　　1　社会の複雑化と制御努力の洗練の要請　317
　　　2　制御中枢圏の自存化傾向とその諸弊害　319
　　　3　「民主主義の統治能力」問題がなぜ重要か　322
　　　4　勢力関係モデルと理性的制御モデル　325
　　　5　「民主主義の統治能力」と公共圏　328
　第4節　社会制御システムの分析的5類型と制御作用…………330
　　　1　社会制御システムの制御作用に注目した分類　330
　　　2　制御手段の効果についての基本的考察　335
　　　3　手段的合理性　337
　結　び………………………………………………………………338

第10章　フランスの新幹線公害対策と公益調査制度　341
――支配システムの文脈で社会制御システムが事業システムに課す枠組み条件の効果

　はじめに……………………………………………………………341
　第1節　フランスの新幹線公害対策の全般的特色と「緑地遊歩道」　342
　　　1　フランスの新幹線路線と公害防止　342
　　　2　公害対策のための設計思想　343
　　　3　都市郡の公害対策としての緑地遊歩道　344
　　　4　すぐれた公害対策を促進している要因　347
　第2節　公益調査制度と環境運動団体の特徴………………………349
　　　1　計画決定の過程と公益調査制度　349
　　　2　市民運動の特徴　355
　第3節　社会制御過程としての特徴…………………………………357
　　　1　意志決定過程の特徴　357
　　　2　社会制御システム論の視点から見た公益調査制度の機能　358

目 次　xix

　　結　び……………………………………………………………… 361

第11章　再生可能エネルギー普及政策の日独比較 …… 365
　　　　──経営システムの文脈で社会制御システムが事業システムに課す枠組み条件の効果

　はじめに……………………………………………………………… 365
　第1節　再生可能エネルギーの普及動向………………………… 366
　　1　再生可能エネルギーの特質と積極的意義　366
　　2　統計的データによる普及動向の把握　368
　　3　日本とドイツの比較の理由　370
　第2節　ドイツの普及政策とその効果…………………………… 370
　　1　1991年のドイツの普及政策　371
　　2　2000年からのドイツの普及政策　372
　第3節　日本の普及政策とその効果……………………………… 375
　　1　1990年代における政策　375
　　2　日本のＲＰＳ法の特徴　376
　第4節　社会制御過程の特徴──枠組み条件の日独比較 ………… 377
　補論　日本の固定価格買い取り制度をめぐって………………… 379
　　1　再生可能エネルギー特別措置法による新段階　379
　　2　新制度のもとでの各地域の発展の条件　380
　　3　統合事業化モデル　381
　　4　担い手組織形成の5ステップモデル　387
　結びに代えて：理論的課題………………………………………… 390

第12章　鉄道政策における政府の失敗 ………………… 392

　はじめに……………………………………………………………… 392
　第1節　新幹線建設の歴史と整備新幹線の位置………………… 393
　　1　建設地域の推移と採算性の変化　393
　　2　建設推進主体、営業主体と建設主体の分離、財源負担方式　395
　　3　建設をめぐる社会環境　397
　第2節　旧国鉄長期債務問題……………………………………… 398
　　1　国鉄時代の債務の累増　398
　　2　清算事業団による債務返済の失敗　400
　　3　国家財政への負担の転嫁　400
　第3節　意志決定過程の総合的分析のための基本視点………… 401
　　1　経営システム、利害集団、代弁主体、政治的アリーナの基本的な相互関係　401
　　2　多数の主体の関与と複数アリーナの分立　402
　　3　「断片的決定・帰結転嫁・無責任型」のシステム・主体・アリーナ間連動　403
　　4　総合性の欠如と合理性の不足　405

5　負担問題と負の随伴帰結の転嫁　407
　第4節　主導的アリーナの意志決定の特色と問題点…………… 409
　　1　政府首脳と与党首脳の協議の場としての主導的アリーナ　409
　　2　国鉄債務問題の意志決定過程の特色　410
　　3　財源の区画化と割拠的硬直性　414
　　4　整備新幹線建設問題の意志決定過程の特色　415
　　5　補助金型再配分構造における「負担の自己回帰」の切断　418
　　6　政策目標と利害関心の内面化の特徴――昇順内面化と逆順内面化　421
　　7　「公共圏」の貧弱性　423
　第5節　周辺的アリーナの意志決定の特色と問題点…………… 424
　　1　整備新幹線建設問題における周辺的アリーナの諸タイプ　424
　　2　周辺的アリーナにおける意志決定過程の特徴　426
　第6節　「政府の失敗」を助長する副次的メカニズム………… 428
　　1　歪められたケインズ政策　428
　　2　特殊法人の機能――真の費用の潜在化装置、責任追及回避の緩衝装置　429
　　3　財政投融資制度と政府による債務保証の機能　430
　結　び……………………………………………………………… 431

第13章　初期熊本水俣病における行政組織の対処の失敗… 435
　はじめに…………………………………………………………… 435
　第1節　行政責任解明の理論的視点……………………………… 435
　　1　水俣病問題に対する総体としての行政組織の無為無策　435
　　2　支配システムにおける行政の位置と加害への加担の意味　438
　　3　意志決定過程分析の視点――複合主体論　441
　　4　分析の手順　443
　第2節　熊本県と厚生省の1957年の対応 ………………………… 443
　　1　1957年における熊本県の対応　443
　　2　食品衛生法適用問題と厚生省の対応　446
　第3節　ミクロレベルでの無責任性の根拠……………………… 450
　　1　個人主体の資質の欠如　450
　　2　行政組織における役割遂行を規定していたミクロ的利害関心　452
　　3　不作為の役割効果・制度効果：ミクロ的行為のメゾレベル・
　　　　マクロレベルの現象への転化　453
　第4節　工場排水規制についての水産庁、厚生省、通産省の対応　455
　　1　新日窒の問題把握と戦略の特徴　455
　　2　汚染に対する水産庁の対応　458
　　3　工場排水に対する厚生省、通産省の態度　460
　第5節　「取り組みの場」の空洞化による無為無策：メゾレベルでの

　　　　無責任性の根拠 ………………………………………… 463
　　1　「取り組みの場の空洞化」あるいは省庁間の統合の欠如　463
　　2　「情報の休眠化」と「認識の断片化」　465
　　3　「消極的な役割定義」と「対処の空白」　466
　　4　「課題定義の変質」と「切実性の消散」　467
　第6節　1959年秋の行政の対応 ………………………………… 468
　　1　有機水銀説への政府の対応　468
　　2　熊本県知事の調停と見舞金協定　473
　　3　政府による原因究明努力の消散　478
　第7節　要求提出回路の閉塞と3つの水準での対処の失敗 …… 479
　　1　事業システムレベルの対処の失敗　479
　　2　社会制御システムレベルでの対処の失敗　481
　　3　国家体制制御システムの対処の失敗　483
　　4　「実効的で公平な利害調整アリーナ」と「適正な価値を体現した内的
　　　　制御アリーナ」の欠如　484
　　5　「問題の切実性への鈍感さ」と「政治的緊急性への反応としての対処」　485
　第8節　悪循環構造と公共圏の貧弱性：マクロレベルでの
　　　　無責任性の根拠とメカニズム ………………………… 486
　　1　閉塞状況とそれを再生産する悪循環構造　486
　　2　科学研究の枠組み条件の欠陥：公共圏の貧弱性（その1）　488
　　3　価値序列の倒錯と環視条件の欠如：公共圏の貧弱性（その2）　490
　　4　マス・メディアと社会意識　491
　結　び ……………………………………………………………… 492
　資料リスト ………………………………………………………… 495

第14章　原子力政策の問題点 ……………………………… 501
　はじめに ……………………………………………………………… 501
　第1節　日本の原子力政策の歴史的展開と特徴 …………………… 501
　　1　開発と批判（1950～70年代）　501
　　2　過酷事故の警鐘下での推進と核燃サイクル路線（1980年代以降）　502
　　3　小括：日本の特徴　504
　第2節　日本の原子力政策をめぐる利害連関構造の特徴と問題点 … 505
　　1　原子力施設の有する「強度の両価性」と逆連動の惹起　505
　　2　「中心部」対「周辺部」、「環境負荷の外部転嫁」　508
　第3節　問題解決に必要な公準とその実現を規定するアリーナの条件　509
　　1　問題解決に必要な2つの公準　509
　　2　内属的アリーナと外在的アリーナに対応した認識と評価の差異　510
　　3　日本の原子力政策をめぐる主体布置と意志決定内容の特徴　513

第4節　二重基準の連鎖構造 …………………………………… 516
　　1　原子力事業における二重基準　516
　　2　相対劣位の主体における二重基準の採用　517
　　3　二重基準の連鎖構造の含意　518
　　4　「踏みつけ主義による破綻」の連鎖　519
　第5節　原子力をめぐる閉塞状況と、エネルギー政策の打開の方向性　522
　　1　エネルギー問題、環境問題、地域格差問題をめぐる原子力依存の難点　522
　　2　代替的政策の方向性は何か　524
　　3　エネルギー供給制御システムの日独比較　527
　　4　高レベル放射性廃棄物をめぐる合意形成はなぜ困難か　528
　結　び ………………………………………………………………… 530

第15章　環境制御システムの形成 …………………………… 532
　　　　　──行政組織の再編成を事例として

　はじめに ……………………………………………………………… 532
　第1節　社会制御システムとメタ制御システム─問題関心と対象の限定　532
　　1　対象としての社会制御システムの再編過程　532
　　2　社会制御システムとメタ制御システム　536
　第2節　日本における環境制御システムの形成過程 …………… 537
　　1　萌芽的形成の段階の第1期（1961年4月〜1964年3月）　540
　　2　萌芽的形成の段階の第2期（1964年4月〜1967年3月）　541
　　3　萌芽的形成の段階の第3期（1967年4月〜1970年6月）　543
　　4　本格的形成の段階の第1期（1970年7月〜1971年6月）　544
　　5　本格的形成の段階の第2期（1971年7月〜1973年9月）　547
　第3節　変革過程の特色とメタ制御システムの変革能力を支える諸契機 … 549
　　1　メタ制御システムの段階的強化　549
　　2　支配システムにおける「制度変革課題の設定」、経営システムにおける「制度設計」　550
　　3　変革圧力生成の諸要因とメカニズム　552
　結　び ………………………………………………………………… 558
　　1　環境制御システムの形成を可能にした過程と要因　558
　　2　社会変動についての一般的含意　559

第16章　複合的な社会制御過程における問題解決の可能性　560
　はじめに ……………………………………………………………… 560
　第1節　事業システムと社会制御システムとの関係における
　　　　　複合的な社会制御過程 ………………………………… 562
　　1　複合的な社会制御過程を解明する際の視点　562
　　2　経営システムの文脈における社会制御システムの課す枠組み条件の作用　564

3　支配システムの文脈における社会制御システムの課す枠組み条件の作用　567
　　　4　枠組み条件設定の意義－「合理性・道徳性の背理」の克服　570
　　　5　事業システムをめぐる逆連動問題に対する社会制御システムの課す枠組み条件の効果　570
　　　6　複数の枠組み条件の設定可能性と、それぞれの多面的効果　575
　　　7　制御の効果を規定する要因としての主体の性格－価値志向の共有　576
　第2節　複数の社会制御システムの関与する制御過程 …………… 579
　　　1　国家体制制御システムが社会制御システムに課す枠組み条件の作用　579
　　　2　国家体制制御システムの固有の制御問題　585
　第3節　制御の多段的帰結 ………………………………………… 591
　　　1　制御過程の多段的帰結とは何か　591
　　　2　多段的帰結としての「悪循環的な閉塞」　593
　　　3　制御過程を通しての、通時的文脈での「負の多段的帰結」　595
　　　4　触発的変革力　598
　　　5　進化的・段階的変革　599
　　　6　多段的帰結についての補足的論点　600
　第4節　制御中枢圏のあり方 ……………………………………… 603
　　　1　制御中枢圏にはいかなる資質、能力が必要とされるのか　603
　　　2　制御中枢圏の劣化問題　607
　　　3　制御中枢圏の能力の向上／劣化に影響を及ぼす諸要因　608
　第5節　公共圏による制御中枢圏への働きかけと公共圏の豊富化　611
　　　1　制御中枢圏の「指導性／劣化」を規定するものとしての公共圏の「豊富性／貧弱性」　611
　　　2　公共圏の豊富化の規定要因　612
　結　び ……………………………………………………………… 614

第17章　社会制御の指針 ……………………………… 617
　はじめに …………………………………………………………… 617
　第1節　規範的原則としての多段的許容化 ……………………… 617
　　　1　逆連動問題の解決　617
　　　2　多段的許容化　618
　　　3　合意形成という課題にとっての「無知のヴェール」の含意　619
　　　4　功利主義的規範原則と正義論的規範原則　623
　第2節　勢力関係モデルの理性化と普遍主義的合意 …………… 623
　　　1　勢力関係モデルと理性的制御モデル　623
　　　2　理性的制御モデルの成立を規定する諸条件　624
　　　3　「個別主義的合意」と「普遍主義的合意」　625
　　　4　公民感覚の程度　626
　第3節　公共圏の豊富化の鍵となる課題 ………………………… 628
　　　1　言論の説得力を支える制度　628

- 2 科学的研究アリーナの自律性　629
- 3 政策提案型NPOと市民シンクタンク　631

第4節　主体性の質の再検討－自己超越的主体性　……………　631
- 1 社会的主体性　631
- 2 「自己超越的主体性」が社会制御過程の文脈で有する意義　634
- 3 日本社会の人間関係の問題　641

第5節　今後の課題　………………………………………………　644
- 1 「生活世界」対「大規模制御システム」という問題　644
- 2 現代社会の不平等のメカニズムとしての独特の「中心部－周辺部」論　645

第Ⅲ部　東日本大震災と社会制御過程の社会学（遺稿）

序論　災害型の環境破壊を防ぐ社会制御の探究　………　652
――東日本大震災は日本社会に対する自己批判的解明を要請している
- (1) 人間社会と自然との関係の見直し　652
- (2) 技術論的視点の必要性　653
- (3) 福島原発震災を生みだすに至った社会制御の欠陥　654
- (4) 日本社会に対する自己批判的解明　656

第18章　持続可能性をめぐる制御不能性と制御可能性　659

はじめに　……………………………………………………………　659

第1節　持続可能性と制御可能性を考える基本的視点　………　659
- 1 制御可能性と持続可能性の基本的意味と両者の相互前提性　659
- 2 制御可能性を捉える理論枠組と、その成立条件　660
- 3 持続可能性の成立条件　664

第2節　現代のエネルギー政策における持続可能性と制御可能性の欠如　668
- 1 化石燃料の問題点　668
- 2 原子力固有の問題点　671
- 3 「負の創発効果」としてのメタ制御能力の低下　674

第3節　エネルギー政策における持続可能性と制御可能性の確立の道　676
- 1 エネルギー政策の転換と規範的原則　676
- 2 社会的意志決定のあり方の変革　676
- 3 ドイツにおける地域社会からの変革のイニシアティブ　680

結び　…………………………………………………………………　682

第19章　原子力政策は何を判断基準とすべきか …………… 683
　　　——政策転換に必要なパラダイム転換とは

　はじめに ………………………………………………………………… 683
　第1節　新規制基準の問題点 ………………………………………… 683
　　1　原子力市民委員会の指摘した手続き上の問題点　683
　　2　新規制基準の内容上の問題点　684
　　3　完全な過酷事故対策の不可能性の自覚　685
　第2節　政策パラダイム転換の必要条件の欠如 …………………… 686
　　1　政策パラダイム転換に必要な取り組み態勢　686
　　2　民主党政権による原子力政策の転換の試み　687
　　3　自民党・安倍政権による原発推進政策のなし崩し的復活　688
　第3節　脱原発政策の政策科学にとっての含意 …………………… 689
　　1　原子力複合体の政策判断基準　689
　　2　これまでの政策判断基準への疑問　690
　　3　政策決定過程のあり方の変革　692
　結　び …………………………………………………………………… 692

第20章　震災問題対処のために必要な政策議題設定と
　　　　日本社会における制御能力の欠陥 ……………… 693

　はじめに ………………………………………………………………… 693
　第1節　東日本大震災で問われたもの ……………………………… 693
　　1　制御能力の不足とさまざまな問題　693
　　2　「取り組み態勢」の分析枠組み　695
　　3　制御能力の鍵としての「合意形成」と「批判的吟味」　699
　第2節　原子力震災と、エネルギー政策の転換の迷走 …………… 700
　　1　原子力をめぐる二重の制御問題と戦略的エネルギーシフト　700
　　2　民主党政権のもとでの取り組み態勢と政策転換　701
　　3　自民党政権下での原発復活と、取り組み態勢の劣化　702
　第3節　長期避難自治休問題 ………………………………………… 703
　　1　緊急対応の積み重ねと制度の形式的整備　703
　　2　復興政策の問題点——個人の困難と自治体の困難　704
　　3　取り組むべき政策課題と考慮するべき選択肢　707
　　4　放射線問題についての科学的検討　708
　　5　二重の住民登録　709
　　6　健康手帳の機能も有する被災者手帳　710
　　7　「地域再生基金」の設置と財源　710
　　8　長期方針のための取り組み態勢の不足　712

第4節　制御能力の高度化のために、何が必要か──取り組み態勢の
　　　　　改善と規範的原則 ……………………………………………………… 712
　　　1　制度・政策の形成にかかわる制御能力の低迷の構造　712
　　　2　行政官僚制のあり方　715
　　　3　具体的な主体間の協力関係　716
　　　4　制御能力の質的変革と規範的原則　716
　　結　び ……………………………………………………………………………… 718

第21章　高レベル放射性廃棄物という難問への応答 … 719
　　　　　──科学の自律性と公平性の確保

　　はじめに …………………………………………………………………………… 719
　　第1節　学術会議「回答」の考え方 …………………………………………… 720
　　　1　「回答」の論点と現状認識　720
　　　2　学術会議の回答の意義　722
　　第2節　科学的検討と総合的政策的判断の区別と再組織化 …………… 723
　　　1　分立・従属モデルから統合・自律モデルへ　723
　　　2　議論の軸としての合理性と道理性　725
　　第3節　自圏域内対処の原則 ………………………………………………… 726
　　第4節　核燃料サイクル政策からの撤退との整合性 ……………………… 727
　　結　び ……………………………………………………………………………… 728

第22章　「生活環境の破壊」としての原発震災と
　　　　　地域再生のための「第3の道」 ……………………………… 730

　　はじめに …………………………………………………………………………… 730
　　第1節　原発震災の被害の構造 ……………………………………………… 730
　　　1　「5層の生活環境」の崩壊としての被害　731
　　　2　「5層の生活環境」の破壊としての被害　732
　　第2節　被災地支援の基本政策 ……………………………………………… 734
　　　1　生活再建と地域再生を考える視点　734
　　　2　共通基盤となる考え方と政策　734
　　第3節　被災地再建のための「第3の道」 …………………………………… 738
　　　1　帰還問題をめぐる2つの選択肢──それらの対立と難点　738
　　　2　第3の道としての「長期待避、将来帰還」　739
　　　3　第3の道を支える政策パッケージ　740
　　結　び ……………………………………………………………………………… 741

第23章　エネルギー戦略シフトと地域自然エネルギー基本条例 … 742

　はじめに ……………………………………………………………… 742
　第1節　転換期を迎えたエネルギー政策 ………………………… 742
　　　1　省エネの優先性　742
　　　2　原子力利用が抱える根本的難点　743
　　　3　化石燃料の問題点　744
　第2節　自然エネルギーの多元的メリットと地域開発 ………… 744
　　　1　自然エネルギーの原理的な長所　745
　　　2　外発的開発が孕む危険性 ── むつ小川原開発の教訓から　745
　第3節　自然エネルギーを生かす基本条例の制定の提案 ……… 747
　　　1　コミュニティパワーの3原則　747
　　　2　地域自然エネルギー基本条例の考え方　748
　第4節　地域を主体とした創造的問題解決の道 ………………… 749
　　　1　再エネ特措法をいかにして生かすか　749
　　　2　公論形成から始まる地域の内発的発展　750
　結　び ………………………………………………………………… 751

引用文献リスト ………………………………………………………… 753
舩橋晴俊　履歴・研究業績 …………………………………………… 763
事項索引 ………………………………………………………………… 779
人名索引 ………………………………………………………………… 790
地名索引 ………………………………………………………………… 792

社会制御過程の社会学

第1章

「社会制御過程の社会学」の課題と方法

　「社会制御過程の社会学」は、いかなる課題に取り組もうとするのか、また、その際、どのような方法を採用するのかということを、本章では簡潔に説明しておきたい。

第1節　本書の課題

　本書の第1の課題は、さまざまな社会問題の解決過程として存在する社会制御過程を把握するための社会学的理論枠組みを、一方で社会学の原理論に根拠を有するかたちで、他方で社会問題の実証研究の知見をいかすかたちで、社会学基礎理論の水準で提示することである。
　本書の第2の課題は、「望ましい社会とは何か、それはどのようにして実現できるのか」という社会構想についての規範理論的な問題に対して、社会制御過程についての記述的知見をふまえて、社会学的な解明を進めることである。
　第1の課題は、社会についての事実認識にかかわる記述的な課題であり、第2の課題は、社会構想についての価値判断にかかわる規範理論的な課題である。
　この課題設定と背後の問題関心について説明しておこう。
　現代社会には解決するべき多数の社会問題と、それを反映した政策的課題が山積していることは復論するまでもない。それらは、注目する社会システムと主体の水準に応じて、さまざまな現れ方をする。たとえば、マクロ的なグローバリゼーションの進展に伴うさまざまな構造的緊張や紛争の問題、あるいは、世界的な規模での環境問題の深刻化、日本社会の水準では地域格差や階層格差の拡大、年金制度の不備や介護問題の深刻化、浪費的な公共事業、国家財政と地方財政の悪化と公的債務の累増といった諸問題、また、雇用の不安定、企業組織の経営危機や行政組織の機能不全、NPO組織の力量不足といった諸問題、さらに、ミクロ的

な一人ひとりのこうむる生活危機や生活困難化やアイデンティティの危機などの諸問題が存在し人々の関心を集めている。

これらの諸問題に対する解決努力は、社会制御過程として総称することができる。社会制御過程とは、さまざまな主体によって、典型的には、各水準の政府組織や企業組織や社会運動組織やそれらを構成する諸個人によって、それぞれの利害関心や欲求充足を実現するために、さらに、社会問題や政策的課題を解決するためになされる相互作用的な努力の総体である。

このような意味での社会制御過程を認識する理論枠組みを、社会学の基礎理論の水準において構築し、社会制御の成功や失敗について解明することは、現在、切実に求められているように思われる。そして、社会学基礎理論に依拠しつつ、規範的諸問題に対して取り組むという課題も、政策科学の領域においては、非常に必要なことであると思われる。

1 社会問題の解決過程とはどういうものか──経験科学的な課題

そこで、まず「社会学的アプローチ」の有する積極的意義と、基礎理論の水準での探究の必要性について、検討しておきたい。

1-1 社会学の可能性

ここで、社会学的に把握し解明するという方針提起は、社会学がそのような課題を果たすのに適した積極的な可能性を有するという自覚にもとづくものである。その積極的な可能性とは、次のようなものである。

第1に、社会学は、社会の成り立ちについて、根本的に問おうとする志向を有する。それを、原理論の探究の志向といおう。原理論的探究の試みが成功するならば、社会把握の堅固な基盤となるような概念群が得られるはずである。社会制御過程を解明するという課題は、政治学、行政学、経営学などによっても取り組まれていることであるが、本書は、社会学の原理論に根拠づけられた概念枠組みを提示することにより、社会学独自の視点を提出することを企図している。それは、内容的には、「主体と構造の両義性」ならびに「協働関係と支配関係という両義性」を明確に把握するという視点であり、まとめていえば、「経営システムと支配システムという二重の意味での両義性」を把握しうることである。この「二重の意味の両義性」については、第2章で、くわしく説明したい。

第2に、社会学の提供する視点は、ミクロ、メゾ、マクロの重層性を有し、そ

れらを関係づけつつ併用することにより、社会内部に生起するミクロ的現象からマクロ的な現象にいたるまで、さまざまな水準の事象を相互に関係づけながら、体系的に把握しうる。ミクロ的視点は、個人の行為とパーソナリティ、小集団を対象とするような水準であり、メゾレベルの視点は、社会集団、組織、制度、社会運動、個々の社会制度などに注目し、マクロ的視点とは、全体社会の社会構造や社会変動、国際社会といった水準でみられる事象を取り扱うものである。社会制御過程には、これらすべての水準が関係するのであるから、これらすべての水準を相互に関係させつつ把握する理論装置が必要であり、社会学はその形成という課題に対してチャレンジすることができる。本書では、その課題を「制御システムの階層性論」によって果たすことを試みる。それについて、第Ⅱ部、とりわけ第9章で説明したい。

第3に、社会学は、概念群の設定、あるいは注目する要因群に対する開放性を有する。たとえば、経済学が、一定の視点に立脚し、比較的固定的な基礎概念群（たとえば、市場、需要、供給、価格、選好、無差別曲線、など）によって堅固な分析の論理を構築し、経済的事象の有する規則性を把握しうるのに対して、社会学は、社会事象の無限の多様性に対して、より開かれた姿勢を有する。すなわち、社会学は既知の要因群間の規則性の把握だけではなく、新たに注目する要因群について開放的であり、自由な視点転換によりそのつどの事象についての「意味発見」を重視するという志向性を有する。そして、そのつど、事象の固有性に即した新しい概念群形成を積極的に推進しようとする。社会制御過程という複雑な対象を解明するという課題にとって、注目する要因群に対する開放性、自由な視点転換、新しい概念群の柔軟な創造という社会学の特質は適合的である。本書では、問題解決過程の事例に即して、「実証を通した意味発見」、さまざまな立場の当事者の視点を共有することを手がかりとしての「自由な視点の転換」という姿勢を保持していきたい。

第4に、社会学は、一人ひとりの生活・人生のありようや主体性に対する人間学的な関心を有する。このことは、社会制御過程に登場する人間像を多様なかたちで把握し、過度な単純化を回避することと、問題関心における批判性、さらに、ミクロとマクロの往復を可能にする。C. W. ミルズが『社会学的想像力』で「一人の人間の生活と、一つの社会の歴史とは、両者をともに理解することなしには、そのどちらの一つをも理解することができない」(Mills 1959＝1965: 4)と指摘したのはきわめて示唆的である。一人ひとりの生活や主体性のありようと、社会全体の

構造や変動との双方を相互に関連づけて把握しようとする社会学の志向性は、社会制御過程の解明に対して、固有の可能性を有するものである。本書では、主体性の多様な次元への注目と、主体性が社会の構造的条件によって、どのように制約されたり拡大されたりするのかという論点を重視していきたい。

　第5に、社会学は、社会調査の方法の豊富なレパートリーを有し、「調査に立脚した現実把握」「調査に立脚した理論形成」を積み重ねてきた。調査方法の二大潮流は、フィールドワーク型調査とサーベイ型調査であるが、社会制御過程の社会学においては、個別の社会問題の解決過程（あるいは未解決過程）に即してフィールドワーク型調査を行い、それに立脚した理論を形成するという方法が、非常に生産的であろう。本書においては、大きくは10の問題事例が取り上げられるが、それは、「調査に基づく理論形成」を志向するからである。本書は、「調査に基づく理論形成」を、後述するように、「T字型の研究戦略」という方法として具体化したい。

　以上に記した社会学の5つの特徴は、社会制御過程の解明にとって固有の長所となるはずである。本書は、これらの特徴を長所として生かそうと努めるものである。換言すれば、本書は、政策科学の領域で社会学の有する射程を開花させたいという企図を有する。

　政策科学とは、経済学、法学、政治学、行政学、経営学、社会学などの社会諸科学と並立する「もう一つのディシプリン」ではなく、これら社会諸科学にとっての応用領域である。政策科学の領域においては、社会学以外の他の社会諸科学、すなわち、経済学、法学、政治学、行政学、経営学などが、社会問題と政策的課題の解明に対して、それぞれの特徴をいかして、貢献しようとしてきた。そして日本における実績という点では、たとえば経済学や法学などの知識や研究者が、社会学よりはるかに大きな影響力をふるってきたというべきであろう。これに対して、社会学は、政策過程に登場する諸主体（すなわち、政治家、行政職員、社会運動団体、シンクタンク、他のディシプリンの研究者など）から見た場合、他のディシプリンに比べて、必要有効な知見を提供するという点で、しばしば、マイナーな存在、軽視しても差し支えないような存在として映ってきたのではないだろうか。このような現状に対して、本書は、社会学が、第1に、洗練された調査方法に立脚した良質の調査によって、問題の的確な認識と解明に貢献しうること、第2に、複雑きわまりない社会事象に対する固有の理論的な認識を提供しうることという両面において、独自の貢献が可能であると考えている。しかし、それらの可能

性は、まだ十分に開花結実していないし、したがって、社会学研究者以外の人々から、十分に認知されているとも思えない。社会学の長所に依拠するという本書の方法意識は、このような現状を変えていこうという志向にもとづくものである。

1-2 基礎理論の水準での探究

本書は、社会学理論を、より原理的・抽象的水準から、より具体的水準に向かって、原理論、基礎理論、中範囲の理論、という3水準の構造をもつものとして把握するという立場に立っている（舩橋 1982, 2006a）。これらは、原理論が基礎理論の基礎づけを与え、基礎理論がさまざまな中範囲の理論の統合の基盤になるという相互関係にある。

ここで「原理論」とは、社会とそれを構成する社会的存在としての人間の基本的存立のあり方を問うものであり、もっとも根本的な概念形成を志向し、しばしば哲学的思索という色調を帯びる。原理論の探究の課題は、社会構造の存立に主要な関心を寄せるか、社会的存在としての人間に優先的関心を寄せるかによって、展開の方向に2つのアクセントがある。前者の方向での代表例を挙げれば、マルクスの物象化論があり、それを社会学的に再定式化した真木悠介の存立構造論（真木 1973, 1977）がある。後者の方向での代表的作品としては、G. H. ミードの『精神・自我・社会』（Mead 1934=1973）を挙げることができる。社会学理論の歴史の中では、原理論自体がさまざまに構想されてきたが、本書が原理論の水準で依拠するのは存立構造論（genetic objectivation theory）である。

本書において「基礎理論」とは、原理論よりも具体的な水準で、社会現象をとらえるための一般性を有する基礎的な視点と概念枠組みを提供するような理論を指す。原理論が哲学的色彩を帯びるのに対して、基礎理論は、経験科学としての社会学において、有効であるような概念群の形成を志向している。たとえば、M ヴェーバーの主著『経済と社会』には、基礎理論の水準の議論が数多く含まれている。また、組織社会学における戦略分析（Friedberg 1972=1989）は、基礎理論に属するとみるべきである。

基礎理論は、「特定領域の基礎理論」と「領域横断的な基礎理論」とに区分できる。ここで特定領域とは、福祉、家族、環境、都市というような、それぞれに連字符社会学が定義されるような一定の広がりと限定を有する範域のことをいう。そのメルクマールは、社会学分野の個別学会や専門誌の存在である。特定領域の区分自体は変動しうるものであるが、一定の特定領域に即したものが、「特定領域の

基礎理論」である。これに対して、「領域横断的な基礎理論」とは、少なくとも複数の特定領域をカバーするような一般的適用可能性を有する基礎理論である。本書は、社会制御過程一般に関係する「領域横断的な基礎理論」をめざすものであり、環境問題、福祉問題、財政問題というようなさまざまな政策領域における問題解決過程について、共通に有効であるような理論概念群の形成を志向している。

「中範囲の理論」とは、R.K.マートンが提起したように、社会現象の限定された局面について、経験的データに接続するかたちで、規則性を把握し意味の発見を担うような一連の概念群と命題群からなるような理論である(Merton 1968=1969)。マートンによる「中範囲の社会学理論」の提唱は、理論形成の道として堅実で実り多い方法であり、また問題領域と説明原理については中立的であるので、さまざまな領域でさまざまな説明原理を導入する試みに対して開かれているという魅力もある。しかも、マートンは、科学史の知見を方法論に転用するかたちで、中範囲の理論による社会学理論の長期的発展戦略を提出している。「中範囲の理論」は、当面一つの理論を形成するということで終わるものではなく、多数の中範囲の理論の蓄積をふまえて、それらを統合することにより、より広範な射程を有する理論形成を志向するという長期的発展の方針を提起するものである。

では、これら3水準の理論の相互関係はいかなるものであろうか。3水準の理論は現実の認識に対して、相互補完的なものである。その要点は、原理論が、基礎理論に対して、A.W.グールドナーのいう意味での「背後仮説」(Gouldner 1970=1978)を提供し、基礎理論が、中範囲の理論に対して、統合の基盤を提供するという点にある。

ここで「背後仮説」とは、顕在的な理論の背後にあり、その理論的営為を支えるような暗黙の前提になっている世界の把握のしかたである。背後仮説は、何が重要な問題であり、どのような視点や要因が本質的なものかの判断を支えている。本書に即していえば、後述のように、本書で採用する第1の基礎理論としての「経営システムと支配システムの両義性論」は原理論としての「組織の存立構造論」によって根拠づけられている。他方、具体的な社会問題の解決過程を解明するためには、原理論だけでは高度に抽象的な記述しか可能にならず、へたをすれば形式的で硬直的な図式へのあてはめに陥りかねない。原理論に接続して基礎理論を展開してこそ、具体的で多様な現実に対して接近し、規則性の発見と意味の発見が可能になる道が開けるであろう。いいかえれば、原理論は基礎理論の根拠を与え、基礎理論は具体性への道を切り開くという意味において、相互補完的で

ある。

　では、基礎理論と中範囲の理論はどのような関係にあるのだろうか。一方で、中範囲の理論は、基礎理論の指向する具体性への道を、さらに一歩前へ進めるという意味で、基礎理論に対して補完的である。すなわち、中範囲の理論は、相対的に抽象的な基礎理論の提供する視点を生かしながら、より具体的水準で現実認識に取り組み、意味の発見や規則性の発見を可能にするものである。他方で、基礎理論は、中範囲の理論に対して、長期的発展戦略を支えるという意味で補完的である。「中範囲の理論」は、長期的研究方針として、さまざまな中範囲の理論を蓄積し、それを段階的に統合していくことを提唱している。しかし、中範囲の理論としては、多様な説明原理が登場しうるのであり、そのような異質な説明原理を有するさまざまな中範囲の理論をいかにして統合しうるのかという問題は、方法論的な難問である。ここで、統合の意味を狭く解釈すれば、統合とは、さまざまな説明原理を有する複数の中範囲の理論を包摂しうるような新しい単一の説明の原理を創造することである。この狭い意味の統合が達成される場合には積極的な意義を有するものであるが、このようなかたちでの統合が可能なのは、限定された範囲にとどまると思われる。というのは、社会学理論の有する説明原理はきわめて多様であり、異質で多様な説明原理に立脚するさまざまな理論をすべて包摂するような一般性をもった単一の説明原理を、提出できるとは考えられないからである。社会学にとっては、理論の統合ということを、次のようなゆるやかな意味に解することが生産的であるように思われる。それは、それぞれ異質な説明原理に立脚するさまざまな中範囲の理論を保持したまま、より広い理論的展望の中で、それぞれのいわば「出番」を明確にし、相互に関係づけるという意味での統合である。つまり、この「ゆるやかな意味での統合」とは、複数の異質な中範囲の理論が存在する場合、各々の理論を構成する視座と概念群が、現実をどういうふうに切り取る限りで妥当するのかを明確にし、複数の切り取り方の論理的な相互関係を明確にするという課題を基礎理論が果たすことである。建物の設計図にたとえれば、中範囲の理論が各部屋ごとの詳細図を提供するのに対し、基礎理論は一軒の家の概観を与え、内部の各部屋の配置と相互関係を示すような全体図にあたるのである。

　この統合の可能性を本書に即して、先取り的に述べるのであれば、基礎理論としての「経営システムと支配システムの両義性論」は、経営システムの側面と支配システムの側面とを区別して把握することを可能にし、さらに、経営システ

ムの文脈での多様性と、支配システムの文脈での多様性を、それぞれ分節化して把握するような視点を提供するのである。それによって、「社会制御過程の社会学」という領域に登場するさまざまな中範囲の理論の位置と相互関係を明確化しうる。また、基礎理論としての「制御システムの階層性論」は、社会制御過程の4つの水準を区別しつつ、相互に関係づけることによって、この視点から、さまざまな中範囲の理論を位置づけることができるのである。

2　「望ましい社会とは何か」の探究——規範理論の課題

　冒頭で述べたように、本書は、社会構想についての規範理論的な問題関心を有する。すなわち、本書の第2の課題は、「望ましい社会とはなにか、それはどのようにして実現できるのか」という主題の社会学的探究である。

　これまでの社会学において、規範理論の蓄積は必ずしも厚いものではない。だが、数多くの社会学研究者のテーマ設定の背後には、「望ましい社会とはなにか、それはどのようにして実現できるのか」という問題関心が共有されてきたように思われる。ヴェーバーのいうように、科学的認識の成立前提には、特定の主観的な観点があり、その観点は、認識主体の抱く価値理念に関係づけられている。「望ましい社会とはなにか」について、それぞれの社会学者の抱く価値理念は、暗黙のうちに、それぞれの社会学的探究を支えてきたと思われる。

　本書では、「望ましい社会とはどういうものか」という問いに対する解答を、「経営システムと支配システムという二重の意味での両義性」を把握する理論枠組に関係づけつつ、「2つの規範的公準」というかたちで明示的に提示することを試みる（第8章）。すなわち、社会学的知見をふまえた規範理論の展開を試みる。

　この2つの規範的公準は、いくつかの価値理念の尊重と密接に結びついている。それらの規範的公準と価値理念は、社会制御過程を把握するにあたっての「観点の組織化」を支えるものとなり、「観点の組織化」は、無限に複雑な社会事象から、社会問題の解決過程にとって鍵になる要因の抽出を可能にするものになるであろう。

　いいかえれば、「望ましい社会とはどういうものか」という規範理論的関心に支えられつつ、「社会制御過程はどのように進行するのか」という記述的関心が抱かれている。

　以上のように、本書は、社会制御過程についての記述的関心と、規範理論的関

心という二重の関心を有するものであるが、本章の以下の部分では、本書で採用する主要な理論枠組はどういうものか(第2節)、本書がどのような鍵概念を重視し、どのような方法に依拠するのか(第3節)説明し、さらに、社会制御過程の焦点にくる重要ないくつかの論点を検討することとしたい(第4節)。

第2節　2つの理論的枠組み

　ここで、本書の全体的展望を得やすくするために、本書を支える2つの骨格的な理論的枠組みについて、簡単に説明しておこう。本書で採用する第1の主要な理論的枠組みは、「経営システムと支配システム」論であり、第2の主要な理論的枠組みは、「制御システムの階層性論」である。

1　経営システムと支配システムの両義性論

　「経営システムと支配システム」論とは、より専門用語的な表現をすれば「協働連関の二重の意味での両義性論」といいかえることもできる。

　ここで、「二重の意味での両義性」とは、第1に、社会が対象的＝客観的な組織構造や制度構造という特徴と、具身の諸個人の主体的＝主観的な行為の集合という特徴の両義性を有すること、第2に、経営システムと支配システムの両義性を有することを意味する。第1の意味の両義性は、社会学においては周知のことであるので、ここではごく間単に述べるのにとどめ、第2の意味の「経営システムと支配システム」の両義性については、ややくわしく説明しておこう。

　第1の意味の両義性は、社会学方法論の2つの潮流に対応するものである。社会は、一方で人々の行為の集合として把握しうる。それゆえ社会的行為に注目する有力な社会学理論がさまざまに存在してきた(M. ヴェーバー、E. フリードベルグ、L. ゴフマン)。他方で、社会は、諸個人の行為を超越する「社会的事実」(E. デュルケーム)という性格を有する。K. マルクスの把握を援用すれば、社会は物象化した組織構造、制度構造、社会構造を有する。ここで、構造とは、定型性と物象性との両者によって定義される。

　このように主体と構造という両義的性格を社会が有するという認識の上で、本書では、システムという言葉を、具身の主体の行為と、地位役割構造や制度構造の両義性を含意するものとして使用する[1]。システムとは、社会の有する構造的要

1　いいかえると、システムという言葉を、M. クロジエと E. フリードベルグが定義するような「具

素に依拠しながらなされるとともに、構造的要素をそのつど担い具現化するような社会的行為の総体である。

　第1の意味の「主体と構造の両義性」をこのように把握した上で、第2の意味の両義性である経営システムと支配システムの含意について検討してみよう。経営システムとは、社会関係に含まれる協働の契機を一般化しつつ、協働関係という視点から、社会や組織を把握しようとするところに論定される。経営システムとは、組織や社会システムを、一定の経営課題群を継続的に達成する行為の集合として把握するときに把握される側面である。経営システムの側面では、主体を把握する基礎概念は統率者と被統率者であり、解決すべき問題は経営問題として定義される。

　これに対して、支配システムとは、社会関係に含まれる支配関係の契機を一般化した把握のしかたである。支配システムとは、組織や社会システムを、意志決定権の分配と正負の財の分配の不平等な構造として把握するときに、論定される。意志決定権の分配の不平等な構造を政治システムといい、正負の財の分配の不平等な構造を閉鎖的受益圏の階層構造ということにしよう。支配システムの側面では、主体を把握する基礎概念は支配者と被支配者であり、解決すべき問題は、被格差問題、被排除問題、被支配問題として定義される。

　これらの基礎概念群の意味は、2章において、くわしく説明することにしよう。このような視点に立つとき、個々の主体は、「支配者と統率者」の両義性、あるいは、「被支配者と被統率者」の両義性を有することが明確に把握できる。

　経営システムと支配システムとは、あらゆる組織や社会システムに見出される性格なのであり、特定の組織や社会が経営システムであり、別のそれらが支配システムであるという実体的な区分ではない。そこで、組織や社会システムが有する経営システムと支配システムという両義性を一括して表現する言葉として、「制御システム」という言葉を使うことにしよう。つまり、制御システムは経営システムと支配システムの両義性を有する。

　それゆえ、本書では、一貫して、制御という言葉は、経営と支配の両義性を含意するものとして使用するようにしたい。ここで注意するべきは、経営システムと支配システムの両義性といった場合の両システムの関係である。留意するべき点を端的に述べれば、支配システムは経営システムをいわば包摂しているのであり、支配システムの設定するさまざまな条件が、経営システムの作動の前提的枠

体的行為システム」という言葉に近い意味で使用する。

組みを定義するのである。

　以上においては、本書で採用される第1の理論的視点である「協働連関の二重の意味での両義性」の含意をきわめて簡略に説明してきた。より詳細で厳密な説明は、本書の第2章によって与えられる。

2　制御システムの階層性論

　本書が採用する第2の理論的視点は、「制御システムの階層性」論である。ここで、制御システムとは、経営システムと支配システムの両義性を含意している。それは、支配関係を前提的な枠組みとしながら、経営課題群を継続的に達成しようとする行為の集合である。

　制御システムの階層性という場合、本書では、具体的な制御システムとして4つの水準を区別する。すなわち、ミクロ的水準からマクロ的水準に向かって、事業システム、社会制御システム、国家体制制御システム、国際社会制御システムという4つの水準である。

　事業システムとは、なんらかの財やサービスを産出する1つの組織を制御システム論の用語でとらえなおしたものであり、典型的には企業や行政組織の事業部門がこれにあたる。

　社会制御システムとは、1つの政策領域に対応する政府組織を中枢的な制御主体とし、それと相互作用する他の諸主体とを被制御主体とするような制御システムである。たとえば、環境制御システム、経済制御システム、教育制御システムなどが存在する。1つの社会制御システムの中には、多数の事業システムが被制御主体として、包摂されている。

　国家体制制御システムとは、1つの社会の有する最上層の制御システムであり、政府組織、立法組織、司法組織を制御中枢圏とし、他の諸主体を被制御主体とするような制御システムである。それは、1つの国家の骨格を形成するような制御システムであり、多数の社会制御システムを包摂するとともに、社会制御システムの制御努力の有効性を根拠づけ、それらを統合する作用を果たしている。

　国際社会制御システムとは、各種の国際機関の集合体を制御中枢圏とし、世界中の他の諸組織、諸団体、諸個人を被制御主体とするような制御システムである。それは、世界全体の制御を課題としており、多数の国家体制制御システムを包摂するとともに、それらの相互関係の調整や統合という機能を果たすが、各国の国

家体制制御システムにくらべれば、まだ十分に発達しているわけではない。

以上の4つの制御システムは、形式的には、よりマクロ的水準の制御システムが、よりミクロ的な水準の制御システムを包摂しているという関係にある。そして、それぞれの制御システムはいずれも、経営システムと支配システムの両義性を有するものである。制御システムの階層性論についての、より詳細で厳密な説明は、第Ⅱ部の冒頭章である第9章でおこなうことにする。

本書は、第Ⅰ部において、事業システムの水準での問題解決過程を検討し、第Ⅱ部において、社会制御システムと国家体制制御システムの水準が関与する問題解決過程について考察する。ただし、もっとも規模の大きい国際社会制御システムの水準には立ち入らない。

第3節　本書の方法──T字型の研究戦略と存立構造論

本書において、「経営システムと支配システムの両義性」と「制御システムの階層性」に注目する根拠はいかなるものであろうか。

社会制御の過程を総体的に把握するという課題にとっては、その骨格を支える理論枠組が堅固な根拠と現実との適合性をもたなければならない。本書の理論的独自性は、「経営システムと支配システムの両義性論」を、社会制御過程把握の第1の基礎理論として採用しているところにある。経営システムと支配システムという言葉は、それぞれ単独でみれば使い古された言葉である。しかし、それらを組み合わせながら、社会制御過程を把握する基幹的視点として設定し、体系的な理論枠組みを形成しているような先行的な研究を、管見の限りでは見いだすことができない[2]。基礎理論としての「経営システムと支配システムの両義性論」を構成する基本的な視点と概念群の設定は、どのような根拠で正当化されうるのであろうか。

その根拠は2つある。第1の根拠は、さまざまな社会問題や政策的課題を実証的に研究すると、我々はくり返し、経営システムの文脈での問題定義である「経営問題」と、支配システムの文脈での問題定義である「被格差問題・被排除問題・被支配問題」を見いだすことであり、数多くの社会問題が問題定義の2つの契機を内包していることである。

---

[2] この視点に親和的な議論の稀有な例は、A.トゥレーヌの「社会階級の二重の弁証法」(Touraine 1973) である。

第2の根拠は、社会学原理論としての存立構造論の論議の到達点が、理論的に「経営システムと支配システムの両義性」という視点を提出することである。
　この第1の根拠は実証的・帰納的なものであり、第2の根拠は理論的・演繹的なものである。本書では、第1の根拠づけに対応する方法として、「T字型の研究戦略」を採用しており、問題事例を実証的に扱う諸章（第Ⅰ部の第3、4、5、6章、第Ⅱ部の第10、11、12、13、14、15章）において、くりかえし、第1の根拠づけの例証を提示していきたい。第2の根拠である存立構造論については、次節で、簡単な内在的説明を与えることにする。
　2つの基礎理論的視点のうち、第2の視点である「制御システムの階層性論」についていえば、社会をミクロからマクロのさまざまな行為のシステムが、階層的に組織化しているという発想は、社会システム論の見地を有する広範な社会学者に共有されているものである。このようなとらえ方の必要性と有効性について、ここで立ち入った説明を復論することは不要であろう。本書は「複数のシステムの階層性」に注目するという社会学の一つの伝統を継承するものであるが、本書の固有性は、①階層性の区分において、「社会システム」一般ではなく、「（社会システムの一部としての）制御システム」に注目していることと、②制御システムの各水準の制御中枢あるいは制御中枢圏に注目すること、③それにもとづいて制御システムを4つの水準に分けていることである。そして、このような「制御システム」と「制御中枢（圏）」に注目すること自体は、基礎理論としての「経営システムと支配システムの両義性論」および原理論としての存立構造論の論理展開の到達点に依拠しているのである。

1　T字型の研究戦略

1-1　T字型の研究戦略の意義

　以上のような根拠づけという課題を念頭に置きつつ、基礎理論の水準での探究を主要な課題とする本書において、理論と実証とを関係づけるために、どのような方法を採用しているかを説明しよう。この点で、本書が選択するのは「T字型の研究戦略」という方法である。
　T字型の研究戦略のイメージは、図1-1によって表現される。すでに、これまでの研究で説明してきたように（舩橋1999、2006a、2010、2012e）T字型の研究戦略とは、狭く掘り下げた実証研究を行い、そこで得られる洞察や鍵になる論点を重視しながら、一定の一般性のある射程を有する理論概念群や理論命題群を形成す

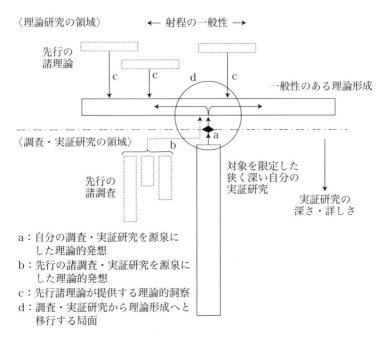

図1-1　T字型の研究戦略

るというかたちで、理論を形成することである。この研究戦略の特徴は、一般性のある洞察を得るために、限定された個別的な事例を徹底的に検討するという逆説的な方法を提唱していることである。

T字型の研究戦略が一番実行しやすいのは、「中範囲の理論」のレベルでの理論形成であろう。本書は、事例研究を扱う各章ごとに、T字型の研究戦略を「中範囲の理論」の水準で展開しようとしている。そして、それらを累積することによって、基礎理論の水準での理論形成を進めようとするものである。

本書は、T字型の研究戦略を展開するにあたって、また「実証を通しての理論の形成」という方法の駆使に際して、先行の社会学的あるいは哲学的諸理論からさまざまな示唆をくみ取り、問題関心を継承している。その主要なものを次に説明しておこう。

1-2　社会問題の2つの局面——地域問題・環境問題の実証的研究を通しての発見

T字型の研究戦略によって、さまざまな問題事例を研究すると、そのつど、さまざまな理論的発見が可能となる。本書において大切なのは、T字型の研究戦略

による問題事例の研究を通して、「経営システムと支配システムの両義性」という本書の基本的視座を支えるような発見がなされてきたことである。本書では、第Ⅰ部と第Ⅱ部とをあわせて、10 の問題事例の実証的研究の遂行に依拠している。これらの実証研究の過程で、「社会問題の解決」という場合に、2 つの契機が存在することがくりかえし発見され確認されてきたのである。一方で、限られた諸手段とさまざまな制約条件のもとで、いかにして、より効果的にさまざまな財やサービスを人々に提供したらよいのか、というかたちでの問題解決が、さまざまな場面で求められている。他方で、財や決定権の分配に関する格差や排除が、人々に苦痛や不満を引き起こしており、そのような不満を解決するためには、どのようにしたらよいのか、ということがいろいろな場所で問われる。

前者のような問題の立ち現れ方は、「経営問題の解決の要請」ともいうべきものであり、経営問題およびその解決過程がどのようなものかという問題を的確に把握できるような、理論枠組みが必要である。後者のような問題の存在は、格差、不当な排除、苦痛の押しつけを焦点にするものであり、それらを「被格差問題、被排除問題、被支配問題の解決の要請」ということにしよう。これらの問題がどのようなものであるのか、これらの問題の解決可能性はどのような要因によって規定されるのかということを的確に把握できるような理論枠組みの形成が必要である。社会問題の 2 つの契機に注目することによって要請される 2 つの理論枠組みとは、経営システム論と支配システム論にほかならない。

つまり、社会問題に普遍的に含まれるこの 2 つの契機は、経営システムと支配システムという視点の分節が必要であるということを、実証的知見に依拠して根拠づけるのである。

2 鍵概念定立の根拠としての存立構造論

このように「経営システムと支配システムの両義性論」は、実証的知見から得られる発見を、その発想の手がかりにしているのであるが、より論理的な根拠づけは、原理論としての存立構造論によって与えられる。そこで、社会学原理論としての存立構造論とはなにかについて説明をしておこう。

2-1 原理論としての存立構造論

存立構造論の問題設定が、真木悠介によって初めて公表されたのは、『人間解放の理論のために』(1971 年 10 月刊行) の末尾の「現代社会の理論の構成 (ノート)」

の冒頭の 8 行の文章であり、それは、次のようなものであった (真木 1971: 217)。

　　「自由に」行為する具身の諸個人の実践的な関係の総体性が、一つの「自然的」社会法則ないしは社会的「自然法則」の体系として独自の存在規格を獲得し、逆にその当の諸個人の意思を超絶して貫徹する対象的＝客観的(オブジェクティブ)な力として存立するにいたる機構の把握。いいかえればそれは同時に、われわれ自身の実践の積分された統体(インテグレーション)に他ならぬこの〈現代社会〉を、ひとつの「社会科学的」な研究の対象的総体として、客観化的に措定しうることの根拠の問題。この問題を、諸個人の「私的に主体的な」実践相互の即自的な協働連関の総体の物象化のメカニズムとして、具体的に論定すること。「実存」と「法則」の双対性＝現代社会の法則的な構造そのものの存立根拠。

　ここには、社会が諸個人の主体的な実践の総体であると同時に、対象的＝客観的な法則性を有する社会構造として存立するメカニズムの解明という根源的な問題設定がなされている。このような問題設定は、まさしく社会学原理論の領域での問題設定であり、きわめて野心的・挑戦的なものであった。

　このような原理論の問題設定に気づく社会学者は数多いかもしれないが、この問いを解明するような一貫した概念群と論理を構築することは容易ではない。この難問にチャレンジし、社会学原理論としての存立構造論 (genetic objectivation theory) を初めて、体系的、説得的に提示したのは、真木悠介の 1973 年の論文であった (真木 1973)。

　では、存立構造論はどのような論理展開を示しているのだろうか。

　真木は、存立構造論を支える鍵概念の設定と論理展開にあたって、先行する有力な研究として、K. マルクスの『資本論』から基本的発想を得ている。さらに、マルクスの知的伝統を、物象化論を軸に継承する G. ルカーチ (Lukács 1923=1987)、廣松渉 (1972) らの著作が、問題意識の明確化、理論概念の定義、鍵になる論理の定式という諸局面において、さまざまに参照されている。

　そのような知的伝統を継承している真木論文の核心の視点は、①複数の諸個人からなる人間社会は、それら諸個人を結びあわせるさまざまな「媒介」の存在によって、存立することが可能となるということと、②それらの「媒介をめぐる主体性連関の逆転」によって、本源的な主体である諸個人の社会への従属が生じるということである。

より厳密に表現するのであれば、真木論文の出発点にあるのは、「自然生的な分業の体系」という「関係性の特定形態（R）」が、「物象化された対象性（O）」と「疎外された主体性（S）」を帰結するという物象化論の基本的な構図である。そして、集合態としての近代市民社会における協働連関が「媒介としてのモノ」「媒介としてのヒト」「媒介としてのコトバ」によって可能となっていること、それらの「媒介をめぐる主体性連関の逆転」が物象化の端緒的な論理的機制として、普遍的に存立していることが解明される。さらに、「媒介された共同性」「媒介の階級的な収奪」「媒介の技術合理化」「物象化の重層的完成」という論理の諸水準を分節することにより、対象的＝客観的な社会構造の存立とその根底にある諸個人の主体性の関係を、重層的に解明する視点が提示されている。

2-2 組織の存立構造論の基本的論理

筆者は、真木悠介の存立構造論に大いに触発されて、存立構造論の展開を、組織という限定された領域で試み、1977年に「組織の存立構造論」を公表した（舩

表1−1　組織領域における協働連関の諸水準

	基本的主体	各水準で重層的に付加する諸規定	水準移行の一般条件
扇型関係	媒介者　−　被媒介者		↓ 継続性
流動的集団	（複数の瞬間的・交替的な）媒介者　−　被媒介者	・四機能要件の充足	
役割分化集団	（各機能要件に対応する複数の継続的・特定的な）媒介者　−　被媒介者	・定常的な三種の媒介（規範・用具・媒介者）の出現 ・役割の出現	↓ 確実性
単位組織	統率者　−　被統率者	・諸媒介者の集権化による統率者の析出	↓ 効率性
複合組織	中央統率者　−　中間統率者　−　被統率者	・統率者の多段化 ・複数の交流圏の分立としての部分交流型組織	↓ 大規模性
↓存在性格の転化・変容〈支配の存立〉			
物象化した（複合）組織	支配者−（幹部）−被支配者	・支配の存立 ・役割構造の自存化 ・「要件」としての役割期待の「要請」への転化	

橋 1977)。

　ここで、組織の存立構造論の論理の骨格を簡潔に紹介しておきたい。その論理展開の概要をまとめたものが、**表1-1** である。組織の存立構造論の論理展開は、複数の諸個人の協働関係が、しだいに複雑化していく段階を、扇型関係、流動的集団、役割分化集団、単位組織、複合組織という5段階のモデルとして把握しようとするものである。

　そして、出発点である扇型関係に存在していた自由な行為の連結した協働関係が、しだいにその形態を複雑化して最後には複合組織に至ること、そして、当初は「自由な協働関係」であった複合組織の存在性格が変容し、「物象化した協働連関」としての複合組織に変化していく論理的過程を描きだそうとした。そして、この存在性格の変容は、「協働関係の支配関係への変容」および「地位役割構造の主体的行為に対する優位化」という二重の質的変化を意味している。

　このような「組織の存立構造論」の論理展開をきわめて簡単にたどってみよう。

　表1-1に示すように、もっとも単純な協働関係は、一人の媒介者と、複数の被媒介者からなる扇型関係である。

　ここで、「媒介者」とは、共通の目標に向かう複数の個人の間に、どのような手段的行為を分節し配分するかをめぐって発生する諸個人間の(副次的)集列性を、自らの指示によって整合化し、諸個人の行為を連結する主体のことである。「被媒介者」とは、媒介者の指示にしたがって行為する媒介者以外のすべての主体のことである。扇型関係は、存在論的な二肢性において存在する。「存在論的な二肢性」とは、廣松渉が詳述しているように(廣松 1972: 21-28)協働連関の中での人間の行為の存在論的な2つの契機、すなわちレアールな直接的所与性(als solches, 略してA)と、イデアールな「以上の或るもの」(Etwas Mehr, 略してE)のことである。扇型関係においては、具身の諸個人の身体的動作という直接的所与性(A)の上に、「媒介者」と「被媒介者」というイデアールな「以上の或るもの」(E)として、いわば帯電している。

　扇型関係は、「協働を通しての享受」のもっとも簡単な形態であり、瞬間的な協働関係にすぎないが、「協働を通しての享受」が継続性を備えるにいたると「流動的集団」が出現する。

　「流動的集団」とは、集団の萌芽的な形態である。人々の行為の集合が集団というかたちで存続するためには、一定の条件を満たす必要がある。集団の存続のために満たされるべき諸条件を機能要件と呼ぶことにしよう。**表1-2** に示すよう

表1-2　集団の機能要件

	手段的	目的的
外的	適応 （社会に対する存在の可能性）	目標達成 （社会に対する存在の必要性）
内的	貢献の確保 （個人の参加の可能性）	成員欲求の充足 （個人にとっての参加の必要性）

に、「適応」「目標達成」「貢献の確保」「成員欲求の充足」という4つの機能要件が充足されるのであれば、集団は存続できる。それぞれを充足するような協働関係が、そのつど扇型関係として存在しているのが、流動的集団の特徴である。この状態では、媒介者と被媒介者は固定的なものではない。各人は、瞬間的に、また次々に交替するかたちで、媒介者になったり、被媒介者になったりする。

　流動的集団は、不定形であり不安定であるが、集団を存続させる行為が定型化、定常化するならば、役割分化集団が出現する。「役割分化集団」とは、人々の行為が、定型的に営まれることによって、役割を析出するにいたり、複数の役割の連結によって、協働を通しての享受が確実性を伴って継続しているような状態である。協働行為への参加者は成員という性格を帯びるようになる。役割分化集団においては、複数の人々を連結する3種の媒介が、コトバ、モノ、ヒトのそれぞれに応じて存在するようになる。それは、媒介としての規範、媒介としての用具、媒介としての媒介者である。この段階では、4つの機能要件に対応して、それぞれに即して人々の行為を担う媒介者が登場する。

　役割分化集団は、複数の媒介者が存在して、それぞれ人々の行為を整合化しているが、それらの媒介者どうしの意思と行為の整合化のためにさらに調整作用が必要であり、協働行為の効率性という点では、限界がある。効率性をあげるためには、さまざまな媒介者の役割を1つに集中することが要請される。小規模な役割分化集団において、さまざまな媒介者の役割が1つに集権化した場合、そこに、「統率者」が登場することになり、他の成員は被統率者となる。そして、集団は単位組織の形態へと移行する。

　単位組織は、1人の統率者が、直接に意思の整合化を実現できるような比較的小規模の人数の協働関係である。協働関係への参加者が増大した場合には、統率者を多段化し、中央統率者－中間統率者－被統率者という役割分化が必要となる。協働を通しての享受が大規模化し、統率者の多段化が出現すると「複合組

織」が形成されることになる。統率者を多段化すれば、原理的に、限りなく多数の諸個人の行為を整合化させつつ、連結が可能になる。

　この複合組織は、組織の目的を多数の成員の協働関係を通して実現するという意味では、経営システムという性格を有する。しかし、この複合組織という形態において、媒介者である中央統率者が自存化し、被統率者たちがもはや統御できなくなると、組織の存在性格の変容が生ずる。この変容は「支配の存立」と「役割構造の対象的＝客観的自存化」という二重の意味で生ずる。第1に、「支配の存立」とは、中央統率者が支配者へ、中間統率者が幹部へ、被統率者が被支配者へと、性格を変容させることである。その変容とは、支配者の有する交換力の幹部や被支配者に対する優越性と、支配者の意志決定の他の成員に対する優越化を意味している。第2に、「役割構造の対象的＝客観的自存化」とは、当初は具身の諸個人の相互関係のなかで行為にいわば帯電するというような性格にすぎなかった役割が、そのつどの担い手から自存化し、対象的＝客観的な地位役割構造が存立するということである。

　この2つの変容は、図1-2に示すように、「媒介をめぐる主体性連関の逆転」と「協働連関の存在論的二肢性の間での優劣関係の存立」という物象化の2つの契機が組織領域において具体化したものとして、把握できる。

　このような協働関係の支配関係への変容が生じた段階では、組織は経営システムという性格とともに、決定権と財の分配についての格差づけられた構造という意味での「支配システム」という性格をも帯びるようになる。

　大切なことは、組織が支配関係を内包し支配システムという性格を帯びるようになったとしても、協働関係やそれが一般化した経営システムという性格が消失するわけではないことである。経営システムという性格は、支配システムという性格とともに存続し続けている。そして、このことが、組織を、「経営システムと支配システムの両義性」として把握するべきことの根拠を与えるのである。

　以上のように、組織の存立構造論は、組織を「経営システムと支配システムの両義性」を有するものとして把握するべきこと、そこに見いだされる社会関係は、支配者／被支配者と統率者／被統率者の両義性を有することを、原理論の水準で基礎づけている。原理論が提供するこのような洞察を、より具体的な水準で生かすためには、基礎理論の水準での理論概念群の構築が必要である。なぜなら、原理論はもっとも基本的な視角の確立を可能にするが、社会問題や政策過程をめぐ

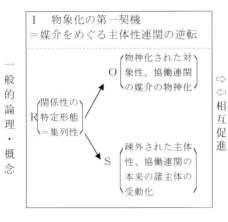
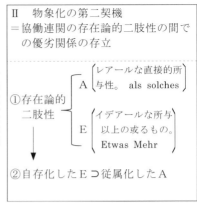
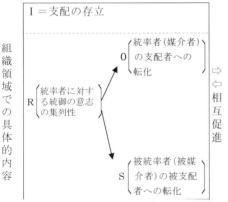
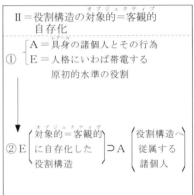

(注　E⊃Aは、EがAに対して存在論的に基軸的・優越的であることを示す)

図1-2　協働連関の物象化の基礎的論理

る無限に多様な現実を把握するために必要とされる概念群の準備という点では、きわめて不十分なものであるからである。この基礎理論の水準での概念群の形成という課題には、第2章において取り組みたい。

第4節　社会制御過程における重要論点

　社会制御の過程はどういうものかという記述的関心と、望ましい社会とはどのようなものかという規範理論的関心という2つの問題関心を探究するに際して、本書が重視する4つの論点を、次に提示しておこう。

1　社会を組織化する価値の定義

「望ましい人間社会のあり方」を探究する場合、取り組まなければならない2つの根本的問題がある。それは、(A)社会を組織化する価値を内容的にどのように定義するのか、(B)社会における意志決定権の分配と意志決定手続きをどのように定めるのかという2つの問題である。たとえば、市民革命の理念としての、自由、平等、友愛は、価値設定(A)についての解答であるし、三権分立や議会制民主主義は、決定権分配(B)についての1つの解決である。「望ましい人間社会のあり方」の探究が「社会構想」の名に値するためには、AB両方の主題化がまず必要である。これら2つの根本的問題は、それに対して、個々の社会構想がどのように解答しているのかということを通して、個々の社会構想の性格を位置づける座標軸にもなりうるものである。それぞれの問題の含意を検討しておこう。

ある社会構想の提唱する価値内容の特徴は、「自由」という価値と他の諸価値をどのように尊重し、どのように組み合わせているのかということから把握できよう。

一方の極には、「自由」という価値のみを至上のものとし、それ以上の価値選択は各個人にゆだね、社会構想としては、他の価値には関心を払わないという立場がある。他方の極には、人々が共通に尊重すべき価値を（その内容はさまざまでありうるが）細目にいたるまで定義し、自由な価値選択を許容しない社会構想がある。現実の多くの社会は、この両極の中間にあり、「自由」という価値を一定程度尊重しながら、同時になんらかの程度において他の諸価値を尊重することによって、共有するべき価値を豊富化している。

さまざまな価値の中でも、「自由」という価値は、特別の意味をもっている。それはそれ自体、価値の一つでありつつ、諸個人の多様な価値の追求を可能にする基盤となるものである。このことの含意を検討してみよう。

自由という価値が、望ましい社会の形成に必須である第1の理由を、各人の生活に即して考えるのであれば、それが、各人の人生の目的設定と手段選択について幅広い選択肢を保証し、各人に即した「満足できる生活」あるいは「充実した人生」を実現する基盤的条件となるからである。だが、ひとまず、各人に自由を承認すると、社会のなかには、複数の価値観が登場しうるのであり、社会的場面での複数の価値の相剋をどのように調整するのかという難問が出現する。

第2に、社会の組織化という文脈に即して考えるならば、自由は、価値追求の

多様性を承認することによって、社会を適正に組織する基盤的条件となるものである。自由は、価値の内容的定義と選択を各人にゆだねることによって、(価値の細目定義にかかわる対立を回避し、)多元性、多様性を可能にする。自由という価値は、複数の諸主体の間で、行為の効果の相互干渉がない限りは、さまざまな価値選択問題や価値相剋問題の解決に対して、多様な価値の追求の相互承認という一定の処方箋を与える。ここで、価値対立問題をどのように解決するべきかという問題に対して依拠するべき価値を「メタ価値」ということにすれば、「自由」はメタ価値という性格を有している。

　以上のような2つの意味において、自由は、「望ましい社会」を形成するための基盤的価値理念である。

　しかし、複数の諸主体の間に、行為の効果の相互干渉が発生するという文脈では、自由という理念は、無限定のままでは、たちどころに個人間の相剋性を深刻化するであろうから、社会を組織化する理念としては機能しない。社会を的確に組織するためには、第8章でみるように、自由にはさまざまな限定が必要である。

　自由の限定のもっともわかりやすい局面をあげよう。自由は「平等な権利としての自由」という限定を加えることによって、社会組織の理念たりうる。すなわち、社会を組織する理念としての自由は、他の主体の同様な自由と両立する限りにおいて、各主体に許容されるべきである。

　およそ、自由を否定した社会構想は、魅力的な社会構想たりえない。だが、社会はきわめて複雑であり、「自由」という単一の価値だけによっては、解決できない問題も多数存在する。どのような魅力的な理念も、それが一面的に強調され絶対化されるのであれば、別の文脈で別の問題を引き起こすであろう。現実に人々が直面する問題を解決するためには、自由以外のさまざまな価値も必要とされるのであり、しかもそれらの価値は、突きつめれば、自由に対する制約を加えることを要請するようなものである。

　自由という価値に加えて、どのような価値が、「望ましい社会」の形成にとって大切であるのかという主題は、本書全体を通して探究されるものであるが、とくに第8章で、総括的に検討される。

　付言すれば、「望ましい社会」を形成するために、どのような価値が共有されるべきかという社会構想にかかわる規範理論的問題関心を有することは、社会制御の過程がどのように進行しているのか、どのような場合に問題解決が成功し、どのような場合にそれが失敗するのかという事実認識にとっても重要である。と

いうのは、価値理念に関係づけられた観点の設定は、事実認識の前提であり、価値理念の自覚と豊富化は、観点の設定のしかたを複眼化し、洗練することを可能にするからである。

2　社会制御の双方向性

望ましい社会を形成するために、意志決定権と意志決定手続きをどう定めるべきかという問題（B）の焦点は、第1に、秩序の維持と相剋性の調整の問題であり、その具体化としての国家権力の形成の問題である。第2に、それは、国家権力の役割の定義とそれに対する民衆の統御の問題を提起する。

第1の秩序の維持と相剋性の問題とは、いかにして諸個人の自由な欲求充足行為が、相互に激しい対立や権利の侵害に陥らないようにするか、また諸個人の安全性を保障するような最低限の社会秩序を維持するかという問題である。

秩序の維持と相剋性の調整は、さまざまな単位の社会集団内部で、適切な社会規範が形成され、その規範が実効性を有すれば、そのつど果たされうる。ただし、社会規範の実効性は、究極的には、強制力を備えた社会組織の存在に依存する。それゆえ、社会制御の実効性の確保のためには、秩序の維持の問題とそれを実現する規範体系と、その担保としての強制力の確立が要請される。このことは、立法、司法、行政からなる国家機構の形成による法秩序の確保と制御の実効性の確保という問題を提出する。すなわち、このことは、全体社会レベルでは、国家権力の形成の問題として具体化し、古典的には、T. ホッブズによって問われたところのものである（Hobbes 1651=1971）。

「望ましい社会」を形成するにあたって、国家機構の形成は不可欠である。秩序が形成されてはじめて、諸個人の生命、財産の安全や、基本的人権の尊重の最低限の必要条件がそろう。

だが、形成された国家機構をめぐっては、新たな問題が立ち現れる。それは、国家機構にどれだけの権限を付与するのか、また、権限の行使が、いかにしてまたどの程度、民衆の意志を反映したかたちでなされうるのか、国家機構の独裁化をいかにして防ぐかという問題である。国家機構の役割については、一方で、それを最低限に限定せよという立場（典型的には、夜警国家論）があり、他方で、財やサービスの再分配や供給の拡大、国民福祉の増大のために積極的に役割を拡大すべし（典型的には、福祉国家論）という主張がある。国家機構の民主主義的制御のためには、三権分立というようなかたちでの権力の分散が必要であり、それとな

らんで、民衆の側の対抗力の保持とともに、国家機構による個々の権限行使の場面において、社会的合意をいかにして形成するのか、そのための意志決定手続きをどのように洗練したらよいのかという主題が重要になる。たとえば、住民投票、環境アセスメント、情報公開制度といった今日の争点は、この文脈に位置している。

このように、秩序と安全を保障する実効的な強制力をいかにして形成するか、その強制力の担い手組織としての国家機構の権限行使が、いかにして人々にとって好ましい仕方で行使されるようにするかは、「望ましい社会」を構想するにあたってのもう一つの根本的な問題としてある。

国家機構の中でも社会制御過程の中心には、政府が位置している。それゆえ、この根本的問題を政府に注目していいかえれば、社会制御過程には、「政府による制御」と「政府に対する制御」という双方向の契機が含まれているのであるが、それぞれをどのようにして望ましいかたちにしていくことができるのか、という問いが設定される。

この論点を探究する際、示唆を与えてくれるようなこれまでの論議の蓄積には、どのようなものがあるであろうか。

第1に、「民主主義の統治能力」をめぐる論点、第2に、公共圏論をめぐる論議の蓄積が示唆深い。

「民主主義の統治能力」とは、国民の総意の尊重という意味での民主主義による統治が、社会の中のさまざまな問題を解決するという意味で、統治能力を発揮するためには、どのようにして可能になるのか、そのためには、どのような諸条件が必要なのかという問題である。「民主主義の統治能力」が今日、重要になっている背景は、一方で民主主義制度のもとで、個々の利害集団の要求が噴出する結果、社会が混乱や漂流に陥り、整合性のある政策が実現できず、さまざまな問題が未解決となるという意味で、統治能力を喪失するという事態が起こりうるからである。他方で、この主題が重要なのは、社会の混乱や漂流や政策の不整合性を克服するために、政治的指導力の確立という名目のもとに、さまざまな独裁体制を導入しようという誘惑と危険性が存在するからである。

民主主義の統治能力を確立するという課題にとって、第2に、「公共圏論」が展開力のある視点と論点を提供すると考えられる。

公共圏とは、公共の問題を扱う開放的な討論空間のことである。公共圏とは何か、公共圏の歴史的形成と変容は、いかなるものか、という問題は、J.ハーバー

マスの労作によって先駆的に提起されてきた (Habermas 1990=1994)。公共圏論は、民主主義の統治能力を高めるために、いかにして公共圏の豊富化あるいは成熟化を実現するかという問題を提起する。

3　意図せざる帰結

「政府による制御」と「政府に対する制御」という社会制御過程の2つの側面において、ともに注目するべきは、「意図せざる帰結」という事態である。

社会制御過程は人々の相互行為から成り立つ。だが、M. ヴェーバーが指摘したように、社会的行為一般には、行為の「意図せざる帰結」という特徴がみられる。このことの含意は社会制御過程の社会学において、きわめて重要である。

社会問題の背後に頻繁にみられるのは、「自分（たち）の生活をよくしよう」という努力の累積が、別の人々に、さまざまな困った問題を被らせるという事態である。さらに、「自分たちの生活」を超えて、「社会をよくしよう」「理想的な社会をつくろう」という努力が展開されることもしばしばみられるが、それが、場合によっては、逆説的にも、さまざまな悲惨や苦痛を引き起こしてしまうことさえある。

「意図せざる負の帰結」が限定的な文脈で発生するという事態は、社会の一角での一つの問題を改善するための改革が、別の文脈で別の困った問題を引き起こすというかたちで、頻繁にみられるものである。たとえば、現在日本の公的債務の巨額の累積という事態の背景には、国民の表出する当面のさまざまなニーズに応えるために、行政組織や政治家が、国民へのさまざまな財やサービスの提供を豊富化しようと努力してきたという事情がある。

ここで、「政府の失敗」という論点の継承と展開が、大切になる。「政府の失敗」については、さまざまな議論の蓄積があるが (Buchanan 1986=1990、宮本憲一 1989)、その要点は、公共の利益のために、財やサービスを提供するべき主体である政府が、一定の条件のもとでは、浪費的であったり、環境破壊さえ引き起こしたり、さまざまな弊害を及ぼし、本来の使命である「公共の利益」への貢献ができなくなることである。

この「意図せざる負の帰結」の問題は社会全体を覆うようなかたちで発生することもある。その代表的な例は、1917年のロシア革命以後の旧ソ連や第二次大戦後の東欧圏「社会主義」諸国の歴史である。旧ソ連においては、社会主義革命というかたちで集合的に強力に推進された理想の追求努力が、逆説的にも、独裁

的なスターリン政治体制へと変容し、新たな悲惨を広汎に作りだしてしまった[3]。

「意図せざる負の帰結」が社会全体を覆うかたちで生みだされる場合、その背景に頻繁にみいだされるのは、権威主義的社会構想ともいうべき考え方である。権威主義的社会構想とは、その信奉する価値や社会設計図の具体的内容において定義されるものではない。それは、価値の信奉のされ方、社会構想の提示のしかたによって定義されるのである。信奉される価値の内容や社会の設計図がいかなるものであれ、「唯一の正しい」価値観や社会設計図が提唱され、それが絶対的に正しいとされ、それに対する批判を許容しないことが、権威主義的社会構想の特徴である[4]。

「意図せざる負の帰結」の防止という点で、示唆的なのは、K. R. ポッパーの「批判的合理主義」という考え方である。ポッパーは、人間の認識能力の限界と、過誤の可能性を冷静に自覚した上で、「至高の善」の実現ではなく、「緊急の悪弊」を除去するということに、社会変革の力点を置くべきであること、いっきょに全体を変革するのではなく、漸進的・部分的な改革を積み重ねるべきことという方針を提唱した[5](Popper 1957=1961)。

社会制御過程の社会学の探究にあたっては、「意図せざる帰結」をも視野に入れた社会制御過程の解明が必要である。本書では、「政府の失敗」、「権威主義的社会構想」の難点、人間の過誤の可能性、社会制御過程におけるたえざる批判的吟味の保証といった論点に、関心を払っていきたい。

4　制御過程に登場する主体のあり方

社会制御過程は、主体の行為の集積からなる。個々の局面では、行為を支える主体性の発揮が重要になる。社会制御過程における問題解決の成否は、主体性の発揮によって左右されるからである。本書では、主体性の第一次的定義を、「主体(個人　あるいは　集合主体)による意志決定能力と行為能力」として与えたい。

社会制御過程における主体性の発揮については、さまざまな問題群の探究が必要になってくる。ひとくちに主体性といっても、主体性の発揮のさまざまなかた

---

[3]　理想を掲げた社会主義社会の建設が、なぜ悲惨さへと反転していったかという主題は、真剣な考察が必要なテーマである。この主題は、歴史学的には渓内謙によって、哲学的にはサルトルの弁証法的理性批判によって、解明が試みられたものである。

[4]　編注：権威主義的社会構想については、舩橋晴俊「社会構想と社会制御」(『岩波講座　現代社会学26 社会構想の社会学』1996 および『組織の存立構造論と両義性論』2010 所収)を参照。

[5]　市井三郎も同様の論点を提出している。

ちがある。主体性をどのような諸契機を有するものとして把握したらよいであろうか。どのような質の主体性の発揮が大切なのであろうか。個人主体の主体性の発揮と、組織などの集合主体の主体性の発揮は、どのように関係しているのであろうか。

主体性に関する諸問題を考える際に、主体性をめぐるこれまでの論議の蓄積の中で、本書にとって、とくに示唆的な2つの考え方がある。

第1は、戦略分析学派の主体性のとらえ方であり、第2は、森有正による「経験」を鍵概念にした主体性についての考察である。

組織社会学における戦略分析は、M. クロジェとE. フリードベルグによる一連の著作（Crozier1963, Friedberg 1972=1989, Crozier et Friedberg 1977）を柱にしながら発展した。その基本的視点は、各個人の行為を、構造化された場の中で、一定の自由な選択範囲を有しつつなされる戦略的行為として把握することである。この視点は、社会制御過程における行為の実態とそこで発揮される主体性の把握にきわめて示唆的であり、また、組織現象の解明、社会制御過程の解明にとって、発見的な方法を提供する。この戦略分析学派の行為のとらえかたについては、第2章でよりくわしい検討をおこなった上で、以後の各章で生かしていきたい。

第2に、「経験」を鍵概念にした森有正による一連の論考は、社会制御過程における諸個人の主体性の発揮に、重要な照明を与えるものである。

個人の主体性の発揮のしかたには、個人の人生の展開のしかたという文脈でみると、「本来性の探究」ともいうべき契機が含まれている。諸個人の行為を、瞬間的、断片的に取り扱うのであれば、このような視点は不要かもしれない。だが、社会制御過程は、単なる運営過程ではなく、構造変革過程が含まれるのであり、その際には、どのような価値を重視しながら、社会制御の目的群を設定するのか、ということが問われる。この重視するべき価値の選択と定立という局面において、各人の「本来性の探究」ということが介入してくる。そして、「本来性の探究」とは、森有正が「経験の深化」と表現した過程と基本的には同じである。本書では、このような主体性の発揮の過程を「経験」という哲学的な言葉ではなく、本書の論脈で他の社会学的用語と接続しうるような社会学的概念によって、把握することを試みていきたい。

以上、本節では、本書の探究しようとする課題と、そのさい重視している実質的論点を概略的に説明した。

第1章　「社会制御過程の社会学」の課題と方法　31

第5節　本書の構成

本書の全体的構成を単純化して示すと、次のようになる。各章の性格を示す言葉を［　］の中に示している[6]。

第1章　「社会制御過程の社会学」の課題と方法
第Ⅰ部　単位的な社会制御過程(全7章)
第2章　協働連関の二重の意味での両義性［第1の基礎理論］
第3～6章　単位的問題解決過程についての4つの事例
第7章　問題解決過程と問題解決の成否を左右する諸要因［基礎理論的総括］
第8章　社会制御システム論における規範理論の基本問題［規範理論的検討］
第Ⅱ部　複合的な社会制御過程(全9章)
第9章　制御システムの4水準と社会制御システムの特性［第2の基礎理論］
第10～15章　複合的問題解決過程についての6つの事例
第16章　複合的な社会制御過程における問題解決の可能性［基礎理論的総括］
第17章　社会制御の指針［規範理論的総括］

本書は、全体として第Ⅰ部と第Ⅱ部からなり、第1章(本章)は、第Ⅰ部と第Ⅱ部を含む本書全体の課題と方法を提示している。

第Ⅰ部は、7章からなり、単位的な社会制御過程を扱う。単位的な社会制御過程とは、一つの事業システム(いいかえれば一つの組織)を焦点にしているような問題解決過程であり、社会制御過程総体のもっとも基本的な単位を構成するものである。第2章は、本書全体の第1の基礎理論的枠組の提示である。社会制御過程が、「主体と構造」および「経営システムと支配システム」という二重の意味での両義性を有する過程であるという基本的視点に立脚し、基礎理論の水準で、経営システムと支配システムのそれぞれを把握する理論概念群の提示をめざす。第3・4・5・6章は、単位的問題解決過程についての4つの事例の検討をおこなう。同時に、断片的ではあるが、「中範囲の理論」の水準で、問題解決過程を把握するた

6　編注：本書の解題でも述べたように、著者は2010年の最新バージョンにおいて2部構成の企画をしていた。東日本大震災に向き合って書かれた論文を収めた第Ⅲ部は、編者が付け加えたものである。

めの、いくつかの理論概念群の提示を試みる。第7章は、4つの事例の検討に立脚して、問題解決の基本サイクルと問題解決の成立条件について、基礎理論の水準での総括的検討をおこなう。第8章は、7章までとは異なり、規範理論の諸問題を扱う。ここでは、社会学の知見に立脚した規範命題として「問題解決の2つの公準」の提出と根拠づけ、ならびに、社会制御過程で重視されるべきいくつかの価値理念の相互関係の明確化が試みられる。

　第Ⅱ部は、9章からなり、複合的な社会制御過程を扱う。複合的な社会制御過程とは、複数の事業システムが関与したり、制御システムの4水準のうち複数の水準が関与するような問題解決過程である。第9章は、本書全体を支える第2の基礎理論的枠組みの提示である。総体としての社会制御過程は、事業システム、社会制御システム、国家体制制御システム、国際社会制御システムという4水準の制御システムにおいて展開されていること、またこれら4水準の制御システムがいかなる関係にあるのかについて検討する。第10・11・12・13・14・15章は、複合的社会制御過程の6つの事例を検討する。同時に、問題解決過程を把握するための、いくつかの理論概念群の提示を試みる。第16章は、第Ⅱ部の6つの事例および第Ⅰ部の4つの事例をふまえて、複合的な問題解決過程について、基礎理論の水準で総括的な検討をおこなう。第17章は、第Ⅱ部の他の章とは異なり、社会制御過程をどのような方向に向けて、改革するべきかという規範的理論的な問題群を扱う。

第Ⅰ部　単位的な社会制御過程

第 2 章

協働連関の二重の意味での両義性

はじめに

　本章は、「社会制御過程の社会学」を探求する本書において、基本的理論枠組みを提示することを課題とする。

　本書は、総体としての社会制御過程は、組織システム（事業システム）、社会制御システム、国家体制制御システム、国際社会制御システムという 4 つの水準の制御システムにおいて、同時並行的に進行しているものとして把握する。このうち、第Ⅰ部では、主要には組織システム（事業システム）の水準での制御過程にかかわる諸事象を扱い、副次的・補足的に、社会制御システムの水準にかかわる諸事象も取り上げることにする。

　組織システム（事業システム）とは、一定の目的の達成を指向し、一元的な意志決定によって統率されているような地位役割構造を前提にしてなされる複数の人々の相互行為の総体からなる。いいかえると、組織システムとは、複数の人々の協働を通しての享受の過程が一定期間以上存続し、定型的な行為パターンとしての役割構造を発達させるとともに、一元的な意志決定によって人々の行為の整合的な調整を継続的に実現するに至ったものである。

　社会制御システムとは、なんらかの政策領域において、一定の政策目的のための制度構造を前提にして、一定の行政組織と社会内の他の諸主体（個人、民間企業、NPO、その他の諸集団）の間で、政策目的の達成を焦点にしてなされる相互作用の総体からなる。いいかえると、社会制御システムとは、社会生活の一定の領域に関して、一連の目標群を達成するために、政府が一定の制度を前提にして、社会に対して働きかけるとき、政府と社会を構成する諸主体の間に形成される相互作用の総体である。

総体としての社会制御過程は、このような組織システムの集積を一つの社会制御システムが包摂し、複数の社会制御システムの集積を一つの国家体制制御システムが包摂し、さらに、多数の国家体制制御システムが集積することによって、国際社会制御システムが形成されるという関係になっている。これらの4水準の制御システムのうち、第Ⅰ部で主要な対象とするのは組織システム（事業システム）であり、第Ⅱ部が取り上げるのは、社会制御システムと国家体制制御システムである。なお、国際社会制御システムは本書の対象範囲を超えたものであり、本書は直接的な対象とはしていない。

本章は、第Ⅰ部を支える基本的理論枠組を提供することを企図するものであるが、その主要な課題は、4水準の制御システム総体の中で、もっとも基本的単位である組織システム（事業システム）に対して、社会学的にアプローチする際の基本的理論枠組みを、「協働連関の二重の意味での両義性」という視角から提示し、その主要な概念群を体系的に説明することである。この課題は、社会問題の解決過程という視点から、現代社会を骨格的に把握するための概念枠組みの構築のための基礎的作業になる。

第1節　「協働連関の両義性」とは何か

1　協働連関の二重の意味での両義性

では、「協働連関」[1]とは何であり、その「二重の意味での両義性」とは何であろうか。協働連関（独　Zusammenwirkung）とは、社会の中で人々が相互になんらかの関係をとり結びつつおこなっている生産と消費の過程の総体のことであり、社会的に繰り広げられる行為の総体を指すものである。

協働連関とは、つながりあう諸個人の相互に作り合う関係の総体である（真木 1977: 25）。それは、狭い意味での協働（英　cooperation, 独　Kooperation）、すなわち目的を共有している人々が協力してその目的を達成することと同義ではない。協働連関は、このような意味での狭義の協働関係を含むと同時に、社会的な生産と消

1　協働連関とは、K.マルクスの『ドイツ・イデオロギー』（Marx und Engels 1845-46 = 1974, 2002）での社会把握の視点を継承しつつ、真木悠介が『現代社会の存立構造』（1973,1977）において、現代社会を原理論的水準で把握するために使用した言葉である。協働連関という言葉の指し示す対象は、社会システムの指すそれとほぼ、一致するといってもよい。だが、社会システムという言葉ではなく、あえて、協働連関という言葉を使うのには理由がある。それは、社会システムという言葉よりも、協働連関という言葉のほうが、後にみるように、対象的＝客観的システムと主体的＝主観的行為の両義性をより的確に表現できるからである。

費の過程に含まれるさまざまな形態の交換関係や支配関係、さらには闘争関係をも含意している。

協働連関のもっとも基底的な単位として、組織システム（事業システム）がある。協働連関としての組織システムは、「対象的＝客観的な組織構造と主体的＝主観的な行為の集合」という意味での両義性、および、「経営システムと支配システム」という意味での両義性、という二重に両義的な性格を有している。

また、組織システムより一つ上のマクロ的水準においては、協働連関としての社会制御システムが存在する。社会制御システムは「対象的＝客観的な制度構造と主体的＝主観的な行為の集合」という意味での両義性、および「経営システムと支配システム」という意味での両義性、という二重に両義的な性格を有している。

以下の本章では、組織システム（事業システム）を中心に考察するが、ほぼ同様な論議を、社会制御システムについても展開することが可能である。そのような場合、組織システム水準の事象に対応する社会制御システム水準の事象を、「組織構造（制度構造）」というようなかたちで、（　）内に後置して、2つの水準において、同様の論議が可能なことを簡略な形式によって表現することにする。

2　対象的＝客観的組織構造（制度構造）と主体的＝主観的行為の両義性

協働連関の第1の意味での両義性、すなわち、「対象的＝客観的組織構造（制度構造）」という性格と「主体的＝主観的行為の集合」という性格は、何を意味するのであろうか。社会や組織がシステムという性格をもつということは、それらが対象的＝客観的な構造をもち、その構成原理や作動原理は要素たる諸個人の特性に還元できない創発的特性をもち、そこには、個人の直接的意図を超えた法則性・規則性が貫徹していることを意味する。

ちょうど地球の運動のしかたが、地球自体の性質だけによっては説明できず、太陽系という物理学的システムのもつ固有の構成原理と運動法則の中ではじめて説明されうるように、社会や組織内の個々の事象は、一定の組織構造や制度構造のもとに、それを包摂している組織システムや社会制御システムの一環としてとらえることによって、よりよく説明されうるのである。ここで、組織構造や制度構造という言葉における構造の含意とは、後に詳しく記すように、それらが定型性と物象性を備えていることである。

他方、同時に、組織システムや社会制御システムはシステムであるといっても、

それは諸個人による主体的＝主観的な行為の集合から形成されているのであり、その作動過程のあらゆる部分に、要素たる諸個人の意志や欲求や利害関心が一瞬ごとに介入し、この点で単なる「物理学的システム」や「生理学的システム」とは根本的に異なっている。社会システムや組織システムの構造と作動は、一瞬ごとに、それに包摂されている諸個人の主体的＝主観的行為によって支えられているのである。

3　経営システムと支配システムの両義性

　次に、第2の意味の「経営システムと支配システムの両義性」は、何を意味しているであろうか。それは、社会関係における協働の契機と支配の契機とを一般化しつつとらえなおしたものである。組織システム（および社会制御システム）を経営システムとして把握するということは、組織システム（社会制御システム）が、自己の存続のために達成し続けることが必要な経営課題群を、有限の資源を使って充足するにあたり、どのような構成原理や作動原理にもとづいているのかという視点から、それら内部の諸現象をとらえることである。他方、組織システム（および社会制御システム）を支配システムとして把握するということは、組織システム（社会制御システム）が、意志決定権の分配と正負の財の分配にさいしてどのような不平等な構造を有しているのか、これらの点に関して、どのような構成原理や作動原理をもっているのかという視点から、それらの内部の諸現象をとらえることである。意志決定権の分配にかかわるのが「政治システム」であり、正負の財の不平等な分配構造が「閉鎖的受益圏の階層構造」である。それぞれの観点から有意味な側面を現実から抽象することによって、経営システムと支配システムが論定される。経営システムと支配システムとは、どのような社会や組織を取り上げてみても、みいだすことのできる2つの契機なのであり、特定のある対象が経営システムであり、他の対象が支配システムであるというような実体的な区分ではない。

　経営システムと支配システムのイメージを最単純の組織システムに即して、表示すれば、図2-1のようになる。全体としての組織システムは、この図の中の立体図（a）によってイメージすることができる。この立体図を真上からの視点で眺めれば、平面図（b）が得られる。それは、一人の統率者を中心に、複数の被統率者が連結されているものであり、経営システムの最単純のイメージを表す。それ

第 2 章　協働連関の二重の意味での両義性　39

(a) 立体図＝両義性を有する現実　　(c) 立面図＝支配システムの契機

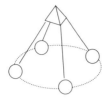

(b) 平面図＝経営システムの契機

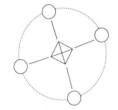

△　支配者（統率者）
○　被支配者（被統率者）

図 2-1　組織における「経営システムと支配システムの両義性」の最単純のイメージ

は、第 1 章[2]の単位組織の水準で提示された水平的な協働関係としての「扇型関係」に対応するものである。これに対して、立体図を真横からみれば、立面図 (c) が得られる。それは、一人の支配者と複数の被支配者の間での垂直的な社会関係を表すものであり、支配システムの最単純のイメージを表している。それは、第 1 章の論脈においては、「協働関係」としての扇型関係が「支配関係」としての扇型関係へと変容していき、支配構造が存立した段階においてみいだされる組織の特徴に対応するものである。

　経営システムと支配システムとは、（本章の第 3 節、第 4 節でみるように）それぞれ固有の作動原理と個別事象に対する意味付与の文脈をもち、相互に他方に還元できない。社会制御システムや組織の内部の諸事象は、経営システムと支配システムという 2 つの文脈において、それぞれ独自の意味や問題の広がりをもっているのであり、このどちらの契機に注目するかによって、同一の事象がまったく異なる姿をもってたち現れる。と同時に、両システムは相互に無関係なものではなく、（第 5 節でみるように）相互に他方の具体的あり方によって深く規定され、かつ規定しあっている。

　それゆえ問題解決過程においても、経営システムと支配システムは、それぞれの独自性とともに相互連関性を示すのである。現代社会におけるさまざまな社会

---

[2]　編注：第 1 章の第 3 節 2-2 組織の存立構造論の基本的論理を参照。

表 2-1　協働連関の二重の両義性を把握するための 4 つの局面

	経営システム	支配システム
主体的＝主観的な 行為の集合	経営システム内の 主体の行為	支配システム内の 主体の行為
対象的＝客観的な 組織構造（制度構造）	経営システムの 構造と作動	支配システムの 構造と作動

　問題は、経営システムの文脈でも難しい問題でありつつ、支配システムの文脈でも深刻な問題であり、それらの2つの文脈が錯綜しているところに、現代社会における社会制御の困難さがあるのである。

　社会的現実の把握にあたっては、一つの観点のみに凝固しない多様なパースペクティブが必要であるとはよくいわれることであるが、以上のような「対象的＝客観的組織構造（制度構造）と主体的＝主観的な行為の集合」および「経営システムと支配システム」という複眼的視角を、交差させつつ併用することこそ、さまざまな社会問題の発生過程の解明とその解決の可能性の探究に対して、すなわち社会制御過程の把握に対して、有効な視座を提供するように思われる。

　この二重の意味の両義性を把握する視点を交差させれば、**表 2-1** に示したように、組織や社会制御システムの過程を把握する際の4つの基本的側面が、明らかになる。

　以下の本章においては、この二重の意味での両義性のうち、まず、第2節において「対象的＝客観的なシステムと主体的＝主観的な行為の集合」という両義性について考察し、それをふまえて次に、第3節以下において、「経営システムと支配システムの両義性」について詳細に検討することにしよう。それを通して、2つのシステムのそれぞれの特徴と、社会制御システムおよび組織の内部の諸問題を分析するために、それぞれのシステムに即した鍵概念を豊富化していこう。この作業を通して、第3章から第6章において試みられる具体的な社会問題解決過程の分析を準備することが可能になるであろう。

4　二重の意味での両義性論の必要性と正当性

　このような二重の意味での両義性に注目して組織システムを（そして、より広くは社会制御システムにかかわる政府／民衆関係を）把握することは、どのような根拠によって正当とされるのであろうか。この二重の意味での両義性はともに、論理

的には、第1章で検討したように、社会学原理論としての存立構造論[3]に基礎づけられ、そこから導き出されるものである。

この二重の意味での両義性のうち、「対象的＝客観的な組織構造（制度構造）と主体的＝主観的な行為の集合」という意味での両義性が存在することを認めることは、存立構造論の問題意識設定にさいして、そもそも論理的な前提であった。社会諸事象がそのつど、主体的行為の集合として具体化することは、自明のことである。他方、それが同時に、組織構造（制度構造、さらに一般化すれば社会構造）の前提のもとで生起し、それらの構造をそのつど具現化するという独特の性質をもち、要素的主体の行為に還元できない創発的特性をもつことも、社会学においては広く共有された認識といえよう（近年ではA. ギデンズの構造化理論を参照）。社会学の歴史の中で、主体中心的アプローチと法則構造論的アプローチとがくり返し立ち現れ、並存してきたのも、主体と社会構造の両義性という社会事象そのものの性質に根拠をもっているのである。

他方、組織や社会における経営システムと支配システムの両義性についていえば、そのどちらか一方に注目してこれらを認識しようとする思考法は、きわめて広汎にみられるものである。概略的ないい方をすれば、たとえば、経営学は経営システムの側面に主として注目しているし、政治学は支配システムの側面を把握する概念群を豊富に有している。

しかし、本章のような意味での経営システムと支配システムの両義性に注目し、両者を同時に、しかも、相互に関連づけて把握しようとする試みは、社会科学全体を通じて、きわめて少ない。そのような中で、社会学における存立構造論は、経営システムと支配システムの両義性を把握する視点を論理的に基礎づけている。しかし、社会学においても、この意味での両義性について同時に注目し、体系的な理論的展開に取り組んでいる研究は、管見の限りではみいだすことができない。この両義性に対応する論点を提示している稀有な例は、A. トゥレーヌの「社会階級の二重の弁証法」という議論であるが、トゥレーヌは、以下の本書で試みるような「経営システムと支配システムの両義性論」を体系的に展開しているわけではない[4]。

これに対して、本書は「経営システムと支配システムの両義性」という理論的

---

3 編注：「存立構造論」(genetic objectivation theory) について詳しくは、舩橋晴俊『組織の存立構造論と両義性論』東信堂 (2010年) の第1章を参照。

4 A. Touraine, 1973, *Production de la société* を参照。

視座が、存立構造論に根拠づけられ、またそれから論理必然的に提出されるものであると考えている。したがって、逆に、もし「経営システムと支配システムの両義性」という視点によって、現実についてのより具体的な認識を深めることが可能であれば、それは、間接的に、その前提としての存立構造論の妥当性と有効性を示す一つの論拠となるのである。

第2節　個人主体と組織構造との関係

　本節では、協働連関の第1の意味での両義性、すなわち、対象的＝客観的組織構造（制度構造）と、主体的＝主観的行為の両義性について、より詳しく検討してみよう。

1　主体と組織構造の両義性の基本的意味

　この第1の意味の両義性の基本的意味を、現象記述的に、概略的に把握するのであれば、次のようにいえる。

　一方で、組織システム（あるいは社会制御システム）は対象的＝客観的な組織構造（あるいは制度構造）を骨格的枠組みとしながら、存在している。組織システム（あるいは社会制御システム）が、対象的＝客観的構造という契機を有するということは、それらがそれらの要素としてそれらを支えている諸個人に還元されない、創発的特性（emergent property）をもつということであり、個々人の主観的意味付与や企図を超えた、独自の構造や法則性が、それらの性質として存在するということである。

　他方で、組織システム（あるいは社会制御システム）は、諸個人の主体的＝主観的行為の集合という性格をもっている。組織構造（制度構造）を枠組みとしながら、そこに、具身の諸個人の行為が展開することによって、組織システム（社会制御システム）の実際の姿が決まってくる。システムの作動のひとこまごとに、諸個人の主体性と主観性が介入し、諸個人の行為によって、システムの存在と作動が支えられ、また選択されているのである。諸個人は自由をもつ存在であり、諸個人の行為は、原理的にシステムの論理に還元できない始源性（originality）を有している。

　まとめていうならば、組織システム（社会制御システム）は、第1に、物象化した組織構造（制度構造）を前提的枠組みとしているという特徴、第2に、具身の個

人の主体的＝主観的な行為の集合という性格を有しているのである。この二重の存在性格は、「経営システムと支配システムの両義性」と交差するものなのである。

以下では、組織構造と主体的行為の両義性という組織システムの姿を把握するために、この両義性のさまざまな含意を検討していこう。

2　物象化した組織構造についての基本的な論点

存立構造論の到達点で得られるのは、具身の諸個人に対して、独立した存在性格をもつ組織構造（あるいは制度構造）の存立であった。それは、組織のレベルでは、普通は「公式組織」として語られるものであり、物象化した地位役割構造の存立を核心としている。また、社会制御システムのレベルでは、物象化した制度構造の存立が核心にある。

物象化（独：Versachlichung）の基本的含意は、「もののようになること」であるが、対象的＝客観的な組織構造（制度構造）という性格は、どのようなことを含意しているのであろうか。

第1章で検討してきたように、対象的＝客観的な組織構造の存立とは、役割をめぐる存在論的二肢性の間での優劣関係の逆転を意味している。存在論的二肢性とは、廣松渉がとらえたように、この世界に存在するものが、「それ自体のあるもの」（als solches, A）と「以上の或るもの」（Etwas mehr, E）という二重の性格を有することをいう。

定型的な行為が、複数の諸個人の間で継続的に相互期待のもとになされるようになると、「役割」が存在するようになる。たとえば、数名の友人仲間が趣味の活動サークルを始める場合、内部に役割分担がなされ、効果的に活動がなされるような場合である。そのような場合、具身の諸個人が「それ自体のあるもの」（A）という性格を有するのに対して、役割は「以上の或るもの」（Etwas Mehr, E）として立ち現れる。

そのような状態においては、役割とは、具体的な個人が定型的行為をする限りにおいて成り立つものであり、個人にいわば帯電している役割であるから、「属人的役割」といえる。そして、具身の諸個人（A）が、属人的役割（E）に対して、優越している。この水準では、役割が自存化しているわけではなく、役割の空白としての「欠員」は定義されない。行為の定型性を支える社会規範も、当事者のそのつどの合意がある限りにおいて維持されるのであり、堅固な存在根拠を有するわけではない。

これに対して、「組織構造」が存在するということは、存在論的二肢性の間での優劣関係が逆転して、地位役割構造（E）が自存化し、具身の諸個人（A）に対して、優越するような存在性格を有するようになることを意味する。この自存化した地位役割構造を可能にする条件は何であろうか。その第1の条件は、役割の定義が、一定の人々の間に共有された社会規範によって支えられることである。社会規範の根拠は、人々の相互作用における相互期待である。それが、さまざまな個別的状況をこえて一般的に適用されるべき原則として整序されることによって、社会規範が登場する。特に社会規範が成文化し、事実として、一定の人々が、成文化した社会規範を尊重し、その定義する役割にそった行為を続けるようになると、役割の存在性格の自存性は強まる。社会規範の裏づけによって、役割が定義され行為の定型性が担保されるとき、役割には、単なる定型性の確保以上の含意が伴う。それは、可能性の次元（可能性／不可能性）と当為の次元（義務／禁止）が加わることである。各役割には、できることとできないことが定義されるようになる。それは、各役割の権限の定義と表現できる。また、各役割には、なすべきことと、なすべきでないこととが、定義されるようになる。それは、義務と禁止の定義と表現できる。

　役割内容の定義とその遂行のされ方は、その担い手の「個人的意向」によって、勝手に改変できるものではなくなる。

　社会規範の規範性の強さが強まり、関与する諸個人の恣意によって改変できるものでなくなればなるほど、当然のことながら、役割の自存化した存在性格も堅固なものとなる。組織における地位役割構造の自存化を支える第2の条件は、統率者／被統率者の関係が、支配者／被支配者の関係に変容することによって、社会規範の遵守が支配者によって要求されるようになり、社会規範の自存性が強まることである。

　さらに、地位役割構造の自存性を支える第3の条件として、上位規範による担保という条件が登場する。ある水準の社会規範は、その正当性根拠を提供するような上位の水準の社会規範と連結することによって、より強い自存性を獲得できる。上位の水準の社会規範との連結によって、権限や義務の定義は、そのような連結を欠如している場合と比べて、より堅固なものになる。この点で、国家が定める法律は特別の位置にある。法律は、制定・改変の手続きにおいて、国会の総意を反映するという点と、その遵守について国家権力による強制力が作用するという意味において、もっとも自存性の強い社会規範である。上位規範としての法

律との連結は、個別の社会規範の自存性を強める根拠となる。とくに、法律によって、組織が法人格を認められるようになることは、組織構造の自存化の明確なメルクマールというべきである。

自存化した組織構造、地位役割構造を支える第4の条件は、個人の私物とは区別されるかたちで、組織に所有されるような固有の施設や物財の存在である。つまり、私物と公式組織の所有する物とが分離するのである。この意味での「分離」は、ヴェーバーが官僚制組織の特性として指摘したものでもある。

このように、組織構造（制度構造）が独自の存在性格を有するようになると、すなわち物象化するようになると、具身の諸個人と組織構造（制度構造）や組織システム（社会制御システム）とのあいだに、どのような関係が現れるであろうか。

第1に、諸個人に対する組織構造（制度構造）の外在性。それは、一人の個人の存在に先だって存在しており、その個人が消失しても存在し続ける。役割は、その担い手に還元されない固有性をもち、担い手たる諸個人の交代を越えて、継続的に存在し、役割を優越的基準として「欠員」や「過員」が定義されるのである。

第2に、諸個人に対する組織構造（制度構造）の優越性。組織構造（制度構造）は個人に対して、優越した存在性格をもち、個人は、そのあり方を自由に左右できない。むしろ、地位役割構造のあり方に、自分を合わせていかなければならない。

第3の含意は、諸個人に対する拘束性である。組織構造（制度構造）は、個人のあり方と行為を拘束する。個人が、組織構造（制度構造）から課される論理や期待とは、別の行為や態度をとろうとすると、それを妨げるような拘束力が作用するのである。

第4に、要素たる諸個人に対して組織システム（社会制御システム）が創発的特性をもつことである。すでに概観したように、また、後に詳述するように、対象的＝客観的組織構造（制度構造）を前提的枠組みとした組織システム（社会制御システム）は経営システムと支配システムの両契機を有し、創発的な構成原理と作動原理をもつのであって、それは要素たる諸個人の特性に還元できるものではない。

このように物象化した組織構造（制度構造）には、諸個人に対する創発性、外在性、優越性、拘束性という含意がある。

3　組織構造と組織成員の行為との関係（その1）——拘束効果と成型効果

では、この物象化した組織構造（制度構造）は、諸個人の主体的行為とどのような関係にあるのだろうか。個人は自由な主体でありつつ、なぜ定型的な行為を組

織システムの中で営むのであろうか。

　本章では、この問題を解明するために、存立構造論の到達点に得られる主体モデルを基盤にして、戦略分析の主体モデルを吟味するという基本的方法を採用したい。

　物象化した地位役割構造を前提にした組織システムが、個人の自由な行為を、一定の定型的な行為として包摂してしまうメカニズムの根本には、社会から個人に対して働きかける２つの回路が存在する。

　まず、組織システムが主体をどのように規定しているのか、という側面をみてみよう。組織システムから主体に対する二重の影響回路が存在する。それは、第１に、地位役割構造が設定する「構造化された場」であり、第２に、「主体群に共有された主観性」（集合意識としての社会意識）である。

　「構造化された場」とは、主体をとりまく外的条件にかかわる回路であり、「主体群に共有された主観性」とは、主体の内面的な主観性にかかわる回路である。

　図2-2は、物象化した地位役割構造を核心に有する組織システム（社会制御システム）が、そこに包摂されている諸個人へ影響を及ぼす、そのような二重の回路を表現したものである。

　第１の回路（A）は、個人を取り巻く「構造化された場」の形成回路を示している。それはまず、自存化した地位役割構造が、各個人の担当する役割を中心として、「構造化された場」の基本的契機を定義していること（A１）、また、具身の成員集団の人間関係が、「構造化された場」を定義するもう一つの契機になっていること（A２）を示している。「構造化された場」（仏　le champ structuré）とは、組織社会学における戦略分析学派の基礎概念であり、社会システムの中の個人にとって、与えられる課題や制約条件や機会の総体である。

　各個人をとりまく地位役割構造は「構造化された場」を提供する。さらに各人は、成員集団の中のミクロ的な人間関係に取り囲まれており、それは、各個人の役割遂行にあたっての「構造化された場」を定義するもう一つの要因になっている。直接的な人間関係における協力や賞賛、対立や批判の可能性は、個人の役割遂行にあたって、影響を及ぼす。

　個人主体は、外的にみれば、「構造化された場」に取り囲まれている。その「構造化された場」とは物象化した地位役割構造を前提にして形成される、他の組織成員との社会関係の総体からなる。

　この「構造化された場」は、個人に、特定の行為に駆り立てるような「要請」

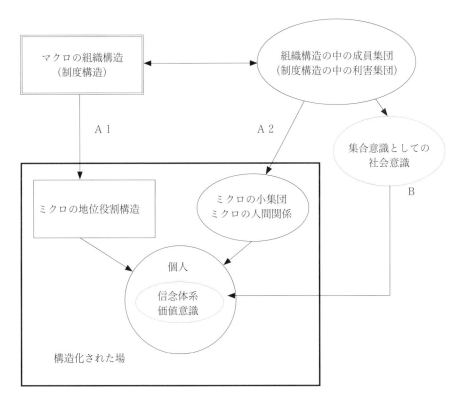

図 2-2 物象化した組織構造(制度構造)が個人に及ぼす影響の二重の回路

(exigency) を課す。この要請の組織のレベルでの主要な形態は「役割期待」という形をとる。役割期待には、システムの作動の基本論理が、反映している。

第2の回路(B)は、具身の成員集団や利害集団に共有されている社会意識(共有されている信念体系と価値意識)が、行為の主観的要因としての各人の価値意識と信念体系を規定していることを示している。

組織システムの中の具身の成員集団は、共有された社会意識をもつ。社会意識には、認知的側面(信念体系)と評価的側面(価値意識)とがある。それらは、融合しながら E. デュルケームのいう意味での「集合意識」(Durkheim 1895=1979) という性格をもつ通念として、成員に浸透し成員に共有され、成員たる各個人の一般的な認識枠組と価値判断の枠組みの共通基盤を提供する。この通念は、存在基盤としての組織システム(社会制御システム)の基本特性に対応しているものである。

知識社会学的にいえば、組織成員に共有される社会意識は、組織を囲む利害状況に由来するような存在被拘束性が作用しており、その時々の状況の可変性をこえて、この通念は相対的に変化せず存続するものである。

「構造化された場」と「主体群に共有された社会意識」という二重の回路を通して、組織システムは、主体に対して「拘束効果」と「成型効果」を及ぼしている。「拘束効果」とは共時的文脈に出現するものであり、「成型効果」は通時的文脈で作用を発揮するものである。

「拘束効果」とは、組織システム（社会制御システム）の中の特定の役割を担うことによって、各時点での個人の行為と意見が、地位役割構造（制度構造）の課すそのつどの諸条件と、関係する集団成員に共有されている社会意識に拘束され、それらが許容する範囲での選択肢しかもたないということを示す概念である。この「拘束効果」は、主体をとりまく「構造化された場」から及ぼされるとともに、主体に内面化されている社会意識からも及ぼされる。「選択肢の限定」は、行為の定型性、予測可能性を高める。

「成型効果」とは、組織システム（社会制御システム）の中の個人が、組織成員（あるいは社会制御システム関係者）としての特定の社会意識を内面化し、役割遂行に適合的な特定の資質と能力を形成するように、組織システム（社会制御システム）が個人に及ぼす作用の総体である。それは、個人のアイデンティティが組織成員（社会制御システムの担い手）であることを柱として確立する過程を促進するものであり、個人の主体性の発揮に特定のパターンを付与する過程である。

以上の検討は、存立構造論の視点を生かして、個人と組織構造との関係を検討したものである。すなわち、拘束効果と成型効果の概念によって、諸個人の行為に定型化をもたらすような「構造化された場」から課される影響回路を照明し、また事実として、諸個人がシステムの作動の論理にいわば包摂されるようなかたちで、定型的に行為するようになるという事態を、説明しようとするものである。だが、さらに、役割課題遂行に現れる定型的な行為と諸個人の自由との関係について、もう一歩立ち入った考察を、戦略分析の視点を導入することによって、検討してみよう。

4　組織構造と組織成員の行為との関係（その2）——戦略分析の主体観

M. クロジエと E. フリードベルグによって形成された「戦略分析」の主体観の核心は、諸個人は、「構造化された場」に取り囲まれながらも、「自由な選択範囲」

を有する主体であり、合理的な戦略を採用しながら行為している主体である、ということである。その含意は、次の諸点のようにまとめることができる (Friedberg 1972=1989)。

　第1に、社会内の諸個人を、一定の制約条件の下に置かれた存在として、また同時に一定の自由をもつ主体として把握する。人間は完全な自由をもつ神ではないし、かといっていつも他者の意志に従属するロボットでもない。一方で個人の行為は、彼をとりまく状況に常に制約されている。つまり行為は「構造化された場」の中で方向づけられている。だが他面で各個人は、システムに還元されるものではない。彼は常に一定の「自由な選択範囲」（仏　la marge de la liberté）をもっている。

　第2に、各個人は、この「自由な選択範囲」を利用しながら、それぞれ「合理的戦略」（仏　la stratégie rationnelle）を追求している主体である。組織過程や社会制御過程の中でしばしば観察される、一見不可思議な事態や、常識に反する行為といえども、当事者の置かれている利害状況と制約から理解すれば、それぞれそれなりに「合理的な」理由をもっているのである。ただし、ここで「合理的な」ということは、「唯一の最適な手段の選択」という意味ではない。当人の利害関心や当人にとっての切実な価値の追求にとっては適合的である、あるいは、当人の立場からすれば理由がある、という程の意味である。

　第3に、組織過程や社会制御の過程は、ある程度までは「ゲーム」（仏　le jeu）を比喩として把握することができる。各主体は自分の利害関心の追求のためにゲームに参加し、目的達成のために「合理的戦略」を展開する。ゲームには他の行為者が相手として存在しており、相手の出方に応じて自分の行為をそのつど選択していかなければならない。相手の選択に規定されつつ、ゲームにおいては、自分の企図が成功する場合も失敗する場合もある。組織においてなされる意志決定は、このようなゲームの結果としての合意や妥協や勝敗の所産である。定常的な社会制御過程においては、具体的な諸個人がゲームの中でなす行為が、一定の定型的な組み合わせを実現し、一定の社会関係や妥協点を維持しているのである。

　第4に、戦略分析は社会関係における協力の契機と支配の契機とを不可分なものとして把握する視点を有しており、協力関係と絡み合わせるかたちで勢力関係を把握しようとする。組織における社会関係においては、一方の主体が他方の主体に対して全能であるわけではない。支配者／被支配者の関係においても、双方は、一面で協力関係にある以上、自分の意志を貫徹するために一定の交渉手段（仏　atouts）を有するのであり、両者の関係は、「勢力関係」として把握されるべきで

ある。

　このような戦略分析の主体観と、存立構造論に立脚した本章のこれまでの論点とを、連結することにより、どういう考察が可能になるだろうか。

　第1に、戦略分析の前提となる「構造化された場」の存在は、基本的には、物象化された組織構造によって与えられる。すなわち、組織や制度にかかわる圧倒的多数の他主体が、その秩序を維持するような定型的な行為を続けている状態を定常状態ということにすれば、定常状態においては、組織の中の諸個人は、「対象的＝客観的な地位役割構造」という「構造化された場」に取り囲まれつつ、それらを自分の力によっては変えることのできない所与の前提条件や制約条件として受けとめざるをえない。そのような構造化された場を前提にしながらも、各個人は、一定の「自由な選択範囲」を有し、自分の目的群を追求するための合理的な戦略を採用しながら行為している。

　第2に、個人が戦略分析の把握するような「自由な選択範囲」をもちつつ行為しながら、組織システムの定常的作動を支えているという事情は、個人の行為の目的設定が、役割課題の内面化によって規定されているという視点から理解することができる。組織が定常状態にあるとき、組織構造の中での各個人の行為を特徴づけるのは、組織成員としての個人の行為の指向する目的群の一定の重要な部分が、各個人に割り当てられた役割課題によって与えられるということである。そして、役割課題が、成員としての個人の目的として個人に内面化するという過程において、拘束効果と成型効果が個人に作用する。

　この拘束効果と成型効果によって、各個人のそのつどの主体性の発揮が消失するわけではない。各人は、拘束効果と成型効果を前提としながら、役割課題達成のために、そのつど、合理的戦略を主体的に選択する。しかし、主体性の発揮が、特定の「構造化された場」による選択肢の限定と、特定の信念体系と価値意識を前提にしている（主観性の限定）ゆえに、傾向的に一定の幅の中に納まるようになる（あるいは特定のパターンを示すようになる）のである。役割課題の達成が、個人が優先的に設定している目的と合致しているならば、個人は「自由に」行為しつつ、組織システムの作動を支え続けることになる。

　第3に、そのような状況においては、諸個人の行為の集積が、そのつど「具体的行為システム」としての組織システムの内容をそのつど特定化する。一定の組織構造のもとで、具体的行為システムがとりうる姿は無限に多様である。いいかえると、役割課題の遂行のしかたには、無限に多様な可能性があるということで

ある。無限に多様な具体的行為システムは、一定の組織構造の存在を前提にして、それに制約されながら、そのつど組織構造を具現化している。そして、組織構造は、そのつど、行為の集積によって支えられ再生産されるのであるが、そのつど、特定の具体的行為システムとして顕現する。

　第4に、だが、組織の中で各人が達成しようとする目的群の設定は、地位役割構造に根拠づけられた役割課題にのみ由来するものではない。目的群の設定には、各人の利害関心や価値意識が影響を与えるのであり、各人の主体性が反映するのである。役割課題の具体的内容は、一方で組織システムの作動の論理が発する要求によって、他方で、役割の担い手たる個人や集団の利害関心によって規定されるのであり、これら2つの要因の相互作用を通して、定義されるのである。

5　主体性の諸契機

　以上の考察においては、物象化した組織構造を前提にして、組織システムの定常的作動に際して、組織構造と個人主体の行為がどのように関係するかを考察してきた。その際、主体性という言葉の含意をあまり掘り下げないで使用してきたが、具体的な社会問題の解決過程を把握するにあたっては、主体性についての視点の整理が必要である。

　というのは、実際の社会制御過程においては、組織構造（あるいは制度構造）が、具身の主体に対して優位にあるような定常状態とは異なって、変革を指向する諸個人の主体性が積極的に発揮され、活発化した変革努力の展開の中で、組織構造が流動化し、組織構造よりも具身の主体の行為が、優位に立つような場合があるからである。主体性の発揮による流動化を把握するためには、主体性の諸契機を明確にする必要がある。

　本章では、主体性を構成する諸契機として、①「資源操作力」としての主体性、②「手段的合理性」としての主体性、③「価値合理性」としての主体性、④「コミュニケーション能力」としての主体性という4つがあるという考えから出発したい。これらの四者は、個々の主体においては融合して発現しうるものであるが、それぞれの含意を明確にしておこう。

　①資源操作力としての主体性
　一般に「対象操作力としての主体性」とは、ある主体が自分の意志によって、さまざまな対象を操作しうる程度のことである。対象操作力が身体としての人間

に即して発現する場合が、物的対象にたいする物理的操作力である。それは、各個人の身体能力に依存するが、さらに、道具や機械によって拡大しうる。「対象操作力としての主体性」の諸形態の中でも、制御過程において特に注目するべきは、「資源操作力としての主体性」である。それは、「対象操作力としての主体性」の一つの形態であるが、経営システムにおける経営課題達成との関係で、あるいは、支配システムにおける交換力の獲得と行使という文脈での意味を表現するものである。「資源操作力としての主体性」とは、ある主体が自分の意志によって、さまざまな資源を(すなわち、資源という性格を有する対象を)動員し使用できる程度のことである。ある主体の有する「資源操作力としての主体性」は、その主体が、どのような資源をどの程度、どのようなかたちで、操作できるかということで計られる。資源操作力は、支配システムにおいては、他者に対する財の与奪を通して、他者の態度に影響を与えるようなかたちで駆使された場合は「交換力」となる。そして、それは「対象としての他者」を操作する主体性になるのである。

②手段的合理性としての主体性

「手段的合理性としての主体性」[5]とは、所与の目的の達成に対して、効果的な手段を選択する能力のことである。「手段的な合理性としての主体性」が徹底して発揮されれば、所与の状況や資源制約の中での最適な手段の選択が可能となる。手段的合理性としての主体性を左右するのは、目的や手段や自分をとりまく状況についての知識と情報の豊富さや正確さである。「手段的合理性」が、社会的相互作用の中で、ある主体が自分の利害関心をよりよく達成するために発揮される場合を、「戦略的合理性としての主体性」ということにしよう。

「戦略的合理性としての主体性」とは、定常過程であれ、変革過程であれ、社会過程一般にみいだされるものである。クロジエとフリードベルグが指摘しているように(Crozier et Friedberg 1977)、社会過程の中での人々の行為は、一般に戦略的行為(仏 action stratégique)という特質を帯びている。戦略的行為の含意は何か。それは、各人が、どのような状況におかれていても、自分の利害関心をよりよく実現しようとする志向性を有する主体であること、そのために、所与の制約条件のなかで、自分の利害関心の実現のために合理的な戦略を選びつつ、各人に可能な「自由な選択範囲」を利用しながら行為しているということである。

---

5 ここでいう手段的合理性とは、M. ヴェーバーのいう「目的合理性」と同じ意味である。「手段選択に関する合理性」という意味を明らかに表現するために、手段的合理性という用語を採用する。

③価値合理性としての主体性

　各主体の抱くさまざまな利害関心が、特定の利害関心の価値化・至上化を前提にして、首尾一貫した優先順序を与えられるようになるとき、「価値合理性」という別の質を有する主体性が現れてくる。「価値合理性としての主体性」とは、ある主体が一つの価値を至上のものと考え、それを他の利害関心に対して優先させ、その実現を一貫して志向し、さまざまな困難に出会ってもその価値の実現のためにそれらを克服しようという態度を維持するというかたちでの主体性である。

　価値合理性としての主体性を有する個人は、信奉する価値とは異なる次元の利害によっては、容易に操作されない。また、そのような個人は、至上の価値の実現のためには、さまざまな負担やさらには苦痛をも引き受けることをいとわない。変革行為、あるいは、問題解決行為にあたって、価値合理性としての主体性の発揮する機能は大きい。問題解決を志向する諸個人が、さまざまな困難や障害にぶつかったときに、それを克服していくためには、価値合理性が必要とされる。

④コミュニケーション能力としての主体性

　主体性のもう一つの重要な能力は、他の主体とのコミュニケーション能力である。コミュニケーション能力とは、自分の思考や感情や意志を他の諸個人に伝えるとともに、他の個人の思考や感情や意志を感受し理解する能力である。対面的相互作用において、コミュニケーション能力は、共感や信頼関係の形成に大きな影響を与えるのであり、さまざまな問題群にとって鍵となる問題である。社会制御過程においては、コミュニケーション能力は、説得と合意形成の鍵になる能力という意義を有している。コミュニケーションのあり方についてもさまざまなタイプを分けることができる。

　社会過程におけるコミュニケーション能力は、情報を媒介する「メディア」のあり方によって大きく規定される。対面的コミュニケーションのみならず、「メディアを通したコミュニケーション」ということが、社会制御過程では問題になってくる。

　以上、本節で検討してきたことは、対象的＝客観的な組織構造と主体的＝主観的行為という組織システムの第1の意味の両義性を把握するための基礎概念群

を整理することであった。これをふまえて、組織システムの第2の意味の両義性、すなわち、「経営システムと支配システムの両義性」について、続く諸節で検討してみよう。

第3節　経営システムと経営問題

本節は、経営システムの基本的特徴と、そこにおける鍵概念である「経営問題」について考察することを課題とする。

1　経営課題とその充足

1-1　経営システムの諸水準

その形態に注目すると、経営システムは、あらゆる水準の制御システムに見いだされるものであるが、本節では、主要には、組織の水準における経営システムを取り上げ、補足的に社会制御システムの水準における経営システムについても言及する。

複数の人々の「協働を通しての享受」の行為の体系が、一定期間持続することによって、組織システムの存続というかたちをとるようになり、組織システムの存続のために果たすべき一連の課題群を継続的に達成するようになったとき、そのような行為の体系のことを、組織レベルでの「経営システム」ということにしよう。

また、社会あるいはその一部を対象にして、政府（地方政府としての自治体も含む）が、社会の状態に関係して、一連の課題群を設定し、社会の構成員に対して働きかけつつ継続的に達成するようになったとき、課題群の達成に関係するような行為の体系のことを、社会制御システムの水準における「経営システム」ということにしよう。

そして、組織の存続のために達成が必要な課題群、あるいは、社会の状態に関連して政府によって継続的達成がめざされている課題群のことを、「経営課題」群ということにしよう。

あらゆる組織は自己の目的を追求し、少なくとも一定期間は自己を存続させようとしているから、それぞれ経営システムという性質をもっている。また社会制御システムの水準においては、たとえば「経済の景気循環の制御システム」、「年金制度」、「医療制度」、各種の「公共財の供給システム」のような行為のシステムは、

政府 (地方政府としての自治体も含む) が中心になって、一定の目的群をたえず達成しようとして管理をおこなっているのであるから、経営システムという性格をもつ。これらをはじめとして、政府・自治体の担当している経営システムはその部局の数だけあると言ってよいほどの多数にのぼる。

組織水準の経営システムと社会制御システムの水準の経営システムとは、いくつかの共通の特徴をもつが、それと同時に、それぞれ独自の性格をもつことに注意しなければならない。

1-2　経営課題

がんらい「経営」という言葉は、目的の継続的達成を意味しているように、「経営システム」において、継続的達成がめざされている課題群が、「経営課題」群である。いいかえれば、経営システムとは、経営課題群の継続的充足をめざすような行為から形成されているシステムである[6]。

経営課題群とは、なんらかの経営システムにおいて、システムの存続のために、その充足が必要であるような課題群のことであるが、また、その充足の程度の高低によって、経営状態のよしあしが判断されるような基準という意味ももっている。

経営課題群の数は、観点のとり方によって可変的であり、どのような経営シス

---

[6] 本書の文脈で使用される「経営課題」と、社会学における鍵概念としての「機能要件」との関係について注釈を加えておきたい。本書の前提としての「組織の存立構造論」の解明の過程においては、まず「機能要件」を、組織がシステムとして存在する条件を定義する際に用いた。「協働連関の両義性論」の議論の水準においても、その延長において、近似的には「経営システムの作動の第一の基本的論理は機能要件の充足である」というように説明することもできよう。また、端的にいえば、経営課題は、システムにとっての機能要件の一定の部分が主体にとっての目的へと転換したものであると、いえよう。

だが、本書では、機能要件という概念を鍵概念としては使用せず、もっぱら、経営課題という用語を使うのは次の理由による。第1に、一般に、機能要件を鍵概念にした理論は、経営システムと支配システムの両義性への注目と、両者の分節の必要性という発想を理論の基軸に置いていない。それゆえ、両義性への注目を基本とする本書の鍵概念としては不適切にならざるをえない。両義性論の視点からみれば、機能要件という発想は、経営システムの文脈でこそ適合性をもつが、支配システムの文脈では、適合性を欠くように思われる。それゆえ、機能要件という言葉 (あるいはその等価概念) を、経営システムの文脈に限定して使用したほうがよいと思われる。

第2に、経営課題の概念は、主体の行為の論理と経営システムの作動の論理を接合するような概念という特色をもち、また、機能要件の具体的充足のしかたを把握するために有効である。すなわち、「経営課題」は、機能要件が、主体の意図や行為の介入を通して、より具体的な姿において、主体の目標として設定されたものであるから、主体の選択によるさまざまな多様性の出現をその具体的姿において、把握しうる。さらに、経営課題概念を分割していけば、最後は、個人が担う「役割課題」にまでたどりつくことができる。これに対して、機能要件は、抽象的水準での把握に留まらざるをえないという弱点があるように思われる。

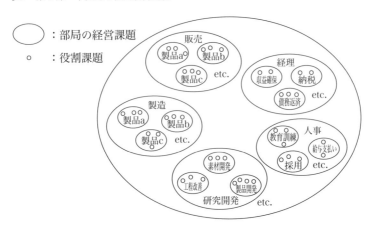

図 2-3　経営課題群の重層性（企業を事例として）

テムにおいても、抽象的なとらえ方をすれば少数となるが、具体的に考えれば非常に多数を提出できる（**図 2-3** を参照）。つまり、経営課題の設定は、階層的な構造を有している。

　サブシステム（あるいは部局）の経営課題はさらに細分されて、最終的には、末端では、各役割の「役割課題」として分担される。逆に、役割課題のいわば積分された総体が、経営課題を定義しているともいえる。ここで、経営課題の設定の階層性についてみると、上位の経営課題を、下位のより具体的な経営課題群に分節するには、複数のやり方が可能である。一つの上位の経営課題を達成するための下位の経営課題群の間には、代替性や補完性が存在しうる。

　企業組織に関して経営課題の例をあげると、生産高の維持、適正在庫の維持、原材料の確保、商品の販売、給与の支払い、人員の確保、等がある。労働組合にとっては、組合員数の維持や賃上げ要求の獲得が、宗教組織にとっては信者の増大や諸々の宗教的行事の実施が、それぞれ経営課題の例である。

　政府にとってのインフレや不況の防止、国際収支の均衡の維持は、そのような経営課題である。地方自治体にとっては、自分の地域に各種の公共財（上下水道、道路、公園、消防、ゴミ処理など）を供給することが経営課題の例である。

　政府行政組織の場合、経営課題の達成ということが、組織自体の経営課題達成という文脈と、社会制御システムにおける経営課題の達成という文脈で、二重に問題になる。行政組織自体としては、さまざまな行政課題の達成、成員の確保、予算などの経済的手段の確保、等の経営課題の達成が問題になる。同時に、「行

政課題の達成」ということは、行政組織が統率者の立場にある社会制御システムレベルの経営システムにおける、経営課題の達成をも意味している。

　一つの経営システムは、通常、複数の経営課題群をもつのであり、それらの同時達成が経営システムの存続に不可欠である。経営課題群の充足は、相互前提性あるいは相互依存性をもっている。たとえば、企業において、製品の販売ができなければ、給与の支払いもできないし、次期のための原材料の確保もできない。人員や原材料が確保できなければ、製品の製造はおぼつかないし、販売もできなくなる。

　これら複数の経営課題群は、経営システムに含まれる複数のサブシステム（部局）によってそれぞれ分担されている。たとえば、企業組織は、それぞれの経営課題をもった製造部門、販売部門、経理部門、人事部門等のサブシステムに分かれているし、国家財政の経営にあたっては、大蔵省、国税庁、会計検査院がそれぞれ割り当てられた予算案の作成、税の徴収、財政支出の検査といった経営課題を果たすことが必要である。

1-3　経営課題群の達成水準の相互前提性・相互制約性

　経営課題群は、それぞれの達成に関して、相互前提的である。企業という経営システムを例にとれば、製品の製造、販売、給与支払い、労働力の確保といった経営課題群は、相互に前提しあう関係にあり（達成についての「相互前提性」）、その一つでもうまく達成されないと、他のものも連鎖的に達成が困難化する。

　だが逆に、経営課題の達成のされ方には、「相互制約性」がはたらく。その意味は、第1に、経営課題の達成水準に関して、整合性を確保しなければならないということである。一つの経営課題の達成は、他の経営課題と無関係に適切な達成水準が定まるわけではない。第2に、手段的資源や便宜の配分をめぐってトレードオフが存在するから、一つの経営課題だけを、ひたすら高度に充足するわけにはいかない、ということである。

　経営課題群のそれぞれの達成水準間に存在する相互前提性と相互制約性は、システム論的要因連関の中でも、重要なものの一つである。

1-4　経営課題群の優先順位

　経営課題群は、その重要性において同列ではない。さまざまな経営課題群は、その重要性あるいは達成における優先順位に応じて、「中枢的経営課題群」と「副

次的経営課題群」というように分けることができる。「中枢的経営課題群」とは、その経営システムの志向する価値と主要な目的達成に直結している経営課題群である。あるいはその経営システムの究極の目的を定義するような経営課題群であり、その達成の有無がその経営システムとしての存在意義にかかわるような経営課題群である。企業であれば経済的繁栄が、教育組織であれば教育や研究の水準の向上が、宗教団体であれば宗教的救済財の提供が、中枢的経営課題群である。これに対して、副次的経営課題群とは中枢的経営課題群を達成するための手段的位置にある経営課題群である。両者は、相対的な重要性の相違によって区別される。副次的経営課題群の達成の程度は、中枢的経営課題群の達成の程度に、影響を与えうるものである。ただし、一つの副次的経営課題群が達成できなかったとしても、代替的手段は存在しうるのであり、補完の可能性が存在しうる。たとえば、生産は主要な経営課題の一つであるが、生産のための工場用地の買収には、代替的選択肢が存在しうる。

1-5 価値と経営課題群

経営課題群の設定は、人々に共有された価値を背景にし、価値と関係づけられている。さまざまな経営課題群の優先順位の設定には、その経営システムに浸透している価値が基準となる。とりわけ、中枢的経営課題群には、この価値が、浸透している。

たとえば、大学においては、教育と研究の充実こそが、中枢的経営課題群であるが、そのような経営課題の内容を質的に洗練し、教育と研究の水準の向上を図るためには、そのつど、教育と研究のあるべき姿という価値の再定義が必要なのである。

価値は、それぞれの経営システムの内部の、中枢的経営課題群と副次的経営課題群の優先順位を、統制する基準でもある。経営システムが、本末転倒した経営方針に陥り、本来の目的の達成が空洞化する場合には、その背景には、中枢的経営課題群と価値との関係づけが失われるという事態がある。たとえば、教育組織や宗教組織において営利主義が横行し、本来の目的達成が軽んじられる場合が、これにあたる。また、社会制御システムにおいて、なんらかの領域における「公共の福祉」が中枢的経営課題群として設定されていたとしても、価値との関係づけを失えば、その内実は、空洞化したり変質したりしてしまう。

(後に第3章の事例にみるように)経営システムの変革、とりわけ経営課題群の再

設定を伴う根本的変革にあたっては、価値の再定義という問題が重要な主題として登場するのである。

1-6 「経営課題」概念の意義

「経営課題」という概念は、次のような意義をもつものである。

第1に、この言葉は、システムの作動と主体の行為をつなぐ結節点に位置している概念であり、個々人の目標達成が、経営システムの作動を支えて行く過程において、主体の行為とシステムの作動をつなぐような概念である。一方で経営課題は、システムの文脈で定義される概念であり、その達成水準は、経営システムの状態を表すものである。他方で、経営課題は、そのつど、主体にとっての目的を意味しており、主体によってその達成がめざされる。すなわち経営課題とは、システムの作動の論理が、個々の主体にとっての目標設定を通して、個人の行為を方向づけるときに、その結節点となるような概念である。

第2に、経営課題という言葉は、役割課題へとつながっている。経営課題群を部局の分担に対応させ、分節していけば、最後は、個人レベルの役割課題になるのである。システム全体についての、比較的に抽象的な議論から、個人の行為の具体性に密着した議論へと、つなぐような概念である。

第3に、組織や行政の変革過程と問題の解決過程を分析する際に、経営課題の設定のしかたと、その再定義に注目することは、重要な論点になる。

2　経営システムの作動の論理

2-1　経営課題のホメオスタシス的な充足

経営システムの作動の第1の基本的な論理は、システム論の視角からみれば、これらの経営課題群のホメオスタシス的(恒常性維持的)な充足としてとらえられる。ホメオスタシスの原義は、生理学において示されているように、一定のシステムが外部の環境の変動にもかかわらず、一群の変数を一定(範囲)の値に恒常的に維持し続けることであるが、経営システムの場合、つねに一定値以上に保持されねばならないのは、自らの経営課題群の達成水準である(図2-4を参照)。そして、経営課題群の達成が重要なのは、それが、経営システムに、クライアントあるいは担い手として関係する諸個人の欲求充足を可能にするからである。

経営システムは、環境の変化や制約条件の悪化に抗して、自己の経営課題群の達成水準を一定値以上に保持すべく、絶えずいろいろの工夫や努力をし、自己の

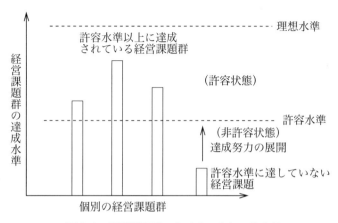

図 2-4　経営課題群のホメオスタシス的充足

内部を改変している。たとえば、国家財政システムが赤字になった場合、それを担当している大蔵省は、公債の発行や増税や財政支出削減といった工夫をすることによって、収支均衡という経営課題を達成しようとする。そして、ある経営システムにおいて、かりに一つの経営課題の達成が危うくなると、それを直接担当するサブシステムだけにまかせずに、システム全体がその達成を支援しようとする。売行き不振の企業において、販売部門の人員が他部門からの人員移動によって強化され、売り上げ上昇が図られるのは、その一例である。

ただし、このようなホメオスタシス的充足の論理は、経営システムの作動の基本論理の理念型として、理解されるべきである。現実の経営システムが、常にそのような論理を常に実現しえているわけではない。この理念型的な論理とは異質なさまざまな要因が、経営システムの作動には介入するのである。

2-2　経営課題群の達成水準と経営状態

経営状態を把握するには、個々の経営課題の達成状態に注目する見方と全体としての経営システムの状態を把握する見方とがある。

まず、一つの経営課題の充足水準に即して、非許容状態／許容状態／理想状態という3段階を分けることができよう。許容水準を、この水準まで経営課題が達成されていればよしとされる水準とすれば、許容状態とは、許容水準以上に経営課題が達成されている状態であり、非許容状態とは、それに達していない状態である。許容状態と非許容状態の典型例は、企業経営における黒字と赤字である。

理想状態とは、ある経営課題の達成が、考えられうるもっとも高い水準に達した場合である。

次に、全体としての経営課題群の充足が、どの程度おこなわれているのかという観点から、ある経営システムの経営状態を、好調（すべての経営課題が許容状態であり一部は理想状態に接近）、順調（すべての経営課題が許容状態にある）、不調（経営課題群の一部の達成水準が非許容状態になる）、危機（中枢的経営課題群の大部分が非許容状態に陥る）という4段階に分けることができよう。

経営課題のホメオスタシス的充足の含意は、経営システムにおいては、絶えず個々の経営課題が、許容水準に達するような努力が払われること、経営システム全体として、危機や困難に陥った場合、それを克服して、再び順調な経営状態を回復するような努力が払われることである。

2-3 行為プログラムの準備と始動

経営課題のホメオスタシス的充足という経営システムの作動の第1の基本論理が顕現している状態において、それに対応してどのような個人の行為の論理がみられるであろうか。

各個人は、役割遂行者としては、この課題を自分に利用可能な諸手段を駆使しながら、目的合理的に達成しようとする。この役割課題の遂行は、行為プログラムの準備と始動という性格を有している。経営課題群のホメオスタシス充足のためには、各役割において、適切に行為プログラムが準備されており、適切なしかたで、始動されなければならない。

行為プログラムの形成には、一定の時間が必要であり、また、その担い手が、行為プログラムを的確に遂行できる能力を身につけることが必要となる。各役割に対応した行為プログラムの洗練と、それを担う技能の修得と熟練の形成は、経営システムの円滑な運営にとっての必要な条件となる。

2-4 経済基盤の3理念型

経営課題群のホメオスタシス的充足という経営システムの基本的作動が可能であるためには、経営課題群の達成に必要な一定の経営資源を絶えず入手すること、すなわち、経営資源の動員力を再生産することが必要である。経営資源の中でも、経済資源は枢要な位置にある。それゆえ、ホメオスタシス的充足の論理にもとづいて、経営システムが作動し続けるためには、経済資源が継続的に確保さ

れなければならない。それが、具体的にどのように実現するかということは、経営システムの経済基盤の差異によって異なる。

経営システムの経済基盤の3つの理念型は、租税型、市場型、拠出型である。

租税型とは、法規範に根拠をもつ政府の有する強制力によって社会内の諸主体より、経済資源を租税というかたちで徴収し、それを経済基盤とするものである。これを主要な基盤としているのは、行政組織であり、また行政組織が統率者となっているあらゆる社会制御システムである。また、自らは行政組織ではなくても、財政支出への依存度が大きい独立行政法人のように、財政支出によって自己の主要な経済基盤が支えられている諸組織は、租税型の変化型（バリエーション）といいうる。

市場型とは、市場において他の諸主体に財やサービスを提供し、その対価として代金を収受するものであり、企業組織がその代表例である。

拠出型とは、成員みずからの拠出により、あるいは、他の諸主体からの寄付というかたちでの拠出により、経済基盤を確保するものである。これを主要な基盤とする代表例は、労働組合やNPOである。

現実の経営システムにおいては、これら3つの経済資源の源泉が、さまざまに組み合わさるかたちで存在するが、何を主要な基盤としどのような組み合わせに立脚しているのかということは、その存立の重要な前提条件であるゆえに、経営システムにとっての重要な外部環境とは何かを規定し、さらにその基本性格を規定するのである。

2-5　経営システムの作動の論理としての経営合理性

経営システムの作動の第2の論理として、経営合理性の追求がある。経営合理性とは、手段的合理性が経営システムに即して洗練されたものであり、経営課題群のより高度な達成を可能にするものである。M. ヴェーバーが指摘したような近代社会の基本的特色としての合理化の進展は、組織形態に即せば、組織における経営システムの側面での経営合理性の徹底ということになる。

経営合理性の探究の効果は両価的である。経営合理性の実現は、一方で、経営課題群の達成水準を高度化し、それによって、経営システムの獲得する財の量的・質的増大を可能にする。それらが適切に分配されるのであれば、経営システムに関わる人々の欲求充足の程度を高めることができる。他方で、経営合理性の追求は、効率性の上昇を優先する組織運営原則を一般に要請するが、その結果が労働

の断片化、雇用の不安定化、報酬の急格差、安全・衛生に関しての劣悪な職場環境などの事態を招来することもある。

　市場という競争的環境にある現代の企業組織は、経営合理性の徹底をめぐって、しのぎを削っているが、その帰結がいかなるものであるかということへの注目が必要であり、この点は後述のように支配システムの視点を必要とする。

3　扇型関係と統率アリーナ

　この経営課題群の継続的な充足過程は、それを担う主体の側からみれば、**図2-5**に示すように扇型関係としてとらえられる。扇型関係とは、第1章でみたように、一人の統率者が複数の被統率者を連結しているような関係である。図2-5は、重層化した扇型関係を表している。

　経営システムの作動の過程は、主体の行為の側面から把握するならば、扇型関係という形式をとった協働関係である。経営システムの円滑な作動のためには、円滑で効果的な協働関係を維持し続けることが必要であり、そのためには、統率者に指導力が必要とされる。統率者は、被統率者たちの意志と行為の整合化を絶えず実現することにおいて、指導力を発揮せねばならない。

　経営システムの内部で諸主体の意志の整合化が課題となり、そこで、諸主体の間での意見交換が活発になされる場合、経営システムの文脈での「統率アリー

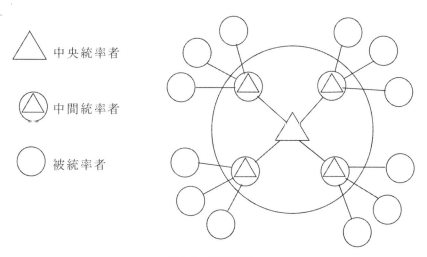

図2-5　扇型関係

ナ」が問題化する。一般にアリーナとは、複数の主体が意見を交換し意志決定をするような取り組みの場のことであるが、統率アリーナとは、複数の経営課題群をどのようにうまく達成したらよいのかを主要な主題とするアリーナである。組織の中での会議や委員会は、制御システムの中の制御アリーナとみることができるが、どのように経営課題群を達成するべきかという主題をめぐる議論の場という側面からみる限り、経営システム内の統率アリーナという性格を有している。この統率アリーナで、統率者を中心に取り組みがなされるのが経営問題である。

4 経営問題とその解決

4-1 経営問題

経営システムの文脈で、組織内に生起する諸問題をとらえる際の鍵概念は何であろうか。それは第1に「経営問題」であり、第2に、その特殊なかたちとしての「被圧迫問題」である。

経営問題とは、なんらかの経営システムにおいて、さまざまな制約条件や困難に抗しつつ、有限な資源を使って、いかにして最適な経営方法を発見し、すべての経営課題群をより高度に充足し、経営システムの存続と発展を実現するかという問題である。

たとえば、企業において、いかにして収益率を低下させることなしに、給与水準を上昇させるかという問題、また政府の経済政策において、いかにしてインフレをおこすことなしに失業率を低下させるかという問題、自治体において、いかにして財政の健全性を維持しながら、住民への福祉サービスの水準を向上させるかという問題、これらは経営問題である。

経営課題と経営問題とは、言葉は似ているけれども、異なるものである。一つの経営問題においては、通例、複数の経営課題群をいかにして同時達成したらいいかということが、問題化している。

経営問題の解決は、一般にその帰結として、その経営システムの内部にいる人々の欲求やその経営システムの生みだす財・サービスを享受する人々の欲求をよりよく充足させたり、内部に包摂されているサブシステムの経営にとって好都合の前提条件を創出したりする。たとえば、企業経営の善し悪しは従業員の給与面での欲求充足水準を左右するし、自治体財政の健全さは、地域住民の行政サービスへの要望をよりよく充足することを可能にする。したがって、経営問題の未解決は、直接的に、また間接的に、人々の欲求充足水準を低下させるのである。

4-2 負担問題と配分問題

経営問題の下位問題のひとつに、負担問題がある。負担問題とは、経営システムの運営に必要な諸資源を、誰がどのように負担するのかという問題である。この負担問題で中心的な論点になるのは、経済資源の負担問題と、労力の負担問題である。どのような経営システムもその作動に必要な経済資源と労力を、誰がどの程度提供するのか、という問題を的確に解かなければならない。

また、そのようにして確保された資源は有限である。どのような経営システムも無限の資源をもっているわけではない。そこで、限りある資源を、諸経営課題の達成にどのように割り当てるのかという問題が生ずる。これが、配分(allocation)問題である。

負担問題も配分問題も、その現実的含意に財の分配(distribution)という側面をもつ以上、経営システムの内部のみで完結する問題ではなく、支配システムにおける閉鎖的受益圏の階層構造のあり方にかかわる問題でもある。

4-3 被圧迫問題

経営問題の中には、外的制約条件の悪化によってもたらされる「被圧迫問題」と呼ぶべきものがある。

被圧迫問題とは、なんらかの経営システムにとっての外的制約条件が、自分より強大な経済的もしくは政治的な力をもつ主体の行為によって悪化し、その経営システムが経営困難や経営危機に陥ることである。自らの行為によって、他のなんらかの経営システムにとっての制約条件と被圧迫問題を引き起こしている主体を「圧迫発生源」といおう。被圧迫問題の例としては、大資本の大型店進出による既存の小資本の商店街の経営困難化、下請け企業に対する親企業からの製品価格切り下げ要求、等があげられる。

被圧迫問題は経営システムの文脈で定義されるものであるが、そこには後にみるような支配システムの文脈で定義される「被支配問題」と共通の特徴、すなわち受苦性と受動性とが浸透している。

4-4 経営問題解決における運営的問題と変革的問題

経営問題の解決過程は、それが構造変革を伴うのかどうかという点で、運営的問題と変革的問題に分けることができる。

定常的運営過程においても、絶えず経営問題の解決努力が求められるが、それは、一定の構造の許容する範囲での行為プログラムの具体的発動や行為プログラムの再編というかたちでの努力である。定常的運営過程においても、統率者の果たす整合化作用が、そのつど必要とされる。ただし、定常的運営過程においては、相対的に不確実性が少ない状況のなかで、行為プログラムがそのつど始動されるのである。

これに対して構造変革過程とは、組織構造自体の変革がなされる場合である。この文脈では、制御とは、「構造を前提にした運営」ではなく、「定常的運営の前提になる構造の再編成」を意味している。

事業システムの制御過程を、定常的運営過程と構造変革過程という２つの契機からなるものとみなせば、「制御能力」についても「定常的運営能力」と「構造変革能力」の２つの契機を有するものとして把握するべきである。定常的な運営を円滑に実施するだけではなく、構造変革が必要な状況では、それに取り組み実行するということが、制御能力の重要な契機をなす。

「定常的運営能力」と「構造変革能力」の２つの能力は相関するけれどもただちに同じではないし、場合によっては、逆相関する場合さえありうる。なぜなら、定常的運営が、強固な組織構造と、それに深く規定された主体群によって支えられている場合、それらは、構造変革に対する硬直性を生みだしうるからである。

事業システムの定常的運営能力を支える契機としては、第１に、事業システムの内部に蓄積されている資源（物的資源、情報的資源）がある。第２に、さまざまな財やサービスや情報のインプットとアウトプットのフローを可能にするような対外的なネットワークがある。第３に、事業システムを構成する要素的諸個人の有する主体性、第４に、事業システム内部の制御アリーナ（統率アリーナ）とその作用がある。

4-5 経営問題の解決における制御中枢の果たす整合化作用

経営問題の解決には、このように定常的運営過程と構造変革過程があるが、そのいずれにおいても、統率者と統率アリーナの果たす作用は重要である。ここで、事業システムのもっとも中央統率者に直結している制御アリーナを「中枢的制御アリーナ」ということにし、中枢的制御アリーナと中央統率者のあわさったものを「制御中枢」ということにしよう。

制御中枢は、経営システムの文脈では経営中枢という性格を、支配システムの

文脈では支配中枢という性格を帯びている。そして、制御アリーナは、経営システムの文脈では統率アリーナという性格を、支配システムの文脈では利害調整アリーナという性格を有している。

経営問題の解決のための鍵となる条件は、経営システムを担っている諸主体の意志と主体性の「整合化」にある。整合化とは、そのつど、適切な行為プログラムの発見や創造や始動と、適切な運営原則の発見・創造・採用を実施することである。それは、目的達成のための最適な技術的手段の選択という意味を有するが、それは、決して「一義的に技術的な最適解」が得られるという単純で容易な過程ではなく、一般に、さまざまな主体の間の意見の相違の克服という面を有する複雑な過程であり、さまざまな困難を伴うものである。

整合化にはどのような意味での複雑さや困難さを有するのかを検討してみよう。

4-6　経営問題解決の困難さ

経営問題の解決過程は、基本的には、技術的、手段発見的な性質のものであるけれども、それは決して苦労のない円滑な過程というわけではなく、多くの困難を伴うものである。

経営問題の困難さの第1の根拠は、ともに充足が必要な複数の経営課題の間の択一的競合(トレードオフ)という事態である。その例としては、経済運営における不況の防止とインフレの防止のトレードオフとか、企業組織における効率性上昇と労働強度軽減のトレードオフとかがある。つまり、「あちら立てれば、こちら立たず」という状況であり、これをいかに両立させていくかが、経営問題の一つの難しさなのである。

それゆえ、整合化のための第1の困難は、経営課題群間の優先順序をどう設定するかをめぐる対立を克服しなければならないことである。整合化を担う統率者は、複数の経営課題群のあいだに、(同等に尊重するという場合も含めて)優先順序を設定しなければならない。

経営問題を困難なものにする第2の要因としては、資源の稀少性がある。どの経営課題の達成のためにもなんらかの資源(物的・金銭的資源、人材、時間、など)が必要であるが、一つの経営システムにとって、必要な資源を継続的に確保することは、自動的に保障されているわけではなく、むしろ外的制約条件によって、しばしば脅かされるのである。また、たとえ総体としての資源を確保できたとし

ても、その量には一定の限界があるから、経営システム内部におけるさまざまな用途にどう割り当てるべきかということが、つねに難しい問題として残る。

この文脈では、整合化とは、各役割や各部局に対する財の配分の優先順序の決定や負担の配分の決定を意味しており、そこには固有の第２の困難さがある。

統率者は、資源を管理し、資源の再配分をおこなうという役割があるのでこの困難さに取り組まなければならない。統率者は、各被統率者からの要求を満たすことと、システム全体の資源消費を管理することという、対立する要請を調整しなければならない。

経営問題の困難さを生む第３の要因として、制約条件の設定をめぐる困難さがある。経営問題の解決のために、諸主体の行為を整合化する過程には、行為に対する制約条件の設定という契機が存在する。だが、組織内部の各役割に設定される制約条件の厳しさ／緩さについては、各役割間でのトレードオフが一般的に生じうるのであり、それゆえ、諸個人間・諸部局間に意志の対立が生じうるのであり、その克服は困難な課題である。とりわけ、外部環境から課される制約条件が厳しい場合には、組織内部の各役割・各部局に課される制約条件も、それが転換されたかたちで厳しいものにならざるをえない。この文脈では統率者とは、経営システムに課されている制約条件を、他の主体に対して、翻訳し表現し伝達する主体である。

以上においては、経営課題群や役割・部局にとっての資源配分や制約条件設定を中心に考察してきたが、さらに、「主体と地位役割構造の両義性」という特徴を意識するならば、経営問題の困難さを生む第４の契機として、具身の主体としての個人や集団の利害関心と、組織の設定している経営課題群や役割課題群の「適切な統合」という課題がある。

組織成員やその形成する局部的な集団は、役割課題の遂行や部局の担当する経営課題の遂行を担うと同時に、具身の個人や集団としての固有の私的利害関心を追求する主体でもある。その私的利害関心の追求が、役割の遂行のしかたにどのような影響を与えるのかということには、大きな振幅がある。一方の極に、いわば「無私の主体」モデルを設定することができ、他方の極に「私利優先の主体」モデルを設定することができる。「無私の主体」モデルは、個人や集団が、経営課題が分節されつつ自分に割り当てられた役割課題の遂行にあたって、自分自身の私的利害関心による介入を回避し、忠実に役割期待通りに行為するというものである。現実には、「私利優先の主体」モデルの要素が頻繁に介入する。すなわち、

具身の個人や集団の利害関心が自存化したり、独走化することによって、役割課題や部局の経営課題の遂行が歪められたり阻害されることが生じうる。いわば、部分的・私的利害関心によって、経営システムの運営は変質しうるのであり、そのような退廃を防ぐことも、整合化の一契機をなすのである。

経営問題の困難さを生む第5の要因としては、外部環境の不確実性および悪化がある。最適な経営方法の選択のためには、通例、将来の一定期間に対する予測が、その前提として必要である。けれども、一般に、将来の外部環境がどう変化するかを完全に予測することはできない。また予測の当否にかかわらず、外部環境から課される制約条件が悪化することは、経営努力に対する障害を提出する。その例としては、輸出中心の企業にとって対外為替レートが上昇し、輸出が困難化するとか、景気変動による市場の縮小により販売不振におちいるとかの場合がある。このような外的制約条件の悪化は、他の無数の主体の行為の集積された結果としてもたらされるものであるから、経営システムを担う主体がそれに対して直接に働きかけて阻止したり改善したりすること（例：為替レートの引き下げ）は、通常きわめて困難である。

4-7　統率者の役割

このような状況において、統率者は、経営システム全体の「最適な経営」を実現させるために、被統率者たちの意志と行為を整合化しなければならず、そのための統率者の役割には特別なものがある。個々の被統率者は、主要には自分の第一義的に関心を寄せる経営課題のことを考え、その効果的な達成という視点から自己主張する。それは、各サブシステム間の最適化努力の相剋をもたらす。これに対して、統率者は、複数の経営課題群の同時達成を担う必要があり、その視点から、財の配分、制約条件の設定、経営課題群間の優先順位という点で、個々の部局や被統率者の主張を相対化し、それらに不満を残す可能性を承知の上で、それらに関する対立に決着をつけなければならない。個々のサブシステムやその代弁者である中間統率者の要求を相対化するという意味で、統率者の立場には、「超越性」が要請されるのである。

この整合化問題は、実は、経営システムの文脈だけで扱うことはできない。ここには、統率者が被統率者に対して、意志貫徹をすることが問題化しており、それは、統率者が支配者として、被支配者としての被統率者に対して、合意を形成するか、力の行使によって、達成しなければならない課題なのである。したがっ

て、整合化問題は、同時に、支配システムにおける統治能力、あるいは、指導力の問題となるのである。

そこで、次に、経営システムとならぶもう一つの側面である支配システムについて検討することにしよう。

第4節　支配システムと被格差・被排除・被支配問題

1　支配システムの基本的意味

経営システムと並んで協働連関の両義性を構成しているもう一つの契機が「支配システム」である。支配システムにおける主体をあらわす基礎概念は、「支配者」と「被支配者」である。両者の関係は、垂直的な扇型関係によってイメージすることができる (図2-1 (C))。組織内の人間関係や政府と民衆の関係をピラミッド的なヒエラルキーをもつものとして把握することは、支配システムの側面に注目している場合には、妥当性をもつ。

形式的に表現すれば、「支配者」とは、組織においてはその長を指し、社会制御システムにおいては政府組織を指す。「被支配者」とは、組織において、支配者の指示に基づいて行為する他の主体であり、社会制御システムにおいては、政府の統治に服する民衆や民間の諸組織である。この「支配者」と「被支配者」という概念は、あくまで分析的概念であって、実体的には、それぞれ、経営システムの文脈でいう統率者と被統率者とに、基本的には重なっている。すなわち、企業の社長にせよ、労働組合の委員長にせよ、組織の長は、それぞれの組織において、経営システムの文脈でみれば統率者なのであり、支配システムの文脈でみれば支配者なのである。また、行政組織は、社会制御システムにおいて、経営システムの文脈でみれば統率者であり、支配システムの文脈でみれば支配者である。

さらに、支配システムが重層化した場合、「中間支配者」が現れる。中間支配者とは、経営システムの「中間統率者」に対応するものであり、組織においては「幹部」、全体社会においては「下位の行政組織」(政府／自治体関係が中央集権的で自治体の独立性が弱い場合には、自治体) が、これにあたる。

支配システムを構成するのは、「政治システム」および「閉鎖的受益圏の階層構造」という2つの契機である。このうち、政治システムは、集合的意志決定のあり方と秩序形成の文脈で定義されるものであり、閉鎖的受益圏の階層構造とは、人々の間での財の分配 (distribution) のなされ方の文脈で定義されるものであり、両

者があいまって支配システムが形成されるのである。

2　政治システム

　まず、「政治的行為」を、複数の主体が利害関係者として関与する場面において、複数の主体に対して有効性と拘束性をもつような「集合的な意志決定」をおこなうにあたって、諸主体が自分にとって、より有利な決定権の配分とより有利な決定内容を得ようとしておこなう行為と定義しておこう。

　政治システムとは、複数の主体の政治的行為の総体から形成されるシステムである。たとえば、企業組織における労使交渉とか、政党組織における役員選挙であるとかは、政治システムの文脈で展開されている行為である。全体社会の水準では、国家権力の行使とそれに影響を与えようとする行為（国会の審議と決議、各種の公職選挙と政党活動、各種の圧力団体や大衆運動）は、政治システムを形成する行為である。

　政治システムには、垂直的な社会関係と水平的な社会関係とが含まれる。支配者と被支配者のあいだで形成される政治システムを「垂直的政治システム」ということにし、組織内部の下位集団どうしや同格の部局どうし、あるいは同等の勢力を有する利害集団どうしのように、同等の主体間で形成される政治システムのことを「水平的政治システム」ということにしよう。

　政治システムの概念は、それに参加する諸主体が、それぞれ独自の利害関心をもち、それを追求する主体であることを前提している。では、政治システムにおいて、どのような利害関心が争われるのか。いいかえれば、集合的意志決定の焦点になるような主題はどのようなものか。それは、一言でいえば、「財の配分と分配」、「権限の配分と分配」および「地位の分配」という3つの問題である[7]。

　第1に、さまざまな手段的な財を、各役割間に、各部局間に、各組織間にどのように配分するのか。また、さまざまな消費＝享受的な財を、各個人間に、各利害集団間に、各階層間にどのように分配するべきかという問題がある。各役割や部局における役割遂行上の利害関心に即して争われるのが、財の配分問題であ

---

[7] 本書では、配分（allocation）という言葉を経営システムの文脈で使用することにし、目的達成のための手段的資源をどのように、さまざまな主体や部局や組織に割り当てるのかという意味で使用する。また分配（distribution）は、支配システムの文脈で使用することとし、目的として消費＝享受される財が、どのようにさまざまな主体に割り当てられるかという意味で使用する。現実には、一つの財の主体への割り当てが、同時に分配と配分の2つの意味をもっていることは、頻繁にある。

り、具身の諸個人、諸集団、諸階層の欲求充足上の利害関心に即して争われるのが、財の分配問題である。これらの問題は、いいかえれば、各役割や各部局の役割遂行上の利害関心と、各個人や各集団や各階層の欲求充足上の利害関心を、組織全体の経営課題や社会制御システムの経営課題へと転換する際、どのようなウエイトづけや優先順序をもって、尊重するべきかという問題である。

　第2に、権限の分配と配分とは、組織や社会制御システムにおいて、支配者(統率者)、幹部(中間統率者)、被支配者(被統率者)という諸主体が、それぞれの地位において決定しうる事項や、発言しうる事項の範囲をどう定めるかという問題である。支配者(統率者)層が決定権を独占すればするほど、それは、より独裁的、あるいは集権的になり、逆に被支配者(被統率者)層に決定権や発言権がより多く確保されるほど、それはより民主的、あるいは分権的となる。権限の分配とは、決定権の布置を支配システムの文脈で把握したものであり、権限の配分とは、それを経営システムの文脈でとらえたものである。

　第3に、「地位の分配」とは、具身の諸個人に、そのようなさまざまな権限を有する地位をどのように割り当てるのかという問題、いいかえれば、さまざまな権限をもった地位の担当者に誰を充てるのかという「人員配置」の問題である。社会制御システムの場合、どのような利害集団の意向を反映する主体が、支配者(統率者)の地位につくのかが、主題化する。

　容易にみてとれるように、「財の配分」と「財の分配」の両者は、実際には絡まりあった過程であり、また、「権限の配分」と「権限の分配」の両者もそうである。

　さらに、「財の配分と分配」は、「権限の配分と分配」および「地位の分配」のあり方によって、大きく規定されているから、三者は融合したかたちで、政治システムにおける利害関心上の焦点を形成して、諸主体によって追求されるのである。

2-1　利害調整アリーナ

　支配システムの中の諸主体の間で、利害対立の調整をめぐって、意見交換と交換力の行使が展開するということが、支配システムの文脈での「制御アリーナ」の特徴である。この側面で把握された制御アリーナは、支配システムの中でも政治システムにおける主体間の相互作用の場であるから、「利害調整アリーナ」ということができる。

　たとえば、労使間の団体交渉とか、議会における与党と野党の論戦とか、公害調停制度における加害者側と被害者側の交渉とかは、いずれも利害調整アリー

ナを舞台にした相互作用である。利害調整アリーナは、垂直的政治システムにおいても、水平的政治システムにおいても存在し、それぞれにおいて、自己主張と論争、交渉と駆け引きがなされる。

2-2　支配秩序の意味

　このような各主体の利害関心の追求行為が、無秩序の中で対立するのではなく、秩序の中で営まれるのはいかにして可能となるか。これが、秩序形成にかかわるホッブズ問題である。

　このホッブズ問題に対して、原理論のレベルでの解答は存立構造論によって与えられている。存立構造論の示したことは、「協働関係の媒介としての統率者をめぐる主体性連関」が逆転することによって、支配システムが存立するということであった。存立構造論の議論においては、支配者という規定は、統率者としての役割を果していることを論理的に前提としており、協働過程の統率者が支配者へと転化することによって支配システムが存立するのであった。そのような論理展開が、支配秩序が可能であることの原理論のレベルでの解明である。だが、基礎理論のレベルで、支配秩序の形成をより詳しく把握するためには、より具体的な概念を設定する必要がある。秩序形成にかかわるホッブズ問題に対して、基礎理論のレベルで解答を用意するのが、政治システム論である。

　政治システムの作動の原基的論理は、正当性信念と交換力を根拠にして支配秩序を形成し維持しながら集合的意志決定を生みだすことである。

　秩序の形成とは、各主体の間に相互に許容しあう定型的な行為パターンが成立していること、他者から妨害されずに欲求充足と行為のできる範囲が明確になっていることである。秩序の形成は、一面で、その関与者に広く欲求充足の機会を保障するものである。他面では、秩序破壊的行為を許容しないという意味で、特定の行為の禁止を課すものである。

　この意味での「秩序」概念は、支配／被支配関係を論理的に前提しているものではなく、社会的相互作用一般の中で、関係主体に規範が共有されている限り成立しうるものである。

　「支配秩序」とは、最終的には支配者の意志によって統括されているような秩序のことである。

2-3 支配秩序の根拠としての正当性信念と交換力

では、支配秩序の形成は、いかなる根拠によって可能となるのか。またひとくちに支配秩序といっても、その具体的、現象的あり方にはどのような多様性があるのだろうか。

支配秩序を確保する2つの要因は、「正当性についての合意」と「支配者のもつ交換力」である。

「正当性についての合意」とは、政治システムに関与する諸主体のあいだに、集合的意志決定に際しての決定権の所在や、意志決定内容、交渉相手としての承認や交渉方法、決定の根拠となる理念や価値基準に関して、何が正当であるかについての合意があることをいう。ここで、焦点に来るのは、支配者(統率者)の決定や指示を正当なものとみなすのか、また、被支配者(被統率者)の利害要求の提出を正当なものとみなすかどうかという点である。

次に、「支配者のもつ交換力」とはどういうことか。ここで「交換力」とは、なんらかのプラスの財もしくはマイナスの財の与奪によって、自分の意志を相手に押しつける可能性のことである。この意味での交換力は支配者のみがもつわけではなく、他の主体もそれぞれもちうる。支配者は、支配秩序の維持のために、自分のもつ交換力を駆使する。

では、支配者のもつ交換力の源泉は何か。まず、常識的に思い浮かべられるのは、支配者個人のもつ能力や資質であろう。確かにカリスマ的支配に代表的にみられるように、個人としての能力や資質は、交換力の一契機である。だが、それは交換力の一部を説明するにすぎない。

支配者のもつ交換力自体の一般的基盤は、少なくとも一定数の被支配者および幹部が、支配者の意志に従って行為することである。幹部および被支配者が、支配者の正当性を信じる「支持者」として行為することが、支配者の交換力を基礎づける。強力な支配者とは、支持者集団が強力であり、その正当性信念が確固としているような支配者である。支持者集団の力が、支配者の力へと転化するメカニズムは、存立構造論において、「媒介をめぐる主体性連関の逆転」として主題化されたところのものである。

支配秩序を確保する「正当性信念の共有」と「支配者のもつ交換力」とは、相互に独立のものではなく、以上のような内的関連性があるのである。

2-4 政治システムの4状相

支配秩序の確保は、「正当性についての合意」と「支配者のもつ交換力」によって実現される。秩序を形成するこの2つの源泉がどのようなウエイトづけによって組み合わさっているかによって、政治システムのとりうる状相を、大きくは「忠誠・協調」「交渉」「対決」「抑圧・従属」の4つに分けることができる。

支配システムにおける秩序のあり方を、正当性信念に注目することによって把握しようとすることは、M. ヴェーバー（1956=1960/62）以来、社会学においては、きわめて普及している発想である。「忠誠・協調」「交渉」「対決」「抑圧・従属」の4状相とは、正当性信念が階層間あるいは主体間に、最も強く共有されているものから、まったく共有されていない状態へむかっての、4段階の変化をあらわしている。支配者の指示についての正当性信念と被支配者の利害要求についての正当性信念という2つの正当性信念の共有の程度が低くなった場合には、支配秩序を維持することが可能になるためには、第1に、支配者の指示についての正当性信念の低下に反比例して「支配者の交換力」が必要となる。だが、交換力は支配者だけがもつわけではなく、他の主体も交換力をもちうる。2つの主体が、それぞれ自分の意志の貫徹のために、相手に対して駆使しうる交換力の相対的な大きさを「勢力関係」ということにすれば、正当性信念の欠如のもとで、支配秩序を可能にするのは、勢力関係の落差である。第2に、そもそも、被支配者が自らの利害要求についての正当性信念を有しないという条件がある場合には、被支配者の利害要求についての正当性信念の共有は不要となり、そのようなかたちでも支配秩序が形成されうる。

2-5　政治システムの4状相の特徴

では、上述の4つの状相と、それぞれの状相に対応する政治的アリーナは、いかなる特色をもつだろうか。

「忠誠・協調」(loyalty/consensus) は、正当性についての合意が支配者と被支配者間に完全に存在するような状態であり、その例としては、成員の間で価値観と理念を共有しているような宗教組織や政党組織があげられる。ここでは、支配者と被支配者とは、いわば一心同体であるが、そこには、次のようなニュアンスの差異がある。

忠誠とは、支配者の指示の正当性についての合意が極度に強いかたちで存在し、被支配者はさまざまな負担や受苦も甘受するような姿勢を有する場合であり、被支配者から支配者に対する要求提出とか、交渉とか、ましてや交換力の行

使は問題にならない。

　これに対して、協調においては、被支配者の正当な利害関心を支配者が適切に満たしているという認識が被支配者側にあり、それが、支配者に対する正当性信念の根拠になっているような状態である。

　忠誠・協調状相においては、支配者は「指導者」であり被支配者は「同志」なのである。当事者は、「支配者」というカテゴリー自体を違和感のあるものと感じるであろう。

　したがって、この状相では、政治的アリーナは、要求提出と利害調整の場としては顕在化しにくい。集会や会議は開催されたとしても、共有されている価値観や正当性信念の相互確認の場として、あるいは支配者に対する忠誠の表明の場として、あるいは上意下達の場として、機能する。

　「交渉」(negotiation) とは、被支配者の側が自らの利害要求の正当性を自覚した上で要求を提出し、支配者と被支配者の間での利害と意見の相違・対立が顕在化し、両者の間での利害調整が、主要には話し合いによってなされる場合である。その例としては、ストライキといった実力行使の発動をほとんどせずに、話し合いによって利害調整を実現している、今日の日本における多くの労使関係があげられる。

　交渉状相においては、言語による説得が、意志貫徹の主要な手段となり、話し合いのしかたについて、双方に、かなりの程度の正当性についての合意が存在する。すなわち、交渉のしかたについての規則、交渉相手として相手を承認すること、要求提出をする権利自体を承認すること、については同意が存在する。

　交渉状相における利害調整アリーナの基本特徴は、論戦の場だということである。だが、そこでの話し合いには、利害の対立に由来する一定の緊張が伴っており、その緊張は、話し合いによる利害調整が進まず、双方の側の交換力行使の構えが前面に出ることによって、より強くなる。ただし、交渉状相においてはたいていの場合、被支配者側の要求が、ストライキのような交換力行使をほとんど伴わずに、話し合いによって一定程度は実現しうるものである。

　「対決」(confrontation) とは、被支配者層が自らの利害要求の正当性を信じて要求を提出するが、支配者層と被支配者層とが、利害対立が深刻なため、相互に他方を交渉相手として承認せざるをえないものの、交換力行使を伴う闘争を通して集合的意志決定がおこなわれるような場合である。その例としては、労使紛争におけるストライキとロックアウトとか、公害発生源企業に抗議して被害住民が座り

込み闘争をする場合がある。

　ここでも、言語を使っての交渉はおこなわれる。また言語による宣伝は、周囲の世論を味方につけるためには、大きな役割を果たす。しかし、言語による説得は、敵手の態度を変える決定的な武器にはならない。何等かの「交換力」の行使により、相手にとっての利害状況を操作し、それによって、相手の態度の変化を作りだそうとする働きかけがおこなわれる。交換力の行使は、必ずしも暴力行使を意味するわけではないが、場合によっては物理的衝突や部分的な暴力を伴う。したがって、対決状相における政治的アリーナは、言論の場というよりも、交換力の行使の場を主要な性格とする。ここでの論争に頻繁にみられる特色は、論争が平行線をたどることであり、さらに言語不通が生じることである。

　「抑圧・従属」状相 (oppression/subordination) においては、被支配者の側が要求を提出し支配者を批判すること自体が、支配者からは、不当なこととして抑圧の対象となる。植民地支配、奴隷制、人種差別、全体主義などにみられる支配形態である。ここでは、支配者の側は、そのような秩序が「当たり前のこと」であるという「神話」を作りそれを吹き込むことによって、被支配者を教化しようとする。そのようにして被支配者の要求提出を禁止したような支配秩序が「自明」視され、疑いや批判さえ起こらない状態が「従属」である。他方、被支配者側が利害要求の正当性を自覚し、要求を提出しようとすることに対して、それを暴力的に禁止することが「抑圧」である。抑圧においては、支配者の不当性が被支配者の意識にのぼっている。抑圧も従属も、支配秩序は究極的には、暴力というかたちでの「交換」の行使によって担保されている。この状相では、要求提出と交渉の場としての利害調整アリーナ自体が継続的に顕在化したり、安定的に存在することができない。被支配者側の要求提出は、弾圧という犠牲を伴う。要求提出が公然と可能になるのは、被支配者の側の一斉蜂起、暴動、一揆というかたちで支配秩序を揺るがすような流動化が生じるような場合に限られる。すなわち利害調整アリーナは、秩序を揺るがす非日常的集合行動が噴出した場合に、瞬間的なかたちでのみ顕在化する。

　図2-6は、以上の4状相における秩序維持の二要因のウエイトの相違を示している。

　以上の4状相のうち、交換力の行使が問題になる「交渉」「対決」「抑圧・従属」においては、両階層間の力関係が、垂直的政治システムの動態や具体的姿を規定する大きな要因となる。階層間の力関係を大きく左右する要因として大切なの

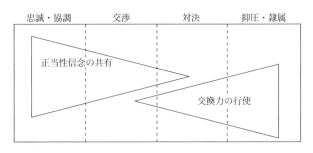

図 2-6　政治システムの 4 状相における秩序維持の要因

は、被支配者層間の団結の程度や連帯の程度である。被支配者層は個々バラバラのままでは大きな力をもてないけれども、たとえばストライキにみられるように自らを組織することができれば、それによって支配者層に対して対抗できるようになる。

2-6　状相のちがいによるパーソナルリアリティの相違

以上の 4 状相のどこに位置しているかによって、個人主体の経験するパーソナルリアリティは、大きな振幅を示す。

日常用語でいう支配とは、不本意にも他者の意志に従わざるをえない、という含意がある。そのような含意がリアルに感じられるのは、対決や抑圧の状相である。これに対して、忠誠・協調や交渉の状相においては、正当性信念による支配が前面に出るために、「力による支配」の側面は、必ずしも先鋭に意識化されるわけではない。そのような場合、さらに、社会関係における経営システムの側面のみが意識され、支配システムの存在そのものが明瞭には自覚されないという傾向も生ずる。しかし、我々は、支配システムの中に常に居る。我々は、支配システムの一契機としての政治システムの特定の状相から逃れることはできても、政治システムそのものから逃れることはできない。我々が政治システムのどこかの状相にいること、したがって、その状相に特有な秩序の中にいることを認めなければならない。

2-7　「忠誠・協調」の「抑圧・従属」への反転

以上の 4 状相の特色を対比すると、忠誠・協調状相が最も好ましいと価値判断する人が出るかもしれない。だが、忠誠・協調状相がもっとも好ましい状態で

あるとは単純にいえない。その理由は、正当性を全面的に共有した忠誠・協調状相は、一定の条件下では、一見もっとも遠い抑圧・従属状相に反転してしまうからである。

　なぜそのような反転が生ずるのか。その理由は、次のように説明できよう。忠誠・協調状相は、単一の価値体系を支配者と被支配者とが共有することによって成り立つ。特にその価値体系の保持が絶対化され、厳格に成員に要求されるような忠誠状相の場合、「自己犠牲の自明視」と「正統と異端」の問題が生じるのである。すなわち、「自己犠牲の自明視」は、「従属」状相への反転を引き起こす。なぜなら「従属」状相とは、被支配者の利害要求や不満の表明の正当性を認めない上に、そのような状態を自明視させるという状態であるのだから。さらに「自己犠牲の大きさ」への疑問・批判を、ある被支配者が公言した場合は、その個人は、「唯一の正しい価値観」に反逆する「異端者」となってしまう。正統な価値を提唱する支配者とその支持者は、そのような異端の価値体系の主張を禁止するか、組織や社会の中での存在を否定する必要が生じる。すなわち、異端者と支配者の間の関係は、抑圧状相へと反転する。

　理念と価値観の共有が秩序の維持に決定的に重要であるような、宗教組織や、理念志向的な政党組織において、また、「唯一の正しい価値観」を掲げるさまざまな全体主義体制において、このような「忠誠・協調状相の抑圧・従属状相への反転」という事態が、再三、生起してきた。これに対して、交渉状相は、価値観の多元性を認めた上で、平和的に利害調整、意見調整をする方法を設定しようとする。そこでは、意見の相違は、「正統」と「異端」としては定義されず、「多数派」と「少数派」として意味づけられる。自由主義は、交渉状相に適合的な思想である。

3　閉鎖的受益圏の階層構造

　支配システムを形成する第2の契機は、閉鎖的受益圏の階層構造である。一般に「受益圏」とは、主体がその内部にいることによって、さまざまな消費＝享受的な財の配分に関して（すなわち欲求の享受機会の配分に関して）、その外部にいる場合には得られない固有の機会を得られるような一定の社会圏のことである。この意味での受益圏は社会の内部にいろいろなかたちで存在している。たとえば、社会集団、組織、一定の地域社会、世代、階層等は、それぞれの文脈に応じて受益圏となりうる。受益圏の対概念は「受苦圏」である。その意味は、主体がその

内部にいることによってなんらかの欲求充足の否定を、すなわち苦痛や損失を被らざるをえないような社会圏のことである。「閉鎖的受益圏の階層構造」とは、このような受益圏が重層的に、かつ対外参入障壁(閉鎖性)と財の対外配分格差を同時にもちつつ形成されているものであり、しばしばその底辺部に受苦圏を伴っているものである。

閉鎖的受益圏の階層構造については、**図2-7**に示すように、受益格差のより少ないものからより大きいものへと向かって、「平等型」、「緩格差型」、「急格差型」、「収奪型」という4種類を設定できる。これらは典型的には、垂直的政治システムの「協調」、「交渉」、「対決」、「抑圧・従属」の4状相に、それぞれ対応するものである。もちろん経験的には、この典型的な対応以外に、さまざまな対応のしかたが存在する。

この4つの類型は、原理的には剰余財の配分のしかたの相違によって、区別される。平等型とは、剰余財が、すべての関与者に平等に分配されるような場合である。

緩格差型とは、剰余財が、すべての関与者に分配されるが、そこには、格差が存在する場合である。急格差型とは、剰余財の分配を一部の主体が独占することにより、そこに急激な格差が存在する場合である。収奪型とは、急格差型の特色に加えて、底辺部における受苦圏が存在し、そのことが、最も上層の特権的な受益の前提になっているような場合である。公害防止を手抜きし、周辺住民に公害被害を押しつけることによって、莫大な利益を得ているような企業組織は、この例である。

一般に組織の内部においては、閉鎖的受益圏は支配者(統率者)を中心に形成さ

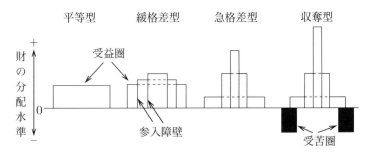

図2-7　閉鎖的受益圏の階層構造の4類型

れるのであり、支配者〜被支配者の多重的なヒエラルキーに対応して、閉鎖的受益圏が重層的な階層構造をもって形成されている。また組織全体として外部の環境に対しては、閉鎖的受益圏という性格をもつ。社会の中では、強大な政治的力や経済的力をもつ主体(例：大企業、業界団体、官庁、全国的労働組合、全国的農業団体等)は、それぞれ自分を中心にして、閉鎖的受益圏の階層構造を形成している。なかでも政権の支持基盤となっている利害集団は、最も強大な力をもつゆえに、社会の中で最も恵まれた(あるいは相対的に恵まれた)受益圏を形成しており、しかも政権をとることによって、政府の力を、自らの受益圏をより有利にするために使うことができる。

3-1 閉鎖的受益圏の階層構造の形成根拠

では、閉鎖的受益圏の階層構造の形成されてくる根拠は何であろうか。

閉鎖的受益圏の階層構造の形成の一般的な根拠となっているのは、組織および社会において産出される剰余財[8]であり、それが格差をともなって分配されることが、受益圏の階層構造が形成される一般的根拠である。財の分配のされかたには、次のようないくつかのメカニズムがある。

第1に、財の分配をめぐる主体間の対立が、政治システム内でより大きい決定権をもつ主体に、より有利なかたちで決着づけられることである。これは、組織のレベルでは、生産手段を私有している資本家の事例に典型的にみられることであるが、組織内の支配者が財の分配についての決定権をもっており、組織内で生みだされる剰余財を、自らに有利なように分配するという場合である。また、社会内のレベルでは、あらゆる時代と社会にみられてきたことであるが、政権の支持基盤となっている社会集団が、より有利な財の分配を獲得する場合が、これにあたる。

第2に、経営システムの効率性上昇のために採用される能力主義的な配分原則(経営システムにより大きく貢献する者ほどより多くの財を配分されるという原則)が、より上位の統率者層(支配者層)に手厚い財配分をもたらし、格差を作りだしてしまうというメカニズムがある。この経営システムの効率上昇という論理に由来す

---

8 剰余価値ではなく、剰余財という言葉を使う理由は、以下のとおりである。剰余財はマルクスの剰余価値に関係するが、経済財以外の諸々の財もここに含める。また剰余価値という経済学的概念をその含意を厳密に反映して使用するわけではないので、それと区別する。価値という言葉は、共有された価値意識や価値合理性を把握するために使用することとし、混同を避けるために、欲求充足の対象は、価値ではなく、財という言葉で表現する。

る格差づけられた財の分配は、きわめて根強いものであって、平等主義的な要求にとっては、その実現を制約する大きな壁となっている[9]。

第3に、たとえば威光とか「仕事自体のおもしろさ」とかの享受機会は、扇型関係の中心的な位置にいる支配者層(統率者層)ほど恵まれているという自然発生的なメカニズムが存在する。そうなる根拠は、統率者(支配者)が、扇型関係における意志決定の中心にいるゆえに、意志決定過程において、創造的主体性の発揮を享受する機会が存在することである。また、統率者(支配者)は、扇型関係全体の統合の要であることによって、扇型関係を構成する諸主体の主体性をいわば凝縮的に体現する。そのことが、尊敬や名誉を獲得する根拠となるのである。

3-2 弱者の意味

一般に、老人や障害者などの「不利な条件をもつ者(the handicapped)」という意味での「弱者」は、閉鎖的受益圏への参入を拒否されることによって、「財の分配上差別されている主体(the deprived)」という意味での「社会的弱者」となる。どのような主体が the handicapped であり、the deprived であるかは、参入障壁の種類や質や乗り越え難さと相関的である。

一般に能力主義的な役割配分と報酬分配の原則が支配的な組織や社会では、the handicapped にとっての不利な条件を緩和する措置が自覚的に取られるのでないかぎり、the handicapped は、傾向的に the deprived になってしまう。

閉鎖的受益圏への参入の拒否／承認の判別基準については、業績主義と属性主義という視点からの分析が可能である。近代化は全体としては、業績主義的な基準が優位になるような傾向を示してきたが、現代社会においても、エスニシティやジェンダーをめぐる諸問題にみられるように、属性主義の基準もさまざまに作用している。

4 被格差問題、被排除問題、被支配問題、支配問題

4-1 被格差問題、被排除問題、被支配問題

では、支配システムの文脈において、社会的な諸問題をとらえるための鍵概念は何であろうか。それはまず「被格差問題」と「被排除問題」であり、次にこれを基盤に発生する「被支配問題」である。被格差問題、被排除問題、被支配問題は、組織の内部にも、社会的なさまざまな場面においてもみいだされるものである。

---

[9] A. セン (Sen 1992=1999) を参照。

「被格差問題」とは、なんらかの閉鎖的受益圏の外部にいる主体が、財の入手に関して受益圏内部の主体に比べてより少ない機会しかもたず、より低い欲求充足しかできない状態が当事者によって問題視されたものである。

たとえば、企業組織において役職の上下によって、給与や労働条件や昇進機会に格差があり、それが下の者から不満に思われているのは被格差問題である。また、過疎地の住民が大都市部との間に、所得水準や雇用機会や公共サービス等の受益機会について、自分たちが不利な条件にいることを感じ、問題視する場合も被格差問題である。

この被格差問題が社会問題として、とくに重要になるのは、被格差問題を被っている劣位の受益圏の受益水準が、単に格差があるだけではなく、何らかの規範的な基準に照らして容認できない低位にあるような場合である。そのことを「剥奪問題」ということにすれば、被格差問題は剥奪問題と重なる場合に、その解決の緊急性が増大する。ここで、「剥奪問題」の定義自体には、さまざまな考え方がありうるが、たとえば、B.S. ラウントリーの生存維持に注目した「貧困」概念や、P. タウンゼントの全国的生活様式に十分に参与できない状態に注目する「相対的剥奪論」については、論議が蓄積されてきた[10]。

「被排除問題」とは、なんらかの閉鎖的受益圏が存在する状況で、その閉鎖的受益圏の内部の主体が外部に排除されたり、外部の主体の内部への参入意向が拒否される場合に、当事者によって排除や参入拒否が不当であると問題視されたものである。

たとえば、不況下の企業において従業員本人の意向に反して解雇されたり、人種差別のなされている社会において特定の人種の人々が公共施設の使用を希望しても拒絶されるような場合が、それにあたる。これに対して、従業員が定年退職制度の運用によって退任し、それを当然と考えているのであれば、被排除問題とはいわない。

閉鎖的受益圏のあるところ、被格差問題や被排除問題はいたるところに存在しうるのだから、前者は後者の発見にとって、索出的な手がかりを提供する。

被格差問題と被排除問題とは、そのいずれも、主体が相対的に劣位の受益圏の中に存在せざるをえないという状況において発生するのであり、事例によっては、同一の状況が、どの側面に主要に注目して把握するのかによって、被格差問題とも被排除問題とも意味付与されうる。

---

10 菊地 (2007) を参照。

被支配問題とは、このような、主体が劣位の受益圏の中に存在しているという被格差問題あるいは被排除問題の特質に、さらに次のような受苦性、階層間の相剋性、受動性という3つの規定が付加することによって定義される。「被支配問題」とは、財の享受の機会が相対的に少ないことに加えて、さらに第1に、マイナス財の押しつけもしくは欲求充足の否定という規定（受苦性）が加わったものである。すなわち、なんらかの打撃、苦痛、損害が、特定の閉鎖的受益圏の外部にいる主体に対して加えられることによって、被支配問題は定義される。公害の被害、職業病、労働災害、冤罪、土地の強制収容等は、被支配問題の典型である。被支配問題の中で経験される苦痛は、完全な補償を事後的におこなうことが、原理的に不可能あるいは困難という特質を頻繁に示す。

被支配問題の第2の特徴は、苦痛の解消や損害の補償をめぐって、閉鎖的な受益圏の内外の間、すなわち支配者層と被支配者層との間に、相剋性が存在していることであり、被支配問題を被っている主体の問題解決努力が実を結ぶためには、この相剋性に打ち勝たねばならないことである（階層間の相剋性）。たとえば、労働者の提出する職業病や労働災害の防止のための事前の安全化要求や事後的な補償要求とは、その責任を負うべき企業経営者からの譲歩を要求達成の条件としているし、冤罪事件においては、警察組織や検察組織が自らの不当性を被害者に対して認めなければならない。

被支配問題の第3の特徴は、問題発生過程において、また問題解決努力において、被支配者層が受動性を被り続けることであり、支配者側の拒絶の意志と力関係上の落差という壁にぶつかって、悪戦苦闘を強いられることである（受動性）。被支配者側の要求に対する支配者側の拒絶の意志は、消極的黙殺のかたちをとったり積極的拒否として表れたりする。その拒否の理由としては、さまざまな論拠が用いられる。有責性の否認にもとづく場合もあれば、秩序の維持や「公共の利益」の防衛とか、補償能力の欠如や私利防衛のためとか、経営システムの効率性維持のためのこともある。このような拒絶に抗して、いかにして要求を実現するかが、被支配問題の解消をめざす社会運動にとっての中心的な課題となる。

以上の被格差問題、被排除問題、被支配問題は、いずれも、当事者のパーソナルリアリティを根拠にして当事者が定義するものである。だが、それらが解決されるべき問題であるという点について社会的合意が形成されるのか、さらに、規範理論的にみて、当事者の解決要求に妥当性があるかどうかということは、別の次元の問題となる。いいかえると、これらの問題についての受忍限度の定義をど

のようにするべきかについては社会的論争が生じるのが常であり、妥当な回答の探究のためには規範理論の分野での努力が要請される。

4-2　支配問題

　被支配者から見て「被支配問題」としてある状況は、支配者側からみれば「支配問題」として体験される。すなわち、支配問題とは、被支配者側の利害要求や異議申し立てに抗して、支配者側が、いかにして政治システムの秩序を維持し、かつ既存の閉鎖的受益圏の階層構造の中の自分の既得利益を守るかという問題である。

　支配問題とは、支配者の側からみた、秩序形成問題、あるいは秩序維持問題であるともいえる。支配者は「支配問題」の解決を、「秩序維持問題」の解決という名目で正当化しようとする。支配問題の解決にあたって、支配者の駆使する手段は、「正当性の維持」と「交換力の行使」という2つのものである。これらを駆使しつつ「支配問題」をいかにうまく解決するかについても、一定の「技能」が要求される。「マキャベリズム」的な論議の伝統が、さまざまな知見を提供しているのは、この文脈である。

　被支配問題解決努力と支配問題解決努力という、対照的で異質な問題定義にもとづいて階層間の意志と力が拮抗するところに、支配システム固有の行為が展開し、階層によってまったく異質のパーソナル・リアリティが立ち現れることの根拠がある。

4-3　被支配問題についての補足的注意

　次に、被支配問題について補足的注意をしておこう。第1に、被支配問題は論理的にも経験的にも、被格差問題や被排除問題をその発生基盤としている。経験的にみると、すでに被格差問題の生じているところに、経営システムの衰退や環境の急変、強制的=拘束的な効率化、「社会的費用」の負担放棄、稀少資源の独占といった諸条件が付加することによって、被支配問題は典型的に発生する。それゆえ、これらの諸条件と被格差問題の存在とは、被支配問題の発見にとって、索出的な手がかりとなる。

　第2に、被支配問題が存在している場合、そこにつねに一義的に加害／被害関係を論定できるとは限らない。たとえば、労働災害が発生したとき、安全施設の不備に起因するのか、当事者の不注意によるのかということは、頻繁に紛糾す

る。むしろ、被支配問題を発生せしめる直接的、間接的要因連関は錯綜していること、その中での加害主体や有責主体の確定が原理的に紛糾することが、被支配問題の発生メカニズムにしばしばみられる特質である。別の角度からいえば、社会的に共通認識されている加害／被害メカニズムとか実定法上の有責性の有無にかかわらず、そこに解決すべき問題の存在することを批判的に照らしだすことに、「被支配問題」概念の意義がある。

第3に、被格差問題、被排除問題、被支配問題に注目することは、そのような問題を生みだしている支配システムの中の支配者および支配秩序に対する批判の論拠となる。したがって、この視点は、批判性を保つ視点を絶えず提供するのであるが、もし、社会把握がこの視点のみに一面的に凝固するのであれば、それは、社会像を過度に単純化することになってしまう。すでに提示したような経営システムと経営問題という文脈での問題把握も必要である。

第5節　経営システムと支配システムとの相互連関

本節では、これまで別々に考察してきた経営システムと支配システムとを、相互に関係づけ、また対比させながら、その作動について総合的に検討してみよう。

1　両システムの特徴対比

以上に検討してきた経営システムと支配システムの特徴をより明白にするために、さまざまの角度から両システムを対比したのが、**表2-2**である。

この対比によって、両システムがどのようなものであるかが再確認できるであろう。ここで、両システムについて、3つの補足的な説明を付加しておこう。

第1は、支配者＝統率者に対する一般的なアンビバレントな態度についてである。支配者＝統率者と被支配者＝被統率者とは、それぞれ両義的性格をもっている。このことが、一般に、支配者＝統率者としての組織の長に対する、両価的 (ambivalent) 態度が広く抱かれる根拠である。組織の長にせよ、行政組織にせよ、共同利益へ貢献する統率者という契機においては、肯定的評価や賞賛の対象となるが、支配システムにおける支配者という契機においては、特権的受益と特権的決定権の保持者として反発や批判の対象とならざるをえない。

第2に、経営システムと支配システムの空間的広がりについて。空間的広がりという点からみると、一般に支配システムは経営システムを包摂しているが、

表 2-2 経営システムと支配システムの特徴対比

特徴として注目する点	経営システム	支配システム	
主体を表す基礎概念は何か	統率者←→被統率者	支配者←→被支配者	
それぞれのシステムを認識する際の主要テーマ	どのようなやり方で経営課題群の継続的充足がおこなわれているか(手段、技術、経営方針、など)	*どのようなやり方で集合的意志決定がなされているか(両階層の決定権・発言権、交渉や闘争、力関係など) *どのような正負の財の配分構造があるか(受益圏と受苦圏の構成のされ方)	
当事者にとって、どのようなかたちで解決すべき問題が立ち現れるか	経営問題、被圧迫問題の解決、とりわけ、経営困難や経営危機の打開	支配者にとって	支配問題
		被支配者にとって	被格差問題、被排除問題、被支配問題
当事者にとって実践的関心の焦点となることは何か	経営能力の向上と、それを通じてのより豊富な財の享受	支配者にとって	政治システムの秩序の維持、自分から見て「適正な」分配原則の維持
		被支配者にとって	政治システムにおける決定権の拡大、財分配格差の撤廃、負の財の押しつけの除去
当事者は、それぞれの抱く理念をどのような代表的な言葉によって表現するか	効率性、成長、発展、拡大、健全経営	支配者側	法と秩序、経営責任など
		被支配者	自由、平等、公正、民主化、差別の撤廃、抑圧からの解放など
当事者にとって、稀少性(scarcity)がどのようなかたちで問題化するのか	経営課題群の達成のための手段的資源の有限性や不足	欲求充足機会(消費的=目的的な財)の稀少性 支配者の地位(特権的な受益機会と決定権をもつ地位)の稀少性	
当事者にとって相剋性がどのようなかたちで立ち現れるか	複数の経営課題間の択一的競合(トレードオフ)に由来するサブシステム間の最適化努力の相剋	決定権の配分と財の配分をめぐる階層間の(閉鎖的受益圏の内外での)利害対立	
当事者が他の主体を批判する際の主要な批判基準	より最適な経営方法は何か より目的合理的な手段は何か	正当な決定権の所在は何か 正当な財配分原則は何か	
非日常性もしくは流動化の性格	動態化	情況化	

さらに、経営システムの外部にまで広がっている場合がある。

たとえば、一つの企業は、支配システムであると同時に経営システムである。ところが、企業活動の負の随伴帰結として、工場の周辺に公害が発生し、付近の住民が健康被害をこうむり、それに起因して企業に対して抗議行動をおこなう場合、付近の住民は経営システムの構成員ではないが、企業を中心とする支配システムの構成員となっている。すなわち、被害住民は、閉鎖的受益圏の階層構造の底辺の受苦圏に属する主体として、また、政治システムにおいて異議申し立てをする主体となっているのである。

第3に、パーソナル・リアリティの差異と支配システムの類型との関係について。我々は、現実に、組織の水準においても、社会制御システムの水準においても、経営システムと支配システムの両義性の中に生きている。しかし、この両義性を日常意識において明確に自覚しているわけではない。むしろ、パーソナル・リアリティにおいては、その一方のみがより強く意識されることのほうが多いであろう。

経営システムと支配システムの両義性のどちらの側面が、人々にとって強く意識されるかということは、支配システムの類型によって、まず規定される。一般的に言って、忠誠・協調－平等型、交渉－緩格差型という類型においては、支配システムの諸特徴が相対的に後景にしりぞき、経営システムの諸特徴が相対的に前面に出る。この場合、当事者にとっては、自らを語るにあたって「統率者／被統率者」という言葉にリアリティを感じるであろう。そして、「支配者／被支配者」という言葉には、違和感を感じるであろう。あたかもすべては、経営システムの内部で進行するかのように感じられ、支配システムの存在自体が、鮮明に自覚されないということも起こってくる。

これに対して、対決－急格差型、抑圧－収奪型においては、支配システムの存在が、より鮮明に体験され、経営システムの諸特徴は、相対的に後景に退く。そこでは、被格差・被排除・被支配問題が生起し、秩序維持と意志貫徹をめぐる交換力の行使が頻繁になされるので、支配システムの存在が明確に自覚されるのである。この類型においては、当事者にとって、「支配者／被支配者」という言葉がリアリティをもち、自らの体験は、これらの言葉に関係づけて解釈されるであろう。

いいかえると、被支配者たちが支配者に対する正当性信念をもつ場合、彼らにとっては「支配者＝統率者」である主体を表現するのに、「統率者」という規定

がリアリティをもつ。逆に、被支配者が正当性信念をもたない場合、彼らにとっては、同じ主体を表現するのに、「支配者」という言葉が、日常感覚としては自然な言葉として、感じられるであろう。

このように、経営システムと支配システムとは、多くの点で対照的な性質をもつものである。だが同時に、両システムは相互に他方の存在を前提し、いろいろな論理的回路を通して規定しあっている。では、両者の間には、どのような内容の相互連関があるだろうか。

2 支配システムは経営システムをどのように規定しているか

では、支配システムは経営システムの存立に対して、どのような諸前提を提供しているだろうか。

それは、第1に、秩序の確立によって、経営システム内の統率者の指示の実効性を保証することである。経営システムが円滑に運営されるためには、統率者（支配者）の指示と規範に、被統率者（被支配者）たちが、従いつつ行為することが必要である。このことは、実は、経営システムの内部だけでは完結的に保証されない。それは政治システムにおける支配秩序の確立によって、はじめて可能となる。すなわち、被支配者たちの自発的同意（支配者の指示を正当だと信じるがゆえに自発的に従う）、もしくは強制による服従（内心では不満をもっていたとしても、支配者の力に強制されて外面的行為においては指示に従う）が確保されることによって、はじめて可能となる。それゆえ、もし被支配者たちの「自発的同意」および「強制による服従」という要因がともに失われると、政治システムにおける秩序が維持できなくなり、それと同時に経営システムの円滑な作動の前提条件は崩壊してしまう。

このような、指示の実効性の確保は、経営システムの作動の過程のあらゆる所で、たえず解決されなければならない。このことの重要性は、企業におけるストライキの例をみれば明白である。ストライキとは、支配システムにおける支配秩序が崩壊し、それゆえ、統率者（支配者）の指示の実効性が失われた状態である。

支配システムが経営システムに提供する第2の前提条件は、政治システムを通して人々の欲求を経営課題へと転換することである。すべての経営課題の設定が政治システムに依存しているわけではなく、経営システムの内部だけで完結的に設定されうるものもある（例、企業において、離職率とか欠陥品率を一定値以下に設定するというような課題）。だが、人々の諸々の欲求のうち、誰の欲求をど

の程度まで経営課題として設定するべきかという問題は、経営システムの内部で自動的に決まることではなく、政治システムの中での要求提出と交渉、妥協と合意形成によって決定され、それが、経営システムが作動するにあたっての前提的枠組みを定義するのである。たとえば、給与、安全、休日、労働強度等に関する労働者の諸要求が、どれだけ企業経営の上で尊重されるべき経営課題となるかは、自明のものではない。それらはそのつど、企業経営者と労働者層（そしてその利害の代弁者としての労働組合）との間での政治システムにおける交渉を通してはじめて決まるのであり、それゆえ、それらの経営課題としての設定のされ方は、両者の力関係や価値観の異同、交渉・闘争技術の巧拙等の諸要因に左右されるのである。

たとえば、歴史的にみるならば、1960年代半ばまでは、環境保全という目標は、大多数の日本の企業においても政府においても、経営課題として設定されていなかった。しかし、1960年代からの反公害運動の全国的高揚により、政治システムにおいて、公害防止という要求が激しく表出されるようになった。1970年代になると、公害防止要求は、政府・自治体レベルおよび企業レベルの経営システムの内部に制約条件として（さらには、部分的には経営課題群の一つとして）内面化され、経営システムにとって無視できないものとなった。さらに、1990年代になってからは、企業においても行政組織においても、「環境保全」という要請が、経営課題群の一つとして広範に設定されるようになった。

支配システムが経営システムを規定する第3の回路は、支配システムにおける利害表出を通して、経営システムにおける手段選択に対して制約条件が課されることである。すなわち、経営システムにおける手段選択は、支配システムにおいて許容される範囲でしか実現できない。統率者＝支配者にとって、紛争なしに、あるいは社会的合意を維持しながら、選択しうる経営手段の範囲は、限定されているのである。

たとえば、業績不振の企業において、経営再建のために考えられる一つの手段として、従業員の解雇という方法がある。だが、これに対しては、支配システムの文脈では、雇用を守ろうとする労働組合の要求が、解雇という選択肢に対しては、厳しい制約を課す。

3　経営システムは支配システムをどのよう規定しているか

では、逆に、経営システムは支配システムの存立に対して、どのような諸条件

を提供しているだろうか。
　第1に、経営システムはその円滑な作動を通して、政治システムにおける支配の正当性を保証する。一般に経営システムにおける経営の成功が継続することは、経営課題群の達成を通して、被支配者層を含む組織成員に、一定の財の配分を可能にする。それによって、成員や関係者の欲求を充足し、不満の発生を防ぎ、同時に支配者が経営システムの統率者として有能であることを証明することによって、支配者の威信を高め正当性を強化する。逆に経営の失敗は、財配分の減少により不満を引き起こし、支配者の能力不足を示すことによってその威信を低下させ、支配の正当性をゆるがせる。
　経営システムが支配システムのあり方を規定する第2の回路は、閉鎖的受益圏の階層構造の形成とその特性に、経営システムの作動の論理と特色が、次の①〜④のように、反映することである。
①経営システムは同時に、対外的にみれば、一つの閉鎖的受益圏を形成する。経営システムには境界がある。経営システムは、経営課題を達成し、その成果を直接的にあるいは交換によって間接的に、欲求充足のための財として、参与者に分配している。経営システムの中には、大きな外部効果を伴うものもあるが、内部への受益を伴うことが経営システムの基本特徴である。
②経営システムにおける剰余財の産出や剰余財の利用こそ、閉鎖的受益圏の階層構造を形成する第一の根拠であり、その分配のしかたが、先にみたように、閉鎖的受益圏の階層構造のさまざまな類型を構成するのである。
　　それゆえ、ある組織や社会制御システムが、経営システムの側面において、強力あるいは優秀であることは、それらが社会内部において、より有利な受益圏となることの一般的な根拠となる。なぜなら、他との対比において、より優れたかたちで経営課題を達成することは、より豊富な財を経営システムとして入手できることを意味し、それだけ、その成員やクライエントの欲求充足機会も高まるからである。
③内部的にみれば、一般に、経営システムはその効率性を上昇させるために、内部への財の配分にあたって、経営課題の達成への貢献を有力な判断基準となし、それに由来する財配分の優先順序についての原則を作りだす。企業において、「投資効果」の上がる領域や設備に資源の優先的集中がなされるのはその一例である。そのような効率性基準の一つの特殊ケースは、個人への

報酬分配にあたっての能力主義的原則の採用であり、それは階層間に格差を作りだす。また同時に効率性の上昇の論理は、統率者層（最上位の統率者および中間統率者）の特定化を促進し、統率者（支配者層）の地位取得に対し参入障壁を作りだす。この２つの要因のからまりあった帰結は、閉鎖的受益圏の形成である。しかも、このことは、一部の成員の「私利私欲」に基づくというよりも、経営システムの限りでの組織システムや社会制御システムの共同利害を合理的に達成しようとすること自体に根拠をもつのである。閉鎖的受益圏の階層構造を解消しようとするとき、くり返し現れる困難さは、経営システムの効率性上昇という強固な論理から内在的に、それを形成しようという力が働くことである。

④さらに、組織システムや社会制御システムにおいて、経営システムとしての内部分業のしかたや、階層的な役割分担のあり方という特性が、それらの内部における受益圏の分立状況や、階層格差についての特性を規定するのである。専門職担当者と補助業務担当者、熟練労働者と未熟練労働者という役割分化は、経営システムにおける役割分担を表すものであるが、同時に、支配システムにおける受益格差を規定するのである。

第３に、経営システムにおいて、各主体が担当している役割遂行は、支配システムにおける「交換力」の基盤である。

一般に、どの主体も、役割遂行における「自分の協力」あるいは「善意」の程度を操作することによって、それを、その「協力」を必要としている他の主体に対する交換力とすることができる (Crozier 1963)。いいかえると、経営システムは、各役割・部局の課題達成のために、また、経営課題として設定されている成員欲求の充足のために、その内部で、さまざまなかたちでさまざまな財を循環し再配分し交換しあっている。財をどのように循環させ再配分し交換するかについては、そのつど、それについての裁量をふるえる役割の担当主体の意志が介在するから、そのような主体は、他の主体に対して「交換力」を入手するのである。

4　経営問題と被格差・被排除・被支配問題との相互関係

経営システムと支配システムの相互連関の中で大切なのは、経営問題と被格差・被支配問題との論理的な関係である。一つの組織内の問題をとりあげたとき、また、より一般化していえば一つの社会的問題をとりあげたとき、そこには多くの場合、表2-3に例示してあるように、経営問題の契機と被格差・被排除・被支

表 2-3　経営問題の契機と被格差・被支配問題の契機との対比

社会的問題の例	経営問題の契機	被格差・被支配問題の契機
国家財政危機の再建問題	財政収支の均衡回復（赤字の克服）	増税による負担の増大や財政支出削減による社会的弱者の困窮化
清掃工場建設問題	廃棄物処理能力の確保	廃液・排ガス、清掃車集中による公害の危険性、土地収用問題
新幹線建設問題	高速交通便益の提供	騒音・振動公害問題、土地収用問題
構造不況業種の合理化問題	倒産を防ぐための経営能力の向上、スラックの縮減	解雇による受益圏からの排除　労働条件のさまざまな悪化（賃金カット、労働強化、安全衛生設備の縮減、etc.）

配問題の契機とがともにみいだされる。では、両者はどのように関係し、連動しているであろうか。

　経営問題と被格差・被支配問題との第1の関係のしかたは、経営問題の解決の失敗が経営危機を引き起こし、その結果、その経営＝支配システムの中の諸個人への財分配が減少し、とりわけその底辺部において被格差問題が先鋭化したり、被支配問題が生じることである。組織における例としては、経営の失敗により企業が倒産し、労働者が失業してしまう場合がその典型である。

　あるいは、行政組織において収支均衡の達成に失敗し、財政危機が発生し、その結果、福祉サービスの低下や打ち切りが生じ、その受給者の受益が減少するというのも、このような例である。全体社会水準での他の例としては、石油のような重要資源の輸入が途絶し、困窮させる場合がある。

　この文脈においては、次々に生じてくる経営問題を適切な経営によって解決し続けることは、経営危機ゆえに発生する被支配問題や被格差問題や被排除問題の先鋭化を事前に回避・防止し続けるという重要な意義をもつのである。つまりこの限りでは、経営問題の解決と被格差・被排除・被支配問題の先鋭化の防止とは、いわば「正連動」している。

　だが、経営問題の解決は、つねに被格差・被排除・被支配問題を防止するように作用するのであろうか。逆に、経営問題を解決するために強度に効率性を上昇させようとすることが、被格差・被排除・被支配問題を深刻化させるという論理的関係もあるのである。すなわち両者が「逆連動」している場合であり、これが

経営問題と被格差・被排除・被支配問題との第2の関係である。

　一つの経営システムが効率性を徹底して向上させるためには、そのシステム内部における「資源の余裕」(スラック)を極力縮小せねばならない。またシステムの外部に対して、経営にともないうさまざまなコスト(費用もしくは犠牲)の負担を転嫁することによっても、効率性は上昇させうる。それらの結果、経営システムの内部および外部に禁欲と資源不足が負わされ、被格差・被排除・被支配問題がしばしば引きおこされてしまう。内部における問題発生の例としては、経営危機の企業において採算を改善するために、余剰人員(労力上のスラック)を削減したり、賃金カットや労働強化をしたり、安全衛生設備を縮減することによって、労働者に待遇悪化や労災・職業病の多発をもたらす場合がある。対外的問題発生の例としては、企業が利潤増大のために、自らの活動にともなう汚染物質を未処理で(すなわち「社会的費用」を負担せずに)環境に排出し、周囲に公害を引きおこしている場合があげられる。このように極限的な効率性の追求にともなうコストという文脈においては、経営問題の解決努力をとおして逆に、被格差・被支配問題が先鋭化するという帰結がもたらされる。

　このように、経営問題の解決と被格差・被支配問題の解決との間には、正連動と逆連動という2つの関係のしかたが存在するのである。

結　び

　本章では、「協働連関の二重の意義での両義性」の意味を把握するための概念枠組みを、主要には組織システムに即して、副次的には社会制御システムに即して、構築する努力をしてきた。

　第1の意味の両義性とは、対象的＝客観的組織構造(制度構造)と、主体的＝主観的行為という意味での両義性であった。第2の意味の両義性とは、経営システムと支配システムの両義性であった。

　本章は、このような理論枠組みが、「社会制御過程の社会学」を確立するためには、必要であり、かつ、有効性を有すると考えるものである。

　以下の第3章から第6章においては、このような理論枠組みを駆使しながら、具体的な問題事例の解決過程を検討し、社会制御の成否を規定する要因やメカニズムを探っていきたい。そのような作業は、同時に、基礎理論としての本章で展開された理論概念群に接続するかたちで、より具体的な水準での概念群を豊富化

することを可能にするであろう。

第3章

沼津市における分別収集の導入
―― 経営システムにおける変革過程

はじめに

　前章でみたような「協働連関の両義性」を把握する理論的枠組みを前提にした場合、実際に具体的な社会問題の解決過程は、どのような過程として解明できるだろうか。第3章から第6章においては、4つの事例に即して、解決過程の基本パターンを把握し解明することを試みてみよう。同時に、そのような探求を通して、社会問題の解決過程を、より具体的な水準で把握するためのさまざまな視点と論点の発見・豊富化をめざすことにしたい。

　以下で取り上げる4つの事例は、理論枠組みとの対応で示せば、次のような性格づけができるものである。まず、沼津市における分別収集によるゴミ問題の改善過程の事例(第3章)は、主要には経営システムの文脈に位置づけられる。次の、新幹線公害問題の事例(第4章)とコンビナート建設問題の事例(第5章)は、第一義的には、支配システムにおける問題解決が主題となっている。最後の東京ゴミ戦争の事例(第6章)は、経営システムの文脈での問題解決と、支配システムの文脈での問題解決が絡み合っており、両者が総合されたような社会過程である。

第1節　問題の特徴と背景

1　沼津市における清掃行政の危機

　沼津市は、面積150.8km²、静岡県東部、伊豆半島の西側付け根に位置している。本章が主題とする、分別収集体系の創始によるゴミ問題の改善という取り組みがなされた1975年当時の人口は約20万2千人であった。

　沼津市における環境問題への取り組みは、これまで、何回も全国的注目を集めてきた。その最初の有名な実践は、1960年代の前半、隣接の三島市、清水町と

あわせて二市一町にまたがるかたちで計画された石油コンビナートの建設を、これらの自治体の住民運動の連帯した力によって阻止したことである (宮本編 1979)。この運動の根本にある動機は、当時の四日市にみられたような深刻な公害から住民を守るということであった。政府と自治体当局が推進している大企業誘致による地域開発の危険性を見抜き、それを初めて住民運動が阻止したという意味でも、そのような運動を組織した地域の盛り上がりと学習の深さという点でも、これら3自治体の住民運動は画期的な意義をもつものであった。

ほぼ10年後の1970年代半ばになって、再び、沼津市における環境問題への取り組みは、全国的に意義のある成果を生みだした。それが、本章でとりあげる、分別収集体系の創始・導入によるゴミ問題の改善の実践である。どのような社会的背景のもとに、また、どのような経過を経て、このような変革が実現されたのかを、まず検討してみよう。

1973～74年にかけて、沼津市における清掃行政は、非常に困難な状態に陥っていた。

まず、1973年10月、埋め立て最終処分地のK地区の住民が、処分場に対する反対運動を開始した。その理由は、「くさい、害虫、害鳥が発生、通過車両によるほこりなどによる農作物被害、所かまわぬ不法投棄」などであった (沼津市職員組合連合会 1975: 2)。

当時の沼津市長の井手敏彦氏による後からの回想によれば、市長就任の直後に起きたこの運動には「多分に市長選に負けた腹いせ的いやがらせから出たもの」(井手 1990: 52) という性格もあった。だが、「その埋立地がきわめてひどい状況にあり、種々雑多なものや、半分も燃えていない焼却残灰を無雑作に谷間に放り込んでいて、非衛生かつ環境破壊も甚だしい」(井手 1990: 52-53) という、反対運動が起こるのも当然の環境悪化の実態が存在した。

その年の暮れには、住民側のゴミ搬入実力阻止という構えゆえに、12月限りで埋立て処分場使用が全面ストップになりかねないという最悪の事態を迎えた。だが、関係地域住民と市当局の交渉の結果、ぎりぎりのところで、「早急に他の処分地を手当すること、可燃ゴミを十分に焼却するため焼却場を更新すること」という2つの条件の下で、しばらくの間は埋め立てが継続することとなった (井手 1990: 53)。

ところが、「漸く埋立地区住民の炎がおさまりかけたとき、今度は新焼却工場建設予定地の付近住民から建設反対運動の火の手が上がった」(沼津市職員組合連

合会 1975: 2)。それまでのゴミ焼却場は 1966 年から稼動していたが、焼却能力も低下し、公害防止対策の点でも劣悪な状態にあったので、建て替えが必要であった。井手市長は「ただちに建て替えることを決断し、その建設用地も改めて検討する余裕もないままに現焼却場の隣接地に建設する方針を立てた」(井手 1990: 53)。だが、それまで迷惑を受けていた周辺住民は、怒りに燃えて反対に立ち上がる。「沼津市民は石油化学コンビナート反対運動に鍛えられて、公害意識や公害知識も高いレベルにあり」「激しい公害論争が展開された」(井手 1990: 53-54)。この住民との交渉の先頭には市長がたち、公害除去対策についても膝をつきあわせて話し合いがくり返された。「(昭和)49 年 2 月より連日連夜の話し合い説得が行われ、49 年 9 月に漸く新工場の公害防止協定」が結ばれ、「新工場は最新の技術を導入し絶対無害にする、又現在運転中の工場も公害が無いように改善し、新工場が完成次第撤去する等の点で妥協した」(沼津市職員組合連合会 1975: 2)。

このようにして、かろうじて、これら 2 つの危機は克服されたけれども、沼津市では清掃行政のありかたに対する根本的な反省が必要となっていたのである。このような沼津の事態は例外ではなく、むしろ当時の自治体が直面していたゴミ問題をめぐる典型的困難さを示すものである。1960 年代後半から 1970 年代前半にかけて、ゴミ問題をめぐる状況は、全国的に悪化し、処分場の確保と清掃工場

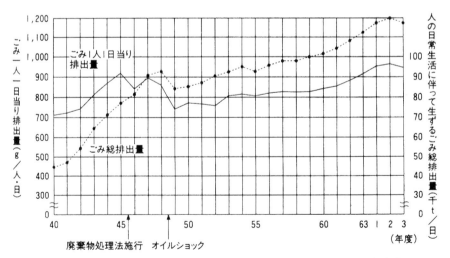

図 3-1　全国の都市ゴミの総排出量と一人一日当たりの排出量の経年変化
出典：厚生省生活衛生局水道環境部監修「日本の廃棄物」1985 年ほか

の建設が至るところで困難化するようになった。その背景には、高度経済成長に伴う廃棄物の増大、プラスチック類の増大にみられるような廃棄物の質的複雑化と処理の困難化、公害問題の多発によって喚起された公害批判の世論の高揚、意志決定手続きの未熟さなどがある。

経済成長は、量的な側面でも質的な側面でも、自治体清掃行政の困難を増大させつつあった。大量生産と大量消費には、必然的に大量廃棄が伴う。経済成長に伴うゴミの増大は、各種の統計によって明瞭に示されている。1965年から1973年にかけての8年間で、都市ゴミの総排出量は、ほぼ倍増しているのである (図3-1)。質的側面では、経済成長の中での消費生活の変化に伴い、プラスチックゴミ、廃家電など、処理困難なゴミが急増していた。

2　ゴミ問題をめぐる「構造的緊張」

端的にいえば、ゴミ問題をめぐる「構造的緊張」が出現し、先鋭化しつつあった。構造的緊張とは、社会システムの構造的要因に根拠をもって発生する緊張であり、なんらかのかたちでの欲求非充足や人々の間の対立を伴うものである。それゆえ、それは、従来の日常業務の忠実な遂行というかたちでの努力によっては、解消できないものであり、なんらかの構造的要因の変革が必要になるものである。

ゴミ問題をめぐる構造的緊張には、つぎのような3つの局面が存在していた。

第1は、ゴミの増大に対する最終処分場や清掃工場(焼却炉)の容量不足であり、清掃行政担当者が、ゴミの適正処理の困難化に直面することである。これは、経営システムの文脈で、経営課題の達成が困難化するというかたちでの構造的緊張である。

第2に、生活環境の破壊としての構造的緊張がある。これは、ゴミが適正に処理されないために、住民にとって、悪臭、散乱、不衛生、汚染物質のまき散らし、害虫の大量発生などのかたちでの各種のゴミ公害が生じ、生活環境が破壊されること、あるいは、そのような恐れがふりかかることである。このことは、正負の財の社会的分配に関する問題であり、閉鎖的受益圏の階層構造の文脈でとらえ返せば、受益圏と受苦圏の階層構造の中に発生した構造的緊張であるということもできる。

第3に、政治システムにおける紛争・対立としての構造的緊張がある。最終処分場のあり方や、清掃工場の建設をめぐって、生活環境の悪化あるいはその恐れを感じた住民は、自治体の清掃行政のあり方に批判を投げかけ、自らの生活防

衛のために、自治体当局に対して、抵抗と抗議に立ち上がる。

　これら3つの構造的緊張は、相互に絡まりあっている。論理的には、第1のゴミ処理のための経営システムの能力・容量不足を通して、第2の生活環境破壊が生じ、また、生活環境破壊があるから、第3の政治システムにおける対立が生まれる。さらに逆に、政治システムにおける対立によって、清掃関連施設の建設や運営が進まず、第1の経営の困難さが生ずるという因果関係も存在する。

　1973〜74年にかけて、このような清掃行政の困難化の中で、この危機的状況を何とか打開しなければならないという気運が、沼津市の清掃行政を現場で担う生活環境部衛生課の職員たちの間に、生まれてくる。

　　トップの市長を先頭に議会、当局の日夜にわたる私生活を投げて努力する姿を見、私達も何かしなければ専門職として申し訳ない。私達がやらなければできないという気運が芽生えてきた。このままでは市の行政はゴミ処理に追われ、他のことは全部ストップしてしまうのではないかという逼迫感におそわれ、とにかく何かをやろう、皆で考えようということになった（沼津市職員組合連合会 1975: 3）。

　そこで取り上げられたのが、ゴミの資源化による減量という課題である。「このような中で私達も何かやろう、但しお金をかけないで人を増やさないでできるものということで、減量に一番手っ取り早くつながるゴミの中から有価物をぬき出す資源回収をすることとした」（同 : 5）。もちろん、資源回収ということ自体は、それ以前にも、各所で自治会・婦人会・子供会などが取りくんできたものであり、珍しいことではない。沼津市の職員たちの独自性は、自治体清掃行政が、資源回収を自らの中心的課題として位置づけ、本格的にそれを担当し、また広範な住民との協力関係を築こうという所にあった。この独自の試行から生まれたのが、排出時点での住民によるゴミの分別という方式である。では、それは、どのような段階を経て具体化し、普及したのであろうか。

第2節　変革過程と解決策の案出

1　分別収集の導入の過程

沼津の清掃システムにおいて、分別収集の導入は、どのような過程を通して可能となったのであろうか[1]。

1974年当初までの沼津市の生活廃棄物の収集のしかたは、可燃ゴミと不燃・粗大ゴミ (埋め立てゴミ) の2区分であった。可燃ゴミとは、主に厨芥、紙屑類であり、清掃工場で焼却されていた。その1973年度の収集量は33580トンであった。不燃・粗大ゴミの中には、空きビン、空き缶、瀬戸物、金属類などの不燃物と、大型家具や家電製品といった粗大ゴミが含まれ、これらはすべて埋め立て処分されていた。これら不燃・粗大ゴミ (後の呼称では、埋め立てゴミ) の1973年度の収集量は7836トンであった。このような区分と処理のしかたは、当時の自治体の清掃行政のあり方としては、ごく平均的なものであったといえよう。

職員たちが、清掃行政の改革のために取り上げたのは、以上のうちの不燃・粗大ゴミから、資源化可能なものを抜き取り、埋め立て処分量を減量するという課題であった。そうすれば、最終処分地の延命が可能になり、清掃行政の最大かつ緊急の難問である処分地確保に対して時間的ゆとりが生まれるはずである。この資源化によるゴミの減量という発想は、現場の職員の日常的知見から生まれたものである。現場の職員は、不燃ゴミ・粗大ゴミの中に資源化しうるものが相当程度、含まれていることを、よく知っていたのである。

埋め立てゴミの中に混入していた空きびんや空きかんを、埋め立てる前の段階で抜き取り、資源ゴミとして資源リサイクルのルートに乗せれば、埋め立てゴミの減量ができるはずであるというのは、見えやすい道理であり、わかりやすいアイディアである。このアイディアこそは「分別収集」方式を支える基本的発想であり、やがて「分ければ資源、混ぜればゴミ」というスローガンに結晶化していく。だが、このような一見単純に見えるアイディアを、実際に「分別収集」というかたちで具体化しようとすると、そこには多くの困難が立ち現れる。それは次のような諸困難である。

①先行モデルとデータの欠如

この方法は、アイディアの上では効果がありそうだが、そのような収集システムをうまく運営しているような他自治体での前例はない。はたして、本当に減量が実現できるのだろうか。データ的な裏付けが必要である。

---

[1] 以下の記述は、寄本 (1981)、井手 (1990)、宇田川 (1992) の諸文献に依拠するとともに、1995年9月の井手敏彦元市長、宇田川順堂氏、高島氏 (環境衛生課長) からの聞き取りに基づく。

②アルバイト問題

　従来、収集されたゴミから、事後的にかつ非公式に、職員の一部が有価物を抜き取り、それを売却してポケットマネーとするという慣行がみられた。これは、沼津だけでなく、当時、全国的にみられたことであり、ときによっては1カ月で数万円の副収入になったという。行政側はそのような有価物の私物化をタテマエとしては正当と認めていないが、事実上は黙認する形になっていた（寄本 1981: 138）。分別収集を導入することは、この事実上の、しかし後ろ暗いところもある「既得権」を清掃労働者が放棄することを意味する。さらに分別収集は、より複雑な作業を現場労働者に課すことにより労働強化にならないかという警戒心もある[2]。分別方式は、現場労働者の一角からの発案であるが、一面で既得権の削減を伴うものである。他の労働者たちの理解と協力がえられるのだろうか。

③住民の協力の確保

　資源ゴミを徹底して抜き取るためには、従来のように混合収集した後で、職員が抜き取るというようなやり方ではなく、市民がゴミを排出する段階で、資源になるものとそうでないものを分けて出すようにしてもらう必要がある。20万の市民がそのような分別排出という方式を、日々実施するということを受け入れてくれるだろうか。分別は煩雑であると考える住民が抵抗し拒絶するのではないか。もし多くの住民が混合排出を続けるのであれば、分別収集方式は無効となる。

④再利用ルート（エンドユーザー）の確保

　収集した資源ゴミを資源として、再利用ルートにのせることが必要である。体系的に分別収集することによって、大量の資源ゴミが集まった場合に、それを円滑に、再利用ルートに戻して行くことができるだろうか。

　このような諸困難を一つ一つ克服しなければ、分別収集の導入はできない。では、それは、どのようになされたのだろうか。
　1974年から75年にかけての沼津市においては、ほぼ1年間にわたって、一歩一歩漸進的に取り組みを深め、分別収集の導入地区を段階的に拡大することに

2　関係者からの聞き取り（1995年）によれば、労働組合運動の文脈では、他の自治体の労組からは、「労働強化だ」という批判が寄せられ「コテンパンにたたかれた」という。

表 3-1　不燃・粗大ゴミの分類調査 (1974 [昭和 49] 年 6 月)

・調査個所	24 ステーション		
・ゴミ総量	42.5t (100%)		
・資源回収	24 t (56.5 %)	空きびん、ガラス類	19.2t (45.2%)*
できるもの		空きかん、金属類	4.9t (11.5%)*
・埋立処分	18.5t (43.5 %)	プラスチック、ビニール類	
するもの		セトモノ、家具類の粗大ゴミ	

＊注：数値には丸め誤差がある。
資料：沼津市生活環境部衛生課。寄本 1981, 127 頁より再引用。ただし、年表記と％について一部加筆。

より、変革を成功させたのである。その変革の過程は、表 3-1 ～ 3-3 の数字に凝縮的に表現されている。

　資源化による減量を模索する最初の作業として、まずおこなわれたのは、1974 年 6 月に、衛生課の職員による「不燃・粗大ゴミの分類調査」である。ゴミの成分分析と計量は、ゴミ問題についての政策形成のために必要な最も基本的な情報収集であるが、それが、まず実施されたのである。1 カ月にわたり、1 日 1 ステーションずつを選び、「そこから出る不燃・粗大ゴミを資源回収できる物と、埋め立て処分せざるをえない物とに分別し、その量を調査した」(寄本 1981: 128)。その結果、**表 3-1** に示すように、24 ステーションから、42.5 トンの不燃・粗大ゴミが回収されたが、そのうち資源回収できるものは、空きびん・ガラス類が 19.2 トン、空き缶・金属類が 4.9 トン含まれており、合計、56.5％に達することが明らかになった。

　この 6 月の分類・計量作業は職員のみが関与したものであり、市民によって混合排出されたものを、職員が収集後に分類したのである。そこで、次の段階の課題となるのは、住民も関与するかたちで、新しい仕組みを試行的、模索的に導入することである。

　6 月の成分分析で得られたデータをふまえて、同年 7 月から 9 月にかけて、5 つの自治会の協力を得て、モデル地区を設定し、住民自身が分別排出をし、市がそれを分別収集するという実験に着手した。モデル地区では、従来、月 1 回不燃・粗大ゴミ (埋め立てゴミ) を収集していたものを、新たに「資源の日」を別に設けて、資源の日には、かん、びん、ガラス、古紙、金属類など資源化できるものを回収した。その結果は、**表 3-2** に示すように、この実験においてモデル地区で収集し

表 3-2　分別収集モデル地区（5自治会）の調査結果（1974［昭和49］年7〜9月）

- ゴミ総量　　41.1t (100%)
- 資源ゴミ　　26.2t (63.7%) ─┬─ 空きびん、ガラス類　23.1t (56.2%)
- 　　　　　　　　　　　　　 └─ 空きかん、金属類　　3.1t (7.5%)
- 不燃・粗大ゴミ　14.9t (36.3%)

資料：沼津市生活環境部衛生課。寄本1981, 127頁より再引用。ただし、年表記と％について、一部加筆。

たゴミ総量41.1トンのうち、26.2トン（63.7％）が、資源ゴミであり、不燃・粗大ゴミとして埋め立てねばならないものは、14.9トン（36.3％）にとどまるという好成績を得た。

データ的な裏付けは確信を作りだす。「こうやればうまくいくかもしれない」という仮説的なアイディアは、モデル地区における成分分析のデータに裏付けされることによって、「これが正しい方向だ」という信念へと成長する。

引き続き、衛生課の職員たちは、モデル地区で導入された方式を延長するかたちで、10月からは、不燃ゴミ収集の日とは別に、月1回の資源ゴミの分別収集を本格的に開始し、対象地区を段階的に拡大することに挑戦した。

表3-3に示されているように、1974年度の10月以後、分別収集に協力参加する自治会数がひと月ごとに、急激に増加していった。すなわち、分別収集を実施したのは、74年10月には11自治会で、資源ゴミの回収量は10.0トンであったが、11月には42自治会で29.5トン、12月には91自治会で56.0トンと拡大し、75年になってからは、1月には106自治会で48.3トン、2月には142自治会で72.0

表 3-3　資源ゴミ収集状況

月別	分別収集実施自治会数	空きビン、ガラス類（トン）	空きかん、金属類（トン）	重量計（トン）	自治会還元金（円）
1974（昭和49）年 10月	11	8.9	1.1	10.0	53,487
11月	42	25.5	4.0	29.5	127,554
12月	91	47.5	8.5	56.0	237,383
1975（昭和50）年 1月	106	41.1	7.2	48.3	164,526
2月	142	60.8	11.2	72.0	240,032
3月	168	71.4	12.7	84.1	282,416
計	168	255.2	44.7	299.9	1,105,398

資料：沼津市生活環境部衛生課。寄本, 1981, 127頁より一部加筆の上、再引用

トンとなり、年度末の 3 月には、市内全自治会のほぼ 3 分の 2 にあたる 168 自治会で 84.1 トンにも達した。

　分別収集地区がこのように急激に増加することが可能になったのは、現場の職員集団の並々ならぬ熱意と努力があったからである。

　行政の側の分別収集は、住民の側で分別排出をきちんと実行してくれて初めて効果を現す。ところが、住民からみれば、分別排出は手間が増えるという側面があり、それを過剰に煩雑と感じる人々は、反発や抵抗を示した。たとえば、職員たちが、各町内をまわって説得と説明をおこなう中で、次のような批判的な意見も出された。「分けるのは排出のとき面倒だ」「市民に余分な負担をかける」「ゴミとして市が当然処理すべきだ」「市職員が資源回収をするのは税のムダ使いだ」「資源回収は町内でやったらどうか」等々（沼津市職員組合連合会 1970: 5）。住民の中にはこのような消極的さらには拒絶的な態度さえみられたのであるから、分別収集を実現するためには、住民を説得し、分別収集の合理性、必要性を納得してもらわなければならない。

　この困難な課題に、職員集団として立ち向かい、熱意をもって説得活動を続けたことが、全市的な分別排出の協力態勢を実現した鍵であった。その過程は、清掃職員たちの労働組合のパンフに、次のように記録されている。

　　ステーション毎のゴミの組成調査の結果、及びゴミの収集から処理、最終処分までを納めた 8 ミリ映画、資源ゴミ分別排出の具体的方法のスライドをもち、各町内への話し合いの態勢に入った。P.R. については、チラシとか、通り一ぺんのお知らせではいけない、とにかく真実を訴えて住民も共に考えなければいけない時期に来ているということを、理解納得してもらおうと、[昭和] 50 年 3 月までに大半の 200 町内を廻った。この中で一部には批判的な意見もあった。

　　併しながら多くの町内は「なぜもっと早く云ってくれなかったか」「分けるぐらいは市民の義務だ」「ゴミについての話し合いは今日が初めてだ」「資源の少ない日本では大切なことだ」等の意見も多く、非常に力づけられた（沼津市職員組合連合会 1970: 5-6）。

　井手元市長の回想によれば、現場の職員は、「自分たちの思いをそのまま市民にぶつけようと決意し、自分たちで市民に訴える 8 ミリやスライドを作って、文

字どおり市民のなかに飛び込んだ。」「昼間の収集業務をお互いに助けあって片づけながら、夜は仲間を作って各町内を回って歩いた(その回数は 400 回にのぼる)。」「1974 年の夏ごろにモデル地区で分別の実験を始めてから、翌 75 年の春に分別収集を全市の方針として決定するまでわずか半年であったが、この間の 60 人の収集職員の日夜を分かたない活動は、まことに画期的なものであった。」「その現場労働者の必死の活動と率直な訴えが市民を感動させ、市民を動かしたのである」(井手 1990: 61-62)。

また、ある住民の証言によれば、分別収集の説明に来た清掃職員は「何度でも来ますから」と言ったという(日本消費者連盟・東京都清掃労働組合 1995)。その態度の真剣さを見て、住民もこれは本物だと感じ、納得し協力するようになったのである。

表 3-3 に示されるような、1974 年 9 月から 1975 年 3 月にかけての分別収集導入地区の段階的拡大の過程には、このような職員集団の熱意と働きかけ、職員と住民との活発な対話の積み重ねがあった。この半年間の段階的拡大の実績をふまえて、1975 年 4 月からは市内全域に分別排出と分別収集が導入された。これこそ、分別収集の全国的普及へとつながっていく歴史的な第一歩であったのである。

2 分別収集の仕組みと沼津方式の特徴

この時点で確立された生活系廃棄物の収集の仕組みは、どのようなものであったろうか。

沼津市で導入された新しい収集の仕組みにおいては、住民の排出と市による収集において、「可燃ゴミ」「資源ゴミ」「埋立てゴミ」の 3 分別が採用されている。可燃ゴミは、台所のゴミや紙屑類を対象とし、それ以前と同じく、週 2 回から 5 回の収集がなされ、焼却される。大きな変化は、従来の「不燃・粗大ゴミ」が、「埋立てゴミ」と「資源ゴミ」に分けられたことである。「埋立てゴミ」は、焼却にも適さず、資源としても再利用できないものであり、月 1 回の収集がなされ、従来どおり埋立て処分がなされる。ここには、以前からの瀬戸物、粗大ゴミに加えて、井手市長の時代になってからプラスチック類を焼却しない方針が決められたので、プラスチック類も含まれる。これに対して、「資源ゴミ」は、沼津市の新方式によって導入された新しい区分であり、空きびん、割れガラス、空きカン、金属類、古紙類が含まれる。これらの資源ゴミは、各地区ごとに定められたステー

ションに、月1回、住民が分別排出する。ステーションは、広場や道路の片隅や公園などに設けられ、約750カ所ある。

　空きカン（アルミ製とスチール製）は、前日の夕方からステーションに金網製のカゴを設置し、住民がそこに投入する。空きびんについては、回収容器は用いず「裸だし」で整列させる。リターナブルびんとワンウェイびん（カレットとして再生されるびん）に分けて、さらにそれぞれを大きさ別や色別に分ける。割れガラスについては、一斗缶の中に色別に入れる。古紙類は適当な量をひもでしばり、ステーション内の所定の場所に置く。各ステーションでは多くの場合、町内会の役員や老人会や当番にあたった人が、早朝に出て、整理にあたっている。

　これらの市民によって分別排出されたゴミを、市の収集車が種類ごとに収集する。そして、種類ごとに必要な中間処理をして、資源再利用のルートにのせるわけである。空き缶は市による収集の後にアルミとスチールに選別しそれぞれプレスして金属塊にしてから、ワンウェイびんは色別に分けた上で破砕してから、回収業者に売却する。金属類の売り上げは市の清掃事業の収入になるが、びん・ガラスの売り上げは排出量に応じて、各自治会に還元される（表3—4を参照）。

　このような分別収集の仕組みは、2000年時点では、広く日本中の各地の自治体に普及しているから、その骨格的仕組みに関しては、よく知られているものである。だが、開始当時から今日に至るまで、沼津市の分別収集と資源再利用の仕組みには独自のさまざまな工夫がみられ、全体として「沼津方式」といわれる個性的なニュアンスを生みだしている。

　第1に、ステーションにおける資源ゴミの管理や整理に、各地区の住民が、積極的・継続的に協力を続けていることである。このことは、自治会などの各種団体の活動力が強いという地域社会の特性の反映でもあるが、この地域住民の協力の態勢は、分別収集の創始の過程で、職員が積極的に各地区をまわり、話し合いをくり返したところから、可能になったものである。井手元市長によれば、「沼津方式は、まさに現場労働者がゴミ戦争打開の第一線に立って奮闘し、市民の中に飛び込んで築き上げたもの」である（井手1990: 59）。

　第2に、資源ゴミの分別をきめ細かく行い、それによって、資源としての質を高め、高く売却する努力を続けていることである。1995年時点では、住民の排出時点で14分別、行政の手を加えると実に50品目ぐらいに分別されている（宇田川1992）。また、たとえばワンウェイびんを破砕したカレットを色別に収集するためのオリジナルな特殊車両が開発・配備されている。また、住民の協力も徹

底している。たとえば、空き缶ゴミひとつをとっても、住民による排出時の洗浄が行き渡っているので、清掃プラント敷地内に積まれているプレスされた金属塊からは、においがほとんどでない。

　第3に、現場職員が、他の自治体であれば破砕・埋立て処理されるだけの粗大ゴミからも、極力、銅線類、モーター類、アルミ類などの有価物を抜き取る作業を続けている。解体に2名が専属している（1995年）ほか、収集作業員も収集が終了した後の勤務時間に解体と資源の抜き取り作業に加わる。廃家電の解体までしている自治体は、ほとんど他に例がない。

　第4に、廃棄物を資源化するための売却ルートを独自に開拓し、より有利な条件で売却する努力をしていることである。たとえば、ガラスについては、徹底した色別の分別にもとづき大量の原料が集まるので、通常の流通業者を飛び越して、大手のメーカーとの直取引が可能になっている。また、金属類については電炉メーカーと直接に取り引きしている。全国的なリサイクルの努力が、逆有償問題で壁にぶつかったときでも、沼津市は、もっともしぶとく逆有償を回避し続けるような資源売却ルートを確保してきたのである。

3　分別収集方式のメリット

　では、このような分別収集の利点と効果はどのようなものであったろうか。少なくとも次のような6点にわたって、大きなメリットがあった。

　①ゴミの減量による埋立地の延命、運搬量の削減

　分別収集開始後の、資源ゴミ収集状況、不燃・粗大ゴミの減量の実績、分別収集の導入前後とその後のゴミ量の推移は、**表3-4〜3-6**のようになっている。

　分別収集が全面的に導入された1975年度においては、資源ゴミ1830トンを回収しているが、そのおかげで、埋立てゴミが、前年比1615トン（前年比23.1％）もの減少になっている（表3-6）。ゴミ量全体の中で、埋立てゴミの比率（重量）は、分別収集の導入以前の1973年度には、18.9％であったものが、分別収集の導入後の1975年度には13.4％に低下し、以後、その傾向が継続し、1993年度においても13.4％となっている。

表 3-4 資源ゴミ収集状況（全市域、1975 年 4～9 月）

月別	空きびん ガラス類（トン）	空きかん 金属類（トン）	計 （トン）	自治会還元金 空きびん・ガラス売却代（円）	市雑収入 空きかん・金属類売却代（円）
4月	107	15.42	122.42	428,500	117,160
5月	115	20.62	135.62	469,983	184,340
6月	137	22.60	159.60	547,252	165,640
7月	130	22.22	152.22	516,705	112,560
8月	180	30.23	210.23	729,375	188,070
9月	150	27.96	177.96	625,361	157,560
計	819	139.05	958.50	3,317,176	925,330

(5.7t／日量) (1.0t／日量) (6.7t／日量)

売却代金合計　4,242,506 円

資料：沼津市生活環境部衛生課。寄本 1981: 129 より一部加筆の上、再引用。

表 3-5　分別収集開始後の不燃・粗大ゴミの量（1975 年 4～9 月）

月別	分別収集後 の収集量（トン）	1974（昭和 49）年 度の収集量（トン）	比　較
4月	449.2	627.0	
5月	486.5	564.0	
6月	487.0	540.0	
7月	465.5	740.0	△ 782.8t
8月	465.0	615.0	(△ 27.8%)
9月	470.0	511.0	
計	2,814.2	3,597.0	

(18.8t／日量)　　(24.0t／日量)

資料：沼津市生活環境部衛生課。寄本 1981: 129 より一部加筆の上、再引用。

表 3-6　沼津市のゴミ収集状況

(単位：トン)

	可燃ゴミ（％）	埋立てゴミ（％）	資源ゴミ（％）	合計（100％）
1973 年度	33580（81.1）	7836（18.9）	―	41416
1974 年度	33593（82.8）	6983（17.2）	―	40576
1975 年度	32854（82.0）	5368（13.4）	1830（4.6）	40052
1980 年度	36280（73.8）	7471（15.2）	5398（11.0）	49149
1985 年度	42028（74.6）	8823（15.7）	5447（9.7）	56303
1990 年度	42127（77.5）	6678（12.3）	5555（10.2）	54360
1993 年度	42653（75.2）	7598（13.4）	6463（11.4）	56714
1975-93 年度の合計	759924（77.0）	129828（13.1）	97168（9.9）	986920

資料：沼津市生活環境部環境衛生課

②資源の節約と環境負荷の軽減

　資源ゴミの回収は、アルミ、スチール、ガラス、紙類などの、それぞれの資源の節約の効果を生む。また、間接的には、環境負荷の軽減につながる。1975〜93年の累計では、97168トンの資源ゴミが回収されている。これは、これだけの量の不燃ゴミの埋立てを回避したことを意味するとともに、それだけの量の金属類やガラスの再生使用、再利用がなされたことを意味している。

③財政的メリット

　沼津市の分別収集は、巨額の設備投資を必要とするわけではないし、職員の増員も必要としなかった。職員の人数は、分別収集の導入前後を通して、ほぼ一定の60人前後に保たれている。分別収集を導入しなかった場合に比べれば、処分場の延命化などにより、大幅な経費の節減というメリットも大きい。

　さらに、資源の売却は、直接的な収入を市と市内の各自治会にもたらす。導入当初の1975年度の前半だけでも、表3-4に示されているように、市に92.5万円、自治会に331.7万円、合計424万円の収入があった。1975年度から93年度までの累計では、市と自治会に合計6億7465万円がもたらされている[3]。

④職員と市民との対話を通しての市民の意識変革

　分別収集の導入に先行する処分場問題や新清掃工場建設問題も住民の意識を喚起する機縁となったが、分別収集の導入を契機に、ゴミ問題に対する住民意識の変化が引き起こされた。その基盤となっているのは、日々の分別排出の必要性と同時に、分別収集の導入が、地区ごとに現場の職員との話し合いを通して納得した地区から段階的に導入されたこと、導入後も多くの自治会では、資源ゴミの日にステーションごとに住民による整理の態勢を組み、清掃職員の円滑な収集に協力していることである。その背景としては、行政の側も「ゴミ隠し」をしないという考え方に立ち、ゴミ問題を正面から住民に投げかけたことが大きい。

⑤清掃労働者のやりがいと社会的な評価の向上

　分別収集の導入以前には、清掃職員が冷たくみられたり、軽蔑されたりすることもしばしばであったが、ゴミ問題に対する住民意識の変化は、清掃業務や清掃職員に対する社会的評価の向上を生みだし、さらに、それと表裏一体のかたちで、

---

[3] 「排出源分別型リサイクルの草分け「沼津方式」」(『晨』1995年9月号：23-25)

職員のやりがいや誇りや自己評価を向上させた。導入後の状況は、寄本によれば、「ゴミ問題、資源問題に対処するために自分たちのやれることはやっている、こうしてみんなで力を合わせてやっているという充実感、社会的事業への参加感が住民や清掃職員の心をとらえている」(寄本 1981: 144)。また、井手元市長は「全国各地から沼津方式を見学に来るが、見学者の目には、市の清掃労働者が生き生きと仕事をしている姿がまことに新鮮に映り、感動を受けたと述べられることが多い」と記している (井手 1990: 59)。

⑥ガラス類収集作業の安全化

また、細かいことであるが、分別収集は収集作業の安全化にも寄与している。以前は「袋の中が見えないためビンの割れた物が袋を持つとき当たるため、手とか足とかの裂傷が再々あった。ビン、ガラスと始めから分かっていればそれなりの収集を行うので、現在はこのような裂傷事故は皆無である」(沼津市職員組合連合会 1975: 9)。

4　導入にあたっての困難の克服

以上のように、分別収集の導入のメリットは多面的であり、かつ大きい。では、この新方式の導入の際に、前述の①から④の諸困難は、どのように克服されたのであろうか。

すでに、①先行モデルとデータの欠如と、③住民の協力の確保という2つの困難の克服の過程については、以上の記述の中で説明してきているので、残る2つの困難、すなわち、②アルバイト問題と、④再利用ルート（エンドユーザー）の確保について、沼津市ではどのような解決がなされたのかを見てみよう。

まず、②アルバイト問題の克服は、現場職員内部の意志統一というかたちで解決された。「多くの現場職員にとっては在来の手慣れた収集方式を変えることには抵抗があるのみならず、新方式の下でアルバイトを完全にやめる方針には強力な反対意見が出された」(寄本 1981: 139)。職員内部すなわち労働組合内部の討論が、1974年前半に数ヶ月続けられた。この過程では「やろうという主張と、反対する声と、なぐりあいまでやったという職場の烈しい討論があったという」(井手 1990: 62)。「しかし、やがてリーダーの信念は理解され、新方式実現に向かって全員の意思統一がなったのである。ただし、アルバイト問題に関しては、それを完全にやめる見返りと新しい分別収集のための労働分として、新手当(月一人当たり

一万円)を獲得している」(寄本 1981: 139-140)。分別収集の導入ができたのは、職員集団内部でのこのような自己克服があったからである。

つぎに、④再利用ルート(エンドユーザー)の確保という課題の解決には時間がかかった。一般に、リサイクルの試みが成功するかどうかの鍵はエンドユーザーの確保であるといわれるが、沼津市の場合も、当初より現在にいたるまで、このことが難しい課題として存在している。当初は、紙と金属については回収物の受け皿があったが、カンとビンについては受け皿がなかったという(宇田川氏ヒアリング)。他の自治体への見学においても、金属プレス機など、後処理の方法についての情報収集が要点であった。製壜協会の役員を説得してビンを引き取ってもらうまでに、5～6年を要した。自治体の中でも沼津市の独自性は、回収資源の均質性を交渉力としながら、自治体としてのより有利な資源売却ルートを開拓しようとする点にあり、そのためには、既存の資源回収業の流通ルートを迂回することさえしてきた。このような沼津市の受け皿の拡大努力は結実して、1995年時点では、製びんの大手メーカーや電炉メーカーと直接取り引きする態勢を作りだしている。

第3節　変革の性格と変革を可能にした諸要因

1　経営システムの文脈での変革

沼津市における問題解決と変革の努力は、理論的にみるとどういう性格をもっているだろうか。「社会制御システムの両義性」という理論的視点を前提にする限り、分別収集の導入という変革過程は、第一義的には、経営システムの文脈での動態化を通しての経営問題の解決という性格をもっている。では、そのような変革過程の基本的特徴はどのようなものであろうか。

1-1　行為プログラムの整合化的再編

すでに見たように、経営問題の解決とは、限られた手段的資源を使用しながら、さまざまな制約条件のもとで、複数の経営課題群の充足水準を同時に許容水準にまで高めること、さらにより高い水準への上昇を実現することである。ところが、経営システムをとりまく社会環境の変化によって、従来のしかたでは、効果的に経営課題群の達成水準を許容化できないという事態が生じてくる。

沼津における清掃行政の危機は、経営システムにとっての社会環境の変化によ

る経営困難化という事態を典型的にあらわしていた。ゴミの増大と、住民の公害問題にたいする意識の向上によって、従来の方式によったのでは、不可欠の経営資源である清掃工場や最終処分地の確保さえ、困難化するに至ったのである。この意味での経営困難化は、当面は、清掃行政の最高責任者である市長の努力によって、最終処分場の確保と新清掃工場建設については、関係住民との間にかろうじて合意が形成され、暫定的に回避された。この過程を通して、清掃行政システム全体の改革の必要性が、現場職員にも痛切に自覚されるようになった。その結果、分別収集の導入という変革が実現したのであるが、この変革は、第1に、清掃行政システムにかかわる「行為プログラム」を、その整合性を保ちつつ「より望ましいもの」に再編成するという意味をもっていた。この行為プログラムの再編成の基底にあるのは、経営課題群をより目的合理的に達成しようという手段の探究である。一般に、経営システムにおける行為プログラムの再編成は、経営システム全体として合理的な行為が組織化できるように、個々の役割の行為プログラムを再編成しつつ、同時に、複数の役割の行為プログラムを整合化するというかたちでなされなければならない。

　ところが、分別収集の導入の場合は、さらに市民の側での分別排出の実行が必要である。したがってこの場合の行為プログラムの再編成は、市民を含みこむかたちでなされなければならなかった。

　第2に、一般的には、行為プログラムの整合化的な再編成は、受益や負担や受苦の機会に対して中立的ではなく、それらに、さまざまな影響を与える。このことは、厳密にいえば、支配システムの契機に属するような現象である。たとえば、分別収集導入に伴い職員内部のアルバイト問題を是正したことは、行為プログラムの再編であるとともに、既存の受益機会の喪失を意味していた。また、住民に「分別排出」を実施してもらうことは、混合排出に慣れた住民感覚からすれば、「新たな負担」と感じられるゆえ、抵抗を伴うものであった。このように行為プログラムの再編成は、受益や負担や受苦の機会の再編成を含意している。

　それゆえ、第3に、行為プログラムを整合化しつつ再編するためには、関係する人々の間での抵抗を克服しつつ意志の整合性を実現することが必要であった。しかも、分別収集の導入は職員にとっては上からの指令によるものではなく現場からの発案によるものであるから、職員の間での意志の整合化は、合意形成を実現することによってのみ可能となった。さらに、分別収集の導入は住民の分別排出を不可欠の前提とするが、それは、住民と行政職員の間の合意形成にもと

づいた自発的協力によってのみ可能となるものである。

　以上のように、経営システムの変革は、経営問題解決のための行為プログラムの再編成、受益や負担や受苦の機会の再編成、そのような再編成をめぐる意志の整合化を諸主体の間で実現することを含意している。

1-2　行為プログラムの再編にかかわる3水準──手段、経営課題、価値

　経営システムの変革の基本過程を行為プログラムの整合化的再編と把握した場合、再編の深さの質的差異をどのような視点で把握したらよいであろうか。本章で取り上げた分別収集導入の事例を検討すると、変革の深さには「手段の再定義」「経営課題群の再定義」「価値の再定義」という3つの水準があることが見てとれる。

　第1の水準は、手段の再定義にかかわる。それは、一定の経営課題群の存在を前提にして、そのために、いかなる手段を選択し駆使したらよいのか、という文脈での取り組みである。目的合理性、効率性ということは、この手段採用の文脈で重視される基準である。たとえば、新しい住宅街が建設されたときに、清掃車による収集ルートや収集回数をいかに設定するのがもっとも合理的手段となるか、というような問題である。

　第2の水準は、経営課題群の再定義のレベルである。ここでは、経営システムにおいてめざされる目的そのものをどう再定義するのか、ということが問題になる。分別収集が始まる以前の通常の清掃行政においては、収集、運搬、償却、埋め立て処分、衛生的処理、コストの抑制などが、達成すべき経営課題群であった。これに対して、沼津の清掃行政の改革においては、「埋め立てゴミの減量」「分別収集」「資源のリサイクル」等の新しい経営課題群が導入・設定された。「分ければ資源、混ぜればゴミ」というスローガンは、この新しい経営課題群を端的に表現している。経営課題群の再定義がなされる場合、必然的に、第1の水準での手段の再定義が必要になり、手段にかかわる行為プログラムの創造や再編ということを伴う。「分別収集」のためには、市民の側の「分別排出」が必要であり、そのためには生活習慣を変更するかたちでの市民の協力が必要となる。協力を確保するためには、市民に対するゴミ問題の現状と打開策について説明と説得をし、住民意識を変革しなければならない。そのためにはさらに、データの収集や説明資料の作成といった新しい一連の作業課題がたち現れてくる。

　第3の水準は、経営課題群を支える価値の再定義にかかわる。経営課題群の

設定のされ方は、当該経営システムにおいて、いかなる価値の実現がめざされているのかによって方向づけられている。価値の再定義とは、当該の経営システムにおいて、本来、何がめざされるべきかということの探求である。沼津の分別収集の場合、「埋め立てゴミの減量」「分別収集」「資源のリサイクル」という新たな経営課題群の設定の背後には、本来、清掃行政は何をめざすべきなのか、ということの探求があった。本来性の探求といってもよい。その本来性の探求の結果、再定義される価値の内実は、経営システムの個性によって多様であるが、どのような場合でも、価値が再定義されることは、経営課題群の再編成を引き起こし、さらに、連鎖的に手段選択にかかわる行為プログラムの再編成も引き起こすであろう。このように価値の再定義を伴いつつ、行為プログラムが変革される場合、それが首尾よく進むためには、関係者に新しい価値を支持するような価値意識が共有される必要がある。住民が分別排出というかたちで協力するためには、ゴミ問題の危機的状況を理解することと、単なる行政サービスの受益者意識から、多少の煩雑さはあってもゴミの減量と再資源化に協力すべきだという価値意識への転換が必要だったのである。

　以上で見たように、経営システムにおける行為プログラムの再編成は、手段選択、経営課題群設定、価値という3つの水準に関与しうるものであり、事実、沼津の分別収集の導入の事例においては、そのようなかたちで行為プログラムの変革が進んだ。では、そのような変革を可能にした要因は何だったのであろうか。

2　変革を可能にした過程と要因は何か

　ここで、経営システムの変革を可能にした過程と要因を、問題の展開に沿って整理してみよう。

　問題解決の展開に即せば、「問題形成」「調査と情報収集」「革新的なアイディアの創出」「アイディアの具体化」「説得と合意形成」という諸要因が大切である。問題解決を担った主体に即せば、「問題形成を支えた感受性」「集中的な労力投入」「発想力」などの諸要因が重要であり、さらにそれらを総括するならば「価値合理性」「集団的主体性」の発揮をみることができる。

　問題解決の端緒にあるのは、清掃行政の危機に際して、清掃労働者が「このままではいけない、何かをしなければならない」と感じ、自ら取り組むべき課題として受けとめたことである。問題の感受、あるいは、問題形成という過程が出発点になっている。

沼津の清掃職員が、1973〜74年の清掃行政の危機に際して感じた危機感は、「このままでは市の行政はゴミ処理に追われ、他のことは全部ストップしてしまうのではないかという逼迫感におそわれ、とにかく何かをやろう、皆で考えようということになった」(沼津市職員組合連合会 1975: 3) という言葉によく表現されている。経営システムとしての清掃行政がぶつかっている行き詰まり状態を、その担い手たちが、解決すべき自分たちの問題として感受したのである。ここには、システムの問題状況を、主体にとっての問題へと転換した過程が存在する。

　次に、この変革を可能にした過程で大切なのは、調査と情報収集である。沼津市の職員は、解決の手がかりを求めて、「横浜、鎌倉、長野、松本、甲府」などの諸都市を訪ねている (同上: 4)。また、1974年6月からくり返されたゴミの成分分析の作業は、分別収集と分別排出を実現するために、もっとも必要な基本的なデータ収集である。廃棄物の中に、どれだけ再資源化可能なものがあるのかを確かめながら、一歩一歩、新方式の導入を進めていった。

　そのような調査と模索に平行しながら、分別収集という「革新的なアイディア」が提出された。有価物を抜き取れば減量できるという認識は、現場職員の日常業務の中で、常識的に理解されていたことであったが、住民の排出時に種類ごとに分けてもらうというところに、このアイディアの核心がある。この革新的アイディアの理念は、「分ければ資源、混ぜればゴミ」という標語によく表現されている。

　このアイディアが具体的に実現できるかどうか、効果をあげるかどうかは、20万人を超える住民の側が、分別排出というかたちで協力してくれるかどうかということにかかっていた。分別は、住民の側に、負担増ともとられかねない新しい生活習慣を、導入することを意味している。沼津市の職員の選択した道は、自治会・町内会単位ごとの徹底した話し合いを通して、協力してくれる住民を増やし、分別排出＝分別収集の実施地区を漸次拡大していくことであった。そのような住民に対する説得努力が、徹底的・精力的に、また資料を用意して丁寧になされたことが、全市的な分別収集の導入を可能にした決定的な要因である。この説得による協力拡大は一方通行的なものではなくて、住民の側からの肯定的・賛同的反応によっても支えられていた。

　　又敢えて紙面を借りて紹介したい人は西条地区の「長沢」さんという一市民である。この方は私達がまだ手さぐりで収集方法、減量方法をさがしていたとき、基本的には「こういう資源回収方式をとれば減量できる」と私達の

案を話したさい「良いことだ。やりなさい」といって早速町内の方を召集し、2日間にわたって私達収集現場、埋立場、焼却工場に見学にこられ現状を認識され、その結果町内が一丸となって資源分別のモデル地区を率先して買ってでてくれた。初めてのことで2～3回は行き違いもあったが、いつも温かく見守ってくれ、市と共に考えてくれた。他町内を廻って種々市に対しひどいことを云われても、この長沢さんのことを思いうかべ、又勇気をふるいおこして説得話し合いをしていったものである。……今は故人となった長沢さんに深く感謝し、真の意味の「住民自治」を確立していくことがご恩返しと思っている (沼津市職員組合連合会 1975: 6-7)。

したがって、以上のような全過程を支えた要因は、変革主体に即せば、問題形成についての感受性、膨大な労力投入を支えた熱意であった。そこで、この変革過程を支えた主体性の質を総括するならば、価値合理性と集団的主体性の重要性が浮上してくる。

つまり、沼津市の変革過程においては、その中心的な担い手であった、職員集団の「集団的主体性」の発揮が顕著であり、また、清掃行政のあるべき姿を志向する「価値合理性」があったというべきである。

このような集団的主体性は、職員たちの意志統一を前提にし、活発な相互作用を通して実現したものである。それがどのようにして可能になったかのという問題は、グループダイナミックスの主題ともいえるものであるが、社会制御過程の社会学の探求にあたって、一つの基本的問題を提起している。

沼津の分別収集の導入は、法律に定められていることでもないし、厚生省の指導によるものでもない。自治体の現場からの問題解決努力が、法令の枠を乗り越える創造的解決を可能にしたのである。その根元にある変革志向性は、清掃行政についての価値合理性である。それは、「これからの清掃行政は、本来、どうあるべきか」ということを探求しつつ、より望ましい清掃行政のあり方を、徹底的に志向するものである。この価値合理性は、法令によって与えられているものではなく、現場の人々の熱意とともに生まれたものであり、むしろ、今後の法令をも含めた変革の内容に、方向づけを与えるものである。

3 変革力の性格としての触発的変革力

沼津市における分別収集の導入過程は、社会変革における主体性の質という点

に注目するならば、「触発的変革力」の発揮という性格をもっている。

ここで、「触発的変革力」とは、ある問題に取り組む一つの主体の効果的な変革努力が、類似の問題に取り組む他の主体の変革努力を連鎖的に触発し、多数の主体に共鳴と自発性を喚起しつつ、同様の変革努力が波及して行くような変革力である。どのような主体が変革力の始点となりうるかという点についてみれば、触発的変革力の源泉となる主体は、地位の上下を問わない。

沼津市における分別収集の導入の発端は、当初は、ほんの数人の現場職員の発案によるものであった。それが、清掃部局の職員全員が共有するような考え方になり、管理職や市長の合意と市議会の賛同を得るに至る。そして、モデル地区を突破口として個別の町内会・自治会に漸次的に波及し、モデル地区における分別収集開始後の9カ月後には、全市域にまで、拡張できるようになる。この方式のメリットが他の自治体に知れ渡ることによって、全国の自治体が、沼津に学びながら(1995年時点でも年間200-250回の団体での見学があるという)、それぞれの分別収集の開始に踏みきるようになった。そして、今や分別収集は、全国の自治体に普及するとともに、厚生省の政策体系の中でも中心的理念となり、分別の体系と再資源化率は、各自治体の清掃行政の水準を評価する代表的な基準となったといえよう。このような変革の連鎖のイメージは、**図3-2**に示したとおりである。

1995年の時点で、資源再利用と減量を意図して分別収集をなんらかのかたちで実施している市町村数は、2011であり、全市町村数(3094)の65.0%にあたり、全国の人口の71.2%までをカバーする状況になっている(厚生省生活衛生局水道環境部環境整備課1996:131)。

また、1970年制定の「廃棄物の処理及び清掃に関する法律」(廃掃法)においては、廃棄物の分別による再資源化という政策理念は欠如しており、「分別」とい

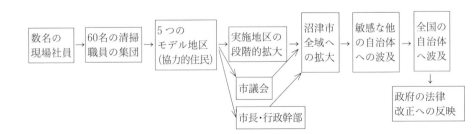

図3-2　分別収集の実践の連鎖的波及の過程

う言葉は一回も使用されていない。これに対して、1991年の大改正後の同法においては、同法の目的を定めた第一条において、「分別」が明確に位置づけられており[4]、また第二条の二においては、「分別して排出」することが、「国民の責務」として定められている（環境庁環境法令研究会編1992）。

　政府のレベルでの法律改正がなされたので、自治体レベルで分別収集が開始されたのではない。自治体レベルで現場に即した問題解決手法として、分別収集が創始され、それが共鳴によって普及するという実績が先行し、そのような下からの変革が反映するかたちで、政府の法律の条文が、そのもっとも基本的な目的の設定や、国民の責務といった項目において、改正されたのである。

　出発点において、わずか数人の発案によって開始された変革努力が、人口20万人の全市を巻き込むような新方式の導入へと結実し、さらに、それが全国に波及していった過程は、個人の主体性が社会の中で発揮する効果と可能性について、一つの積極的な例証を提供するものである。

　このような質をもつ変革力の対極にあるのは、「操作的変革力」である。「操作的変革力」とは、操作力をもつ主体が、他の主体の利害状況を操作することによって、さまざまな不満や抵抗を排除しながら、自らの意志を貫徹するようなタイプの変革力である。ここで、操作力とは、なんらかの財の与奪を交換条件として、他の人々を操作しようとするような変革力である。操作力の代表例は、権力と経済力である。

　触発的変革力が、その普及の根拠を、他の主体の共鳴と自発性に求めるのに対して、操作力による変革力の有効性は、他の主体の不同意と抵抗を利害状況の操作によって、さらには、物理的強制力の行使によって排除することに、根拠をもつ。

　では、触発的変革力の成立条件は何であろうか。そこには、論理的に見て3段階の条件がある。

　第1に、解決が必要な何らかの難問が、広範な人々に共有されていることである。それは、多くの人が悩みながらも、それを解決するような方策が見いだし難いという意味で難問である。たとえば、1970年代半ばにおいて、ゴミ問題は、ゴミの激増とそれによるゴミ公害の深刻化の進行、最終処分場の確保や清掃工場の建設をめぐる激しい地域紛争の発生というかたちで、数多くの自治体行政にお

---

[4]　1991年改正後の第一条は次のとおりである。「この法律は、廃棄物の排出を抑制し、及び廃棄物の適正な分別、保管、収集、運搬、再生、処分等の処理をし、並びに生活環境を清潔にすることにより、生活環境の保全及び公衆衛生の向上を図ることを目的とする」。

いて、ゴミ問題は難問であった。ゴミ問題の困難さは、単に予算を増やせば解決するというような質のものではなかった。しかも、そのような難問を生みだすような構造的緊張が、社会的に広範に存在していたのである。

　第2の条件は、その難問に対して、誰かによって、普遍性のある解決策が創出され、実施されることである。ここで、普遍性とは、いつでも、どこでも、誰にとっても妥当性があるという程の意味である。すなわち、普遍性のある解決策とは、その実施に特権的な条件を必要とせず、関係する人々の意志さえあれば、どこでも実施できるような解決方法のことである。分別収集による減量と再資源化という打開策は、まさにそのような質を備えていた。この方法は、巨額な設備投資とか、広大な土地とか、とりわけ複雑な技術とかを、必要とするものではなかった。ただ、そこに必要なのは、市民の分別排出というかたちでの協力の意志であり、市民の生活習慣を変更するための説得を粘り強くおこなおうとする清掃局職員の意志であった。

　第3の条件は、そのような普遍性のある解決策が、類似の難問を抱える他の人々によって取り入れられ、実施され、共鳴によって広範な範域に波及していくことである。この波及は、強制によるものではなく、他の人々が、それぞれにとっての等身大の問題を解決するために、優れた解決策を自発的に導入することによって、可能になるのである。その波及の過程は機械的な模倣というよりも、他の人々による創意工夫が発揮されることにより、個別の微妙な条件の差異を反映して、さまざまなバリエーションを伴うことが多い。分別収集という沼津方式に触発されて、他の自治体でさまざまな分別方式が工夫されながら広がっていったのは、その一例である。この段階においては、難問が広範に共有されている状態そのものが、革新的な解決策の共鳴基盤となるのである。

　触発的変革力の発揮の過程は、個人の側からみれば、個人が、等身大の問題を解決するような実践を通して、社会変革に大きな影響力を発揮する過程である。「等身大の問題」とは、私生活においても、社会の中でのなんらかの役割分担の文脈でも、個人にとって立ち現れてくるものである。それは、個人が直接に取り組まなければならない問題であると同時に、個人の限られた主体性によって、回答を与えうる問題である。沼津市の清掃職員にとっての等身大の問題とは、沼津市の清掃行政の危機を打開し、沼津市において、より優れた清掃行政のあり方を実現することであった。ところが、等身大の問題に対する普遍性のある解決策の創出が、一定の条件のある場合には、同様の難問の広範な存在という事態を

媒介にして、触発的変革力を発揮するという帰結を生んだのである。

結　び

以上の本章の検討をまとめておこう。

①沼津市における分別収集の導入という変革過程は、清掃行政を担当する事業システムの変革を、第一義的には経営システムの文脈での経営問題の解決というかたちで実現したものである。

②この経営問題の解決は経営システムを構成する行為プログラムの再編成を通して実現されたが、その再編成は、「手段の再定義」「経営課題群の再定義」「価値の再定義」という3つの水準にわたるものであった。このうち、「価値の再定義」の過程は、清掃行政の本来あるべき姿とは何か、という「本来性の探究」という特徴を帯びている。「経営課題群の再定義」においては、それ以前の清掃行政では設定されていなかった「埋め立てゴミの減量」「分別収集」「資源のリサイクル」といった諸課題が設定された。

③問題解決を可能にした諸要因としては、「問題形成」「調査と情報収集」「革新的なアイディアの創出」「アイディアの具体化」「説得と合意形成」ということが大切である。

④問題解決を担った主体は「価値合理性」と「集団的主体性」を発揮したが、より細かくみれば、「問題形成を支えた感受性」「集中的な労力投入」「発想力」といった主体的諸特質が、積極的な作用を果たした。

⑤沼津市における分別収集の導入と、その長期的・大局的に見た全国的波及の過程には、「触発的変革力」の発揮という特徴がみられる。

ビデオ資料

　　日本消費者連盟・東京都清掃労働組合（企画），1995，『ごみは甦る——資源循環型社会をめざして　パートⅡ（実践編）』

第4章

名古屋市における新幹線公害問題
――支配システムにおける被支配問題の解決

はじめに

　前章で主題とした沼津市における分別収集の導入の過程は、主要には、経営システムの文脈での問題解決であった。だがそれは、社会問題の解決過程の一契機にすぎない。社会問題の解決においては、他方で、支配システムの文脈における問題解決という同様に重要な契機が存在する。本章では、名古屋市を舞台にした新幹線公害問題をめぐる地域紛争の過程を対象として、支配システムにおける問題解決の特色について検討を加えたい。

　新幹線公害問題は、一つの経営システムの経営努力と利益追求が、随伴帰結として、公害被害というかたちで、支配システムの文脈での先鋭な被支配問題を引き起こし、大規模かつ長期の紛争を引き起こした例である。

　被支配問題の解決とは、社会関係の中で人為的原因によって生じている苦痛の解消の問題である。それは、経営問題の解決とは異なる文脈に位置しており、その解決過程の諸特徴も、解決の成否を左右する諸要因も異なるものである。

　本章では、新幹線公害とはどのようなものであり、どのような諸要因によって引き起こされたのか(第1節)、被害者はどのように運動を組織し、本件をめぐる社会紛争はどのような経過をたどったのか(第2節)、この事例を通して、支配システムにおける問題解決過程についてどのような特徴と論点が見いだされるのか(第3節)を検討してみよう。

第1節　新幹線公害問題の特質と歴史的経過

1　新幹線公害問題の概要

　新幹線公害問題とは、高速交通網が引き起こす代表的な公害問題である。主要

な公害被害の内容は、新幹線の高速走行が沿線地域に引き起こす騒音、振動、テレビ電波の受信障害、日照妨害である。新幹線公害は、新幹線沿線各地で問題化してきたが、これまで、もっとも深刻な紛争が生起するとともに、その解決努力を通して、新幹線公害対策の制度的枠組み形成に大きな影響を与えたのが、名古屋市の中川区、熱田区、南区にわたる東海道新幹線沿線の7キロ区間であった（図4-1参照）。

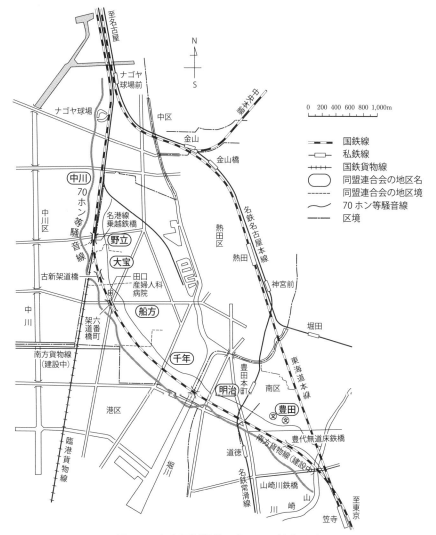

図4-1　名古屋新幹線公害問題の被害地域

この地域での新幹線公害をめぐる歴史的経過は、次のよう諸段階をたどった。

第1期：1956年に国鉄本社に、「東海道線増強調査会」が設置されてから、1964年10月に東海道新幹線が開業するまでの時期。

第2期：1964年10月に東海道新幹線が開業してから、71年6月まで。被害が発生し、漸増しながらも、住民が散発的な抗議行動をおこなうにとどまっていた段階。

第3期：1971年7月から74年3月まで。住民運動が形成され、提訴に至る段階。

第4期：1974年3月末から80年9月まで。名古屋地方裁判所における新幹線公害訴訟第一審の段階。

第5期：1980年9月から85年4月まで。名古屋高等裁判所における控訴審の段階。

第6期：1985年4月以降の直接交渉によって、1986年4月に和解が成立し、以後、その履行に取り組む段階。

新幹線公害に反対する本格的な住民運動が形成され、活発な問題解決努力を展開したのは、第3期から第6期にかけてである。この過程は、図4-2に示すような多数の組織と集団が複雑な相互作用を展開した過程である。まず、被害者住民にとって被害はどのように経験されたのかを素描した上で、どのような歴史的経過を経て新幹線公害が生起したのかを振り返ってみよう。

新幹線公害の主要な被害のうち、騒音、振動、電波障害は、列車走行のたびに

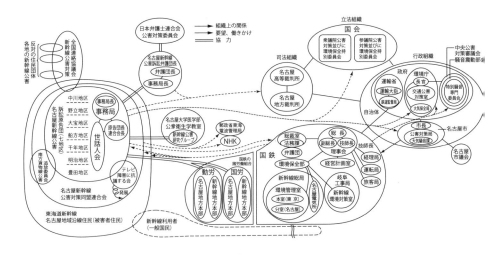

図4-2　新幹線公害問題の主要主体連関図

第4章　名古屋市における新幹線公害問題　125

表4-1　東海道新幹線名古屋市7キロ区間通過本数の推移 (*1)

年月日	定期列車	不定期列車	合計本数
1964.10.1 (*2)	56	0	56
1965.11.1	94	6	100
1969.10.1	132	52	184
1973.10.1	144	67	211
1979.5	180	40	220
1984.7.13 (*3)	168	17	185
1985.3 (*4)	180	46	226

注　*1) 1日あたり、上下合計本数。
　　*2) 1964年から79年までは、一審の認定した各時点での設定本数 (『判例時報』976号：252)
　　*3) 控訴審の認定した、結審時の列車本数 (『判例時報』1150号：38)
　　*4) は、3月14日のダイヤ改正後の時刻表より作成。不定期列車欄は最も多い日の数。
出典：舩橋・長谷川他 1985：13 より

発生する。名古屋市の7キロ区間は、人家が密集する市街地を新幹線の高架が斜めに横断するというかたちで作られ、しかも、人家との間に緩衝地帯を設定するという公害対策はまったく欠落していたから、多数の地区で、民家が直接に新幹線高架に隣接することになった。

　訴訟が提起された1974年頃には、**表4-1**に示されるように、一日あたりの通過本数は200本を超えるようになり、朝6時半の始発列車から、23時半ごろの最終列車までの間、沿線住民は、平均して約5分に1回の割合で騒音と振動にさらされることになった。

　住民の訴える被害は次のようなものであった。

　　騒音と振動は、連日早朝から深夜に至るまで平均約五分間隔で繰返され、一本の列車につき約七〜八秒間継続する。この騒音は、列車が高速で空気を切る音、車輪とレールの摩擦音などにより構成された圧迫感を伴うきわめて不快な音であり、しかも、列車の接近につれて次第に増大するのではなく、いわば「しのび足」で接近し、突然激しい騒音を「たたきつける」といった衝撃音である。また、その振動は、右騒音と同時に突然原告らを襲い、地震を思わせる恐怖感を与える。(本間 1980：35-36)

　線路にゼロメートルから三十メートルという近い範囲にある民家は、八五ホンから九〇ホンの騒音に襲われた。これは、特別騒音の激しい工場や地

下鉄の車内の騒音に匹敵する暴力的な音である。一方、振動は六五デシベルから八五デシベルに達する。これは、地震の震度でいえば、軽震や弱震に相当する揺れ方だ。(名古屋新幹線公害訴訟原告団 1991: 33)

特に騒音が深刻であったのは、7キロ区間のなかに4カ所ある無道床架道橋・橋梁であり、第2六番町架道橋は直下で100ホンを越えた。住宅密集地であるということは、そこには、生活をしているあらゆるタイプの人々がいることを意味する。このような終日の、そして、一年中続く騒音と振動は、静穏な環境を必要とする高齢者や乳幼児、妊産婦、病人などの弱者には、特に打撃を与える。「子供たちは寝つきが悪く、眠ってもすぐに目を覚ます。むずかったり、おびえて泣いたりする」(名古屋新幹線公害訴訟原告団 1991: 36)。夜勤勤務者にとっては、昼間睡眠をとることができないというかたちでストレスが蓄積する。受験生にとっては、静かに集中して勉強することができないという悩みが生ずる。

> 新幹線の振動で、家屋にも被害が出てくるようになった。普通の木造家屋では、地表から伝わって来る振動は増幅される。土台の狂い、瓦のずれ、壁のひび、建具の建てつけの悪化などが起きた。直しても、直しても、すぐに工合が悪くなる。自営業者などの営業にも妨害が起こる。病院、産院、学習塾、旅館、アパート、食堂、喫茶店などは、患者や塾生、客を確実に失っていった。(名古屋新幹線公害訴訟原告団 1991: 36)。

どのような歴史的経過の中で、どのような諸要因によって、このような深刻な公害が発生するようになったのだろうか。

2　開業準備期と問題発生の要因

東海道新幹線は、鉄道経営という文脈でみれば、在来線に比較して飛躍的な性能の向上により、世界の鉄道の高速化に先進的モデルを提供したもの、鉄道の救世主ともいうべきものであった(山之内 1998)。

高度経済成長時代に入った日本社会の輸送需要の増大に対して、国鉄本社では、1956年から東海道線の輸送力の増強の方法について検討が開始された。そこで登場したのが、戦前の弾丸列車計画の発想を継承しつつも、戦後の鉄道技術の進歩を集大成した、新しい高速の幹線鉄道の建設計画である。しかし、後から

振り返れば、この開業準備期において、新幹線公害を引き起こしたさまざまな要因が存在していた。それらを、①「設計思想の一面性」、②「先行事例の欠如」、③「建設当時の時間的制約」と「建設当時の財源的制約」、④「建設にかかわる社会制度の不備」の諸点に即してとらえ返してみよう。

　①「設計思想の一面性」とは、新幹線の設計にあたって、鉄道経営という文脈では、高速性(Speedy)、安全性(Safe)、確実性(Sure)の３Ｓをめざして、きわめて洗練された性能の追求がなされたものの、高速鉄道と通過地域の環境保全とをどのように両立させるのかという検討がまったく欠落しており、その意味で、きわめて一面的な考え方に基づいて、建設がなされたことをいう。新幹線は、標準軌の採用、前後どちらにも走れる両頭列車とすること、他の線路や道路との完全な立体交差で踏切を全廃すること、急勾配や急カーブの制限、トンネルや橋梁を多用して最短距離を走ること、車両の機密化、運転の自動化など、さまざまな新しい設計理念が採用され、在来線に比べて飛躍的な高性能を実現した。

　だが、注意しなければならないのは、このような新幹線の高性能は、あくまでも経営システムの文脈において発揮されているということである。経営システムにおける一定の経営課題群の達成という基準でみる限り、確かに、東海道新幹線は、在来線より格段に優れた性能の鉄道であり、収支の上でも大きな黒字を生みだした。

　しかし、支配システムの文脈でみるならば、新幹線には、非常に大きな欠陥が存在した。それは、支配システムの一契機としての正負の財の分配という側面において、「収奪型の受益圏／受苦圏構造」を、通過地域とのあいだ作りだすものであったのである。つまり、経営システムの文脈でみられる新幹線のメリットは、支配システムの文脈における他の人々への苦痛・不利益の押しつけを代償にして、実現したものだったのである。

　新幹線の設計思想に大きく欠落していたのは、各種の公害の防止、通過地域との共存という理念であった。

　②「先行事例の欠如」とは、東海道新幹線のような高速鉄道を建設し、運営するということは、日本社会で初めてであって、そこにどのような事態が生ずるかということについて、過去の事例から学ぶことができないことを意味した。このことは、国鉄側も住民側も、事前に公害問題についての十分な対処をしなかった一つの理由になっている。

　③東海道新幹線の着工は1959年4月20日であり、その営業運転の開始は

1964年10月1日である。わずか5年5カ月余りの突貫工事で、515キロの東京－大阪間を完成させたのである。1964年10月10日より始まる東京オリンピックに間に合わせようとすることが、この突貫工事の大きな動機づけとなった。しかし、このことは、「建設までの時間的制約」の厳しさを生みだし、それは慎重に新幹線のあり方を反省する機会を失わせるものであった。

さらに、「建設にあたっての財源的制約」も、公害を悪化させる方向に作用した。東海道新幹線の財源調達は、国鉄が独力でなさねばならず、世界銀行からの借り入れによってかろうじて建設資金をまかなうという余裕のない状態が続いていた。それゆえ、経費きりつめの配慮はさまざまなかたちで路線の選定や構造物の設計に影響した。たとえば名古屋地域についていえば、戦前の弾丸列車計画のために取得した鉄道用地があったので、それを利用しつつ路線が選定されたが、結果として戦後形成されてきた市街地を斜めに横断するようなかたちで高架橋が作られた。しかも軟弱地盤であるにもかかわらず、高架橋の杭は6-8m程度の浅さの第一の岩盤までしか作られず、より深い所(30-40 m)にある第二の岩盤にまで到達していない。このことが振動被害を大きくする一因となった。また高架橋の橋脚の太さも細いものであったため、事後的にコンクリート製の防音壁を増設することができず、公害対策の制約となった。

④さらに、「建設にかかわる社会制度の不備」も、公害発生の前提条件となっている。本来であれば、これだけの大きな建設事業なのだから、計画段階において周囲の地域社会との調和・共存についてさまざまな吟味がなされるべきであった。けれども、そのような多角的な吟味をするような意志決定手続きは存在せず、環境保全についていえば、環境アセスメント制度もまだまったく欠如している時代であった。建設計画を決定する段階において、深刻な受苦を産みださないようにする歯止めとなる手続きはなかった[1]。

3　開業から1971年6月まで

東海道新幹線は、1964年10月1日に東京－新大阪間が全線開業した。当時の社会的雰囲気は、その10日後に控えた東京オリンピックとともに、新幹線開業を日本の復興と技術力、経済力の象徴として、祝賀ムード一色で包んだ。しかし、開業は、沿線住民にとっては、公害被害との果てしない苦闘の日々の始まり

1　この点で、フランスの公益調査制度は、10章でみるように、受苦に対する歯止めを手続き上用意しており、日本の鉄道建設制度と対比すると、きわめて示唆的である。

を意味していた。

　開業当初は、列車の本数も 1 日あたり上下あわせて 56 本にとどまり、地盤が不安定であるため走行速度も遅く、東京－新大阪間でひかりが 4 時間、こだまは 5 時間で運行していた。しかし、1965 年 11 月からは、ひかりは 3 時間 10 分、こだまは 4 時間へとスピードアップし、またしだいに列車の本数は増大し、1970 年頃からは、1 日約 200 本が走るようになった。特に 1970 年 3 月の大阪万博を控えて、同年 2 月からは、ひかりの編成が 12 両から 16 両へと長大化し、こだまも 72 年 6 月からは 16 両編成となった。スピードアップ、本数の増加、長大化はいずれも、経営システムの文脈でみれば輸送力の増強に貢献するものであり、交通需要の増大に対応するものであったが、それと比例するかたちで、支配システムの文脈では、公害被害が段階的に増大することになったのである。

　後の訴訟に提出された、被害者住民側の調査資料によると、新幹線走行に伴う被害は、「精神的被害」「身体的被害」「睡眠妨害」「日常生活への被害」にわたり、生活のあらゆる局面において損害が生じているのである(**表 4-2** を参照)。住民側の測定によると、「全原告 252 世帯中 193 世帯、割合にして 76.2％が 80 ホン以上の騒音にさらされており」、また、「全原告 252 世帯中 208 世帯、割合にして 82.5％が 65 デシベル(毎秒 0.5 ミリメートル)以上の振動にさらされて」いるという状態であった。表 4-2 は、そのような騒音や振動の数値が、沿線住民の日常生活のひとこまごとに対して、どのような打撃を与えるものであるのかを表している。

　表 4-2 が示すように、住民側によれば、騒音や振動は、さまざまなかたちで「精神的被害」や「睡眠妨害」や「日常生活への被害」をもたらし、「頭が痛くなる」「胃腸の調子がおかしい」「食欲がなくなる」などの「身体的被害」さえ引き起こしている。

第 2 節　住民運動と訴訟——公害紛争の歴史的展開

　では、前節で見たような被害の発生に対して、被害地域の住民は、自らの生活を守るために、どのように対応し抵抗したのだろうか。1974 年 3 月以降、被害者住民たちが主要な戦術としたのは、公害差し止めを求める訴訟であった。この訴訟はどのように戦われ、問題解決に対して、どのような意義をもったのであろうか。

1　住民運動の組織化

　新幹線公害に対する散発的な抗議は、開業後、各地でなされた。その中でも、

表 4-2　原告住民の訴える新幹線公害の被害

分類	被害の内容	人数	%	被害種類別平均
精神的被害	1. ドキッとする	428	100	平均 83.2%
	2. イライラする	428	100	
	3. 怒りっぽくなる	314	73.4	
	4. もの忘れがひどい	185	43.2	
	5. いたたまれない気持ちになる	426	99.5	
身体的被害	6. 頭がいたくなる	247	57.7	平均 47.0%
	7. 頭が重い	270	63.1	
	8. 食欲がなくなる	159	37.1	
	9. 胃腸の調子がおかしい	200	46.7	
	10. 血圧の調子がおかしい	129	30.1	
睡眠妨害	11. 寝つきが悪い	345	80.6	平均 68.1%
	12. 終列車までねむれない	286	66.8	
	13. 始発列車で目がさめる	332	77.6	
	14. 保線工事の騒音でねむれない	390	91.1	
	15. 保線工事の振動でねむれない	218	50.9	
	16. 保線工事の照明でねむれない	177	41.4	
日常生活への被害	17. 会話を妨げられる	395	92.3	平均 73.3%
	18. テレビ・ラジオ・ステレオ妨害あり	426	99.5	
	19. 電話の通話が妨害される	363	84.8	
	20. 勉強・読書・思考妨害あり	381	89.0	
	21. 休日に家庭で休養できない	353	82.5	
	22. ドアが開閉することがある	199	46.5	
	23. 棚のものがおちたりずれる	330	77.1	
	24. 電燈・壁かけがゆれたりする	303	70.8	
	25. ガラス・戸だななどがガタガタする	416	97.2	
	26. 地震と間違えたことがある	381	89.0	
	27. 家全体がゆれる	382	89.3	
	28. 家が傾いた	279	65.2	
	29. 戸、窓の開閉が困難になった	379	92.8	
	30. 壁がおち、ひびすきまができる	375	87.6	
	31. 屋根瓦がずれたり、雨もりがする	298	69.6	
	32. テレビがよく故障する	344	80.4	
	33. 風呂場のタイルなどにひびがはいる	185	43.2	
	34. 日照妨害あり	220	51.4	
	35. 営業妨害あり	70	16.4	
	36. 雨水砂利の落下や砂ぼこりあり	199	46.5	

資料:『判例時報』976号、1980年、538-58頁所収の「目録(原告らの個別的被害)一覧表」より作成。回答者は428人。

後の大きな運動へと発展していく有力な源流が、1970年10月に森田愛作氏ら2名が始めた「テレビ障害に抗議する会」であった。この運動は、新幹線走行に伴うテレビの受信障害に抗議し、NHKに対する受信料不払いを交渉手段としながら、署名を集め、共同受信のアンテナ設置に取り組んでいた。被害者の抗議の声が、散発的な抗議の段階を超えて、組織的で継続的な本格的な住民運動として展開されるようになったのは、1971年7月以後である。

住民運動の組織的拡大には2つのきっかけがあった。一つは、1971年6月初旬以後、約1カ月にわたって、名古屋大学医学部公衆衛生学教室の研究者・学生が、新幹線の被害実態アンケート調査を実施し、その過程で、公害に抗議していた各地域の住民たちを相互に紹介する作用を果たしたことである。もう一つは、7月3日に、「テレビ障害に抗議する会」の活動が、はじめて新聞に報道され、運動の拡がるきっかけとなったことである。

この1971年7月は、ちょうどその月のはじめに、環境庁が設置されたときであり、公害問題への関心が全国的に空前の高揚を示した時期である。新幹線公害の被害地帯でも、この時代の気運に呼応するかたちで、運動のネットワークは急速に拡大を始めた。

10月10日、「テレビ障害に抗議する会」は、南区、熱田区、中川区の連絡網を整備し、「新幹線公害対策同盟」に発展し、10月12日付けで最初の機関紙を発行する。以後、翌年の夏にかけて、沿線の被害者住民の組織化は急速に進展し、翌72年3月には、テレビ受信料不払い運動に、700世帯が参加するまでになる。運動組織は、拡大をふまえて、8月20日には、7地区2000世帯が参加する「名古屋新幹線公害対策同盟連合会」へと発展する。

72年は、運動にとって大切な時期であった。国鉄との直接交渉のみならず、地元での住民大会の開催(500人参加)、名古屋市、市議会、県議会、環境庁などへの働きかけの強化、全国の被害者団体の連合組織結成への模索など、精力的な活動が展開された。名古屋市議会は、同盟連合会の請願に基づき、「新幹線騒音の環境基準を65ホン以下にできないなら、スピードダウンを」との意見書を政府に提出し(72年11月)、愛知県議会も、同盟連合会が提出した「スピードダウンを求める請願」を採択した(72年12月)。日本弁護士連合会公害対策委員会は、「昼間65ホン以下、夜間55ホン以下に」との意見書を発表する(72年11月)。だが、環境庁は新幹線騒音の暫定基準を80ホンと定めるにとどまり(72年12月)、国鉄は、根本的な公害対策に取り組もうとしなかった。73年3月には、国鉄側は

名古屋市から出されていたスピード制限、緩衝地帯設置、深夜運行禁止という要望に対して、いずれも「実施困難」と回答し、拒絶している。

2　公害差し止め訴訟の開始

　この公害問題において、加害者が一方的に苦痛を住民に与えていること（受苦性）、問題解決をめぐって加害者と被害者に対立があること（権限格差のもとでの相剋性）、直接交渉にもかかわらず、加害者側が譲歩を拒否し、被害者の要求実現が困難であること（受動性）といった特徴は、この問題が被害者にとっては被支配問題であることを示している。

　被支配問題の解決を求めて、このような行き詰まりの状況を打開する最後の手段として、被害者団体が選んだのが裁判であった。新幹線公害の防止に対して、国鉄からは拒否回答がくり返され、行政も無力な状況が明らかになるにつれて、同盟連合会は1973年春ごろから公害差止め訴訟の準備に着手する。

　ほぼ1年の準備を経て、1974年2月3日には原告団の結成式がおこなわれる。同年3月30日、沿線住民341世帯575人からなる大原告団が、227人の弁護団の協力を得て、騒音と振動の差し止め、および慰謝料一人100万円を求めて名古屋地方裁判所に提訴する。この提訴は「残された最後の手段は裁判だけだ」（千草会長の提訴時のあいさつ。CBC 1986）という判断に基づくものであった。原告住民の請求は、原告の居住敷地内に新幹線の走行によって生ずる騒音および振動を「午前7時から午後9時までの間においては、騒音65ホン、振動毎秒0.5ミリメートル、午前6時から7時および午後9時から12時までの間においては、騒音55ホン、振動毎秒0.3ミリメートルを超えて進入させてはならない」というものである。

　この提訴は、新幹線の引き起こす騒音や振動についての環境基準が、まったく欠如しているという社会状態の中でおこなわれたものであり、環境基準をよりどころとして提訴したわけではない。

　この提訴に対して、加害者である国鉄側は、どのように対応しただろうか。国鉄は、一方で、慰謝料請求と差し止めについては、徹底的に争うという態度を打ち出し、それは訴訟の長期化の要因になった。結果的に、裁判は、一審と二審をあわせて、あしかけ12年の長期にわたった。だが、他方で、国鉄は、裁判の開始とともに、さまざまな障害防止対策を打ち出し、被害の軽減対策を推進するようになった。

第4章　名古屋市における新幹線公害問題　133

まず、裁判での争点を概観し、次に、訴訟と並行して進展した国鉄側の対策の内容を見てみよう。

3　裁判での争点

訴訟における原告（住民側）と被告（国鉄側）の主な対立点は、どのようなものであったろうか。

第1に、被害の存在と補償について争われた。住民からみれば、被害の存在は、自らが日々体験していることであり、自明ともいえるものである。新幹線の走行に伴い、甚大な騒音・振動が発生し、精神的被害・身体的被害・睡眠妨害・日常生活への被害が生じている。加害者である国鉄は、これらの被害に対して、慰謝料を支払うべきである。けれども、国鉄側は、①音は出しているが騒音は出していない、新幹線が出している音や振動は現代社会では受認限度以内のものである、②原告のいう身体的被害と新幹線との因果関係は証明されていない、③したがって、慰謝料を支払う必要はない、と真っ向から反論した。

第2に、最大の争点となったのは、公害差し止め請求である。新幹線公害対策の選択肢には、**図4-3**に示すような諸方法がある。これらの諸方法の中で、住民側は、静穏な生活環境を回復するために、すぐ即効的に実施できるものとして時速70キロないし110キロ程度への減速走行をすべきであると主張した。7キ

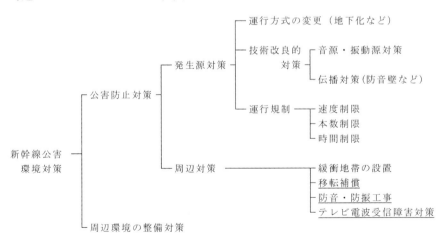

図4-3　新幹線公害対策の諸方法

注：下線は、国鉄が実施している「障害防止対策」を示す
出典：舩橋・長谷川ほか　1985：277 より

ロ区間の減速による遅延は2分程度で軽微であり、減速走行は、新幹線と地域住民が共存できる現実的な方法である。

しかし、国鉄側によれば、高速走行は新幹線の生命であり、もし名古屋地区で減速をするのであれば、公平性の見地から減速は全線に波及せざるを得ず、新幹線は高速走行という最も大切な価値を失い、それによる社会的損失はきわめて大きいものとなる。

第3に、差し止めの可否と絡み合うかたちで、「新幹線の公共性」の有無が争われた。国鉄側によれば、新幹線の高速走行は公共性を有するから、減速は新幹線の公共性を否定することになるから実施できない。これに対して、住民側は、新幹線の高速走行の社会的有用性は絶対的なものではないこと、社会的有用性に「公共性」の言葉をかぶせて住民に被害の受忍を強いることは不当であると主張した(『判例時報』976号:195以降)。

第4に、国鉄の実施した障害防止対策の効果の有無が争点となった。国鉄側によれば、公害対策としては、移転補償や家屋への防音・防振工事を内容とする障害防止対策によって、解決できるはずである。ところが、住民からみれば、障害防止対策は、公害をその発生源で防ぐという本道からはずれたものであり、部分的に被害感の軽減を図るものにすぎない。防音・防振工事の効果は家屋の内部にとどまり、室数の限定があるなど家屋内部に限っても不十分なものである。移転は地域社会からの分断を意味し、自営業の場合など特に打撃が大きい。障害防止対策によっては、静穏な生活環境の回復は不可能である。

4 訴訟の長期化と提訴自体の問題解決機能

このように、被害者・住民側と加害者・国鉄側の間の法定論争は、あたかも新幹線の二本のレールのように、どこまで行っても平行線をたどった。裁判は長期化し、一審判決が下されるまで、6年半もかかることになる。だが、この長期化した一審の期間中に、提訴以前は存在しなかったさまざまな公害対策が採用されるようになる。

1972年12月、環境庁は、新幹線騒音に関する緊急指針を定め、80ホン以下になるような音源対策と、85ホン以上の家屋に対する障害防止対策を講ずるよう運輸大臣に勧告した。だが、提訴以前には、新幹線公害に対する正規の環境基準は存在しなかった。しかし、提訴というかたちでの運動の高揚に押されるかたちで、環境庁は、翌1975年7月に「新幹線鉄道騒音に係る環境基準」を定めた。そ

表 4-3 新幹線鉄道騒音に係る環境基準の概要（1975 年 7 月 29 日環境庁告示）

*環境基準

地域の類型	基準値
I	70 ホン以下
II	75 ホン以下

備考：Iをあてはめる地域：主として住居の用に供される地域

　　　IIをあてはめる地域：商工業の用に供される地域等I以外の地域であって、
　　　　　　　　　　　　　通常の生活を保全する必要がある地域

*達成目標期間

新幹線鉄道の沿線区域の区分		達成目標期間		
		既設新幹線鉄道に係る期間（東海道・山陽新幹線）	工事中新幹線鉄道に係る期間（東北・上越・成田新幹線）	新設新幹線鉄道に係る期間（整備 5 線）
a	80 ホン以上の区域	3 年以内	開業時にただちに	開業時にただちに
b	75 ホンを超え 80 ホン未満の区域	イ 7 年以内	開業時から	
		ロ 10 年以内	3 年以内	
c	70 ホンを超え、75 ホン以下の区域	10 年以内	開業時から 5 年以内	

備考：bの区域中イとは上記地域の類型Iに該当する地域が連続する沿線地域内の区域をいい、ロとはイを除く区域をいう。

注：『環境白書』1982 年版、298 頁より。（路線名）は挿入。

の内容は、**表 4-3** に示すように、地域類型を 2 つに分けた上で、住宅地域は 70 ホン以下、商工業地域は、75 ホン以下とすることとし、新幹線路線の建設タイミングに応じて、各路線に異なる達成期限を定めた。

　また、振動についても、環境庁は、1976 年 3 月に、新幹線振動についての緊急指針を定め、運輸大臣に対策をとるように勧告した。

　住民による提訴と、行政側の公害規制の開始に対応するかたちで、国鉄側は、一審開始以後、次々と公害対策に着手するようになった。国鉄がこれまでに実施した主要な公害対策のほとんどが、1974 年 3 月末から 1980 年 9 月までの第一審の期間中に、開始されたものである。

　まず、国鉄は第一次の「障害防止処理要綱」を制定し (1974 年 6 月 3 日)、85 ホン以上の住居に対する防音工事と移転工事、7 キロ区間における振動対策として線路の両側 20 m 以内の家屋の移転工事と跡地買い取りを開始した。

　その後、国鉄は公害対策の専門担当部局として国鉄本社の中に環境保全部を設

置し(1976年4月)、さらに、第二次の「騒音・振動障害防止対策処理要綱」を制定し(1976年11月30日)、騒音対策の対象家屋を80ホン以上に拡大した。また、名古屋市7キロメートル地帯においては、共同アンテナを全額国鉄の負担で設置するというかたちで、テレビ受信障害問題の完全解決(1977年8月31日)が実現した。

これらの障害防止対策は、名古屋における紛争が大きなきっかけとなって開始されたものであるが、その適用対象は、段階的に拡大され、名古屋地区に限らず、東海道・山陽新幹線の全線で実施されるようになった。

このような一連の公害対策は、未だ判決が下される以前になされたものであり、提訴自体によって公害対策が前進したのである。これを「提訴自体の問題解決機能」といおう。

5 提訴自体による問題解決の前進

国鉄が、訴訟の始まる前の段階においては拒絶していたような公害対策を、一審の提訴とともに積極的に実施したのはなぜであろうか。

それは、裁判の開始が、国鉄にとっての新しい利害状況を作りだし、一定の公害対策を実施することが、国鉄にとっての合理的な戦略となったからである。もし、裁判の判決において、損害賠償と減速による差し止め請求が認められれば、それは、国鉄の利害にとって、巨大な打撃になる。そのような事態を回避することは緊急に必要となった。障害防止対策は、一定の費用がかかるが、国鉄にとっては減速による損失よりは、相対的にましなものであり、減速を回避するためには、実施したほうが得策だったのである。

このように、提訴は、国鉄にとっては緊急性の出現を、住民にとっては対抗力の発揮を意味するものであり、そのような両者の勢力関係の変化のもとで、国鉄にとっての合理的戦略は公害対策の積極化となったのである。

ただし、提訴というかたちでの住民側の対抗力の発揮は、障害防止対策を中心とする公害防止対策を引き出したが、より徹底した対策である減速走行を引き出すことはできなかった。減速による公害差し止めの実現には、裁判所による判決が不可欠な条件であった。

6 第一審判決

新幹線公害訴訟の第一審判決(1980年9月)に際して、原告住民と弁護団は、な

んらかのかたちでの減速による公害差し止め判決が出るだろうということに高い期待を抱いていた。それに先行する4大公害訴訟における被害者勝訴の判決(1971-73年)や、1975年11月27日の大阪国際空港騒音公害訴訟二審判決における部分的な飛行差し止めの認容の判決もあることや、被害の立証において原告側は優勢な立証を積み重ねていたからである。

被害者住民が一審判決にかけた期待がいかに大きかったかは、原告団副団長の日比野儀重氏が判決当日の朝に詠んだ次のような短歌に、よく表れている。

　　長かりしたたかいにして晴れの日をまてず逝きたる誰彼を思う
　　厳正なる裁き待たるる今日の朝心清らかに天の声きく

1980年9月11日、一審判決が下された。判決は生活妨害や精神的被害の存在を認め慰謝料請求は大幅に認めた（約5億3000万円）ものの、住民が願っていた騒音と振動の差し止めを棄却した。

差し止め棄却の論拠は、表向きは、第1に、減速による公害の抑制という方法は、減速の全線波及を招き、そのことは新幹線の公共性を損なうことになること、第2に、身体的被害との因果関係が立証されたとはいえず、差し止めとの関係では被害は受忍限度内にある、というものである。

差し止め棄却の判決は、原告団・弁護団にとって、予想外のものであり、その論理の理不尽さに対して、原告は怒った。論理的に検討すれば、全線波及論による差し止め請求棄却は、説得力を欠如する面がいくつもある。被害の存在を認め、慰謝料の請求を認めていながら、その原因となっている公害発生という違法状態を放置するのは裁判所の役割放棄ではないのか。また利益衡量のやり方が、減速による被害の救済については7キロ区間のみしか考えないのに、減速による受益者側の損失については全線にわたって考慮の対象とするのは衡平でない、等々。

ただし、社会制御過程としてみると、この一審判決には、表向きに語られている論理以外に、裁判所が、国鉄に対して減速走行を命ずるような判決に踏み込むことは回避したいという論理が働いていたように思われる。原告の裁判所に対する役割期待と、裁判官が行政との関係において自己の役割を抑制的に考えるという姿勢をもつこととの間に、根本的ズレがあったと解釈できるのである。

つまり、裁判所として差し止め判決に踏み込むことは回避したいという判断があって、それの口実として、スピードダウンによる全線波及論が利用されたと

もいえるのであり、それが説得性の欠如の背景にあるように思われる。公害訴訟に詳しい一弁護士によれば、当時、最高裁事務部が、公害訴訟に対する介入的ともいえる考え方を裁判官に対して、指導しているという裁判所内部の状況があった (豊田誠 1982)。

7 第二審の過程と二審判決

住民側は、公害差し止め請求が認められないことを不満として、被告国鉄側も慰謝料が認められたことを不満として、それぞれ控訴した。第二審は名古屋高裁を舞台にして4年半続いたが、膠着状況ともいうべき状況となり、住民側の疲労の色は強まってきた。二審の過程は、次の2点で一審とは異なっていた。第1に、訴訟の長期化の中で、一審では大半の原告が拒否していた障害防止対策を受け入れる原告住民がしだいに増えていったことである。第2に、一審判決によって原告団が獲得した慰謝料は、それを運用することによって、巨額の利子収入を生み、二審の段階での運動を支える財政基盤になった。

1985年4月12日、名古屋高裁にて第二審判決が下された。二審判決の主な内容は、①ふたたび騒音・振動の差止め請求を棄却し、②損害賠償額を一審段階の約5億3000万円から約3億8000万円に減額し、③新たに騒音73ホンまで、振動64デシベルまでは受認限度であるとしてそれ以下の被害者については慰謝料請求を棄却し、④将来の損害賠償請求については一審同様訴えを却下した(『判例時報』1150号)。

二審の判決は、一審に比べて、全体として原告住民にとって、より不利な内容になっているが、そのような差異はなぜ生まれたのであろうか。原告側弁護団の分析によれば、2つの要因が不利に作用した (名古屋新幹線公害訴訟弁護団 1996)。第1に、類似の交通公害訴訟としての大阪国際空港訴訟の最高裁大法廷判決 (1981年12月16日) において、二審の大阪高裁が公害防止のために認めた夜間の飛行差止めが否定されたことである。この「最高裁大法廷判決は、飛行機の離発着に関する事柄は国の行政権に係わることだとして、民事裁判所による介入を否定している」(同上:187)。この最高裁判決の論理を転用すると新幹線の減速命令を裁判所は出すべきでないということになる。第2に、原告住民側による障害防止対策の受け入れのしかたが、一審と二審では大きく異なっていた。一審判決のときには、「移転対策はその対象者の30%以下、防音工事においては3%にとどまっていた。しかし、二審の判決のときには、80%近くが移転対策・防音工・防振工対策のい

ずれかを受け入れるに至っている」(同上:189)。このことが被害状況の認定にあたって、国鉄に有利に作用したのである。

8 直接交渉による和解

　この二審判決は、原告団としてとうてい納得できるものではないので、原告団は、形の上では、最高裁に上告したが、実質的には、最高裁判決による解決をめざすのではなく、国鉄側首脳部との直接交渉によって、全面的解決を実現しようとする道を選んだ。その理由は、当時の最高裁の考え方からみれば、最高裁に判決を出させたとしても、二審判決より住民にとって有利な判決がでることは期待できないからである。逆に差止め棄却の最高裁判決が出れば、それは判例となって、今後全国各地で起こりうる類似の交通公害訴訟にとって、マイナスの条件を作りだしてしまうだろうということも、重視された。

　二審判決直後の1985年5月から原告側と国鉄側の直接交渉が開始され、東京と名古屋で交互に開催された。翌年3月の第11回目の協議で実質的合意に達し、1986年4月28日に和解協定書が正式調印され、訴訟は取り下げられた。

　和解協定の主な内容は、①国鉄は発生源対策により、1989年度末までに騒音を75ホン以下にするように最大限の努力をする、②国鉄は4億8000万円の賠償金を原告側に支払う、③国鉄は発生源対策と障害防止対策の改善に努め、名古屋7キロ区間において屋外騒音と振動の現状を悪くしない、④住民側は訴訟を取り下げる、というものであった。

　この和解によってスピードダウンを直接に国鉄側に実施させることはできなかったが、和解金は、一審判決の慰謝料にほぼ近い値であり、その後の国鉄の公害防止対策の強化がさまざまなかたちで盛り込まれた。

　その後、1987年4月より国鉄は民営分割化され、東海道新幹線の運行・営業は、JR東海が引き継ぐこととなり、したがって、名古屋地区の新幹線公害問題の担当もJR東海に引き継がれた。和解協定後、国鉄およびそれを継承したJR東海は、積極的に発生源対策に取り組んだ。ラムダ型(緩衝型)防音壁の設置、レールの削正、ハンガー間隔縮小架線への変更、バラストマットの敷設といった対策が、1993年末までに7キロ区間においては完了した。車両も以前の1車両60トンから、より軽い35トンのものへの交替がすすみ、パンタグラフにカバーをつける作業も進展した。1995年9月から11月になされた測定によれば、「和解協定が第一の目標とした75ホンはおおむね達成されている」(同上書:229)。また、

原告団・弁護団とＪＲ東海とは、定期的に協議し情報交換をするようになった。

第3節　支配システムの変革過程にかかわる理論的諸問題

　以上のような新幹線公害問題をめぐる地域紛争の過程は、どのような特徴をもつものであろうか。次に、争点の性格と問題解決の成立条件、解決の困難さを生みだした諸要因と解決を可能にした要因連関、という視点から理論的に検討してみよう。

1　どのような意味での問題解決がなされたのか

1-1　争点の性格——支配システムの文脈での変革

　新幹線公害は、新幹線の走行と地域社会の間に発生している一つの「構造的緊張」として現れており、しかもその構造的緊張は、支配システムの文脈に位置している。

　閉鎖的受益圏の階層構造という文脈では、沿線住民の広範な受苦を前提にした上で、新幹線の高速走行が可能になっており、それが、経営主体である国鉄と利用者である乗客に大きな受益をもたらしているのであるから、ここにみられる類型は収奪型である。

　支配システムのもう一つの契機である政治システムの文脈では、被害者たちが組織した住民運動と、加害者である国鉄組織の間に、対決型の社会関係がある。

　このような支配システムにおける構造的緊張を、住民たちは、典型的な「被支配問題」として経験している。その意味は、まず、一定の人々に苦痛がふりかかっていることである(受苦性)。しかも、その原因は人為的なものであり、自然現象ではない。苦痛を被っている側は、苦痛を与えている側の態度・行為を変更させなければ、苦痛を除去することができない。ところが、苦痛を被っている側(被害者)が、苦痛を生みだしている人々や組織(加害者)に対して、それを止めてほしいと要求しても、いろいろな理由をつけて拒否する(相剋性)。しかも、被害者側は、加害者側に苦痛の原因となる行為を止めるように要求を続けるにもかかわらず、社会的勢力関係の上では、加害者側のほうが強大な勢力を有しており、その要求を実現することができない(受動性)。

　これにたいして、加害者(国鉄)側は、そのような被害者側の要求を拒否しようとしたが、それは、自らの高速走行という既得利益を守りつつ、紛争を沈静化

させることをめざしているものであり、「支配問題」の解決努力という性格をもつものである。この「支配問題」解決努力は、同時に、国鉄側にとっての「経営問題」解決努力と絡み合っている。国鉄にとって、東海道新幹線は、その開業以来、収益の柱であり、高速走行の維持は経営システムを支える大黒柱である。

国鉄側の努力の基本的特徴は、経営問題の解決努力と支配問題の解決努力が混然と融合しているところにある。このような事態は、他の数多くの公共事業においても、頻繁にみられるものである。これに対して、被害者住民側による被支配問題の解決努力が、対抗関係にある。

では、このような対抗的な関係において、新幹線公害問題に解決状態が出現するとしたら、それは、どのような変革がなされたときなのだろうか。

1-2 問題解決の成立条件

被支配問題としての新幹線公害が解決されるためには、公害被害としての受苦が解消されることが条件となる。では、そのことは、いかにして可能となるのだろうか。

受益と受苦という視点からみれば、被害者の苦痛の解消のためには、受益圏の側の一定の受益の削減が条件となる。**図 4-4** に示すように、受益の一部を削減して、受苦を相殺するようなかたちで、それを受苦圏に環流させればよいのである。この受益の削減と受苦の相殺のしかたは、具体的にはさまざまな方法がある。たとえば、住民側や自治体が要求したスピード制限はその一つの方法である。あるいは、国鉄側の負担で公害防止に有効なかたちで防音壁や緩衝地帯の設置や地下化が実現し、その経費の一部を騒音料というようなかたちで乗客に転嫁するのも、もう一つの方法である。

削減された受益が、加害者側にとっての「費用」として意識される限りにおい

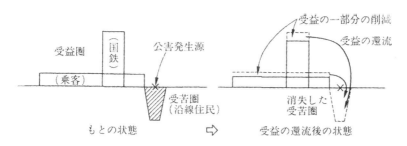

図 4-4　受益の環流による受苦の相殺

て、このような過程は、「支配システムの文脈での被害者にとっての受苦を解消するために、それを経営システムの文脈での費用に転換すること」を意味している。これを「受苦の費用化」ということにしよう。一般的にいえば、あらゆるタイプの受苦が費用化できるわけではない。また「受苦の費用化」は、受苦発生の「事前の段階」のほうが容易であり、事後の段階での「受苦の費用化」はより困難であり、要する額も相対的に大きくなる傾向を示す。たとえば、生命や健康の破壊をもたらすような公害の場合は、事後的には、「受苦の費用化」は完全には実現できない。

　新幹線公害の場合は、原理的、技術的には、事前の段階でも、事後の段階でも、減速走行や緩衝地帯や地下化によって、「受苦の費用化」が可能である。ただし、事後の段階ではより高額の費用負担が必要になる。

　被害者・住民側の公害防止要求は、支配システムの一契機としての政治システムを通して提出されているもの、「受苦の費用化」を求めるものとして把握できるが、その実現は、支配システムのもう一つの契機としての閉鎖的受益圏の階層構造の変革を意味するとともに、経営システムの再編成がなされる過程である。そのような変革過程は、「支配システムの一契機としての政治システムにおいて被害者の提出した要求が、経営システムにおける経営課題へと転換され経営システムに内部化されること」として、把握することができる。一つの事業システムが加害者になり、経営努力と支配努力とが絡み合ったかたちで展開されていることに対抗して、被害者側が運動を組織化して、被支配問題の解決を求める場合、そのような解決過程のもっとも基本的な論理は、このような「要求の経営課題への転換」として把握すべきである。

　住民側の要求が満たされるためには、「一定以上の騒音や振動を発生させてはならない」という要求を制約条件として国鉄に対して課すことが必要である。だがそのような要求が実際に実現されるためには、それが単に「制約条件として設定」されるだけではなく、経営システムとしての国鉄組織にとっての経営課題群へと転換され、経営システムの中に内部化されなければならない。経営課題群の一部として内部化されるということは、その達成を志向する部局や担当者が設置され、系統的に労力と関心が注がれること、自覚的に予算が投入されること、自覚的に技術開発が推進されることを意味する。逆にいえば、経営課題の一つとして設定されない限り、国鉄内の要素主体は、公害防止という課題に対して、関心と労力を投入しないのである。したがって、加害者側組織という経営システムの

中に、公害防止という経営課題群が内部化されることは、きわめて大切な過程である。

だが、この「要求の経営課題への転換」の過程は、「受苦の費用化」を含意し、それゆえ加害者側・受益圏側にとっての受益の削減を伴うから、容易には進行しない。たとえば、国鉄にとっては、公害防止という経営課題は、他の主要な経営課題（採算性の向上、大量高速輸送など）と比べれば副次的、第二義的な経営課題であり、しかも他の主要な経営課題との間に択一的競合（トレードオフ）という性格がある。減速は高速輸送の維持という経営課題と対立してしまうし、障害防止対策や防音壁などの音源対策のためには、巨額な経費がかかり、採算性の向上という経営課題と対立する[2]。

2　問題解決を規定した要因連関

では、公害防止という新しい要求が経営課題へと転換され、「受苦の費用化」が実現されるためには、どのような要因が大きな影響力を発揮しうるのであろうか。

一般的にいえば、第1の重要な要因は、加害者側の感受性と自己変革力であり、第2の重要な要因は、加害者側と被害者側の力関係、とくに被害者側の対抗力の大きさである。

これらのどちらの要因が主役を演ずるかによって、「要求の経営課題への転換」にも、2つの回路がある。つまり、公害防止要求を経営課題へと内部化するにあたっての加害者側の対処の態度には「道徳的な内部化」と「打算的な内部化」という2つのタイプがありうる。

「道徳的な内部化」とは、被害者側の要求に対する感受性をもつ個人が、事業システムの中で鍵になる役割を担当しており、外部からの要求を個人がまず内面化し、その個人の判断が役割効果を通して組織全体の判断へと転化する場合である[3]。この回路を通しての内部化の場合には、被害者側の対抗力が大きいことを必要としない。

「打算的な内部化」とは、加害者側が、自分にとっての利害得失への洞察から、

---

[2] 控訴審結審までの段階でも、国鉄は、7キロ区間だけで、障害防止対策費84億円と音源対策工事費12億円の合計96億円を投じなければならなかった。これは、一審判決で認容された慰謝料の18倍にあたる。

[3] ここで、「内部化」(incorporation)とは、経営システムの内部に外部からの要求が取り込まれ新しい経営課題が設定される過程を指す言葉として使用する。これに対して、「内面化」(internalization)とは、個人の内部に他者からの要求が取り込まれることである。

自分をとりまく利害状況と勢力関係の中では要求の経営課題への内部化をしたほうが得策であると判断し、その限りにおいて要求に応ずるものである。このような場合には、被害者側の対抗力が、加害者側の利害状況を操作できるほど巨大であることが必要である。

新幹線公害問題において、勢力関係に規定されての「打算的な内部化」が少しずつ進行したが、それはきわめて困難であった。「要求の経営課題への転換」が困難であった諸要因を検討してみよう。

2-1 受益圏と受苦圏の分離、受益圏の拡散と受苦圏の局地化

「要求の経営課題への転換」「受苦の費用化」が困難であった第1の理由は、受益圏と受苦圏が分離型の関係にあったことと、「受益圏の拡散と受苦圏の局地化」という特徴がみられたことである。新幹線公害の場合、受益圏は受苦圏と重なっておらず、受益圏内部の主体は受苦を直接的には体験せず、受苦の削減は直接的には自分の利益の増大を意味しない。また、受益圏は広範な新幹線利用者として拡散しており、受苦圏は新幹線沿線という細長い地帯に局地化されているため、政治システムにおける勢力関係において受苦圏の側の主体は、少数派に留まる。受苦圏の側にとって、議会制度や選挙制度を通しての多数派形成による要求実現という回路は、事実上、閉ざされていた。

このような受益圏と受苦圏の特徴と関係は、加害者側・受益者側と被害者側の間での「言語不通」を促進するように作用したのである。要求の経営課題への転換にあたって「道徳的な内部化」のためには、言語不通を克服する必要があるけれども、受益圏と受苦圏の構造ゆえに、それは、非常に困難だったのである。この「言語不通」の焦点には「公共性」という言葉が位置していた。この問題において、公共性という言葉は、社会的合意形成を促進するどころか、それをめぐって人々が争い合うような言葉に変容してしまった。

そのような変容の根拠は、受益圏と受苦圏の特質にこそ求められるべきである。国鉄側は、公共性という言葉を、「広範な共同便益性」という意味で使っており、その言葉の定義に随伴的受苦の有無は盛り込まれていない。しかし、受益圏の内部に「広範な共同便益性」を提供する施設であっても、随伴的にその外部に一方的に受苦圏を生みだしている場合、受苦のみをこうむる人々にとっては、そのような施設は何の正当性も有用性もなく、そのような施設の「公共性」ゆえに受苦を受忍せよという主張には、何の説得性もないのである。

2-2　加害者組織の鈍感さと硬直性

「要求の経営課題への転換」が困難であった第2の理由は、加害者側の国鉄組織が硬直的であり、公害防止要求に対してきわめて鈍感であったことである。このような「加害主体の硬直性」あるいは「受苦解消要求に対する鈍感さ」は、個人のパーソナリティの端的な反映というよりも、組織過程に備わる創発的特性とみるべきである。では、この事例において示された組織としての鈍感さと硬直性は、いかなる内的メカニズムに由来するものだろうか。

国鉄組織においてこの問題に関与した要素的諸主体を三層に分けるならば、トップレベルの主体としての総裁と理事会、ミドルレベルの主体としての法務課と環境保全部、下層レベルの主体としての岐阜工事局新幹線環境対策室、新幹線総局名古屋環境管理室、新幹線総局名古屋電気所という諸主体をみいだすことができる。それぞれの主体にとっての制約条件と行為原則を、戦略分析的な視点で検討してみよう。

被害者住民に直接に接しているのは、岐阜工事局新幹線環境対策室、新幹線総局名古屋環境管理室、新幹線総局名古屋電気所という下層の3部局である。これらのうち最初の2つの部局は、それぞれ割り当てられた地域において、住民と直接に折衝しながら防音工事や防振工事などの障害防止対策を実施することを任務としている。3番目の名古屋電気所は、テレビ受信障害を解決するための共同アンテナを設置することを分担している。これらの主体の行為のしかたは、いずれも「権限の限界」によって制約されている。これらの部局の職員の中には紛争の円満解決を願っている個人も少なくないが、これらの主体は既定の方針を窓口において実施する主体であって、その裁量権は限られたものであり、本社の定めた要綱の範囲内で、一軒ごとの障害防止対策を具体的にどう実施するかの判断をするだけである。公害解決のための大局的な方針の立案やそのための問題提起をおこなったり、訴訟についての方針を決めることは、その権限をこえた課題である。

ミドルレベルの主体の内、環境保全部は、公害対策の政策立案を担当する要の部局である。だが、環境保全部は、公害防止を至上の課題として国鉄組織内で強力な働きかけをしているわけではない。その担っている役割課題は、障害防止対策というかたちで一定の公害対策はするけれども、より根本的な公害対策による費用の巨額化を回避しながら、深刻な紛争を沈静化させることであるといえよう。環境保全部の基本的考え方は、1974年と76年に打ち出した障害防止対策で

十分だというものである。被害者運動側がそれ以上の対策を求めても、すべて二審判決の結果待ちという姿勢にとどまった。1982年7月からの現地協議においても、「裁判で争っているものは取り上げない」という態度に終始した。

　では、国鉄内部で裁判を担当するミドルレベルの主体（法務課と国鉄弁護団）の態度はどうか。法務課と弁護団の自己主張と行為のしかたは、国鉄全体として現在採用されている方針を基本枠組みとして、それを忠実に代弁しながら、法廷において非妥協的に細かい主張を展開するというものである。この両主体は、新しい政策形成によって問題を解決するという志向はまったく示さず、「法廷でいかにしたら自分たちが負けないか」という狭い問題設定の範囲でしか活動していない。法務課と弁護団は、新しい制度や政策の形成という文脈では、きわめて保守的・現状維持的な行為パターンしか示さない。

　では、トップレベルの要素主体（総裁・理事会）の態度はどうか。総裁・理事会の行為は、「情報処理能力の限界」に制約されている。彼らは他の多数の重要案件に忙殺されており、新幹線公害に十分な時間を割くことはできない。彼らは、通常の問題対処は、ミドルレベルの主体にまかせておき、担当部局が基本的方針決定に関してトップレベルの主体の判断をあおいできたときのみ、判断を下すというものである。そのような意志決定のあり方は、J. K. ガルブレイスのいう「テクノストラクチュア構造」（Galbraith 1967 = 1984）、すなわち巨大組織の意志決定において、意志決定の実質的内容を発案し準備するのがミドルレベルの主体にならざるをえず、トップレベルの主体の意志決定がそれを単に追認し、形式的にオーソライズするという性格を帯びてくることを典型的な姿で示している[4]。

　新幹線公害の抜本的な対策（減速、地下化、大幅な緩衝地帯など）の立案と実行は、それらに伴う組織内外の利害の再編の規模やそれに必要な権限の大きさなり、決断の質という点では、ミドルレベルの主体が自発的に変革のイニシアチブをとるには「大きすぎる問題」である。しかし、緊急性圧力の高くない状況では、それらは、総裁や理事会といったトップレベルの主体が取り組むには、関心と労力を振り向ける優先順位という点で「小さすぎる問題」、すなわち、組織にとっての重要度から見て後回しにされる問題である。

　このように全体として見た場合、国鉄組織の内部には、「累積された事なかれ主義」「イニシアチブ回避の悪循環」とでもいうべき事態が存在し、このことが、公害防止という新しい要求や価値に対する鈍感さと、自己変革力の低さを帰結し

---

[4] 国鉄組織の内部の意志決定メカニズムについて、より詳しくは、舩橋他 1985 第4章を参照。

ているのである。

　加害主体としての国鉄組織が、こういう特質をもっている以上、「要求の経営課題としての内部化」というかたちでの方針転換は、「道徳的内部化」によっては実現できず、「打算的内部化」という回路を通るほかはない。打算的内部化の可能性は、勢力関係によって規定される。では、被害者側の対抗力を形成した諸要因は何であったのだろうか。

2-3　運動組織形成による対抗力の増大

　新幹線公害問題において、住民たちの有する対抗力の増大を可能にし、住民たちの状況を改善することを可能にした要因連関はなんだったのだろうか。この問題の解決は、「少数の被害者の要求提出による紛争化」→「運動組織の形成と拡大」→「加害者および関連主体への働きかけ」→「提訴による対抗力の発揮」→「判決による部分的要求実現」→「和解による決着」という過程をたどったが、対抗力の第1の根拠は、「運動組織の形成と拡大」である。「運動組織の形成と拡大」は、1972年8月における会員2000世帯の「名古屋新幹線公害対策同盟連合会」の結成によって頂点に達した。拡大した組織力を背景に、1972～73年にかけては「加害者および関連主体への働きかけ」が活発におこなわれ、要求提出や交渉の場の設定が可能になり、テレビ障害解消のための共同アンテナの設置などいくつもの成果が獲得された。このような被害者運動の有する対抗力は、住民運動リーダー層の献身的努力、住民の結束、専門家の協力、世論の支持といった諸要因によって支えられていた。

2-4　訴訟の対抗力

　「運動組織の形成と拡大」による住民側の対抗力の増大は顕著なものであったが、要求に対する国鉄の対応は、根本的公害対策にはほど遠いものであった。たとえば、防音壁の設置はされたが、当初の減音効果は、騒音80-85ホンの被害地点で、77-82ホンに3ホン程度低下するという限られたものでしかなかった（毎日新聞、1973.3.31）。

　そこで最後に残る手段が訴訟であった。訴訟は、被害者側にとって、加害者に対するより大きな対抗力を獲得することを、可能にしたのである。訴訟を通して、被害者の入手しうる対抗力は、「提訴自体によって発揮される対抗力」と「判決によって発揮される対抗力」との2つがあった。判決の効果が大きいことは周知の

事実であるが、ここで注目するべきは前者の「提訴による対抗力」である。

すでに見たように、国鉄は1974年3月の一審提訴後、判決が出される1980年9月までの間に、次々と公害対策を強化する措置をとった。その理由は、提訴によって、国鉄にとっての利害状況、あるいは「構造化された場」が変化したことである。被害者の提訴は、裁判所が将来の判決において、減速による公害差し止めや慰謝料の支払いを命ずるという可能性を開くものであり、国鉄にとっては、減速命令というような厳しい判決を回避するために、さまざまな公害対策をすることが合理的戦略となったのである。いいかえると、新幹線公害に関して、訴訟の発揮した問題解決機能には、「提訴自体の問題解決機能」と「判決の問題解決機能」が存在したのである。

結　び

以上に検討してきた新幹線公害問題の解決過程の基本的特徴は、次の諸命題によってまとめられる。

①新幹線公害問題の解決過程とは、第一義的には、支配システムにおける被支配問題の解決過程である。

②被害者は、支配システムにおける被支配者として被支配問題解決要求を提出する。これに対して、加害者は、事業システムの統率者と支配者という両義的性格を帯びており、事業システムの経営システムの契機に即しては統率者としての経営問題解決努力を展開し、事業システムの支配システムの契機に即しては、支配者として支配問題解決努力を展開する。この2つの努力は事実上、融合して進行しつつ、被支配者の受苦解消要求と対立する。

③一つの事業システムが、その外部に引き起こしている被支配問題を解決するためには、「受苦の解消要求の経営課題への転換」と、「受苦の費用化」がなされなければならない。それは、事業システムおよび関連する受益圏の受益の一部を削減して、受苦を相殺することを意味する。

④加害者となっている事業システムが、「要求の経営課題への転換」と「受苦の費用化」を推進する可能性としては、要求の「道徳的内部化」と「打算的内部化」がある。通常、「要求の道徳的内部化」は困難であり、新幹線公害の解決過程も勢力関係に規定される「打算的内部化」として進展した。

⑤受益圏と受苦圏の分離、受益圏の拡散と受苦圏の局地化という状況ゆえに、

新幹線公害を解決するための「要求の経営課題」への転換は困難であり、それに規定されて、「言語不通」が生じた。この状況で広範な共同便益性という意味での「公共性」は合意形成能力を失ったが、その根拠は、受益圏・受苦圏構造の特徴にある。

⑥新幹線公害問題においては、国鉄組織は、受苦に対する鈍感さと極度の硬直性とを示した。このような国鉄組織の鈍感さと硬直性は、三層からなる複合主体としての国鉄組織の示す創発的特性として把握されるべきである。それを生みだすメカニズムは、要素的諸主体が、自らをとりまく構造化された場と制約条件の中で行為することの累積の中から立ち現れてくる「累積された事なかれ主義」と「イニシアチブ回避の悪循環」である。

⑦加害者組織が、鈍感さと硬直性を示す場合には、公害対策の強化は、要求の「打算的内部化」によってしか可能にならない。「打算的内部化」の進展の程度を規定するのは、加害者と被害者の政治システムにおける勢力関係、とりわけ被害者の有する対抗力の大きさである。

⑧被害者は、自らの「運動組織の形成と拡大」によって対抗力を形成し、要求提出と交渉の場を設定することに成功した。だが、被害者の加害者に対する交渉は限定された対抗力しか発揮せず、「要求の経営課題への転換」は部分的にしか進まなかった。

⑨しかし、被害者運動組織は、「対抗力の発揮機会を保証する制度」としての訴訟を通して、対抗力の水準を上昇させ、「要求の経営課題への転換」と「受苦の費用化」を大幅に促進することに成功した。

⑩公害訴訟は、「判決の問題解決機能」のみならず、「提訴自体の問題解決機能」を発揮しうる。それは、判決の可能性が、加害者にとっての公害対策の緊急性を高め、そのような構造化された場においては、公害対策の推進が合理的戦略となり、「打算的内部化」を通しての「要求の経営課題」への転換が進むからである。

⑪以上の過程のもっとも本質的要因を端的に表現するならば、被害者側の運動主体形成とそれによる対抗力の発揮が、被支配問題の改善に決定的要因であるということである。

ビデオ資料

CBC, 1986, 『高架下の22年——公害裁判4500日の証言(クローズアップ'86)』

第5章

沼津・三島・清水における石油コンビナート建設阻止

はじめに

　本章では、1964年の静岡県沼津市・三島市・清水町における石油化学コンビナート建設阻止運動を、支配システムにおける問題解決過程のもう一つの事例としてとりあげることにしたい。この事例は、1963年から64年にかけて静岡県当局が、政府および財界と協力しながら推進しようとした石油化学コンビナート建設計画を、二市一町の住民運動が連携して「阻止」した事例である。阻止とは、計画の修正ではなくて、計画全体の放棄を求め、実際にコンビナートの建設全体を中止させたということである。この事例は、以前に検討したような新幹線公害問題(舩橋他1985、および本書第4章)と同じく、主要には支配システムの文脈における問題解決過程であるが、両者には大きな相違がある。新幹線公害問題において提出された公害対策の強化要求は、新幹線の走行を前提とした上での「計画の修正」を意味しているのに対して、コンビナート阻止とは「計画の拒否」を意味しており、事業システムと住民運動との間には、より根本的な対立が存在している。それは、合意形成というよりも、勝利か敗北かという問題である。

　この事例は、日本の住民運動の歴史の画期をなしたものであり、以後、さまざまなかたちで、その教訓が、当事者によっても研究者によっても語られている(酒井1984; 小西1979; 星野・西岡・中嶋1993; 宮本編1979)。この事例の特徴は、理論用語を使用して表現すれば、被支配者たちが連帯して対抗的主体を形成することによって、政治システムにおける情況化が生じ、政治システムの勢力関係が変化し、被支配問題の発生を事前に阻止したのである。

　本章で注目したいのは、どのような諸条件、諸要因の組み合わせの中から、民衆が地域社会の意志決定に影響を与えることができるようになったのかという点である。

まず、石油化学コンビナート建設問題とは、いかなる問題であり、その阻止が住民にとって緊急の課題であったということの意味を考えてみよう（第1節）。次に、石油化学コンビナート立地阻止をめぐる事実経過がどのようなものであったのかを検討し（第2節）、それをふまえて、公害の事前防止の住民運動が成功した要因を考えてみたい（第3節）。

第1節　石油化学コンビナート建設計画と地域社会の危機

まず、二市一町のコンビナート反対運動の経過を概観することにしたい。歴史的事実経過の概略は、次のような5段階に分けることができよう。

第1期：1963年7月以前の前史の段階。
第2期：63年7月12日より、12月13日まで。工業整備特別地域指定を端緒として、静岡県の主導により、二市一村の合併準備態勢が整えられる段階。
第3期：63年12月14日より、64年3月14日まで。静岡県による石油コンビナート計画の発表をきっかけとして、二市一町のそれぞれで、住民運動が組織化されていく段階。
第4期：64年3月15日より6月18日。3月15日の二市一町住民協の結成を背景に、清水町議会、沼津市議会、三島市長、三島市議会が、当初計画に対する反対を表明し、その変更が必至となる段階。
第5期：6月19日より、10月29日。富士石油が沼津市片浜地区に進出するという修正計画が発表されるが（6月25日）、最終的に、沼津市長、沼津市議会がコンビナート反対の意志表示を示し、清水町への住友化学の立地も断念される段階。

以下の第1節においては第1期と第2期を、第2節においては第3期以後を対象として、まず歴史的経過の概略を記述していきたい。その際、理解の便宜のために、関連地域図（図5-1）、主体連関図（図5-2）を提示しておきたい。

1　石油化学コンビナート建設計画とその背景

この問題の背景は、1960年代の高度経済成長とそれを推進した政府および自

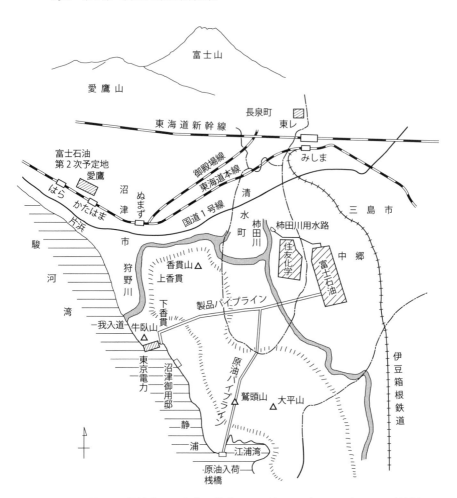

図 5-1　沼津市・三島市・清水町の石油コンビナート計画の関連地域
出典：酒井 (1984:12)。部分的に加筆修正。

治体の政策である。1960年代の初頭、池田内閣が掲げた所得倍増政策を具体化するために1962年5月に公布された新産業都市建設促進法にもとづいて新産業都市の指定を得るために、全国の自治体が、政府に対する熱心な陳情合戦をくり広げた。

　そのような動向を背景として、静岡県は、1961年に第六次総合開発計画を策定し、そのなかで、工業化の拠点として、三島・沼津地区に石油コンビナート計画を盛り込んでいた (酒井 1984: 21)。

第5章 沼津・三島・清水における石油コンビナート建設阻止 153

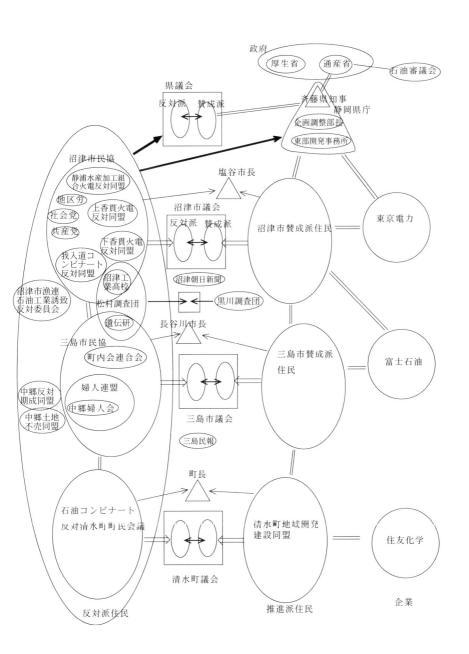

図 5-2 コンビナート建設阻止問題における主体の布置連関

自治体間の競争の中で、結局、静岡県東駿河湾地区は、新産業都市の指定にはもれたものの、1963年7月12日、政府によって、それに準ずる工業整備特別地域 (略称、工特) のひとつに指定される。この工特地域指定を受けて、1963年の7月から12月にかけて、静岡県当局は、工業化に適合的な行政の態勢を整えるべく、市町村合併の促進のための働きかけを積極化し、自治体ごとに、広域都市行政研究協議会を設置させ、ついで、それらの連合体として、「広域行政研究連絡協議会」を結成させた (11月4日)。同協議会は、県側の積極的な働きかけの結果、12月14日に、「広域都市建設基本方針案」を可決承認したのである。この12月14日の広域都市連絡協のあと、県企画調整部長が石油コンビナート計画を発表するに至る。

　では、この石油コンビナート計画の内容はどのようなものであったか。

　その概要は図5-1と表5-1に示した通りであるが、最初の計画は、三島市中郷地区にはアラビア石油が中心になって富士石油という新会社を設立し製油所を、清水町には住友化学が石油化学工場を、沼津市牛臥地区には東京電力が火力発電所を建設し、沼津市の江の浦湾に港をつくり、港および各工場をパイプラインで結ぶというものであった。

　計画発表直後に、三島住民が開催した研究会に呼ばれた小沢辰男 (武蔵大学教授) の言葉を使えば、「沼津の港、清水町の水、三島の土地」が石油化学工業にとっては、

表5-1　石油化学コンビナートの概要

	住友化学	アラビア石油 (富士石油)	東京電力
業種 立地	石油化学 清水町と三島市中郷地区、 約30万坪、 約100万m²	石油精製 三島市中郷地区 約30万坪 約100万m²	火力発電 沼津市牛臥地区 約4万7千坪
総工費 従業員 着工 完成 売上高	534億円 1200人 1964年3月 1965年12月 252億円	260億円 750人 1964年度上期 1965年度末期 (第1期) 1967年度末期 (第2期)	520億円 1966年 1969年
製品	エチレン、二塩化エタン、 ブダジエン、ベンゼン、ト ルエンなど	年産15万バーレル ナフサ、ガソリン、 軽油、灯油、重油等	電力140万kW 35万kWの発電機四基

出典：松村調査団 1964；酒井 1984 より作成。

絶対必要なものであり（酒井 1984: 60）、工業化を推進する側からみれば、この地域はそれらの好条件を備えていたのである。

2 地域社会に引き起こされた構造的緊張

　この石油化学コンビナート建設計画を、この地域がどのように受けとめたのかということは、他地域でのコンビナート公害やこの地域での大企業立地についての先行事例との関連で把握されなければならない。

　静岡県東部のコンビナート建設問題の過程においては、他地域の先行的な事例として、三重県四日市コンビナートとその公害の実情が強い関心を集めた。四日市では 1958 年 4 月より昭和四日市石油の製油所が操業を開始し、ついで、三菱油化、三菱化成、日本合成ゴム、中部電力三重火力発電所などの諸工場が次々と稼働し、1961 年には本格的操業の態勢を整えた。しかし、1960 年から 63 年にかけて、四日市コンビナートでは、伊勢湾の汚染や、亜硫酸ガスや硫酸ミストやススによる大気汚染が発生し、悪臭と騒音もひどかった。1963（昭和 38）年は、「魔の 38 年」と呼ばれ、3 月にはボイラーテストに伴う騒音被害、4 月中旬には全市を覆う猛烈なスモッグ、5 月には大協和石油からの大量のばい煙と、中部電力 1 号機の 90 ホンを越す騒音、6 月には高浜町に正体不明の有毒ガスの流出、というかたちで被害が続発した（小野 1971）。抗議の住民運動が、コンビナートに隣接する高浜地区、午起地区、塩浜地区で、次々と組織化され、7 月には「公害をなくす市民大会」が開催される。

　このように四日市コンビナートが深刻な公害被害を引き起こし、その解決の展望が見えないということが、二市一町の住民には、大きな判断材料となったのである。

　他県の事例だけでなく、県内における工場立地も教訓を示していた。1957 年、三島市に隣接する長泉町に、東レ株式会社が工場を立地した。しかし、この工場の操業に伴い、地下水が大量に汲み上げられ、豊富であった三島市の湧水が減少し、1962 年春には、農家では田植えの水にも不自由するという事態が生じていた（酒井 1984: 17）。このことは、とりわけ三島市住民が、新たな工場立地に警戒的になる要因となった。

　では、この新たな二市一町にわたる石油化学コンビナートは、地域社会に対してどのような打撃を引き起こすことが予想されたのだろうか。これ以前の日本の石油化学コンビナートは、臨海型立地であった。ところが、この計画は内陸型立

地であり、予定地およびその周辺の住民生活や農漁業に与える影響は、臨海型立地よりも重大になることが予想された。その代表的なものは以下の通りである。

① 大気汚染についての予測。後の住民側の詳細な研究予測によれば、140万kWの火力発電所が稼働した場合、1日に排出される亜硫酸ガスと無水硫酸の量は250トン以上と予想される (松村調査団 1964)。それは、大量の喘息患者を生みだすに違いない。
② 水資源の枯渇。工業用水の総需要量は、1970年度には、日量195万m^3とされているが、日量110〜130m^3の柿田川湧水をはじめ、地域の水資源を排他的に使用することにより、地域の生活用水、農業用水の枯渇をもたらすであろう。
③ 化学工場や石油精製工場からの排水には各種の金属類や化合物や油が含まれ、海の汚染は必至であり、火力発電所からの温排水も漁場に影響を与える。
④ 港湾の稼働とタンカーの航行にともなって廃油やバラストが投棄され、漁場が汚染される。
⑤ 公害問題が各地で発生するようになったが、公害対策の法制度や行政組織はまったく確立していない。
⑥ 以上の諸条件を考えれば、コンビナート周辺地域の漁業も農業も住民の健康も、とりかえしのつかない損失、打撃をこうむることは必定である。

当時、公害という言葉は、ようやく人々に知られるようになった時期であり、詳細な情報が行き渡っている段階ではなかった。だが、計画の発表とともに、公害の危険を考えるならばこの石油化学コンビナートの立地は阻止されなければならない、と直感的に判断した人々が、二市一町の各所に存在していた。

3　1963年12月の情勢

しかし、そのような意向を有する住民が存在したとしても、次のような諸条件を考えると、はたして、この計画を阻止できるかどうかは、わからなかった。

① 当時の自治体においては、全国的に工場誘致という政策が支配的な潮流であり、静岡県当局も政府・財界と連携しながら、東部地域の工業開発を熱心に推進しようとしていた。これらの主体の有する行政権限や経済力は巨大であり、住民団体側にはそのような制度化された資源動員力は存在しない。また、この

ような大規模な工場建設計画に対して、公害反対を理由にして、事前に住民がそれを阻止した先行事例は存在しなかった。

②計画の発表時点で、沼津市長、清水町長、沼津市議会の多数派は工場立地推進の立場をとっていた。中立系の三島市長は、慎重な態度であったが、三島市議会の多数派は保守系であり、同じく推進派であった。市町レベルでも総体としては推進色が濃厚であった。

③石油化学コンビナートとセットになった形の二市一町の合併が進めば、それをテコにしてコンビナート計画が進展する可能性が強かったが、合併構想には住民一般に漠然とした期待感があり、それを批判するのはたやすくなかった。

④清水町の工場予定地を有する地権者の中には、農業からの転身を志向しながら土地売却を望む農家があり、一部の農家は計画発表前から企業との折衝に入っていた。

コンビナート建設計画は、地域社会に深刻な構造的緊張の起こることを予想させた。それは、地域社会にとっての危機を意味していた。しかも、この危機を防止しようとする側にとっての不利な条件がいくつも存在していた。このような情勢の中で、住民はどのように対応したのだろうか。

第2節　コンビナート阻止運動の事実経過

1　各自治体における反対運動の組織化

1963年12月14日の石油化学コンビナート建設計画の発表に対して、二市一町では、反対運動の組織化がさまざまに進展するようになる。各自治体では、どのようにその組織化が進んだのであろうか。

1-1　三島市における反対運動の組織化

三島市では、県による計画案の発表の翌日、早くも12月15日に、「石油コンビナート誘致反対・二市一町早期合併反対三島市民懇談会」が開催されている。そして、1月25日には、新たに青年団、農民層、婦人連盟（婦人会の連合体）にも呼びかけて、組織を拡大し、「石油化学コンビナート対策三島市民協議会」（略称、三島市民協）が形成されるに至る。三島市民協は、多様な諸団体の連合体であり、それぞれのリーダーたちが、各集団の自律性を相互に尊重しながら、そのつどの

運動方針を協議する場であった。このように素早い反対運動の組織化の背景には、戦後の三島市の文化運動や原水爆禁止反対運動、労働運動などの歴史的蓄積、さらに、革新陣営と保守系の一部に推された長谷川泰三市長の選出の選挙運動 (1961 年) などがあり、それによって形成されたさまざまな集団のリーダー間のネットワークが存在していた。

1月から 2 月にかけて、三島市では、コンビナート建設にかかわる学習会が連鎖的に開かれるとともに、地元紙『三島民報』(5 日ごとに刊行) が、継続的に石油コンビナート建設問題についての批判的記事を掲載した。住民の関心が盛り上がっていく中で、反対運動の組織化にとって非常に大きな要因として作用したのは、先例としての四日市コンビナートの現状の見学であった。三島市民グループ約 100 人は、バス 2 台で、2月 9 日深夜から 10 日にかけて、四日市を見学した。現地を訪れた人々は、四日市の公害被害を目の当たりにみて、また、磯津地区の被害者住民の声を聞いて、石油コンビナートが公害をもたらすというはっきりした認識と危機意識をもつようになった。

三島市の運動の鍵を握るのは、富士石油の立地が予定されている中郷地区の住民の動向であったが、中郷地域の多数の住民は、四日市見学を大きな契機として、コンビナート反対の意志を強めていった。3月3日につくられた中郷地区石油コンビナート対策協議会は、3月 10 日には、圧倒的多数で反対期成同盟に切り替えることを決議する。そして、富士石油工場予定地の地権者たちは、「土地不売同盟」を結成し、きわめて短期間に圧倒的多数の地権者が土地不売の意志を署名によって表明した。

とりわけ、中郷地区の女性たちのグループの反対運動にかけた意気込みは必死なものがあった。その多くは農家の主婦たちであった。それは、四日市のような公害が、自分の地域で再発し、住民とりわけ子供たちの健康がむしばまれることへの恐れと怒りにもとづくものであった (酒井 2002)。

そして、商工会の幹部の中にも公害を警戒する声が強く、とくに環境が大切な観光産業などの企業の経営者層の中では、コンビナートへの批判が強かった。さらに全市的組織である町内会連合会は、2月下旬に全世帯を対象にした石油コンビナート進出の賛否を問う世論調査を実施した。また婦人連盟 (婦人会の連合組織) も、その会員を対象にしたアンケートを実施した。その結果は、3月 23 日に明らかになったが、町内会連合会の世帯を対象にしたアンケートでは、回収数 8980 のうち、「賛成」5.2%、「反対」81.8%、「どちらでもよい」4.7%、「わからない・

白紙」8.3％、婦人連盟会員を対象にした調査では、回収数 3220 のうち、「賛成」1.4％、「反対」91.3％、「どちらでもよい」1.3％、「わからない・白紙」6.1％となり、ともに圧倒的多数の反対意見が表明された (酒井 1984: 158)。

1-2　沼津市における組織化

では、沼津ではどうであったか。沼津市には、東京電力が牛臥地区の海岸を埋め立て、重油専焼火力発電所を建設することと、江の浦湾に原油入荷桟橋をつくり、そこからパイプラインを敷設して、三島市中郷地区の富士石油に原油を輸送することになっていた。

この建設計画は、関連地域住民および、漁業者と水産加工業者に深刻な危機感を与えた。火力発電所は大量の亜硫酸ガスを排出するものであるから、立地予定地となった牛臥地区の住民たちに生活破壊の深刻な脅威を与えた。沼津市にある7つの漁協にとっては、埋め立て地の漁業権が失われることのみならず、海が汚染され漁業そのものが成り立たなくなる恐れがあった。そして、漁獲が失われれば、イワシなどを、干物や煮干しや削り節に加工する水産加工業も立ちゆかなくなる。つまり、沼津市の漁業者と水産加工業者にとっては、コンビナートの立地を認めるかどうかは、死活問題であったのである。

沼津市では、地域の自治会単位の対応と、さまざまな職能組織の対応、さらに、文化団体などの対応とが、絡まり合うかたちで進んだ。これらの主体は、まず、開発計画や公害問題についての学習会・研究会を行い、そこで得られた認識を基盤にして、次々と反対運動を組織化していくという行動を示した。

沼津で、最初に地域ぐるみの反対運動が組織されたのは、火力発電所の立地予定地に近い下香貫、上香貫、我入道の3つの地区である。1月26日には下香貫連合自治会主催の最初の「公害研究会」が開催され、約100人が参加した。下香貫連合自治会は18の自治会から構成されているが、その中には、火力発電所の立地予定地である牛臥地区も含まれている。同自治会は、2月5日に地元沼津工業高校の講堂で、300〜400名の人を集めて、再び「公害研究会」を開催し、静岡大学の河中助教授、沼工の長岡・西岡の両教員より講演がなされた。このような学習の積み重ねをふまえて、2月8日に、下香貫地区連合自治会 (2200戸、約9000人) を基盤にして、「下香貫地区火力発電所反対期成同盟」が結成される。隣接する上香貫地区でも、2月15日には同様に学習会を行い、その日に上香貫地区連合自治会をあげての組織として「上香貫火力発電所反対期成同盟」が発足す

る。さらに、我入道地区(1100戸、5000人)でも、青年たちがリードするかたちで2月12日と19日に公害学習会が開催され、3月1日には同地区自治会の役員がそのまま幹部になるかたちで「我入道地区石油コンビナート反対期成同盟」が結成される。これらは、いずれも自治会を結成基盤として、自治会役員がそのまま反対運動の役員を担当する地域ぐるみの組織として形成された。

2月になって、水産加工業者は、他地域のコンビナートについての調査隊を組織し、千葉県市原、三重県尾鷲、四日市で現地調査を行い、3月2日には、「静浦水産加工組合石油工業火力発電所建設反対同盟」が結成される。他方、漁民も、3月になると、漁協主催の講演会を3日間にわたって開催し、講師の一人である四日市磯津漁協組合長からは、四日市コンビナート下での漁業被害について、詳しく話を聞いた。3月15日に沼津市の7漁協は、「石油工業誘致反対委員会」を結成するにいたる。

このほかに、さまざまな地域団体が、石油コンビナート反対の意志表示をした。社会党沼津支部は、いちはやく1月29日に火力発電所に反対の声明を出したが、2月下旬には、沼津地区労(2月24日)、沼津文化会議(2月25日)、沼津農協(2月25日)といった諸団体も、次々に反対の姿勢を明らかにしていった。

これらの反対運動に立ち上がった諸組織の連絡機関として、3月5日に、「石油コンビナート反対沼津市民協議会」が結成される[1]。沼津市民協も、三島市民協と同様に、各種団体の代表者の協議体という性格を有していた[2]。ただし、漁民組織は、市民協に加入しなかった。

1-3 清水町における反対運動の組織化

三島と沼津の間に位置する清水町では、どのような対応がなされたであろうか。清水町は面積約9km²、人口約1万4千人であるが、石油化学工業としての住友化学の工場が立地する予定であった。

清水町には、柿田川湧水があり、当時、日量110〜130万トンの湧水があった。静岡県当局は、この自然湧水のうち、まず100万トンを工業用水化して利用し、さらに、1970年度の工業用水需要量を195.2万トンとすることを想定していた。そのような膨大な工業用水利用は、生活用水を奪い、湧水を枯渇させ、地盤沈下

---

1 宮本編(1979)によれば、当初12団体。福島(1968)によれば、参加団体は、上香貫、下香貫、我入道の各反対同盟、第五校区東部連合自治会、高教組、地区労、社会党、共産党、平和委員会、沼津PTA協議会、志下地区青年団、沼津文化会議である。
2 沼津市住民、N氏からの聞き取り(2003年5月5日)による。

を引き起こすおそれがあるものであった (石油コンビナート反対連絡協議会編 1964: 34-36)。

ところが、南部の農民層の中には、この際、農地を売却しようという意向がみられた。「所有農地に対する農民の観念も中郷地区とは異なり、集約されている農地にはせまい農道しかなく、個別売買が困難であるということも、買い手さえあれば、一挙に集団で手離したいという気持ちを起こさせていたといわれている」(星野他 1993: 77)。実際、コンビナート計画の正式発表の以前から、一部の地権者は企業に土地を売却していた (同: 77)。

清水町では、1月8日に、各種団体から70人の参加を得て「石油コンビナート進出対策研究会」が開催された。そして、1月16日夜には、バス2台で四日市の視察に向かう。この視察後、研究会の中では、コンビナート反対の空気が圧倒的になった。清水町では、労働組合を基盤にした革新系の人々に加えて、保守系の商工会の大勢も反対の態度をとった。

反対運動の高揚に直面して、高田次郎町長は辞意を表明し、1月27日には議会も辞表受理を決定し、2月23日に町長選挙がおこなわれることとなった。この選挙は、コンビナート推進派から推された農協組合長の関本嘉一郎氏と、コンビナート反対運動を背景にした前商工会顧問の中野英太郎氏との対決になったが、反対運動派の期待に反して、関本氏が町長に当選する。これは、清水町の反対運動について、一つのつまずきを意味したが、3月に入ってからは学習会を開くなどして、反対運動は態勢を再構築し、3月9日には、反対運動組織を「石油コンビナート反対清水町民会議」という新たな名称のもとに再発足させる。

2 「二市一町住民協」の結成と各自治体での反対の意思表示

以上のように、二市一町のそれぞれに、コンビナート反対の運動組織が次々と結成される流れを受けて、3月12日には、3自治体の約350人が、県議会と県庁に向かい、斉藤寿夫知事・県会議長に陳情をおこなうとともに、酒井郁造県議と斉藤知事の論戦を傍聴した。これは事実上の最初の二市一町の運動団体の共同行動であった。そして、この延長に、3月15日には、「石油コンビナート進出反対沼津市・三島市・清水町連絡協議会」(略称二市一町住民連絡協議会)が結成され、反対運動は新しい段階に入っていく。ここには、各市単位の市民協議会には未加入であった沼津市の漁民の運動団体や、三島市中郷地区反対期成同盟も加わっていたので、以後の動員力の増大に大きく寄与することになる (酒井 1984: 155)。

この住民協の発足以後、反対運動は巨大な動員力を有するようになり、節目ごとに数百人以上の集合行動がみられるようになった。ひと声かければ、何百人もの住民が、抗議行動に参集するというような、地域社会全体が燃え立つような状況になった。三島市の中心的リーダーであった酒井県議は、3月26日の三島市におけるデモの日を回顧し、「私も先頭の耕耘機に乗り、デモの指揮をとったが、大衆のエネルギーが反対運動に大きく結集して、もはやなんぴともこの流れを阻止することはできないことを痛感した」(酒井 1984: 166) と記している。

住民連絡協が、その結成時に採用した運動方針は、各市町議会への反対陳情と反対決議を勝ち取ることであった。各市町の議会決議をめぐる攻防は次のように展開した。

清水町では、もっとも早く、3月21日の議会で、石油コンビナート反対町民会議から、5120名の署名を添えて提出された請願の審議がなされた。この請願への賛否は9対9の同数となったが、議長が請願賛成に加わり、10対9で可決されることになる。

三島市では、3月後半に、反対運動組織は連日のように講演会や市議会傍聴動員をおこなった。17日には市議会本会議にあわせて、約250人が市役所前に集まり、石油コンビナート反対の市民大会を開催し、賛成派議員に対する激しい抗議をおこなった。23日の市議会本会議傍聴動員を経て、26日には、市役所前広場で約700人参加の市民大会を開催し、市内のデモ行進をおこなった。運動側は、28日の市議会での決議をめざして「石油コンビナート反対決議案」を32000人の署名を添えて上程した。しかし、賛成派議員は、反対決議案を特別委員会付託として、肩すかしをくわしたようなかたちで審議を打ち切ってしまった。

沼津市では、3月27日に、コンビナート進出反対の漁民大会が開かれ、約2000人が参加し、市内をデモ行進した。以後、沼津市民協は、市長ならびに沼津市議会に対する働きかけを続けたが、3月から5月にかけての段階では、市長と市議会の態度変更を引き出すことはできなかった。

東京の政府各省および進出予定企業に対する要求提出は、二次にわたっておこなわれた。まず3月25日に住民連絡協の代表17人が上京し、福田一通産大臣に石油審議会に対する陳情文を手渡した後、通産省、厚生省、住友化学、アラビア石油に陳情文あるいは決議文を提出した。つづいて、第二次陳情が、3月30日に、バス11台に分乗した600人によっておこなわれた。陳情団は、手分けして、通産省、厚生省、東京電力、富士石油設立準備室、住友化学と会見した。

4月の段階においては、公害問題についての科学的予測態勢の構築という課題と、住友化学による清水町における土地買収問題が、この問題にとっての焦点となった。

　第1の公害予測調査の態勢づくりは、政府側による黒川調査団の設置と、三島市長による松村調査団への調査委嘱という対抗関係として浮上する。

　厚生大臣と通産大臣の委嘱によって、黒川真武東大教授らの専門家からなる「沼津、三島地区産業公害調査団」が、4月1日に発足する。この調査団は、「硫黄酸化物による大気汚染を中心に産業公害予防の観点にたって、関係企業の立地の適否その他公害を防止するため必要な事項について科学的に調査検討」することを課題としていた。

　この調査団に対する政府側や地元推進側の期待は、公害が発生するのを防げるのかが最大の争点となっている状況の中で、権威ある学者を集めた調査団の報告書によって公害防止の可能性を提示し、それによって地元の反対論を克服して、コンビナート建設を実現していきたいということであった。この調査団は、以後、団長の名を冠して「黒川調査団」と呼ばれ、その動静と調査報告書の内容が、開発賛否の双方から注目されることになる。

　この黒川調査団の発足に対して、コンビナートについて慎重で県当局とは距離を保っていた三島市長（長谷川泰三）は、4月6日に地元の研究者と高校教員を団員とする、独自の調査団を委嘱するに至る。その背景には、県や国の圧力と、三島市民の中でも自らの支持基盤となっている人々との間で、板挟みとなっている長谷川市長の困難な立場があった。長谷川市長の支持基盤となった人々は圧倒的に反対の意向を表明している。もし黒川調査団が「公害の心配はない」という報告書を出した場合、三島市長としては、それを批判する科学的根拠をもたなければ、「公害のおそれがあるからコンビナートは拒否する」という態度決定をするのは非常に困難になる。調査団は三島に設置されている国立遺伝学研究所の松村博士を団長とし、さらに団員としては、同研究所の松永博士、ならびに、沼津工業高校の4人の教員をもって、合計6名で発足した。

　第2に、清水町における土地買収問題が、4月末には厳しい争点となる。住友化学は、清水町町民会議の要求を認めるかたちで、黒川調査団の調査報告が出るまでは、地主からの土地買収はしないという約束を4月中旬まではしていた。しかし、4月28日になって、住友化学の子会社である住友ノーガタックが3万坪の土地買収と登記を30日にも実施しようとしていることが露見した。緊急事態

と受けとめた住民連絡協は、きわめて素早い対応をとり、4月30日に、清水町に約400人、住友化学沼津事務所に約500人を同時に動員し、住友化学より土地買収をしないという確約書をとることに成功する。

　他方、松村調査団は、発足後ただちに精力的に調査を進めた。その過程では、沼津工業高校の生徒300名が、5月連休中のこいのぼりを観測して広域的な風向を記録したという取り組みもあった。5月4日づけで松村調査団の中間報告書が執筆され、その内容は5月18日の三島市広域都市行政連絡協議会において発表された。その「むすび」においては、「以上のように静岡県および会社側のデータを基準としても、亜硫酸ガスの濃度や排出量も相当にあり、その他の有毒ガスの排出も考えられる。これらによる大気汚染の心配は地形や気象のデータからもぬぐい去れない。また用水の不足とその排水により河川と海水の汚染にも心配がある。これらによる農業、水産および公衆衛生に対する公害の恐れは充分にあるといえる」(松村調査団 1964: 40)と記されている。この松村調査団の研究活動は、以後の公害反対世論を支える柱となり、後に黒川調査団の報告書が出された後には、8月1日における東京での両調査団の討論へとつながっていくのである。

　しかし、三島市議会の多数派の態度は、黒川調査団の結論が出るまでは市議会としての結論を保留すべきだという態度で、変わらなかった。三島市民協は、黒川調査団の報告書をまたず、早期に、長谷川市長にコンビナート拒否の態度表明をするように働きかけた。そして、5月23日の夕方、三島市公会堂にて、町内会連合会と婦人連盟主催による「石油コンビナート進出阻止市民大会」が開催されることになった。当日、午前中に開催された広域都市行政研究協議会連絡会では、各界代表から、次々と立地反対の態度表明がなされた。長谷川市長は、その後に開催された研究協議会で、計画中止の要望の態度表明をする決意を明らかにした。夕方からの市民大会には、市民約1500名が参加し、各界代表26名による反対の決意表明が次々になされ、沼津市と清水町の運動団体の代表も発言した。

　最後に、長谷川市長が、反対の決意を表明し、すでに県知事にそのことを伝えたと発言した。三自治体の首長の中でもっとも早い反対の態度決定であり、これは、運動全体の画期となった。市民大会は、「コンビナート進出に対し、全市民総力を結集してこれを阻止する」という大会宣言を発し、万歳三唱をもって終了したのである。

　このように市民世論の高揚と市長の反対決意表明を受けて、三島市議会も6月18日には、満場一致で「石油化学工場の中止を要請する」との決議を可決した。

これによって、三島市中郷地区の富士石油立地計画は、完全に地元から拒否されたことになった。

また、このような三島市の動向に対応するかたちで、沼津市においても、6月11日の沼津市議会全員協議会で、塩谷沼津市長は、牛臥に予定の東電の発電所が中止になったことを発表する。そして、6月16日には、沼津市議会も火力発電所反対を決議するに至り、これによって、二市一町のいずれの議会も、当初計画に反対の意向を表明したことになった。静岡県ならびに各企業は方針の練り直しを迫られることになるのである。

3 沼津市の反対表明と計画の中止

このように、富士石油の三島市立地は不可能になったが、静岡県当局と富士石油は、立地をあきらめたわけではなかった。6月25日に、富士石油は、三島市への進出を断念することを三島市当局に伝えたが、同時に、沼津市片浜地区に進出する新たな計画を打ち出し、沼津市役所に協力を要請した。

新たに富士石油の進出予定地とされたのは、東海道線片浜駅と原駅間の線路の北側にあたり、片浜・愛鷹地区にまたがる165万㎡（50万坪）であった。新計画によると、ここに、212億円を投じ、日産15万バーレルの製油所を建設し、あわせて、牛臥に港湾を建設し、牛臥港と製油所と清水町内の住友化学の工場を結ぶパイプラインを敷設するというものであった（『沼津朝日』1964.8.5）。ここに至って、愛鷹・片浜地区の住民の意向が、コンビナート計画の成否を左右する鍵となったのである。

片浜計画の発表によって、沼津市の状況は新たな段階に入る。沼津市議会は、6月18日の議会反対決議は、火力発電所に対するものであり、新たな片浜計画については、別途に対処するという方針を打ち出した。また、この地域においては、農地の売却に前向きな農民たちが存在しており、片浜農協、愛鷹農協の役員は、コンビナート建設に協力的であった。さらに、それまで、牛臥地区の火力発電所建設計画に鋭い批判を投げかけていた地元紙『沼津朝日』の論調も変化し、「弾力性をもった運動を」（1964.7.26）提唱し、公害の心配がなければ工場建設を容認しうるというニュアンスの主張がみられるようになった。

この新しい段階で賛否両派の論戦の焦点になったのは、7月27日に公表された黒川調査団の報告書（沼津・三島地区産業公害調査団1964『沼津・三島地区産業公害調査報告書』）であった。報告書は2000万円もの予算を使って地域の気象条件につ

いて調査し、工場からの排ガスの拡散について予測した。報告書は、予測に続いて、産業公害防止対策など、4項目にわたって「勧告」を記しているが、全体として、大気汚染公害を防止しうるという印象を与えるものとなっている。翌日（7月28日）の新聞は、「公害の心配ない／沼津・三島地区調査に結論」（毎日新聞）、「事前の措置で解決できる」（朝日新聞）、「計画守れば公害ない」（読売新聞）、と報道したのである。

推進派は、この報告書を「公害は防げるのだから、コンビナート誘致は正当だ」という論拠として利用すべく待ちかまえていた。これに対して、住民連絡協は、報告書が科学的に正しいのかどうかという点を徹底的に批判しようとした。住民側と黒川調査団の科学論争の頂点は、8月1日に東京でなされた、両調査団の対決ともいうべき話し合いであった。この日の討論においては松村調査団からの鋭い質問を通して、結果として、黒川調査団の報告書の不備と欠陥が浮きぼりにされることになった。松村調査団や住民側は、どのような疑問や批判を黒川調査団に投げかけたのであろうか。

松村調査団をはじめ住民側による主な批判点は次のようなものであった。黒川調査団報告書の第1の欠点は、公害調査と銘打ちながら、実際には、亜硫酸ガスしか調査対象としていない点である。公害に関心を有する住民からみれば、悪臭、騒音、水質汚染、水源枯渇などの関心事項が取り上げられていない（『沼津朝日』1964.8.5）。

第2に、中心的な内容である硫黄酸化物の大気汚染予測には実験法に疑問点があり、観測期間も短時日であり公害の有無に関して信頼度の高いものとはいえない。

第3に、「勧告」は絶対やらなければならない条件とされているが、「工場と住宅との混在の防止」ひとつとってみても、数千戸の移転が必要である。現計画はそのようなことはまったく考えておらず、またたとえ実行しようとしても、それは現実性がなく不可能である（『三島民報』1964.7.30; 1964.8.5）。

第4の欠点は、その調査方法において、会社側の情報にのみ偏って依拠しており、地域住民の意見を聞く努力をしていないことである。

このような疑問や批判に対して、黒川調査団は答えることができなかった。黒川調査団と松村調査団の報告書の内容の優劣はどのような点にあり、それは、どのような要因に起因していたのであろうか。第1に、黒川調査団には、高名とされる研究者が網羅されていたが、その研究の基本姿勢における真剣さと労力投入

においては劣位であった。松村調査団は、地元の中から、地元の生活経験に立脚するかたちで公害問題をとらえていたのに、黒川調査団は、地元の外からしか公害問題を見ていない。

　第2に、黒川調査団の報告書作成には通産省の職員が関与しており、このことが、学術的動機以外の要因の介入を招いている。学問的自律性よりも立地促進という通産省の利害関心によって操作された内容になっている。

　結果として、黒川調査団報告書を利用した事業推進という推進派の作戦は、肝心の黒川調査団の報告書に対する信頼性を住民に対して維持しえなかったため、実現しなかったのである。二市一町連絡協は、松村調査団メンバーによる批判的分析に立脚しながら、黒川調査団報告書の批判宣伝を精力的に行い、その宣伝は、住民に浸透していったからである。

　沼津市の塩谷六太郎市長は、富士石油の片浜地区進出計画について、黒川調査団の報告が出るまでは、是非の態度表明を公式にはおこなわなかった。黒川調査団の報告が出された後、8月12日の市議会全員協議会で、「公害問題など地元の条件が通るならば受け入れるべきだ」と、誘致の方針を初めて表明し、市議会の検討を要請した（『沼津朝日』1964.8.14)。焦点となった片浜地区では、農協幹部に、建設推進の動きが顕著であり、婦人会幹部も容認的であった。だが、青年団と、既存組織の幹部でない人々から反対の声があがった。

　8月後半は、片浜地区において、賛否両派のそれぞれの動きが競い合い、市議会の多数派工作の攻防がなされる。8月28日には、片浜小学校で、富士石油進出反対総決起大会が開かれ、2500人がデモをする。これに対し翌29日には、賛成派が、沼津市公会堂に1500人を集めて、「石油コンビナート賛成市民大会」を開催する。

　このように8月末から9月前半にかけては、両勢力が働きかけを活発化し賛否双方の潮流がぶつかりあって、緊張が極点に達するという時期になる。9月6日には、沼津市の医師会、歯科医師会、薬剤師会の共同の反対声明書が出される。9月7日に、県は東部事務所の職員を41人に増員することにより、建設推進努力を積極化するが、それに対する反対派からの抗議がくり返され、職員は引き上げることになる（9月8〜9日）。

　沼津の攻防の決着をつけたのは9月13日の石油コンビナート進出反対沼津市民総決起大会であった。この集会は沼津市第一小学校で開催され、三島市、清水町からも多数の住民が参加し、三島市中郷地区の農民は耕耘機を繰り出した。こ

の集会の参加者は空前絶後の2万5000人に達し、3班に分かれて市内をデモ行進した。

この圧倒的な住民の意志表示を前にして、ついに、塩谷沼津市長も、推進派が多数であった沼津市議会も、コンビナート進出計画を断念せざるをえなくなる。塩谷市長は9月18日の市議会全員協議会で、富士石油の進出拒否を表明し、沼津市議会も、9月30日に、石油コンビナートに反対の決議をおこなうに至る。

このような沼津市での中止の公式決定を受けて、住友化学は10月27日に、進出を撤回すると清水町長に申し入れるに至る。最後に、清水町の鈴木町長も10月29日に、石油化学コンビナート問題は自然消滅するとの所信を表明し、議会特別委員会も「住友化学の進出は事実上不可能になったことを確認する」との決議をおこなった。

第3節　問題解決過程の本質的特徴と、問題解決を可能にした要因

以上のような経過を示したこの問題の解決過程を、次に、問題の性格はいかなるものであったのか、問題解決を可能にした要因は何かという視点から、理論的に考察してみよう。

1　争点の性格と問題解決過程の特徴

1-1　支配システムにおける総合的選択型の問題

この石油コンビナート建設阻止問題の基本的性格は、支配システムにおける「総合的選択型」の問題である。

すなわち、この問題解決事例は、一つの事業システムの建設企図に対して、その影響をこうむる地域住民が、受益の側面と受苦の側面を総合的に考量した結果、受苦の側面があまりに強いことを認識し、それにもとづく総合的評価によって、当該計画の総体としての拒否を選び、それによって被支配問題の発生を未然に防止したという性格のものである。

被支配問題の解決という意味では、コンビナート建設問題は、新幹線公害問題と同様に、支配システムの文脈に位置しており、両者には共通点がある。公害被害や生活破壊を危惧する住民側は、支配システムにおける被支配者の立場にあり、自分たちにふりかかるだろう被支配問題(公害による生活破壊・農業漁業への打撃など)を回避することを目標としている。これに対して、事業を推進しようと

している諸主体(静岡県知事、通産省、立地予定企業など)は、経営問題の解決努力と支配問題の解決努力とを融合させながら展開している。すなわち、コンビナートという一つの事業システムの建設は、一つの経営システムを建設しようという側面を有すると同時に、支配システムの文脈では、自分たちの意志を地域住民に受け入れさせようということを含意している。このような対抗関係の基本特徴は、新幹線公害問題とコンビナート建設問題とは、共通である。

　だが、両者の問題解決過程には、大きな性格の相違がある。新幹線公害問題においては、新幹線の公害対策の徹底という意味で、事業システムの部分的修正が争点になっていた。住民の要求は、新幹線そのものの廃止ではなく、新幹線の存在を認めた上でのそのあり方の改良である。これに対して、コンビナート建設問題における争点は、事業システムの部分的な修正・改良ではなく、一つの事業システムの立地の是非について総合的選択が問われたのであった。それは、いわば、0％か100％かという選択である。住民たちは、コンビナート建設のもたらす受益の総体と受苦の総体とを比較考量したとき、総合的に見て受苦のほうが大きいと考えた。住民の多数派が求めたのは、事業計画全体の中止である。それは、事業の目標自体を放棄させることを含意していた。

　これに対して、コンビナートを建設しようとした諸主体、すなわち、静岡県当局や、立地予定企業の幹部や、事業推進派の首長は「公害対策を実施するから、公害は起こらない」という主張をくり返した。これらの主体は、「事業システムの部分的修正」によって、この事業が実施できるだろうと考えていた。たしかに、コンビナート建設においても、もし事業者が本当に有効な公害対策を実行するのであれば、公害防止という利害次元については、「要求の経営課題への転換」「受苦の費用化」が実現することになる。

　だが、推進派の「公害は起こらない」という主張を、住民は、虚偽であると判断し、受け入れなかった。住民にとっては、「事業システムの部分的修正」によって、自分たちの利害要求を実現することは不可能であり、事業システムの是非についての「総合的選択」をするしかない問題であったのである。

1–2　利害対立の深刻さと、巨大な対抗力の必要性

　支配システムにおいて、総合的選択型の問題が登場した場合、その含意は何であろうか。総合的選択型の問題の基本特徴は、部分修正型の問題に比べて、利害対立がより深刻であり、非妥協的なものであることである。コンビナート建設阻

止とは、たとえていえば、新幹線の減速ではなく、運行中止を求めるようなものである。それゆえ、より強い対抗力の発揮が求められる。

　静岡県のコンビナート建設問題においては、さらに付加的な条件として、行政主導の計画であることから、建設中止というかたちでの最終的決着のためには、首長や議会が中止の意志表明をする必要があった。ところが、斎藤知事や塩谷沼津市長や当初の二人の清水町長(高田、関本)は一貫して建設推進の立場に立ち、二市一町の議会においても建設推進の潮流は根強いものがあった。住民運動側には、事業推進を志向する首長や議会の態度を転換させ事業中止を選択させるだけの巨大な対抗力の形成が必要であった。それは、この争点について「地域社会での多数派形成」を要請するものであった。

　このように住民側が被支配問題を回避するためには、総合的選択によって、事業システムのすべてを拒否することが必要であり、しかも、そのためには、事業推進の立場にある行政の態度転換を実現しなければならないというタイプの問題は、この事例の他にもさまざまにみられるものである。その代表的な事例は、軍事基地にかかわる公害問題や原子力関連施設の立地問題である。これらの施設や事業は、政府の政策に基づいて存在しているのであるが、一つの地域に大きな負の影響を与えるものゆえに、総合的選択が問われるような問題として登場している。

　総合的選択型の問題においては、二者択一的なかたちで、どのような選択をするのかが、政治システム内で対立する諸主体の間で問われる。しかも、両者の対抗関係の焦点は、それぞれの自治体における首長や議会の公式の意志表明であった。それゆえ、住民運動組織と首長の間に形成される交渉のアリーナ、議会というアリーナ、住民運動組織と議会・議員の間に形成される要求提出のアリーナが、いずれも重要なものになった。住民からみれば、これらのアリーナにおいて、首長や議会の態度を住民の意向に従わせるような勢力を有する住民の多数派形成ができるかが、この問題の解決の鍵であったのである。対抗力の発揮と決定のアリーナは、新幹線公害のような裁判所ではなく、これらの直接的な交渉の場であった。しかも、その対抗力の形成と発揮は、コンビナートの立地決定以前に、すなわち被害が顕在化する以前に、なされねばならなかった。「見えない公害との闘い」(酒井 1984)が必要であったのであり、それは、運動の組織化の困難さを加重するものであった。

2　問題解決を可能にした要因は何か

　なぜ、強力な住民運動が形成され、しかも、運動は勝利を収めたのか。この主題を、運動の成功を支えた、主体的要因に注目しながら検討してみよう。

　ここで、注目したいのは、「多様な集団の広範な連帯形成」「運動形成の鍵としての学習会・住民調査・住民メディア」「運動の共鳴基盤としての地域社会の特質」である。

2-1　多様な集団の広範な連帯形成

　政治システムにおける被支配者である住民が、政治システムにおける支配者である行政組織に対して対抗力をもつためには、住民たちがばらばらのままではなく統合されなければならない。すなわち、諸個人の分散的な主体性が一つの共同の意志のもとに統合され、政治システムにおける一つの主体として自己主張できることが必要である。この運動の特徴は「多様な集団の広範な連帯形成」である。すでに見たように、二市一町においては、多様な集団が運動に立ち上がり、それらの多様な集団が、それぞれの自発性・主体性・個性を生かしつつ、効果的に連携・協力した。運動の大衆的動員力の基盤は、地域社会のさまざまな集団の動員力が支えていた。この運動が示しているのは、それぞれ自律性を有する多様な多数の集団の大連合という組織形態である。多様な運動集団の連携を実現するやり方が、「市民協議会」や「二市一町住民連絡協」という方式であった。

　このような大連合が可能になる条件は何だったのであろうか。その一般的条件は、①さまざまな地域集団を横断するかたちで多様な立場の住民たちが事業の利害得失について認識と価値判断を共有したこと、②主体性と批判的知性を備えたリーダーがさまざまな地域集団に存在し、その働きかけによって、各集団が能動的に反対の意志表示をしたこと、③それらのリーダーの間の協力のネットワークを媒介にして、諸集団間の協力関係が作られたことである。

　では、多様な立場の住民たちが、また、各集団のリーダーたちが、認識と価値判断を共有し、一つの共同の目的のために連帯することは、いかにして可能になったのだろうか。この事例が示しているのは、学習会、住民調査、住民メディアの3要因が、相互補強的に作用しつつそのような連帯を形成するのに、決定的な役割を果たしたことである。

2-2 学習会

　世論形成に力があった第1の要因は、学習会である。中郷地区のあるリーダーは、「学習会こそがすべてであった」と回顧している[3]。すなわち、学習会は、住民運動勝利の原動力であったのであり、その重要性は、この事例についての先行研究においてもくり返し指摘されている (宮本編 1979)。この地域の学習会の特徴は、①連鎖的に波及し、回数が非常に多いこと、②講師が主として地域内の専門家であること、③学習会の内容充実に工夫がなされたこと、という特徴を有する。

　①学習会の開催回数の厳密な測定は困難であるが、多くの人の回顧と証言が、学習会の回数が非常に多かったことを示している。中郷地区だけでも、百数十回といわれている。沼工の物理の教員として各地区での講師を担当した西岡昭夫氏は「私たちが関係したものだけでも1日に数カ所ということもあり、運動期間中では300回ぐらいにはなったかと思います」と回想している (西岡 1974: 10)。学習会は、当初は工場立地予定地区で設定されたが、しだいに、他の地域に拡大していった。一つの会場にきていた他の地区の人が、次には、自分の地区で近所の人を集めて学習会をおこなうという連鎖的拡大がみられた。そのような数多くの学習会を実施するために、講師として期待されている地元の専門家が一晩に3カ所の学習会を掛け持ちするということもあった。

　②学習会にもさまざまなタイプがあった。外部の大学教員を講師として、その話を聞くという形式のものもあったが、大多数の学習会は、地域内部の専門家や住民運動リーダーが講師となった。地域内部の専門家としては、三島市の国立遺伝学研究所の研究者、医師たち、および、沼津工業高校の教員たちが貢献した。沼津工業高校の教員が学習会の講師を担当した背景には、それ以前から、地域社会において解決すべき科学的問題や技術的問題があると、地域住民が沼工の教員に相談にくるという背景があった[4]。

　③学習会の内容が充実していたことも注目に値する。公害問題の解明には、気象、化学、医学といったさまざまな専門分野の知識が必要であるので、学習会は複数の講師が話をする機会が多かった。それは専門家どうしが学びあう機会ともなった。講師は、それぞれ手作りの資料を持参し、それを配布しわかりやすく説明する努力をし、それが学習会に参加すると得をするという感想を生みだした。また、講師が一方的に教えるというのではなく、参加者がそれぞれの情報や意見

3　三島市住民、M氏からの聞き取り (2003年3月19日) による。
4　沼津市住民、N氏からの聞き取りによる。

を出し合い、それが講師自身にも勉強になるということが、くり返された。

2-3　住民調査

　学習会と表裏一体をなしている第2の要因は、「住民調査」である。住民調査とは、住民自らが、当面する問題の解明と解決のために必要な調査を実施することであり、その内容は自然科学的なものも、社会科学的なものも含まれる。この地域において、住民運動団体が独自の調査能力を有しており、問題の解明のために必要な調査を自ら実施したことは、運動の全過程において決定的な役割を果たした。住民調査によって得られたデータは、学習会で提供される基本情報となって、学習会の充実を支えたのである。

　①この運動の歴史の中では、まず、先行事例の現地見学という形態の住民調査がなされた。各地の既存のコンビナート、とりわけ、四日市コンビナートの現地調査を、二市一町の住民たちは入れ替わり立ち替わり実施し、四日市現地住民の生の声を集めたのである。

　②別の形の住民調査としては、2月におこなわれた三島市での住民意識調査がある。これは、住民の圧倒的大多数が、コンビナート立地に反対していることが客観的データとして、明らかになったものであり、事実上、住民投票的機能を発揮したものである（第2節1-1を参照）。

　③重要なもう一つの住民調査は、この東駿地域に即しての環境アセスメントである。その中心は松村調査団による4〜5月の調査であり、松村調査団の報告書としてまとめられている。松村調査団を直接に構成したのは、国立遺伝学研究所の2名の専門家と沼津工業高校の4名の教員であるが、その調査活動を支えた基盤は、広範な住民層に広がっている。松村調査団のデータ収集の中でも特筆すべきは、沼津工業高校生約300名が、西岡昭夫氏の指導のもとに、こいのぼりを使って包括的な気象調査をしたことである。

2-4　住民メディア

　住民運動を支えた第3の要素は、住民メディアである。ここで、住民メディアとは、住民の視点にたって地域に発生している問題について、情報を提供するメディアと定義しておこう。この運動の中でみられた住民メディアにもいくつかのタイプがある。

　①住民運動団体が作成したビラ、パンフ類。それには、さまざまなものが存在

し、たとえば、酒井県議の後援会、三島市民協、社会党三島支部、三島市勤労協、沼津医師会、沼津地区労などの団体が、それぞれビラやパンフを出している。これらのビラやパンフ類は学習会の資料と連続しているものである。

②ローカル新聞。『三島民報』『沼津朝日新聞』『沼津新聞』などのローカル新聞が、三島市と沼津市には存在しており、これらのローカル紙が、世論形成に積極的役割を果たした。三島市では当時6紙のローカル紙が存在したが、その中で約3500部という最大の部数の『三島民報』が、一貫してコンビナート計画に批判的な報道と主張を繰り広げた。『三島民報』は、5日に一回ずつ発行されていたが、山場となった1964年前半には、数回にわたり、三島市全世帯(2万5000部)に配布するとともに、「工場進出計画地の中郷地域」(約2000世帯)には、約200日にわたり無償配布をつづけ」たという(小西 1996: 128)。また、沼津には、日刊紙『沼津朝日』が存在し、コンビナート建設問題の前半期には、火力発電所に対する批判的報道を展開していた。『沼津朝日』の論調は、当初の東電火力発電所の沼津立地案が引き下げられ、沼津への工場立地計画が片品地区への富士石油誘致となってからは、容認的なニュアンスを見せるようになった。だが、64年6月ごろからは、『沼津新聞』がとってかわって、はっきりとコンビナート批判を打ち出すようになった(星野他 1993: 99)。

2-5 連帯形成を支えた他の要因

このような学習会、住民調査、住民メディアという広範な住民の連帯形成を支えた3つの基幹的要因のほかに、それらを補強したような、他の副次的な要因も存在する。それには、次のものを指摘できよう。

①何人かの住民リーダーと地域外部にいる専門家との間にネットワークが存在し、外部の社会科学系ならびに自然科学系の専門家が、住民に必要な科学的知識を提供してくれた。特に、大学の研究者(小沢辰男氏、宮本憲一氏など)が重要な役割を果たした。

②地域外部の労働運動組織とのネットワーク、とりわけ、自治体労働者の組合活動としての自治研のネットワークも、先行事例の調査研究に役だった。

③有力なマスメディアの中では、NHK記者が、他地域についての参考になる情報を、運動リーダーに提供してくれた。

2-6 事業推進側の態度

以上のように、住民側は公害問題についての真剣な調査・学習に立脚して、計画に批判を投げかけたが、コンビナート建設推進派の態度はどのようなものであったろうか。

計画を推進しようとしていた静岡県当局の観点は、工業振興にのみ偏り、きわめて一面的であり、各地域社会の特質と伝統や、住民の意識や、従来の生産活動や住民生活に由来する利害要求について、きわめて鈍感にしか把握していなかった。地域社会に備わるべき多次元の条件は矮小化され、コンビナートのための用水と工場用地と港湾用地に役立つという側面からのみ、地域社会が評価されたのである。たとえば、柿田川の湧水は、この地域の自然の豊かさの象徴でもあり、地域住民が非常に愛着をもっているものであり、また農業用水として大きな役割を果たしているものである。それに対して、柿田川湧水をコンビナート用水として利用しつくそうという発想は、地域住民からみれば、きわめて横暴な考え方であり、まったく受け入れがたいものである。

また、公害問題についていえば、静岡県当局は、公害問題についての独自の調査をおこなっておらず、公害対策に必要な資料の体系的収集もしていなかったのであるが、2月に配布された『県民だより・特報』は、「公害の心配は全くない」「排水は無害」などの主張を提示した。この宣伝は、四日市を中心に現地調査と学習をくり返してきた住民たちには、何の根拠も説得力もないものとうつり、県当局の無責任と勉強不足を露呈させることになった。3月に再度発行された『県民だより』は、三島市の各地で配布拒否にあい、地域に行き渡ることはなかった。

このように、県当局の基本姿勢、とりわけ公害対策の姿勢は、生業と生活の防衛を願う住民の立場とは大きくずれており、そこから発する無神経な言動が、そのつど住民の憤激を買うものとなった。数多くの学習会の講師をつとめた西岡氏は、「運動のエネルギーは、繰り返し相手からもらった」と回顧している[5]。

3 地域社会の特質——共鳴基盤を用意する先行条件としての地域内の集団活動とネットワーク

以上のような、学習会、住民調査、住民メディアに支えられながら、多様な集団が連携しつつ大きな運動を形成するということは、どのような地域社会の特徴に基盤をおいていたのだろうか。このことは、運動方針の適否のレベルの考察では、説明することができない。というのは、他地域においては、類似の運動方針

---

[5] 沼津市住民、N氏からの聞き取り（2002年秋）による。

を採用しようとしても、それが効果的に実行できないという事例があるからである[6]。そこで、上記のような努力が効果的でありえた理由を、主体の集合としての地域社会の特徴に注目して考えてみよう。これらの地域の住民たちの能動性の鍵は、戦術の適否という要因ではなく、一定の特徴を備えた「主体群の先行的な存在」あるいは「共鳴基盤の存在」という点に求められるべきであろう。

　沼津市の住民運動の過程で学習会の講師をくりかえし担当した西岡昭夫氏は、沼津市の住民運動の特徴について次のように記している。「沼津の場合、短歌、文芸、絵画、宗教、教育、医学、子供を守る会、母親等々の各種サークルが機関誌に石油問題を取り上げて、会員相互の関心を深め合い、学習会を開くなどして知識を吸収し意見発表や声明を出すということが多かった」(西岡 1970: 209)。ここには、住民運動に先立って地域社会において存在していた文芸活動などを担う小集団の集積が、住民運動の発展の核になったということが示されている。

　また、6月下旬以後、沼津市の住民運動の焦点となった片浜地区においては、1964年当時、青年団活動が活発であった。片浜地区の青年団は、常日頃から地域社会のさまざまな問題にかかわり、地域をよくしようという活動を続けていた。青年団のメンバーは四日市に調査に出かけ、「見てきたとおりのこと、本当のことを住民に話そう」というかたちで報告を行い、片浜地区の住民運動の中心的担い手となっていった。農業を中心とする片浜地区の気風は保守系であり、労働運動などの革新系の社会運動に対しては距離感を感じつつも、公害反対の住民運動が強力に組織化された背景には、このような事情が存在していた。

　次に、三島市に焦点をあてて、①社会意識一般、②先行する住民の文化活動や政治活動、という2つの特徴に即して考えてみよう。三島市の住民には、三島の自然に愛着と誇りをもつというような広範に共有された社会意識が存在していた。北に富士山、東に箱根山、市域内には豊富な湧水という自然的条件は、観光地という自己意識を生みだし、観光の基盤たる自然的条件を大切にしようという志向を生みだす。三島の商工会関係者にコンビナートに対する警戒心が強かったのも、観光産業の基盤防衛という意識が作用していた。このような郷土意識は、三島市という地域社会に歴史的に継承されているものであり、2000年に定められた三島市の第三次総合計画においても、将来都市像を「水と緑と人が輝く夢あるまち・三島─環境先進都市をめざして」としていることにも象徴的に現れてい

---

[6] 富士市の事例をみると、学習会を組織しようとしても、なかなか組織できない、あるいは、広がっていかない、という事情がみられた(星野他 1993)。

る。

　三島では、戦後、さまざまな文化活動が展開した。1945年9月に結成された「伊豆文芸会」、1945年11月に設立された（第一次の）「三島文化協会」、1946年に多数の進歩的な学者・文化人を講師として組織化された「庶民大学三島教室」、1949年の「三島演劇研究会」の結成、1951年に開始された三島美術展覧会、1953年から開催された三島商業美術展、1953年に結成された（第二次の）「三島文化協会」、1948年発刊の『伊豆文学同人』や1954年創刊の『市民文芸』といった文芸誌の刊行、1949年以後の高校演劇の隆盛、1957年の伊豆市民劇場の結成など、戦後一貫して、さまざまな文化活動が活発におこなわれていた(小西 1979: 76-135; 星野他 1993: 106-108)。なかでも、庶民大学三島教室は、丸山真男、川島武宜、木部達二、飯塚浩二などの豪華な講師が登壇し、「この聴講生の中から多くの労農運動などの指導者を出していった」と回顧されている(小西 1979: 113)。

　また、三島市には1953年に「原水爆禁止の会」が創設されている。この会は、全国でももっとも早く組織化された核兵器反対の運動組織の一つであり、そこには、保守から革新までの幅広い市民層が参加していた。しかも「原水爆禁止の会」の初代会長(河辺恒次)も二代目会長(小出正吾)も文化活動団体の中心メンバーであったことに示されるように、文化活動と「原水爆禁止の会」の参加者の間には、顕著な連続性がみられた。原水爆禁止の会は、超党派的なメンバー構成を有し、その運営にあたっては政党色を出さないように慎重な考慮がされていた(小西 1979: 135)。そのような、組織構成と運営原則は、後の石油コンビナート反対運動における三島市民協のひな形ともいえるものである。石油コンビナート反対の住民運動組織は、人脈的にも組織運営のスタイルという点でも、1945年以後1950年代を通して続けられてきた以上のような文化活動や、原水爆禁止反対運動との連続性を示しているのである。

　学習会と住民調査と住民メディアが開花するためには、これらを支える資質を有する諸個人、および住民のネットワークが必要である。すなわち、学習会の講師たりうる人々、呼びかけ人たりうる人々、住民調査の企画提唱者となりうる人々、住民メディアを発行しうる人々などが存在することが必要である。また、地域社会の危機に対処するために多様な諸集団が短期間に連携し討論や学習の場を設定しうるためには、これらの人々に以前からのネットワークが存在することが必要である。文化活動や原水爆反対運動というかたちでの集団活動とネットワークの先行的存在が、学習会、住民調査、住民メディアに支えられた沼津・

三島の運動を可能にした条件になっていたのである[7]。

ただし、石油コンビナート反対運動を支えた主体形成とネットワーク形成は、先行条件によってすべて用意されていたわけではない。住民運動の展開の過程で、次々と新しいネットワークが創出され、個人レベルでも集団レベルでも、新たな主体形成が促進されたのである。この点において、運動過程のオリジナルな創造的な作用があったことを、指摘しておかなければならない。

結　び

以上の本章の検討の要点をまとめておこう。

① このコンビナート建設問題は、支配システムにおける被支配問題の回避を焦点にしているという意味で、第一義的には支配システムの文脈に位置している。

② この問題においては、コンビナート建設という一つの事業の全体としての是非が問われたのであり、そういう意味で、支配システムにおける「総合選択型」の問題であった。

③ コンビナート建設を推進しようとした諸主体（静岡県、通産省、立地予定企業など）の努力は、一つの事業システムを実現しようという経営問題の解決努力と、さまざまな抵抗を排除して自らの意志を貫徹しようという支配問題の解決努力が融合しているという性格を有する。

④ これに対抗した二市一町の住民運動の努力は、公害問題という形の被支配問題を回避しようという性格を有する。

⑤ これら両陣営の意志は、政治システムにおいて対立したが、対立の決着を左右した決定的要因は、両陣営の政治システムにおける勢力関係である。

⑥ 対立の決着の焦点は、直接的には二市一町の首長と議会の態度選択であったが、反対派住民は、地域住民の中で多数派を形成することに成功し、首長や議会の反対の意志表明を引き出すほどの巨大な対抗力の形成に成功した。

⑦ 巨大な対抗力を有する異議申し立て主体の形成を可能にしたのは、広範な住民たちが連帯することによってであるが、そのような連帯と主体形成の根

---

[7] 清水町では、沼津市、三島市のような、活発な文化活動は存在していなかった。ただし、当時の清水町の町民で、沼津市や三島市の文化団体に参加する者がみられたという（清水町元町議会議員からの聞き取り（2004年9月）による）。

底には、充実した内容の学習会・住民調査・住民メディアが存在し、それを担う諸個人が存在していた。
⑧充実した学習会・住民調査・住民メディアが存在しえた基盤には、この地域に以前から組織されていた文化的活動や政治的活動を担う諸集団や社会関係の豊富なネットワークの存在があり、これらの集団における人々の活動経験や豊富なネットワークが、強力な住民運動形成の土壌になったのである。

　最後に、この問題事例の歴史的・社会的意義について記しておこう。
　沼津・三島・清水で1964年に展開された石油コンビナート反対運動は、公害防止の立場から大規模な工場立地を阻止した、わが国ではじめての事例であった。「地方公共団体の強い要望と国の法律に基づく手続きで指定され、承認された計画が地元の反対で中止になったという」のは「前代未聞の出来事」だったのである(橋本1988: 70)。それは、日本における地域開発政策と住民運動の歴史の転換点をなすものである。
　沼津・三島・清水のコンビナート反対運動は、その後の日本社会における公害対策の前進に大きなインパクトを与えた。第1に、この地域の住民運動の勝利は、各地域の住民運動に対して、多大な教示を提示するものであり、特に学習会の重要性や市民協方式という組織形態は、他の地域にとって大きな教訓となった。第2に、この地域でのコンビナート阻止は、地域開発を推進してきた通産省や経済企画庁に衝撃を与えた。公害対策をきちんとしないと、今後の工業開発がきわめて困難になることを示すものであった。通産省は産業構造審議会に新たに産業公害部会を設け、そこで「産業公害の現状と対策」という報告を出して、新しい対応を模索するようになった(橋本1988: 79; 自治研事務局1964: 32-33)。第3に、国会においても衆議院と参議院の双方に産業公害対策特別委員会が1965年1月に新設されることになった。この委員会設置は、四日市などの他地区の公害の深刻化といった諸要因が複合的に作用した結果とみるべきであるが、沼津・三島・清水のコンビナート阻止が、設置を推進した有力な理由の一つであることは確かである。
　また、環境政策の進展という文脈でみれば、このコンビナート阻止は、環境制御システムの欠如していた段階(欠如段階)から、環境制御システムの形成が始まる段階(制約条件の付与の段階)への転換を画する出来事であったのである(舩橋2004、本書の第15章)。

資料

沼津・三島地区産業公害調査団(通称 黒川調査団), 1964, 『沼津・三島地区産業公害調査報告書』。
松村調査団, 1964, 『石油化学コンビナート進出による公害問題(中間報告書)』。
石油コンビナート反対連絡協議会, 1964, 『対策資料』。

第6章

東京ゴミ戦争と「対抗的分業」

　前章までは、経営システムにおける問題解決と支配システムにおける問題解決とを、事例ごとに別々に考察してきたが、本章は、この2つのタイプの問題が絡み合った過程を、対象とする。

　本章でとりあげるのは、1960年代後半から1970年代前半にかけての東京都におけるゴミ問題の中でもっとも注目を集めた、杉並清掃工場の建設をめぐる一連の社会過程である。杉並清掃工場の建設は、1966年秋に東京都によって建設計画が発表されたが、社会的合意の形成は難航し、関係地域住民と建設主体である東京都との間に建設についての協定が成立したのは1974年秋であった。この経過の中で、とりわけ、1971年9月の美濃部亮吉都知事による「ゴミ戦争宣言」をきっかけとして、東京におけるゴミ問題への取り組みとこの紛争過程は「東京ゴミ戦争」と呼ばれるようになった。

　本章はこの問題について、次のような主題の分節を通してアプローチする。杉並清掃工場の建設問題はどのような経過をたどったのであろうか。そこにみいだされた利害対立の構図とその社会的背景はどのようなものであったろうか（第1節）。1971年のゴミ戦争宣言以後、どのような紛争と経過を通して、またどのような原則に基づいて社会的合意が形成されたのであろうか（第2節）。杉並清掃工場の建設は、紛争を通して、清掃行政に新しい地平を開いたという意味で創造的な問題解決であった。この問題解決過程のもつ意義を「対抗的分業」という視点で検討してみよう（第3節）。

第1節　杉並清掃工場建設問題と利害対立の構造

1　「東京ゴミ戦争」とは

　「ゴミ戦争」という言葉には二重の含意がある。狭い意味での「東京ゴミ戦争」

とは、杉並清掃工場の建設をめぐる、東京都（とりわけ清掃行政担当者）、杉並区高井戸地区住民、江東区の関係者の3者を主要な当事者とする、1971年9月から1974年11月にいたる地域紛争の過程をさす。同時に、この紛争は現代社会におけるゴミ問題の難しさを顕在化させるものであった。広義の「ゴミ戦争」とは、現代社会の生みだす大量の廃棄物に対する戦いのことであり、そこにおいては、ゴミ問題を悪化させている直接的、間接的要因に対して、当事者である行政組織と住民たちが、どのようにそれらを克服できるのかが問われた。

杉並清掃工場の建設経過は、次のような6つの段階に時期区分することができる。このうち、狭義の「東京ゴミ戦争」と呼ばれるのは、第3期から第5期にわたる3年余の期間の地域紛争である。

第1期　1961.6〜1966.10　高井戸地区決定準備期。区議会に、清掃工場設置促進の請願が提出されてから、東京都により、杉並清掃工場候補地の選定が進められた時期。

第2期　1966.11〜1971.8　東京都が高井戸地区を杉並清掃工場の用地として選定するも、地元住民と東京都の折衝は難航し、膠着状況が続く段階。

第3期　1971.9〜1972.4　江東区の抗議をきっかけにした美濃部知事のゴミ戦争宣言から、知事による高井戸地区の棚上げ、適地再選定の方針が出されるに至る段階。

第4期　1972.5〜1973.5　杉並清掃工場問題都区懇談会の設置による用地再選定作業の結果、再び高井戸地区が建設適地として選定される段階。

第5期　1973.6〜1974.11　東京都と高井戸地区反対同盟の交渉が決裂し、土地収用手続きが再開されるが、地裁による和解勧告を双方が受諾し、建設実現の合意に至る段階。

第6期　1974.12〜1983.1　計画建設協議会の設置から清掃工場の本格操業の開始に至るまで。

以上のような各段階の経過を次のような視点を軸にして記述してみよう。第1に、それぞれの主体がどのような利害関心に基づいてどのような自己主張をしたのか。第2に、それぞれの時点で争点はどのように形成され、交渉はどのように進展したのか。第3に、各時点での問題の展開の背景には、どのような社会的、歴史的背景があったのだろうか。

2 1960年代のゴミ問題と課題としての杉並清掃工場建設

　杉並区における清掃工場建設への取り組みは、1950年代末からなされていたが、1962年3月14日には、清掃工場建設促進について二件の請願が採択されるとともに、区議会が都知事あての「清掃工場設置促進について」の意見書を満場一致で決議した（杉並正用記念財団 1983: 27-33）。総論としては、この時点で清掃工場の区内建設の必要性は認識されていたのである。

　では、東京都の清掃工場の建設計画はどのようなものであったか。1961年、東京都は、首都圏整備事業十カ年計画を、この年を初年度として策定しなおした。その一環として、清掃工場整備については、1970年のゴミ排出量を日量8000トンと推計して、はじめてその全量焼却を目標として設定し、前期5カ年の期間に、多摩川、板橋、足立、葛飾、江戸川、世田谷、杉並、海面第一の8工場を新設し、既設の千歳工場を改造するとした。清掃工場増設計画の背景には、高度経済成長の帰結としてのゴミ量の増大や交通渋滞の激化という事情があった。この時点での清掃工場の建設は、1939(昭和14)年の塵芥処理計画の考え方を継承して、周辺区に建設するという考え方に立脚している。これらのうち、多摩川と板橋の両清掃工場は、1962年に完成した。

　1964年3月、杉並区議会は再度、「清掃工場設置促進の意見書」を決議し、都知事に提出し、翌1965年9月には、区議会に「清掃工場設置促進に関する特別委員会」が設置されるに至る。この後、東京都の動きは積極化し、翌1966年度予算に用地買収費8億円を計上するとともに、杉並清掃工場の用地選定を推進し、1965年11月の区議会には12カ所の候補地の内から2カ所に絞ったことを明らかにした。

3 高井戸案の決定と第一期美濃部都政における扱い　（第2期）

　1966年11月14日、東京都は、杉並清掃工場の建設予定地を高井戸地区にすることを発表し、杉並区議会の「清掃工場設置促進に関する特別委員会」と、都議会衛生経済清掃委員会に報告するとともに、清掃局長名で区議会に「協力方についての依頼書」を提出して了承された。この依頼書によれば、当初計画の内容は、①建設場所は上高井戸4丁目、②敷地面積約32200平方メートル、③焼却能力は1日24時間連続作業により900トン、④処理区域は杉並区、および中野区の一部、⑤用地取得は1966年度、1968年1月着工、1969年11月竣工、というものであった。

この建設計画発表は、地権者および近隣住民にとっては、「寝耳に水の決定」「闇打ち的仕打ち」と受けとめられ、ただちに、反対のための住民運動組織が形成され、活発な抗議行動が開始された。関係する地権者18名は、11月15日に東京都が開催しようとした説明会を拒否し、19日には清掃局長あてに「土地を譲渡する意志は全くないこと」を通告する。11月19日には、地元民が「杉並清掃工場上高井戸地区建設反対期成同盟」(以後、反対同盟と略記する)を結成した。反対同盟は、地元の町会連合会と商店会連合会、区立高井戸小・高井戸中・高井戸幼稚園の各PTA、および地権者の支持を基盤にして形成されたものであり、地域ぐるみの住民運動組織という性格を備えていた。反対同盟は、11月25日から28日にかけて、2万7千人の署名をそえて、杉並区長への陳情、区議会への要望書提出、都議会と都庁への陳情を精力的におこなった。また、12月17日には、約500名を集めて、建設反対住民大会を開催し、そこには地元の国会議員も出席した。

　住民の反対の主要な理由は次のようなものである。①駅前の一等地であり、清掃工場用地としては不適切である、②直前に小学校、近くに幼稚園・中学校があり、児童の生活環境を破壊する上、交通上の危険が及ぶ、③周辺は住宅街で人家が密集している、④悪臭や塵芥の散乱など美観・衛生上の問題があり工場公害のおそれもある、⑤地主および地元民の諒解なくして一方的に決定したのは不当である。

　このような反対同盟の動きに対立するかたちで、1967年1月下旬から2月下旬にかけては、杉並清掃事業協力会と杉並清掃工場設置推進協議会が中心になり杉並区の町会連合会長や商店会連合会長も連名で、都の建設計画を積極的に支持する建設促進の陳情を5万8千名の署名を添えて、都議会や杉並区長などに対しておこなっている。

　賛成、反対の双方からの陳情請願を受けた都議会では、衛生経済清掃委員会が、3月27日に開催され、現地視察の後に、反対派から出されていた陳情請願をすべて不採択とした。

　杉並区の反対同盟に結集した住民たちにとって、この問題はどのような問題として経験されていたであろうか。端的にいえば、支配システムにおける先鋭な被格差・被支配問題として、経験されていたのである。

　まず、財の分配構造という点でみれば、清掃工場とは迷惑施設であり、この地域において従来、住民が享受していた受益水準を一般的に低下させ、さらには公

害や交通事故というかたちでの受苦のリスクを押しつけるものとしてあった。さらに、政治システムにおける意志決定のあり方という点でみれば、東京都が行政上の決定権を有する反面、住民側は、計画策定に際しての発言権も決定への参加権も、事前の段階ではまったく有していなかった。関連地域住民の危機感が、いかに緊急のものであったかということは、計画発表後、きわめて短期間に数万人の署名が集まったことによく表れている。住民側にとっての直接的な対抗力の発揮は、地権者が土地の提供を拒否することである。だが、全体としての勢力関係は、世論の動向とりわけ杉並区内の世論の行方に大きく左右されるのである。

当時の東竜太郎都知事は自民党を与党とする保守系知事であったが、ここまでの経過においては、杉並清掃工場問題へ積極的関与はしていない。ところが、1967年4月15日の統一地方選挙で、社会党と共産党の推薦を受けた無所属の美濃部亮吉氏が、首都はじめての革新系知事として当選することにより、都政の中での杉並清掃工場の建設問題の扱い方は大きく変わることになる。この美濃部都政の誕生は、都政に新風を吹き込むとともに、日本の自治体行政さらには国政にもインパクトを与えるものであった。「東京に青空を」「都民との対話」という美濃部都政の政策理念には新鮮さがあり、その当選には、国政レベルでの自民党長期政権に対する批判という意味があった。

ある新聞記者の回想によれば、美濃部都政の誕生により、都庁内外は、革命でも起こったかのような騒ぎとなったが、「保守・革新、それぞれの立場は別として、多くの人が、なにか日本の政治に明るさをとりもどしたような感じを持った」(内藤1975: 31)。美濃部都政は、以後、福祉、公害、物価といった都市生活者にとって切実な主題に積極的に取り組み、再三、中央政府との間に争点形成をおこなっていくが、杉並清掃工場建設問題の以後の展開は、このような美濃部都政の理念や基本姿勢と深くかかわるものである。

だが、1967年4月からの第一期美濃部都政の4年間においては、杉並清掃工場建設問題は、都政の中心的課題とはならなかった。美濃部都政の発足直後の4月19日に、東京都地方計画審議会が開催された。この審議会には、反対同盟委員長(内藤祐作)が反対意見を述べる機会を得たが、審議会は、地元住民との十分な話し合い、交通安全対策、公害対策の3点について付帯意見を付して杉並清掃工場の事業決定をおこなった。そして5月6日には、建設大臣が官報にて、杉並清掃工場設置を告示した。これらには、美濃部都知事の実質的関与はみられず、それ以前からの方針の延長の上にある手続であった。

4月から6月にかけて行政手続きが進展する状況に対して、反対同盟は、他地域の清掃工場の実情調査、清掃工場の排煙公害についての批判と宣伝、組織体制の整備、他地域の住民運動との交流、行政訴訟の準備、地域在住著名人による都知事あての意見書提出、説明会のボイコット、見張り小屋の建設などに、精力的に取り組んだ。

7月31日には地主団17名が、8月4日には反対同盟(原告約520名、補助参加人を加えると約5000人)が、都市計画事業決定取消し請求の行政訴訟を、建設大臣(西村栄一)を被告として提訴した。この訴訟の審理は、67年9月29日より、東京地裁において併審で開始された。

都民との対話を掲げた美濃部知事が、この問題にどのように対処するのかは注目されるところであったが、9月11日に、はじめて「15分」と限ったかたちで、約40名の住民と都庁で会見した。新聞報道によれば、この席上、知事は「細かくは清掃局長らと話し合ってほしい。いままで調べてこの場所に決めたのだが、もしほかに適当な土地があれば変えてもよいのだが.」と発言している(杉並正用記念財団 1983: 79)。

第一期の4年間で、杉並反対同盟と、美濃部知事が直接に対話したのはこの後1968年2月のあと1回のみである。これらの会見は都庁の幹部職員の設定した規定方針の枠の中での話し合いという性格のものであった。その後、両者間の対話は継続されず、1971年まで途絶えることになる。

1968年夏以後、東京都は、土地収用法に基づく建設用地の取得の手続きを開始する。同年8月3日の手続き開始の告示に続いて、10月7〜9日の3日間にわたって、東京都の清掃局および財務局用地部の職員が、杉並清掃工場用地の任意測量を試みたが、反対同盟は連日、350〜500名の住民を動員し、大勢で石油缶をたたいて気勢をあげるなどの阻止行動をおこなった。暴力的衝突は双方の望むところではなく、それは回避されたが、測量隊員の動きは封じられた。結局、何本かの測量杭を打ったのみで、測量作業は完了できなかった。

土地収用法39条の規定によれば、起業者は、事業認定の告示の日から1年以内に限り、収用委員会に土地収用の裁決の申請をすることができる。そこで、期限最終日の1969年8月2日、東京都は、杉並清掃工場に関して、土地収用委員会に対する裁決申請をおこなった。東京都の測量隊はそれに先立ち7月26日に、再度用地測量を試みたが、前年10月と同様に約500人の住民の阻止行動により予定地の測量を断念している。

地主団は、ただちに意見書を提出したが、その中で「本件については95％の土地所有者が反対しており、法意をゆがめた職権乱用」と批判している（杉並正用記念財団1983: 98）。1970年2月19日より、土地収用委員会の審理が始まった。17回の審理が重ねられた後、1971年5月17日に結審する。後は、裁決を下す時期をいつにするのかだけという状況になる。

　ここまでの経過においては、従来の清掃行政の方針の枠組みの中で、土地収用の手続きが進められていた。測量をめぐって2度にわたって現地は緊迫した雰囲気に包まれたが、杉並清掃工場建設問題は、都政全体においてとりわけ重要な問題という位置づけを与えられているわけでもなく、美濃部知事の積極的関与も存在しない。だが、1971年4月の美濃部知事の再選の後、杉並清掃工場は、都政全体の最重要の争点へと急浮上していく。

第2節　東京ゴミ戦争の経過と帰結

1　第二期美濃部都政の発足とゴミ戦争宣言

　1971年4月、美濃部都知事は対立候補を大差で破って再選される。この知事選挙においては、清掃問題は焦点にはなっていなかった。けれども、再選後、杉並清掃工場建設問題は、急速に都政の焦点に浮上する。そのきっかけは、それまで、東京23区のゴミ処理を一手に引き受けてきた、江東区からの要求提出と異議申し立てであった。歴史的にみれば、江東区は、再三にわたってゴミ問題にかかわる負担と被害の軽減を訴えていたのであり、それに対して、東京都は、期限を区切って事態の改善を約束し、そのつど江東区側の協力をとりつけるということをくり返してきた。1964年12月には、東京都は江東区に対して、清掃工場の建設によって、昭和45年度(1970年度)までに全量焼却を達成し、ゴミ埋立てを完了するという約束をしていた。江東区はこの約束を条件にして、当初は反対していた15号埋め立て地の新設を承諾し、江東清掃工場の建設にも協力した。しかし、この約束を、東京都は守ることができなかった。その理由は、一方でのゴミの予想以上の急増であり、他方で、計画していた清掃工場の建設の遅延であった。1971年3月の時点で、東京都の清掃工場の焼却能力は10工場あわせて4340トンにすぎず、1971年の排出量、一日あたり13971トンに対して、約3割の焼却能力しかなかった。残りの約7割の家庭系ゴミは、焼却もできないまま、毎日5千台の清掃車が、江東区の14号埋立地(夢の島)と15号埋立地に集中的に運搬

し埋め立てるという状態になっていた(杉並正用記念財団 1983: 104)。

　1970年8月に、東京都と江東区は、「清掃問題都区協議会」を設置する。71年8月の都区協議会において、東京都側が、他区の清掃工場完成の期限を1973(昭和48)年度よりさらに延伸すること申し入れたことをきっかけに、江東区においては、ゴミ埋立て反対の声が急速に盛り上がり、9月下旬の区議会において、ゴミ持ち込み反対の決議を行い、都知事および他区あてに公開質問状を提出するに至った。その内容には、ゴミは自区内で処理すべきではないかという問題提起が含まれていた。

　江東区にとって、ゴミ問題はどのような問題として経験されていたのであろうか。江東区にとっても、ゴミ問題は、支配システムにおける被格差・被支配問題として経験されていた。だがそれは、杉並区の場合とは異なって、将来に予測されるリスクではなく、ゴミの集中に伴う生活環境の悪化という現実に生起している受苦と格差の問題であった。江東区は自らの主張の正当性に確信をもっており、世論は概して江東区に同情的だった。

　江東区のゴミ持ち込み反対決議によって、都庁首脳部は、深刻な危機感と対処の緊急性を感じざるをえなかった。江東区が全都のゴミの七割以上の処分を一手に引き受けていたこと、都庁も他の区もゴミ埋立を全面的に江東区に依存していたことが、ひるがえって、江東区側に巨大な交換力を付与する根拠になった。もし、江東区側が本気でゴミ搬入の拒否を打ち出し実行するならば、都の清掃行政はストップしてしまう。

　このような江東区の強硬な態度表明によって、ゴミ問題の緊急性はにわかに高まり、美濃部都知事は、9月28日の都議会において、「ゴミ戦争宣言」を発する。それは、ゴミ問題が都政にとって非常事態ともいうべき切迫性をもっていることを指摘し、懸案となっている杉並清掃工場問題を、もはや清掃局だけにまかせておくのではなくて、知事を中心とする都庁首脳部が自らのりだして解決に取り組むという決意を表明するものであった。

　東京都首脳部にとっては、ゴミ問題はどのような問題として受けとめられていたのだろうか。一方における杉並区住民の反対による清掃工場の建設の行き詰まり、他方における江東区におけるゴミ持ち込み反対決議は、経営システムとしての清掃行政を、危機に陥れるものであった。同時に、この経営システムの危機は、支配システム(特に政治システムの側面)における「正当性についての合意」の大幅な低下と、両地区の拒否による秩序の崩壊を意味していた。都庁が経営システム

第6章　東京ゴミ戦争と「対抗的分業」　189

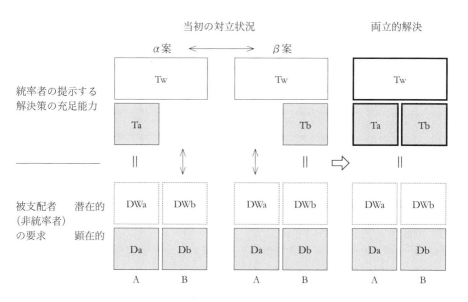

図6-1　当初の利害対立状況と、両立的解決の可能性

の円滑な経営を回復するためには、両地区の「反対」の意向を翻させ、両地区に都庁の意向を尊重するようにさせなければならない。いかにして、被支配者(被統率者)の抵抗を克服し、自らの意志を貫徹するかという支配問題の解決が同時に必要であった。

　だが、都庁首脳部は、江東区からの利害要求と、杉並区反対同盟からの利害要求の間で、板挟みのような状態になった。都庁首脳部が置かれていた状況は、**図6-1**によって示すことができる。

　当初時点においては、経営システムと支配システムは、諸主体の要求群を両立的に充足する能力をもっていない。統率者(支配者)(L：都庁首脳部)が解決策α[この場合には、江東区へのゴミ集中の継続、杉並清掃工場建設の断念]を提示する限り、経営システムの主要経営課題(Tw)[清掃サービスの提供]と、主体A[杉並区反対同盟]の要求(Da：高井戸地区の生活環境の維持、公害防止)は充足されるけれども、主体B[江東区]の要求(Db：江東区へのゴミ集中という格差の是正)は、充足されない。逆に、統率者(支配者)(L：都庁首脳部)が解決策β[杉並清掃工場の建設による江東区へのゴミ集中の緩和]を提示する場合には、主要経営課題(Tw)[清掃サービスの提供]と、主体B[江東区]の要求(Db)は充足されるけれども、主

体A［杉並区反対同盟］の要求（Da）は、充足することができない。それゆえ、当初時点においては、どちらの選択肢によっても、社会的合意を形成することができない。

ここで、主体AとBはともに異議申し立て主体という性格を持ち、統率者［都庁首脳部］の提起するαあるいはβという解決策について、顕在的にはそれぞれの要求（DaやDb）の実現不能性に関して抗議を続けている。だが、統率者［都庁首脳部］の提起するαあるいはβという解決策は、主体AとBが政治システムにおいて顕在化させていない要求、すなわち、自分の排出するゴミを処理してほしいという要求（DwaとDwb）を充たすものである。

なぜ、当時、東京のゴミ問題をめぐる状況は、ゴミ戦争を宣言しなければならないほどに、悪化してしまったのであろうか。悪化をもたらした過程には、清掃行政サービスを提供する社会制御システムにとっての外的要因と内的要因とが複合して作用している。

直接的な外的要因としては、①経済成長に伴うゴミの急激な量的増大、②プラスチックゴミの増大などのゴミ質の複雑化と処理困難化、③公害問題の全般的激化と公害防止政策の立ち後れ、④住民運動による自己主張の広がりという地域政治システムの変容、といったものがある。この中でもっとも基本的な要因は、①ゴミの急増であるが、1963（昭和38）年2月の「東京都長期計画」では、1970（昭和45）年度のゴミ量を1日8000トンと予測して計画をたてていたのに、実績は11606トンであり、大幅に予想をうわまわる状態になっていた（東京都清掃局1971）。

内的な要因としては、清掃行政担当組織が、問題の急速な困難化に対して、十分な力量や権限を有していないことである。寄本勝美は、この点について、次のような諸要因を指摘している（寄本1972）。①清掃予算が十分でなかったこと。②用地選定一つをとっても複数の部局の連携が必要なのに、各局間のセクショナリズムによって総合的政策が推進できない。③不適切な人事、すなわち、人事異動がひんぱんにすぎ、すぐれた人材育成ができない。④役所内にも社会にも清掃行政に対する不当に低い評価がある。⑤職員参加が不足し、現場の貴重な意見がトップに吸い上げられない。⑥公務災害、職業病の多発、低い給与というかたちで、労働条件が厳しいこと。⑦出先機関の統合化の遅滞など清掃局内の組織上の欠陥。⑧事務系職員と現場清掃労働者との間の職員連帯の不足。⑨都民への広報活動の不足。⑩焼却処理率が30％にすぎず、清掃行政が立ち後れていること。

ゴミ問題の実態の深刻さに、清掃行政組織は十分に対応できていなかったのである。

では、1971年秋の「ゴミ戦争宣言」から翌年度のはじめにかけて、東京都が実施した緊急の対応は、どのようなものであったか。組織としての取り組み態勢の強化という点では、①清掃局内の組織態勢を、次長2名、技監1名の設置や企画部と建設部の新設によって強化し、②知事を本部長とした「ゴミ戦争対策本部」を設置(11月)して「ゴミ戦争週報」の発行を開始し、③学識者を委員とし、6部会で構成する「東京都ゴミ対策専門委員会」を設置(10月)した。また、財政面では、④1972年度の清掃関連予算の大幅増(前年度比、約61％増の694億円)を実現し、制度的には、⑤1972年度から新清掃条例を施行することとした。あわせて、⑥各種の広報公聴の強化や、清掃施設の見学をおこなうことによって、都民参加を促進するとともに、⑦清掃行政の改善に職員の声を反映させるための職員参加の拡大、の努力もなされた(寄本1972: 92-93)。これらの取り組みの強化には、1971年8月以前とくらべて、清掃行政の優先順序が急激に上昇したことが示されている。

このような状況の中で、東京都は、他の区内に清掃工場を速やかに建設せよという要求を掲げる江東区と、杉並清掃工場の建設に反対する高井戸反対同盟の間で、板挟みにあうかたちとなっていたが、その状況を打開する政策理念として、1971年秋に「自区内処理原則」を打ち出した。自区内処理の発想を「自分の出すゴミは自分のところで処理すべきではないか」というかたちで、最初に提起したのは、ゴミ問題の受苦者である江東区であった。都庁首脳部は、その問題提起を受けとめて、それを一般的な政策原則へと昇華させ、話し合いと合意形成によって、清掃工場の建設を進めていくための鍵になる政策理念として掲げた。つまり、自区内処理原則の理念は、杉並区内への清掃工場の建設を、各区への清掃工場建設の一環としておこなうという新しい意味付与のもとに推進することによって、東京都清掃行政の危機を突破しようというねらいをもつものであった。1972年2月の段階になると、都は、江東区からの問題提起を受けとめるかたちで、自区内処理について清掃工場未設置の13の区の区長に協力を依頼し、また、ゴミの自区内処理を呼びかける新聞広告を掲載した。

このような大局的政策理念は提起したものの、杉並清掃工場の建設についての東京都の態度は、情勢の進展に応じて、各時点で両区から課される圧力と要求の内容によって、硬軟さまざまな振幅を示すことになる。

江東区の利害を代弁する中心主体は江東区議会であった。1971年11月22日、江東区議会は、東京湾へのゴミ埋立ての実力阻止を辞さないという決議をおこない、以後、紛争の節目において、それを東京都に対する交換力として行使しようとした。江東区からみれば、杉並清掃工場の新設が杉並区住民の反対で行き詰まっているのはがまんできないものだった。他方、杉並の反対同盟は、「第二の成田を辞さない」という発言(10月)に象徴されるように強硬な態度を変えなかった。この時点で、大きな焦点となったのは、強制収用の手続きを都が進行させるかどうかであった。杉並区議会の無所属議員の仲介もあり、美濃部知事と反対同盟は対話にのりだすことになる。この間、都議会も強制収用反対の請願を、全会一致で意見付き採択をしている(72年1月)。

　ゴミ戦争を宣言した東京都首脳部の問題把握は、都政全体の方向性や基本的理念が問われる試金石という文脈で、問題をとらえていた。12月8日、美濃部知事は、都議会で「ゴミ戦争の3つの本質、5つの問題点」について演説し、「対話」と「合意形成」を強調したが、それは、美濃部都政にとって、自らの存在意義にかかわる基本的理念であった。

　緊迫した情勢の中で、1971年秋から72年春の時点で採用されたのが、対話路線であった。72年1月から4月にかけて、知事と反対同盟の対話が重ねられ、その結果、4月19日に、「計画の白紙撤回はできないが、計画は凍結し、ほかの適当な土地を探す」との知事発言がなされた(杉並正用記念財団編1983: 136)。この知事の発言によって、杉並清掃工場問題は、用地再選定という新しい局面に入っていく。このような方針の変更は、「手続き的正当性の欠如」という批判に応えようとするものであり、都首脳部にとっては、手続き的正当性の再確立により合意形成をめざすという性格をもつものであったが、都職員の常識の枠組を越える選択であった。他方、高井戸地区住民は、「これで、高井戸には清掃工場は建設されないだろうと考え、やれやれという気持ちになった」という[1]。

2　都区懇の設置と用地の再選定（第4期）

　4月19日の知事発言による用地再選定という方針の具体化は難航した。新たに杉並区関係者が加わるかたちでの、用地再選定のための組織を発足させなければならなかったが、そのような組織は法令上の規定はなく、政策的、政治的判断でアドホックに設置されるものであるだけに、その設置のしかたをめぐる合意形

1　反対同盟役員からの聞き取り(1976年3月)。

成が容易でなかったのである。結局、知事発言からおよそ半年後の10月9日に、「杉並清掃工場に関する都区懇談会」の第一回会合が開かれることになった。都区懇談会のメンバー内訳は、学識者、杉並区長と助役、区議会議員、区内諸団体代表、東京都職員などで38名の定員があった。この新しいアリーナに対して、高井戸地区関係者は、発足の段階で、参加しようとはしなかった。

都区懇談会の審議が始まってしばらくした12月中旬、江東区、東京都、杉並区住民の3者の関係は再び緊迫する。それは、東京都が、江東区に乗り入れる清掃車の車両数を減らすために、収集を担当する小型の清掃車からより大型の清掃車へゴミを積替える場所を杉並区内和田堀公園に設置しようとしたからである。和田堀公園周辺の住民が、積替所設置が清掃工場用地の選定に結びつくのではないかという警戒心もあって、積替所設置に強硬に反対し、資材搬入の作業車を実力阻止した（12月16日）ため、東京都は設置を断念するに至る。これに対して怒った江東区側は、12月22日に、区議会が中心になって、杉並からの清掃車を朝から半日余り実力阻止するという対抗手段に踏みきった。都は、この危機に対して、杉並区の協力をえて、急きょ、積替所を区立松ノ木運動場に設置することにした。

都区懇談会は、候補地選定の作業を進めた。12月19日の懇談会で、24カ所の候補地から面積などの基準に注目して、有力候補地を5カ所に絞り込んだ。ついで、この5候補地区から1カ所を選ぶ作業に着手するが、5候補地区の関係住民がそれぞれ反対運動を開始し都区懇の審議は難渋することになる。この5候補地区の一つに、高井戸地区も入っていた。

早急に候補地を決定することを要求する江東区と用地決定に反対する杉並区の5地区の住民の反対に挟まれるかたちで都区懇の審議が続けられた。ようやく、1973年5月15日、都区懇は5候補地地区から1つを選定しようとしたが、反対派300人が会場を占拠したため都区懇は流会となる。日を改めて開かれた21日の都区懇も、反対派の阻止行動によって再び流会となる。これに怒った江東区側は、再び、5月22日から区議を先頭にして、杉並区からの清掃車によるゴミ搬入の実力阻止を開始する。東京都は江東区側との衝突を避けるために杉並区内のゴミ収集を全面的に停止し、区内はたちまちゴミの山に埋まることになる。

5月23日に、都区懇は各委員の5候補地に対する評価を集約し、その結果を美濃部都知事に提示した。この評価は、当初はデルファイ法によって、評価作業を複数回くり返すことを想定していたが、反対派住民による阻止行動と江東区に

よるゴミ搬入実力阻止の中で、緊急に結論を出す必要から、複数回の評価作業は不可能となり、一回のみの評価で結論を出した。その結果は、高井戸地区が再び第一候補となり、美濃部知事は適性評価どおり、即日、高井戸地区を建設地点に決定した。1回のみの評価による結論に対して、高井戸地区の住民は厳しく批判したが、この結論は以後の交渉の枠組みを再定義するものとなり、再び、東京都と高井戸反対同盟の交渉が主要なアリーナとなっていく。江東区議会側は、翌5月24日は清掃車阻止に対するピケットを解除し、30日になって杉並区のゴミの山は9日ぶりに解消することになる。

美濃部知事は、7月20日には「9月末までに杉並清掃工場の建設にメドをつける」と江東区に約束しつつ、高井戸反対同盟との話し合いに臨んだ。しかし、高井戸反対同盟と東京都の交渉は難航し、都が江東区に約束した9月末日をすぎるに及んで、江東区側は態度を硬化させた。美濃部知事は、9月28日から10月15日にかけて開催された都議会において、「強制収用もありうる」と発言し、以後、都と反対同盟の話し合いはますます緊迫したものとなる。都が約束したタイムリミットを一ヶ月すぎても杉並清掃工場のメドがつかないことに怒った江東区側は、とうとう10月31日に、東京都に対し、「清掃車阻止の実力行使に踏み切る」と最後通告した。11月1日の都と反対同盟の第6回目の話し合いで、都は「11月5日までに、協力の回答を」と提起したが、11月5日の最後の話し合いで、反対同盟側は、用地提供同意の回答をするに至らなかった。都は、「あと一日待つ」としたが、6日になっても反対同盟の態度は変わらず、ここに両者の交渉は決裂した。ただし、反対同盟の内部には柔軟な態度のきざしがあり、委員長も「たとえハラで思っていても、交渉の途中では、いってはいけないことがある」と含みのある発言をしていた(朝日新聞1973.11.6)。

3 話し合いの決裂と裁判所における和解 (第5期)

11月7日、都は、収用委員会に対し、収用裁決延伸の撤回を申請し、土地収用手続きを再開する。江東区はこの強硬路線への転換を評価し、都の清掃車に対する実力阻止は行使しなかった。

翌1974年1月14日の土地収用委員会では、反対同盟に対して「和解の意思」についての問いかけがなされ、2月28日の東京地裁の審理においても、裁判長より「和解勧告」がなされる。この和解勧告に応ずるということは、実質的には条件付きで清掃工場の建設を認め、土地買収に同意するということを意味してい

る。都は、ただちに和解の意思のあることを表明した。高井戸反対同盟と地主団は、和解に応ずるか、断固戦うかについて話し合いを重ねた。焦点は、都が強制執行に踏みきったとき、裁判所から「執行停止」の判決をとれるかどうかであった。だが、杉並住民側にとって、強硬方針をとったとしても裁判所が「執行停止」の判断を出す確信はもてず、もしその判断が出ないと、和解より非常に不利な状態に住民側は陥ることになる。強制収用の場合は、和解による任意買収の場合に対して、地権者に対して支払われる土地価格がほぼ半分になってしまうのである。難しい選択が問われる会議において態度決定に踏みきるきっかけとなったのは、「我々は法治国の国民なのだから、裁判所の勧告に従うのがよいだろう」という一リーダーの発言だったという[2]。結局4月23日に、反対同盟は、拡大役員会で、裁判所の和解に応ずる意思があることを確認した。これを受けて、4月25日には、収用委員会において、都と反対同盟がともに和解の意思を表明し、4月30日からは東京地裁が、本格的に調停にのりだし、東京都が建設大臣に代わって「訴訟承継後の被告」になり、以後、関係者により、精力的な和解のための協議が積み重ねられた。

　住民側にとって、和解協議の再開は、住民が本来望んでいた話し合いの再開である。

　7月6日に「和解条件を整理するための協議会」が発足し、11月25日に、東京都と反対同盟は、東京地裁にて、和解の調印をおこなうにいたる。ここに、足かけ9年にわたる、杉並清掃工場をめぐる地域紛争は円満解決し、最後は、内藤反対同盟委員長と美濃部知事が、笑顔で握手をかわした。

　和解条項は9項目からなるが、その主な内容はつぎのようなものである。
① 焼却対象ゴミは杉並区内で発生した可燃ゴミに限り、焼却能力は1日あたり600トンとする。
② 工場を半地下化し、清掃車のための専用地下道を設け、工場敷地を緑化する。
③ 排ガス中のふんじん、硫黄酸化物、窒素酸化物、塩化水素、排水、騒音、振動、悪臭に対する公害対策をおこなう。
④ 敷地内利便施設として、市民センター、老人福祉施設、温水プールなどを設ける。
⑤ 住民参加により計画と建設と運営をおこなうために、計画建設協議会と運営協議会を設ける。

---

[2] 反対同盟役員からの聞き取り（1976年3月）。

この和解内容は、住民の要求を極力満たそうとするものになっており、当初の計画案からの重要な変更がいくつもなされた。まず、当初は中野区の一部を含めて900トンであったのが、杉並区のみ600トンとなった。また、計画建設協議会と運営協議会というかたちで住民参加を制度化した。さらに周辺環境との調和を実現し、公害対策を実現するために、惜しみなく技術と経費を投入した。たとえば、塩化水素濃度については、法律上は430ppmの基準であったのに、住民の要求を入れて、15ppmの規制値を採用した (石川禎昭 1999: 110)。また、工場建物の高さを抑制するために、多額の経費を投じて、個々の設備の高さを抑制する努力がなされた。毎日新聞 (11月25日) の解説記事によれば、建設経費に当初予算の7倍にあたる280億円が投じられることとなった (杉並正用記念財団編 1983: 194)。このうち土地の買収に要する経費が約60億円であった (朝日新聞 1974.11.29)。

　この和解をふまえ、東京都は、1975年秋着工、1978年度からは操業を開始するというかたちで、速やかな建設を望んでいたが、建設協議会の始動に手間取ったことや埋蔵文化財の調査が必要になったりして、着工は遅延を重ねた。しかし、結果的には、1979年11月より本体工事に着手し、1983年に杉並清掃工場は本格操業するに至る。また、付帯の利便施設である市民センター、温水プール、老人福祉施設も、1983年4月より使用開始となった。以後、運営協議会は継続的に開催されている。

　反対同盟の住民たちは、その後「財団法人杉並正用記念財団」を設立し、ゴミ問題にかかわる調査研究、社会啓発、コミュニティ活動の推進・助成をおこなうこととし、以後、ゴミ問題についての何冊もの書物を刊行している。

第3節　「対抗的分業」としてのゴミ戦争の意義

1　問題解決過程の基本性格はどのようなものか

1-1　「対抗的分業」とは何を意味するか

　東京ゴミ戦争の問題解決過程では、支配システムにおける先鋭な被格差・被支配問題の解決努力と、経営システムにおける経営問題の解決努力とが絡み合い同時進行していた。支配システムの文脈でみれば、当初に杉並区の住民運動が求めたのは、高井戸地区への清掃工場の建設の阻止であり、その意味では、第5章で検討したコンビナート建設問題と同様に「総合選択型」の紛争であった。最終的には紛争は和解によって解決したが、そのことは、第4章の新幹線公害問題

と同様に支配システムにおける「部分的改良型」の問題として終結したことを意味している。他方、経営システムの文脈でみれば、第3章の分別収集の導入問題と同様に、経営システムの再編成により困難化していた経営問題の解決が実現したという性格を有する。つまり、本章で扱った東京ゴミ戦争の事例は、第3, 4, 5章で扱った3つの事例の特徴を部分的契機として包摂するとともに、それらが絡み合うことによって、住民運動と行政組織の関係についての新たな特性を示している。すなわち、この事例は、住民運動側の異議申し立てが、経営課題の再定義と制約条件の再設定を経営システムに課し、そのことが行政側の能動化を喚起し、経営システムの変革が実施された過程であり、その意味で住民運動と行政組織の対抗的相補性を示している。

しかも、この過程は、紛争を通して、問題の立てられ方そのものが変貌し、新しい地平を開いたという意味で、問題解決が積極的に促進された事例である。そこで、広義の対抗的相補性の中でも、対立する諸主体の相互作用を通して、積極的な問題解決が実現した場合、そこに、ある意味での協力関係が存在したとみなして、そのような過程を、「対抗的分業」（英 cooperative problem solving by opposing actors）ということにしよう。

社会問題の解決における「指導主体と異議申し立て主体との対抗的分業」とは、少なくとも一つの異議申し立て主体を含む複数の被統率者（被支配者）が、それぞれにとって切実な利害要求に固執し自己主張することと、指導主体が諸利害要求の調整にむかって努力することが、紛争を介して結合し、その結果、システム全体としての諸利害要求の充足能力が高度化し、それまで両立不可能であった諸利害要求を、両立ないしそれに近いかたちで充足させることにより、社会問題が解決されることをいう。

ここで、指導主体とは、支配者＝統率者が、支配システムの文脈における支配者としても、経営システムの文脈における統率者としても積極的な役割を果たしつつ、支配システムと経営システムの変革を促進するような場合をいう。支配システムの文脈での積極的な役割とは、先鋭な受苦の回避、および、受益配分問題と負担問題という諸課題に、社会的合意を形成しつつ公平な解決を与えることであり、経営システムの文脈での積極的な役割とは、経営課題群をより洗練する方向で再定義しつつ、それをより効果的に達成するような経営方法を確立することである。ゴミ戦争の過程において、都知事および都清掃局は、指導主体という役割を担ったと意味づけることができよう。

これに対して、異議申し立て主体とは、被支配者＝被統率者が、支配システムの文脈において、負担や受益についての先鋭な格差と受苦の解消に関して、要求提出と紛争化を通して積極的な役割を果たすことをいう。すなわち、負担や受益の先鋭な格差と受苦の解消という要求は、支配システムにおける財の分配構造と発言権と決定権の再定義を求めるものであるが、同時にそれは、支配者＝統率者の担当している経営システムに対して、価値体系、経営課題群、制約条件の再定義を促進するように作用したのである。

1-2 各主体にとっての積極的に評価しうる成果

東京ゴミ戦争の過程は、その主要な当事者のいずれにとっても、肯定的に評価しうる成果を生みだした。

江東区にとっては、この紛争を通して、自らの立場が大いに改善された。紛争以前の段階では、全都のゴミの埋め立て処分を一手に引き受けている江東区の立場は、他の22区によっても、都によっても十分に評価されておらず、ゴミを江東区に集中させる不公平な状態が、自明のごとく放置されていた。だが、ゴミ戦争を通して、江東区は、自らが被ってきた受苦を広く社会的に認知させることに成功した。さらに、江東区は、自区内処理原則という格差是正の政策と理念を、都に採用させることに成功した。それによって、ゴミ処理に関する地区間の公平化が現実化する展望が獲得できたのである。

杉並区の反対同盟にとっては、ゴミ戦争を通して、計画決定の手続き面と内容面の双方において、自らの意志を反映させた地域施設を建設することが可能になった。手続き的には、一方的用地決定の不適切さと不当さを都に認めさせ、都区懇談会による用地再選定の手続きをとらせたこと、最終的には話し合いによる解決を実現したこと、住民参加による建設協議会・運営協議会を制度化したことなどが、住民運動の成果である。内容的には、当初計画にあった中野区を範囲から削除し、杉並区のゴミのみをもっぱら対象とする施設として900トンの案を600トンに縮小したこと、公害防止に最新の技術を導入し国の基準より遙かに厳しい環境基準を課したこと、半地下式にして周囲の地域生活との調和を図ったこと、温水プールや老人福祉センターという受益施設を併設させたこと、当初予算の7倍の予算投入を引き出したこと、などの成果があった。内藤委員長は「和解条項は住民と行政の双方で勝ち取った努力の結晶です」と述べており（杉並正用記念財団1983: 195）、また「形の上では工場は建ったが、内容的には負けていない。

住民が主導権をとって和解を成立させた」というように語っている[3]。

東京都にとっても、ゴミ戦争の結果は、実り多いものであった。ゴミ戦争を通して、重要な都市問題であるゴミ問題に対して社会的関心を喚起しえたこと、清掃行政の社会的地位を向上させたこと、自区内処理原則の導入を軸にして、清掃工場への受益施設の併設や公害対策の徹底により清掃行政を一新したこと、杉並区に新しい清掃工場を建設できたこと、江東区との協力関係を修復できたこと、などの成果があった。さらに、美濃部都政の立場からみるならば、対話、住民参加、合意形成という美濃部都政の鍵となる理念を維持しながら、問題解決を実現したこと、それによって地方自治の試金石ともいえる問題に新しいスタイルでの解決という実績をうち立てたという意義があった。

以上の3主体は、いずれも、自分たちの主導権のもとに「スジを通した正しい解決」が実現されたと意味付与し、自負しているのである。

このように東京ゴミ戦争の解決過程は、主要な主体が対立しつつも、望ましい成果を生みだしたものであることからも、対抗的分業といえる。ただし、対抗的分業によって一つの社会問題が解決したとしても、それは、指導主体と異議申し立て主体という役割分化そのものを解消するわけではないし、また、両者の間での協調の開始や対立の終了を必ずしも含意しない。また、各主体が問題解決過程を事後的に振り返って総括する際の視角や評価も、指導主体と異議申し立て主体との間では、対照的な見解が示される。各主体は、自分こそこの問題の解決の主役であったと自負しつつ、敵手こそ利己的な主張によって解決を遅らせた主要原因であると批判的に意味付与する。

2 どういう場合に、対抗的分業は可能になるのか

では、対抗的分業が成立する条件は何なのだろうか。また、対抗的分業というかたちでの問題解決を実現した経験的・具体的要因は何なのであろうか。

2-1 対抗的分業の成立条件
①経営問題と先鋭な被格差・被支配問題の同時解決

指導主体と異議申し立て主体との間に対抗的分業が成立するためには、経営システムにおける経営問題の解決と、支配システムにおける先鋭な被格差問題・被支配問題の解決とが同時に達成されることが必要である。これらの一方が犠牲

---

[3] 反対同盟役員からの聞き取り(1976年3月)。

になり、他方のみが解決されたのでは、対抗的分業とはいえない。

この過程は、支配システムにおける異議申し立て主体からの要求提出が経営システムに対する新たな制約条件を設定するとともに、さらに経営システムにおける新しい経営課題へと転換され、経営課題群が再定義される過程を内包している。それとともに、「受苦の費用化」と手段選択の再定義がなされ、それらを含みこんだかたちで、経営システムにおける行為プログラムの再編成が進行する。

「受苦の費用化」の過程は、支配システムの文脈でみれば、閉鎖的受益圏の階層構造に関して、収奪型や急格差型から緩格差型あるいは平等型への移行を意味している。支配システムの変革によって登場した新たな財の分配の原則を枠組みとしつつ、経営システムの変革が達成されることが必要である。

②視界の相互内面化（英 mutual internalization of perspective）

このような問題解決過程は、支配者（統率者）の側と、被支配者（被統率者）の側での「視界の相互内面化」を必要とする。一般的にいえば、両者の間での「視界の相互内面化」とは、支配者（統率者）の側が、被支配者の側が被っている先鋭な被格差・被支配問題の切実性を感受することと、被支配者（被統率者）の側が、支配者が統率者として取り組んでいる経営問題の重要性を感受することとが、同時に進行することである。

東京ゴミ戦争が、対抗的分業になりえたのは、主要3主体の間での「視界の相互内面化」と、それを前提にしての「解決努力の共有」が存在したからである。すなわち、東京都の側は、江東区の被格差問題の解決要求を内面化し、杉並住民側の手続きの正当性の主張と、公害防止の要求とを内面化した。また、杉並住民側は、ゴミ問題解決という課題を内面化し、杉並区民としての責任性の感覚を放棄しなかった。そのことは、ゴミ戦争解決後も、反対同盟を継承するかたちで設立された杉並正用財団が、ゴミ問題一般に関する図書（塚田1986）を刊行したことにも表れている。そのような「視界の相互内面化」を前提にして、東京ゴミ戦争においては、さらに「解決努力の共有」もなされた。この場合の「解決努力の共有」とは、支配者（統率者）の側が、被支配者の側が被っている先鋭な被格差・被支配問題の改善を真剣に自分の問題として取り組むようになることと、被支配者（被統率者）の側が、支配者（統率者）が取り組んでいる経営問題の解決努力に対し、一定の条件が満たされればその解決に協力しようという姿勢をもつようになることである。

③両立的解決を可能にする理念や原則の提出

経営問題と先鋭な被格差・被支配問題を両立的解決に解決するためには、それらを可能にするなんらかの理念や原則が必要である。東京ゴミ戦争においては、対話の理念、および「ゴミに光りを」というかたちでゴミ問題を重視しようという理念が語られた。そして社会的合意形成の鍵となった「自区内処理原則」が、異議申し立て主体である江東区の問題提起をふまえて、指導主体としての都庁首脳部によって提起されたのである。

2-2 対抗的分業の実現を促進した諸要因

では、東京ゴミ戦争において、対抗的分業の成立を可能にした具体的な要因は何だったのであろうか。ここでは、以下の5点を指摘しておきたい。

①客観的な利害構造：受益圏と受苦圏の重なり

東京ゴミ戦争の過程において、対抗的分業が成立し得た第1の根拠は、清掃工場をめぐる受益圏と受苦圏が重なり合っていることである。すなわち、ゴミ処理という課題は、すべての住民に共通する課題であること、それゆえに、東京都清掃局の清掃工場建設の努力は、杉並区住民も含む全都民のゴミ処理についての要求を反映しているということである。つまり、受益圏と受苦圏が重なっているのであり、このことが、話し合いによる解決の背景には存在し、単なる外的な対立と力関係による決着とは、異なる帰結を生みだした。

②普遍性のある問題解決原則

東京ゴミ戦争の解決の鍵になったのは、自区内処理原則という政策理念の確立であった。自区内処理原則は、地域間の平等性と各地域の自己責任性を主張するものであり、それゆえに理念として、すべての当事者に説得性を有するという意味での普遍性を持ち、社会的合意形成を促進した。事実、自区内処理原則は、共通の論議の基盤になりえたのであり、この原則自体を否定する論議は、杉並側からも出されていないのである。

③異議申し立て主体の力量

江東区議会、および杉並の反対同盟は、ともに異議申し立て主体としての大きな力量をもっていた。その第1の意味は、他の諸主体、とりわけ東京都に対して、対抗力をもっていたということである。江東区は杉並ゴミの搬入実力阻止というかたちで、杉並反対同盟は、土地提供の拒否、法廷闘争、大衆的動員による測量の阻止などのかたちで、対抗力を発揮した。第2に、両方の主体とも、情勢を自分たちの意志によって統御しようという細心の配慮をしており、統御が効かな

くなるような事態を回避し続けた。江東区の実力阻止は、道路交通法違反にならないようなやり方を研究し、また、区民一般の参加は受け入れず区議会がもっぱら先頭に立つことによって、実力阻止行動が暴走することを回避したのである。杉並区住民の運動においては、外部からの支援をことわって無党派で運動すること、測量実力阻止行動においても暴力的衝突を回避しつつ測量をくい止めるという努力がなされた。また、一般に反対運動が、分裂を避けつつ、統合を保ちながら方向転換することは、至難である。方針転換の提起のしかたによっては、住民内部に分裂を引き起こし、地域社会の人間関係に亀裂を残す。だが、杉並の反対同盟のリーダーは、和解の選択にあたって、住民の団結を維持しながら、慎重に方向転換を成し遂げた。

このような対抗力を伴った異議申し立ては、東京都庁首脳部の積極的な可能性を引き出し、指導主体へと変身するきっかけを与えたといえる。もし、江東区議会や杉並区民が、東京都清掃局の従来の方針に対して無抵抗に従っていたら、以上のようなかたちでの清掃システムの改革は実現しなかったであろう。公害対策の不徹底や地域間の不平等、ゴミ問題への都民全体の関心の低さといった事態は旧態依然としたままであった可能性が高い。

④対話と交渉の場の存在

対抗的分業の成立のために必要なのは、交渉あるいは対話のためのアリーナが存在し続けることである。東京ゴミ戦争においては、直接交渉とともに、法廷が交渉のアリーナとしてうまく機能した。最終段階では、裁判所による和解という手続きが、決定的に重要な機能を発揮した。

このことより示唆されるのは、対抗的分業の成立にとって、話合いと意志決定の手続きの洗練が鍵になることである。そこで、考えるべきは、どのような手続きが制度的に設定されていれば、対抗的分業が可能になりやすいかという問題である。

⑤指導主体における対話の理念

対話の回路の存在は、制度的手続きだけによって決まるのではない。当事者の主体的姿勢が大きな影響力を発揮しうる。ゴミ戦争の経過は、美濃部都政における対話の理念と、合意形成を重視する基本姿勢なしには、想定できない。仮に、東京都側にそのような対話姿勢がなければ、従来の行政手法にのっとって、強制収用の手続きを推進するというのが、もっとも可能性の高い選択肢である。その場合、住民が強引な抵抗を断念することにより、「円滑に」用地取得が進むこと

もあり得るが、逆に住民が実力による抵抗に訴えて流血の事態になる可能性もないとはいえない。だが、そのいずれにせよ、清掃行政の根本的再検討と改革は生みだされなかったであろう。

3　対抗的分業概念の意義

「対抗的分業」の概念は、以下のような理論的意義をもっている。

①対抗的分業の概念は、社会問題の解決にとって紛争はコストのみ多いものでマイナスである、という考え方を相対化する。すなわち紛争なき「解決」よりも、紛争を通じての解決の方が優れていることがありうるという問題提起を内包している。

②対抗的分業の概念は、単一主体の活躍のみに重点をおき、それに凝固したイメージをもつ社会変革の構想を相対化する。たしかにさまざまな社会的文脈において、よきエリートによる変革（統率者中心主義）、民衆の担う社会運動による変革（異議申し立て主体中心主義）、権力奪取による変革（新たな支配者＝統率者中心主義）といった企図は妥当性を持ちうる。これらに対して、対抗的分業の概念は、複数主体の相互作用の中である種の問題が解決されていく可能性を発掘する。それによって、変革を担うのは常に単一の主体であり、その勝利か敗北かが変革の成否を左右するという発想パターンを相対化する。

③社会問題・社会状況の認識と意味付与という文脈においては、対抗的分業の概念は当事者の直接的・即自的な意味付与を相対化する。すなわち、この概念は研究主体の独自の視点を保障し、紛争当事者の主観的な自負や敵意や状況定義とは異なった文脈の中に、当事者の行為を意味づけることを可能にする。

④研究主体の採るべき態度という文脈においても、対抗的分業の概念は、統率者（支配者）の側につくのか、被支配者（被統率者）の側につくのか（英 Whose side are you on ?）、という二者択一的な問題の立て方を、ある種の社会問題の文脈においては相対化する。

⑤対抗的分業の概念は、「立場そのものの変貌」という事態を指し示している。立場そのものの変貌とは、次のような言葉によって示唆される事態である。

大切なのは「我々の『経験』に現れることを、あらゆる注意と理解をもって徹底的に生きることである。人のいうことではなく、我々個々の中に判断の中心を確立すること」である。「また我々は各々の立場を棄てることさえも必要ではない。こういう決意に立つ時、立場そのものが変貌し始め、その底から深い普遍的で人

間的なものが現われ始めるであろう」(森 1979: 191)。

⑥対抗的分業の概念は、社会制御システムの基本性格である支配システムと経営システムの両義性に立脚した概念であり、紛争渦中の行政組織と住民運動組織も、支配者＝統率者、被支配者＝被統率者という両義性を帯びた存在であるという認識にもとづいている。このような両義性は普遍的な特徴であるから、対抗的分業という理念型的モデルは、さまざまな社会制御の過程を把握する際に一般的に通用する座標軸として、有効なはずである。さまざまな紛争過程は、対抗的分業に対してどれだけ接近し、どれだけ離れているのかという視点によって、また、その程度を規定しているのはどういう具体的要因であるのかを検討することによって、その特徴に照明を与えることができるのである。

結 び

以上の本章での検討の要点をまとめておこう。
①東京ゴミ戦争の解決過程は、経営システムにおける経営問題解決努力と支配システムにおける先鋭な被格差・被支配問題解決努力が絡み合った過程である。その意味で、第3, 4, 5章にて検討した問題解決過程が部分的契機として包含されていた問題である。
②江東区議会と杉並区の反対同盟は、先鋭な被格差・被支配問題の解決を第一義的に志向し、自己主張することにおいて異議申し立て主体としての性格を有する。
③都庁首脳部と都清掃局は、経営問題の解決に第一義的関心を寄せつつ、経営問題の解決と被格差・被支配問題の改善に積極的努力をおこなうことにおいて、指導主体としての性格を有する。
④異議申し立て主体の努力と指導主体の努力は、紛争を介して結合し、当初は両立不能に見えた2つの文脈の問題解決を、両立的に解決することに成功した。この過程を「対抗的分業」ということができる。
⑤対抗的分業という形の問題解決過程においては、支配システムにおける異議申し立て主体からの要求提出が起点となって、経営システムの作動の前提としての価値と経営課題群が再定義され、その新たな枠組みのもとで、経営システムの再編成が進行する。
⑥対抗的分業の成立条件は、被格差・被支配問題と経営問題の同時解決、視界

の相互内面化、両立的解決を可能にする問題解決原則の提示である。
⑦対抗的分業の成立を促進する要因として、本事例から示唆されるのは、受益圏と受苦圏の重なり、普遍性のある問題解決原則、異議申し立て主体の力量、対話の回路と交渉の場の存在、指導主体の対話の理念などである。
⑧対抗的分業という概念は、紛争解決過程の把握について、意味発見という点でも、研究主体のとるべき態度という点においても、さまざまに積極的な意義を有する。

しかしながら、今日の視点からみると、「ゴミ戦争」解決策には、以下の2つの問題点がある[4]。
①清掃工場の建設が中心争点となってしまい、それ以外の側面からのゴミ問題へのアプローチが相対的に閑却されてしまったのではないかという批判である。また、設備投資に金を惜しまないという風潮を加速したが、それは、巨大な技術中心主義を加速したのではないか、ということである。
②「自区内処理原則」はどこまで、定着したのであろうか。結局、1972年に新たに問題化した13区の清掃工場のうち、2000年9月時点で具体化したのは、7カ所(5カ所は完成、2カ所は工事中)。2011年までの計画がさらに3カ所。合計、10カ所については、取り組みが進んだ。およそ30年かかったが、13区のうち、7区に建設されることになった。また、「自区内処理原則」の理念は、1975年に「地域内処理」へと変容し、しだいに風化した。

---

[4] 編注：この2つの補足は、著者の遺したメモから編者が拾って文章を整え、付け加えた。

第7章

問題解決過程と問題解決の成否を左右する諸要因

はじめに

　本章の課題は、第3章から第6章において検討してきた4つの事例が、「経営システムと支配システムの両義性」という視点からはどのように位置づけられるのかを明確にしつつ、「事業システムにおける問題解決の成立条件」を「制御アリーナ」の特質を焦点としながら明確化することである。
　そのために、まず4つの事例の問題解決過程の特徴について「経営システムと支配システムの両義性」という視点から総括をおこなう。次に、問題解決過程を「主体的＝主観的行為と対象的＝客観的社会構造の両義性」に焦点をあてて把握するために、「問題解決過程の基本サイクル」を、構造的緊張→変革主体形成→変革行為→定常的運営という4つの段階からなるものとして把握するような概念枠組みを提示する（第1節）。
　次に、このサイクルのうちの「変革主体形成」を可能にする鍵となる要因がなにかについて検討する（第2節）。
　続いて、経営システムにおける問題解決を可能にする条件と支配システムにおける問題解決を可能にする条件を、それぞれにおける制御アリーナとしての「統率アリーナ」と「利害調整アリーナ」の能力に即して検討する（第3、4節）。
　最後に、支配システムと経営システムの相互関係の総合的把握の上で、経営問題解決の意味が、支配システム類型によってどうことなるかを考察する（第5節）。

第1節　4つの事例の示す問題解決過程の位置

1　4つの事例の特徴のまとめ

第3章から第6章において提示した4つの事例は、社会制御過程に登場する問題解決過程を表しているが、それぞれ異なる性格を示している。それぞれの性格は、順番に、①経営システムにおける問題解決、②支配システムにおける部分的改革としての問題解決、③支配システムにおける総合的選択としての問題解決、④経営システムと支配システムでの同時的問題解決、と表現できる。たしかに、4つの事例のいずれにおいても、支配システムと経営システムの絡まりあいがみられる。だが、主要な問題解決過程の位置する文脈は、それぞれにおいてはっきりした相違があり、それが4つの事例の性格の相違の根拠になっている。

およそ、地域問題や環境問題は、何百何千と存在し、より具体的レベルでみるならば、それらは無限の多様性を示している。だが、「経営システムと支配システムの両義性」という理論的視点からみれば、それらの多くは、これらの4つの事例の示す4つのタイプのいずれかに位置づけることが可能である。

この4つの基本タイプの相違を理解することが大切である。すなわち「問題解決」ということの意味（「問題解決の基本性格」）はそれぞれによって異なっているのであり、それゆえ、関与する諸主体の性格も異なっている。

表7-1は、第3章から第6章で析出された論点を再現するかたちで、4つの事例の問題解決過程を比較対照できるように、とりまとめたものである。この表では、第3章から第6章において取り上げた4つの事例が、「問題解決の基本性格」「関与する主体の主要な性格」「問題解決過程の特徴と鍵要因」という視点から、取り上げられている。

以下においては、表7-1に即して、4つの事例の特徴を検討していくが、ここで「関与する主体の主要な性格」の表記について説明しておきたい。すでに見たように、社会制御過程に関与する諸主体は、経営システムと支配システムという2つの文脈に対応して、統率者と支配者、被統率者と被支配者という両義的性格を有する。そこで、各主体の有する両義的性格を表現するにあたって、第一義的な重要性を有する性格をまず表記し、副次的な性格をその後に（ ）内に表記するという形式を採用することにしたい。たとえば「支配者（統率者）」というように表示した場合、最初に記した「支配者」という性格が、主要な性格として主体の言動の前面に出ているが、（ ）内に記した「統率者」としての性格も副次的に作用していることを示す。

①沼津市における分別収集の導入による清掃問題の改善（第3章）は、経営システムの改革を実現した事例である。この過程の基本的性格は、経営システムにお

表 7-1 4つの問題解決事例の基本性格

事例	問題解決の基本性格 関与する主体の主要な性格	問題解決過程の特徴と鍵要因
分別収集の導入 (第3章)	経営問題の解決 統率者と被統率者	＊価値の再定義、経営課題群の再定義、手段の再定義 ＊問題形成、調査と情報収集、革新的なアイデアの創出、アイデアの具体化、説得と合意形成 ＊集団的な主体性 ＊経営課題群のより良い達成のための行為プログラムの整合化的再編
新幹線公害問題 (第4章)	先鋭な被格差・被支配問題の緩和 支配者と被支配者	＊運動組織の形成と拡大 ＊直接交渉による対抗力の発揮 ＊訴訟による対抗力の発揮 ＊受苦の解消要求の経営課題への転換 ＊受苦の費用化
コンビナート建設阻止 (第5章)	先鋭な被格差・被支配問題の事前阻止 支配者と被支配者	＊地域社会における政治システムにおける多数派の形成→自治体議会と首長の態度転換 ＊多様な集団の能動化と広範な連帯形成 ＊運動形成の鍵としての学習会・住民調査・住民メディア ＊住民運動の戦術の的確性 ＊地域社会における運動の共鳴基盤の存在
東京ゴミ戦争 (第6章)	経営問題と被格差・被支配問題の同時解決としての対抗的分業 統率者(支配者)と被統率者(被支配者)	＊異議申し立て主体の力量 ＊自区内処理原則の説得性 ＊行政側と住民側の対話・交渉の継続 ＊視界の相互内面化 ＊受益圏と受苦圏の重なり

ける「経営問題の解決」であり、経営システムの動態化(dynamization)を通して、経営システムを変革することによって、それが達成されたのである。

　関与した主体に即していえば、経営問題の解決のために「統率者(支配者)」としての行政組織と、「被統率者(被支配者)」としての地域住民とが協力関係を構築した。行政組織の内部をより詳細にみれば、変革のイニシアチブをとったのは、行政組織内部の被統率者(被支配者)である現場の清掃職員たちであった。

　この変革過程においては、集団的主体性が発揮されつつ、問題形成→調査と情

報収集→革新的なアイデアの創出→アイデアの具体化→説得と合意形成というかたちで、問題解決努力が展開した。問題解決努力の本質的特徴は、総括的には、「経営課題群のより良い達成のための行為プログラムの整合化的再編」として把握することができよう。行為プログラムの整合化的再編の契機をなすのは、第1に、経営システムの志向する価値の再定義であり、第2に経営課題群の再定義であり、第3に、手段的行為の再編成であった。

これらの再定義は連動している。価値の再定義は、経営課題群の質的洗練を支えるものであった。そして再定義された経営課題群をよりよく達成するために適合的な手段が選ばれ、行為プログラムが再編成されたのである。

この行為プログラムの再編成においては、諸個人の意志と行為の整合性がたえず実現されなければならない。経営システムは人々の協力関係から成り立っており、整合性の実現は、経営問題解決の核心にある条件である。

②新幹線公害問題(第4章)の経過は、支配システムにおける「部分的改革型」の問題解決過程を示している。すなわち、住民運動は、新幹線という1つの事業システムの主要な目的そのものを否定したのではなく、随伴帰結としての公害の防止を要求し、それを実現した。この過程の基本的性格は、支配システムにおける「被格差・被支配問題の解決(あるいは緩和)」である。

この問題の解決過程は、公害被害者たちによる運動組織の形成と拡大→直接交渉による対抗力の発揮→訴訟による対抗力の発揮→加害者側による公害対策の一定の進展、というかたちで進んだ。この過程においては、「被格差・被支配問題の解決」を求める被支配者側からの異議申し立てと要求提出がなされ、それが根拠となって、支配者(統率者)にとっての制約条件と新たな経営課題が設定され、それに伴い受益・受苦の分配構造が変革された。

被格差・被支配問題の解決(あるいは緩和)のために必要だったことは、第1に、被支配者側(住民運動側)の受苦解消の要求が、支配者(国鉄)側にとっての「公害防止という制約条件」さらには「公害防止という経営課題」へと転換されることであり、第2に、被支配問題を緩和・解消する方向での財の再分配がなされることである。これらはそれぞれ「要求の経営課題への転換」および「受苦の費用化」ということができる。

主体に即して表現すれば、「支配者(統率者)」としての国鉄と「被支配者」としての地域住民との対立関係において、支配者(統率者)の主要な目標追求(経営企図)

を前提にしつつ、被支配者の被格差・被支配問題の緩和・解消要求が、支配者（統率者）の当初の意向と対抗的に提出され、それが制約条件になるとともに、経営課題群が部分的に再定義され、結果として、被支配者側の要求が一定程度実現した過程である[1]。

③三島・沼津・清水におけるコンビナート阻止（第5章）の過程も、支配システムにおける「被格差・被支配問題」の解決が焦点になっているが、それは新幹線公害のような「部分的改革型」ではなく、「総合的選択型」というもう1つのタイプを示している。

問題解決過程は、各地域における住民運動組織の形成→学習会・住民調査・住民メディアを通しての運動組織の拡大と主張の明確化→地域社会の政治システムにおける多数派形成→首長と議会の計画反対の意志表示の実現、という経過をたどった。

この過程の特徴は、1つの開発事業の全体としての是非が支配システムにおいて争われ、計画についての事前の総合評価に住民の意志が反映したことである。すなわち、この開発プロジェクトによる総体としての受益と総体としての負の随伴帰結（受苦と費用）を考慮したとき、地域住民の多数意志は、それを拒否するものであった。「総体としての計画の拒否」という総合的選択がなされたのである。

主体に即して表現すれば、「支配者（統率者）」としての県行政・通産行政と、「被支配者（被統率者）」としての地域住民との対立関係において、地域開発の具体的企画設定が争点となり、住民側の運動によって、行政側の当初設定した企画そのものの放棄がもたらされた。

④東京ゴミ戦争の事例（第6章）は、経営システムにおける経営問題の解決努力と支配システムにおける被格差・被支配問題の解決努力が、同時に絡み合うかたちで進行し、結果として2つの文脈での問題解決が両立的に実現した事例である。

この問題解決過程は、江東区からのゴミ集中解消要求→杉並清掃工場の建設計画と用地選定→杉並区民からの異議申し立て→自区内処理原則に立脚した杉並清掃工場の用地再選定→杉並清掃工場建設についての合意形成、というかたちで進んだ。

---

[1] 住民は、国鉄が担当する事業システムにおいて、「被統率者」の役割を担っているわけではないから、単に「被支配者」として記載し、「被支配者（被統率者）」という記載はしない。

この過程の基本性格は、指導主体と異議申し立て主体の間での「対抗的分業」（cooperative problem solving by opposing actors）である。主体に即して表現すれば、東京ゴミ戦争においては、「統率者（支配者）」としての東京都庁の政策目標の実現努力（経営問題解決努力）と、「被支配者（被統率者）」としての江東区議会および杉並区住民のそれぞれの利害要求（被格差・被支配問題解決努力）とが対立したが、対抗的分業と呼べるような利害調整過程を経て、双方にとっての問題が両立的・同時的に解決した。

両立的解決をもたらす鍵となったのは、自区内処理原則という理念であった。この理念が、支配者（統率者）と被支配者の間での対話・交渉の継続と、それによる「視界の相互内面化」を背景にして、行政側にも住民側にも共有されるにいたった。その結果、支配システムの側面においては、東京23区間での受益と負担の平等化が進み、さらに、清掃工場立地点においては、要求の経営課題への転換、受苦の費用化によって公害防止対策が徹底し、そのような過程を経て、「被格差・被支配問題の解決」が進行した。そして、このような支配システムにおける財の分配構造の変革と自区内処理原則を枠組みとしつつ、経営システムとしての清掃行政システムの経営能力の高度化が、価値の再定義と経営課題群の再定義と行為プログラムの再編成によって実現した。

2　問題解決の成立条件についての第一次的考察

本章の目的は、「単位的な問題解決の成立条件」を明確にし、その上で、具体的な問題解決の成否を左右する経験的な諸条件を把握するための視点を組織化することである。ここで「単位的な問題」とは、主要には１つの事業システムにかかわっているというスケールの問題であることを意味する。その第一歩として、まず「問題解決の定義上の成立条件」「問題解決のための総括的成立条件」について検討してみよう（**表7-2**を参照）。

表7-1で見た問題解決の４つのタイプの基本に存在するのは、「経営システムにおける経営問題の解決」と「支配システムにおける被格差・被支配問題の解決」の２つである。

「対抗的分業」は、両者の同時達成であるから、その基本的契機となっているのは、この両者である。それゆえ、まず、「経営問題の解決」と「被格差・被支配問題の解決」とを、理論的に検討していこう。

「経営問題の解決」についての定義上の成立条件は、「複数の経営課題群を、同

表 7-2 問題解決の成立条件

	経営システム	支配システム
問題解決の基本性格	経営問題の解決	先鋭な被格差問題の解決 被支配問題の解決 (被排除問題の解決)
問題解決の定義上の成立条件	＊複数の経営課題群の同時的な許容化的達成	＊受益と費用負担の公平化・格差縮小 ＊受苦の解消 ＊(参入障壁・脱出障壁の撤廃による受益の平等化・受苦の解消)
問題解決のための総括的成立条件	＊所与の状況の中での、経営課題群・資源・行為プログラムの整合化的再編	＊要求の経営課題と制約条件への転換 ＊受苦の費用化、格差縮小の費用化 ＊勢力関係における対抗力の発揮

時に許容水準以上に達成すること」である。このことの含意を、もう少し具体的に考え、経営問題解決の「総括的な成立条件」を考えてみよう。それは、そのつどの所与の状況(すなわち、機会構造と制約条件)の中で、経営課題群の設定のしかた、資源の確保と配分のしかた、および、各役割の行為プログラムを、整合化させつつ再編すること、と表現できよう(所与の状況の中での、経営課題群・資源・行為プログラムの整合化的再編)。

これに対して、「被格差問題の解決」の定義上の成立条件は、受益の分配と費用負担の割り当てについて、先鋭な格差が解消されること、すなわち、それらが公平になされるようになることである。「被排除問題の解決」とは、受益圏への参入について「不当な排除」という意味での「先鋭化した排除」が解消されることである。また、「被支配問題の解決」の定義上の成立条件は、受苦の事前防止あるいは受苦の事後補償によって受苦を解消することである。このことが可能になるためのより具体的な条件を、総括的に表現するならば、「先鋭な被格差・被排除・被支配問題を解決するようにとの要求の制約条件と経営課題への転換」「格差縮小の費用化、包摂の費用化、受苦の費用化」「対抗力の発揮」といえよう。この3条件のうち、「要求の制約条件と経営課題への転換」「格差縮小の費用化、包摂の費用化、受苦の費用化」(以下、費用化と略称する)は問題解決が実現した状態を説明する概念であり、それらの実現の鍵になるのは「対抗力の発揮」である。

以上の考察は、「問題解決の定義上の成立条件」の含意を、経験的知見に一歩

近づけるかたちで検討することによって「問題解決の総括的な成立条件」を明らかにしたものである。そこで、次の課題となるのは、問題解決が可能になる条件を、さらに具体性に近い段階で、理論的に明確化することである。

すなわち、経営システムにおいて「経営課題群・資源・行為プログラムの整合化的再編」が実現されていく過程や、支配システムにおいて「要求の制約条件と経営課題への転換」「費用化」「対抗力の発揮」が実現されていく過程は、どのような社会過程を通して可能となるのであろうか。

この課題を探求するために、次に、「問題解決過程の基本サイクル」について、基礎理論の水準での概念枠組みを提示し、問題解決過程の論理的段階に即して、問題解決の成立条件について検討を進めていくことにしたい。

3　問題解決過程の基本サイクル：変革＝変動過程の4局面

ここまでの本章の議論においては、「社会制御システムの二重の意味の両義性」のうち、「経営システムと支配システムの両義性」に主として注目してきたが、ここで視点を転換して、「主体的＝主観的行為と対象的＝客観的社会構造の両義性」に焦点をあてた考察を展開することにしよう。

以上に見たような経営システムと支配システムにかかわる問題解決過程の4つのパターンを、「主体的＝主観的行為と対象的＝客観的社会構造の両義性」という視点から把握しようとするならば、どのような概念枠組みの設定が必要になるだろうか。

3-1　問題解決過程の基本サイクル

ここで、先行の諸論考に示唆をえつつ (Smelser 1962=1973；塩原 1976；舩橋惠子 1978)、「問題解決過程の基本サイクル」を把握するためのモデルを、**図 7-1** に示すようなかたちで提出しよう。

このモデルは、問題解決過程を、第1に、「対象的＝客観的な構造が優位」にある状態と「主体的＝主観的な行為が優位」にある状態とを区別する視点、第2に、「問題生成」と「問題解決」とを区別する視点を採用することによって4つの局面に分けるものである。2つの視点に基づく分類軸を交差させることによって、「構造的緊張」、「変革主体形成」、「変革行為」、「定常的運営」という4つの論理的局面を分けることができる。

図 7-1 に示した4つの論理的局面とは、それぞれ、どのような事態を意味して

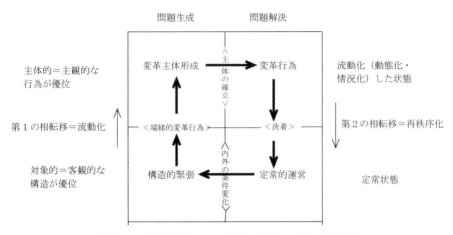

図 7-1　問題解決過程の基本サイクル

いるだろうか。

　「定常的運営」とは、経営システムの文脈でいえば、経営課題群の達成が、定型化された行為プログラムの始動によって、一応、達成され続けている状態であり、緊急に大きな変革が必要だとは意識されていないような状態である。また、支配システムの文脈では、支配秩序が存在し、利害調整にかかわる意志決定が、深刻な紛争の顕在化なしに、生みだされ続けているような状態である。

　定常的運営は、それを可能にしていたさまざまな前提条件が変化することにより、困難化しうる。事業システムの内部あるいは外部の条件の変化により、定常的運営に支障が出るようになった状態を「構造的緊張」といおう。

　「構造的緊張」とは、構造的要因に制約されて、組織や社会システムに緊張が生じていることであり、対象的＝客観的な構造的要因の変革がなければ、それが解消できないことを意味する。ここで緊張とは、経営システムの文脈でいえば、一定の経営課題群の達成水準が許容水準以下に下落し、それと連動して、人々の欲求非充足が生じていることであり、支配システムの文脈でいえば、閉鎖的受益圏の階層構造をめぐる先鋭な格差や排除や受苦の発生により、受益圏の階層構造の下層の人々に先鋭な欲求非充足が生じていること、そして／あるいは、政治システムにおいて複数の集団間に正当性意識の共有の欠如によって先鋭な対立が生じている場合である (舩橋 1998: 204)。

構造的緊張という言葉には、そこに生じている打撃や損害が偶発的なものや、関係者のミスのようなもので発生するのではなく、社会制度や組織の抱える構造的要因に起因すること、したがって、社会制度や組織の構造的要因の変革が、その解決のためには必要であることが、含意されている。

　社会システムの文脈での構造的緊張は、個々人にとっては、現実のあるいは予想される「生活条件の悪化」や「生活危機」として経験される。そのことは、その場に位置する主体（個人、集団、組織など）に対して、問題解決のための「切実性」と「緊急性」を生みだす。切実性とは、自分の欲求充足や利害関心にとって、重大・深刻な影響が生じていることである。緊急性とは、それへの対処を後回しにできないということであり、今すぐ事態改善のためのなんらかの努力や決定をしなければならないということである。

　構造的緊張に由来する生活の悪化・危機、およびその解決の切実性と緊急性は、生活基盤あるいは生活状況を共有している人々に生起するものであるから、集団的に共有されることが通例である。そして、個人的および集団的に体験される生活の悪化・危機とそれらの切実性・緊急性が、当該問題の解決のための個人的な変革主体形成、および集団的な変革主体形成の根拠を提供するのである。

　構造的緊張は、変革主体形成を促す基盤である。構造的緊張を被っている主体が端緒的変革行為に踏み出すことが、変革主体形成の局面に進む回路となる。「変革主体形成」とは、個人あるいは集団が、組織構造や制度構造や社会生活の中に、一定の解決すべき問題を自覚して、その解決に取り組むことを決意し、具体的努力を開始することである。個人的な変革主体形成とは、当該問題の解決に、熱意をもって取り組む個人が形成されることであり、その個人からみれば、当該問題への取り組みを自分の生活上、あるいは仕事上の重要課題とみなし、そこに、関心・時間・労力・諸資源を自覚的、集中的に投入するようになることである。集団的な変革主体形成とは、そのような変革志向性をもった複数の個人が活発な相互作用を通して連携し、当該問題に取り組むなんらかの集団あるいは組織が形成されることである。

　変革主体形成の中心的契機は、変革課題設定と変革を志向する集合主体形成である。変革主体形成は、支配者＝統率者の側からなされる場合もあるし、被支配者＝被統率者の側からなされる場合もある。〈変革主体の確立〉ができれば、「変革行為」が展開される。

　「変革行為」とは、正負の財や意志決定権の分配のありかたや、意識や規範の

あり方の変革を志向してなされる行為の総体のことである。変革行為は、なんらかの程度の定常状態の崩壊と流動化の中で進行し、変革を志向する諸主体とそれに協力したり、対抗したりする諸主体の間での相互作用として展開する。それは、システムの定常状態を支える定型的行為の枠を踏み越えた非日常的な行為の噴出である。

ひとくちに変革行為といっても、経営システムの文脈での経営問題解決にかかわる変革行為と、支配システムの文脈での被格差・被排除・被支配問題の解決にかかわる変革行為とでは、異なる特徴を示す。経営システムの変革行為においては、より高度な水準での経営課題群の達成のために、いかに効果的な行為プログラムを案出し、実施するかということが、中心課題となる。それに対して、支配システムの文脈においては、財の分配と決定権の分配についての不平等な構造の是正が変革課題になるから、被支配者側による要求提出と対抗力の発揮が変革行為の中心にくる。

変革行為は、なんらかのかたちでの決着を通して終了し、ふたたび、定常的運営に回帰する。「決着」とは、変革行為の中で提出された一定の解決策を当事者たちが、望ましいもの、あるいは、やむをえないものとして受容し、変革行為を終了させることである。

決着においては、当初の構造的緊張が実質的に解決される場合（問題解決）もあるし、それが解決されない場合（問題の潜在化）もある。つまり、決着は変革主体が志向した変動を結果としてもたらす場合もあるし、もたらさない場合もある。問題の実質的解決がなされた場合、「問題解決過程の基本サイクル」は完了し、そこに見いだされる秩序は安定的なものとなる。しかし、問題の実質的解決がなされていない場合は、決着によって定常的運営の局面が回復したとしても、構造的緊張は潜在化したまま存続しているのであり、それを根拠にして新たな変革過程の基本サイクルが始動しうるのである。

3-2 相転移

変革＝変動過程は、これらの4局面のサイクルとして展開されるが、それは、定常状態と流動化した状態との間での相転移のくり返しを意味している。ここで「相転移」(phase transition)とは、社会システムにおける「優越的な作動の論理」や、それを構成している人々の「優越的な行為の論理」が、変容することである。

より詳しくいえば、相転移においては、二重の意味で、優越的なものの交替が

生じる。すなわち、定常的過程と変革過程の間での優越性の交替と、「対象的＝客観的な地位役割構造（組織構造、制度構造）」と「主体的＝主観的な行為の集合」との間での優越性の交替である。

　社会構造の中に構造的緊張が累積し、それを起動力として流動化が生ずること、すなわち「変革主体形成」がなされ「変革行為」が噴出し始める過程は、第1の相転移を意味している。この第1の相転移を「流動化」としての相転移ということにしよう。流動化としての相転移が生ずる前の段階では、主体と構造の両義性の関係は、「対象的＝客観的な地位役割構造」が優位で、「主体的＝主観的な行為の集合」は、それにいわば包摂される劣位の状態にあった。流動化としての相転移が生ずると、「主体的＝主観的な行為の集合」が優位となり、「対象的＝客観的な構造」は、それを包摂することはできず、いわば、後景に退く。同時に、流動化としての相転移においては、秩序の中の定型的な行為が優越している状態から、変革を志向する非定型的な行為が噴出する状態への変化が生じる。

　経営システムの文脈で生起する「流動化」が「動態化」であり、支配システムの文脈での「流動化」が「情況化」である。「動態化」も「情況化」も、変革という目的を共有する人々の間での協力的な相互作用の活発化によって開始される。動態化においては、支配システムの秩序自体が疑問に付されたり揺らいだりするわけではない。支配秩序は維持されつつも、経営システムの既存の行為プログラムに包摂されないような変革行為が噴出するのである。これに対して、情況化においては、支配秩序自体が問題的なものとみなされ、支配秩序を揺るがすような行為が噴出するのである。企業におけるストライキは、情況化の例であるが、企業における経営改革運動（動態化）は、ストライキなしに遂行されうるのである。

　逆に、「変革行為」の結果、なんらかの「決着」がもたらされ、変革行為が終息するならば、逆方向での相転移が生ずる。この第2の相転移を、「再秩序化」としての相転移と呼ぼう。再秩序化においては、「主体的＝主観的な行為の集合が優位の状態」から「対象的＝客観的な地位役割構造が優位の状態」への移行が生じるとともに、流動化した非定型的な行為が優位の状態から、秩序の中の定常状態と定型的行為が優位な状態への変化が生ずる。再秩序化という意味での相転移は、変革という目的を志向した共同行為の終了によって特徴づけられる。

　相転移が生じた場合、相転移の生じた社会システムや組織の中にいる人々にとっては、社会的雰囲気の根本的変化が体験される。定常状態から流動状態への相転移（流動化）は、変革を志向する熱気の噴出に彩られている。逆に、流動状態

から定常状態への相転移(再秩序化)は、変革を志向する社会的雰囲気の沈静化・冷却化によって特徴づけられる。

　以上検討したような「問題解決過程の基本サイクル」を把握する概念枠組み、すなわち、定常的運営→(内外の条件の変化)→構造的緊張→(端緒的変革行為)→変革主体形成→(変革主体の確立)→変革行為→(決着)→定常的運営、および、2方向の相転移という概念群を手がかりにして、問題解決の成立条件を、より具体的水準で一般性をもって把握するためには、どのような方法をとることが適切であろうか。本章では、2つの相転移の生ずる過程を、社会的意志決定の中心である制御アリーナの特徴に注目して分析することにより、支配システムと経営システムのそれぞれにおける問題解決の成立条件を、考察することにする。

4　制御アリーナとコミュニケーション回路への注目

　本書では、アリーナとは、複数主体の相互作用の場一般を表す言葉として使用されている。「制御アリーナ」とは、事業システムにおいて(より一般的にいえば制御システムにおいて)、定常的な運営や変革についてなんらかの効果を生じるような意志決定を生みだすアリーナのことである。

　事業システムや社会制御システムにおける制御アリーナは、それらが経営システムと支配システムの両義性を有するのに応じて、両義的性格を有している。

　本書では(第2章で示したように)、経営システムと支配システムのそれぞれにおける制御アリーナの作用の相違を明示するために、経営システムにおける制御アリーナを「統率アリーナ」、支配システムにおける制御アリーナを「利害調整アリーナ」ということにしている。もちろん、現実には、両者は、制御アリーナの2つの契機であり、事業システム内部の制御アリーナにおいては、通常は統率アリーナと利害調整アリーナは重なっている。ただし、事業システムとその外部の諸主体の間に形成される制御アリーナにおいては、両者が重なっている場合と重なっていない場合とがある。

　経営問題についても、被格差・被排除・被支配問題についても、問題解決がどのようになされるのか、あるいはなされないのかということは、制御アリーナへの情報と意見の取り集めがどのようになされるのか、そして、制御アリーナがどのような制御能力を有するのかによって規定される。

　すでに見たように、経営システムにおける経営問題の解決に際しては、諸主体

間の意志と行為プログラムの整合化が鍵であり、そのような整合化を担うのは、統率アリーナであり、そこにおける統率者を中心とした整合化努力である。また、支配システムにおける被格差・被排除・被支配問題解決の鍵は、利害調整アリーナにおける勢力関係であり、被支配者の側が効果的に要求を提出し対抗力を発揮できるかどうかが、これらの問題の解決のあり方にとって決定的である。

さらに大切なことは、制御アリーナとその外部の諸主体が、どのようなコミュニケーション回路でどのようにつながっているかどうかという点である。制御アリーナが、高い制御能力を発揮するためには、制御システム内外の情報や要求を的確に取り集めることができなければならない。この的確な取り集め能力を欠如したとき、制御アリーナの意志決定は劣化 (degradation) せざるをえない。

第2節　変革主体形成による流動化としての相転移

本節では、第一の相転移である流動化が可能になる条件を考察してみよう。

1　流動化の含意と集団的変革主体形成

1-1　流動化の含意

流動化とは、システムの定常的作動の過程がなんらかの程度において崩壊し、変革を志向する非定型的な行為が一定の広がりをもって出現するようになることであり、構造優位から主体優位への相転移が生じることを意味している。つまり、流動化とは、日常性の中で一人一人の行為の枠組みとなっていた役割期待の実効性が失われた状態であり、それまでの役割内容では覆い尽くせない新しい行為が出現する状態である。

流動化は次のような含意をもっている。

第1に、流動化した状態では、各行為者のもつ「自由な選択範囲」が拡大し、各人に従来の役割枠組みにとらわれないさまざまな行為の選択の機会が開ける。すなわち、他の主体からみれば、行為の不確定性が高まる。

第2に、流動化した状態においては、その後の経営システムや支配システムの状態が未決定となり、各人の選択によって、その後のシステムのあり方が大きく左右される。いいかえると、流動化した状態は、主体がその後のシステムのありかたに対して、定常状態より遙かに幅広い選択肢をもつと同時に、大きな影響力を振るえるという点で特権的な状態である。それは、主体がシステムの変革や形

成について活躍できる機会の出現を意味している。

そこでなされる意志決定が、その後のシステムのありかたを大きく変化させるような選択肢のあり方を「岐路」ということにし、そのような岐路が表れて来るタイミングを「決定的瞬間」ということにするならば、流動化した状態においては、「岐路」と「決定的瞬間」が多数現れてくる[2]。

1-2 集団的変革主体の形成

では、どのような条件のもとに、流動化としての相転移が可能となるのだろうか。

流動化の根拠には、構造的緊張がある。そこから生ずる欲求の非充足や生活危機を防止・解決するために、主体的な変革行為が集団的に展開される場合に、流動化が生ずるのである。

流動化を可能にする第一の条件は、「集団的変革主体」の形成である。すでに見たように、変革主体の形成とは、個人あるいは集団が、一定の解決すべき問題を自覚して、その解決のために取り組むことを決意し、優先的に関心と努力を振り向けるようになることである。経営システムにおける変革と支配システムにおける変革に共通な、集団的な変革主体形成を構成する基本的契機は、「問題状況の感受」「端緒的な変革行為」、変革課題の共有というかたちでの「問題形成」、協力ネットワークとしての「集団的主体形成」、変革主体の内部の「統率アリーナの形成」である。

経営システムにおける「動態化としての流動化」は、このような変革主体の形成が経営システム内部でなされ、既存の役割構造や行為プログラムの再編努力がなされることによって、可能となる。

さらに、支配システムにおける「情況化としての流動化」を実現するためには、「争点形成」という第二の条件が必要になる。これは、「要求提出」と「利害調整アリーナの形成」という契機をともなう。「争点形成」とは、一方の主体の要求提出に対して、他の主体がなんらかの態度選択による対応をせざるをえない状況がつくりだされることである。すなわち、支配システムにおける変革過程においては、被格差・被排除・被支配問題をこうむる被支配者側において、それらの解消を課題とする異議申し立て主体が形成され、支配者に対して要求や批判を提出する

---

[2] たとえば、日本の国会における政党間の駆け引きに際して、「政局にする」という表現は、支配システムの一契機たる政治システムの流動化を表す言葉である。

ことによって、社会的な「争点形成」をおこなう。それによって「情況化としての流動化」が可能になる。争点形成とは、同時に、異議申し立て主体と支配者側とのあいだに、「利害調整アリーナ」が形成されることを含意している。逆にいえば、被支配者側から見て、要求提出と交渉の場である「利害調整アリーナ」が設定できれば、「争点形成」も可能になり、一定の流動化を実現することができるといえる。

　流動化を可能にする「集団的変革主体形成」と「問題形成」および「争点形成」という2つの条件を、より詳しく検討してみよう。

2　流動化を可能にする諸要因

2-1　「問題状況の感受」と「端緒的な変革行為」

　変革主体形成の第一歩であり不可欠の契機であるのは、「問題状況の感受」と「端緒的な変革行為」への取り組みである。問題状況の感受とは、経営システムにおける経営の困難化や支配システムにおける構造的緊張を、それにかかわる諸個人が、放置できない状態として、あるいは解決すべきなんらかの問題が存在していることとして感受することである。問題状況の感受は、当初は、なにほどか漠然としたものである。

　「問題状況の感受」を出発点にして、端緒的な変革行為が始まる。端緒的な変革行為の典型は、情報の収集による状況認識の深化や、連帯しうる人物の探索や、集団主体を形成するための社会関係の構築や、問題点を指摘する意見や批判や不満の表明である。

　分別収集の事例における他自治体からの情報収集やゴミの成分分析への着手、新幹線公害問題における、わずか2名の「テレビ障害に抗議する会」の要求提出、コンビナート阻止問題における、少人数での集会の開催や四日市公害についての情報収集の努力などは、端緒的な変革行為の例である。これらの事例においては、いずれも、やむにやまれぬ切迫性を感じて、当初は少数の人々が、端緒的な変革行為へと踏み出したのである。

2-2　「問題形成」と「内部的な統率アリーナ形成」──「システムの問題状況」の「主体にとっての問題」への転換

　「問題状況の感受」を前提にして、情報収集によって状況認識が深まること、また、人々の相互作用を通して意識の共有化が進展することは、ともに、「問題

状況の感受」を、より明確な「問題形成」へと進展させるように作用する。

ある主体が「問題状況の感受」から出発して、探索的な情報収集を経過して、何に取り組むべきかを明確にし、解決すべき課題を設定した場合を「問題形成」ということにしよう（土方1974）。問題形成とは、「システムに内包される問題状況」が、「主体にとっての問題」へと転換されることである。相転移が生ずるためには、問題形成が、分散的な個人においてなされるという状況をこえて、集団的になされる必要がある。

経営システムにおいても支配システムにおいても、集団としての問題形成のためには、集団的変革主体の「内部的な統率アリーナ形成」が必要であり、そのためには、変革にかかわる諸個人の相互作用の機会とコミュニケーション能力がまず必要とされる。

経営システムにおける動態化のためにも、支配システムにおける変革主体形成のためにも、複数の諸個人の間に「変革課題の共有」というかたちで、問題形成がなされなければならない。それは、複数の関与者が、経営システムの問題状況に取り組むための議論の場を形成し、そこで、変革課題を具体的な「共同の目的」として設定するにいたる状態である。変革に取り組もうとする人々の間での協力の場として形成されるアリーナを、「集団的変革主体の内部的統率アリーナ」（略して、変革主体の内的アリーナ）ということにしよう。「問題状況の感受」が「変革課題の共有」というかたちでの問題形成に進むためには、「集団的変革主体の内的アリーナ」において、コミュニケーションの活発化、情報の取り集めによる状況認識の共有と、さらに問題状況を放置せず、何とか改善しようという意志が、存在することが必要である。

2-3 「集団的主体の形成」

変革課題の共有というかたちでの問題形成と、端緒的な変革行為への取り組みがなされ、集団的変革主体の内的アリーナが出現するのであれば、それを核心に人々が結集することによって、集団的主体形成がなされる。集団的主体形成の過程は、協力者のネットワーク形成の過程であり、C.ティリーのいう意味での動員の過程である。「『動員』という言葉は、集団が、受動的な個人の集合から社会生活の能動的な参加者に変化する過程をいう。動員解除とはこれと反対の過程である」(Tilly 1978=1984: 90) [3]。

---

3 動員が効果的になされる条件の解明のためには、共鳴基盤、潜在的ネットワーク（メルッチ）、集

集団的主体の参加者は、共同の目的のための協力行為を通して、「われわれ意識」を共有するようになる。そして「われわれ意識」の強化は、協力関係の維持の基盤となりうる。

　分別収集の導入の事例では、1974年半ばより清掃職員たちが集団的主体として、変革に取り組んだ。新幹線公害問題やコンビナート建設問題や東京ゴミ戦争では、それぞれの地域の住民が、運動集団を形成した。これらは、いずれも集団的主体形成を示している。

　経営システムにおける変革過程は、人々の協力によって推進されるものである。そこにおいては、以上のように「変革課題の共有」にもとづいて、内部的な統率アリーナと協力ネットワークが形成され、変革を志向した「集団的主体形成」がなされるにいたれば、「変革主体形成」が可能になったといえよう。

2-4 「争点形成」と「利害調整アリーナ」の形成

　支配システムにおける変革主体形成のためには、上述のような集団的主体形成に加えて、そのような集団的主体が利害要求を提出し、その相手方とのあいだに「利害調整アリーナの形成」を伴うかたちで「争点形成」を成し遂げなければならない。

　すなわち、対立する複数の主体間での「争点形成」というかたちでの社会的な問題形成が必要なのである。「争点形成」をもたらすのは、政治システムにおける被支配者側からの要求提出と紛争化である。集団的変革主体からみれば、「利害調整アリーナ」とは「外的アリーナ」であり、そこにおける紛争化をとおして、社会的な問題形成としての「争点形成」が可能になるのである。

　このように、争点形成に成功したとき、支配システムにおける変革を志向した集団的主体は、「異議申し立て主体」としての変革主体として自己形成できたといえる。

　たとえば、東京ゴミ戦争において、江東区議会が、1971年夏に、江東区へのゴミの集中的押しつけを批判する公開質問状を提出したのは、そのような「争点形成」である。名古屋の新幹線公害問題において、新幹線公害被害者が、1971年夏以後住民運動を形成し、要求を提出し、さらには、1974年3月に公害差止

団文化（西城戸）など、さまざまな視点から、より詳細な要因連関を探るという課題が存在する。ただし、この論点は本稿の主要な主題ではないので深入りはしない。西城戸誠の著作（西城戸2008）を参照のこと。

と慰謝料を求めて提訴したのも、「争点形成」の段階的発展といえる[4]。

2-5 諸契機の絡み合いと問題形成の大切さ

以上の諸契機は、集団としての「変革主体形成」においては、ほとんど同時平行的に生起し、絡み合っている。すなわち、問題の感受、端緒的変革行為、問題形成、内的アリーナ形成、集団的主体形成は、密接に融合している過程である。この段階では、集団的主体が形成されてから変革行為がなされるわけではない。端緒的変革行為とともに、集団的主体形成がなされるのである。

これらの諸契機が、同時に登場し密接に絡み合っているということは、それらの欠如した状態に注目することによっても明らかになる。一般に社会的問題の未解決という事態は、そもそも解決努力がなされる以前の状態に問題が放置されており、「問題として顕在化しない」という状態に起因することが頻繁にみられる。「問題として顕在化しない」というのは、「問題形成」と「争点形成」の欠如を意味しているが、それは、その問題についての「端緒的変革行為」や「内的アリーナの形成」や「集団的主体の形成」がなされないことであり、また、「利害調整アリーナの形成」が欠如していることを意味している。それらの欠如は、相互規定的であり、絡み合っているのである。

2-6 集合的諸力

集団的主体形成は、それを担っている諸個人のあり方を変容させる。「共同の目的」の達成のために協力がなされるとき、他の人々は、「仲間」であり「同志」となる。仲間の主体性の発揮と努力は、共同の目的の達成に寄与するものであり、したがって、私の目的の達成を促進するものとなる。協力者のネットワークの存在は、私の主体性の共鳴的拡大をもたらす。そして私は、他者との連携により、主体性の拡大を感じることができる。孤立した私は無力であっても、変革主体としての「われわれ」の一員となるとき、私は、「われわれなら、このことができる」という有力感を感ずることができる。集団的主体は、個人主体に対する「自我支援作用」を発揮するともいえよう (堀田 2002)。

集団的主体の主体性は、認識の共有、価値判断の共有、意志の共有が強固に存在するほど、強力なものとなる。

---

4 当事者を取り巻くより広い文脈において「争点形成」を可能にするような、社会的条件はなにかという重要な問題が存在する。この論点の探究は、第Ⅱ部第9章以降でおこなわれる。

第7章　問題解決過程と問題解決の成否を左右する諸要因　225

　このような集団的変革主体形成とそれが可能にする流動化とは、集合的な現象であり、動態化も情況化も、それが大規模になるほど、「集合的諸力」の作用を顕著に示すようになる。
　ここで、「集合的諸力」とは、ある集団がそれに属する個人に対して、一定の態度と行為を選択し続けるようにと及ぼし続ける規制的、動員的な圧力のことである。それは、その集団に属する一定数の人々に共有されている態度であって、それに適合するような人々の一定の態度と行為によって支えられ強化されるとともに、人々を当該の一定の態度と行為を同調的に採用するように圧力を及ぼし続けるものである。集合的諸力は、デュルケームのいう意味での「社会的事実」という特色を有する (Durkheim1895=1979)。
　集合的諸力が作用するほどに変革行為が盛り上がることによって、相転移が生じ、既存の地位・役割構造、制度構造が乗り越えられるのである。
　集合的諸力は、対外的には、社会に対して、その集団が一定の態度を示し、一定の自己主張をするという事態を支えるものである。
　第3章から第6章にかけてとりあげた4つの事例のいずれにおいても、集合的諸力の発現がみられる。たとえば、1974年秋から半年の間に沼津市の分別導入のモデル地区が次々に拡大した過程とか、1971年10月から翌年8月にかけて名古屋新幹線公害対策同盟連合会が、沿線住民2000世帯を糾合して組織化されるにいたった過程とか、1964年1月から9月にかけて、静岡県二市一町で住民運動が組織化された過程には、集合的諸力が作用している。
　集合的諸力が作用しつつ相転移が生ずる過程は、その中に生きる人によって、不可抗的な力が作用する過程として体験される。たとえば、コンビナート反対闘争において、指導的役割を果した一県議 (酒井郁造氏) は、「私も先頭の耕耘機に乗り、デモの指揮をとったが、大衆のエネルギーが反対運動に大きく結集して、もはや、なんぴとも、この流れを阻止することはできないことを痛感した」と述べている (酒井1984)。
　集合的諸力が作用する流動化の過程は、集合的沸騰状態ともいいうるものであり (Gurvitch1950=1970: 90-94)、それだけのエネルギーの噴出があってこそ、定常状態は、突き崩されるのである。

第3節　経営システムにおける問題解決と統率アリーナ

　変革主体形成がなされた状況で、変革行為が問題解決をもたらすためには、どのような状況が鍵になるだろうか。問題解決の成否は、無数の直接的・間接的要因によって規定されており、その分析は、視点の取り方によって、非常に多様なかたちで展開できる。本章では、解決の成否の要因分析を一定の選択的関心からおこなう。その関心とは、制御アリーナの性質がいかなるものかの分析と、複数の制御システムがどのように関係しているのかという関心である。本節では、まず経営システムにおける経営問題解決の成否について検討する。

1　経営問題解決の鍵としての「外的条件」と「整合化」の含意

　第1節では、経営問題の解決の総括的条件を「所与の状況の中での、経営課題群・資源・行為プログラムの整合化的再編」として表現した。また、第2節では、経営問題の解決に取り組む変革主体形成と流動化を可能にする諸要因について検討してきた。変革主体形成と「問題形成」が可能になった場合に、経営システムの文脈での問題解決が可能であったり、不可能であったりするのは、どのような条件ゆえであろうか。

　本節では、この問いを、経営システムにとっての外的条件である機会構造と制約条件、および、内的条件としての制御中枢が有する整合化能力に注目しながら、検討していきたい。

1-1　外的条件としての機会構造と制約条件、存立基盤

　まず、2章でみたように経営システムにおける問題解決、さらにはその存続は、外的条件としての機会構造と制約条件によって大きく規定されていることを再確認しておこう。「機会構造」とは、行為の選択や資源の入手に際して、どのような選択肢が開かれているのかということをあらわす概念である。「制約条件」とは、行為の選択や資源の入手に際して、選択肢が限定されていることをあらわす概念である。

　外的条件のうち、経営システムの存在と作動を支えるような条件の総体を存立基盤というとすれば、存立基盤の中でも特に大切なのは、経営システムに対する人員や経済的資源を提供するような機会構造のあり方である。

　外的条件の可変可能性には、振り幅がある。所与としての外的条件もあれば、

経営システム自体の働きかけによって、変化する外的条件もある。経営課題群の設定のしかたや、どういう質の整合化能力が大切であるのかということ自体も、組織の条件適応理論（contingency theory）が明らかにしているように、外的条件の特質によって、規定されるのである（Lawrence and Lorsch1967=1977）。

このような外的条件にとりこまれているという前提の下で、経営システムにおける問題解決を実現する鍵になる内的要因は、何であろうか。それは、目的設定と手段選択の双方にかかわる「整合化」であり、それを実現する「整合化能力」である。

1–2 価値と経営課題群の的確な（再）定義

経営システムにおける経営問題の解決は、目的設定の次元における「価値と経営課題群の的確な（再）定義」を、その成立条件の1つとしている。経営課題群の的確な設定がなければ、経営問題の解決もありえない。そして、経営課題群をどのように設定するのかということは、経営システムがめざすべき価値をどのように定義するのかということによって方向づけられている。それゆえ、事業システムにおける整合化の第1の契機には、「目的設定における適切性と内部的整合化」がある。このことの含意を検討してみよう。

第1に、目的設定の適切性とは、外的条件との関係において、量的にも質的にも、外部条件との適合性をもち実現可能性を有するということである。

第2に、目的設定の適切性の含意としては、価値合理性による目的の洗練努力がある。経営システムの変革に取り組む主体は、たえず、何を目標とするのかを問われなければならないが、それは、何が本来めざすべき価値であるのかという探究によって、支えられていなければならない。これらのことが、非常に重要であることは、たとえば、沼津の分別収集の事例においてよく示されている。

第3に、目的は抽象的、一般的に設定されるものであるが、それが経営課題群として分節化されるとき、それらの経営課題群の達成水準の設定が、整合的でなければならない。

第4に、成員たちの間に、目的の共有というかたちで、目的に対する各成員の志向性が整合的でなければならない。セクショナリズムの弊害は、この条件の欠如を1つの根拠としている。

経営問題を解決するために必要な整合化の第2の契機として、「手段選択における合理性と内部的整合化」がある。このことの含意は次のようなものである。

第1に、目的としての経営課題群を達成するための手段的合理性の探究が必要であり、それにそって関係する諸主体の意志と行為を整合化する必要がある。
　第2に、諸主体の意志と行為を整合化するということの基本的含意は、人々の主体性の連結である。それゆえ、整合化には、「協力の動員」という含意がある。
　第3に、整合化には、諸主体間の意見の相違の調整、利害対立の調整という含意がある。経営システムにおいては、経営課題群の分節に対応するかたちでサブシステムとしての諸部局や各役割の課題の分担がなされる。そのような課題群の分担のもとでは、サブシステム間で最適化努力の相剋がたえず発生する。また、それぞれの部局・役割を担う具身の集団や個人は、私的主体としても固有の利害関心を有する。利害関心の分立に対応して、諸主体の利害要求の相剋が発生しうる。このような状況で、要素主体間の「意見の相違」や「最適化努力の相剋」や「利害対立」についてそれらの調整というかたちでの整合化が必要である。

2　整合化の成否を分析する際の視点の分節

　ここで、整合化の成否の規定要因としてなにに注目すべきか、どのような視点の分節が必要であるのかを、明確にしておこう。
　元来、支配者（統率者）の存在根拠は、第1章でも見たように、統率者として、諸主体の主体性を整合的に連結して、協力関係を実現することであった。協力関係としての扇型関係が多段化し多数の被統率者の主体性を連結しなければならない場合には、そのような整合化を果たすのが、中央統率者と中枢的制御アリーナとからなる制御中枢になる。それゆえ、まず、目的と手段にかかわる整合化の成否を左右する鍵になるのは、制御中枢（中枢的制御アリーナと中央統率者）の有する整合化能力および、制御中枢とそのほかの諸主体や諸アリーナとの連結のあり方である。
　次に、問題解決という点からみると、「整合化努力」は、「決定案準備段階」と「受容問題の解決段階」とに分かれる。「決定案準備段階」とは、問題解決のために採用するべき決定案を探索したり作成したりする段階であり、そのために必要な情報収集や利害調整原則や行為プログラムを準備していく段階である。「受容問題の解決段階」とは、一つの決定案を決定として採用し、関係者がそれを受け入れて実行可能になるようにする段階である。

3　「決定案準備段階」の整合化努力

「決定案準備段階」の整合化努力においては、なにが大切であろうか。この段階では、「総合的な情報収集」と「豊富な発案」と「批判的吟味」が、決定案を洗練していく鍵になる。

総合的な情報収集とは、経営システムの内部および外部から経営問題の解決に必要な情報を収集することであり、それらをとり集めることによって、的確な現状認識と解決策の手がかりを得ることである。分別収集の導入の事例で、ゴミ問題の現状についてのさまざまな情報がとり集められたのは、その一例である。ここで負の影響について、どこまで情報収集するのかという問題が生じる。

「豊富な発案」とは、問題解決を実現するための方法について、さまざまなアイデアを提示することである。たとえば、「分別収集」とか「自区内処理原則」というのは、そのようなアイデアであった。それらは、出発点においては、大局的な方向性を示したり、漠然としたものにとどまるであろう。そこで「批判的吟味と洗練」が必要になる。

「批判的吟味と洗練」とは、さまざまに発案されたアイデアについて、その効果の可能性を見極め、有力なものについては、方法の細目を具体化し、実行可能な案として形成していくことである。

この決定案準備段階は、基本的には、経営課題群をよりよく達成するための合理的手段を発見するという性格のものであるが、この段階でも各主体間の意見調整・利害調整問題は生起する。合理的な手段の選択と形成は、その内容として、役割・行為プログラムの整合化的再編と、資源配分と負担の再編成とを含むからである。制御中枢（とりわけ、中央統率者）が担う整合化努力は、単なる合図的なものではなくて、経営システム内の各主体間の分岐した意見や利害の間の調整という契機を有するのである。

この整合化の過程で、制御中枢には「尊重性」と「超越性」という資質が必要とされる。ここで「尊重性」とは、制御中枢が、被統率主体たる各部局や役割担当者の意見や要求に対して、経営問題の解決にとって合理性があるものをとりあげ、それに対して適切な配慮することである。そして、「超越性」とは、制御中枢が、それらの部分的な意見や要求を、経営システム全体における合理的な問題解決という文脈の中で、相対化することができ、全体的な合理性と矛盾する場合は、それらに拘束されないことである。

4　整合化の最終段階としての「受容問題の解決」

　経営システムにおける経営問題の解決が成功するための最終的契機は、「受容問題の解決」である。受容問題とは、経営システム内部の変革主体が形成した問題解決のための変革案を、他の主体が受容することを、いかにして実現していくかという問題である。

　経営システムの変革案は、経営問題の解決を第一義的に考慮して形成されるものであるが、その採用の成否の可能性は、支配システムのあり方に規定されざるをえない。というのは、行為プログラムの整合化的再編は、部局・個人といった要素主体の利害に対して、中立的ではありえず、利害調整問題が発生するからである。

　すなわち、経営システムの全体としての整合性を保つためには、要素主体にとっての、資源配分、経営課題群設定、行為プログラム選択を、当の要素主体の意向を抑制するかたちで、制約しなければならないということが、頻繁に生じてくる。これに対して、経営システム内部の要素主体（各部局、個人）が、不満を持ち、抵抗したり反対するということも、頻繁に生じうる。

　変革案の当初の発案主体が、統率者を中心とした中枢的制御アリーナに重なる集団的変革主体であれ、別の場所に位置する集団的変革主体であれ、受容問題は最終的には、制御中枢、とりわけ中央統率者の意志にもとづいて解決されなければならない。

　統率者が、自らの発案にせよ別の変革主体からの提案にせよ、なんらかの変革案の導入・実施を企図したとき、受容問題の展開のしかたには、統率問題あるいは統制問題という2つの可能性が開ける。

　ここで、統率問題とは、統率者が、受容問題を、正当性の再強化と合意形成を通して解決しようとしたときに、登場する問題定義である。すなわち、いかにして説得性のある言葉と論理によって被統率者の支持と納得を獲得し、それを通して、変革案が受容されるようにするのかということが、統率問題である。端的にいえばそれは「合意形成」によって受容問題を解決することである。

　これに対して、統制問題とは、被統率者のありうるべき抵抗を、交換力の駆使によって操作し、排除することによって、変革案を受容させていく場合に出現する問題定義である。受容問題を、統率者（支配者）が統制問題として処理する場合、統率者は支配者として、被統率者〔被支配者〕に強制的に意志決定を押しつけることになる。実際には、統率問題と統制問題はさまざまなかたちで混合する

し、相互に移行しあう。

　一つの経営システムで、どのように受容問題が解決されるかは、当該の経営システムを包摂している支配システムの類型と深い関係がある。

　もし、統率者が、受容問題を純粋に統率問題の枠組みの中で解決することができれば、支配システムに固有の階層間の相剋性が紛争として顕在化することは回避されるから、支配システムの特徴は、後景に退き、すべての事態は経営システムの中でのみ進行するかのごとく見えるであろう。それは、支配システムにおける忠誠・協調状相や（平和的な）交渉状相を背景にした「合意形成」による受容の実現である。

　これに対して、統率者が、受容問題を、広義の交換力の駆使を背景にしつつ、統制問題として解決しようとする場合がある。この場合は、支配システムにおける対決状相あるいは（紛争化した）交渉状相を背景にして、経営システムが運営されることになる。支配システムにおける利害調整が、最終的には「合意形成」によって決着できる場合には、対決状相から交渉状相に移行するという過程を伴って、統制問題は統率問題として再定義されながら処理されることになる。ところが、支配システムにおける利害調整が、最終的に交換力の駆使によって決着づけられる場合、それは対決状相を背景にした統制問題としての意志貫徹を意味している。

　受容問題は、統率問題として解決されること、すなわち合意形成を通して、解決されることが、一般にすぐれている。なぜなら、決定が円滑に、また効果的に実施されるためには、被統率主体たちの積極的な協力すなわち「善意」が必要なのであり、それは合意形成によってこそ得られる。「統制問題」として受容問題が解決される場合は、被統率者たちの納得が得られていないから、その後の実施の過程で、被統率者たちが「最低限のことしかしない」という意味での消極性を示したり、状況が変化すれば、公然と抵抗したりするからである。

　このように、受容問題について考えるのであれば、整合化能力の中心に、合意形成能力が存在することがわかる。そして、合意形成とは、経営システムと支配システムとの双方にかかわる過程なのである。

　以上の議論をまとめてみよう。
　まず、制御中枢の内的性質として必要なのは、価値合理性に立脚した整合性のある経営課題群設定と、行為プログラムの整合的編成と資源の整合的配分による

手段的合理性の実現である。そのような要請をみたすことによって経営問題を解決するためには制御中枢に特有の能力が必要である。それは「情報の取り集め能力」、「豊富な発案能力」、「批判的吟味能力」、「合意形成能力」である。

　これら4つの能力がセットになってはじめて、制御中枢は、経営問題を的確に解決するための意志決定をなしうる。情報の取り集め能力は、豊富な発案能力の基盤であるとともに、解決案の直接的効果、必要な費用、随伴的帰結についての認識を提供するものであるから、批判的吟味能力にも不可欠な条件である。

　問題解決においては、批判的吟味能力と合意形成能力という、一見、対立する方向を向いた異なる能力が同時に必要とされるのであり、とりわけ制御中枢が両者を同時に備えていなければならない。この2つの能力のいずれか1つが欠如した場合、それぞれに頽落態が出現する。もし、批判的吟味能力が欠如した場合、典型的には統率者の発案や指示に対する盲従が生じ、経営問題解決案は洗練を欠き、「イエスマンのみの弊害」が生ずるであろう。逆に、もし合意形成能力を欠いた場合、批判的な意見は飛び交ったとしても、最終的な合意形成が欠如し、協力に基づいた問題解決ができないであろう。

　統率アリーナにおいて、どうやってこの一見対立する要請を両立させうるのだろうか。その基本的方向性は、豊富な発案が、批判的吟味を経て洗練され、関係する諸主体の合意を可能にするような「説得力のある適正な問題解決原則・問題解決方法」の確立がなされることである。そのような原則が発見されてこそ、統率アリーナは、有効な解決策の決定が可能になる[5]。

　全体としての「制御中枢」が、これらの能力を保有しうるかどうかは、第1に、中央統率者の個人的資質によって、第2に、中枢的統率アリーナの特質によって規定される。中央統率者個人の能力は「制御中枢」の能力を大きく左右するのであるが、同時に、中枢的統率アリーナにおいて、どのようなかたちで意見交換がおこなわれ、意志決定がなされるのかということも、「統率中枢」の能力の高低を左右する[6]。

---

[5] 説得力のある適正な問題解決原則・解決方法ということの含意は、規範理論的にいえば、道理性と合理性であり、それについての概念解釈の合意が形成されることである。この点については、8章で検討される。

[6] このことは、リーダーシップの重要性と、組織における集団的討議のあり方の重要性を、ともに根拠づけるのである。

第4節　支配システムにおける問題解決と利害調整アリーナ

　支配システムにおける被格差・被排除・被支配問題の解決過程の意義を、前節で見た経営システムにおける問題解決過程と関係づけて検討してみよう。関心の中心は、支配システムの側面においての問題解決を可能にするのは、制御アリーナにおけるいかなる条件であるのかを探ることである。

　支配システムにおける問題解決の可能性を制御アリーナに即して検討しようとする場合、注意しなければならないことが2つある。第1に、複数の制御アリーナが問題解決過程に関与することであり、第2に、政治システムの状相によって、解決可能性を規定する要因が、大きく変化するということである。

1　関与する制御アリーナ群

　一つの事業システムをめぐって、被格差・被排除・被支配問題の解決過程が展開する場合、そこに関与するのは、第1に、事業システム内部の中枢的制御アリーナ（あるいは、制御中枢）、第2に、二主体型の利害調整アリーナ、第3に、第三者関与型の利害調整アリーナ、第4に、関係諸個人の総意表出型の制御アリーナである。それぞれのアリーナの意義を検討してみよう。

　第1のアリーナは、中枢的制御アリーナである。事業システムの運営にかかわる制度化された決定権は、基本的には、制御中枢が掌握している。被格差・被排除・被支配問題が解決されるためには、それらの解決要求が、制御中枢に直接的に表出されたり間接的に伝達されたりしたうえで、それらを解決することが、優先的な課題あるいは尊重するべき制約条件として設定されることによって可能となる。たとえば、新幹線公害の解決のためには、国鉄本社の総裁・理事会が、防音壁や緩衝地帯や減速走行とかの解決策を採用しなければならない。そのためには、中枢的制御アリーナに利害要求の代弁者が存在し、それらの要求が直接的に表出されるか、あるいは、中枢的制御アリーナに連結している別個の利害調整アリーナに要求が表出され、間接的に中枢的制御アリーナの決定に影響を与えることができるかどうかによる。

　企業内の労使関係において取締役会の中に労働組合代表が入っているような場合には、以上の意味での直接的な要求表出が可能なこともあるが、一般に中枢的制御アリーナにおいては、被格差・被排除・被支配問題を被っている主体の直接的要求表出は困難であり、別個の利害調整アリーナにおいて要求が表出され、

それが伝達されることが必要である。

第2の二主体型の利害調整アリーナとは、事業システムの内部あるいは外部に位置する被支配者側が、支配者に対する直接的な二主体間関係において要求を表出する場合である。その際、制度化された発言権、決定権をどれだけ有しているのか、制度によって保証された交換力の行使機会がどれだけあるのかということが、要求実現の可能性を大きく左右する。たとえば、ストライキというような交渉手段を労働者側が制度化された決定権の1つとして合法的に行使しうるのか、それとも、それは制度化されていない不法なものとされるのかによって、勢力関係は異なってくる。

第3に、第三者関与型の利害調整アリーナとは、直接的利害当事者ではない第三者的立場の主体が、なんらかの影響力を発揮できるようなかたちで、意志決定のあり方が構成されているようなアリーナである。この場合、影響力の強さには、複数の段階あるいはタイプがある。この第三者の有する影響力がもっとも強いのは、「制度化された超越的な決定権」を第三者が有する場合であり、法廷による判決はその代表例である。他方で、第三者的立場にたっている世論の影響力を典型とするように、第三者と制御中枢の間に、制度化された社会関係あるいは制度化された影響回路を特定化できないような場合がある。その中間には、第三者の態度表明が、制御中枢に対して交換力を発揮するような場合がある。たとえば、なんらかの被格差・被排除・被支配問題を引き起こしている特定の企業に対して、第三者的立場の消費者が不買運動というかたちで、交換力を行使する場合である。このいずれのタイプでも、もし、被支配者側が第三者関与型の利害調整アリーナと何らかの第三者的立場の主体に対して働きかけることができれば、その第三者的立場の主体を介して、制御中枢における決定に影響を与えうる。

第4に、総意表出型の利害調整アリーナとは、被支配者側にとって、関係する人々の「総意表出型」の意見表明や決定権の行使の機会が存在するような場合である。たとえば、地域社会においては、首長や議員に関する選挙やリコール、特定の争点についての住民投票は、総意表出型の意見表明あるいは決定権の行使を可能にするものであるから、総意表出型のアリーナといえる。

2　政治システムの状相の差異による勢力関係の主たる規定要因の変化

以上のような一連の制御アリーナの布置を前提として、先鋭な被格差・被排除・被支配問題に対する解決要求が提出された場合、要求が制約条件や経営課題群

へと転換され、閉鎖的受益圏の階層構造が変革されて問題が解決していくためには、どのような要因が重要であろうか。問題解決を左右する要因を総括的に表現するならば、「勢力関係」ということができる。

すでに第2章で見たように、政治システムのあり方は、4つの状相によって把握できる。このうち、被格差・被排除・被支配問題解決要求の提出が問題になるのは「抑圧・隷属状相」、「対決状相」、「交渉状相」の3つにおいてである。「忠誠・協調状相」ではこれらの問題解決要求の提出自体が顕在化しない[7]。大切なのは、政治システムの状相がなんであるのかによって、要求実現の可能性を左右する勢力関係のあり方とその規定要因が、異なってくることである。

政治システムにおける秩序の維持が、交換力と正当性の共有によって支えられることに対応して、勢力関係は、「交換力」と「正当性の主張」によって規定されている。「交換力の行使」とは、さまざまな財の与奪によって、自分の意志を相手に受容させることである。「正当性の主張」とは、「自分たちの掲げる利害要求が正当であり、それを充足しないことは不当である」という主張を通して、自分の意志を相手に受容させようとすることである。

勢力関係の形成において、「交換力」と「正当性」の主張のそれぞれがどの程度重要であるのかは、政治システムの「抑圧・隷属状相」、「対決状相」、「交渉状相」によって、大きく変化するのである。

3 被格差・被排除・被支配問題の解決を可能にする利害調整アリーナの条件

以上のような視点の整理の上で、被格差・被排除・被支配問題の解決を可能にするのは、利害調整アリーナのどのような条件であるのかを考えてみよう。

3-1 抑圧・隷属状相における勢力関係－暴力としての交換力

「抑圧・隷属状相」においては、勢力関係の中心的規定要因は、暴力的な交換力の行使である。この状相の基本特徴は、被支配者側の要求提出の正当性と、「制度内部で正当性を承認された発言権や交換力の行使」を、支配者側はまったく認めず、二主体型であれ、第三者関与型であれ、総意表出型であれ、「制度化された利害調整アリーナ」が存在しないことである。このような状況において、抑圧・隷属状相における被支配者側の要求提出は、一揆的なものとならざるをえない。

---

[7] 「忠誠・協調」状相では、主体的判断による正当性の承認と表出がある。本書の理論枠組では、この状相での要求の提出は別の状相への移行を意味している。

支配者側は、そのような要求提出を拒絶し、それを交換力行使によって抑圧しようとする。その際、支配者側は、被支配者側の欲求充足の正当性を少しも認めていないので、交換力の行使の様態は、被支配者側の人権・人格に対する配慮を欠如するという意味で歯止めがなくなり、ただちに暴力的なものとなる。すなわち、交換力の行使は、実力行使、さらには暴力行使という形態を含むものとなる。植民地独立運動にみられるように、先鋭な被格差・被排除・被支配問題の解決要求の顕在化は、頻繁に暴力と対抗暴力の相互循環的行使となってしまう。それゆえ、ここでの勢力関係は、双方の陣営の暴力行使能力（さらには、その合理化された形態としての武力の行使能力）や、それらの駆使戦術の巧拙によって規定されてしまうのである。勢力関係とは、物理的な力を駆使した戦闘状態となる。この状相においては、「正当性の主張」によって、敵手の態度変容を引き出すことはできない。だが、「正当性の主張」は、自陣営の支持者の結集のためには、重要な貢献をする。
　このような抑圧・従属状相において、先鋭な被格差・被排除・被支配問題の解決要求を顕在化させながら、暴力行使の悪循環を回避しようとする努力としては、非暴力的であることを自覚的・組織的に掲げるような被支配者側の抵抗運動がある。M. ガンジーの民族独立運動や M. L. キングの公民権運動の偉大さは、ここに位置している。歴史的にみれば、抑圧・従属状相にもかかわらず、非暴力的な抵抗運動を続けることが、一定の条件のもとでは、第三者関与型のアリーナにおいて支持者を増やし、当事者の抵抗に加えて、第三者的諸主体の影響力の発揮により、支配者側が譲歩せざるをえない状況を作りだしてきたという事例もさまざまに存在してきた。
　抑圧・従属状相における支配者側の暴力的な交換力の行使に対して、被支配者側さらには第三者からの批判が高まり、支配者側も被支配者側の要求提出の一定の正当性を、制度の中で認めざるをえなくなった場合に、対決状相への移行が生ずる。この移行は、「勢力関係の非暴力化」ということができる。

3-2　対決状相における勢力関係――交換力と正当性の主張の複合

　対決状相は、被支配者側の発言権や交換力の行使が、一定程度、制度化された意志決定手続きの中で承認されている場合に可能となる。まず確認するべきことは、対決状相においての勢力関係を規定する決定的要因は、交換力の大きさだということである。すなわち、直接的な二主体間アリーナにおいて、第三者関与型

の影響力の発揮回路において、また、総意表出型のアリーナにおいて、要求提出と意志表明を可能にする制度の存在を背景にして、さまざまなかたちで、交換力が行使されるのであるが、それが、勢力関係を規定する主導的な要因なのである。石油コンビナート建設阻止の事例において、予定地の地権者が土地の不売を貫いたのは交換力の行使の例である。また、東京ゴミ戦争において、江東区議会が、杉並からの清掃車の実力阻止を実施したのも、交換力の行使である。

　第2に、大切なことは、対決状相においては、交換力の形成と行使にあたり、正当性の主張が、第三者関与型アリーナや総意表明型アリーナにおいて、重要な機能を発揮することである。一般に、被支配者側による「正当性の主張」は、正当性信念が支配者側に共有されている程度に応じて影響力を発揮する。ところが対決状相においては、両陣営間の「正当性の共有」は限られているから、二主体間の直接的交渉アリーナにおいて、被支配者側の正当性の主張が、敵手の態度変更に大きな効果を発揮しうるわけではない。

　だが、「正当性の主張」は、第三者関与型のアリーナや、「総意表明型アリーナ」においては、他の諸主体の支持の獲得を通して、交換力に転化しうるのである。新幹線公害訴訟では、法廷という第三者としての裁判官が存在するアリーナにおいて、被害者である原告団の「正当性の主張」が交換力に転化していた。石油コンビナート阻止の事例では、公害反対という「正当性の主張」が広範な支持者を獲得し、大規模な集会やデモの組織化というかたちで地域住民の「総意表明」を可能にすることによって、交換力に転化した。

　このように対決状相において、正当性の主張が交換力の形成にあたって、大きな影響力を与えるような状況が出現した場合、それを「勢力関係の言論闘争化」ということもできよう。

　対決状相は、基本的には、抑圧・隷属状相のように、日常的にむき出しの暴力行使がなされるわけではない。その意味では、抑圧・隷属状相に比較すれば、暴力の要素は減少している。相手の身体への直接的危害という意味での暴力行使は、一般的に回避されるが、相手の意図を物理的に阻止するという意味での実力行使は、採用されうる手段である。たとえば、東京ゴミ戦争の住民運動においては、大音量による土地測量の妨害、建設用地選定のための都区懇談会の開会阻止、清掃車によるゴミ搬入の阻止などが、それである。一般に制度の中での発言権が提供されている状況では、被支配者側の運動主体は、暴力による自己主張を、本来的に採るべきでないもの、第三者から見た正当性を喪失させるものとしてとら

え、戦術として愚かであり無益と考える。ただし、対決状相においては実力行使というかたちでの交換力の行使がしばしばなされるのである。実際には、実力行使と暴力行使の境界は流動的であり、偶発的要因によって、実力行使が暴力行使に移行してしまうというような事例は、さまざまに存在する。

3-3　交渉状相における勢力関係——鍵要因としての正当性の主張

　交渉状相においては、言論による説得力を通して、利害調整がおこなわれる。そこでは、「正当性の主張」が、第三者型アリーナや総意表明型アリーナのみならず、二主体間の直接交渉アリーナにおいても、勢力関係を規定する主要な要因となる。

　2つの陣営の間に、一定の「正当性の共有」があるとき、相手の態度が、その「共有された正当性基準」に照らして不当なものだという言論は、影響力をふるいうるものである。「共有された正当性基準」を前提にしても、具体的な財の分配のあり方については、利害調整が必要になり、交渉が必要である。

　東京ゴミ戦争においては、言論による利害調整がなされ、最終的には合意形成に到達することができた。その際、「自区内処理原則」「公害を出さない」「住民の意見を反映させる手続きの採用」という規範的原則は、正当性のあるものとして、すべての主体に共有されていた。そのような正当性の共有の上で、具体的な利害調整をすすめた結果、円満解決に至ったのである。

　その際、二者間の直接的交渉アリーナにおいて、しだいに「交換力の行使」は後景にしりぞいて脇役となり、さらには潜在化していった。主役は、言論による正当性の主張になったのである。

　勢力関係において「言論による正当性の主張」が主役になる場合、「勢力関係の言論闘争化」をこえて、「勢力関係の理性化」あるいは「理性による利害調整」が可能になったともいえよう。そのような交渉過程は、「共有された正当性」の概念解釈を特定化するという含意を有するともいえよう。言論闘争化は、宣伝力、宣伝技術によって勝敗が左右されうるのであり、必ずしも理性的言論が勝利するわけではない。理性化とは、言論闘争化を前提の上で、宣伝力ではなく、議論の内容が、勢力関係の帰趨にとって支配的な影響力を及ぼす段階である。

4　利害調整アリーナの問題解決能力

　被格差・被排除・被支配問題の解決を可能にする利害調整アリーナの問題解決

能力についてまとめてみよう。

　要求提出を通して争点形成がなされていることを前提にした場合、要求の制約条件や経営課題群への転換と、財の再分配がなされなければならない。そのためには、利害調整に関与する制御アリーナ群が、総体としての勢力関係を通して、要求実現をもたらすような状況を作りだす能力をもたなければならない。

　総体としての利害調整アリーナがどのような意味での問題解決能力を備えなければならないかは、問題解決のパターンによって異なってくる。

　抑圧・従属状相では、鍵となるのは被格差・被排除・被支配問題の解決要求を提出する主体が有する直接的交換力であり、その行使を実現する条件が存在することである。

　対決状相では、①要求する主体が有する直接的交換力に加えて、②正当性の主張を、第三者関与型アリーナや総意表出型アリーナにおいて、交換力や決定力に転化する能力が大切になる。

　交渉状相においては、一定の正当性の共有のもとで、議論の場が豊富にあり、言論を通しての要求提出とその妥当性の批判的吟味が可能であり、それを通して、合意を形成していくような能力が鍵となる。

　いいかえると、被格差・被排除・被支配問題の解決を要求する「正当性の主張」の直接的影響力の範囲は、3段階に分けることができる。すなわち、①主張の支持者である被支配者たちには共鳴を呼ぶが、第三者や敵手に対しては、説得力をもたない場合、②被支配者たちのみならず、第三者にも共鳴を呼ぶが、敵手に対しては、説得力をもたない場合、③自陣営の支持者、第三者、敵手に対して、同時に共鳴を呼んだり説得力を有する場合、である。

　この②の状況においては、一方の陣営の「正当性の主張」が、第三者の共鳴を呼び、その第三者が他方の陣営の利害状況を操作できるという条件がある場合、第三者の態度が、他の陣営に対する交換力として作用しうるのである。

　大切なのは、第三者を味方につけるに際しては、「交換力の行使」というよりも、「正当性の主張の説得性」が鍵になるということである。なぜなら、支配者側にとっても、被支配者側にとっても、広範な第三者に対しては、またその意見の総体としての世論に対しては、交換力によって操作することは（まったく不可能というわけではないが）きわめて困難だからである。

第5節　問題解決過程についての総合的考察

　以上の検討を通して、経営システムにおける経営問題解決という文脈では整合化能力が、支配システムにおける被格差・被排除・被支配問題の解決という文脈では、それらを改善するような勢力関係こそが鍵であることが確認された。これらの要因に注目しつつ、問題解決の困難さを焦点にして、両システムの相互関係を総合的に検討してみよう。

1　経営問題の困難さの2つの意味

　経営問題の解決は、技術的な性格の強いものであるが、常に容易なわけではなく、そこには頻繁に困難さが立ち現れる。本書の理論枠組に立脚するならば、経営問題の困難さには、「経営システム内在的な困難さ」と「支配システムのあり方に規定された困難さ」（「支配システムに制約された困難さ」）という2つの質的に異なったものがあるというべきである。

　第1の「経営システム内在的困難さ」とは、経営システムを構成し、それに関係する諸要因への注目によって、把握されるべき困難さである。

　経営問題が解決困難である、あるいは、解決不能という場合、その一般的条件として、①外的条件（機会構造と制約条件）の悪化、②経営システム自身が保有し使用できる資源の不足があり、それらに規定されつつ、③諸主体の意見対立・利害対立をいかに整合化するかにかかわる困難さがある。ただし、ここでの利害対立は、経営システム総体としては目的の共有と協力関係が存在するという事態を前提にした上でのものであるから、副次的利害対立ということができる。以上の①②③のうち、両システムの相互関係という点で大切なのは、整合化をめぐる困難さである。

　すでに見たように、経営問題の解決努力における整合化とは、解決案を関係する諸主体に受容させることを意味しており、そのような過程は、統率問題として解決される場合もあるし、統制問題として解決される場合もある。

　経営問題が統率問題として解決されうるのは、副次的利害調整にかかわる合意形成が可能になる場合である。それが可能になるのは、制御中枢と被統率者の間に、かなりの程度の正当性の共有があることを前提にした上で、制御中枢から提起される意志決定方針が、そのつど説得性がある場合である。すなわち、経営問題が統率問題として解決されうる条件は、総体としての経営システムが交渉・

緩格差型類型であることである。そのような場合、支配システムに固有の紛争は前面には出てこないから、あたかも、事業システムは経営システムという１つの性格のみを有するものであるかのごとくに立ち現れる。

　第２に、「支配システムのあり方に規定された困難さ」とは、支配システムにおける先鋭な被格差・被排除・被支配問題解決要求と経営問題解決努力との逆連動にかかわる困難さである。

　この困難さが立ち現れるのは、先鋭な被格差・被排除・被支配問題が生じており、その解消要求が、制御中枢に対して寄せられている場合である。そのような解消要求が出現するのは、支配システムが、対決・急格差型か、抑圧・収奪型にある場合である。

　その場合、経営問題解決努力と被格差・被排除・被支配問題解決要求とは、対立しており、二者択一的状況が表れる。経営問題の解決のための受容問題は、統制問題として処理されざるをえない。そして、経営問題解決努力は、制御中枢が被格差・被排除・被支配問題の解決を拒絶するならば、支配システムにおける支配問題と融合したものとしてらわれる。この事態は、先鋭な被格差・被排除・被支配問題をこうむる側からみれば、それらの解決や緩和の困難さとして立ち現れている。

2　支配システムの類型によって異なる経営問題解決努力の意義

2-1　２つの文脈の機械的な分離による判断の動揺

　以上のうちの第２の困難さ、すなわち、逆連動問題に由来する困難さについて、その解決の方向をどのように考えるべきであろうか。

　逆連動問題が生じている場合、経営問題と被格差・被排除・被支配問題のうちのいずれかの解決不能性は、回避できないかのごとく見える。そして、経営システムと支配システムという両義性への注目は、それだけでは、視点のとり方によって、ああもいえればこうもいえるという動揺する判断を提出するだけにとどまることになりかねない。すなわち、われわれが２つの問題文脈を切り離して、その一つ一つに注目しているかぎりでは、統率者（支配者）の主張は経営システムの文脈で経営問題の解決に関して一理あり、被支配者（被統率者）の主張は支配システムの文脈で被格差・被支配問題への批判に関して共感を呼ぶ、といった２つの判断を並置するだけに終わってしまうであろう。

　このような判断の並置という地点を越えて進むための鍵はなんであろうか。そ

れは、支配システムの類型の差異によって、経営問題の解決努力の前提条件となっている枠組みが異なっていることの確認である。それゆえ、ひとくちに経営問題とかその解決とかいっても、支配システムの類型の相違によって、その意味がまったく異なってくるのである。

2-2 支配システムの類型による経営問題解決努力の性格の相違

われわれの考察する個々の具体的な経営システムは、そのつど支配システムの諸類型 (代表的には、政治システムの4状相と、受益圏の階層構造の4類型が典型的なかたちで組みあわさった、「協調〜平等型」、「交渉〜緩格差型」、「対決〜急格差型」、「抑圧・隷属〜収奪型」の4類型) のどれかに包摂されている。経営システムは、これらのどの類型をその作動の前提的枠組みとしているかによって、次の2つの意味での異質性を示すのである。

第1に、各階層の諸欲求がどの程度まで尊重すべきものとされており、充足されるべき経営課題へと転換させているかということが、支配システムにおける閉鎖的受益圏の類型のちがいに応じて、まったく異なる。閉鎖的受益圏の4類型、すなわち平等型、緩格差型、急格差型、収奪型とは、この順に、被支配者層の諸欲求を尊重してその多くを経営課題化しているものから、それらを冷淡に扱いごく少しの欲求しか経営課題として認めないものへの変異を示すものなのである。それゆえ、平等型や緩格差型の支配システムを前提にした場合、経営の成功はただちに被支配者層も含めての欲求充足の高度化に正運動する。けれども、急格差型や収奪型においては、経営の成功は、そのような帰結を必ずしも伴わない。

第2に、一つの経営問題の解決方法は一般に複数ありえるが、そのうちのどれが選ばれるかは、支配システムの類型に応じて異なってくる。一つの経営問題や経営危機に対して提出されるさまざまな解決策は、経営システムの文脈で経営課題の達成という点からみるかぎり類似の効果を発揮するものであったとしても、支配システムの文脈においては、諸階層の利害に対して中立的でない。一般に、「協調〜平等型」や「交渉〜緩格差型」の支配システムという前提のもとでは、被支配者層にとっての打撃を回避したり最小化したりしようとしつつ、経営問題を解決する道が探られる。けれども、「抑圧〜収奪型」や「対決〜急格差型」においては、統率者層 (支配者層) は自らの既得利益を防衛しつつ、被支配者層のみに犠牲を押しつけるような経営問題解決策が選択範囲に入ってくるのである。

この意味で、抑圧 (順応) − 収奪型や、対決・急格差型においては、経営問題の

解決努力は、支配問題と絡み合う。

われわれの分析や価値判断の対象となる具体的な個々の協働連関は、そのつどこれらの支配システムの類型のどれかが、経営システムを包摂しているというかたちをとっている。それゆえ現象の認識にあたって大切なのは、具体的な協働連関の全体性から断片的に抽象された「経営システムの側面」と「支配システムの側面」との間で、視点の転換をくり返すことではない。重要なのは、支配システムのどの類型のもとに経営システムが包摂されているかによって、社会的現実がいかに大きな振り幅をもって異質なものとなるかに対して、敏感になることである。

もしも、このような支配システムの類型の差異に対して鈍感となり、支配者（統率者）の言動を、経営問題の解決への貢献という側面から見て、一面的に肯定的にとらえ、支配システムの側面でどういう位置にあるのかを見失うならば、虚偽意識という意味でのイデオロギーによって覆われた社会認識に陥るであろう。

3 支配システムの類型移行の重要性

この視点からみるならば、逆連動問題の生起している状況において、大切なのは、支配システムの類型の移行による解決の道の探究である。いいかえると、逆連動の中で、両立的解決が不能と思われる事態は、支配システムの一定の類型を前提にしている。類型の移行によって、解決可能性についての新たな地平が開きうるのである。

事業システムめぐる多くの社会問題において、抑圧・収奪型や対決・急格差型の支配システム類型から交渉・緩格差型への移行が実現することが、逆連動問題の解決の鍵である。このように平等化・平和化の方向への支配システムの類型移行は、「解決過程の基本サイクル」において、変革行為が、決着を通して、実質的な問題解決をもたらすことを可能にする。

そのような変化の成立条件と合意については、すでに検討してきたことであるが、再度、まとめておこう。

第1に、逆連動問題を解消するためには、「要求の制約条件と経営課題群への転換」、ならびに、「受苦や格差の解消の費用化」が必要である。このことは、閉鎖的受益圏の階層構造が、より平等化することを意味しており、支配システムの類型移行を意味している。いいかえると、経営システムを取り巻く枠組み条件が変化することを意味しており、そのような新たな枠組み条件を前提にして、経営問題の解決努力が展開されるようになれば、逆連動問題は解消できる。

第2に、この移行は、出発点において紛争を伴うものであるが、帰結においては、「勢力関係の言論闘争化」や「勢力関係の理性化」という特徴を示すものである。類型移行自体は、被支配者側が勢力関係において、「要求提出と交換力で押し切る」というものから、「言論に依拠した合意形成」というかたちで進むものまで多様である。

　交換力の行使による移行は、なかなか安定化しない傾向をもつ。なぜなら制御中枢にとっては、「不本意な移行」であるからである。この移行が安定化する一つの条件は、社会的規範が導入されることである。

　第3に、被支配者側の要求が経営課題群や制約条件に転換されるということは、支配者側（制御中枢）の配慮範囲が拡大することを意味している。つまり、事業システムの決定と行為により発生しうる負の帰結を考慮に入れて、それを発生させないような配慮を、経営システムの運営努力においておこなうようになるということである。

　すでに見たように、情報の総合的取り集めが、経営問題の解決にとって非常に重要な条件である。この論点を支配システムの文脈まで拡げて考えてみるならば、被格差・被排除・被支配問題の解決要求とは、制御中枢が情報と要求の総合的取り集めに際してカバーする範囲を拡大するように、という働きかけであると意味づけられる。

　「配慮範囲の拡大」によって、負の帰結を回避しようという努力がなされるようになれば、先鋭な被格差・被排除・被支配問題を解消する可能性が開ける。すなわち、逆連動問題を解決する可能性が開ける。

　「配慮範囲の拡大」は、一般に制約条件の増大と費用負担の増大を意味するから、傾向的に他の経営課題群の達成を困難化する。それゆえ、事業システムが、競争的な条件におかれている場合は、「配慮範囲の拡大」への抵抗が生ずる。

　ここで、「配慮範囲の拡大」をどこまでおこなうべきかという問題が生ずる。このことは、視点を変えれば、何が解決されるべき「先鋭な」被格差・被排除・被支配問題であり、何が受忍限度内の格差や排除や受苦なのかということを、どうやって判断するかという問題を意味している。

結　び

　以上の本章の要点を、問題解決の成立条件に注目しながら、まとめておこう。

①第3章から第6章において検討してきた問題解決事例は、「経営システムと支配システムの両義性」という理論枠組みによって、その性格の相違を把握することができる。
②問題解決過程は、「主体と構造の両義性」に注目するのであれば、構造的緊張→（流動化としての相転移）→集団的変革主体形成→変革行為→（決着・再秩序化としての相転移）→定常状態という4つの局面からなる「問題解決過程の基本サイクル」として把握することができる。
③問題解決の第1の成立条件は、集団的変革主体の形成である。そして、集団的変革主体形成を可能にするのは、「問題状況の感受」「端緒的な変革行為」「変革課題の共有としての問題形成」「集団的主体形成」「内部的な統率アリーナの形成」という諸契機である。
④経営システムにおける経営問題の解決の含意は、総括的に表現するのであれば、「所与の状況の中での、経営課題群・資源・行為プログラムの整合化的再編」である。
④-1：それゆえ、経営問題解決の第2の成立条件は、機会構造と制約条件の総体である外的条件が、経営システムの主体的能力との相関において、問題解決を不可能にするほど不利ではないこと、あるいは、問題解決を可能にするほど有利であることである。
④-2：経営問題解決の第3の成立条件は、総体としての経営システムが問題解決に必要とされる整合化能力を十分に保有していることである。整合化能力は目的設定と手段選択の双方において必要とされるから、第3の成立条件を支える諸契機が次のように存在する。
④-2a：目的設定においては、価値合理性に裏付けられた目的設定の洗練と共有が整合化の鍵である。それゆえ、制御中枢における価値合理性の堅持と、成員の間での価値の共有は、整合化を支える要因である。
④-2b：手段選択においては、決定案準備段階、受容問題の解決段階において、それぞれ整合化が必要である。

　第1に、決定案準備段階における整合化のためには、制御中枢における総合的情報の取り集め能力、豊富な発案能力、批判的吟味能力が大切であり、それによって手段的合理性のある決定案の形成を軸に、成員の認識と意志の共有を推進する必要がある。

　第2に、受容問題の解決段階における整合化には、統率問題の解決（合意

形成による整合化)というパターンと、統制問題の解決(交換力の駆使による整合化)というパターンがある。

　合意形成によって受容問題を解決するためには、制御中枢が、総合的情報の取り集め能力、豊富な発案能力、批判的吟味能力を十分に保有し、それによって、成員に対して説得力のある合理性のある決定案を形成することが鍵になる。

　統制問題というかたちで受容問題を解決するためには、制御中枢が、経営システムの内部に意志貫徹をできるだけの交換力をもつ必要がある。ただし、そのことは、支配システムの特定の状態を前提するとともに、当面の経営問題の解決を可能にするが、長期的には、決定内容に対する批判的吟味の不足、被支配者(被統率者側)の不満の累積と積極的協力の欠如というかたちで、経営システムの経営能力を低下させる可能性を伴う。

⑤支配システムにおける先鋭な被格差・被排除・被支配問題の解決の総括的成立条件は、これらの問題の解決要求が、制約条件と経営課題へと転換され、先鋭な格差や排除や受苦を解消するための費用が事業システムに内部化されることである。

⑤-1：それゆえ、これらの問題の解決の第2の成立条件は、被格差・被排除・被支配問題解決要求を満たすだけの費用負担能力(資源や経営能力)を、事業システムが有することである。

⑤-2：被格差・被排除・被支配問題の解決が成立するのに必要な第3の条件は、「要求の制約条件と経営課題への転換」と「受苦の費用化」を実現するに足るほどの利害調整能力を総体としての利害調整アリーナが有することである。すなわち、総体としての利害調整アリーナにおいて、そのような「勢力関係」が支配者と被支配者の間に存在することである。

　ここで、総体としての利害調整アリーナには、中枢的制御アリーナ、二主体型の利害調整アリーナ、第三者関与型の利害調整アリーナ、総意表出型の制御アリーナが含まれており、それぞれにおける勢力関係は、「交換力」と「正当性の主張」を構成契機としている。

⑤-3：ここで大切なことは、「要求の制約条件と経営課題への転換」と「受苦の費用化」という第3の条件を実現するために有効に作用する「交換力」と「正当性の主張」のウエイトは、支配システムの類型の差異によって大きく異なることである。

⑤-3a：「抑圧・隷属状相」においては、「制度化された要求表出回路」がないので、被支配者側の「正当性の主張」は支配者に対して直接的には無効であり、一揆的な要求提出と「暴力としての交換力」の行使が主要な手段となる。

⑤-3b：「対決状相」は、「要求提出行為の正当性の獲得」と「勢力関係の非暴力化」を特徴とし、「非暴力的な交換力」と「勢力関係の言論闘争化」が重要となる。被支配者側の「正当性の主張」は支配者に対して直接的には無効であるが、潜在的支持者の結集と第三者の支持を獲得するには有効であり、間接的に交換力に転化することができる。

⑤-3c：「交渉状相」は、「正当性の共有」が相当程度存在することを特徴とし、「言論による正当性の主張」が相手の説得に対しても、主要な役割を果たすようになる。

⑥経営問題の解決努力が、どのような支配システムの類型を枠組としてなされているかに、たえず注目する必要がある。支配者(統率者)側の経営問題解決努力の意味は、支配システムの類型によって大きく異なるのであり、その差異を無視した認識は、虚偽意識という意味でのイデオロギーになる。

⑦被支配者側の被格差・被排除・被支配問題解決要求によって経営課題群と制約条件の再定義がなされた場合、それは経営システムにとっての配慮範囲の拡大を意味しており、また、支配システムの類型移行を意味しうる。

⑧経営問題の解決努力と被格差・被排除・被支配問題解決努力の逆連動が生起したとき、大切なのは、支配システムの類型移行による逆連動状態の解消である。その視点を欠如して、支配者(統率者)の主張と被支配者(被統率者)の主張を並置するだけにとどまるのは、「経営システムと支配システムの両義性」論の誤用である。

本章を閉じるにあたって、本書の以後の諸章の課題について展望を記しておきたい。

本章の考察は、主要には、組織の水準(すなわち、事業システムの水準)を対象とし、また、理論の性格としては「基礎理論」の水準でおこなわれた。したがって、この後の展開としては、次のような諸方向が可能である。

第1に、本章で整理した「問題解決の成立条件」を規定するより具体的な要因連関の解明。より具体的な、どのような要因連関のもとで、問題解決は成立するのか、逆に、どのような要因連関のもとで、問題解決は閉塞したり失敗したりす

るのか。より具体的水準での研究は、さまざまな「中範囲の理論」の水準での問題設定と考察を必要とするであろう。

　第2に、よりマクロ的な水準における問題解決過程を対象にした解明。組織より上の水準に、社会制御システム、国家体制制御システム、国際社会制御システムという、よりマクロ的な制御システムが存在している。「社会制御過程の社会学」のためには、これらの水準での問題解決過程を把握するための基礎理論的考察が必要である。

　第3に、規範理論的問題の考察。本章は、問題解決について、「経営システムと支配システムの両義性」論に立脚して、その成否を左右する経験的要因について考察してきた。そこには、暗黙のうちに、「経営問題の解決」と「被格差・被排除・被支配問題の解決」がともに必要であるという判断が、問題関心を支えていた。だが、この2つの文脈での問題解決の必要性については、より掘り下げた考察が必要である。それは、社会学における規範理論的探究を要請するものである。

　以上の第2の課題を探究することが、第Ⅱ部の各章の課題となる。そして、その過程で、可能な範囲で、第1の課題についても、部分的に取り上げることになるであろう。それは、これまでの第3、4、5、6章において、第1の課題について、ある程度取り上げてきたことと同様である。ただし、その前に、第3の課題について検討する必要がある。規範理論の領域での論点の整理と確保は、より複雑な水準での社会制御過程の経験科学的解明に際して、不可欠な前提になると考えられるからである。それが、次章（第8章）の主題となる。

第8章

社会制御システム論における規範理論の基本問題

はじめに

　本章は、規範理論の領域での諸問題を扱う。社会学における規範理論の領域における研究は、経験科学的理論の領域における研究と比較して数少ないが、1990年代以後、関心の高まりと研究の蓄積が進展してきた(高坂1998)。

　規範理論について考える場合、大きくは「社会の組織化」という問題文脈と「個人の生き方」という問題文脈とを分けて考えることができよう。この両方の文脈で、「社会制御過程論」にかかわる規範的問題が登場する。本章では、まず、「社会の組織化」にかかわる規範理論の基本問題を検討する。(なお、第Ⅱ部第17章において、「個人の生き方」にかかわる規範的問題を、主体性の質という基本的な論点に即して考察する予定である。)

　本章において、あえて規範理論の領域に踏み込んで考察を進める理由について、説明をしておきたい。

　第1に、規範理論についての考察は、社会問題の解決を焦点とする社会制御過程についての経験科学的認識に際して、実践的に有意義な観点が何であるのかということを明確にする。社会制御過程は無限に複雑であり、その中からどのような要因や現象に注目すべきかについても、さまざまな選択肢がありうる。規範理論的考察は、社会的問題解決にあたって、実践的には何が重要な要因であるのか、したがって経験科学的認識においてどういう観点が大切なのかということを、自ずと浮上させるはずである。

　第2に、規範理論的考察は、実践的な政策提言を根拠づける。社会制御過程を経験科学的に認識する場合に、その根底にある問題関心は、社会的問題解決の可能性の探究である。そのためには、そもそも問題解決とは何か、いかなる社会的状態を問題が解決された望ましい状態と見なすべきかについて、原理的な考察

が必要とされる。そして、もしも、問題解決についての原理的な原則が明確になるのであれば、その系として、より具体的な、限定された実践的課題についても、制度設計や問題解決の原則を提起する可能性が開けるであろう。

以下では、まず、規範的原則を探究する手続きについての準備的検討をおこなう(第1節)。次に、社会制御システムを「経営システムと支配システムの両義性」という理論的視点から把握することを前提にして、社会問題解決のために必要な2つの規範的公準を設定する(第2節)。そして、そのような規範的公準を具体的に実現していくために必要な価値理念群について、「経営システムと支配システム」という視点から検討する(第3節)。さらに、これらの規範的公準や価値理念の具体的適用をめぐって、「受忍限度の定義問題」「受苦の解決可能性問題」という難問が現れてくることを、「逆連動」を焦点にして考察する(第4節)。最後に、逆連動をめぐる難問を解くために、「実体的基準の探究」から「手続き的原則の探究」へと「規範理論の問題設定を転回させること」、その上で「勢力関係モデルの理性化」という探究の方向づけを提唱する(第5節)。

第1節　社会学的規範理論の課題と規範的原則の探究の手続き

1　規範的原則の探究の意義

「社会の組織化」にかかわる規範理論上の基本的問題とは何であるのか。それは、一般的にいえば「社会を組織化する適正な規範的原則をいかにして発見し、どのような内容のものとして設定したらよいか」というように定式化できよう。

この問題設定の含意について、いくつかの説明をしておこう。

第1に、規範的原則を設定しようという課題は、実際の社会の中では、さまざまな適用範囲の広狭と、さまざまな具体性の程度において問題化する。たとえば、一つの組織というレベルにおいて、あるいは一つの制度というレベルで、あるいは、社会生活一般という文脈で問題化する。それに対応して、求められる規範的原則の個別性・具体性／一般性・抽象性の程度は、さまざまである。ここで、問題にするのは、本書で主題化しているような社会制御過程において、もっとも基本になるような水準、その意味で「公準」の水準における規範的原則である。これを規範的公準ということにしよう。本章が注目するのは、そのような意味での規範的公準であり、それを具体化するための価値理念である。

第2に、規範的原則を探究するという課題設定の前提になっているのは、社会

問題の解決についての社会計画論的な関心である。社会計画論的関心とは、社会システム全体のあり方としてどのようなあり方が望ましいのか、すなわち、社会を適正に組織化するためには、どのような原則に立脚するのが望ましいのかという主題について関心を抱く立場である。これは、ある主体の個別の利害要求の優先的充足という要求から出発して、そのためには、どのような社会のあり方が望ましいのか、という発想の対極に立つものである。社会システムのあり方の望ましさは、もとより、個別の利害要求の尊重とつながっている。だが個別の利害要求の尊重とは、個別の利害要求の即自的・無批判的な肯定や反映と同じではない。社会計画論的関心は、個別の利害要求を、社会を組織化する適正な原則の枠の中で、節度と制約条件を課すかたちで充足しようとする。

第3に、本章は、社会学的規範理論の探究に志向している。社会についての規範理論は、社会とその構成要素たる諸個人をどのような概念群や理論枠組みによって把握するのかということと相関している。J-J. ルソーや T. ホッブズや A. スミスなどにみられるように、社会観、人間観についての認識モデルは、規範理論の展開の前提になる。

本章における規範的原則の探究は、社会学的な認識枠組みを前提にしており、その意味で、社会学的な規範理論の探究という性格を有する。より具体的には、本章は、社会制御過程を把握するための「経営システムと支配システムの両義性」という社会学的理論枠組みを前提にしており、それに立脚して、この枠組みの中に登場してくる社会問題をどのように解決するのか、その限りで、社会を組織化する適正な原則を探ろうというものである。それゆえ、本章で注目する規範的問題の登場する領域は限定されている。本章の前提としている「経営システムと支配システム」という理論枠組みでは的確に把握できないような社会問題については、本章とは別のかたちでの規範的考察が必要となるであろう。

2　規範的原則の導出の方法

ここで、そのような原則の発見の手続き、あるいは根拠づけの手続きを、どのように設定するべきかという課題が浮上する。我々はいかにして、「社会を組織化する適正な原則」を発見することができるだろうか。

この場合、「適正な規範的原則」の探究を徹底するならば、探究されるべきは「普遍的妥当性を有する規範的原則」である。ここで「普遍的妥当性」ということの含意を明確にする必要がある。

そのために、まず、さしあたり日常語で表現されている「適正な規範的原則」ということの含意を明確にしておこう。一般に、規範的原則とは、個別的な利害要求に対して、それを制限するという意味での優越性を有するという含意がある。その上で、ある規範的原則が、社会を組織化するために「適正」であるためには、その含意として、①それを守らないとさまざまな不都合な事態や困った問題が多発すること、②限られた個別的な場面で有効であることにとどまらず一般に広範な状況で適用可能であること、③広範な人々に支持され受容されうること、という3つの条件があると考えられる。

このような意味での「適正な規範的原則」からさらに一歩進めて、「普遍的妥当性」を有する規範的原則とはどういうものかを考えてみよう。「普遍的妥当性」の含意は、「あらゆる状況において、あらゆる人々によって妥当だと判断され、支持される」ということだと解するべきである。すなわち、「適正な規範的原則」の含意の内、②と③の条件について、「広範な状況」「広範な人々」という言葉を、「普遍化」の方向で厳密化することによって、「普遍的妥当性」をそなえた規範的原則が、形式的に定義される。いいかえると、「あらゆる状況で」適用でき、「すべての人が」合意できるということが、「普遍的妥当性」の含意である。これに対しては、「そのような意味での『普遍的妥当性』をそなえた規範的原則などあり得るのか」という疑問が、当然にも提起されるであろう。この疑問に対しては、「あらゆる状況で」「すべての人が」ということの含意を明確にし、その上で「普遍的妥当性」をそなえた規範的原則を、どのような意味で根拠づけることができるのかを、検討する必要がある。

まず明確にするべきは、ここでいう「あらゆる状況」とは、「無限定なあらゆる状況」のことではなくて、社会を「経営システムと支配システムの両義性」として把握し、その限りで、「解決するべき問題が立ち現れてくる」限りでのという限定を付したかたちでの「あらゆる状況」なのである。また、「すべての人が」の含意は、以下の論述の中で明らかにしていくことにしよう。

ここで、規範的原則の根拠づけに際して、根拠づけということの複数の意味を区別しておきたい。広義の「根拠づけ」という言葉には、「発想根拠」「拒否根拠」「支持根拠」の3つが含意されている。規範的原則の提唱にあたっても、科学的認識についての命題の提唱と同様に、この3つを区別することが可能であるように思われる。「発想根拠」とは、何らかの命題を提唱する場合、そのアイデアが何を根拠にして着想されたのかにかかわる根拠である。「拒否根拠」

とは、ある命題を受け入れられないとして拒否する場合に、なぜ拒否するのかという理由にかかわる根拠である。「支持根拠」とは、ある命題を受け入れる場合に、その支持の理由にかかわる根拠である。

　本章では、規範的原則の根拠づけの方法として、次の3つの方法に注目したい。第1は、直観的方法であり、第2は、帰納的方法であり、第3は、演繹的方法である。このうち、帰納的方法と演繹的方法は、それぞれ、M. ウォルツァー（Walzer 1987=1996）のいう意味での「発見の道」と「発明の道」に、対応するものである。

　直観的方法とは、ある原則の提示に対して、我々一人一人が、それを直観的に妥当であると感じるか、それとも、不当であると感じるのかということによって、根拠づける方法である。直観的方法の必要性を提唱する立場は、そのつどの主体的判断を重視する立場である。直観的方法は、発想根拠としても、支持根拠としても、拒否根拠としても作用しうるものである。だが、直観的方法は、その判断をする個人にとっては、妥当なものだと思われたとしても、社会の中の他の人々にとって、その妥当性が共有されるかどうかについては、空白である。他の人々との原則の共有ということを考えるならば、「合意形成」ということを鍵にした妥当性の根拠づけが求められる。

　そこで次に、「合意形成に注目した帰納的方法」が登場する。この方法は、一定の規範的原則を設定した場合に、それによって傾向的に社会的合意形成が可能になるのか、それとも、紛争が頻発して合意形成ができないのか、という経験的規則性の知識を収集し、そこから、合意形成を実現する可能性が高い原則を導出しようとするものである。

　「発想根拠」として見た場合、「合意形成に注目した帰納的方法」は、充分に有力でありうる。また、「拒否根拠」としても、現に存在する人々によって、その妥当性にくり返し疑問を挟まれたような規範的原則は、普遍妥当性のある規範的原則から除外することができると思われるので、「合意形成に注目した帰納的方法」は、充分に有力でありうる。

　また別の角度から帰納的方法のメリットをみるならば、第1に、規範理論的考察が空理空論に陥ることなく現実の諸問題としっかりとかみ合うような回路を、帰納的方法は提供している。第2に、規範的原則を、より具体的なレベルにおける制度設計原則や、組織運営原則へと適用していく際に、より具体的な要因と関連づけた、より具体的な命題群（適用原則ともいうべきもの）を生みだすのに、帰納的方法によって得られた命題は使いやすいと考えられる。

しかし、この帰納的方法には、固有の弱点が存在する。まず、ヴェーバー（Weber 1904=1998）が指摘したように、事実認識から、規範的判断は論理的には導き出せないのだから、合意形成が実現する経験的条件が繰り返し観察されたとしても、そこから普遍的妥当性のある規範的原則を帰納的に確定するのは無理があるのではないかという疑問が提起される。また、現実に存在する人々の価値観はさまざまであり、他の人々からみれば、とんでもない不当な状態が、たまたまそこに関与し当事者となった人々によっては、「妥当性」のある状態として正当化されることもあるのではないかという疑問も寄せられる。つまり、帰納的方法は決定的な「支持根拠」を提供することができないのである。

では、このような「帰納的方法による合意形成への注目」の限界と難点を乗り越えていくような方法はないものであろうか。ここで、J.ロールズが『正義論』（Rawls 1971/1999=2010）で提起している、「仮想的な社会状態を設定した上での合意形成に注目した演繹的方法」がきわめて示唆的なものとして登場する。

ロールズの『正義論』において採用されている発想の鍵は、社会形成の論理的出発点として「原初状態」を想定して、そこに登場する諸個人に対して一定の条件を付与し、そのような一定の人物像の前提の下で、人々によって受け入れられ合意形成が可能になるためには、どのような原則が選択されるのかというかたちで、規範問題に対する解答を得ようとするものである。ロールズの理論は、社会契約論の伝統を継承するものであり、普遍的妥当性のある社会規範は、人々の意志表明に基づく合意によって形成されるという考え方にたつ。それゆえ、ウォルツァー（Walzer 1987=1996）の分類を使用すれば、それは「発明の道」によって規範を形成するものである。

ロールズの立論の特徴は、社会契約を結ぶ人々の想定のしかたにある。ロールズは、原初状態（original position）という仮想状態の人々を想定して、それらの人々の合意を根拠として普遍的妥当性のある社会規範を導出しようとする。原初状態を定義する諸条件の中で、もっとも注目すべきは「無知のヴェール」という条件である。「無知のヴェール」の基本的意味は、各人が、自分が社会の中で占める自分の位置についても知らず、自分のもつ資質についても知らない、ということである（Rawls 1971/1999: 11）。この「無知のヴェール」という着眼は、規範理論の文脈で論議を発展させる大きな意義をもつ。

「無知のヴェール」ということの含意は、第1に、社会の中で自分の占める特定の位置に随伴する利害や、自分の資質との関係で、自分が有利か不利かを判断

し、それに関係づけて、社会の望ましい状態を判断するという道を閉ざしていることである。各人は、自分の特殊な利害との関係で、社会状態の望ましさを判断するのではなく、社会を全体として見渡したときに、妥当性のある原則で組織化されているかどうかを判断するように促されるのである。これを「社会組織化の一般原則の優越性の原則」ということができよう。

第2に、「無知のヴェール」は、各人の位置する立場が、社会の中のあらゆる立場になりうることを前提として議論をすすめることを可能にする。それは、立場の完全な相互互換性の存在を前提にすることと機能的に等価であるといえよう。これを「不偏性の設定」ということができよう。

第3に、より焦点をしぼっていえば、「望ましい社会状態」を選択するにあたって、「無知のヴェール」という発想が提起するのは、一定の社会状態が存在するとき、その中で、仮に自分がもっとも不利な地位と資質をもっている者だとしても、そのような社会状態を受け入れることができるのか、という問いかけである。これを、「許容化基準の設定における不利な主体の立場の採用」ということができよう。

このような意義を有する「無知のヴェール」という方法は、普遍的妥当性のある規範的原則を探究することを可能にするような方法である。「無知のヴェール」を前提とした状況において、社会の適正な組織化の原則を探究しようという諸個人が集まっている場合に、その人々が、どのような規範的原則に即して合意を形成するのかという視点から、普遍的妥当性のある原則の「支持根拠」を提出するという道が開ける。

以上のように、規範的公準を導出するにあたり、「直観的方法」「観察される合意形成を焦点にした帰納的方法」「原初状態の人々の間での合意形成を焦点にした演繹的方法」という3つの方法があることが確認できる。その上で、本章が採用するのは、これら3つの方法のいずれを通しても、普遍的妥当性が支持されるような(あるいは少なくとも否定されないような)規範的公準を探究するという方法である。

第2節　制御システムの両義性に即した2つの規範的公準

本章の主張の展望を得やすくするために、本章で提出したい2つの規範的公準(normative postulate)をまず提示しておこう。

規範的公準１：２つの文脈での両立的問題解決の公準
　支配システムの文脈における先鋭な被格差問題・被排除問題・被支配問題[1]と、経営システムの文脈における経営問題[2]を同時に両立的に解決するべきである。

規範的公準２：支配システム優先の逐次的順序設定の公準
　２つの文脈での問題解決努力の逆連動が現れた場合、先鋭な被格差問題・被排除問題の緩和と先鋭な被支配問題の解決をまず優先するべきであり、そして、そのことを前提的枠組みとして、それの課す制約条件の範囲内で、経営問題を解決するべきである。

1　「２つの文脈での両立的な問題解決」の公準

　これらの公準のうち、まず「２つの文脈での両立的な問題解決」の公準、すなわち「支配システムの文脈における先鋭な被格差・被排除問題・先鋭な被支配問題と、経営システムの文脈における経営問題を同時に両立的に解決するべきである」という規範的公準について考えてみよう。
　まず、直観的な方法によって検討する。
　経営システムにおける問題解決と、支配システムの文脈における問題解決は、それぞれ単独で取りあげた場合には、それに利害関係をもつ人々にとって、それ自体、望ましいということは、誰しも承認しうることであろう。単独で取りあげた場合、一定の経営システムにおける経営問題の解決は、当該の経営システムの経営課題群の達成にリンクして、欲求充足機会をもつ人々にとっては、望ましい事態である。また、支配システムの文脈において単独で取りあげた場合、「先鋭

---

[1] ここで「被格差問題」とは、何らかの閉鎖的受益圏の外部にいる主体が、財の入手に関して受益圏内部の主体に比べてより少ない機会しかもたず、より低い欲求充足しかできない状態が、当事者によって問題視されたものである。「被排除問題」とは、何らかの閉鎖的受益圏が存在する状況で、その内部の主体が外部に排除されたり、外部の主体の内部への参入意向が拒否される場合に、当事者によって、そのような排除や参入拒否が不当であると問題視されたものである。「被支配問題」とは、被格差問題あるいは被排除問題の特質の上に、さらに受苦性、階層間の相克性、受動性という３つの規定が付加したものである。本書の第２章を参照。

[2] 「経営問題」とは、なんらかの経営システムにおいて、さまざまな制約条件や困難に抗しつつ有限な資源を使って、いかにして最適な経営方法を発見し、すべての経営課題群をより高度に充足し、当該経営システムの存続と発展を実現するかという問題である（舩橋 2010: 83-84）。本書の第２章を参照。

な被格差問題」や「被支配問題」の解決は、それをこうむっている被支配者の側からみれば、自らの欲求充足状況の改善を意味するから望ましい事態である。この公準のポイントは、このような単独での問題解決への注目を越えて、経営システムと支配システムにおける問題の「同時解決」ということに注目し、それを鍵にして、規範的原則を設定していることにあるが、それぞれ単独で達成されれば望ましい事態が、両立的に達成されているのであるから、直観的にみて、そのような事態は望ましいと判断できる。

次に、この規範的公準1は、「観察される合意形成を焦点にした帰納的方法」によっても、支持することができる。たとえば、東京ゴミ戦争の問題解決事例（6章）は、「対抗的分業」を通して、経営問題の解決と、先鋭な被格差問題・被支配問題の解決とが同時達成された例である。あるいは、一般に、工場立地に際して、適切な公害防止措置が採用され、公害被害というかたちでの被支配問題を回避しつつ、工場の操業を通して経営問題が解決されるという事態も、2つの文脈での同時解決が好ましいということを例証する。

さらに、「原初状態の人々の合意形成を焦点にした演繹的方法」によっても、「2つの文脈での両立的な問題解決」という原則は支持することができる。無知のヴェールでおおわれた仮想的な人々の集合を考えた場合、どのような立場に自分が立っていようとも、経営問題の解決を通しての欲求充足の機会が存在する一方で、先鋭な被格差問題・被排除問題・被支配問題を自分がこうむることは回避されているのだから、誰にとってもそのような状態を好ましいと考えることができる。

以上のように、どの方法で考えていっても、両立的な問題解決が可能な場合、それは支持される事態であり、それを好ましくないとして拒否する論拠は提出されえないのである。

2 「支配システム優先の逐次的順序設定」の公準

だが、「2つの文脈での両立的問題解決の公準」を設定した場合、そのことが、次にどのような問題を提起するのかを考えなければならない。この公準の生みだす論理的帰結を考える際に、とりわけ大切なのは、次のようなトレードオフが出現してくる状況である。すなわちそれは、現実の社会問題の解決努力のなかで、経営問題の解決と先鋭な被格差問題、被排除問題、被支配問題の解決が対立（逆連動）したとき、どのように調整するべきかという問題状況である。たとえば、

新幹線公害問題において、いかにしたら高速走行の便益を継続的に提供しうるのかという国鉄にとっての経営問題の解決努力と、騒音や振動という公害被害をどのようにしたら解消しうるのかという住民にとっての被支配問題解決努力は、厳しく対立し、逆連動状態が現れていた(4章)。

「逆連動問題」とは、さまざまな水準の制御システムにおいて、経営問題解決努力と、被格差・被排除・被支配問題解決努力が、相互に背反することである。一方を改善しようとすると、他方が悪化することである。トレードオフという言い方もできるが、一方を改善しようとすればするほど、他方が悪化するという含意を表現するために、「逆連動」(negative induction) という言葉を使用する。この反対概念は、「正連動」(positive induction) であり、一方の側の問題解決努力が、他方の側の改善、あるいは、少なくとも悪化の回避に対して、促進的な場合をいう。逆連動関係は、「制約条件」(statement on constraints) という言葉を使用すれば、次のようにもいえる。

制約条件１：経営問題の解決の必要性が、被格差・被排除・被支配問題の解決努力の具体化に対して、制約条件を設定する。

制約条件２：被格差・被排除・被支配問題の解決の必要性が、経営問題の解決のための手段選択に対して、制約条件を設定する。

経営システムにおける問題解決努力と支配システムにおける問題解決努力の逆連動が発生した場合、「２つの問題文脈での両立的解決」の公準を支持する者は、どのように対処したらよいのだろうか。２つの文脈での逆連動という事態が現れた場合、ここで設定される第２の規範的公準が、「支配システム優先の逐次的順序設定」の公準である。すなわち、それは「２つの文脈での問題解決努力の逆連動が現れた場合、先鋭な被格差・被排除問題の緩和と先鋭な被支配問題の解決をまず優先するべきこと、そして、そのことを前提的枠組みとして、それの課す制約条件の範囲内で、経営問題を解決するべきである」というものである。

「２つの文脈での両立的解決」という公準を具体化する場合に登場する逆連動の調整問題に関して、「支配システム優先の逐次的順序設定」の公準が、なぜ、普遍妥当性をもつ公準と考えられるのかを検討してみよう。

まず、直観的方法によって考えてみよう。この第２の公準の含意は、経営問題

の解決による受益の探究を優先するあまり、先鋭な被格差問題・被排除問題や苦痛としての被支配問題を引き起こしてはならないということである。たとえば、企業経営においては、利潤追求のために、何をやってもよいというわけではない。利潤追求を優先するあまり、公害を出し続けるとか、安全設備を省略して労働災害を多発させるとかは、許されることではない。労災や公害というかたちでの被支配問題を引き起こさないという制約条件を枠組みとして、その前提のもとで、経営問題の解決努力をおこなうべきである。このような考え方は、今日の社会において人権尊重の意識を有する人であれば、直観的に支持しうる規範的原則であるはずである。

　次に、「合意形成を焦点にした帰納的方法」によって考えてみよう。

　多くの観察された事実が明らかにすることは、支配システムの文脈での先鋭な被格差問題・被排除問題または被支配問題の解決を犠牲にしながら、経営問題の解決努力のみを重視するという方式は、社会の中に合意形成をもたらすことはとうていできない、ということである。新幹線公害の事例(4章)や、三島・沼津・清水のコンビナート阻止問題の事例(5章)や、東京ゴミ戦争の事例(6章)が明白に示していることは、経営システムの都合からの経営問題の解決努力が、先鋭な被格差問題や被支配問題を引き起こすようなかたちで、強行された場合には(あるいは強行されようとした場合には)、被格差・被支配問題をこうむる人々が異議申し立てに立ち上がることによって紛争が発生し、社会的合意形成は達成できないということである。同様の事例は枚挙にいとまがない。これらの観察される事例から社会的合意形成の条件を整理するならば、それは、格差が許容できる程度に緩和されること、苦痛が解消され被支配問題が解決されることという条件なのである。したがって、「合意形成を焦点にした帰納的方法」に立脚すれば、第2の公準は、多数の地域紛争や、公害問題をめぐる紛争を根拠にして、支持されるのである。

　最後に、「合意形成を焦点にした演繹的方法」によって考えてみよう。

　容易にみてとれるように、この第2の公準は、ロールズの『正義論』における「格差原理」の導出とパラレルな論理によって、根拠づけることができる。ロールズと同様に、「無知のヴェール」によって特徴づけられる「原初状態」を想定し、その状態に我々が存在しているとしよう。そのような社会状態の中で、経営問題の改善努力と先鋭な被格差問題、被排除問題、被支配問題の改善努力が逆連動している場合、どのような妥当な調整原理を発見することができるだろうか。誰しも

が、自分が最も不利な立場に置かれることがありうる。そのような場合でも、社会全体の状態としては、受け入れうる状態とはどのような状態であろうか。それは、最も不利な人々にとっても、苦痛や先鋭な格差が押しつけられていない状態であろう。「先鋭な格差や排除や受苦」が発生しないことが、仮想的な原初状態において、無知のヴェールにおおわれた人々が合意を形成できる条件になるはずである。

以上の考察をまとめるならば、「直観的方法」「観察される合意形成を焦点にした帰納的方法」「原初状態での人々の間での合意形成を焦点にした演繹的方法」のいずれによっても、「2つの文脈での両立的問題解決の公準」と「支配システム優先の逐次的順次設定の公準」とが支持されるのである。したがって、本章においては、この2つの公準を、人々の合意を形成しうるという意味での普遍的妥当性を有する2つの規範的公準として設定することにしたい。

第3節　2つの規範的公準の適用のために必要となる価値理念

1　概念 (concept) と概念解釈 (conceptual interpretation) の区別

前節で検討したような「社会的問題解決の2つの規範的公準」を前提にして、規範理論的考察をすすめた場合、さらにどのような鍵概念が必要になるであろうか。

この課題に対して、**表8-1**に示すような、価値理念を表す概念群を提出することによって答えたい。それぞれの言葉の定義が必要になるが、これらの専門語の定義に際しては、次のような意味での「概念 concept」と「概念解釈 conceptual interpretation」とを自覚的に区別することにしたい。

以下の論述においては、「概念」concept の定義は、①日常用語の組み合わせによって、あるいは、②日常用語の組み合わせによってすでに定義されている他の専門語と日常用語の組み合わせによって、可能であるという考え方に立つ。

そして、この場合、日常用語の意味は、直感的に自明のものとして、理解されるものと考える。もしそうでないと、一つの言葉を別の言葉で説明する必要が生じるが、そのことは、次々と説明の必要性という連鎖を無限に呼び起こすことになる。実際には、日常用語の意味を我々は理解できるので、そのような説明の無限連鎖は不要である。

表8-1 両義性論の文脈での代表的な価値理念

分節された価値理念		分節された価値理念		総括的価値理念	基盤的価値理念
経営システム	目的の定義	価値合理性 value rationality		合理性 rationality	自由 freedom
	手段の選択	手段的合理性 instrumental rationality （単一主体にとっての賢明さ wisdom も含まれる）			
支配システム	政治システム	公正 fairness	（社会的な）賢明さ wisdom	道理性 reasonability	
	閉鎖的受益圏の階層構造	衡平 equity	人権 human rights		

　しかし、定義の基盤になっている日常用語自体に、あいまいさや解釈の多様性がともなう。したがって、日常用語による専門語の定義は、一定程度は語義を明確化することができるが、詳細で厳密な定義を提供できるわけではない。語義のあいまいさや解釈の多義性を克服するためには、さらに、追加的な作業が必要になる。

　そこで、提示された「概念」concept について、さらに追加的な語義の明確化や厳密化の作業をおこなうことを「概念解釈」の提示ということにしよう。

　専門用語を「概念」concept として日常語で定義することによって、我々は、その言葉を日常用語の組み合わせが可能にする理解という地平で、理解することができる。しかし、体系的で一貫した社会科学的な探究においては、一つ一つの専門語の含意が一義的に明確でなければならないから、さらに、「概念解釈」を積み重ねることが頻繁に必要になる。そして、概念の地平ではその意味が共有されている言葉でも、概念解釈の地平では、複数の論者によって見解が分かれるとか、異なる解釈が採用されるということは、頻繁に生じるものである。本稿においては、そのつど、論議の必要性に応じて、概念と概念解釈を個々の言葉に与えていくことにしたい。

　このように、概念と概念解釈を区別しつつ、関連づけて使用することの意義について補足的な説明をしておこう。

　第1に、概念と概念解釈の区別は明解な議論のために必要なことであるが、とくに、規範理論的な探究においては、大切である。

　その理由は、第2に、概念は同一であっても、概念解釈は、社会的文脈に応

じて多様でありうるし、歴史的に変化しうるからである。たとえば、「正義」という概念は、日常用語レベルでは、直観的な理解が共有されうるものだとしても、異なる社会においては、異なる概念解釈を付与されうるものであるし、歴史的には、その定義はさまざまであり、変遷してきた。

　第3に、概念解釈という作業は、第一次的概念解釈、第二次的概念解釈……、というかたちで多段階に必要とされるものであり、また、なしうるものである。一つの概念を日常語で定義したあと、その概念解釈をおこなうことができるが、概念解釈に使用する言葉自体の概念解釈がさらに必要になるということが頻繁に生じてくる。

　表8-1は、経営システムと支配システムの問題解決過程を、記述的に解明したり、規範理論的に考察する際の鍵概念を示している。これらは、現実の制御システムにおいて問題解決に取り組んでいる当事者からみれば、「価値理念」という意味を有する。

　総括的にいうならば、個人の欲求充足や、集団的な協働を通しての欲求充足を一般的に可能にする基盤的価値理念は「自由」である。およそ「自由」を否定することによっては、望ましい社会を実現することはできない。そして、さまざまな問題の解決について、また、さまざまな価値理念の概念解釈について合意を形成するためには、各人が相互に、他者の判断の自由を尊重するという姿勢が必要である。

　だが、「自由」という価値理念だけでは、社会を適正に組織化するのに不足である。社会の適正な組織化のためには、経営システムにおける問題解決と支配システムにおける問題解決を絶えず、実現しなければならないからである。そこで、経営システムと支配システムにおいて問題解決のために必要とされる価値理念を明確化しなければならない。

　このような反省に立脚すると、社会制御過程のうち、経営システムにおける経営問題の解決過程の側面においては、「合理性」が鍵概念であり、それを分節化すれば、「価値合理性」と「手段的合理性」が設定される。それに対して、支配システムにおける問題解決のあり方は、「道理性」およびその契機としての「公正」と「衡平」と「賢明さ」と「人権」を鍵概念として、考察するべきである。これらの価値理念の概念の定義、さらには概念解釈について、検討して行きたい。

2　経営システムにおける価値理念としての合理性

まず、経営システムにおける経営問題の解決にあたっては、価値合理性と手段的合理性が大切である。ここでの文脈では、合理性とは、一定の原則を探究し、それを維持し、徹底して貫くような態度あるいは志向性を意味している。

価値合理性とは、「ある主体が一つの価値を至上のものと考え、それを他の利害関心に対して優先させ、その実現を一貫して志向」するような態度を意味する。経営システムにおいては、価値合理性が、経営課題群の設定と洗練と堅持に重要な作用を果たし、その有無は、経営問題の解決の方向づけや解決可能性を規定する。

手段的合理性とは、目的が与えられているときに、手段にかかわる一定の制約条件のもとで、目的をもっとも効果的に達成するような手段を選択する能力を意味する。経営システムにおいては、目的としての経営課題群に対して、それをよりよく達成する方法を見いだし、実行するというかたちで、手段的合理性が発揮される。手段的合理性を洗練するためには、用具的な知識と情報の果たす役割が大きい。

規範的公準1「2つの文脈での両立的問題解決の公準」においては、経営問題を解決することが必要である。経営問題を解決するためには、価値合理性と手段的合理性という価値理念が必要とされるのであり、この価値理念の指し示す方向に沿っての、経営システムの洗練が必要なのである。

3　支配システムにおける価値理念としての道理性

これに対して、支配システムにおける被格差・被排除問題と被支配問題の解決過程については、異なる価値理念が必要である。支配システムの文脈での問題解決過程の把握に必要なのは「道理性」(reasonability)である。「道理性」の概念は、一般的には「複数の人々から成る社会が適正に組織化され、社会生活が適正に営まれるために必要な原理」というように定義することができよう。ここで、「適正な」(right)という言葉の意味は、日常用語による理解に立脚する。この第一次的定義は、さらに文脈を限定することによって、その含意が何かについての概念解釈を行い、意味を明確化し限定することができる。

社会制御過程に必要とされる「道理性」の第1の契機は、社会制御過程に関与する諸個人の「人権」の尊重である。人権とは、人間的諸欲求の中でも、各人が人間として生きるために必要な諸欲求の充足を、一定の質と程度において、あらゆる主体が優先的に相互尊重しなければならないものとして定義されるもので

ある。人権の尊重の核心には自由という価値理念がある。人権の尊重とは、経営システムと支配システムのそれぞれの手段選択において、個人との関係において課されるべき一般的制約条件である。人権の尊重は、道理性の一つの根拠であり、それは、道理性を具体的に実現するためのさまざまな具体的規範を根拠づけるものである。ただし、人権の概念解釈は、歴史的に変化してきたし、今後も変化しうるものである。現実の歴史の中では、人権を無視したかたちで、必要な社会制御が欠落したり、過剰な社会制御がなされるということが、さまざまに存在してきた。

　道理性を財の分配の文脈で考えるのであれば、「衡平」(equity) の概念が登場する。「衡平」とは、「複数の主体の間での正負の財の分配のされ方が適正であること」である。被格差・被支配問題の解決のためには、まず、衡平が必要である。受忍限度をこえるかたちでの受益の急格差や受苦の存在は、衡平にもとるものである。衡平は、閉鎖的受益圏の階層構造という側面で支配システムの状態を認識したり、そのあるべき姿を探究するときに、鍵になる言葉である。衡平は（形式的）平等を一つの論拠とするが、それと必ずしも同義ではないし、平等という言葉によっては、的確に論ずることができないような財の分配問題のさまざまな文脈に適用できる言葉である。

　財の分配のあり方は、意志決定権の分配や発言権の分配に規定される。意志決定権や発言権に関して道理性の含意を考えるのであれば、重要なのは「公正」(fairness) である。「公正」とは、「社会的意志決定のなされ方や意志決定の準備としての発言機会のあり方が適正であること」である。合法性あるいは規則の遵守は公正を支える大きな契機であるが、それが公正のすべてではない。規則の欠如している状況で公正の実現が求められることもあるし、規則自体が「不公正」であることもあるからである。公正は、政治システムという側面に即して、支配システムを把握したり、そのあり方を考える際に、不可欠な概念である。一般に意志決定や発言機会についての「公正」は、財の分配についての「衡平」を実現するための前提条件である。

　さらに、支配システムにおける問題解決を考えるにあたって、社会的「賢明さ」(wisdom) という概念が必要である。一般に「賢明さ」とは、「部分的・短期的合理性の探求が、全体的・長期的合理性を犠牲にしないように配慮すること」と定義することができる。このような意味での賢明さは、単一の主体においても、あるいは、経営システムの文脈でも重要な意義を有する。だが、ここで注目したいの

は、社会的文脈における賢明さ、すなわち、複数の主体の相互関係において問題化するような賢明さ、すなわち、利害調整が問題化するような文脈における賢明さである。

社会的「賢明さ」の重要性を例示するのは、環境問題における社会的ジレンマモデルである。社会的ジレンマの原型である「共有地の悲劇」モデルにおいては、一人一人の牧夫が、共有牧草地の短期的・個人的利用を増大させようとすることが、長期的・集団的効果としては、それを枯渇させ、共倒れを招くというメカニズムが示されている (舩橋 1995a)。社会的ジレンマを通しての環境破壊は、「集合財をめぐる合理性の背理」というメカニズムを示しているが、それを克服するためには、集合財(牧草地)を保全するという社会的規範の設定と、それに基づく欲望の節度が必要である。そのような社会的規範の設定こそ、社会的賢明さを実現するものである。この例からは、賢明さとは、「合理性の背理」を克服するような判断力や行為原則を意味するともいえる。

ここまでの考察で、本稿においては、「道理性」の第一次的な概念解釈を、人権、衡平、公正、賢明さによって、与えることにした。そして、これらの人権、衡平、公正、賢明さの4つの言葉については、ひとまず、日常用語によって概念の定義を与えることができる。その上で、人権、衡平、公正、賢明さの概念解釈については、さらに、具体的な水準で、また問題領域を限定して考えていく必要がある。

なお留意すべき点は、支配システムの文脈で道理性を考える場合、基本的人権、衡平、公正、賢明さが重要な概念解釈を与えるが、道理性の含意はそれに尽きると決まっているわけではない。さらに、さまざまな場面で道理性のその他の含意を発見することがありうると付言しておきたい。

4 価値理念を表す諸概念の相互関係

これらの価値理念は相互にどういう関係にあるのであろうか。

支配システムが経営システムの枠組みになっているという本書の立場に対応して、支配システムにかかわる価値理念は、経営システムにかかわる価値理念の実際の存在や作動のしかたの枠組みに照明を与えるのである。

まず、道理性と合理性はどのような相互関係にあるのかを考えてみよう。手段的合理性や価値合理性は、道理性に一致するだろうか。端的にいえば、両者は、常に一致するわけではないし、常に背反するわけでもない。「合理性が道理性に

一致する」といえるのは、価値合理性をもって追求する目的や、手段的合理性が仕える目的が、道理性を備える社会システムや社会関係の内部で設定されている場合である。たとえば、一つの事業システムが財の分配状態において、対内的にも対外的にも衡平を実現しており、そのような前提の上で、経営課題群の高度な達成を手段的合理性の洗練を通して追究するとき、価値合理性と手段的合理性は道理性に一致しうる。しかし、合理性と道理性が一致しない場合はさまざまに存在する。たとえば、全体主義的国家が、他国の植民地的支配にのりだし、道理性を蹂躙するかたちで侵略戦争を始める場合、戦争の遂行にあたって、ナショナリズムというかたちでの価値合理性と軍事技術というかたちでの手段的合理性が存在したとしても、それは、道理性には一致しない。

　また、道理性の一契機としての社会的賢明さは、支配システムの文脈で定義されているのであるが、経営システムの文脈でも賢明さを語ることはできるだろうか。これについては、上述の賢明さの定義に立脚すれば、経営システムの文脈でも、経営システムの担い手という単一主体にとって「賢明さ」が必要な価値理念であるということができる。ただし、経営システムの文脈での「賢明さ」は、手段的合理性に包摂される概念であり、あえて独立の価値理念として定立する必要はないように思われる。

　次に、「道理性」と「正義」(justice)とは、どのようにつながるのかについて、考えてみよう。正義とは何かについての哲学的思索はさまざまにあるが、ここでは、規範的原則の遵守や逸脱という視点で、正義や不正を把握する考え方を重視したい。日常用語としての正義という言葉に注目するならば、道理性を蹂躙することが不正であり、道理性を守ったり回復したりすることが正義であるという理解は、広範に存在するように思われる。また、どんな社会規範であれ、人々が道理性があると信じているものを、踏みにじるというような行為は、不正なことと受けとめられる。

　そこで、不正とは「道理性を担保するような規範的原則を破ること」であり、正義とは「道理性を担保するような規範的原則を維持すること、あるいは、それを回復したり新たに確立することである」という定義を採用しよう。公正にかかわる手続き的な正義／不正と、衡平にかかわる分配的正義／不正は、正義の内容の重要な部分を形成している。

　道理性概念と正義概念は非常に接近しているけれども、両概念は規範的原則との関係では異なる位置にある。道理性は、公正や衡平というような規範的原則に

おいて具体化するのであるが、正義は、規範的原則の遵守や実現にかかわる文脈で具体化する。

正義の定義は、二重の構造をもつ。それは、第1に、道理性の内容をなす理念を表現する一般的な原則の水準での定義であり、第2に、そのような一般的・抽象的な定義の範囲内で具体的に定義されている社会的規範を守るという水準での定義である。たとえば、「競争試験において公正な競争の原則を破るということは不正である」「公職選挙において公正な選挙活動の原則を破るのは不正である」というのは、一般的な原則の水準での正義の定義である。これに対して、「この競争試験においては、特定の参考文献を参照してはいけない」、「この公職選挙において、戸別訪問をしてはいけない」というのは、より具体的な水準での正義の定義にかかわる社会規範である。後者に関しては、「制度化された規範との関係における正義にかなった行為の定義」は、社会規範の内容に対応して可変的である。たとえば、「参考文献を参照してもよい」「戸別訪問をしてもよい」という社会規範が選択されることも可能であり、その場合には、「制度化された規範との関係における不正にならない行為の範囲」は変化する。

以上のような道理性と合理性の関係は、本書の採用している2つの規範的公準に即せば、次のようにいうこともできる。「2つの文脈での両立的問題解決の公準」とは、合理性と道理性をともに同時に達成していくべきことを意味する。そして、「支配システム優先の逐次的順序設定の公準」は、道理性が、合理性に対して、優先されるべきことを意味している。道理性を満たすという条件の上で、合理性を追求するべきことを含意している。

以上、本節では、経営システムと支配システムのそれぞれの文脈での問題解決を把握する際、鍵になる価値理念群について考察してきた。これらの価値理念群が、現実の社会制御過程で具体化する程度に応じて、経営問題の解決と被格差・被排除・被支配問題の解決の可能性が開けるであろう。

第4節　規範的判断の焦点としての逆連動問題

1　規範的公準の具体的適用における難問としての逆連動問題

以上の検討では、「2つの文脈での両立的な問題解決」「支配システム優先の逐次的解決順序設定」という2つの規範的公準の達成が、適正な社会制御に必要で

あること、そして、そのような努力を実現するためには、自由、合理性（価値合理性と手段的合理性）と道理性（人権、衡平、公正、賢さ）という価値理念が重要であることが明らかとなった。

では、このような２つの規範的公準と、これらの価値理念によって、現実の社会問題を有効に解決することができるであろうか。問題解決をめぐる論争を決着づけ、社会的合意を形成することができるであろうか。

たしかに、これらの２つの規範的公準や価値理念群を人々が共有すれば、それらが共有されていない場合に比べて、社会的合意形成の可能性が高まる。けれども、仮にこれらの２つの規範的公準や価値理念群に人々が賛同したとしても、実際の社会制御過程に登場する無数の具体的問題の解決に対して、ただちに一義的な回答が与えられ、社会的合意が形成されうるものではない。現実には、経営問題解決努力と被格差・被排除・被支配問題解決努力が逆連動した場合、「支配システム優先の逐次的解決順序設定」の公準の具体的実行をめぐって、深刻な意見対立が生じてしまうからである。

逆連動問題の難しさは、当該の制御システムの性格によって、大きな振幅がある。事業システムレベルでみれば、事業システムの技術的性格や、事業システムをめぐる受益圏と受苦圏の構造によって、また、受苦圏の発生回避に必要とされる経費の大小によって、逆連動問題の解決の困難さは異なる。たとえば、清掃工場の建設、新幹線や高速道路の建設、原子力発電所の建設をめぐっては、いずれも逆連動問題が生じうるが、その技術的・経費的な面での解決可能性には大きな相違がある。

2 逆連動問題の解決の焦点としての「受忍限度の定義問題」

このような意味での逆連動問題が生じた場合、上述の２つの規範的公準や価値理念を概念の水準で人々が受け入れたとしても、より具体的な水準において適用し、具体的な問題の解決の方途を探究としようとすると、ただちに、一連の新しい難問が登場してくる。すなわち、受忍限度にかかわる概念解釈の問題や、受苦の防止や補償可能性の問題が登場してくるのであり、これらは、いずれも合意形成によって解決することが容易ではない。そのような難問として、代表的には以下のような諸問題がある。

①先鋭な格差の定義問題。上記の規範的公準でいうところの、許容できないほどの「先鋭な格差」をどう定義するのか。何をもって許容される格差とし、何をもっ

て許容されない格差とするのか。

　格差は、「受益の格差」と「負担の格差」という2つの文脈において問題になる。負担とは、自分の有する資源を、なんらかの理由で、集団的あるいは社会的に必要とされる特定の課題達成のために提供し、投入することである。負担は、その資源を使用しての他の欲求充足の機会の減少を意味する。「先鋭な格差」の判定条件を原理的にはロールズのような論拠(Rawls 1971/1999=2010)によって定めたとしても、具体的な個々の状況においては、何が「先鋭な」格差であり、何がそうでない格差なのかについて合意を形成するのは容易ではない。

　②不当な排除の定義問題。解決されなければならない「先鋭な」被排除問題とは何かの定義をめぐって、人々の見解は対立しうる。同様に、具体的な個々の状況においては、何が「正当な」排除であり、何が「不当な」排除であるのかをめぐって、人々の合意を形成するには、困難がくりかえし立ち現れる。

　「先鋭な格差」「不当な排除」の定義問題について、意見が対立するということは、「衡平」の定義や、社会圏への所属／非所属の決定手続きが「公正」であるのかということをめぐっての対立が生じうるということをも含意している。

　③許容できない苦痛の定義問題。被支配問題の解決という場合、そこには、許容されない苦痛の存在が想定され、その予防や解消が含意される。仮に「被支配問題の解決」が公準の一契機として人々に共有されたとしても、何をもって許容されない苦痛と定義すべきなのか。現実の社会の中では、苦痛の定義をめぐって人々は対立する。たとえば、新幹線公害問題において、新幹線の引き起こす騒音や振動を、住民は耐え難い苦痛と判断するのに対して、加害者側は「音は出しているけれども騒音ではない」「音は受忍限度の範囲内である」という判断を下す。

　この受苦の定義問題の一契機には、「負担限度の定義問題」が含まれる。経営システムの運営を支えるためには、各関係者に何らかの負担が必要であるが、その負担が一定限度を超えれば、各人にとっての苦痛が生じる。どこまでの負担なら許容可能か、どこからの負担は許容できない苦痛となるかについての限度の定義が必要である。

　④苦痛の防止可能性問題。仮に苦痛の定義についての合意が存在し、それを防止するべきであることについて合意が存在したとしても、苦痛の発生可能性と防止可能性をめぐって人々の意見は対立する。たとえば、原子力発電所や廃棄物処分場の建設をめぐって、放射能被害や水質汚染は避けるべき苦痛であることについては、関係者の意見が一致したとしても、それが防止できるのかどうかにつ

いて、人々の意見は対立しうる。いいかえると、一定の防止策をとったとしても、それによっては苦痛が防げないのではないかというリスクの判断問題について、人々の意見は対立しうる。たとえば、沼津・三島・清水のコンビナート建設問題については、「公害防止」は開発を推進する側にも、それに反対する住民運動側にも共有されたスローガンであったが、この具体的事業に即して、公害防止が実際にできるかどうかについては、激しく意見が対立した。

　⑤苦痛の補償可能性問題。苦痛が存在した場合に、どのようにすれば、それが補償されたことになるのか。社会過程の中で、受益の追求に伴うさまざまな苦痛の発生の可能性をゼロにすることはできないという状況は繰り返し立ち現れてくる。そのような場合、2つの公準を前提にすれば、苦痛に対しては補償することによって、苦痛を埋め合わせることが必要である。苦痛の定義について意見が一致し、苦痛の発生についての認識が一致したとしても、どのようにすれば、補償したことになるのか、苦痛の埋め合わせができたことになるのか、について意見は対立しうる。

　以上のうち、「先鋭な格差の定義問題」「不当な排除の定義問題」と「許容できない苦痛の定義問題」とをあわせて、「受忍限度の定義問題」ということができよう。これらは、「格差に関する受忍限度の定義問題」「排除に関する受忍限度の定義問題」と「苦痛に関する受忍限度の定義問題」といいかえることもできる。また、「苦痛の防止可能性問題」と「苦痛の補償可能性問題」とは、あわせて「受苦の解決可能性問題」ということができる。このように、2つの公準をその原理的水準においては人々が受け入れたとしても、より具体的水準での適用をめぐっては、これらの一連の難問が出現してくるのであり、それをめぐって、関係者の間で論争が起こり、合意形成ができないという事態が頻繁に生起してくる。これらの問題を解決することなくしては、本章で提出した「2つの規範的公準」が政策原理として有効性を発揮することは不可能である。そこで、これらの公準が、具体的社会制御過程で有効に機能するためには、経験的に存在する人々の間で「受忍限度の定義問題」と「受苦の解決可能性問題」をめぐって、「社会的合意」が形成されることが必要である。

　いいかえると、ここでは、合理性や道理性という概念に対して、そのつど、適正な「概念解釈」をどのように発見するのか、「概念解釈」をめぐって対立した意見が存在する中で、はたして、またいかにして社会的合意を形成するのか、ということが、問われるのである。また、そのような社会的合意に対応する社会的規

範を具体的にどのように樹立するのかということが、問われるのである。

このような問題にアプローチする道を、次の節で検討することにしよう。

第5節　合意形成をめぐる難問を解決する道をどのように探るか

　ここまでの考察で浮上してきた問題群は、次のような規範理論的な問いと、実践的な問いである。

　「2つの規範的公準」を、社会的合意形成を達成しながら、どのように具体化していったらよいか。その際に登場する逆連動問題をどのように解決したらよいのか。とりわけ、具体的水準での「受忍限度の定義問題」「受苦の解決可能性問題」について、社会的合意を可能にするような妥当性を有する規範的原則とはどのようなものか。

　このような問いを、現実の社会制御過程で解決していく道を探究するために、その手がかりを求めて、以下では、「実体的基準の探究から手続き的原則の探究への転回」「合意形成の含意」「理性的制御モデルへの漸次的接近」といった諸論点を検討することとしたい。

1　規範理論的問題設定の転回──「実体的基準の探究」から「手続き的原則の探究」へ

　2つの規範的公準をめぐる概念解釈については、そのつど、具体的な社会的文脈に応じて、合意を形成しなければならない。ここで、関係する人々の間で合意を形成できるような基準こそが、その人々にとっては妥当性を有する。

　そのような合意形成が、具体的な社会的規範に即して可能になっている場合というものも、さまざまに存在しうる。たとえば、公害を防ぐための「環境基準」について、加害者になる可能性を有する受益圏の側の諸主体と、被害者になる可能性を有する人々の間に、合意が形成されているという場合はありうる。そのような場合を「実体的基準」の共有による合意形成といおう。ある社会的問題に関して、逆連動問題をめぐる第2の規範的公準を実現できるような実体的基準が法令というかたちで共有され、合意されているならば、社会制御過程は紛争を回避でき、安定的なものとなるであろう。

　しかし、現存する法令が、合意形成を可能にする「実体的基準」としては有効でない場合、あるいは、合意形成を可能にする「実体的基準」が法令というかた

ちでは存在していない場合、新たな基準を発見しなければならない。

そのような基準の発見と合意の形成に到達するためには、どうしたらよいであろうか。ここで、規範理論的問題を考察するために、2つの新しい視点を導入しよう。

第1は、規範的原則の探究を、実体的基準の探究から、手続き的原則の探究へと転回させることである[3]。第2は、「社会的合意のさまざまな程度」を区別することである。

1-1 実体的基準の探究から、手続き的原則の探究へ

これまでの考察では、逆連動問題が発生したとき、2つの文脈での問題解決要求の相剋を調整する妥当な規範的原則とは何か、ということを探究してきた。だが、その探究は「受忍限度の定義問題」「受苦の解決可能性問題」を解くような基準の探究という難問に突き当たった。この難問を解くためにはどうすればよいのか。ここで、探究すべき規範的問題を、「2つの規範的公準を具体的な場面で実現させるような規範的原則を社会的合意形成に裏づけながら定立するためには、どのような意志決定手続きを採用するべきか」という形に設定し直すことにしたい。

このような問題設定の再定義を、「実体的基準の探究から手続き的原則の探究への規範理論的問題設定の転回」と呼ぶことにしよう。その含意は何であろうか。

問題設定をこのようなかたちで再定式化することは、規範理論的問題を解明するに際して、それを条件付きで経験科学的探究に翻訳することを意味する。その条件とは、概念解釈のレベルでは、そのつどの人々が合意できるような原則が「妥当性」を有すると判断することである。

規範的公準について、抽象的な概念のレベルでの合意が形成されたとしても、個々の具体的問題文脈における妥当な概念解釈とは何かという問題が、社会制御過程においては、絶えず登場する。どのような概念解釈が妥当性を有するかは、その問題にかかわっている当事者間のそのつどの合意形成ができるかできないかによって判断するべきであるというのが、本書の立場である。

したがって、「合意」という言葉は、「規範理論的問題設定の転回」の鍵になる位置にある。だが、社会的意志決定における「合意」をあまりに狭くとるのであれば、「合意不能」というべき事態だらけということになりかねない。ここで、「合

---

3 この論点については、樫澤 (1994) に大きな示唆を受けている。

意」という言葉の意味を、より幅広くとらえ、そのさまざまな含意を考える必要がある。

1-2 合意の程度

合意の意味は一つではない。一定の決定がなされたあと、その関係者が、決定内容に対して、どのような態度をとるのかということで、合意のさまざまな種類を分けることができる。

表8-2は、社会的な合意の程度を、大きくは3段階に、細かくは5段階に分類したものである。もっとも合意の程度が高いのは、一定の社会的決定をめぐって、内容的にも手続き的にも合意が存在する場合である（1の場合）。この場合は、政治システムにおいて紛争は存在しない。

次に、内容的な合意が存在しないけれども、手続き的な合意が存在するという段階がある（2の場合）。この場合、内容的な異論を有する人々も、手続き的な正当性を承認するゆえに、決定の結果は少なくとも当面は尊重される。たとえば、選挙によって議員や首長を選ぶ場合、相対的に少数の得票しかできず落選した候補者を応援した人々も、選挙結果を少なくとも当面は尊重するという態度をとる場合とか、議会によって、ある法案や条例が可決された場合、反対派も当面は、その法律や条令を尊重する場合である。ただし、手続き的な合意については、その合意の程度の強弱が、さらに分かれる。合意の程度が相対的に強いのは、2Aに示したように、一定の時点での決定の後、手続き的には、その後の時点で、変更を提起する機会が開かれているが、反対派がそれを利用して変更努力をあえて行おうとはしない場合がある（事後的改変努力を伴わない恒久的な手続き的合意）。合意の程度が相対的に弱いのは、2Bに示したように、反対派は、一定の時点での

表8-2 社会的合意に含意される合意の程度

1. 内容的な合意と手続き的な合意がともに存在する場合。
2. 内容的な意見の相違・対立はあるが、手続き的な合意が存在する場合。
   - 2A：決定の後、反対派が、手続きにもとづいた変更努力をおこなわない場合。
   - 2B：決定の後、反対派が、手続きにもとづいた変更努力をおこなう場合。
3. 内容的な意見の相違・対立があり、また、手続き的な合意も存在しない場合。
   - 3A：手続きを定めた制度には合意があるが、その具体的遂行のしかたが不当であるとして、手続きの正当性を反対派が認めない場合。
   - 3B：手続きを定めた制度自体について、その正当性を反対派が認めず、合意が存在しない場合。

決定に対して、当面は、手続き的な正当性の承認により暫定的に受容せざるをえないが、その後の時点で、その結果を覆すような新たな決定を得ようとする努力を、手続きの枠内で開始する場合である。たとえば、ある法案が議会で可決された場合でも、反対派が、その内容を変更するような法の改正努力をその後も合意されている手続きの枠内で展開する場合が、そうである。

社会的決定の合意の程度がもっとも低いのは、内容的にも手続き的にも合意が欠如している場合である（3の場合）。これについても、合意の程度の強弱について複数の段階がある。

3Aは、わずかな合意が存在する場合で、手続きを定めた制度には合意があるが、その具体的遂行のしかたを不当であるとして、実施された手続きの正当性を反対派が認めない場合である。たとえば、公職選挙において、選挙制度自体は、どのような党派も制度的正当性を認めているが、特定の選挙の実施に際して、投票の管理や集計に不正があるとして、反対派が、投票手続きの正当性を認めない場合である。3Bは合意がもっとも欠如している場合で、意志決定に内容的な合意が欠如していることに加えて、手続きを定めた制度自体についても合意が欠如している場合である。3A、3Bの場合には、制度自体あるいは制度の運用を批判するかたちで、紛争が続くことになる。

合意の程度について、このような多段階的な考え方を取り入れるならば、先のような「手続き的原則の探究」に重点を置いた問題設定を、さらにより微妙なニュアンスを含ませるかたちで次のように設定し直すことができる。

「2つの規範的公準を具体的な場面で実現させるような規範的原則を、より強い程度の社会的合意形成に裏づけながら発見するためには、どのような意志決定手続きを採用するべきか」。本書においては、この問いを「意志決定手続き洗練問題」ということにしよう。

すなわち、第2の規範的公準をめぐる「受忍限度の定義問題」と「受苦の解決可能性問題」という難問を解くための方法として、本書は、「社会的合意形成」に注目することにより、「実体的基準の探究」から「手続き的原則への探究」へと問題設定を転回させ、「規範的原則の探究問題」を「意志決定手続き洗練問題」へと翻訳して取り組むことにしたい。

2　制度的手続きの洗練と主体の資質の探究

2つの規範的公準を具体化するに際しての難問、すなわち、「受忍限度の定義

問題」と「受苦の解決可能性問題」に関して、個々の具体的場面に即して実際に合意を形成し、解決していくためには、このように意志決定手続きの洗練が鍵となる。だが、他方、それに関与する主体の性質がいかなるものかということも、合意形成の可能性を規定する要因である。なぜなら、どのような制度的手続きのもとでも、関係する主体が、価値観を共有しているのかいないのか、利害状況が類似しているのかどうか、どのような質のコミュニケーション能力を有するのか、といった要因が合意形成の程度を左右すると考えられるからである。

そこで、「2つの規範的公準を具体的な場面で実現させるような規範的原則を、より強い程度の社会的合意形成に裏づけながら発見するためには、関連する諸個人がどのような資質を有することが望ましいのか」という問いを設定することができる。この問いを「主体の資質問題」ということにしよう。「意志決定手続き洗練問題」の探究に際しては、平行して、「主体の資質問題」を視野に入れておくことが必要である。

3 「勢力関係モデルの理性化」あるいは「理性的制御モデルへの漸次的接近」

1で見たように社会的合意にはさまざまな段階があるということの確認をふまえて、「意志決定手続きの洗練問題」の探究の方向づけとして、「勢力関係モデルの理性化」あるいは「理性的制御モデルへの段階的接近」という考え方を採用したい。

第7章においては、問題解決の成立条件について検討してきた。そして、合意形成が、支配システムにかかわる問題解決にかける鍵になる過程であることを確認してきた。また、支配システムにおける問題解決過程は、支配システムの類型によって、すなわち、支配者層と被支配者層の「正当性の共有」の程度によって、非常に異なる姿を示すことを確認してきた。「抑圧〜収奪型」「対決〜急格差型」においては、現実の社会過程は、勢力関係モデルという基本特徴を示す。これに対して、正当性の合意の程度が高まれば「交渉〜緩格差型」に移行していくことができる。

このような、現実の問題解決過程を見据えた上で、「2つの規範的公準を社会的合意形成に基づき達成していく道」を、理論的かつ実践的に探究するために、「理性的制御モデル」への段階的・漸次的接近という大局的な方向づけを設定することにしたい。

その意味するところは、**表8-3**によって示すことができる。

表 8-3 社会的意志決定の類型

		鍵になる要因の差異	変化を表す言葉
勢力関係モデル		暴力的な勢力関係 （植民地、強制収容所などの暴力的支配）	↓非暴力化
		非暴力的な交換力に基づく勢力関係 （スト、示威行進、座り込み、金銭の与奪）	↓言論闘争化
		宣伝型の言論闘争に基づく勢力関係 （選挙、住民投票）	↓論争的理性化
		理性的な言論闘争に基づく勢力関係 （法廷、環境アセスメント）	
理性的制御モデル		理性的な対話 （道理性と合理性に即しての説得性）	↓対話的理性化

　ここで「勢力関係モデル」とは、複数の主体の間での勢力関係を主導的要因として社会的意志決定がなされる過程を把握するモデルである。そして、勢力関係とは、正負の財の与奪によって他の主体の意志決定と行為とを操作しうる程度を表している。これに対して、「理性的制御モデル」とは、人々の討論の積み重ねによって、道理性と合理性についての概念解釈についての合意をそのつど作りだし、それらについての合意に基づいて社会が運営される（すなわち、社会的意志決定と実行がなされる）ような社会制御のあり方である。

　「2つの規範的公準を社会的合意形成に基づき達成していく道」に関して、究極の到達目標を理念型として表現するならば、「社会制御過程における理性的制御モデルの実現」である。理性的制御モデルにおいては、討論を通して、道理性と合理性の概念解釈について、人々の社会的合意が形成され、それによって、経営問題と被格差・被排除・被支配問題の解決が同時に達成され、逆連動問題の解決、受忍限度の定義問題、受苦の解決可能性問題についても社会的合意が形成されていく。

　けれども、そのような理性的制御モデルは、これまでに歴史的に存在してきた現実の社会に対しては、理念型であって、現実の社会の意志決定では、「勢力関係モデル」が圧倒的に大きい位置をしめている。だが、より細かくみるならば、勢力関係モデルの中にはさまざまな下位類型が存在するのであって、理性的制御モデルからかけ離れているものもあれば、それに相対的に接近しているものもある。

表8-3に示したように勢力関係モデルの下位類型として、「暴力的な勢力関係」「非暴力的な交換力に基づく勢力関係」「多数派形成型の言論闘争に基づく勢力関係」「理性的な論争に基づく勢力関係」を分類することができる。

このような状況の中で、「2つの規範的公準を社会的合意形成に基づき達成していく道」を探究するために、実践的に必要な課題は、「勢力関係モデル」を「理性的制御モデル」へと段階的・漸進的に接近させていくことであり、その方向で下位類型間の移行を促進することである。すなわち、「勢力関係モデルの非暴力化」「勢力関係モデルの言論闘争化」「勢力関係モデルの理性化」を段階的に推進し、漸次的に「理性的制御モデル」に接近していくことが大切である。

したがって、「実体的基準の探究」から「手続き的原則の探究」へと規範理論的問題設定を転回させた場合、実際に必要な作業は、表8-3に示したようなかたちで「勢力関係モデルの内実の変革」を通して「理性的制御モデルへの漸次的接近」を実現していく経験的諸条件を探ることである。すなわち、勢力関係モデルの非暴力化のために、その言論闘争化のために、その理性化のために、そのつどどのような制度的改革と主体形成が必要なのかを探究すべきなのである。

結　び

本章は、「経営システムと支配システムの両義性」に注目しながら社会制御過程を把握するという本書の立場に基づいて、規範理論の諸問題を検討した。その主要な論点は次のようなものであった。

両義性論に立脚すると「2つの文脈での両立的問題解決の公準」と「支配システム優先の逐次的順序設定の公準」という2つの規範的公準を設定できる。これら2つの規範的公準は、直観的方法、帰納的方法、演繹的方法のいずれによっても支持され、根拠づけることができる。これらの公準の実現条件を価値理念に即して探るならば、総括的には、自由、合理性、道理性という価値理念が大切になる。経営システムの文脈では合理性の実現が大切であり、それを概念解釈すれば、価値合理性と手段的合理性が構成契機として見いだされる。支配システムの文脈では道理性が大切であり、それを概念解釈すれば、人権、衡平、公正、賢明さが、見いだされる。

しかし、2つの規範的公準について総括的には社会的合意が存在したとしても、個々の社会問題に即して、それらを具体化して使用すると、「支配システム優先

の逐次的順序設定」の公準の概念解釈をめぐって、「受忍限度の定義問題」と「受苦の解決可能性問題」という難問が現れる。この規範理論の難問を、現実の社会制御過程で解くためには、合意形成を焦点としながら、「実体的基準の探究」から「手続き的原則の探究」へと問題設定を転回させるという方法を採用することにする。その際、広義の社会的合意には、内容的合意と手続き的合意があり、合意の程度にはさまざまな段階があるという認識の下に、合意の程度が段階的に高まっていくプロセスを、「勢力関係モデルの理性化」という方向づけのもとに探っていくべきである。

規範理論的問題への取り組みを「実体的基準の探究」から「手続き的原則の探究」へと転回させることにより、本書の探究は、再び、社会制御過程をめぐる経験科学的問題に立ち返ることになる。それは、次のように定式化できる。

どのような意志決定手続きと、どのような主体の資質が存在するとき、2つの規範的公準を具体的な場面で実現させるような規範的原則について、より強い程度の社会的合意形成を実現できるであろうか。

本書第Ⅰ部のこれまでの考察は、「単位的な問題解決過程」に注目するものであったが、その最後に得られたこの問は、より複雑な社会制御過程の解明を要請するものである。それを「複合的な社会制御過程」と呼ぶことにしよう。本書第Ⅱ部においては、第Ⅰ部を通して得られた理論概念群と、さらなる探究が必要な問題群を継承して、「複合的な社会制御過程」を探究していきたい。

第Ⅱ部　複合的な社会制御過程

第Ⅱ部 序

　第Ⅱ部では、事業システム、社会制御システム、総合的社会制御システム（国家体制制御システム、自治体制御システム）、国際社会制御システムという4つの水準の制御システムを明示的に視野に入れつつ、社会制御システムを主要な対象として、複合的な問題解決過程の解明を試みる[1]。

　複合的な問題解決過程とは、同一の水準での複数の制御システムが関与したり、異なる水準の複数の制御システムが関与するような問題解決過程である。すなわち、複合的問題解決過程ということは、制御システムの複数性、および、制御システムの水準の重層性を含意する。

　たとえば、複数の事業システムやそれに関与する利害集団のあり方を検討する場合に、より上位の水準の社会制御システムの作動との関係を取り上げれば、複合的問題解決過程を対象にすることになる。

　第Ⅱ部において、出発点の視点となるのは、制御システム4水準の相互関係である。第9章においては、4水準の制御システムの意味と、その特徴を把握する理論概念群を提出するとともに、事業システム、社会制御システム、総合的社会制御システム（国家体制制御システム、自治体制御システム）、国際社会制御システムの相互関係についての一般性のある命題を定式化する。その際、問題解決の成否を焦点にして、これらの相互関係を把握するための命題群の提出をおこなう。問題解決努力の成否を規定する要因連関を4水準の制御システムの相互関係に即して把握するための鍵概念として、「制御システムの内部構成」「制御中枢圏」「公共圏」「枠組み条件」「取組み条件」「制御アリーナ」「環視条件」等の諸概念を提示する。また、社会制御過程を検討する際の基本的視点として、「民主主義の統治能力」の問題を検討する。

　第10章から15章においては、第Ⅰ部の第2章、第7章、第8章、第Ⅱ部の第9章において提示された視点を使いつつ、具体的な諸事例の検討をおこない、それを通して、問題解決の成否を規定する諸要因と要因連関についての考察を進める。その際、枠組み条件の優劣、取組み条件の優劣、アリーナの性質、環視条件の性質などが、問題解決の成否に、どのように関係しているのかが、焦点になる。

---

[1] 第Ⅰ部においては、事業システムが明示的な対象であったが、社会制御システムと国家体制制御システムも黙示的には対象となっていた。

第16章においては、複合的な社会制御過程についての総合的な理論的考察をおこなう。さらに、第17章においては、それまでの諸章をふまえて、規範理論的な検討をおこなう。

このように、第Ⅱ部においては、「複合的な問題解決過程」を対象とするが、それへの注目がなぜ必要なのだろうか。その理由は次のようなものである。

第1に、現実のすべての問題解決過程は、実際には複合的な問題解決過程というかたちで進行している。一見すると単位的な問題解決過程とみえるものも、実際には、黙示的あるいは顕在的に他の水準の制御システムや、同一水準の他の制御システムの存在を前提にしており、その影響を受けながら進行している。ただし、相対的にその影響の程度が低いものについては、便宜的に単位的な問題解決過程として把握することも可能である。

第2に、一つの制御システムにおける問題解決の成否は、同一の水準であれ他の水準であれ、他の制御システムの影響を大きく受けている。とりわけ複数の水準の制御システムの組み合わさり方が、単位的な問題解決過程における問題解決の成否を大きく規定する。その際、鍵になるのは、後述のように、上位の水準の制御システムが下位の水準の制御システムに対して設定するような「枠組み条件」のあり方や、同一水準の複数の制御システムの間での「連結条件」のあり方である。たとえば、一つの事業システムに注目している限り、解決できない問題が、「枠組み条件の変更」「連結条件の変更」により、解決される可能性が開けるのである。視点を変えていえば、「解決困難性や解決不能性」の根拠を、より広い視野に立脚して、「枠組み条件の欠点」「連結条件（組み合わせ条件）の不備」に求めることが可能となる。

第9章 解 題

　第9章は、第Ⅱ部の基礎理論にあたり、大変重要な章であるが、最終バージョン(v9, 2010年)では、著者による加筆修正が第2節の1までで止まっていた。その後の部分は、そのまま発表できそうな部分と、関連素材や着眼点のメモが示されているだけの部分があり、記述の順番についても必ずしも整合化されていなかった。そこで、編集方針は、著者が9章の骨子として挙げている4点、①社会制御の4水準、②社会制御システムの内部構成、③民主主義の統治能力・公共圏論・自存化傾向の諸弊害、④社会制御システムの分析的5類型と合理性、を手がかりに4つの節を再構成し、以前のバージョンに遺されている原稿と2008年の科研費論文から、必要な文章を拾って、つなぎ合わせた。

　第1節(社会制御の4水準と相互関係)については、著者による加筆修正が完成していたが、自治体制御システムについての記述が少なく、それが後の方に見つかったため、第1節に移動させ、4-2として付け加えた。

　第2節(社会制御システムとアリーナ群の布置連関)は、ほとんどまとまっていなかったが、第Ⅱ部の基礎理論として必要な項目は何かを考えながら、以下のように補った。

1　社会制御システムの内部構成　→　原稿のとおり
2　取組み条件としての主体アリーナ群の布置連関　→　以前のバージョンから採用
3　制御アリーナの果たす機能　→　以前のバージョンから採用
4　事業システムをめぐる内属的アリーナと外在的アリーナ　→　2008年科研論文から
5　アリーナをとりまく環視条件　→　原稿のとおり
6　公共圏と公論形成の場　→　以前のバージョンから採用

　第3節(社会制御の中心課題としての「民主主義の統治能力」)については、著書の原稿がまとまっており、それを整えるかたちをとった。

　第4節(社会制御システムの分析的5類型と制御作用)については、部分原稿が散らばって存在していたため、論旨がとおるように並べ直して編集した。

結びについては、以前のバージョンにあった文章を、最終バージョンの内容に合わせて加筆修正して使用した。

　編者が勝手に加筆修正せず、できるだけ著者の文章を拾ってつなげるという方針をとっているため、肝心の第2節が今ひとつすっきりしない感があるけれども、この部分を欠落させるよりも良いという判断をした。それにしても、すでに著者が7回以上推敲してきた文章であるから、完成度が低いというわけではないだろう。

第 9 章

制御システムの4水準と社会制御システムの特性

はじめに

　本章の課題は、複合的な社会制御過程を把握するための基礎作業として、理論的視点と問題関心を組織化することである。

　複合的な社会制御過程を把握するためには、4水準の制御システムにかかわる基本概念群を明確化するという基礎作業が必要である。本稿は、以下の諸問題の検討を通して、この課題にアプローチするものである。

　まず、4水準の制御システム、すなわち、事業システム、社会制御システム、総合的社会制御システム(国家体制制御システム、自治体制御システム)、国際社会制御システムとは何かについて説明する。そして、それらの相互関係についての基本命題群を提示する(第1節)。

　次に、制御システムの内部構成がどのようなものであるかを、主として社会制御システムを対象にして検討する。社会制御システムが成立するためには、どのような条件が必要なのだろうか。特に、社会制御システムに関わるアリーナについて、検討する(第2節)。

　社会制御の成否を考える際、「民主主義の統治能力」が中心的問題としてある。なぜ、民主主義の統治能力が重要な問題なのか。それが失われるとどのよう弊害が生ずるのか。この問題意識のもとに、社会制御過程を把握するための「勢力関係モデル」と「理性的制御モデル」とは、どういうものか。勢力関係モデルの理性化に際して、公共圏の果たすべき役割は何なのだろうか(第3節)。

　最後に、社会制御システムにおける制御作用をより詳細に解明するために、主要な制御作用の質的相違に注目しつつ、社会制御システムの分類をおこなう。そして、それぞれの社会制御システムで、どのようなかたちで価値合理性や手段的合理性が、登場する主体の行為原理になっているのかを検討する(第4節)。

第1節　社会制御の4水準と相互関係

本節では、現代社会を社会制御過程論の視点から把握するための一般的な理論枠組みを、「社会制御の4水準」論の立場にたって提出することを試みる。

1　社会制御の4水準

ここで、社会制御の4水準とは、事業システム、社会制御システム、総合的社会制御システム（国家体制制御システム、自治体制御システム）[1]、国際社会制御システムの4つの水準においてなされる社会制御のことである。これら4つの水準は、この順でミクロからマクロへと並んでいるが、重層的な関係にあり、よりミクロ的なものを、よりマクロ的なものが包摂しているという関係にある。そして、4つの水準のシステムは、相対的に自律性を有しつつ相互規定的である。

ここで、「事業システム」とは、一定の組織を社会制御過程の基本的単位として把握するときに設定される概念である。その意味は、財やサービスの産出というかたちで一定の目的群の達成を志向しながら作動している組織において、それに関与している統率者（支配者）と被統率者（被支配者）との間に形成される相互作用と制御アリーナの総体から形成される制御システムのことである。

「社会制御システム」とは、一定の社会的な目的群の達成を志向しながら、統率主体（支配主体）としての一定の行政組織と被統率主体（被支配主体）としての他の諸主体との間に形成される相互作用と制御アリーナの総体から構成される制御システムである。

「総合的社会制御システム」とは、個々の事業システムや、個々の社会制御システムの存立と作動の前提条件を提供し、さらに、個々の社会制御システムを支

---

[1] 編注：「国家体制制御システム」と「自治体制御システム」を合わせて「総合的社会制御システム」と呼ぶ概念構成でスタートしたが、後の展開において国家と自治体の関係については十分に分析するに至らず、「国家体制制御システム」概念を主に使用している。なお、第15章で使用している「メタ社会制御システム」という概念との関係について、次のような注を遺しているので、紹介しておきたい。「国家体制制御システムという言葉の定義は、従来からの「メタ社会制御システム」概念の指示対象を継承しながら、一方で実態的な制度や組織に焦点をあてた概念構成をめざし、他方で「メタ制御作用」という言葉を一般的な「構造維持作用」と「構造変革作用」の意味で留保することを可能にするものである。この用語法であれば、メタ制御機能は、構造変革作用として、運営作用と同様に、事業システム、社会制御システム、メタ社会制御システムのそれぞれにおいて、出現しうる。」

えている制度構造の創出と変革と廃止を担うような制御システムである。総合的社会制御システムには、「国家体制制御システム」と「自治体制御システム」という2つのタイプがある。それぞれの中枢的な制御主体および制御アリーナを形成しているのは、前者では国家機構であり、後者では自治体機構である。

「国際社会制御システム」とは、複数の国家とそれに対応する複数の全体社会との相互作用から形成され、そのような意味での国際社会において立ち現れてくる諸問題の解決に志向し、さまざまな国際機関を中枢的な制御主体あるいは制御アリーナとするような、国際関係の水準で作用する制御システムのことである。

ここで再確認しておけば、「制御」(control)という言葉は、「経営」(management)と「支配」(domination)の双方を含意しており、「制御システム」という言葉には、「経営システムと支配システム」の両義性が含意される。この点については、第2節でより詳しく述べる。

また、「システム」という言葉は、第2章で述べたように、組織構造、制度構造、社会構造というような構造の契機と、具身の諸個人・諸集団の集合という契機とを包摂するような概念として、すなわち、「構造と主体」の両義性を含意するものとして使用されている。このことの含意をより詳しく説明しておこう。

本書でいう制御システムは、「主体的＝主観的行為の集合」(サブジェクティブ)と「対象的＝客観的社会構造」(オブジェクティブ)という2つの契機を包摂するものである。つまり、制御システムは、さまざまな社会制度を構造的枠組みあるいは基盤としながら、多数の主体が相互作用することによって形成される「具体的行為システム」という性格を有している。

ここで、「具体的行為システム」の概念は、M. クロジェと E. フリードベルグの定義を継承している。クロジェらによれば、「具体的行為システム (un système d'action concret) とは、相対的に安定したメカニズムによってその参加者の行為を調整しているような、構造化された人間の総体であって、それは、自らの構造——すなわち、諸ゲームの安定性と諸ゲームの間の関係——を、規制のメカニズムを通して維持しており、しかも、規制のメカニズムも別のゲームを構成しているのである」(Crozier et Friedberg 1977: 246)。

一連の社会制度群と、具体的行為システムとしての制御システムとは区別されるべきである。なぜなら、具体的行為システムは自由な戦略的行為の集積から成り立っており (Friedberg 1972=1989)、一定の組織構造や制度構造を前提にした場合でも、そこに形成される具体的行為システムはきわめて多様な姿をとりうる

からである。同時に、どのような具体的行為システムもその存在の枠組みとなっている組織構造・制度構造等に規定されているのであり、構造的契機との関係で無制約・無拘束に自由な行為が展開されるわけではない。

次に、4水準の制御システムについて、ごく簡単な説明を追加しておきたい。

2 事業システム

事業システムは、社会制御過程の基本単位である。なんらかの組織、さらには集団が継続的に一定の財やサービスを産出しているときに、事業システムが存在するということができる。事業システムには、経済的な存立基盤から見れば、企業、行政組織、非営利組織の3つの基本タイプが存在する。それぞれの経済基盤の基本性格は、市場型、租税型、拠出型ということができる。

市場型とは、市場において他の諸主体に財やサービスを提供し、その対価として代金を収受するものである。租税型とは、法規範に根拠をもつ強制力によって社会内の諸主体より、経済資源を租税というかたちで徴収し、それを経済基盤とするものである。拠出型とは、労働組合やNPOに典型的にみられるように、成員みずからの拠出により、あるいは他の諸主体からの寄付というかたちでの拠出により、経済基盤を確保するものである。

現実の経営システムにおいては、これら3つの経済資源の源泉が、さまざまに組合わさるかたちで存在するが、その主要な基盤が何であるのかということは、事業システムにとっての重要な社会環境を規定し、事業システムの基本性格や作動のメカニズムを規定するのである。

3 社会制御システム

一つの社会の中には、それぞれ異なる目的を志向する複数の社会制御システムが存在しており、それぞれに分化した特定の領域の制御を担当している。これを「領域別社会制御システム」といおう。領域別社会制御システムは、それぞれ、社会制度とその運営を担当する行政組織に対応している。たとえば、経済行政領域、福祉行政領域、環境行政領域にそれぞれ対応するものとして、経済制御システム、福祉制御システム、環境制御システムを、社会制御システムの具体例として提示できる（**表9-1**を参照）。

領域別の社会制御システムの分類は、概括的にも細目的にも可能である。たとえば、経済制御システムのなかに、産業制御システム、金融制御システム、貿易

表 9-1　社会制御システムの具体例と相互関係

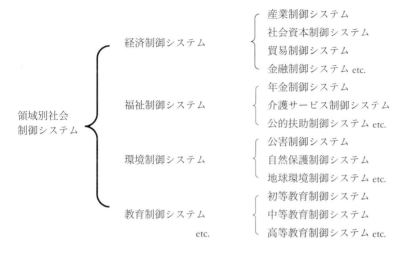

制御システムという、より細分化された社会制御システムのタイプを、概念上設定することが可能であるし、さらに、産業制御システムの内部を、重工業制御システム、軽工業制御システム、情報産業制御システム、商業制御システムなどのように細分することも可能である。

　領域別のそれぞれの社会制御システムの目的は、なんらかの価値に結びついている。一定の価値が、それぞれの社会制御システムの目的を支え導いているといってもよい。各社会制御システムは、その究極の価値を達成するために、一連の経営課題群を設定し、それを達成しようとしている。

　たとえば、経済制御システム、環境制御システム、福祉制御システム、教育制御システムは、それぞれ、経済的繁栄、環境保全、福祉の充実、教育の洗練という独自の価値に立脚した固有の経営課題群を優先的な目的として設定している。経営課題群の中には、社会制御システムにおいてもっとも優先される目的に直結しているもの（中枢的経営課題群）もあれば、そのための手段として位置づけられているもの（副次的経営課題群）もある。

　この視点からの把握は、実際に存在する行政組織の分業と対応するようなかたちで、社会制御システムをわかりやすく分類できるという利点があり、同時に社会制御過程における価値の機能にも照明を与える。それゆえ、この視点は、複数

の社会制御システムが相剋する根拠を、それぞれの志向する価値の相違から把握することを可能にする。社会制御過程に登場するさまざまな主体の行為の原理の一つに、価値合理性がある。それは、それぞれの社会制御システムの目的を支えている価値に根拠を有するのである。

　ここで大切なのは、社会制御システムの内部構成を把握するために、どのような概念群を組織化したらよいかという点である。**図9-1**は、社会制御システムの内部構成を、制御中枢圏、公共圏、枠組み条件といった概念群を使いながら把握することを試みたものである。社会制御システムの中には、多数の主体群と多数の制御アリーナ群が存在するが、社会制御システムの構造や運営のあり方の全体に影響を与えるような意志決定を担う主体群および制御アリーナ群の集合を「制御中枢圏」と呼ぶことにしよう。制御中枢圏の中には、一群の中枢的制御アリーナと中枢的制御主体としての政府組織が含まれる。

　制御中枢圏は、社会制御システム内部の制度構造を改変したり、維持したり、一定の制度構造を前提にした上での運営努力をおこなっている。社会制御システム内部の多数の主体群は、制度構造の中で一定の布置連関を形成しており、それを前提にして相互作用している。

　社会制御システムの内部に存在する個々の事業システムからみれば、制度構造と他の諸主体の相互関係のあり方が、自分にとっての「枠組み条件」を構成している。「枠組み条件」は、戦略分析学派の言葉を使えば、「構造化された場」という性格を有しており、すべての事業システムの行為のしかたは、それを取り巻く「枠組み条件」に傾向的に規定されている。

　制御中枢圏での論議や意志決定の過程に関心をもち、それに対して言論を通して関与するようなより広範な諸主体(諸個人、諸集団、諸組織)の集合は、「公共圏」と呼ぶことができる。

　公共圏は、制御中枢圏に対して、環視作用[2]を発揮しうる。環視作用とは、制御中枢圏で取り扱われる問題に関心をもち、それに注目し、討論や意志決定案の内容についての情報を収集するとともに、それに対して、要求や批判や意見、支持や反対というかたちでの評価を提出するような作用である。環視作用がどの程度活発になされているのかということを環視条件ということにしよう。

2　編注：著者は「環視」という新語について、「衆人環視という言葉をヒントにしている」と述べるとともに、「注視作用のほうがいいか。環視という言葉に積極的な意義があるだろうか。監視だと、批判的、警戒的というニュアンスが出すぎる」と、迷いも書き遺している。

第9章 制御システムの4水準と社会制御システムの特性 291

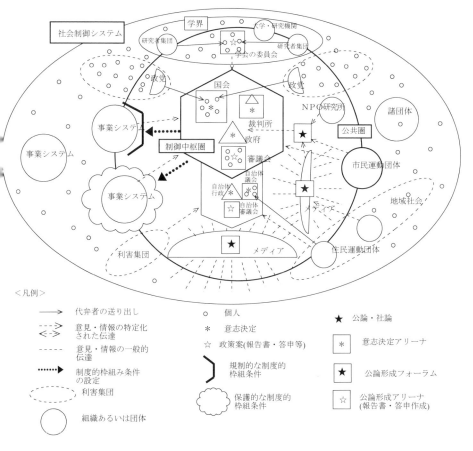

図9-1 社会制御システムの内部構成

4 総合的社会制御システム

　総合的社会制御システムは、一定の地域空間の中に存在する多数の社会制御システムを統合し、総合的に調整しながら作動している。これには、①国家体制御システムと②自治体制御システムの2つのタイプが存在する。両者は、統括する空間範囲の大小という点で差異があるとともに、国家体制御システムが、「制御システムとしての完備性」を備えるのに対して、自治体制御システムは、そうではない点にある[3]。

3　ただし、EUのような国家間の連合組織の形成は、「国家の有する制御システムとしての完備性」

4-1 国家体制制御システム

　国家体制制御システムは、4水準の制御システムの中でも、世界史の現段階では、唯一、完備性を備えた制御システムである。その意味は、国家体制制御システムは、合法的な強制力（その究極の姿は合法的な暴力）の行使能力としての国家権力を有する制御システムであり、それを基盤に、事業システムや社会制御システムに対して、それらの存立と作動の前提条件を与えるものであるということである。その前提条件の中でも最も基本的なものは、法秩序の形成と維持、財政基盤の確保である。それらは、議会制度、司法制度、政府制度によって担われ、その全体の法規範的根拠は、根本規範としての憲法によって与えられる。国家体制制御システムにおいて、議会制度と司法制度は中枢的な制御アリーナを、政府制度は中枢的な制御主体を構成している。いいかえると、制御システムとしての完備性とは、法の制定能力を有し、社会生活のあらゆる領域に対して法に基づいて働きかける中枢的組織としての政府組織を有し、究極的には強制力に裏付けられた法の運用能力を有し、租税というかたちでの強制的な経済資源の再分配能力を有することである。

　「議会制度」は、立法面において国家機構を担うものであり、その中心的機能は、法規範の形成であり、法規範が社会制御システムを支えるさまざまな社会制度を可能にする。

　「司法制度」は、司法面における国家機構を構成しており、その機能は、法規範の運用にかかわる判断の産出である。すなわち、司法制度は具体的な行為や契約や制度などのあり方について、合法性や違法性をそのつど判断し、それによって各社会制御システムの作動を可能とする。

　「政府制度」は、行政面において国家機構を担っており、その機能は、行政組織を確立し、その財政基盤を確保し実効的運営をおこなうことであり、また社会に対して法規範の実効的運用をおこなうことである。

　行政組織の実効的運営は、行政組織の制度化（すなわち行政制度の確立）とその総合的統括、および財政基盤の確保によって可能となる。さまざまな権限を有する地位・役割の集積として行政組織が形成され、その総合的統括のためには、最高責任者や総合的調整をおこなう場が定められる。これらを「行政装置の整備」と

を相対化しつつあるといえよう。

いおう。

　財政基盤の確保は、「財政制度」によって果たされる。財政制度の機能は、主要には租税という特有の経済資源の確保の回路を通して、社会制御システムに経済資源を提供し、その意味で、作動の前提条件を提供することである。

　法規範の実効的運用を担うのは、政府制度の中でも「秩序維持制度」であり、それは、対外的には国防制度によって対内的には警察制度によって担われている。国防制度と警察制度の機能は、秩序の破壊を防止し、法秩序が実際に維持され、実効的に法規範の運用がなされるようにすることであり、それを通して、個別の社会制御システムの作動の前提条件を提供する。

　したがって、国家体制制御システムを支える諸制度とそれに対応する社会システムをまとめれば、**表 9-2** のようになる。

　これらの制度は、各時代において、そのつど具体的な個人や集団によって担われる。これらの制度を担っている具体的行為システムをそれぞれ、議会システム、司法システム、政府システム、行政システム、財政システム、秩序維持システムと、呼ぶことにしよう。このような概念の区分を採用する必要があるのは、制度自体は同一であっても、それに対応する具体的システムは、きわめて多様な姿を示し、可変的であるからである。たとえば、議会制度は長期にわたって同一であっても、各政党・会派の勢力関係は、選挙のたびに変化するのであるから、議会システムのあり方は、選挙ごとに変化するし、さらに、一回の選挙で議席の布置が決定した後でも、議員たちのそのつどの離合集散や対立と協調のあり方によって、無限に多様に変化する。

　個々の社会制御システムは、国家体制制御システムの作動なしには、存立しえない。個々の社会制御システムの問題解決において、そのつど、行政システムの作動は顕在化するが、国家体制制御システムの他の構成要素（議会システム、司法システム）は、必ずしも顕在化するわけではない。しかし、それらの他の構成要

表 9-2　国家体制制御システムを支える諸制度とそれに対応する社会システム

素も、黙示的な前提条件として社会制御システムの作動を支え、影響を及ぼしているのである。

4-2 自治体制御システム

国家体制制御システムの枠組みの中で、特定の地域空間に対して、総合的制御システムとして作動するのが「自治体制御システム」である。自治体制御システムは、さまざまな社会制御システムの制御作用が、特定の地域空間で具体化する際に、それを総合的に調整しつつ担っている。

自治体制御システムは、国家体制制御システムのような完備性はもたないけれども、条例の制定能力、社会生活のほとんどあらゆる分野に対して働きかける行政組織を有すること、一定の限定のもとでの租税の徴収能力を有することから、そのような意味での「準完備性」を有するといえよう。

自治体制御システムと国家体制制御システムが有するそれぞれの権限の分布がどのようなものであるか、個々の社会問題や政策的課題に関する勢力の分布がどのようなものであるのかについては、歴史的にも、国家の相違によっても、非常に多様性がある。逆にいえば、両者の権限の分布がどのようであるのかは、一つの社会の個性を大きく規定するし、両者の権限の分布をどのように設計するかは、社会制御過程にとっての根本的問題の一つである。

日本社会の場合、実際の社会制御過程は、中央政府レベル、都道府県レベル、自治体レベルという三層構造の制御システムが存在し、それぞれに制御中枢圏があり、そのそれぞれに行政組織と議会組織とが、制御主体と制御アリーナとして存在している。政府と二層の自治体というあわせて三層の制御システムがどのような相互関係にあるのかという点については、非常に多様な可能性が存在するし、また、個々の問題において、三層の制御中枢圏のどのレベルがどの程度、関与するのかという点も、きわめて多様である。

ここで、制御過程の多様な可能性を規定する基本的条件あるいは要因について、若干の視点を列挙しておこう。

①決定権限の布置において集権的か分権的か。集権的な関係とは、政府の制御中枢圏から自治体に課される制約条件が細目にわたり、自治体の自律的な決定権限が少なく、「自由な選択範囲」が狭い場合である。これに対して、分権的な関係とは、自治体が幅広い自律的な決定権限をもっている場合である。中央政府、都道府県、市町村が、それぞれどのような権限を有するのかということについて、

多様な可能性が存在する。

　②自治体の財政力の豊かさの程度と自立性の程度。自立性は、財政収入全体に対する自主財源比率によって把握できる。豊かさは、自主財源と、交付金や補助金などの依存財源とをあわせて、財政収入の総額によって把握される。

　ここで注意するべきは、自治体の財政力の豊さと自立性の程度とは異なるということである。豊かさは、依存財源が多い場合にも実現可能である。また自立性の程度は同じであっても、豊かさの程度は多様である。

　③公共圏の豊富さの程度。政府レベルと自治体レベルのそれぞれの公共圏が、どの程度豊富であるのか。集権的か分権的かという軸において、一定の状態であっても、自治体レベルの公共圏の豊富さの程度によって、各地域社会での社会制御過程は異なるものになる。

　図9-2は、政府と自治体との関係の多様性を、二層の制御システムをモデルにして、例示したものである。図9-2の中で、a，b，c，d，e，fは、それぞれ異なった関係を表している。権限分配の特質という点では、政府が大きな権

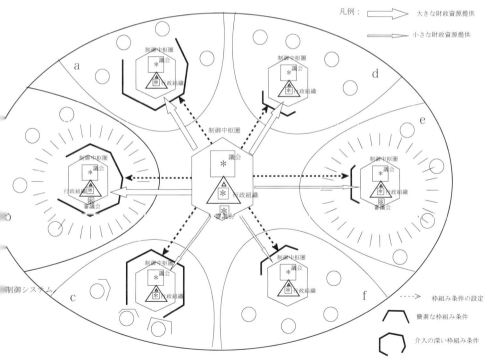

図9-2　政府と自治体との関係の多様性

限を有し自治体の自律性が少ない場合が、a，b，cであり、政府の権限が相対的に限定されており、自治体の自律性が相対的に大きい場合が、d，e，fである。政府から自治体への財政資源の提供という点では、大きな財源提供がなされている場合が、a，b，dであり、財源提供が少ない場合が、c，e，fである。自治体レベルの公共圏の特質という点では、豊富な公共圏が自治体レベルの制御中枢圏を取り巻いているのが、b，eであり、それが欠如しているのが、a，c，d，fである。たとえば、第Ⅰ部第5章で扱った、静岡県におけるコンビナート建設問題は、政府・自治体・住民の関係がbのタイプに対応するものであったといえよう。

5　国際社会制御システム

　現代の世界の諸問題を解明し、その解決を模索するためには、国家体制制御システムよりさらにマクロの社会制御過程をも対象として考察しなければならない。国際社会に出現する諸問題への取り組みに必要とされるのが、国際社会制御システムである。しかし、国際社会制御システムは、よりミクロの国家体制制御システムに比べて、実効的な制御主体や制御アリーナの形成に関して、まだ、萌芽的な段階にとどまっている。国際連合とそれに関連する国際諸機関は、たしかに現在の国際社会制御システムにおける中枢的な制御主体と制御アリーナを構成しているが、その実効性は、限定されたものである。

　さまざまな国際紛争とその暴力的顕現としての戦争は、20世紀の世界歴史の顕著な特徴であるが、21世紀の国際社会も、国際紛争の平和的解決と平和な秩序の構築について解決を与えていない。また、たとえば、国際的な金融危機というような世界的な経済システムの不安定性に対して、有効な制御能力を確立することは現在の大きな課題である。さらに、今後、地球規模の環境問題の深刻化が予想される中で、全世界的な協力によるそれへの対処が必要になっている。これらはいずれも、国際社会制御システムの強化を要請するし、それに対応した国際社会における規範的原則の確立が必要となっている。

　このように、国際社会制御システムの洗練は、21世紀の世界にとって大きな課題であるが、どのような方向に、どのような制度構造を志向しながら、それを洗練するのかということは、全世界的な課題を構成している。

6　4水準の制御システムの相互関係についての基本命題

以上の4水準の制御システムにおける問題解決の成否についての一般的な命題の定式化を試みてみよう[4]。ただし、ここでは、全体の展望を得やすくするために、総合的社会制御システムについては、まず国家体制制御システムによって代表させて、命題を提示することにしよう。自治体制御システムに注目した命題の定式化については、その後で示す。

あらかじめ以下の命題群の性格について説明しておけば、それらは、抽象的・一般的レベルで、鍵概念の関係を定義している命題である。いいかえれば、それらは、恒等式的な命題である。これらの命題は、制御システムにおける「内部構造の優劣」「枠組み条件の優劣」とは、何を含意するのかということを、「問題解決の成功や失敗」との関係で、定義しているのである。これらの基本命題は、個々の観察される事例によって、反証されるという性格の命題ではなく、個々の具体的事例の探究に際して、指導標となるような着眼点を体系的に提供しているのである[5]。

Ⅰ 事業システムにおける問題解決

Ⅰ-IC1：事業システムを担っている組織の内部構成（組織構造と主体群・アリーナ群布置）の優劣は、事業システムにおける問題解決の成否を傾向的に規定する。

Ⅰ-IC1-ES：優れた内部構成を有する事業システムにおいては、問題解決が傾向的に優れたものとなる。

Ⅰ-IC1-DF：欠陥のある内部構成を有する事業システムにおいては、問題解決が傾向的に劣ったものになる。

---

[4] 筆者は、社会制御過程を階層的な制御システムとして把握しようという試みを、何回か繰り返してきた（舩橋1990b, 2006b＝本書の第15章）。本稿における概念枠組みは、これまでの研究の発想を継承するものであるが、言葉の定義や命題の定式化については、より適切なものになるように大幅な修正を加えている。

[5] 以下の基本命題におけるアルファベットの含意は次のようなものである。IC は、inside composition（内部構成）を、FW は、framework（枠組み条件）を、E, S, D, F は、それぞれ、excellent（優れた）、success（成功）、defective（欠陥のある）、failure（失敗）を示している。

編注：4水準の制御システムの相互関係についての恒等式的命題をあえて集約するならば、次のようにまとめることができる。①優れた内部構成（構造と主体群・アリーナ群）は、傾向的に優れた問題解決をもたらす。ただし、内部構成の優劣に関わらず、有能な主体による問題解決の可能性はある。②優れた上位の枠組み条件（上位の構造と主体・アリーナ群布置）は、傾向的に問題解決の成功をもたらす。ただし、枠組み条件の優劣に関わらず、有能な主体による問題解決の可能性はある。③つまり、問題解決の可能性を傾向的に規定するのは、内部構成、枠組み条件、関与主体である。

Ⅰ-FW1：社会制御システムの設定している枠組み条件（制度構造と主体・アリーナ群布置）の優劣は、事業システムにおける問題解決の成否を傾向的に規定する。
Ⅰ-FW1-ES：優れた枠組み条件を有する社会制御システムの中では、個別の事業システムにおける問題解決が傾向的に成功する。
Ⅰ-FW1-DF：欠陥のある枠組み条件を有する社会制御システムの中では、個別の事業システムにおける問題解決が傾向的に失敗する。

Ⅰ-IC2：しかし、事業システムを担っている組織の内部構成の優劣は、事業システムにおける問題解決の成否を完全には規定しない。
Ⅰ-IC2-EF：事業システムの内部構成が優れていたとしても、それを担う諸主体が無能であれば、問題解決の失敗が生ずる。
Ⅰ-FC2-DS：事業システムの内部構成に欠陥があっても、それに関与する諸主体がきわめて有能であれば、問題解決の成功が可能となる。

Ⅰ-FW2：しかし、社会制御システムの設定している枠組み条件の優劣は、事業システムにおける問題解決の成否を完全には規定しない。
Ⅰ-FW2-EF：社会制御システムが優れた枠組み条件を設定したとしても、個別の事業システムに関与する諸主体が無能であれば、問題解決の失敗が生ずる。
Ⅰ-FW2-DS：社会制御システムが欠陥のある枠組み条件を設定したとしても、個別の事業システムに関与する諸主体がきわめて有能であれば、問題解決の成功が可能となる。

Ⅱ　社会制御システムにおける問題解決
　Ⅱ-IC1：社会制御システムの有する内部構成（制度構造と主体群・アリーナ群布置）の優劣は、社会制御システムにおける問題解決の成否を傾向的に規定する。
　Ⅱ-IC1-ES：優れた内部構成を有する社会制御システムにおいては、問題解決が傾向的に成功する。
　Ⅱ-IC1-DF：欠陥のある内部構成を有する社会制御システムにおいては、問

題解決が傾向的に失敗する。

Ⅱ-FW1：国家体制制御システムの設定している枠組み条件（制度構造と主体群・アリーナ群布置）の優劣は、社会制御システムにおける問題解決の成否を傾向的に規定する。
Ⅱ-FW1-ES：国家体制制御システムが優れた枠組み条件を設定している場合、個別の社会制御システムにおける問題解決が傾向的に成功する。
Ⅱ-FW1-DF：国家体制制御システムが欠陥のある枠組み条件を設定している場合は、個別の社会制御システムにおける問題解決が傾向的に失敗する。

Ⅱ-IC2：しかし、社会制御システムの有する内部構成の優劣は、社会制御システムにおける問題解決の成否を完全には規定しない。
Ⅱ-IC2-EF：社会制御システムの内部構成が優れていたとしても、その社会制御システムに関与する諸主体が無能であれば、問題解決の失敗が生ずる。
Ⅱ-IC2-DS：社会制御システムの内部構成に欠陥があっても、当該の社会制御システムに関与する諸主体がきわめて有能であれば、問題解決の成功が可能となる。

Ⅱ-FW2：しかし、国家体制制御システムの設定している枠組み条件の優劣は、個別の社会制御システムにおける問題解決の成否を完全には規定しない。
Ⅱ-FW2-EF：国家体制制御システムが優れた枠組み条件を設定したとしても、個別の社会制御システムに関与する諸主体が無能であれば、問題解決の失敗が生ずる。
Ⅱ-FW2-DS：国家体制制御システムが欠陥のある枠組み条件を設定したとしても、個別の社会制御システムに関与する諸主体がきわめて有能であれば、問題解決の成功が可能となる。

Ⅲ　国家体制制御システムにおける問題解決
　Ⅲ-IC1：国家体制制御システムの有する内部構成（制度構造と主体群・アリー

ナ群布置)の優劣は、国家体制制御システムにおける問題解決の成否を傾向的に規定する。

Ⅲ-IC1-ES：優れた内部構成を有する国家体制制御システムにおいては、問題解決が傾向的に成功する。

Ⅲ-IC1-DF：欠陥のある内部構成を有する国家体制制御システムにおいては、問題解決が傾向的に失敗する。

Ⅲ-FW1：国際社会制御システムの設定している枠組み条件(制度構造と主体群・アリーナ群布置)の優劣は、国家体制制御システムにおける問題解決の成否を傾向的に規定する。

Ⅲ-FW1-ES：国際社会制御システムが優れた枠組み条件を設定している場合、個別の国家体制制御システムにおける問題解決が傾向的に成功する。

Ⅲ-FW1-DF：国際社会制御システムが欠陥のある枠組み条件を設定している場合は、個別の国家体制制御システムにおける問題解決が傾向的に失敗する。

Ⅲ-IC2　：しかし、国家体制制御システムの有する内部構成の優劣は、国家体制制御システムにおける問題解決の成否を完全には決定しない。

Ⅲ-IC2-EF：優れた内部構成を有する国家体制制御システムにおいても、それに関与する諸主体の能力が不足すれば、問題解決の失敗が生ずる。

Ⅲ-IC2-DS：欠陥のある内的構成を有する国家体制制御システムにおいても、それに関与する諸主体がきわめて有能であれば、問題解決の成功が生ずる。

Ⅲ-FW2　：しかし、国際社会制御システムの設定している枠組み条件の優劣は、個別の国家体制制御システムにおける問題解決の成否を完全には規定しない。

Ⅲ-FW2-EF：国際社会制御システムが優れた枠組み条件を設定したとしても、個別の国家体制制御システムに関与する諸主体が無能であれば、問題解決の失敗が生ずる。

Ⅲ-FW2-DS：国際社会制御システムが欠陥のある枠組み条件を設定したとしても、個別の国家体制制御システムに関与する諸主体がきわめて有能であれば、問題解決の成功が可能となる。

Ⅳ　国際社会制御システムにおける問題解決
　Ⅳ-IC1　：国際社会制御システムの有する内部構成（制度構造と主体群・アリーナ群布置）の優劣は、国際社会制御システムにおける問題解決の成否を傾向的に規定する。
　Ⅳ-IC1-ES：優れた内部構成を有する国際社会制御システムにおいては、問題解決が傾向的に成功する。
　Ⅳ-IC1-DF：欠陥のある内部構成を有する国際社会制御システムにおいては、問題解決が傾向的に失敗する。

　Ⅳ-IC2　：しかし、国際社会制御システムの有する内部構成の優劣は、国際社会制御システムにおける問題解決の成否を完全には決定しない。
　Ⅳ-IC2-EF：優れた内部構成を有する国際社会制御システムにおいても、それに関与する諸主体の能力が不足すれば、問題解決の失敗が生ずる。
　Ⅳ-IC2-DS：欠陥のある内部構成を有する国際社制御システムにおいても、それに関与する諸主体がきわめて有能であれば、問題解決の成功が生ずる。

　自治体制御システムに注目した場合には、上記諸命題に対応するかたちで、次のようにして諸命題を提出することが可能である。
　まず、Ⅱの命題群を、自治体制御システムのレベルで展開するためには、Ⅱの命題群に含まれる「国家体制制御システム」という言葉を「自治体制御システム」に、「社会制御システム」という言葉を「自治体レベルの社会制御システム」という言葉に置き換えればよい。それによって、12の命題が定式化できる。
　また、Ⅲの命題群を、自治体制御システムに即して、展開するためには、Ⅲの命題群に含まれる「国家体制制御システム」という言葉を「自治体制御システム」に、「国際社会制御システム」という言葉を「国家体制制御システム」に置き換えればよい。それによって、さらに12の命題が定式化できる。

以上、自治体制御システムに注目することによって、あわせて24の命題が展開できるが、煩雑になるので、ここでの記載は省略する。

7　相互関係についての基本命題の含意

以上の諸命題の含意について、いくつかの説明を加えておこう。

第1に、これらの命題は、事業システム、社会制御システム、国家体制制御システム（および自治体制御システム）、国際社会制御システムのそれぞれの水準において、「内部構成の優劣」とは、それぞれの水準における問題解決の成功や失敗との関係で、定義されるということを示している。

第2に、これらの命題は、異なる水準の制御システムの相互関係を「枠組み条件」に注目することによって定式化している。すなわち、より上位の水準の制御システムが有する枠組み条件が、より下位の水準の制御システムにおける問題解決の成否を傾向的に規定していることを示している。そして、社会制御システム、国家体制制御システム（自治体制御システム）、国際社会制御システムが、それぞれの下位の制御システムである事業システム、社会制御システム（自治体レベルの社会制御システム）、国家体制制御システムに対して設定している枠組み条件の「優劣」とは、下位のシステムにおける「問題解決の成否」との関係において定義される、ということを示しているのである。

第3に、これらの諸命題においては、「主体の有能性」と「主体の無能性」ということも、問題解決の可能性との関係において定義されることが示されている。一般に、主体の有能や無能の判断基準は、さまざまに設定することが可能であるし、論議の文脈によっても可変的である。「社会制御システム論」の文脈においては、「問題解決の可能性」との関係が、主体の有能さや無能さについての基本的な基準を与えるべきである。

第4に、これらの命題それ自体においては、具体的に、どのような内部構成や枠組み条件のあり方が優れているのか、あるいは劣っているのかということ、あるいは主体の有能性とは具体的に何を意味するのかということについては、まだ明らかにされていない。「優劣」や「有能性」の具体的、内容的な意味は、「問題解決の成否」がどのような要因連関によって左右されるのかという経験的事例研究の積み上げの中から解明されなければならない。この面において、社会学的知見は、実証的研究を通して、貢献できるはずである。

第5に、これらの命題は、大きくは4群に区分できるが、これらの命題の示

す対象は相互に無関係なものではなく、階層的な包摂関係にある。すなわち、事業システム、社会制御システム、国家体制制御システム（自治体制御システム）、国際社会制御システムは、階層的な関係にある。それらの階層的な連結関係を把握する鍵は「内部構成」と「枠組み条件」である。

　総括的にいえば、ある水準の制御システムの枠組み条件のあり方は、それより一つ上の水準の制御システムの内部構成によって規定されており、それらの一部は重なり合っているのである。

　たとえば、社会制御システムの有する中枢的制御アリーナが、事業システムにとっての枠組み条件を設定するような意志決定をおこなうのであるし、社会制御システムの内部構成の諸要素のある部分は、事業システムにとっての枠組み条件と重なり合っている。したがって、内部構成と枠組み条件は階層的連鎖関係にあり、そこに注目するならば、ミクロ的事象の解明と、より一段上の水準の相対的にマクロ的事象の把握とを相関させることができるのであり、そのようにして、ミクロ的認識とマクロ的認識の往復運動が可能になる。

第2節　社会制御システムとアリーナ群の布置連関

1　社会制御システムの内部構成

　社会制御システムの内部構成については、すでに、図9-1において、その概略を示したが、ここで、さらに、詳細に検討してみよう。

　表9-3は、一つの社会制御システムの内部構成を、経営システムと支配システムの両義性という視点を使用しながら、把握しようとしたものである。

　この表は、社会制御システムを形成する「最低限の要素」と「標準的な構成要素」とを区別して、それぞれの要素として何があるかを整理している。その際、経営システムと支配システムの両義性に注目し、それぞれの要素が、経営システムと支配システムのそれぞれの文脈でどのような含意や特質を示すかを解明しようとしたものである。

　社会制御システムが存在するためには、最低限の要素として、制御主体としての「実効的な政府組織」と「中枢的制御アリーナ群」が必要である。そして「実効的な政府組織」の存在のためには、一定の「行政組織」と「行政組織の長」が存在し、それらが、「価値と制御目標」、制御手段としての「法規範」ならびに一定の「経済的資源」を備えていなければならない。

表 9-3　最低限および標準的な社会制御システムの内部構成

		社会制御システムの内部構成	経営システムの側面での含意	支配システムの側面での含意
最低限の要素　制御中枢圏	実効的な政府組織	価値と制御目標	経営課題の設定 制御方法、制御手続き	正当性主張の根拠
		担当する行政組織(単一主体性)および行政内部の制御アリーナ	社会制御システムにおける統率主体	社会制御システムにおける支配主体
		行政組織の長	行政組織の統率者	行政組織の支配者
		法規範	諸主体の行為の整合化 (諸主体に対する機会構造と制約条件の提供)	強制力と秩序の維持 義務と権限・権利の明確化
		経済的資源	経営課題群達成のための経済的手段	交換力 受益機会
	中枢的制御アリーナ群	中枢的制御アリーナ群(問題解決の４つの機能に関与)	中枢的統率アリーナ群	中枢的利害調整アリーナ群
標準的な要素		個別的制御アリーナ群	個別的統率アリーナ群	個別的利害調整アリーナ群
		法以外の社会規範	法規範の補完 解決方法に対する批判基準	法規範の補完 解決方法に対する批判基準
	公共圏の諸要素	メディア	問題形成、世論形成 解決策への批判 議論の場の提供	問題形成、世論形成 解決策への批判
		公共圏の要素としての社会運動組織	協力者	被格差・被支配問題解決のための要求提出と問題形成
		公共圏における民衆による環視	問題形成 解決方法への批判作用	問題形成 解決方法への批判
		研究主体(個人、研究団体・研究組織)	情報の提供、問題解明、解決策の提示	問題解明、解決策の提示

注１：「標準的な要素」として、公共圏にかかわる諸要素を、さまざまに指摘できる。
注２：ここでは、立法組織、司法組織は、国家体制制御システムの装置として存在していることが前提されている。国家体制制御システムレベルの制御中枢圏と、社会制御システムレベルの制御中枢圏との関係と相違を明示化する必要がある。

中枢的制御アリーナ群とは、社会制御システム全体の構造や運用に関する意志決定に関与するような制御アリーナ群のことであり、そこに含まれうるのは、国会、閣議、省議、審議会などであるが、問題事例に応じて、どのような組み合わせのアリーナ群がここに含まれるかは多様である。

社会制御システムが問題解決を果たすためには、制御中枢圏において、「問題形成機能」「解決案形成機能」「解決策の総合的決定機能」「解決策の実行機能」という4つの機能を果たさなければならない。これらは、中枢的制御アリーナ群を構成する複数の制御アリーナにさまざまなかたちで、分割されて分担される。その分担はより細かく見れば、解決案形成機能が、さらに、調査研究機能、主導的理念の設定機能、大局的方針の具体化機能へと分割されたり、解決策の実行も、「受容促進機能」「個別的利害調整機能」「解決案の細目の具体化機能」などに分割されたりできるので、そのような細目の分割に応じて、さまざまなアリーナで分担されることも多い。

社会制御システムは、これらの最低限の構成要素が存在すれば存立しうるが、実際には、制御中枢圏以外に、さまざまな「標準的な構成要素」が存在し、制御作用の洗練に貢献していることが多い。ここでは、「標準的な構成要素」として、社会運動組織、法以外の社会規範、中枢的制御アリーナではない個別的制御アリーナ群、民衆による環視（あるいは注視）といった要素を挙げておきたい。

全体としての、社会制御過程における問題解決は、これらの諸要素の総合的な作用に規定されている。そのなかで、問題解決の成否を把握する基本的視点として大切なのは、「制御中枢圏の制御能力」と、それに対する「民衆の環視(注視)」ならびに「社会運動組織」の働きかけ作用である。

ここで、制御中枢圏内部における「公論形成の場」のあり方と、制御中枢圏を取り巻く公共圏のあり方が、非常に重要な意義を有するものとなる。一般に、制御中枢圏を取り囲む公共圏において活発な意見交換がなされ、制御中枢圏のなそうとする問題解決努力や意志決定に対して、十分な批判的吟味がなされることは、問題解決の洗練を促進するであろう。逆に、そのような公共圏が貧弱で、制御に対する監視や批判が欠如している場合、問題解決は傾向的に未熟なものになるであろう。

以上の議論を通して指摘したいことは、社会制御システムの「内部構成」の優劣を考える際に、制御中枢圏がどのような主体群・アリーナ群から構成されているのか、そして、制御中枢圏がどのような公共圏に取り囲まれているのかという

ことが、注目すべき焦点であるということである。

2　取り組み条件としての主体・アリーナ群の布置連関

　事業システムと社会制御システムにおける問題解決の可能性は、それぞれの内部の「取り組み条件」に規定されている。取組み条件とは、事業システムの有する組織構造、あるいは社会制御システムの有する制度構造と、それぞれのシステム内部の主体・アリーナ群の布置連関との組み合わせからなっている。

　取り組み条件は、組織構造、制度構造を基盤としながらも、具体的な諸主体の関係として与えられる。複数の主体が相互作用し、意見交換と意志決定をおこなう場がアリーナであるが、アリーナとは、構造と主体にまたがる言葉であり、その意味で、システムの構成契機である。「主体・アリーナ群の布置連関」という言葉は、このような意味で、主体と構造にまたがるような概念である。

　取り組み条件がいかなる特質を有するかは、具体的な事業システムや社会制御システムにおいて、無限に多様である。だが、取り組み条件の一契機としての制御アリーナに注目することによって、取り組み条件の優劣を検討するための一定の視点が確保されるように思われる。

　ここで、取り組み条件を構成する諸要素の中でも、それらの作動の優劣について特に重要な意義を有するのは、事業システムの内部のアリーナと、社会制御システムの内部のアリーナであると思われる。なぜなら、事業システムにおいても社会制御システムにおいても、その運営と構造変革にかかわる方針の準備と意志決定と伝達において、内部のアリーナが果たす機能がきわめて大きいからである。これらのアリーナは、経営システムの文脈では統率アリーナ、支配システムの文脈では利害調整アリーナという性格を有するものであり、その特徴は両方の文脈において問題解決の成否に致命的な影響を与える。

　事業システムと社会制御システムにかかわるアリーナは、その存在位置という点ではどのように分類されるだろうか。

　表9-4は、事業システム、社会制御システム、国家体制制御システムの3つの水準の制御システムとの関係において、社会制御過程に登場するアリーナの基本的類型を示したものである。ここで、それぞれのシステムに対応する内属的アリーナとは、それぞれのシステムの内部に存在するアリーナである。内属的アリーナは、中枢的アリーナと副次的アリーナとに分かれる。中枢的アリーナとは、それぞれのシステムの支配者＝統率者に直結しているアリーナであり、それぞれ

表9-4 3水準の制御システムとの関係における存在位置による制御アリーナのタイプ

事業システム	内属的アリーナ	中枢的アリーナ	α1
		副次的アリーナ	α2
	外在的アリーナ		α3
社会制御システム	内属的アリーナ	中枢的アリーナ（群）	β1
		副次的アリーナ	β2
	外在的アリーナ		β3
国家体制制御システム	内属的アリーナ	中枢的アリーナ（群）	γ1
	副次的アリーナ		γ2

のシステムにかかわる総合的な制御を担うものである。すなわち、経営システムの文脈では、包括的・大局的経営方針を決定する機能を有し、支配システムの文脈では利害調整についての最終的決裁をする場である。

　事業システムにおいては、通常、中枢的アリーナは一つであるが、社会制御システムと国家体制制御システムにおいては、複数の中枢的アリーナが存在しうる。それらを、中枢的アリーナ群といおう。たとえば、国家体制制御システムにおいては、行政領域における閣議、立法領域における国会、司法領域における最高裁判所が、それぞれ中枢的アリーナとして存在し、それらを中枢的アリーナ群ということができる。

　これに対して、副次的アリーナとは、それぞれのシステム内部に存在する、中枢的アリーナ以外のさまざまなアリーナの総称であり、通常は複数が存在する。

　事業システムレベルの副次的アリーナに登場するのは、中間的または末端の被支配者(被統率者)となっている諸主体である。

　社会制御システムに内属する副次的アリーナは、それに属するさまざまな個人、集団、組織、事業システムの間に形成され、それらの諸主体の間の個別的な行為の整合化と利害調整とを担当している。

　国家体制制御システムに内属する副次的アリーナとは、複数の社会制御システム間の個別的調整をおこなう中枢的アリーナ以外の諸アリーナである。

　さらに、外在的アリーナとは、事業システムや社会制御システムの外部に存在し、それらと外部の諸主体・諸システムの間の整合化や利害調整をおこなうものである。たとえば、フランス国鉄という事業システムに対して、公益調査制度は、他の諸主体の間との利害調整をおこなう外在的アリーナであった(第10章)。

　以上のような形式的分類により、制御アリーナの8類型が提示されるが、容易

に気づかれるように、これらの間には、一定の重複が存在しうる。

　すなわち、事業システムにとっての外在的アリーナ（α3）は、社会制御システムの内属的アリーナの2つのタイプ（中枢的アリーナ（β1）、副次的アリーナ（β2））のいずれかと、実体的には重なる。ただし、これらの2つのタイプのうち副次的アリーナは、常に、事業システムに対する外在的アリーナであるわけではなく、個人主体間や利害集団間の利害調整の場として設定されることもある。

　また、社会制御システムにとっての外在的アリーナ（β3）は、国家体制制御システムの2つの内属的アリーナ（中枢的アリーナ群（γ1）、副次的アリーナ群（γ2））のいずれかと重なっている。ただし、これらの2つのタイプは、常に、社会制御システムに対する外在的アリーナであるわけではなく、個人主体間や利害集団間の利害調整の場として設定されることもある。

3　制御アリーナの果たす機能

　これらの制御アリーナが問題解決に果たす機能は、どのような視点から分析できるであろうか。すでに7章で、「統率アリーナ」と「利害調整アリーナ」が備えるべき問題解決の条件を提示した（対外的連結能力、批判的吟味能力など）が、それらが、実際には、どのように作動するのかを把握するための視点を分節化してみよう。

　ここでは、問題解決に果たすアリーナの機能を、大きくは4段階に分けるという理論的視点を採用する。すなわち、「問題形成」「解決案の形成」「解決策の決定」「解決策の受容と実行」である。これらの機能は、以下にみるようにさまざまな構成契機からなる。

　「問題形成」とは、すでに7章でみたように、人々が「問題状況の感受」から出発しつつ、「探索的な情報収集」を通して何に取り組むべきかを明確にし、解決すべき課題を設定した場合である。経営システムにおいては、問題形成は、「変革課題の共有」というかたちで進行し、支配システムにおける問題形成は、「争点形成」というかたちで出現する。問題形成を支える一つの重要な契機が、「現状認識の深化」である。　問題形成は、主体の「価値志向」を前提とする。（一つの社会制御システム内の）あるアリーナで、その成員に共有された価値志向が存在することが、問題形成の前提であり、問題解決に実効的なアリーナの存在の前提条件となる。価値志向の不在、価値志向の分立は、「問題形成機能」の欠如を帰結する。

「解決案の形成」とは、問題解決のために有効な解決策を創出し洗練する努力のことであり、それには、価値序列や経営課題群の再確認や変革、ならびに手段的な行為プログラムの再編成が含まれる。解決案の形成にあたっては、現状認識や、さまざまな解決案の効果に対する予測的認識が必要となる。解決案の形成が合理的になされる場合は、複数の代替案の提出と、その優劣の比較という思考手順が必要になる。「解決案の形成」を支える契機としては、「調査研究」「豊富な発想の産出」「批判的吟味」といった諸機能が重要である。

「解決策の決定」とは、考えうるさまざまな解決案の中から、一つのものを選択するという「意志決定」をすることである。この機能は、「解決案の形成」と連続しているが、さまざまな選択にかかわる「利害調整」と価値判断を担わなければならないという点で、特有の性格を有する。「解決策の決定」に際しては、さまざまな解決案についての「優劣の総合的判断」が、経営システムの文脈でどれだけ最適化に接近しているか、支配システムの文脈で、さまざまな利害要求に対してどれだけ公平な配慮・関心を維持しているかという視点から必要になる。「解決策の決定」がどのようなアリーナで、どのような手続きでなされるかは、問題解決努力の成否を規定する重要な要因である。事業システムでも社会制御システムでも中枢的アリーナ（群）は、解決策の決定という点で、独占的役割を果たすわけではないが、頻繁に主導的役割を果たす。

「解決策の受容と実行」とは、一定のアリーナで決定された解決策が、当該システムに関係する諸主体の間に、受容され、具体的に実行されていく過程であり、そこには、「解決案の細目の具体化」「個別的利害調整」「受容促進」という諸契機が含まれる。これらにおいては副次的アリーナの機能が重要になる。「受容」にもさまざまなタイプがある。たとえば、「不満を伴わない合意・納得による受容」「既成事実化などによる不満をあきらめさせた受容」、「不満が抑圧された強制された受容」などがある。

これらの諸機能が、どのようなアリーナ群によって分担されるか、それらのアリーナ群がどのように連結されているのかは、無限に多様な形をとりうる。一方で、小規模な事業システムにしばしばみられるように、一つのアリーナが、これらの機能をすべて担う場合もあるし、他方で、社会制御システムを支える骨格的な制度の変革というような、多数の利害集団が関与する複雑な事例においては、主要な4機能ごとに異なったアリーナが登場したり、一つの機能を複数のアリーナが担うという事態がみられるし、さらに、それぞれの要素的な機能を専門的に

表 9-5　アリーナの主要な機能とその要素的機能

アリーナの主要な機能	要素的な機能
問題形成	問題状況の感受 探索的な情報収集 解決すべき課題の設定（変革課題の共有／争点形成）
解決案の形成	調査研究 豊富な発想の産出 批判的吟味
解決策の決定	優劣の総合的判断 利害調整 意志決定
解決策の受容と実行	解決策の細目の具体化 個別的利害調整 受容促進

担うさまざまなアリーナが共存し連結されるという形態をとる場合もある。

4　事業システムをめぐる内属的アリーナと外在的アリーナ

　一般に社会制御システムの内部には、多数の事業システムが包摂されている。社会制御システムは、事業システムに対して枠組み条件を設定しているのであり、枠組み条件の優劣が、事業システムにおける問題解決の成否を傾向的に規定するのである。

　ここで、事業システムをめぐる「経営問題の解決」と「被格差・被支配問題の解決」という2つの課題が、事業システムをめぐる制御アリーナの性質とどう関係しているのかについて、考えてみよう。

　事業システムの内部にあって、事業システム内部の成員間の関係を調整し意志決定をおこなうアリーナを「内属的制御アリーナ」（略して、内属的アリーナ）と呼び、事業システムの外部にあって、事業システムとその外部の他の諸主体の間の関係を調整し意志決定をおこなうアリーナを「外在的制御アリーナ」（略して、外在的アリーナ）ということにしよう。ここで検討したいのは、この2つのアリーナの問題解決に貢献する固有の可能性や困難性である。

　事業システムと外部との利害調整が問題化する代表的な状況は、図9-3に示したように、事業システムの作動が、外部に受苦を生みだす場合である。これは、外部に被支配問題を生みだしている状況といいかえることができる。

　中枢的な内属的制御アリーナと統率者（支配者）とのセットを、事業システムの

「制御中枢」ということにしよう。一般に、内属的制御アリーナ（あるいは制御中枢）は、事業システム内部の利害関心や意見を集約し、経営問題を解決するのにあたっては、適切に作動しうる。内属的アリーナが、経営問題の解決のために、十分な発案能力と手段的合理性の見地からさまざまな問題解決案を批判的に吟味する能力を備えていれば、そこにおいて、経営課題群の達成を総合的に最適化するような経営方法が発見できるであろう。しかし、一つの事業システムと外部の利害調整をおこなうにあたっては、内属的制御アリーナ（あるいは制御中枢）だけによっては、的確に対処できない。とくに、事業システムが対外的に先鋭な被支配問題を引き起こしている場合、内属的アリーナの問題解決能力の限界が露呈する。

ここで、事業システムの内属的アリーナにおける最適化・総合化と、外在的アリーナにおける総合的利害調整は、どのように異なるのかについて、**図9-3**、**図9-4**に即して、考察してみよう。以下の5つの命題 (proposition) は、事業システムに対するアリーナの存在位置による調整能力の差異を要約したものである。

①事業システムの存在と作動によって引き起こされる内部の受益と外部の受苦の大きさの認識については、内部と外部では相違が存在する。内部からの認識は、外部からの認識に比べて、相対的に受益が大きく評価され、受苦が小さく評価される（図9-3）。

②「費用投入による受苦の解消」の可能性と「受苦の費用化」の必要性についての判断は、外在的制御アリーナと内属的制御アリーナにおいては傾向的に乖離する。

③事業システムが、対外的に与える負の効果が深刻でなければ、「内属的制御アリーナにおける総合化による最適性判断」と「外在的制御アリーナにおける総合化による最適性判断」は、一致しやすい。

④しかし、事業システムが、対外的に与える負の効果が深刻なほど、「内属的制御アリーナにおける総合化による最適性判断」と「外在的制御アリーナにおける総合化による最適性判断」はより大きく乖離していく。図9-4(a)に示されているように、内属的アリーナにおける総合化においては、外部主体の利害関心が十分に反映されない。外部主体の利害関心が総合的利害調整に、より反映されやすいのは、図9-4(b)に示すように、外在的アリーナにおいてである。

⑤被支配問題の解決のためには、外在的制御アリーナが「受苦の費用化」に関

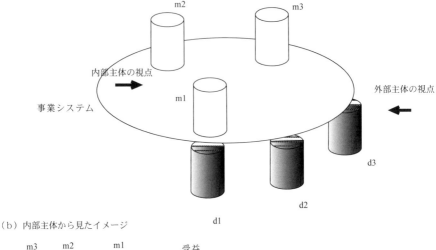

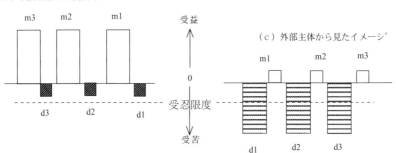

図 9-3 事業システムの生みだす内部的効果と外部的効果の見え方
注：デメリット (d) には、受苦 (sufferings) と費用（コスト）が含まれる。

する転換能力を十分に有するかどうかに依存する。

　したがって、一般化すれば、事業システムをめぐる被格差・被支配問題の解決にあたっては、適切に利害調整ができるような外在的制御アリーナが、事業システムに対する枠組み条件の一環として存在することが望ましい。いいかえると、事業システムをめぐる「優れた枠組み条件」とは、受苦の費用化を通して、被格差・被支配問題を解決できるような外在的制御アリーナの存在を重要な要素として必要とするのである。

　さらに、外在的制御アリーナにおける意志決定が適切なものであるためには、

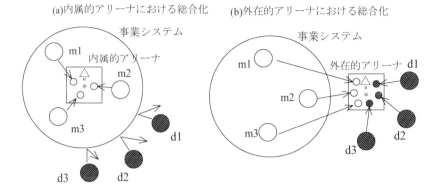

図 9-4 事業システム(または社会制御システム)の内属的アリーナと外在的アリーナ

それを取り巻く公共圏が豊富であり、活発な意見交換がなされ、外在的制御アリーナが環視状態にあり、批判が寄せられていることが、促進的な条件になる。また、このことは、視点を変えれば、当該の事業システムを包摂している社会制御システムにおいて、そのような公共圏に取り囲まれた外在的制御アリーナを備えていることが「優れた内部構成」の一つの条件になるのである。

以上、事業システムと社会制御システムの有する「枠組み条件と内部構成」の優劣を考えるにあたって、内属的制御アリーナ、外在的制御アリーナ、公共圏という視点が鍵になることを説明した。このような視点は、他の水準の制御システム、すなわち、国家体制制御システムや国際社会制御システムにおける問題解決の可能性を考えるにあたっても、適用可能なはずである。

5 アリーナをとりまく環視条件

環視条件とは、一つのアリーナをとりまく他の諸主体が、どのようなかたちで存在し、アリーナでの議論の内容や意志決定にどのように注目し、それに対して意見表明をする機会をどのように有しているのかということにかかわる諸条件である。すなわち、情報公開と意見提出が可能になっているのかということを示す言葉である。

「環視条件」は、より広い範囲の人々からみた批判作用を可能にするものであり、アリーナの内部の討論と意志決定にさまざまな影響を与える。アリーナの有する開放性と閉鎖性とは、「環視条件」の有無という視点から把握することができる。環視条件がまったく欠如したアリーナが「密室」である。

「環視条件」として、①情報公開、②要求と意見の提出、③応答義務、という３つの契機が存在するといえよう。この３つは、積み上がっていくような関係にあり、③は②の存在を前提にし、②は①の存在を前提にしている。もちろん、①②③のそれぞれについて、十分徹底したものと不完全・不十分なものという、程度に関するさまざまな段階がある。より後の契機を含むほど、また、それぞれの契機が、より完全なものになるほど、「強い」環視条件が存在するといえる。

環視条件の整備は、アリーナとその内部にいる主体に対する言論によるサンクションを含意する。そして、それは、さまざまな言論以外の交換力によるサンクションの発動を可能にする基本条件である。

環視条件の作用とは、社会的に支持されている規範や価値観に即して、アリーナの内部の意志決定がなされることを促すことである。より強い、積極的な環視条件が存在するほど、社会的に支持されている規範や価値観が、アリーナの内部に浸透し、そこでの発言や判断や意志決定に強い影響を及ぼすようになる。一般原則志向性と公平性は、環視条件によって、傾向的に促進される。環視条件を社会的に保証するにあたって、言論の自由、報道の自由の存在が、まず不可欠であるが、さらに、さまざまなメディアの役割や情報公開制度も非常に重要である。

民主的制度のもとでは、中枢的制御アリーナは、一般に強い環視条件のもとに置かれている。それは、もっとも注目され、厳しい批判作用が集中するようなアリーナである。中枢的制御アリーナには、注目、批判、要求、拒否、（お世辞）が集中する。その批判作用には、利害要求から出るものもあるし、普遍的妥当性を要求するという基準に発するものもある。批判作用の集中が、意思決定の洗練に不可欠である。

中枢的制御アリーナに立つ主体、とくに統率者（支配者）には、批判作用を拒絶するのではなく、それを受けとめつつ、それに耐える強さが必要になる。そこに必要なのは、価値合理性である。なんらかの価値基準がなければ、批判作用に耐えることはできない。それゆえ、民主的リーダーシップの維持には、並々ならぬ人格的力量が必要とされる。役割を取得するということは、役割との相関で、自分に向けられる批判基準を引き受けるということに他ならないからである。

6 公共圏と公論形成の場

「公共圏」(public sphere)とは、J. ハーバーマス (1990=1994) によって、近代社会の意志決定のあり方を把握するための基礎概念として、先駆的に提出されたものであるが、今日、社会学や政治学の領域で、大いに注目されるようになった言葉である。ハーバーマスや花田達朗 (1996) の考察をふまえて、筆者なりに、「公共圏」の基本的意味を定義してみよう。

公共圏とは、人々が、対等な立場で、政治的・社会的な課題や文芸作品について、批判的な討論を持続的におこなうような開放的な場の総体のことである。公共圏における批判的・持続的討論の第1の機能は、普遍性のある認識や価値基準を探究し、それに人々が接近していくことである。第2に、政府との関係における公共圏の機能は、社会の側から、行政組織によってなされる権力行使を、普遍性のある価値や原則に即したものとなるように統制することである。「法の支配」「基本的人権の尊重」「国民主権」というような原則は、公共圏が政府に尊重を要求する普遍的原則の代表的なものである。

公共圏からの統制作用によって、支配システムそのものが解消されてしまうわけではない。だがそれは、支配システムの契機としての政治システムと閉鎖的受益圏の階層構造が、民衆にとって望ましい状相や類型となるような規制作用を及ぼすのである。閉鎖的受益圏の階層構造が、完全な平等型になることは全体社会のレベルでは困難である。だが、公共圏の及ぼす規制作用は、緩い格差は許容するとしても、収奪型の受益圏／受苦圏構造を批判し、是正しようとするのである。

それゆえ、公共圏の充実の程度、あるいはその反面としての貧弱性という視点は、政府の意志決定の欠陥や誤りの原因を照明する有力な手がかりとなる。そこで、公共圏という視点から、社会問題の具体的事例に即して、行政組織の欠陥を把握するために、公共圏と関連する、より具体的な次のような概念群を設定することにしたい。

「取り組みの場」(arena)とは、なんらかの社会問題の解決を主題として複数の主体が相互作用をする場のことである。その取り組みのしかたが、社会一般に対して周知される場合を「公開された取り組みの場」(public arena)といい、その取り組みが公表されずになされる場合を「非公開の取り組みの場」(closed arena) あるいは「密室」といおう。さらに「取り組みの場」において、普遍性のある認識と価値基準の探究努力が、個別的利害関心の介入によって妨害されることなく、徹底

的に遂行される場合を、「公論形成の場」(aren of public discourse) ということにしよう。社会の中には、多数の「取り組みの場」が存在するが、それらが常に「公論形成の場」という質を備えるわけではない。そこでなされる論議の質が、「公論形成の場」の成立を左右する。

社会的・マクロ的文脈において、「公共圏」が成立するための論理的条件は、第1に、公共圏の要素的基盤である個々の「公論形成の場」が存在すること、第2に、それらが孤立・閉鎖することなく、相互に活発な意見交流がなされ、社会全体に共有されるような普遍性をもった認識と価値基準の探究が、積極的に推進されることである。そのために経験的に重要な条件としては、次のものが大切である。

①関係者が総合的に情報を交換し討論をしあう「取り組みの場」が豊富に設定されること。

②個々の「取り組みの場」が、「公論形成の場」という質を備えること。そのための促進的条件は、内部的には、多様な視点からの討論がなされ認識の総合化努力がなされること、価値をめぐる優先順位について突きつめた議論がなされること、そのために参加者が認識と価値についての普遍性を求めるエートスをもっていること、対外的には、公開性を備えること(「公開された取り組みの場」であること)、社会的関心の的となること、外部からの批判・意見が寄せられることである。

③マス・メディアやミニ・コミなどによって、複数の「取り組みの場」の間の情報交換・意見交換が活発におこなわれること。

④普遍性のある認識や価値基準の探究に適合的な社会意識が存在すること、すなわち批判意識の高い世論が存在すること。そしてたとえば、タブーの存在によって自由な言論が妨げられるというようなことがないこと。

マス・メディア、社会意識、取り組みの場、それへの参加者は、どの時点や地域にも存在するが、それらが普遍性を備えた認識や価値基準を求めて、活発に相互作用するとき、それらは、協働して公共圏を実現させ、同時に公共圏を支える契機となる。すなわち、マス・メディアが社会的に活発な意見交流へ貢献すること、社会意識が「批判的世論」を担うものになること、個々の「取り組みの場」が「公論形成の場」へと変貌すること、公論形成の場に参加し批判的精神をもつ主体としての「公衆」や運動団体が存在すること、これらのことが同時平行的に実現することによって、公共圏が形成されるのである。したがって、公共圏の形成とは、ミクロレベルの担い手としての個人や、メゾレベルの構成要素としての「取り組

みの場」において、社会問題に対する知的洞察力、感受性、およびその解決への意志が強化されることを、その契機として含むものである。

第3節　社会制御の中心課題としての「民主主義の統治能力」

1 社会の複雑化と制御努力の洗練の要請

現代社会において、社会制御の洗練を求める要請が強まるのはなぜだろうか。その根拠を、現代社会における経済、政治、社会構造の有するそれぞれの特徴という視点から考察してみよう。

1-1 経済の特徴からみた社会制御の要請

経済活動の側面で見れば、19世紀後半以降、日本を含む世界の広範な地域において産業化が進展してきたが、産業化は、市場と企業を基盤にした生産と消費を普遍化してきた。市場と企業は、個々の主体の自発性に依拠した自生的な制度という性格を有し、資源配分の効率性という基準で評価すれば、優れた制度である。経済思想としての自由主義は、アダム・スミスに見られるように、市場における生産者や消費者の自由を尊重し、政府の介入を最小限に抑制することを主張してきた。

だが、市場制度も企業を存立させる経済制度も、産業化の初期から、政府の成長政策的介入によって支えられているのである。そのことは、特に後発資本主義国である日本やドイツにおいて明瞭であり、「殖産興業」は、明治政府の基本政策であった。成長政策的介入は、1930年代以後、アメリカ、ソ連、ヨーロッパ諸国、日本などの工業化諸国において、さらに活発化した。

同時に、市場制度と企業は、社会問題という側面から見れば、別の角度からの介入を必要とする存在である。19世紀後半以後、労働問題に対処するための「社会政策的介入」が必要とされてきた。景気循環に伴う解雇や失業、貧困、劣悪な労働環境、高齢者や傷病者の生活保障、労使紛争の解決、といった諸問題に対して、政府の介入による制度的解決が必要とされたのである。また、別の角度から見れば、市場メカニズムは、「市場の失敗」という問題解決能力の限界を露呈する。「市場の失敗」の代表的な事例としては、「外部不経済」「公共財の供給不足」などがある。さらに、第二次大戦後には、成長政策的介入もさまざまに洗練されるとともに、社会政策的介入は、福祉政策的介入という色彩を強めることになった。

これに加えて、1970年代以降、世界各地で公害問題への関心が高まり、1980年代後半からは、地球規模の環境問題が問題視されるようになった。市場を基盤にした経済成長が成果を上げるほど環境問題が深刻化する傾向があり、市場に対する環境政策的介入の要請は、21世紀に入ってますます強まりつつある。

1-2　政治の特徴からみた社会制御の要請

　政治制度のあり方に注目するのであれば、20世紀を通しての、大勢としての民主化の進展は、政府の介入の必要性を2つの理由で高めるものである。

　その理由は、第1に、民主化の進展とは、人々の自由な言論の機会の確保と人々の総意による政府の運営を意味しているから、「要求の噴出」をもたらす基盤となるものである。「要求の噴出」は、より積極的な政策的介入を迫る圧力を生みだす。政府諸部局は、それぞれに関係する利害集団の要求を受けて、その要求をよりよく満たすために、より積極的な政策を展開しようとする傾向を示す。すなわち、それぞれの部局が関係する経営システムを拡大・強化しようとする志向性を生みだす。

　第2に、民主化の進展は、即自的には、統治能力の欠如という意味での「漂流」を生みだす可能性をもつものであるから、そのことが「漂流」を克服するようなより強力な介入の要請を生みだす。

　民主化のもたらすリスクは、さまざまな個人や利害集団が個別的利害を主張しそれに固執するために、それらの調整ができず、結果として「支配システムにおける無秩序」や「経営システムにおける経営問題の解決不能」というかたちで、制御の失敗が生ずることである。民主主義的な制度は民意の尊重を基盤にするが、民意の集計に基づいて、一貫した責任意識に裏づけられた問題解決を実現することは必ずしも容易ではない[6]。たとえば、民主主義の代表的な制度化である議会制において、議員選挙における集票行動と投票行動は、しばしば、議員の側の「人気取り主義」と、有権者の側の「モノ取り主義」に陥る。ここで、人気取り主義とは、負担問題について無関心・無責任のまま、さまざまな財やサービスを有権者に提供するような政治家の態度であり、モノ取り主義とは、負担問題を免れようとしながら、自分の利害要求だけを表出する有権者の態度である（舩橋2001a）。民主主義制度のもとで、人気取り主義とモノ取り主義が横行する時、経営問題の整合的な解決はできなくなり、実効的な制御が失われた漂流が始まるであろう。

---

[6]　経済学的には、K. アロウの「一般可能性定理」が、先駆的な問題提起である（Arrow 1951=1977）。

この状況を克服するためには、政府による制御の強化が要請される。

1-3　社会構造の特徴からみた社会制御の要請

社会構造という側面からみるならば、現代社会は、ますます機能分化が昂進し、社会を構成する要素的な諸主体や事業システム同士の相互依存性が、複雑化する傾向にある。このことは、それらの間での社会的な相互調整のあり方を、より洗練することを要請するものである。近年のグローバリゼーションの進展も、国際的な社会関係という文脈での調整の必要性を高めるように作用している。

2　制御中枢圏の自存化傾向とその諸弊害

以上のような、経済、政治、社会構造にかかわる諸要因は、複合して、政府による介入を積極化するようにという要請を、ますます強めるように作用している。

このような要請は、社会制御システムや国家体制制御システムや国際社会制御システムの水準で、それぞれの制御中枢圏の制御能力を強化する努力を後押しする圧力となっている。

だが、制御中枢圏の制御能力の強化は、いかなる帰結を生みだすであろうか。このことを、制御中枢圏の制度的基盤が完備している社会制御システムや、国家体制制御システムのレベルで把握するならば、制御能力の強化は、それが一面的に強調された場合は、その必然的帰結として、「政府組織の自存化傾向の諸弊害」を生みださざるをえない。

「経営システムと支配システムの両義性」という視点に立脚すれば、「行政組織の自存化傾向」（あるいは、より限定されたかたちでの「事業システムの自存化傾向」）を、**表 9-6** に示したように、体系的に分析することができる。そのそれぞれを概観してみよう。

支配システムの側面では、それを構成する2つの契機である政治システムと閉鎖的受益圏の階層構造のそれぞれに即して、さまざまな自存化傾向の弊害が現れる。

政治システムの文脈においては、「過剰介入」「独走化」「独裁化」という弊害がみられる。「過剰介入」とは、政府が、社会過程や個人生活に対して、不必要に過剰なかたちで規制をしたり操作しようとし、人々の自由を侵害することである。たとえば、経済活動や思想・言論活動に対して、あるいは個人のプライバシーに対して、過剰に介入することである。「独走化」とは、住民や国民から必要と

表 9-6　政府組織の自存化傾向の生みだす諸弊害

弊害の生ずる社会制御システム内の文脈		諸弊害	
支配システム	政治システム	過剰介入 独走化 独裁化	先鋭な被格差問題と被支配問題への鈍感さ
	閉鎖的受益圏の階層構造	財の党派的配分 腐敗	
経営システム	目的	行政課題の自己目的化 セクショナリズム	
	手段	硬直性　　肥大化　　非能率性 真の費用の事前の潜在化と事後の顕在化 （費用の偽装）	

されず、望まれてもいない事業や政策を、政府が人々の意志や価値判断とは無縁なかたちで実施しようとすることである。国民や住民から要求がほとんど存在しないような事業に多額の財政支出がなされる場合は、これにあたる。「独裁化」とは、さらに進んで、政府の意志決定と行為が、反対意見や批判を排除し抑圧しながら、人々の意向に反して強行されることである。

次に、閉鎖的受益圏の階層構造の文脈においては、「財の党派的分配」「腐敗」という弊害が出現する。「財の党派的分配」とは、特定の利害集団を優遇し、他を冷遇するかたちで、政府の所管する財の分配や、さまざまな費用負担の割り当てがおこなわれることである。たとえば、政権政党の支持基盤に手厚く補助金支出がなされたり、過剰に優遇したかたちでの税の減免がなされるのはこれにあたる。さらに、「腐敗」とは、財の分配や消費のしかたが合法性という規範の枠を逸脱するかたちでなされ、一部の者が不当な利得を得ることである。談合や贈収賄はその典型である。

さらに、政治システムの文脈と閉鎖的受益圏の階層構造の文脈の両方にまたがるものとして、「先鋭な被格差・被支配問題に対する鈍感さ」が存在する。これは、政府組織が、先鋭な被格差・被支配問題の感受において鈍感であり、それらをこうむる当事者となった人々が解決を求めて正当な要求を提出しても、それに対して冷淡であることである。公共事業の実施をめぐって、住民との激しい対立、さらには、実力阻止行動や暴力的衝突が起こる場合には、その背景にこの意味での鈍感さという要因がしばしば作用している。

経営システムの文脈でみるならば、目的の設定という領域において、まず、「行

政課題の自己目的化」という弊害がみられる。これは、いったん設定された行政課題が、時代の変化により国民や住民の要求とはかけ離れたものになっても、課題それ自体の実行があたかも究極の目的であるかのように取り扱われることである。この弊害は、たとえば長期間にわたる公共事業に頻繁に見られるものである。行政課題の自己目的化が部局に即して顕現する場合は、「セクショナリズム」が現れる。「セクショナリズム」とは、各部局の行政課題の自己目的化が生じてしまい、より広い視野に立った行政全体としての調整や総合化が阻害されてしまう状態である。

経営システムにおける手段の選択という領域でみるならば、まず「硬直性」「肥大化」「非能率性」という諸弊害がみられる。「硬直性」とは、社会状況の変化に対応した行政組織の再編成ができないことであり、「肥大化」とは行政組織の規模が果たしている役割に対比して、過度に拡大することであり、「非能率性」とは、一定のサービスの提供に対比して、そのための資源や時間の投入・使用が浪費的であり、それらが過剰に使用されていることである。これらと関連して「真の費用の事前の潜在化と事後の顕在化」がある。これは事前には事業予算額が過小に見積もられているため、真の費用が潜在化しているものの、事後には見積もりより遙かに巨額な真の費用が顕在化するという事態である。この現象には、「費用の偽装」という表現によって把握すべき側面も含まれるが、必ずしも意図的な操作によってのみこの現象が出現するわけではない。

実際には、表9-6に示したような諸弊害が分離して別々に存在しているわけではなく、さまざまに融合しながら生起する。たとえば、被格差・被支配問題への鈍感さと財の党派的分配は絡まりあっていることが多いし、同時にそれは、独裁化と結びつくことが頻繁にみられる。行政課題の自己目的化は、行政の独走化と密接に関係しており、さらに、行政の硬直性や肥大化とも絡まりあっている。

制御中枢圏の決定権の一方的強化が推進されるような権威主義的社会体制においては、このような政府組織の自存化傾向の諸弊害が、極端なかたちで昂進してしまう。権威主義的社会体制とは、その内容は何であれ、「唯一の正しい世界観・価値観」が定義され、その絶対化とそれへの忠誠を前提に、集権的な社会制御が実施されるような場合をさす(Popper 1957=1961; 舩橋 1996a)[7]。権威主義的社会体制

---

[7] 編注:権威主義的社会体制の詳細については、舩橋晴俊「社会構想と社会制御」(オリジナルは『岩波講座現代社会学 26 社会構想の社会学』1996 岩波書店:1~24、後に『組織の存立構造論と両義性論』2010 東信堂:122~148 に再録)を参照。

においては、制御中枢圏に対する批判が抑圧されることから、これまで検討してきたような「自存化傾向の諸弊害」を抑制することが、きわめて困難化する。一方で経営システムの側面での経営問題解決方法の洗練ができなくなり、他方で支配システムの側面では被格差・被支配問題を先鋭化させてしまうことになる。

3 「民主主義の統治能力」問題がなぜ重要か

　以上の検討から、「民主主義の統治能力」問題が析出される。すなわち、現代社会は、一方で、その経済面や社会構造面での特徴に根ざして、さまざまな自覚的な制御努力を必要としており、制御努力の放棄や制御能力の不足は、漂流や混乱を生みだしかねない。また、政治システムにおいて、民意を尊重するという意味での民主化の進展は、要求の噴出を喚起し、一面では、社会制御の困難化を伴いうるものである。これに対して、他方で、中枢的制御圏の制御能力を一面的に強化しようとすることは、「政府組織の自存化傾向の諸弊害」を引き起こすことになり、極端な場合は、権威主義的社会体制の弊害を帰結する。

　要約すれば、制御能力の不足による漂流や混乱か、制御能力の強化による諸弊害かという二律背反が存在するのである。このような二律背反は、事業システムのレベルでも、社会制御システムのレベルでも、国家体制制御システムのレベルでも、繰り返し立ち現れてくる。この二律背反をいかにして乗りこえていくかが、重要な問題である。

　ここにおいて問うべきは、「民主主義の統治能力」問題である。「民主主義の統治能力」問題とは、どのようにしたら、人々の総意を尊重するという民主主義の原則に立脚しつつ、社会制御の諸能力を高め、無秩序や漂流を回避することができるのか、という問題である。いいかえると、人々の総意を尊重するという意味で民主主義的でありつつ、他方で、経営問題を効果的に解決し、また、被格差・被支配問題を先鋭化させないかたちで、社会に秩序を維持することは、いかにして可能であろうか。この問いこそ、民主主義の統治能力をめぐる根本的な問いである。この意味での「民主主義の統治能力」(Crozier et al. 1975=1976) をいかにして実現するかは、社会制御における中心的な問題関心であるべきである。

　ここで、「民主主義」を堅持しようとすることが、なぜ大切なのかを考えてみよう。総括的にいえば、その根拠は2つある。

　第1に、民主主義の基本的含意は、一人一人の意志の尊重であるが、その根底には、一人一人の人格の尊重がある。各人の人格のかけがえのなさを認めること

は、各人の意志の尊重を論理的に帰結するのであり、そのことは、社会的意志決定のあり方としての民主主義を要請する。このような根拠づけを、「人格尊重に根ざした民主主義の根拠づけ」といおう。

　第2に、社会制御のあり方から見ても、人々の総意を尊重し、総意に基づいた社会制御が望ましい。このことは「望ましい社会」の成立のための総括的な論理的要請である。人々の総意に基づかない社会制御のあり方とは、一部の人々が社会制御における決定権を掌握し、他の人々がそれから除外されることを含意しているが、自らの意志の反映回路を否定された人々にとっては、社会が望ましくないあり方におちいる危険性が多いし、望ましくない状態の社会に対して、有効に是正することもできなくなる。一定の人々の発言権や決定権を否定することは、そのような人々が人権感覚をもつ限り抗議と紛争化を必然的に生みだすであろう。このことを、「民主主義の必要性についての社会運営上の根拠づけ」ということができよう。

　「民主主義の統治能力」をいかにして確保するかという課題は、制御システムの4水準のあらゆるレベルで問題になる。ただし、この問題の取り扱い方については、検討の対象となる制御システムが事業システムレベルの場合と、それをこえた、より巨視的な水準の場合とでは、質的な相違が必要であるように思われる。

　社会的な問題の解決のためには、個別の事業システムにかかわる水準において、そのつど、「問題解決の二つの公準」を実現する必要がある。そのためには、当事者の総意に基づいた問題解決方法が生みだされればよいのであるが、その実質的含意は当事者間の合意形成を可能にするような問題解決方法の発見にある。そのような文脈の中で、「民主主義の統治能力」を考えればよい。

　ところが、一つの分野の社会制御システムにおいて、「民主主義の統治能力」の実現を議論する場合は、「個別的な問題解決」という地平をこえた視点が必要になってくる。それは、その社会制御システムが課題とする問題解決に対して、「一般的に妥当する原則の発見」という視点である。一つの社会制御システムの中には、無数の事業システムが存在するのであり、ミクロ的・個別的解決が、マクロ的な文脈での解決と予定調和する保証はない。

　社会全体のあり方からみて、個別的解決が適正かどうかが問われなければならない。たとえば、（第12章で、より詳しく検討することになるが）整備新幹線の着工優先順位をめぐる「直接的に強い利害関係を有する当事者たちの合意」が、「県境

における断片的着工」というかたちで形成されたとしても、「交通便益の即時の実現という意味での効果的な交通投資」「財政全体における浪費の回避」という文脈でみれば、それは不適切な決定である。

　第1節で検討した、事業システムと社会制御システムの相互関係の視点を取り入れて見れば、社会制御システムの水準では、制度設計の問題が解決されなければならないのであり、その内部構成と枠組み条件を規定する適正な規範的原則が発見されなければならないのである。

　それゆえ、社会制御システムのレベルで民主主義が統治能力を発揮するためには、「個別問題の適正な解決」を可能にするような「枠組み条件を定義する」という意味で、「社会全体を組織化する適正な原則」を発見することが必要になる。それは、個別問題についての合意形成とは、質的に異なった課題であり、より困難なことが予想される。

　さらに、国家体制制御システムのレベルになると、「民主主義の統治能力」の問題を考えるに際して、さらに次のような前提条件が追加されることになる。

　①対象領域の包括性。国家体制制御システムの水準においては、あらゆる分野の制御努力を担う多数の社会制御システムが一つの国家体制制御システムに包摂されている。

　②多数の問題の同時的な解決という要請。この水準では、多数の社会制御システムの統合が課題となる。そこには絶えず、複数の社会制御システム間での問題解決努力のトレードオフが現れてくるのであり、その妥当な解決を図る必要がある。

　③社会の全成員の関与。社会制御システムの水準においては、関与者の数は事業システムの水準よりも遙かに広がるが、個別の社会制御システムが、必ずしもいつも社会の全成員に関与するわけではない。だが、国家体制制御システムは、その国家主権の及ぶ範囲の社会に存在するすべての人々に関与する。

　④強制力を伴う制御。国家体制制御システムでは、強制力を有する規範としての法律の制定や、強制力に裏付けられた経済資源の移転としての徴税が、制御努力の特性となる。

　このように、国家体制制御システムにおいては、影響領域の包括性、多数の問題の同時的な解決、全成員の関与、強制力という諸特徴が制御努力の特徴となっているのであり、それだけに、「民主主義の統治能力」の問題が重要かつ複雑な問題になる。

4 勢力関係モデルと理性的制御モデル

　以上のように、事業システムにおける「当事者の合意形成」による問題解決と対比すると、社会制御システムや国家体制制御システムの水準においては、「個別的な問題解決」をこえて、「社会を組織化する適正な原則の発見」に基づく問題解決という要請が強まる。

　このことは、規範理論的な表現をとれば、経営システムにおける合理性の概念解釈と、支配システムにおけると道理性の概念解釈を探究する努力を、徹底する必要があることを示している。いいかえると、民主主義の統治能力を高めるという課題は、合理性と道理性という価値の尊重と内在的に相関しているのであり、また、それらの価値にそのつど具体的内容を与えていく努力を必要とするのである。

　民主主義を、「社会的意思決定における民衆の総意の反映」という形式的手続きとみなす立場からすれば、「特定の価値の尊重」が民主主義と結びつくことに、違和感が表明されるかもしれない。だが、民主主義による統治とは、「合意にもとづく統治」なのであり、そこにおいては、「道理性と合理性」の確保が、それを可能にする必要条件となるのである。それゆえ、道理性と合理性の尊重は、民主主義の尊重と密接に関係していると考えられる。

　ここで、「民主主義の統治能力」の問題を、社会制御のより具体的過程に即して検討するために、「理性的制御モデル」と「勢力関係モデル」という、社会制御の2つの理念型を設定してみよう。

　「勢力関係モデル」とは、正負の財の与奪によって規定される勢力関係によって、社会的意志決定がなされ、制御過程が進行するようなモデルである。

　これに対して、「理性的制御モデル」とは、「理性による制御」が実現するような社会制御過程を把握するモデルである。

4-1 勢力関係モデル

　勢力関係モデルは、現実の社会制御過程を把握する際の基盤になるべきモデルである。勢力関係モデルとは、討論による合意形成ではなく、正負の財の与奪によって規定される勢力関係に基づいて、社会的意志決定がなされ、制御過程が進行するようなモデルである。関与する主体の特質という点からみれば、ここに登場する諸主体は、利害の違い、立場の違いという点で、相互に異質である。

そこで中心になるのは、それぞれに自分の利害の追及という立場から戦略的行為を展開するような主体類型であり、マキアヴェリズム的能力が有能性の一つの評価基準となる。

勢力関係モデルにおいては、社会的意志決定は、決定内容についての内在的合意というよりも、「勢力関係による決着」あるいは、その系としての「打算にもとづく妥協」というかたちをとる。

公共圏における言論は、それぞれの主体が自分の利害要求を正当化しようとする論争的なものになる。

制御中枢圏には、さまざまな回路から利害要求が表出され、それらの利害対立は、最終的には制御中枢圏における諸主体の勢力関係によって、決着がつけられる。

では、勢力関係モデルを前提にした場合、「民主主義の統治能力」の問題は、解決することができるであろうか。勢力関係モデルが妥当するような社会過程は、「道理性や合理性の探究とそれに基づく合意形成」という論理とは異質な論理が支配している。「道理性や合理性の探究」という立場からの抑制が欠如した場合、勢力関係モデルが当てはまる社会制御過程の落ち着く先は、「強者が支配する」社会であり、集権化の傾向と、政府組織の自存化傾向の諸弊害を絶えず生みだすであろう。

このような勢力関係モデルが、現実の社会制御過程に対しては、広範な妥当性・適合性を有しているものである以上、「民主主義の統治能力問題」は、それと離れたところで、考察し、追及しても、空転するであろう。勢力関係モデルの質を変革するという視点から、「民主主義の統治能力」問題を考えることが必要である。

ここで、勢力関係モデルの内部の質的多様性について、検討してみよう。

勢力関係モデルといっても、具体的にどのように社会制御過程が繰り広げられるかについては、相当に広い振幅がありうる。一方で勢力関係モデルが極端に紛争化の特徴を強めた場合は、秩序の崩壊や、極端には内乱という事態も生じるであろう。他方で、勢力関係の理性化という道も存在しうるように思われる。

勢力関係モデルは、行使される交換力の性質によって、①「無法状態の暴力的な勢力関係モデル」、②「法秩序下の強制力を伴った勢力関係モデル」、③「法秩序下の非暴力的な勢力関係モデル」に分けることができる。

このうち①のタイプは、法秩序に基づく国家による支配が実効性を失い、内乱状態に陥ってしまったような社会である。②のタイプは、法秩序のもとで、社

会制御過程における意志決定が、強制力の行使を伴って強行されるような場合である。その強制力は、究極的には、個人の財産を収用したり、身体を拘束したり傷つけたり、生命を奪うという意味での暴力を伴いうる。③は、法秩序の維持のための強制力が潜在的に作用しているが、そのような強制力の顕在的行使が回避されているような場合である。そこにおいては、非暴力的な交換力行使によって、紛争の決着がつけられる。

①のタイプから②への移行は「法秩序化」という言葉によって、②から③への意向は「非暴力化」という言葉によってとらえることができよう。すなわち、法規範によって、交換力の行使が規制されることが、法秩序化であり、行使される交換力の質において暴力が否定されることが非暴力化である。法秩序化と非暴力化はかなりの程度、重なり合うが、完全に同じではない。

「勢力関係モデル」の高度の現実適合性を承認した上で、「民主主義の統治能力」の可能性を探究するには、このような勢力関係モデルの法秩序化、非暴力化という方向での探究を進める必要がある。

4-2 理性的制御モデルとその意義

ここで、勢力関係モデルの対極にある「理性的制御モデル」を提出しよう。「理性的制御モデル」とは「理性による制御」(social control according to reason) を具体化する制御のあり方のことであり、次のような性格を有する。

①理性的制御モデルとは、人々の討論の積み重ねによって、道理性と合理性についての概念解釈についての合意をそのつど作りだし、それらについての合意に基づいて社会が運営される（すなわち、社会的意志決定と実行がなされる）ような社会制御のあり方である。

②「道理性と合理性の概念解釈についての合意」が具体的に可能になるということは、道理性と合理性を具体化するような規範的原則がより具体的な領域や文脈で定義されること、さらに、それに基づいてさまざまな制度が形成されたり政策決定がなされることと、深く関係しており、時には一体となるものである。

理性的制御モデルは、一つの理念型であり、その意味で非現実的である。だがそれは、「民主主義の統治能力」を実現しているような社会制御過程を表している。すなわち、人々の総意を尊重することによって社会秩序を作りだし、かつ社会を適切に経営するという状態は、このような意味での「理性的制御モデル」によって描き出すことができる。

すでにみたように、勢力関係モデルを法秩序化し、非暴力化することの延長上に、民主主義の統治能力の現実化の可能性を探るべきである。そのためには、非暴力化された勢力モデルの中において、さらに、理性的制御モデルの要素を強めていくこと、いいかえれば、勢力関係の形成や勢力の行使において、理性に訴える言論の役割を主役にしていくことが必要なのである。

「民主主義の統治能力」にとって大切なのは、「勢力関係モデルの非暴力化」、さらには、「勢力関係モデルの理性化」の道の探究である。「勢力関係モデルの理性化」とは、勢力関係による社会制御過程において、言論による合理性と道理性の主張が勢力関係の形成にとって支配的な影響力を有するようにすることにより、根底的には合理性と道理性が、主導的な要因になるような社会制御の道を探究することである。

このような意味での「勢力関係モデル」「勢力関係モデルの非暴力化」「勢力関係モデルの理性化」は、社会制御における規範的原則の探究にあたっての基本的な方向づけを与えるものである。

5 「民主主義の統治能力」と公共圏

以上のような論議の文脈において、合意による決定の重要性、公共圏の理性化、という主題が立ち現れる。

では、理性的制御モデルの要素を勢力関係モデルにおいて強め、勢力関係モデルの理性化を実現するためには、どういう条件が必要であろうか。とくに、公共圏の果たす役割と、公共圏と制御中枢圏の関係はどのようなものになるであろうか。

ここで、非常に重要な位置にあるのが「合意」である。人々がそれぞれの意志を表明しつつ、社会（あるいはその一部）が円滑に運営されるためには、そのつど、関係する諸個人、諸主体によって合意が形成されなければならない。

合意の形成という課題は、経営システムの運営方法についての合意形成や、支配システムのあり方についての合意形成として、そのつど立ち現れる。それぞれにおける合意が可能になるためには、第１に、経営システムの運営方法における価値合理性の概念解釈や、手段的合理性の概念解釈が、関係者の間で一致することが必要である。第２に、支配システムのあり方や支配システムにおける問題解決において、道理性の概念解釈が、人々の間で一致しなければならない。

すなわち、基本的人権、衡平性、公正さ、賢明さについての概念解釈が一致しなければならない。

合意がない場合、社会的意志決定をめぐる受容問題は、勢力関係に基づく決着に依拠することになり、それは、紛争と不満を連鎖的に引き起こすことになる。

合理性や道理性についての合意を作りだすのは、人々の間での討論である。討論を通して、合理性や道理性の概念解釈について人々の納得しうる見解が発見され、共有することによって、合意が可能となるのである。合意の形成と、合理性や道理性についての説得力のある概念解釈の発見とは、同時に進行する。

そのような合意を導く討論の基礎となるのは、一般に公共圏である。公共圏における討論が、各主体の特殊利害に基づく抗争的な論争という地平をこえて、社会を組織化する適正な原則としての道理性と合理性の探究によって動機づけられ、それらについての合意形成の可能性を高めるようなかたちでなされることを、「公共圏の理性化」ということにしよう。

「理性化された公共圏」の果たす役割とは、公共圏での討論を通して、「合理性や道理性についての概念解釈」をめぐる合意形成を実現するところにある。そして、そのような公共圏での討論と、そこで発見される概念解釈が、制御中枢圏を構成するさまざまな主体やアリーナに、取り入れられていくことが大切である。公共圏において合意される「合理性や道理性についての概念解釈」が制御中枢圏に、いわば浸透していくべきなのである。いいかえれば、制御中枢圏を構成するさまざまな主体やアリーナが、あたかも、公共圏の構成要素となるようなかたちで、道理性と合理性の探究の過程に参与していくべきなのである。

「公共圏の理性化」のためには、討議手続きの洗練と、そこに登場する主体の資質に一定の条件が要請される。ここで、次の２つの問題設定が大切になる。

第１に考慮する必要があるのは、具体的な政策領域での事業システムや社会制御システムに即して、人々の討論を組織化し、合意に基づく社会的意志決定をおこなう機会の形成や手順の設定をどのようにおこなったらよいかということである。その内容の明確化によって、理性的制御モデルは、単なる抽象的理念ではなく、現実の解明や改革にとって有効という意味で内実あるものとなるであろう。総括的にいえば、それは、「民主的な討論と決定の手続きの洗練」の探究ということになる。

第２に考慮しなければならないのは、そのような過程に参加する人々の資質である。たとえば、どのような討論の場においても、自分の利益だけを常に特別

に重視して主張する人が存在し、自分の利益のための特権的な財の分配がない限り、いかなる社会的な決定にも反対するという態度をとり続けた場合には、「合理性と道理性に基づく社会的合意形成」は不可能である。どのような資質が、「理性的制御モデル」の成立のためには前提とされるのであろうか。さしあたり、そのような資質を有する個人を「公民感覚を備えた個人」ということができよう。

このような2つの問題設定は、以下の各章を考える視点となる。

第4節　社会制御システムの分析的5類型と制御作用[8]

前節まで、制御システムの4水準の相互関係について、また、社会制御システムの意味とその構成要素について、さらに、民主主義の統治能力について、基本的な論点を検討してきた。それをふまえて、つぎに、現代社会の社会的問題や政策的課題の解決過程を具体的に解明するという問題関心に立脚しながら、社会制御過程をより詳細に把握するための理論的概念群の整理に取り組んでみよう。そのためには、さまざまな社会制御システムの制御過程を類型化して把握することが有効であり、また必要である。

1　社会制御システムの制御作用に注目した分類

社会制御システムを、主導的な制御作用がいかなるものであるのか、という視点から分類を試みてみよう。

ここで、「社会的供給の制御作用」「再分配制御作用」「社会的基準・集計量の制御作用」という3つの分析的な制御作用の類型を設定することにしたい。現実の個別具体的社会制御システムの中には、これらの3つの制御作用が、さまざまなウエイトをもって組み合わさって登場する。これらの制御作用の内容はどのようなものであろうか。それぞれが、主要な契機となっているような具体的な社会

---

[8] **編注**：第4節は下書き原稿がいろいろなところに残されているものの、必ずしも体系的につながってはいなかった。また著者は、「ここでの考察は、必要であるが、細々と論ずれば、たくさんの論点が出てくる。ここで真に必要な論点は何か。以下の論点が、実際に第Ⅱ部の事例の分析で、どこまで活かされるだろうか。自然エネルギーの経営システムと、新幹線の国際比較、という点では、役に立つ。分析的5類型への着目の意味は、社会制御システムが事業システムに対する「枠組み条件」の基本パターンを分類する手がかりであるということである。」（2008年9月5日）という備忘メモを残している。実際に、第Ⅱ部の事例分析章では、この論点があまり展開されておらず、未完である。しかし、重要な論点を多数含んでいるので、編者の判断により遺稿を並べ直して、最低限のつながりをもたせるようにして、提示することとした。

制御システムとしては、それぞれどのようなものがあるだろうか。

1-1　社会的供給の制御：市場型・行財政型・非営利型

「社会的供給の制御作用」とは、要素的な事業システムが、なんらかの財やサービスを供給する活動をしていることを前提にして、それらを集計しつつ、その財やサービスの総体としての社会的供給を適正な質と水準に管理するような社会制御作用である。社会的供給制御作用が、主要な契機となっている社会制御システムのことを「社会的供給制御システム」ということにしよう。社会的供給制御システムは、社会制御システムの目的と、その構成要素である事業システムの目的とが基本的に同一であるという性格を有する。

社会的供給制御システムには、「市場型供給制御システム」「行財政型供給制御システム」「非営利型供給制御システム」という3つの基本類型が存在する。

「市場型供給制御システム」とは、財やサービスの供給を、市場における企業活動を基盤としておこなっているような「社会的供給制御システム」である。日本社会におけるその具体例としては、軽工業制御システム、重化学工業制御システム、電子産業制御システム、自動車産業制御システムなどのような、分野ごとの「産業制御システム」をあげることができる。これらの各分野の産業制御システムの目的は、各産業分野の振興を図ることであり、かつては通産省、現在では経産省の各部局が、さまざまな産業分野ごとの産業制御システムの制御主体となっている。

「行財政型供給制御システム」とは、財やサービスの供給を、行財政制度を通して実現するような「社会的供給制御システム」のことである。その具体例としては、道路や港湾や空港や下水道などさまざまな社会資本の建設と運営を制御する分野ごとの「社会資本制御システム」があり、国土交通省の各部局は、それらの分野ごとの社会資本制御システムの統率主体（支配主体）となっている。

「非営利型供給制御システム」とは、財やサービスの供給を、非営利型の事業システムを基盤としておこなっている社会的供給制御システムである。非営利型供給制御システムの日本における具体例としては、大学教育を対象とする「高等教育制御システム」がそれに近い性質を有する事例であるといえよう。日本においては、卒業生数（あるいは在学生数）でみるかぎり、私立大学のウエイトが国公立大学より大きい。私立大学は、典型的な非営利型の事業システムである。そのような個別の事業システムの活動を前提にして、文部科学省が総体としての高等

教育サービスの供給を制御している。

1-2 再分配制御

「再分配制御作用」とは、経済資源の所有や使用や負担のあり方を社会的に再分配するような社会制御作用であり、個人にとっての所得や組織にとっての収入、また租税負担のあり方をめぐる再分配が、その典型的な課題である。

再分配制御作用を主要な契機としている社会制御システムを「再分配制御システム」ということにしよう。再分配制御システムにおいては、「財の分配」や「負担の分配」に関して、なんらかの「望ましい状態」が実現すべき価値とされ、そのために政府による介入がなされる。たとえば、地方交付税制度、累進課税制度、年金制度、公的扶助、失業保険、寄附に対する税金の控除制度などは、再分配制御システムの基盤となる制度の例である。これらは、具体的な財やサービスの供給というよりも、貨幣というかたちでの経済資源の再分配機能を中心にして設計されている制度である。

再分配の方式には、税財政型、保険型、贈与型がある。税財政型においては、政府組織の徴税権を根拠に中央政府あるいは自治体によって租税が徴収され、それが行政過程を通して財政支出というかたちで再分配される。保険型では保険加入者が拠出金を出し、それを集積し運用した上で、一定の条件に該当する加入者に後に分配がなされる。保険型においては、優遇的な再分配を受けることのできる人は、出発点において未確定であり、リスクの発生に関して一定の条件に該当する人が、後から受給の権利（優遇的再分配を受ける権利）を獲得する。贈与型とは、経済資源を有する主体が、自らの自発的意志に基づいて、それを他の主体に一方的に与えることである。贈与自体は、さまざまなかたちでなされるが、贈与行為を課税の有無などの枠組み条件の操作により、政府は制御することが可能である。

再分配制御システムの目的は、所得や収入に関する社会的な衡平化や平等化や安定化であるが、個々の被統率主体（被支配主体）にとっては、自分にとっての所得や収入の確保が目的である。システムの目的と個々の主体の目的は密接に関係するが異なる次元に位置するものである。

1-3 社会的基準・集計量の制御

「社会的基準の制御作用」とは、社会的行為とその帰結が、一定の基準からみて望ましい範囲に収まるように、社会の中の諸主体の行為を制御することであ

る。たとえば、環境基準、食品衛生基準、建築基準、労働条件にかかわる諸基準などの遵守を社会内の諸主体に働きかけるのは、「社会的基準の制御」である。

「社会的集計量の制御作用」とは、社会活動や社会状態を反映した集計量が、望ましい値の範囲になるように、制御することである。たとえば、犯罪発生件数、交通事故発生件数、火災発生件数、地域社会の人口、出生数というような数値をより望ましい水準に維持しようとすることが、これにあたる。

「社会的基準の制御作用」と「社会的集計量の制御作用」が組み合わさりながら、制御努力の主要な契機となっている社会制御システムが、「社会的基準・集計量制御システム」である。

「社会的基準の制御」と「社会的集計量の制御」とは、別のことがらであるが、現実には、両者は密接に関係しており、両者は同じ事態を別の視点から把握しているという場合が多い。というのは、なんらかの社会的基準の違反行為の抑制やその達成行為を極力推進するということは、必ず集計量的に表現できるからである。たとえば「環境基準の制御」とは、「環境基準違反件数の抑制」とも表現できる。また、社会的集計量を望ましい水準に制御するためには、その手段として、社会的基準をより詳細厳密に設定することが、有力な制御手段である。たとえば、交通事故件数や火災件数という望ましくない事態を表す社会的集計量を低下させるためには、関係する主体に対して、さまざまな社会的基準（速度制限、運転免許というかたちでの運転能力の基準、火災発生源になりそうな設備に対する安全性基準など）を制約条件として設定し制御努力がおこなわれる。

「社会的基準・集計量制御システム」においては、その統率主体（支配主体）として制御を担う行政組織の有する目的と、制御対象となっている諸主体の目的とは、異なる次元に属している。たとえば、交通安全制御システムの場合、交通事故発生件数を抑制することが制御目的となる。自動車の運転者は、それぞれビジネスや通勤やレジャーという独自の目的のために行為している。その過程で、場合によっては、交通事故の発生に関与することになる。交通事故の発生を回避することは、それらの主体にとって望ましい事態であるが、そのこと自体はこれらの主体にとっての目的ではない。

1-4 社会制御システムの分析的5類型

以上をまとめると、社会制御システムの分析的5類型について、**表9-7**に示したような特徴の対比をすることができる。

表 9-7 社会制御システムの分析的 5 類型

	市場型供給制御システム	行財政型供給制御システム	非営利型供給制御システム	再分配制御システム	社会的基準・集合制御システム
基本性格 その1	要素的な供給の担い手（事業システム）の活動に基盤を置きながら、何らかの財やサービスの供給をする			経済資源の再分配をおこなう公平、平等を代表的な価値とする	非経済的な価値が打ち出された社会的基準や、社会的集合を望ましい値にしようとする
基本性格 その2	企業を要素的な事業システムとする	行政組織、あるいは、それに準ずる組織を要素的な事業システムとする	非営利組織を要素的な事業システムとする	財政制度、保険制度、贈与を再分配の主要なメカニズムとする 税財政型、保険型、贈与型再分配	行政組織、あるいは非営利組織（社会活動団体を含む）の働きかけの担い手とする
事例となる制度あるいは社会制御システム	産業制御システム	社会資本供給システム	教育制御システム 福祉制御システム	地方交付税 公的扶助、失業保険、公的年金	環境制御システム
社会制御システムの目的としての経営課題と、要素的事業システムの経営課題の関係	両者の集計型の一致 要素的な事業システムの経営課題群の集計が社会制御システムの達成水準となる	両者の割り当て型の一致 社会制御システム全体としての経営課題群が、要素的な事業システムに分割されて割り当てられる	両者の集計型の一致	社会制御システムの経営課題は、要素的な事業システムの経営課題の一部の充足と、関係する国民の利害関心の充足と一致する	社会制御システムの目的としての経営課題と、要素的事業システムの経営課題が不一致、異次元
被統率者と経済合理性と関係	市場における経済合理性が支配的な行為原理	行財政制度の中での合理性の定義（予算と権限の獲得と維持）	永続するためには満たされなければならない制約条件 非営利型事業システムの経営健全性	受益者が経済合理性を発揮するための前提条件の提供	制御対象の有する経済合理性に対し制約条件と機会構造を設定し、展開のみを与えようとする
統率者の価値志向 合理性志向	経済的価値	各分野の課題に対応する価値	各分野の課題に対応する価値	公平、平等、生存権など統率主体は社会制御システムの経営的健全性への関心を有する	各分野の課題に対応する価値
統率者と事業システムの関係	自律型	直轄型	自律型	自律型	自律型
社会制御システムの目的設定水準と資源投入水準の決定原理	市場における需給関係 ミクロの買い手の購入意欲の集積	行政過程・政治過程における要求提出と予算分配	*事業システムの担い手の意欲と資源獲得能力 *事業収入と財政からの資源供給	税財政型、社会保険型については、行政過程・政治過程における要求提出と選択的決定 贈与型については、ミクロの贈与者の意欲の集積	*行政組織、運営、世論の相互作用 *非営利組織、組織の意欲と獲得能力 *行政・政治過程における要求提出・予算獲得能力 *企業による協力ないしは拒絶の力

1-5　社会制御システムの5類型の複合型

　以上のさまざまな制御作用の組み合わさった型、あるいは、社会制御システムの5類型の複合型の例としては、どのようなものがあるだろうか。

　たとえば、1960年代に策定された全総や新全総における地域開発プロジェクトは、第5章の静岡県のコンビナート建設阻止問題でみたように、社会資本供給システムというかたちでの行財政型供給制御システムと、産業制御システムというかたちでの市場型供給制御システムとの複合を典型としていた。

　またたとえば、日本の福祉制御システムの一例としての介護サービス供給制御システムを取り上げてみるならば、政府レベルでは厚生労働省が、自治体レベルでは福祉行政担当部局が統率主体（支配主体）となって、介護保険制度を基幹的制度として運用している。実際の介護保険システムにおける介護サービスの提供は、医療法人や社会福祉法人、民間企業や福祉分野のNPO（非営利組織）などが担っている。介護保険制度には、再分配機能があり、さらに、さまざまな社会的基準や社会的集計量の制御が課題となっている。市場型供給制御作用、行財政型供給制御作用、非営利型供給制御作用、社会的基準・集計量の制御作用、再分配制御作用の混合型と考えることができよう。

2　制御手段の効果についての基本的考察

　以上にみた、社会制御システムの諸類型において、行使される制御手段にはどのようなものがあるだろうか。

2-1　制御手段の特徴と制御能力の限界

　統率者（支配者）が駆使する制御手段は、基本的には、社会関係における相互作用において、主体相互に駆使される有効な働きかけの手段一般と異なるものではない。だが、統率者（支配者）としての政府組織の特徴は、①個別的働きかけのみならず、社会的規範の制定というかたちで、一般的な効果をあげうる手段を有すること、②法令という形の規範を遵守させるための強制力を有すること、③税財政システムというかたちで、独特の経済的な利害状況を操作する手段を有すること、という諸点にみられる。

　これらの制御手段を有するという点で、統率者（支配者）としての政府は特別の主体ではあるが、その有する制御能力は万能ではない。どういう点で、統率者（支

配者)としての行政組織の制御能力は制約されているであろうか。

　第1に、行政の行為は、法令によって規制されており、制御努力が可能なのは法令が定めた範囲内に限られる。

　第2に、その有する対象操作力は有限である。財政資源にしても、人的組織的資源にしても、限られた予算、限られた人員しかいない。

　第3に、知識の蓄積と情報収集力は有限であるから、目的合理性という点でも、その主体性は制約されており、完全な最適手段の発見は、困難である。

　さらに、制御の効果という点では、統率者(支配者)の制御努力の効果は、他の主体の主体性によって制約されている。一般に、制御過程は相互作用的であり、また多段階であるから、そのつど、他の主体の主体性の発揮のしかたによって、制御効果は大きな振幅を示さざるをえない。

　当初の制御意図が、どこまで効果を上げるかは、他の主体の戦略的行為の連鎖が、どのように展開されるかに依存する。他の主体の行為は、統率者(支配者)の意図に対して、①それを受け入れ積極的に協力する場合もあるし、②無関心であり意図的な協力も非協力もしない場合もあるし、③それに対立して抵抗したり、制御の効果を打ち消そうとする場合もある。このような効果の振幅を生む要因について、もう少し掘り下げて考察してみよう。

2-2　制御の多段性と「期待モデルの浸透の可能性」を左右するものとしての価値と合理性

　当初の制御意図が、どこまで成就するのか、あるいはしないのかについては、それを規定する2つの重要な要因がある。それは、「制御の多段性」と「価値と合理性の共有の程度」である。

　第1に、「制御の多段性」とは、行政組織の内部でも、中央政府→都道府県→市町村という多段階の働きかけが存在し、さらに、行政組織→第一次的な影響対象となる諸主体→第二次的な影響対象となる諸主体→……第n次的な影響対象となる諸主体……というような影響連鎖が存在することである。

　このように、制御過程は、共時的にも通時的に行為連鎖の多段性を有する。首尾良く制御目的が達成されるためには、「多段的な行為連鎖」が、「期待モデルどおりに」「シナリオどおりに」展開されなければならない。しかし、現実の制御過程においては、「行為連鎖の多段性」の増大に伴い、「期待モデルからの変移」は傾向的に拡大し、「シナリオどおりには行かない」ことがむしろ常態である。いいかえると、制御過程の多段性の中で、「制御意図の浸透」と「制御意図の変質」

がさまざまなパターンで生起するのである。「期待モデルどおり」の「制御意図の浸透」の成否を左右する要因は何であろうか。

ここで重要なのは、「価値と合理性の共有の程度」という第2の要因である。

まず、「価値の共有」が、制御の実効性の条件であるということは、支配システムにおける「正当性の共有」の程度が、支配者(統率者)の指示の実効性の条件であるという事態に、まず現れている。このことを、より多段階の制御過程に即してとらえ返せば、次のようにもいえる。

すなわち、制御主体の抱く価値を被制御主体が共有すれば、それは、目的の共有を促進するものとなり、目的の共有は、「制御過程の多段性」と「行為連鎖の多段性」にもかかわらず、「期待モデルに沿った展開」を実現する大きな促進要因となる。だが、逆に、諸主体の間で価値が共有されていなければ、目的の共有も困難となり、制御主体がさまざまな制約条件設定や、財の与奪を通して被制御主体を操作しようとしても、被制御主体側の抵抗や偽装や空洞化努力によって、あるいは、過小評価されていた随伴帰結の発生によって、「期待モデルからの変移」が短い行為連鎖の中からでも、すぐに発生してしまう。

次に、各主体の有する合理性の質や合理性の程度が、「期待モデルに沿った展開」や「期待モデルからの変移」には、大きく影響する。ここでの合理性としては「価値合理性」と「手段的合理性」の両方が共に大切であり、被制御主体がいかなる価値合理性や手段的合理性を有するのかによって、「行為連鎖の多段性」の帰結は異なるものになる。

一般的にいえば、「自分と同質の価値志向を有する主体に対する制御」と「自分とは異質の価値志向を有する主体に対する制御」とでは、効果的な制御の方法が異なってくるはずである。より限定的にいえば、「経済的価値を志向する主体に対する制御」と「非経済的価値を志向する主体に対する制御」とでは、効果的な制御の方法が異なってくるはずである。

さらに、各主体の手段的行為を導く原理が、いかなるものであるかによって、制御努力の効果も異なってくるはずである。

3　手段的合理性

ここで、制御の対象になっている各主体の手段的行為を分析する視点として、「市場的合理性」「行財政制度の中の戦略的合理性」「非営利型の経営合理性」の区別を導入しよう。

手段的合理性という視点からの掘り下げた分析にあたり、注目すべきは経済的合理性の特別な位置である。経済的合理性はさまざまな合理性の一つではあるが、現代社会におけるその存在の重さは圧倒的である。今日の社会では非常に多くの財とサービスが市場における企業活動を通して提供されている。経済的目的が最優先の価値である事業システムにとって、経済的合理性が大切であるのみならず、他の目的が最優先の価値である事業システムにとっても、経営上の健全性を維持しなければならないという意味において、経済的合理性は無視できるものではない。

　この視点から、明瞭な分類が必要なのは、社会的供給制御システムである。前掲の表9-7に示すように、「市場における経済的合理性」が、市場型供給システムの担い手である事業システムやそのクライアント（顧客）の行為原則となっている。これは、事業システムとしての企業にとっては、利潤を最大化することを意味する。

　「行財政型供給制御システム」においては、財やサービスの供給は、行財政制度を通して実現される。「行財政制度の中での戦略的合理性」が、各当事者主体にとっての行為原則となる。その含意は、第1に、各部局の権限の維持と拡大を行為原則とするということである。第2に、予算獲得という面では、経済的合理性の追求をモチーフとするが、それは、市場における経済的合理性と同じではない。予算制度を通しての経済資源の入手と使用のしかたに現れる戦略的合理性は、独特のものである。その戦略的合理性は、細かくみれば、予算制度の組み立て方によって変異を示すが、その代表的な型は、増分主義（incrementalism）や予算分捕り主義ともいえるものである。それは各行政部局が自分の部局への予算獲得を最優先するような行為原則である。

　「非営利型供給制御システム」においては、それを担う事業システムの有する手段的合理性への関心は、上記の2つのいずれとも異なるものである。事業システムの存続という意味での経営的合理性への関心は存在し、それを保証するものとしての収支均衡の達成という意味での経済的合理性も手段的行為原則になりうる。これを「非営利型の経営合理性」といおう。これは、経営的合理性を志向するが、利潤第一主義でも、予算分捕り主義でもない。

結　び

以上、本章では、総体としての複合的な社会制御の過程を把握するための基礎的な理論概念群を系統的に提出することを試みた。本章の要点をまとめれば、次のようにいうことができよう[9]。

① 社会制御過程は、事業システム、社会制御システム、国家体制制御システムおよび国際社会制御システムの4階層の制御過程の同時並行的、相互規定的過程として、把握されるべきである。
② 国家体制制御システムは、政府システム、議会システム、司法システムから形成されており、政府システムは、行政システム、税財政システム、秩序維持システムをその契機としている。
③ 国家体制制御システムは、社会制御システムに対して、メタ制御システムの機能を発揮し、社会制御システムは、事業システムに対して、メタ制御機能を発揮しうる。
④ 4水準の相互関係という視点を採用することにより、4水準の制御過程における問題解決の可能性について、42の命題からなる公準を定式化することができる。これらは、国際社会制御システムの優劣、国家体制制御システムの優劣、社会制御システムの優劣、事業システムの優劣ということの意味を、問題解決の可能性との関係において定義するものである。
⑤ 4水準の制御システムの優劣とは、それらが有する枠組み条件と取り組み条件が、問題解決に対して、どのように適合的かという視点から、経験的事例についての知見の集積を通して、明確にすることができる。
⑥ これらの制御システムの枠組み条件と取り組み条件を構成する諸要因の中でも、特に大切なのは、それぞれの内属的アリーナと外在的アリーナの問題解決に果たす機能である。問題解決のためには、問題形成、解決案の作成、解決策の決定、解決策の受容と実行が必要であるが、どのようなアリーナ群の布置連関によって、これらの機能がどの程度、果たされているのかが重要である。
⑦ アリーナの作動を規定するものとして、アリーナを取り巻く環視条件がある。環視条件の特徴とアリーナの作動の実質とは、問題解決過程を把握する上でも、制度設計という点でも重要である。

---

9 **編注**：このまとめに加えて、第3節で展開した「制御中枢権の自存化傾向とその弊害」「民主主義の統治能力」問題、「公共圏の理性化」といった重要なポイントを補っておきたい。

⑧社会制御システムは、その制御作用の特徴によって、分析的5類型に分けることができる。すなわち、市場型供給制御システム、行財政型供給制御システム、非営利型供給制御システム、再分配制御システム、社会的基準・集計量制御システムである。
⑨制御作用の効果を把握するためには、制御手段、制御能力、制御の多段性、諸主体における価値と合理性の共有の程度、などの要因に注目することが大切である。

このような視点の確保のもとで、問題解決の成功と失敗が、どのような要因連関によって生起するのか、そして、枠組み条件の優劣や取組み条件の優劣とは、具体的にどういうかたちで現れるのか、具体的事例に即して探究することが、以下の各章の課題となる。

第10章

フランスの新幹線公害対策と公益調査制度
―― 支配システムの文脈で社会制御システムが事業システムに
　課す枠組み条件の効果

はじめに

　すでに前章で検討してきたように、社会制御システムと事業システムの関係を把握するに際して、手がかりとなる基本命題は、次のようなものである。

- Ⅰ-FW1：社会制御システムの設定している枠組み条件(制度構造と主体・アリーナ群布置)の優劣は、事業システムにおける問題解決の成否を傾向的に規定する。
- Ⅰ-FW1-ES：すぐれた枠組み条件を有する社会制御システムの中では、個別の事業システムにおける問題解決が傾向的に成功する。
- Ⅰ-FW1-DF：欠陥のある枠組み条件を有する社会制御システムの中では、個別の事業システムにおける問題解決が傾向的に失敗する。

　この命題における「問題解決」ならびに「枠組み条件の優劣」ということの含意は、当然のことながら、①支配システムの文脈と、②経営システムの文脈とでは異なったものとなる。そこで、本章ではまず、支配システムの文脈での問題解決の事例としてフランスにおける新幹線公害対策を取り上げ、次章では、経営システムの文脈での問題解決の事例として、再生可能エネルギーの導入政策について日本とドイツを比較しながら検討することにしよう。
　現在、世界の中でもっとも大規模な新幹線鉄道網を建設し営業しているのは日本とフランスである。両国の新幹線技術は世界のトップレベルを競うライバルとしてよく比較されるが、公害対策という面では大きな優劣がついている。日本の新幹線が、深刻な公害問題を引き起こしてきたのと比較すると、フランスの新幹線(Train à grande vitesse, TGV)は格段にすぐれた公害対策を実現してきた。本章

の課題は、まずフランスにおける新幹線公害対策の一般的特徴がどのようなものか、特に都市部においてどのような公害対策が実施されてきたかを検討することである。具体的事例として、大西洋新幹線（TGV Atlantique）沿線の「緑地遊歩道」を中心的に取り上げる（第1節）。次に、優れた公害対策を実現した背景に、どのような政策決定過程があったのかを、公益調査制度を焦点にして検討する（第2節）。最後に、社会制御過程論の視点からみたときに、公益調査制度を核心に置いた利害調整過程が、どのような積極的意義を有するのかについて考察する（第3節）。

第1節　フランスの新幹線公害対策の全般的特色と「緑地遊歩道」

1　フランスの新幹線路線と公害防止

フランスの新幹線路線網には、パリを起点として、リヨン方面へ向かう南東新幹線（TGV Paris/Sud-Est）と、南西の大西洋方面へ向かう路線（TGV Atlantique、大西洋新幹線）と、リール、ロンドン、ブリュッセル方面など北へ向かう路線（TGV Nord、北部新幹線）の3つがある。

本章が注目するのは、これらのうち、パリと大西洋岸諸地域を結ぶ、TGV Atlantique（本稿では大西洋新幹線と呼ぶ）である。大西洋新幹線は、南東新幹線に続く第2の新幹線であり、パリを起点として、南西方面に124km進み、クルタラン（Courtalain）付近でY字型に分岐し、トゥール、ポワチエを経てボルドーへと向かう南西部方面の路線（104km）と、ル・マン、レンヌを経てブルターニュ地方に向かう西部方面の路線（52km）となる。最終的にはその先端が7箇所に分岐する。1981年9月にF.ミッテラン大統領により建設構想が発表され、89年9月24日部分開業した。

これまでの経験から、フランスにおいては、新幹線公害は解決困難な問題としては考えられていない。有力な環境保護団体「地球の友」（Les Amies de la Terre）のフランス支部会長は、次のようにのべている。「鉄道は空間とエネルギーを節約し、確実で利用者は疲れないから、環境保護的な輸送手段である。自動車や飛行機よりずっとよい。新幹線にせよ在来線にせよ、鉄道が引き起こす環境問題は局地的であり解決可能である。それゆえ『地球の友』は、海底トンネルを通る北部新幹線の建設に賛成であり、高速道路計画には反対である[1]。」

この言葉は、公害防止の実績によって支えられている。実際、フランスでは、

---

[1] M. Pierre SAMUEL（President des Amis de la Terre）の筆者あての手紙（1988年6月27日づけ）による。

日本の新幹線でみられてきたような、名古屋新幹線公害裁判や長期の紛争とか、全線にわたって3万9千戸の騒音防止工事や3千戸の振動対策が必要とされる事態は生じていない[2]。

2　公害対策のための設計思想

　フランスの新幹線が公害防止に成功しているのは、どのような設計思想や技術的工夫に基づいてのことであろうか。

　フランスの新幹線は、第1に、日本と異なり、人口密集地帯を高架で走行するという事態を回避することを設計思想の基本に置き、それに成功している。路線の選定の際に、極力、集落や住居から離れた地点を路線が通過するという方針が採用され、人口密度は日本の三分の一であることもあって、実際に農村地帯ではそれが可能なことである。日本の東海道・山陽新幹線では、車窓から見られる人家や集落がとぎれることがないのに対し、フランスの新幹線では、いったんパリから農村地帯に出てしまえば、人家や集落がまったく見えないのが常態である。南東新幹線の全線で線路から両側100m以内の住居は約130軒にしかすぎない。これに対し、日本では東京―博多間の線路両側50m以内に約1万軒の家屋があると推計されている。

　第2に、都心乗り入れに固執していないため、人口密集地での高速走行箇所が少ない。南東新幹線はパリのリヨン駅を起点とし、大西洋新幹線はパリのモンパルナス駅を起点とし、在来線と同じく、パリの最中心部に乗り入れることは企図されていない。これら起点の駅からしばらくのあいだは、都市部の人口密集地を走行するが、そこでは線路を新設するのではなく、在来線の線路を共用しながら比較的低速（時速120～160km）で走行している。南東新幹線の場合、専用線路を高速で走り出すのは、パリの起点（リヨン駅）から27km離れた地点になってからのことである。北部新幹線と南東新幹線や大西洋新幹線との接続（inter-connexion）についても、最短距離で3線を接続するために都心部を貫通させるという方式ではなく、多少距離が伸びても都心部を避けて郊外を迂回し、パリ南東の郊外で接続することが予定されている。このように、新幹線の高速性の追求は絶対的なものではなく、既存の都市秩序との関係において相対化され、両者の妥協点が探

---

[2] フランスの南東新幹線での公害問題については、詳しくは、舩橋晴俊（1990a）を参照。日本の新幹線公害問題については、舩橋・長谷川他（1985）および舩橋・長谷川他（1988）を参照。なかでも障害防止対策の規模と進捗状況については、舩橋・長谷川他（1985: 103-106）を参照。

られている。

　第3に、通過地域との共存を図るための地下化や路線の変更が、住民や自治体との協議を通していくつもの場所で実現している。住民や自治体は、公益調査制度を通して、路線の変更を提言することができ、それに説得力がある場合には、計画変更が実現されうる。事実、大西洋新幹線の場合、公益調査およびその後の交渉を通して、当初計画に対する変更として、一箇所(Paris近郊)での緑地遊歩道(防音カバーと緑地帯の大幅な設置)が実現するとともに、大きな路線変更が3箇所(Lavare, Dourdan, Vouvray)でおこなわれ、そのうち一箇所(Vouvray)では、ぶどう畑の破壊を避けるため1500mにわたって地下化が実現した[3]。

3　都市郡の公害対策としての緑地遊歩道

　通過地域との共存の諸努力のうちでも、パリ郊外の大西洋新幹線沿線に作られた「緑地遊歩道」(Coulée Verte)が特筆に値する。これをより詳しく検討してみよう。

　緑地遊歩道は、**図10-1**に示すように、大西洋新幹線ぞいに、パリ20区の外周環状道路(Boulevard Périphérique)を起点とし郊外のマッシーに至る約12kmにわたって作られた緑地帯であり、北から南にむかって、マラコフ(Malakoff)、モンルージュ(Mont-rouge)、シャティヨン(Chatillon)、バニュー(Bagneux)、フォントゥネー・オ・ローズ(Fontenay-aux-Roses)、ソー(Sceaux)、シャトゥネー・マラブリー(Chatenay-Malabry)、アントニー(Antony)、ヴェリエール・ル・ビュイソン(Verrières-le-Buisson)、マッシー(Massy)という10の市(コミューン)を横断しながら結んでいる。

　総面積は56.14haであるので、幅の平均は47mとなるが、実際には場所によって幅は変化している。北部のマラコフ、モンルージュ、シャティヨンでは、比較的狭く、新幹線に平行して5〜10mの敷地に歩道と自転車道が設置されているにすぎないが、バニューから南の部分では幅が広がり、最大では120mにも達する。

　緑地遊歩道内部の主要施設は、全域に設けられている歩道と二方向の自転車道(幅は各2〜3.5m)、および緑地帯とレクリエーション施設である。緑地と並木路が全域にわたって配置され、さらに幅の広い地帯を利用して、遊び場、家庭菜園、植物園、温室、スポーツ広場、球技場(テニスコート、バスケットコート、サッカー場、ラグビー場、ペタンクコート)、弓技場、ミニゴルフ場、野外劇場、展望台等が、

---

[3]　ヴヴレイの地下化は、延長1500mにわたっておこなわれ、経費は1mあたり15万フラン(約345万円)である。CONAN, E. 1987：Le T.G.V. fait trembler le Vouvray", L'Express, du 20 au 26 mars 1987 による。

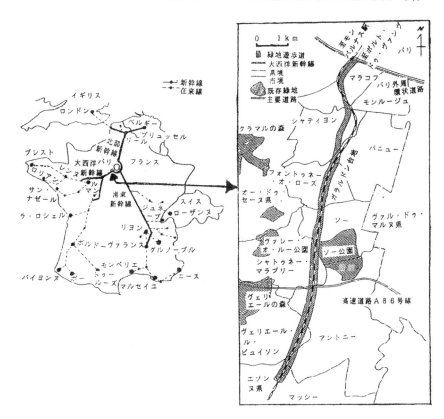

図10-1　1993年のフランスの新幹線網（予定）と緑地遊歩道

豊富に設置される。

　高速道路等の大きな自動車道路とは3箇所で立体交差し、小さな道路とは信号機をつけて交差しているが、全域にわたって、自動車およびオートバイは侵入禁止の構造にしてある。緑地遊歩道は既存の8つのサイクリングコース、および多数の既存の公園・緑地とつながっており、パリ郊外南部に連続した大規模な緑地ネットワークを形成している。近隣の代表的公園・緑地としては、ソー公園(180ha)、ヴァレー・オ・ルー公園(100ha)、ヴェリエールの森(400ha)がある。

　緑地遊歩道は新幹線を包み込むように作られているが、この区域の新幹線の線路は高架とか地表にむき出しの構造ではなく、基本的に地下化（トンネル）あるいは全覆防音壁によって、空間への露出を抑制することが設計思想として採用されている。緑地遊歩道約12kmのうち、新幹線がなんらかのカバーで覆われてい

る部分は 5.74km であり、全体のほぼ 50% に達する。とくに出発点のモンパルナス駅から遠ざかり、しだいに速度が増すフォントゥネー・オ・ローズ以南の 8km 弱の部分についてはカバーの比率は 74% に達する。

　カバーの程度という点では、もっとも完全なものからより軽度のものにむかって、トンネル、重度カバー、中度カバー、軽度カバー、防音壁の 5 段階があり、その横断面のイメージの例は、図 10-2 が示すようなものである。トンネルは合計 1.27km あり、もっとも地表から深く、かつ建設費用はもっとも高価である。重度カバー（couverture lourde）とは、掘り割りを作って線路を敷いた上で、その上部を地表面と平坦になるようなかたちでカバーで覆ったものであり、自動車通行程度までの負荷に耐えることができ、その上面をさまざまに利用できる。4 箇所に作られ、その延長は合計 0.96km である。中度カバー（couverture semi-lourde）も、掘り割りを作って線路を敷いた上で、その上部を地表面と平坦になるかたちで

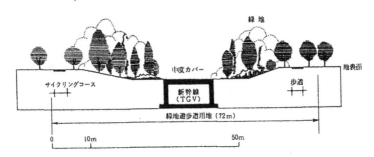

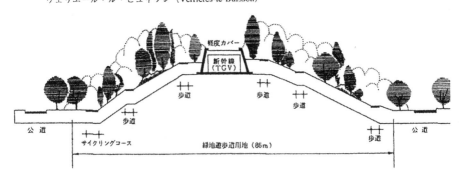

図 10-2　緑地遊歩道の断面図

覆ったものであり、人と自転車通行程度の負荷の範囲で、その上面をさまざまに利用できる。6箇所に作られ、その延長は1.9kmである。軽度カバー（couverture légère）とは、浅い掘り割りの中の線路を完全におおうかたちでカバーするものであるが、その上部が地表上に突出しており、人も自転車もその上を通行や横断できず、またその上の空間は利用できないというものである。3箇所につくられその延長は1.62kmである。防音壁は約6kmあるが、全面的なカバーではない点において、防音対策としてはもっとも軽いものである。ちなみに日本の新幹線防音対策は基本的に防音壁の水準に留っている。

　緑地遊歩道の建設主体は、2つの県と9つの市（コミューン）からなる「事業組合」であり、建設総費用は1億6300万フラン（1984年価格。1フランを23円とすれば、約37.5億円）である。そのうち、政府が50％、イル・ド・フランス地域圏が25％、県が15％、市が10％を負担する。この他に土地使用の費用として、フランス国鉄からの土地賃借のために、年間100万フラン（1988年価格。当時の1フランが約23円であるので、約2300万円）が予定されているが、上記の建設費用とは別になっている。

　緑地遊歩道は、どのような効果や機能をこの地域に対して果たしうるだろうか。第1に、新幹線公害対策として大きな効果を発揮する。新幹線はこの地区を時速200kmで走行するが、地下化あるいは全覆防音壁によって騒音が遮断され、さらに周囲に緑地帯をとることによって、振動も遮断される。第2に、休憩やレクリエーションのための空間と施設を豊富に地域住民に提供し、地域の生活環境を大幅に改善する。第3に、よりマクロな都市計画という点では、既存の緑地や公園が緑地遊歩道によって繋ぎ合わされ、郊外に緑の一大ネットワークが形成され、パリ地域全体の都市環境が改善される。

　緑地遊歩道は、高速鉄道と都市部の人口密集地とを共存させる理想に近い方法といえよう。事実、それはフランスにおける環境保護運動の獲得した先進的な成功例として評価されており、その実現のための運動の中心組織であった「パリ地域環境保護団体連絡事務局」の代表、A. M. ピカール氏は「完全ではないが満足のいくもの」と評価している[4]。

4　すぐれた公害対策を促進している要因

　以上のようにフランスでは、新幹線全線にわたって日本よりも数段すぐれたか

---

[4] Mme. A. M. PICARD (Presidente du Bureau de Liaison) からの聞き取り（1988年6月17日）による。

たちで公害対策が実施され、特に都市人口密集地において「緑地遊歩道」のような理想に近い対策が実現しえたのは、なぜなのだろうか。優れた公害対策を促進した要因として、まず、次の5点を指摘できる。

第1に、地理的条件が有利であり、人家が存在しないところに路線選定が可能な地域が広く存在する。

第2に、地理的条件が背景になって、フランスの土地の値段は日本よりはるかに安い。都市近郊で比較すると、日本の10分の1から20分の1の価格であろう。たとえば緑地遊歩道の土地は、パリ外周から12km内に存在するが、1平方メートルあたり800～2000フラン（日本円で坪あたり、約6万1千円～15万2千円）である。また大西洋新幹線の場合、土地入手費用は総経費の3％にすぎない。

第3に、緑地遊歩道に即していえば、建設地点となったガラルドン台地に、パリとシャルトルを結ぶ在来線建設のため国鉄が1920～30年代にかけて買収した帯状の用地が、未使用のまま存在しており、それが新幹線および緑地遊歩道の用地へと転用されることが可能であった。

第4に、都市において良好な生活環境を守るにあたって、市民も政治家も日本より厳しい感覚と価値観をもっている。経済的効率性と良好な生活環境の保持の要求が対立する時、どこかに妥協点を見いださねばならないが、フランス社会における妥協点はより生活環境重視の位置にあるのに対し、日本社会においてはより経済的効率性が重視される。

第5に、環境保護のための財政支出が、フランスではより積極的になされている。たとえば、フランスでは、新幹線に限らずパリその他の都市近郊の高速道路計画についても、環境保護のために、次々と地下化案が採用されるに至っているが、日本では道路の地下化はきわめて例外的にしかおこなわれない。フランスの国鉄、政府、自治体は、緑地遊歩道とそこでのカバー化の費用を、それぞれ分担して負担したが、日本においては、これらに対応する主体が、いずれも費用負担に消極的で負担の押しつけあいに終始している。またたとえば、パリ近郊の高速道路A86号線は、通過地域との共存のために、Rueil-Malmaison付近において4kmにわたって地下化されるが、そのために、20億フラン（約460億円）の支出が決定されている（フィガロ紙1988年3月31日付）。

これらは、いずれも、優れた新幹線公害対策を実現するのに促進的に作用する要因であるが、これらのみに公害対策の優劣を還元するのは適当とはいえない。さらに、社会制御過程の内在的特徴に注目する必要がある。すなわち、どのよう

な意志決定制度のもとに、大規模な交通施設建設をめぐる利害調整がなされているのか、そして、そのような意志決定制度に介入し、自己主張する社会運動団体の特徴はどういうものか、という点である。この点におけるフランスと日本の大きな差異が、公害対策の差異をどのように規定しているのかを検討することが以下の課題である。

第2節　公益調査制度と環境運動団体の特徴

1　計画決定の過程と公益調査制度

　どのような意志決定過程を通して、緑地遊歩道をはじめとする新幹線公害対策が実現したのであろうか。大西洋新幹線の意志決定過程は、**図 10-3** に示したようなものである。本建設計画の公益調査委員会の一員であったブルニィ (BOURNY) 氏によれば、意志決定には、(A) 政治的な利害調整、(B) 行政的手続き、(C) 司法上の判断 (recours の権利の行使)、という3段階があり、実際には相互に影響しながら各段階が進行する。

　政治的利害調整の過程は、1981年9月、ミッテラン大統領により、大西洋新幹線構想が発表されてから始まった。まずフランス国鉄が政府内部用の建設計画文書を81年12月に作成した。ついで「大西洋新幹線委員会」(Commission TGV-Atlantique) が82年2月に組織され、同年7月1日に運輸大臣に報告書を提出した。同委員会は、技術者リュドー (RUDEAU) 氏が委員長であったことから「リュドー委員会」とも呼ばれたが、約50人の委員から構成され諸自治体や環境省の代表(複数)も入っている。ただし住民団体の代表は入っていない。この委員会は法律的には義務づけられていないが、政策的判断によって設置された。

　リュドー委員会の最大の役割は、4つの骨格的路線案を、需要動向、建設費用、車両費用、輸送能力、時間短縮効果、収益性といった多角的視点にもとづいて検討し、その中から1つの路線を選択し、推奨したことである。この委員会の活動は次の特色をもつ。第1に、当委員会は運輸省、国鉄、政治家に対して独立性が高く、自律性をもって路線選択の検討をしている。委員の中心は専門家であり、政治家の恣意的介入は排除されている。第2に、当委員会においては、輸送能力や採算といった経営合理性を中心に実質的審議がなされている。4つの路線案から1つを選定する根拠は、60頁の報告書において公表されており、結論には説得力がある。また委員会には通過地域の自治体代表者が入っており、そ

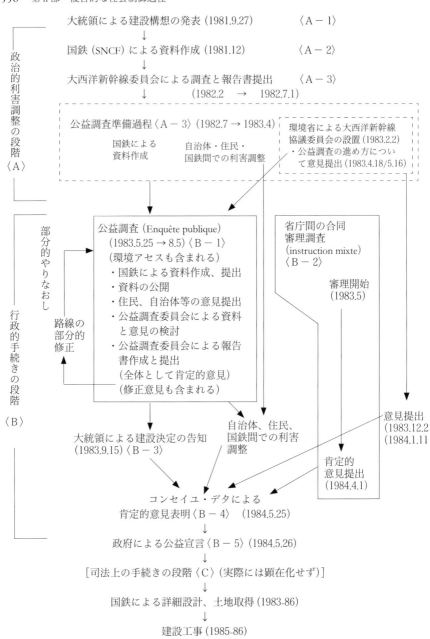

図 10-3　大西洋新幹線の決定手続き

出典：舩橋 1990a、一部修正

の立場を反映して、農地の犠牲を少なくすることと人口密集地を回避するという視点が明示的に語られている。第3に、この委員会は最終的決定機関ではなく、計画を漸次的に練り上げていく1ステップである。委員会の報告としては、「大西洋新幹線計画を検討することに肯定的意見を出す」[5]としており、今後の検討と選択についての余地を残している。だが、選択肢の幅を狭め、かつ計画の具体化を一歩押し進める機能を果たしている。

この委員会の役割は、日本の制度でいえば、「鉄道建設審議会」が政治家の介入なしに理想的に機能するようになった場合(現実にはそうなっていない)のものに、ほぼ相当するであろう。

リュドー委員会の報告書の提出から行政手続きとしての公益調査の開始までのあいだ約11か月は、公益調査のための「事前協議」(concertation préalable) の期間であり、関係諸主体間で活発な政治的利害調整がおこなわれた。この時期に従来から存在した、あるいは新たに組織された住民運動団体(その中心は43団体からなる「パリ地域環境保護団体連絡事務局」Bureau de liaison des associations de sauvegarde de l'environnement de la région parisienne および15団体からなる「新幹線公害に反対し緑地遊歩道を実現する住民団体連合」Fédération des Associations contre les nuisances du TGV Atlantique et pour la Coulée Verte、FATCVである)が、地域代表者(市長、国民議会議員、元老院議員、県参事会、地域県参事会)ならびに国鉄と政府諸機関に働きかけ、要求を提出した。その結果、ガラルドン台地沿線の諸市会、2つの県参事会は、続々と「緑地遊歩道建設促進」「高速道路建設反対」「新幹線地下化」といった主旨の決議をおこなった。83年2月に、イル・ド・フランス地域圏参事会も緑地遊歩道を建設することに賛成し、このような関係地域の要求の高まりを受けて、同月、環境閣外相と運輸相が住民集会に出席し、緑地遊歩道の実現を約束するという主旨の発言をした。また環境省は、同年2月6日に「大西洋新幹線協議委員会」(Commission de concertation TGV Atlantique)を諮問機関として設置し、コンセイユ・デタ評定官[6]のフジェール(FOUGERE)氏がその委員長となった。この委員会は政策的判断によっ

---

[5] Commission TGV-Atlantique 1982：Projet de Desserte de l'Ouest et du Sud-Ouest de la France par Train à Grande Vitesse TGV-Atlantique, I, Rapport, 1er juillet, 1982: 54、による。

[6] コンセイユ・デタ (Conseil d'Etat) はフランス独特の上級行政裁判所。国務院とも訳される。その前身は大革命以前の国王顧問会議に遡る。ナポレオンⅠ期に創設され、その後何回もの改変を経て、現在は、政府に付置された諮問機関と、最上級の行政裁判所という二重の機能を果たし、きわめて高い権威をもつ。約180名の構成員がいるが、その中でも評定官(conseillers d'Etat)は上級の役職である。より詳しくは、RIVERO, Jean, 1980：Droit administratif, Coll. Precis Dalloz, 9e éd. ＝ 1982 兼子仁、磯部力、小早川光郎訳『フランス行政法』東京大学出版会：206-219を参照。

て暫定的に設置されたものであるが、環境保護の立場から公益調査の過程を通して4回にわたって意見具申をし、最終報告書を首相に提出した。このように政治的利害調整を通して（いいかえれば正式の公益調査の始まる一歩手前の非公式の事前協議を通して）、通過地域の要求を尊重するかたちで実質的な計画修正が進み、緑地遊歩道の実現の原則が確実になった。このような一定の大枠的な合意の形成が前提条件となって、次の公益調査の開始が可能となった。

　行政的手続きの中心は公益調査（図10-3のB−1）である。フランスでは公益調査 (Enquête préalable à la déclaration d'utilité publique) は、19世紀以来の長い歴史を持ち、住民や自治体の声を計画に反映することを制度的に保障している。その役割は、開発計画に公益性があるかどうかを調査し、公益（性）宣言を準備することである。公益性宣言がなされてはじめて、その事業は土地や家屋の不動産を収用することが可能になるから、公益調査は各種の公共事業の決定と実施過程において、非常に重要な手続きである。同時に、公益調査の過程は、計画を洗練するという機能を発揮する。たとえば、新幹線の場合、その路線の細目を各地域の状況に即して選択すること、環境や農業や地域生活への打撃を減少させるよう具体的対策の改善を促進したのである（山口2007: 284）。公益調査の段階での計画案は、細目の路線地図（2万5千分の1と5千分の1の地図）が公表されている点からいっても、日本における「工事実施計画」に相当する。だが、日本においては、工事実施計画が発表された後に、路線の位置や構造を変更することは、建設主体によって頑なまでに拒否されるが、フランスでは、公益調査の段階で発表された計画案が大きく変更されることがありうるのであり、その点が大きく異なっている。

　公益調査の中心になるのは「公益調査委員会」という独立の機関（大西洋新幹線の場合は委員13名、委員長はコンセイユ・デタ評定官ドウマン（DOUMEN）氏）である。しかもこのうち2名は、「大西洋新幹線協議委員会」の提言を入れて、住民団体代表者であり、このことは住民意見の反映に効果的であった。住民や自治体は、建設主体が作成し公表した「公益調査資料」を素材としながら計画に対する意見と要求をこの委員会に提出することができ、委員会は計画改善についての意見を報告書として政府に提出する。大西洋新幹線の場合、83年5月25日から6週間の調査期間に全線で合計5210の意見が提出され、委員会は8月5日に5章83ページからなる「調査委員会報告書」を提出した。この中で、緑地遊歩道については、「新幹線が地下化されるかカバー化されるために解決策が必要である。ただし、そのための費用負担は必ずしも国鉄負担にするとは限らない」との見解が提出され、

これがその実現に決定的役割を果たした[7]。

公益調査の過程は、次のような特徴をもつ。

第1に、報告書は個々の論点ごとにそのつど複数の案の優劣を公開された資料にもとづいて検討するという形式をとる。建設主体と他の利害関係者の見解が対立した場合、公益調査委員会は、対立する議論をそれぞれ紹介し比較検討した上で、委員会としての独自の判断を下して、場合によっては、建設主体の提出した計画に対して修正案を提出する。

第2に、1976年の自然保護法の改正以来、環境アセスメント(Etude d'impact)が公益調査の一環に組み込まれ、環境保護の視点からの計画修正がより容易におこなわれるようになった。

第3に、公益調査における利害調整は野放しのものではなく、一定の安定性のある枠の中でおこなわれる。そのため、議論百出して収拾がつかなくなるとか、全体としての計画に整合性がなくなるという危険は抑制されている。この利害調整の枠組みを与えているのは、政治的利害調整(A)の段階で得られた合意である。大西洋新幹線の場合、それは、リュドー委員会の報告書による路線の骨格的選択と事前協議による利害調整の実質的進展である。各通過地域では幅500mのゾーンを基本枠として、その中で路線の選択が論じられるから、収拾がつかなくなるという事態を回避しやすい。

第4に、建設主体も、公益調査の中で提出された部分的な修正案を受け入れる柔軟な姿勢を示しており、事実、大西洋新幹線については全体に4箇所のかなり大きな修正が、公益調査およびその前後の交渉を通しておこなわれた。その修正の内容は、3箇所の路線変更(そのうちの一カ所は地下化をともなっている)と緑地遊歩道の建設である。建設主体にとって、修正に応ずることは、事業の実施を危うくするものではなく、むしろ事業の成熟化と実施の可能性を高めるものとなっているから、当初案に固執していつも修正を拒否しなければならないというわけではない。

第5に、公益調査委員会の報告書の意見に従うかどうかは、政府が判断することである。委員会自体が決定を下すのではない。しかし、その後に司法上の判断の段階が控えていることもあって、委員会の意見が政府によって軽視されるわけではない。

---

[7] Commission d'Enquête, 1983, Projet de desserte de l'Ouest et du Sud-Ouest de la France par trains à grande vitesse (TGV-Atlantique) Rapport de la Commission d'Enquête, 1e 5 août 1983: 46, による。

公益調査と平行しながら省庁間の「合同審理調査」(B−3)が政府内部の利害調整を進めるものとしておこなわれた。これは、事業計画に対して、政府の各省庁がそれぞれの担当分野の立場から意見を出し合い、計画の改善を進めるもので、公益調査と同一の資料にもとづいて審理が進められる。環境省はこの手続きの中で環境問題の見地から「作業グループ」の設置を要求し、実際に設置され、非常にたくさんの会合がもたれた。環境省の対応は、はじめは厳しいものであり、「環境対策が不十分である」と指摘し、緑地遊歩道については一貫して地下化を要求した。合同審理調査の結果、84年4月1日、「工事の開始を疑問とするいかなる留保も存在しない」という結論が出された。

行政手続きの最終段階(B−4)において、公益調査と合同審理調査の結論を受けて、コンセイユ・デタがその諮問的機能の一環として、建設計画に意見を提出した。これによって、計画案は非常に堅固なものになった。なぜなら、この意見提出は、仮にこの後に行政訴訟が起こされても行政裁判所の最終審たるコンセイユ・デタが計画を肯定する可能性が高いことを意味するからである。

それをふまえて、政府は5月25日づけのデクレによって、大西洋新幹線に公益性ありという宣言を行い、翌日づけの官報によって、このデクレが公表され、建設計画は正式に決定された[8]。

以上の行政的手続きの段階に続いて、制度的には、司法上の手続きの段階(C)が設定されている。これは公益調査の過程に関して、その手続きに欠陥があったり、政府が公益調査委員会の意見を大切な点で無視した場合、それを不当と考える自治体や住民が、行政裁判所(Tribunal administratif)やコンセイユ・デタに対して、訴訟(recours)を提起できる段階である。場合によってはさらにその後で、行政裁判(juridiction administrative)、刑事裁判(juridiction penale)に訴えることもできる。実際には、大西洋新幹線の場合、公益調査についての訴訟(recours)の手続きは取られず、それは潜在的なものに留まった。しかし、この訴訟の可能性が控えているということが、それ以前の公益調査の段階での利害調整を促進し、実質あるものにするための黙示的な条件になっているのである。

その後、緑地遊歩道については、84年6月から86年1月にかけて、公益調査委員会の積極的提言を枠組みとしながら、そのより具体的ありかたについて、住民団体、自治体、国鉄、政府のあいだで、活発な交渉がおこなわれ、数度にわ

---

8 デクレ(decret)には、日本の政令に相当する施行令としてのデクレと、固有の行政立法としてのデクレ(日本には相当するものがない)とがあるが、ここでは、前者である。

たって計 3.8km のカバー防音壁が追加され、その結果フォントゥネー・オ・ローズ以南 (7.8km) のカバー率は、当初計画の 28% から 74% へと上昇した。

大西洋新幹線自体は、85 年から建設工事が本格化し、89 年 9 月に開業した。

以上のように、フランスにおける公共事業にかかわる政策決定手続きは、「公益調査」を中心に非常に洗練されており、住民や自治体の発言権と対抗力が制度的に保障されている。1976 年の「自然保護法」の改正以後は、公益調査の過程に環境アセスメントも組み込まれるようになったことが、環境に配慮した公共事業を実現しやすくしている。

この公益調査制度という制度を支える考え方として大切なのは、「公的」組織が企画した事業にただちに「公益性」を認めるわけではないということである。すなわち、「公共の利益」は、批判的討論を通過した後に初めて確定する。この具体的事業計画に即して、何が公共の利益なのか、あるいは、この具体的事業計画に公共の利益があるのかは、討論の出発点においてはわからない。討論の到達点において、それは初めて判明する。

この考え方は、公益をどのように定義するかという社会的手続きを考える際に、きわめて示唆的な考え方である。

だが、いかに優れた考え方に立脚する制度であっても、それを適切に運用するためには、関連する諸主体がその制度を活用するのに必要な力量をそなえていなければならない。大西洋新幹線には、環境運動団体がどのように関与したであろうか。

2　市民運動の特徴

大西洋新幹線においては、公益調査の過程で、各地の住民団体や自治体当局が要求を提出し、緑地遊歩道の実現をはじめ、いくつもの重要な計画修正がおこなわれ、新幹線と通過地域のより良い共存が実現した。そのような地域からの要求表出の担い手となった市民団体や環境運動には、どのような特徴が見られたであろうか。

新幹線公害の防止の運動、とりわけ緑地遊歩道の実現にあたって、住民運動の果たした役割は大きい。地方議会や各市長が緑地遊歩道の実現に積極的になった背景は、住民諸団体の運動である。

日本の住民運動との対比を意識しながら、大西洋新幹線の公益調査にかかわっ

たフランスの運動団体の特徴について整理してみよう。[9]

　第1に、日本においては、アドホックな争点ごとに住民運動が形成される傾向があるのに対して、フランスにおいてはすでに各地域に存在していた市民運動団体や環境運動団体が、新しく起こってきた問題に意見表明をするというかたちが、より顕著に見られる。もちろんアドホックに争点ごとに形成される運動団体もある。新幹線問題の場合、「新幹線公害に反対し緑地遊歩道を実現する団体連盟」(Fédération des Associations contre les nuisances du TGV et pour la Coulée Verte, FATCV, 以下では「緑地連盟」と略称)はその代表例である。だがアドホックに争点ごとに形成される団体がすべてではない。緑地遊歩道の実現に大きな影響を発揮したもう一つの団体、「パリ地域環境保護団体連絡事務局」(Bureau de liaison des associations de sauvegarde de l'environnement de la région parisienne, BL, 以下では「連絡事務局」と略称)は、恒常的にさまざまな地域問題に取り組んでいる組織である。新幹線問題の場合、連絡事務局を結集のかなめにすることによって、以前から存在していた43の諸団体が連名で発言している。

　第2に、アドホックに形成される団体にせよ、恒常的に活動しているものにせよ、諸市民団体の連合組織というかたちで、より大きな組織が形成され、それが活動するというスタイルが頻繁に見いだされる。当然、その内部に多様な潮流を抱えることになるが、異質なグループが、緩やかな連帯関係を形成し、限定された課題の限りで協力していくのである。新幹線と緑地遊歩道の実現にかかわった3つの大きな運動団体、すなわち「パリ地域環境保護団体連絡事務局」(BL)、「緑地連盟」(FATCV)、「交通網利用者団体全国連合」(FNAUT)、および、環境問題全般にかかわっている「フランス自然保護団体連盟」(Fédération Françaises des Société de Protection de la Nature, FFSPN)は、4つともそういう性格をもっている。その背景には個々の運動団体に異質性があってあたりまえであり、その上でいかにそれらが協力できるかを探って行くという感覚があるようにみえる。

　第3に、市民運動に専門家が大量に参加しており、彼らの専門知識と知性を活用しながら、運動側が対案を積極的に提出している。「緑地連盟」の議長のギー＝ボンノー氏はパリ大学に勤める物理学者であったし、「パリ地域環境保護団体連絡事務局」の代表のアンヌ＝マリー・ピカール氏は医者であるし、フォントウ

---

[9] 新幹線建設にかかわった住民運動を比較する限りでは、日本とフランスのどちらが強力かは単純に比較できない。大衆行動への動員数だとか、署名の数などを比較すると、たとえば、日本における東北新幹線に反対する運動はより大きな動員力をもっているように見えるが、獲得された成果や解決までの時間でみるとフランスのほうが住民にとってより好ましい形になっている。

ネー・オ・ローズの住民団体のリーダーであるルイ・プイ＝ムヌー氏は建築家であった。これら専門家が、彼らの専門知識と知性を生かしながら住民団体の代表的論客となっている。その中でも、建築家のプイ＝ムヌー氏が、そもそも緑地遊歩道を最初に提言したのであった。別の例として、「交通網利用者団体全国連合」は、全国的な鉄道交通網についての対案を形成し発表している[10]。

第4に、住民団体がその代表を行政機構に送り込むことによって、積極的に制度の中に発言の場を確保しようとし、一定程度それに成功している。緑地遊歩道において、重要なのは、公益調査委員会の13名の委員の内に住民団体の役職者が2名入っていたことである。そして、公益調査委員会が緑地遊歩道の実現に好意的な意見を出すにあたり、この2名の意見が非常に大きく作用した[11]。

このようなフランスの市民運動の特徴と力量の背景には、フランス社会全体が、日常生活のなかで各人が常に自己主張していかなければならない社会であるという事情がある。フランスで生活を始めた日本人は誰しも、市民生活の中での日常的自己主張の強さに驚かされる。主張しない限り無視されたり、自分が損をするということが頻繁に起こってくる。こういう市民生活の中での日常的自己主張が数人のグループによってなされた場合は、あと一歩で住民運動や市民運動の自己主張になるという連続性があるように思われる。

第3節　社会制御過程としての特徴

1　意志決定過程の特徴

フランスの新幹線の意志決定過程の特色をまとめて、どういう点が優れているのかを確認しておこう。

第1に、「計画の決定」とは1回の決定によってすべてが決まるものではなく、数段階の手続きを経ながら「計画案」がしだいに「正式の決定」へと成熟して行くという連続的な過程である。当初は抽象性の高い案であり、より具体的レベルではさまざまな選択の余地を残していたが、数段階の手続きを経ながら、さまざま

10　FNAUT 1981 に、鉄道交通網についての独自の案が発表されている。また、FNAUT の Mme. BIGORGNE と M. BATTEAU からの聞き取り (1988年) によれば、3つの新幹線を結合するしかた (inter-connexion) についても、パリ都心部を避けるという案を、FNAUT は国鉄よりも以前に提言してきた。

11　その2名のうちの一人である M. BOURNY からの聞き取り (1988年6月15日および29日) による。

な要求が汲み上げられ、部分的修正をおこなうことによって利害調整がおこなわれ、内容が具体化していった。そしてしだいにより広い範囲の社会的合意が形成され、計画に正当性が付与されていった。

　第2に、意志決定手続きが、さまざまな立場からの利害表出に対して開かれたものになっていること、しかも計画としての一貫性を保持しうること、政治家の恣意的介入を排除しやすいこと、複数の案の優劣の検討が論拠を公開しておこなわれること、合理的な論争を誘発しやすいこと、住民側に対抗力を保障していること、といういくつかの点において、たいへん洗練されたものになっている。とくに、リュドー委員会、公益調査委員会、コンセイユ・デタという第三者機関による判断のくりかえしがあるため、建設主体の観点のみが独走することに歯止めがかかっている。これらの機関に説得力のある意見を出すことが、建設主体側にとっても、建設を批判する他の利害関係者にとっても必要であるため、事実に即した科学的な論争をするように各主体は促される。

　第3に、新幹線の建設の決定、および通過地域との利害調整（緑地遊歩道の建設）において、政府首脳部（大統領、運輸相、環境相）の積極的関与と決断が見られる。その制度的背景はフランスにおける中央集権的構造であり、決定と執行の役割の明確な分化である。フランス国鉄は事業の執行者として位置づけられており、利害調整についての政策的決断の責任は政府にある。住民団体もこのことを自覚しており、政府中枢との接触に努力し、また事実、交渉の場をもった。この点、公害対策等の通過地域との利害調整を建設担当組織（国鉄）の中堅幹部にほとんどゆだねてしまい、より上層の諸主体が思い切った政策的打開を図ろうとしなかった日本の東北新幹線とは対照的である。

2　社会制御システム論の視点からみた公益調査制度の機能

　では、社会制御システム論の視点からみると、このようなフランスの政策決定制度には、どのような示唆があるだろうか。

　第1に、総体としての社会制御システムが提供している枠組み条件が、総合的な利害調整を的確に進める条件となっている。公益調査制度は、総体としての社会制御システムが、事業システムに対して提供している「枠組み条件」の核心であるという意義を有する。

　ここで、「総体としての社会制御システム」という言葉を使用するのは、新幹線建設には、鉄道制御システム、環境制御システムなどの複数の社会制御システ

ムが関与しているが、それらが合成されて総体としての社会制御システムの作用が生みだされているからである。そして、公益調査制度は、総合的な利害調整制度であるから、個別の社会制御システムに帰属できるものではなく、総体としての社会制御システムに帰属させるべきである。

　公益調査制度をコアにして、それ以前の政治的利害調整の段階と、その後の司法的手続きの段階が組織化されており、これらの一連の決定手続きにかかわる諸段階が、全体としての枠組み条件を構成している。この枠組み条件の特徴は、事業システムの担い手に対して、他の諸主体の対抗力を保障しているということである。この対抗力ゆえに、事業主体は、「要求の経営課題への転換」と「受苦の費用化」を行い、合意形成を推進し、そのような意味での事業の成熟化を促進することを迫られる。

　たとえば、フランス国鉄は環境保全の要求を取り入れるかたちで、Vouvrayでの地下化や、緑地遊歩道を実現した。これは、市民運動の要求を経営課題へと転換したこと、そして、「受苦の費用への転換」を意味している。

　決定手続きの各段階において、それぞれより後の段階が控えていることが、前の段階での成熟化努力を真剣なものにしている。建設主体は、公益調査開始の前の事前協議の段階で、極力、関係者との合意を形成するよう努力せざるをえない。というのは深刻な不満を呼び起こすような未熟な計画案のまま公益調査に踏み込んだ場合、公益調査が円滑に通過できない恐れがあるからである。次に、公益調査の過程での住民や自治体の要望についても、公益調査委員会が報告書に記す改善意見に関しても、建設主体にそれを尊重するような動機づけが働く。なぜなら、公益調査の次には司法上の手続きの段階が控えているからであり、もし公益調査において出された意見を、建設主体が不当に無視するならば、コンセイユ・デタへの訴訟を住民や自治体が起こすことによって、計画が頓挫する恐れがあるからである。

　第2に、枠組み条件のコアをなす公益調査制度は、個別の事業システムの外側に、事業システムと他の諸主体の利害要求を取り集め、総合的な意見交換を可能にする「利害調整アリーナ」を提供するものである。

　この利害調整アリーナの中心的主体である公益調査委員会は、事業システムの担い手組織（フランス国鉄）に対して、権限の上で、独立した主体である。そして、公益調査委員会の判断基準は、事業主体の要求や主張も、さまざまな利害要求の中の一つの利害要求として相対化するという意味で、事業者の判断基準に対する

超越性を有する。

　事業システムの外側の利害調整アリーナにおける総合的利害調整や最適化は、事業システム内部の制御アリーナにおける最適化とは異なったものになりうる。なぜなら、事業システムの外部の利害調整アリーナにおいては、その内部からの視点では軽視されるような事業システムが外部に生みだす負の効果を、事業システムの外部に立つ主体の視点と意見を取り入れることによって、より敏感に把握し、より的確に評価することが可能となるからである。その意味で、公益調査委員会は、事業主体よりも、社会的な公平性に接近しうる存在である。

　第3に、公益調査制度の提供する利害調整アリーナは、言論の力が中心的・積極的な役割を果たすアリーナである。そこでは、事業者と市民や自治体が、情報の公開に基づき、対等な立場に立って、一定期間、批判的な言論をたたかわせることができる。公益調査委員会に対して、より説得的な言論を展開した側が、より多く自分の望む結果を獲得しうる。

　公益調査制度が可能にする意見交換の機会は、このような質の討論空間なのであるから、「公論形成の場」という性格を帯びたものといいうる。

　第4に、公益調査制度の用意する討論アリーナは、言論の力が、政治システムにおける対抗力に転換されるような利害調整アリーナだということである。

　「言論の力の対抗力への転換」ということは、訴訟においてもおこなわれる。たとえば、日本においては名古屋新幹線公害訴訟を契機として、そこでの提訴そのものの対抗力によって、公害対策が前進した。だが、日本の新幹線訴訟における「言論による対抗力」と、フランスの公益調査制度における「言論による対抗力」とは、いくつかの点で異なっている。

　①日本における対抗力の発揮は、被害が発生した後になされたが、フランスにおいては、建設計画を決定する段階で、すなわち、事業に対して事前になされた。それゆえ、被支配問題の防止や解決に対して、より効果的である。

　②法廷においては、損害賠償請求や、差し止め請求というかたちで、法技術論的に争点設定のしかたが制約されている。しかし、公益調査制度の場合には、あらゆるかたちでの意見表明や改善要求を提出することができる。そして、公益調査委員会の報告書は、限定された争点についての判決とは異なり、計画内容のさまざまな側面に即して具体的な改善策を提出することが可能である。

　③公益調査委員が、裁判官と異なるのは、法学に限らず、さまざまな分野の専門知識を有する個人が委員になりうるということ、また、市民団体から推薦され

た委員も加わっているということである。

　第5に、このように住民や自治体側に言論を通しての対抗力が保障されていることによって、「合理性の調和」が実現しやすい構造になっている。すなわち、建設主体内部の個々人の業務上・経歴上の利害関心（自分の仕事の円滑な遂行、自分の昇進）という意味でのミクロ的な合理性と、事業の実施という建設主体の利害関心というメゾレベルの合理性と、環境保全の実現などによる「事業の成熟化」[12]という意味でのマクロ的な合理性とが、調和しやすい構造になっている。より後の段階で拒絶されたり、大きく訂正されるような未熟な計画を前の段階で作成し、結果として途中で行き詰まるという事態は、建設を担う組織の立場から見ても、その内部の個人の経歴上の利害関心から見ても、避けなければならない事態である。そのためには、それぞれの段階でより後の段階を無事に通過できるような実質的合意を利害関係者から獲得しなければならない。それゆえ通過地域住民の要求を一定程度尊重することが、組織としての建設主体にとっても、その内部の個人の経歴上の利害にとっても、合理的なこととなる。

結　び

以上の本章の論旨の要点をまとめておこう。
① フランスと日本の新幹線公害対策を比べると、フランスでは、はるかに優れた対策が実現している。フランスでは、路線選定において人口密集地を回避するという設計思想や、地下化や緑地遊歩道という技術的選択がなされている。
② だが、新幹線公害対策の優劣を生みだす要因は技術的なものではない。そこには、地理的要因や、土地取得に関する個別歴史的事情も作用しているであろうが、より基本的な要因として注目すべきは、政策決定過程の差異と、その根拠になっている制度的差異である。
③ フランスでは、行政的手続きである公益調査制度を中心にして、その前段階の政治的利害調整、その後段階の司法的手続きが、たくみに組み合わされて、事業の成熟化を促進するような利害調整制度が存在しており、それが、新

12　公共事業の「成熟性」は、受益の平等化と受苦の回避、社会的合意形成、経営課題の十分な設定、最適な経営手段の選択という4つの基準によって定義される。これらが欠如しているのが「未熟型」の事業である。これについて、より詳しくは、舩橋晴俊「「未熟型」公共事業としての新幹線建設」（舩橋・長谷川他（1988）に第3章として所収）を参照。

幹線公害対策の充実を支えている。

④社会制御システム論の視点から見れば、公益調査制度によって、個別の事業システムに対する外在的利害調整アリーナが設定され、社会的にみた総合的利害調整が可能になっている。

⑤公益調査制度は、事業システムの外側の諸主体に対して、対抗力を保障し、要求の経営課題への転換と「受苦の費用化」を実現するものである。

⑥公益調査制度が提供する討論空間は、「公論形成の場」という性格をもっており、そこでは、「言論の力が政治システムにおける対抗力に転嫁する」ことが可能となっている。

⑦公益調査制度がコアになって社会制御システムが提供する枠組み条件は、個人、事業者、社会に対応するミクロレベル、メゾレベル、マクロレベルのそれぞれの合理性を調和させるという効果がある。

　高速交通網と通過地域社会を共存させる方法について、フランスの新幹線は多くの教訓を提示している。とくに人口密集地に作られた緑地遊歩道は、環境保全と新幹線を両立させる方法として教示に富む。これを実現した社会的条件、すなわち公益調査を核心とし、環境アセスメントを組み込んだ意志決定制度、並びに、利害調整にかかわった諸主体の力量と姿勢に注目しなければならない。このような洗練された制度に立脚したフランスの意志決定過程と対比すると、開発にかかわる日本の意志決定制度の不備と、日本で未熟型の計画が傾向的に生みだされる理由が明かになるといえよう。

第11章　解　題

　東日本大震災と福島第一原発事故以降に大きな社会的注目を集めるようになった再生可能エネルギーであるが、著者は2011年以前から（個人的には1970年代後半から）、このテーマに取り組んでいた。その中心となったのが、科学技術振興機構（JST）による社会技術研究開発事業（研究開発領域「地域に根ざした脱温暖化・環境共生社会」、領域総括：堀尾正靱）の一環として実施された研究開発プロジェクト「地域間連携による地域エネルギーと地域ファイナンスの統合的活用政策およびその事業化研究」（2009年10月から2012年9月）への参加である。このプロジェクトでは、環境エネルギー政策研究所の飯田哲也氏らと共同研究をおこなった。このプロジェクトの研究代表者は、当初は飯田氏であったが、飯田氏の事由により、2012年の途中から著者が研究代表者を務めている。

　JSTプロジェクトが開始された当時の日本国内の再生可能エネルギーは、FIT制度もなく、社会的注目度も低かった。本章でも指摘されているように、RPS法も普及策としては機能していなかった。再生可能エネルギーに関心をもつ事業者や市民は少なくなかったが、普及を支える制度もなく、実績も少ないという理由から金融機関の融資が得られないなどの事態に直面し、事業化は困難であった。このプロジェクトは、そうした状況を打破して、再生可能エネルギーの普及を促進していくための方法を探ることを目的として実施されたものである。

　また、このプロジェクトでは、地域社会が主体となった事業の開発に力点を置いていた。都市部に拠点を置く大手事業者ではなく、地域に根づいた主体が取り組むことで、事業によって生みだされる利益を地域に還元し、地域の活性化につなげていこうという関心が共有されていた。著者もその一人であり、その視点は本章においても一貫して提示されている。

　本章の内容は、第1節から第4節までが、本書の原稿として遺されていたものを整理したものである。原稿に付されていた記録では執筆時期は2010年以前となっており、震災・原発事故前に書かれたものである。

　2011年以降に執筆された内容を反映させるため、補論を付した。補論のうち、1と2は『地域の資源を活かす　再生可能エネルギー事業』（環境エネ

ルギー政策研究所編、2014、金融財政事情研究会刊行）において執筆を担当した終章から抜粋した。同書は、JSTプロジェクトのネットワークと研究蓄積を活用してまとめられたものである。3と4は、JSTプロジェクトを継続して取り組んだ科学研究費によるプロジェクト（基盤研究A「公共圏を基盤にしてのサステイナブルな社会の形成」研究代表者：舩橋晴俊）の報告書（舩橋晴俊・湯浅陽一編、2013「地域に根ざした再生可能エネルギー普及の諸問題―金融と主体の統合を求めて―」）の担当章に収められていたものである。この補論の中で展開されている「統合事業化モデル」は、JSTプロジェクトの中で共同の成果として生みだされてきたものである。

　本章末には、2012年7月2日付けの追加論点メモを掲載した。理論的課題として、今後、問われるべき論点が示されている。

第 11 章

再生可能エネルギー普及政策の日独比較
―― 経営システムの文脈で社会制御システムが事業システムに課す枠組み条件の効果

はじめに

　前章では、支配システムの文脈で、社会制御システムと事業システムの関係について検討した。本章では、経営システムの文脈で、社会制御システムと事業システムの関係について、再生可能エネルギーの導入政策の国際比較を事例として分析する。

　まず、再生可能エネルギーの現代社会にとってもつ意義を検討した上で、1990年代と2000年代の再生可能エネルギーの導入・普及の国際的な動向を概観する。なかでも、ドイツと日本の導入量がどのように異なっているのかを確認する（第1節）。次に、20年ほどで再生可能エネルギーの急速な導入・拡大に成功したドイツの政策が、どのようなものかを検討する。各時代の制度・政策がどのように変化してきたのか、それは、社会制御システムが事業システムに対して課す枠組み条件という点で、どういう特徴を有するのかを検討する（第2節）。続いて、ドイツに比べて停滞している日本の再生可能エネルギーの導入・普及が、どのような制度・政策のもとでなされてきたのかを検討する。経営システムとしての事業システムにとって、日本の政策の課す枠組み条件がどのような効果を発揮したのかを検討する（第3節）。そして、以上の2つの事例から、社会制御過程の特徴として、注目するべき点と、社会制御の成否についての教訓を摘出する（第4節）。最後に、日本でも固定価格買い取り制が導入された2012年7月以降の課題について触れ、日本における再生可能エネルギー普及のための統合事業化モデルを示す（補論）。

第1節　再生可能エネルギーの普及動向

1　再生可能エネルギーの特質と積極的意義

　本章で、再生可能エネルギーとは、太陽光発電、太陽熱発電、太陽熱温水利用、風力発電、バイオマス発電、バイオマス燃料、波力発電、地熱発電、水路式水力発電のように、自然の循環の中で絶えず再生されることが可能であり、人間社会が永続的に使用可能なエネルギーのことをいう。

　類似した言葉で、「エコ・エネルギー」や「新エネルギー」や「自然エネルギー」という言葉がある。

　「エコ・エネルギー」という言葉は、「風力発電、太陽光発電など、地球環境に負荷を与えることの少ないエネルギー源」という含意がある (井田 2005: 3)。この用法は、再生可能エネルギーと基本的には重なりうるものであるが、「負荷を与えることが少ない」という点の解釈が多様でありうるので、対象範囲が一義的に明確とはいえない。

　次に、「新エネルギー」という言葉は日本独特の言葉で、1997年4月に施行された「新エネルギー利用等の促進に関する特別措置法」(新エネルギー法) に由来する。この法律で定義されている新エネルギーとは、石油代替エネルギーのうち、「経済性の面における制約から普及が十分でないものであって、その促進を図ることが石油代替エネルギーの導入を図るために特に必要なものとして政令で定めるもの」となっている (北海道グリーンファンド監修 1999: 104)。具体的には、その内容は、①太陽光発電や風力発電などの再生可能エネルギー、②工場排熱発電や動物の排泄物によるメタン発酵ガス利用などのようにこれまで捨てていた未利用のエネルギーを有効に利用するもの (リサイクル型エネルギー)、③コジェネレーションや電気自動車のように従来型エネルギーをより効率よく利用するもの (従来型エネルギーの新利用形態) とからなる。この定義は、本章でいう「再生可能エネルギー」より外延が広く、エネルギーの効率利用形態まで含まれている。すなわち、行政過程の実際から生まれた言葉であるが、異質なものが含まれているため、政策論の構築にあたっては、議論の混乱を招くおそれがある。

　これに対して、「自然エネルギー」については「自然界にごく普通に存在している物理学的な仕事をする能力を有している事物や現象の総称であり、かつ、いくら使っても枯渇することがないという (資源) 再生の可能性を要件とするもの」(手作りエネルギー研究会 2005: 3) という定義がある。この定義は、本章の「再生可能

エネルギー」と同様の意味といえよう。

本章では、循環という言葉とのリンクが強い「再生可能エネルギー」をキーワードとして使用することとする。

今日、再生可能エネルギーは、エネルギー政策の上で全世界的に注目され、各国で急速に普及しつつある。その理由は、再生可能エネルギーの有する次のような長所にある。

①エネルギー問題の長期的な解決

再生可能エネルギーは、その名の示すように消費によって枯渇することなく、永続的な供給可能性を有する。石油や石炭やウランは経済的に使用可能な埋蔵量は限られており、長期的には枯渇は避けられないが、再生可能エネルギーはこの点で異なっている。

②温暖化問題に対する対処

石油、石炭、天然ガスは二酸化炭素の排出という点で、原子力は間接的な石油の大量使用と温排水による直接的な温度上昇という点で、いずれも、温暖化問題の悪化を促進してしまうのに対して、再生可能エネルギーは、二酸化炭素の排出量が軽微であり、化石燃料との代替により温室効果ガスの削減効果が大きい。

③地域の自立と地域格差縮小

再生可能エネルギーの多くのものは、化石燃料やウラン鉱石に比較して、地理的にははるかに広範に分布している。潜在的な資源分布の平等性が高く、小規模分散型の利用が可能という技術的特徴を有する。このことは、各地域ごと、各国ごとのエネルギー自給・自立の基盤になるものである。特に、人口の少ない地域にとっては、再生可能エネルギーの他地域・他国への移出・輸出を的確に実施すれば、地域格差縮小の機会を提供するものである。

④放射性廃棄物の削減と原発事故リスクの低減

原子力発電に依存している先進工業国においては、今後、再生可能エネルギの大量導入に成功するのであれば、原子力への依存を減らすことができ、放射性廃棄物の削減と原発事故リスクの低減が可能となる。

このような長所ゆえに、再生可能エネルギーは、21世紀の人類社会において、エネルギー供給の本流になっていくであろう。それゆえ、環境政策と経済成長政策を重ね合わせたかたちで追求する「グリーン・ニューディール政策」において、戦略的な成長産業という位置づけが与えられている。また、日本のような石油の大消費国、大輸入国にあっては、近い将来予想される石油生産量の頭打ちと減少、

石油価格の高騰というかたちでの経済的難局に対処するためには、再生可能エネルギーはその切り札ともいえよう。

しかし、再生可能エネルギーの導入・普及については、次のような難点があることも広く指摘されており、普及のためには、これらの難点が克服されなければならない。

①不安定性

代表的な再生可能エネルギーである太陽光発電や風力発電は、気象条件によってその出力が大きく変動する。また、太陽光発電は、夜間は原理的に発電が不可能になる。供給可能量の不安定性と需要とのマッチングという課題が恒常的に存在する。

②蓄積困難性

石油や石炭が蓄積可能であることに比べると、再生可能エネルギーは、一般に相対的に蓄積が困難である。蓄積困難性は、不安定性の克服の困難さを条件づけている。

③価格が高いこと

1990年代以降の再生可能エネルギーが全世界的に普及する過程において、価格の高さは、つねに基本的な難点の一つとしてあった。特に、不安定性を克服するための蓄積の推進は、価格の高騰化をもたらす。たとえば、風力発電の出力安定化のためには蓄電池の利用という技術的打開策があるが、それによって、価格は2倍になるといわれている。技術革新とスケールメリットによって、再生可能エネルギーの価格は漸減の傾向にあるが、価格問題は、普及に際して大きな制約条件になっている。

2　統計的データによる普及動向の把握

では、以上のような技術的特徴を有する再生可能エネルギーの世界的な普及動向は、いかなるものであろうか。ここでは、再生可能エネルギーの中でも代表的な位置にある風力発電と太陽光発電の普及動向を点検してみよう。

表11-1のデータからどのようなことが読みとれるであろうか。

第1に、日本とドイツの両国において、再生可能エネルギーの代表的技術である太陽電池と風力発電の導入量は、ともに毎年増加を続けている。この傾向は、これら両国のみならず、1992年の地球サミット以降、多くの先進国に見られる趨勢である。

表11-1 日本とドイツの導入実績の差異 (1990～2008)

	太陽電地導入量累計 (MW)			風力発電導入量 (MW)		
	日本	ドイツ	倍率*	日本	ドイツ	倍率*
1990					55	
1991					106	
1992	19.0	5.6	0.29	3.47	174	50.1
1993	24.3	8.9	0.37	4.97	326	65.5
1994	31.2	12.4	0.40	7.58	618	81.5
1995	43.4	17.7	0.41	10.4	1121	107.8
1996	59.6	27.8	0.47	13.7	1546	112.8
1997	91.3	41.8	0.46	21.5	2080	96.7
1998	133.4	53.8	0.40	37.8	2871	76.0
1999	208.5	69.4	0.33	82.6	4439	53.7
2000	330.2	113.7	0.34	143.7	6104	42.5
2001	452.8	194.6	0.43	312.8	8754	28.0
2002	636.8	278.0	0.44	464.3	11994	25.8
2003	859.6	431.0	0.50	680.7	14609	21.5
2004	1132.0	1034.0	0.91	925.4	16629	18.0
2005	1421.9	1926.0	1.35	1084.8	18415	17.0
2006	1708.5	2759.0	1.61	1490.3	20622	13.8
2007	1918.9	3835.5	2.00	1674.7	22247	13.3
2008	2144.2	5340.0	2.49	1882.4	23897	12.7

*倍率は、日本を基準にしたときのドイツの比率　1MW=1000kW
出典：http://www.iea-pvps.org/trends/; NEDO 資料; BMU, 2010, Eneuerbare Enegien in Zahlen : Nationale und internationale Entwicklung; REN21, 2010, Renewables 2010 : Global Status Report.

第2に、風力発電をみると、1992年以来一貫して、ドイツの導入量は、日本をはるかに超えており、2008年度において、ドイツの導入量は2389万kWであり、188万kWの日本の約13倍である。それは、アメリカ、中国に次いで、世界第3位である (REN21 2010: 13)。他方、日本は世界第13位である (電事連HP)。

第3に、太陽電池をみると、1992年から2004年に至るまでは、日本の導入量がドイツよりも多いが、その差はしだいに狭まってきており、2004年にはほぼ肩を並べるに至った。日本はかろうじて設備容量世界1位の座を守ったが、2005年には、ついにドイツが日本を追い越し、その3年後の2008年には、ドイツは日本の約2.5倍の設置容量となった。2008年には単年で150万kWを新設しているが、それは、日本の2005年までの累積量 (142万kW) よりも大きい。

2009年には、ドイツは世界1位であり、2位をスペインが占め、日本は3位へと後退した。

このように代表的な再生可能エネルギーである太陽電池と風力発電の普及実績において、この約20年間の動向をみると、ドイツの優位が際だっている。

この導入量の差異は、どのような条件の差異に由来するものであろうか。

3 日本とドイツの比較の理由

上にみたように、日本における再生可能エネルギーの普及は、ドイツと比較して、立ち後れている状態にある。この停滞の原因が、技術的劣位に起因するものではなく、社会制度の劣位や政策的支援の劣位に起因するのではないかというのが、本章の立脚する問題意識である。

一つの社会において、再生可能エネルギーの普及を支えるのは、それらを担う事業システムである。だが、再生可能エネルギーが技術的に可能であるということと、どのようなテンポでそれらの技術が普及するのか、すなわち、それらを担う事業システムがどのようなテンポでどの程度まで発展するのかの間には、多くの要因が介在する。特に、重要なのは、事業システムへの参入や増加を支援するような社会制度や政策があるのかどうか、逆に、それを妨げるような制度や政策があるのかどうかという点である。

この問題意識を背景に、太陽光発電と風力発電に注目し、それらの普及政策について、日本とドイツとの国際比較をしてみたい。日本とドイツに注目する理由は、人口規模と工業技術水準において類似しており、社会制度の効果を国際比較するにあたっては、好都合と考えられるからである。

そこで、第2節では、再生可能エネルギーについてのドイツの政策と制度を、第3節では、日本の政策と制度について検討してみよう。

第2節　ドイツの普及政策とその効果

ドイツにおいて、再生可能エネルギーの急速な普及が可能になった歴史的諸段階を、検討してみよう。

ドイツにおいて、再生可能エネルギーの普及を支えたのは、それを志向した自治体および政府レベルの政策であり、政策を具体化する一連の立法に根ざした制度である。エネルギー供給を担う社会制御システムのことを「エネルギー供給制御システム」ということにすれば、第1節でみた風力発電や太陽光発電の普及実績は、社会制御システムの効果について、なにを示唆しているだろうか。ここで

設定できる仮説は、ドイツにおいては、エネルギー供給制御システムがその内部の事業システムに設定している枠組み条件が、経営システムの側面での育成効果という点で、非常に積極的な作用を果たしたのではないかということである。どのような枠組み条件が、それぞれの歴史的段階で設定され、それがどのような効果を発揮してきたのかを検討してみよう。

1　1991年のドイツの普及政策

　では、ドイツでの再生可能エネルギーの普及政策は、どのようなかたちで、事業システムに対して枠組み条件を設定したのであろうか。

　ドイツの普及政策の第一段階の制度的枠組を定義しているのは、1990年12月7日に制定され、1991年1月1日から施行された「新エネルギーによる発電電力を公的電力網に供給することに関する法律」(電力供給法)である。その基本的考え方は、電力会社が固定価格によって、再生可能エネルギーによる電力を買い取るということであり、具体的内容は次のようなものである (和田 2008: 1;「自然エネルギー促進法」推進ネットワーク 1999: 60;「自然エネルギー促進法」推進ネットワーク、2000: 3)。

①再生可能エネルギー発電電力を全消費者に対する小売り平均価格の一定割合で15年間、電力会社が購入する。

②この購入価格は、風力発電と太陽光発電については、小売り平均価格の90%とする。

③この購入価格は、水力発電、ゴミ埋め立て地ガスと汚泥ガス、農林業廃棄物からの発電については、小売り平均価格の75%とする。(なお、1994年の改正で、80%に引き上げられた。)

　このような制度的枠組みは、風力発電事業にとっては、参入しやすい条件の提供となり、データが示すように、1991年以降の風力発電の急激な増大を促進した。しかし、太陽光発電にとっては、このような価格設定では、急激な増大を後押しするほどの実効的な条件にはならなかった。

　太陽光発電に対する実効的な促進政策について、突破口を切り開いたのは、ドイツ中央部西端にあるアーヘン市における、1995年3月からの「アーヘンモデル」の導入であった。アーヘンモデルの要点は、次のようにまとめられる。

①アーヘン市の公営企業であるアーヘン市市電・エネルギー供給株式会社とアーヘン市エネルギー・水道供給会社は、太陽光発電については、1kWhあ

たり2マルクで20年間、風力発電については、1kWh あたり 0.25 マルク
で15年間買い取り、設備所有者の必要経費が売電でまかなえるようにする。
②上記の買い取りのための財源は、電気料金を1%だけ値上げして、消費者で
ある市民全体でまかなう。

和田によれば、当時の電気料金約 0.2 マルク／kWh と比較して、太陽光発電は約10倍、風力発電は約1.25倍の買い取り価格であった。

このアーヘンモデルは、アーヘン市における太陽光発電設備容量の急速な拡大(2年間で10倍以上)をもたらすとともに、その後、ボン市など全国40以上の自治体に拡がっていった (和田2008: 19)。

2　2000年からのドイツの普及政策

ドイツの再生可能エネルギー普及政策は、1998年の社会民主党と緑の党の連立政権 (シュレーダー政権) 発足により、新しい段階に入り、さらに積極的な政策をとるようになった。この政権で環境大臣を務めたのは緑の党のユルゲン・トリッティン氏である (和田2008: 3)。

この連立政権のもとで、2000年1月には、「再生可能エネルギー優先権供与法」(略称、再生可能エネルギー法 (REL)) が制定され、同年4月から施行された (日本語訳、[ドイツ連邦共和国]「再生可能エネルギー優先権供与法」日本科学者会議編、2003、『環境問題資料集成　第4巻　資源・エネルギー・原子力』: 198-202)。この再生可能エネルギー法の主な内容は以下のようなものであり、風力発電と太陽光発電についての具体的買い取り価格は、**表11-2**のようなものである。

①法の目的として、「地球温暖化への対応と環境保全のためにエネルギー供給の持続可能な発展を促進すること」「2010年までに総エネルギー消費における再生可能エネルギーの割合を少なくとも倍増するために電力供給における再生可能エネルギーからの電力比率の大きな増加を実現すること」(第1条)と規定されている。

②水力、風力、太陽光、地熱、バイオマスなど、さまざまな再生可能エネルギーによる発電については、配送電系統管理者に対して、固定価格による買い取り義務を定める。

③発電技術の種類、規模によって、買い取り対象の範囲、買い取り価格と買い取り期間をそれぞれ定めている。買い取り価格は、発電技術や発電規模によって異なるものとなっている。

表11-2 ドイツの再生可能エネルギー法(2000年施行)における電力買取価格と買取期間

	発電容量 (kW)	買取期間 (年)	買取価格(注1) ペニヒ	買取価格(注1) 円	備考
風力発電	すべて	≧5 * (5年以上)	≧17.8	≧9.8	＊標準発電量(注2)の150％を発電できる場合は、5年。発電量0.75％低下につき、2ヶ月ずつ買取期間を延長。 ＊＊海洋風力発電の場合は20年ではなく、9年。 ・新年度に設置された風力発電所の買取価格は前年より1.5％低下。
		20 ** －上記期間	≧12.1	≧6.65	
太陽光発電	≦5,000	20	≧99	≧54.5	・発電量3,500万kWh以上になると買取打ち切り ・新年度に新設された発電所電力の買取価格は前年より5％低下

注1：1マルク(100ペニヒ) = 55円(2000年当時)で換算
注2：標準発電量とは、標準サイトに風力発電機を建設した場合、測定されたP〜V曲線にもとづいて計算され、5年間の稼働中に特定の型の風力発電機が発電する発電量である。標準サイトとは、高度30mでの年平均風速が5.5m/sであるサイトである。
出所：和田2008:21より抜粋、日本科学者会議編2003:202より抜粋、および筆者による加筆

④買い取り期間は20年間を基本とする。ただし、風力と太陽光については、表11-2に示したように、技術的条件の有利・不利を反映したかたちで、買い取り期間と買い取り価格を調整している。

⑤風力と太陽光とバイオマスについては、発電施設の建設時点が後になるほど、買い取り価格が漸減するという条件がついている。

　風力発電の買い取り条件を表11 2のように定めたねらいは、なんであろうか。それは、風況が優れたところでも劣るところでも、それぞれに風力発電事業の採算があうような条件を提供することである。標準発電量の150％を発電できるような風速の強いところでは、高い価格(17.8ペニヒ)での買い取り期間は5年に限定されており、残りの15年間は低い価格(12.1ペニヒ)での買い取りになる。だが、風速が低いところでは、発電量0.75％の低下につき、高い価格での買い取り期間が2ヶ月ずつ延長され、低い価格での買い取り期間がその分だけ短くなる。それによって、風況のよしあしにかかわらず、それぞれに採算がとれるの

で、風力発電事業がおこしやすくなる。

同様の考え方は、太陽光発電にも適用されている。太陽光発電は1kWhあたり、99ペニヒで購入するという条件であり、この水準は当時のドイツの電力料金の4〜5倍に相当するものであった（和田2008: 20）。

再生可能エネルギーの普及のために必要となる負担については、どのような方針がとられているだろうか。第1に、地域によって送配電系統管理者（電力会社）が購入しなければならない電力量に大小がある場合、電力会社間の買い取り負担を平均化するという原則が採用されている。第2に、通常の電力料金より高い価格での買い取りを実現するための負担は、消費者の電力料金に若干上乗せすることによってまかなわれる。再生可能エネルギー優遇のための費用負担は、全国の消費者に平等に転嫁されるのである。

この再生可能エネルギー法は、電力会社が再生可能エネルギーによって発電された電力を買い取るようになったこと、しかもその価格設定は、再生可能エネルギーの発電を担う事業システムの採算がとれるように、再生可能エネルギーの種類に応じて、きめ細かい価格設定をしているという特徴を有し、その後のドイツの再生可能エネルギーの普及を積極的に推進した。

その後、ドイツの再生可能エネルギー法は、2004年に改正された。この改正では、買い取り対象の規模による制限を緩和し撤廃した。たとえば、太陽光発電では、2000年の5000kWの設備までに買い取り対象が制限されていたが、その限定ははずされ、どのような規模の設備による発電も買い取り対象になった。2005年にドイツの太陽光発電導入量が日本を抜き去った背景には、そのような制度改正があったのである。また、水力、汚泥ガス、地熱、バイオマス、風力、太陽光の全体にわたって、陸上風力発電をのぞいて、従来と同等かより高い買取価格を設定するようになった。

以上のような2回の法改正により、ドイツの再生可能エネルギー発電事業には、強力なインセンティブが与えられた。「2007年末には、ドイツの総発電量中の再生可能エネルギー発電量比率は14.2%に達しているが、これは当初の予定をはるかに上回り、2010年の目標である12.5%をすでに達成してしまう状況になった」のである（和田2008: 24）。

そのような再生可能エネルギーの普及は、風力発電機メーカーの成長、発電を担う事業体における協同組合方式の広がり、雇用の創出という効果をも生みだしたのである。

第3節　日本の普及政策とその効果

　前述のようなドイツの普及政策に対して、日本のエネルギー供給制御システムはどのような特徴を有するであろうか。日本のこれまでの普及政策とその問題点を検証してみよう。

1　1990年代における政策

　日本では、1992年4月から、太陽光、風力からの電気を、電力会社の連合体である電気事業連合会が「宣言」をして、買電を開始した。これは、ドイツなどが国の法律によって買電制度を定めたのとは異なった方法であり、内容的にも不十分なものであった。

　風力発電からの買電は、発電した電力の量の半分を自己消費することが義務づけられており、買電の契約期間は1年間であり、毎年、更新しなくてはならなかった(井田 2001: 15)。

　このような電力会社の自主的な買い取り制度のもとで、日本でも、太陽光発電と風力発電の導入は、表11-1に示したように、一定程度は進展した。

　1998年に、日本の電力会社は、自主的な再生可能エネルギーの購入方式をいくつかの点で変更し、「商業用風力発電用長期購入メニュー」を公表した。その特徴は、第1に、買電価格を1kWhあたり、11.5円に定めたこと。第2に、風力発電における自己消費の義務づけをなくすとともに、15～17年の長期契約を可能にした。この2つの改訂の結果、特に、第2の長期契約を可能にしたことによって、風力発電事業を勢いづかせることとなった。

　だが、法的裏づけのない制度であったので、1998年に定められた制度は不安定であった。たとえば、風力発電の条件のよい北海道では、ただちに55万キロワットもの風力発電事業が浮上したが、これに対して、北海道電力は、1999年6月に「系統の制約」を理由として、風力発電の導入を合計で15万キロワットに制限するという方針を公表した(飯田 2002: 7)。そして、1999年秋には、北海道電力は風力発電事業の「入札制度」を導入し、入札の結果、落札価格は1kWhあたり9円となった。これは、全量買い取り方式からの大きな方向転換を意味している。

　また、2000年度から、電力会社は自然エネルギーを増やすための「グリーン電力基金」を設置し、その運用をするようになった。グリーン電力基金は、10

の電力会社に設置されたが、その内容は、各電力会社がグリーン電力基金に応募した顧客から、毎月一口500円を集め、それと同額を拠出して基金とした上で、そこから、風車や太陽光発電施設に助成するというものである。

だが、グリーン電力基金による促進効果は、実績としては、大規模なものには達しなかった。

2 日本のRPS法の特徴

政府が関与し、法律的裏づけを有する普及政策が始まるのは、2002年からである。

日本では、2002年5月31日に「電気事業者による新エネルギー等の利用に関する特別措置法」(略称、新エネRPS法、Renewables Portfolio Standard) が参議院本会議で成立し、2003年4月1日より新エネRPS法が施行された。この法律の課す制度的条件が再生可能エネルギーによる発電を担う事業システムにとっての枠組み条件となった。この新エネRPS法の定める制度の骨格は次のようなものである。

新エネRPS法は、固定枠制という考え方に立っている。すなわち、電気事業者が利用しなければならない新エネルギー等(対象は、風力、太陽光、地熱、ダムを作らない水路式で1000kW以下の中小水力、バイオマス)の電気の量が、特定の目標年度に対して設定される。具体的には、2010年度に、全ての電気事業者が、電気供給量の約1.35%(全国計で122億kWh)を新エネルギーでまかなうべきものとされた。その達成のためには3つの方法があり、電気事業者は、①自ら「新エネルギー等電気」を発電するか、②他の発電事業者から「新エネルギー等電気」を購入するか、③他の発電事業者から「新エネルギー等電気相当量」を購入すればよい。このうち、「新エネルギー等電気相当量」とは、二酸化炭素削減に貢献するという新エネルギー特有の価値を、電力の価値とは別に認めて、事業者間で取引できるようにしたものである。

このような新エネRPS法に対しては、普及の目標値が小さすぎること、新エネルギーの種類別の割当量がなく、環境貢献よりも低価格という基準で電力会社が種類を選好してしまうなどの批判がなされてきた(井田2005)。新エネRPS法では不十分であるという立場から、日本でも、固定価格買い取り制を志向した制度導入が、「自然エネルギー促進法」推進ネットワークや、自然エネルギー促進議員連盟によって提案されたけれども、2002年当時、経産省や電力業界は反対であり、固定価格制の実現はならなかった(飯田2002)。

新エネRPS法制定過程をみると[13]、NPOと国会議員の連携による政策形成の試みが、一定段階まで進展したが、①制御中枢圏の中で議員連盟と行政組織（官僚、特に経産省）の主導権争いがあり、②行政組織の中でも環境省のエネルギー政策への介入を拒絶しようとする経産省（石炭・新エネルギー部）が優越し、③経産省の中でも公益事業部の「競争入札と組み合わせたグリーン電気料金の導入」と新エネRPS法を推進する新エネルギー部の主導権争いがあった。そして最後は、後者が主導権をもった。

第4節　社会制御過程の特徴——枠組み条件の日独比較

　事業システムにおける経営システムの文脈での問題解決の優劣は、社会制御システムの課す枠組み条件によって規定されるということの意味を考えよう。

　1990年代と2000年代におけるドイツと日本の実績を比較すれば、再生可能エネルギーの導入効果という点では、固定価格制と固定枠制という2つの枠組み条件の優劣は明確である。ドイツの固定価格制という枠組み条件は、日本の固定枠制に比べて、再生可能エネルギーの普及に対して非常に都合のよい枠組み条件となっている。

　両国の枠組み条件の差異の意味を分析してみよう。両国のエネルギー供給システムを比較した場合、さまざまなエネルギー源のウエイトと組み合わせをどうするのかについて、基本的な考え方が異なっている。ドイツにおいては、再生可能エネルギーの奨励は、原子力発電からの段階的脱却とセットになっている。これに対して、日本では、再生可能エネルギーに対する相対的な消極性は、核燃料サイクル計画を長期戦略とする原子力発電の継続とセットになっている。

　このように重視する長期戦略の相違は、エネルギー供給制御システムの達成しようとしている「制御目標」の設定のしかたの差異に由来する。日本では、明示的には、エネルギーの安定供給ということが「制御目標」として優先的位置を占めており、温暖化問題と放射性廃棄物問題にかかわる環境配慮、重大事故に関する危険回避という課題は、相対的に軽視されている[14]。これに対して、ドイツにおいては、温暖化対策のための二酸化炭素削減と重大事故に関する危険の回避と

---

[13] 編注：制定過程のまとめは、2009年1月19日の研究会における著者の報告レジュメから、編者が補充したものである。制定過程の批判的分析は、飯田哲也「歪められた「自然エネルギー促進法」——日本のエネルギー政策決定プロセスの実相と課題」『環境社会学研究』No.8（2002年）を参照。

[14] 編注：日本の原子力政策の問題点については、本書第14章で詳しく述べている。

いうことが、制御目標の中で優先的な位置を占めており、そのことが、再生可能エネルギーの固定価格での買い取り政策の根拠となっている。

　そして、固定価格制は、事業システムにとって、生産物の販売可能性を保証し、それによって、事業システムが経営資源としての収入を継続的に獲得することを保証している。それゆえ、長期に渡る固定価格による買い取り保証があれば、新規の事業計画を立案し、そのための投資資金を集めることも容易になるので、新しい事業システムを設立する方向への動機づけが強力に付与されるのである。いいかえると、固定価格制は、事業システムの目的達成と経営手段獲得に、有利な機会構造を提供している。

　これに対して、固定枠制は、目的達成量に対する上限を外的な制約条件として課してしまっており、目的としての自然エネルギーの生産量を増加させようという動機づけを欠いている。固定枠の割り当てからはずれた事業システム（あるいはその候補者）にとっては、財を生産したとしても販売の保証はなく、したがって経営手段獲得の機会構造も閉ざされている。

　このような2つの国の再生可能エネルギー政策の比較をふまえれば、経営システムの文脈での社会制御システムと事業システムとの関係について、次のような定式が可能であろう。

① 経営システムとしての事業システムの存立と発展の可能性は、社会制御システムが課す枠組み条件によって大幅に異なる。

② 枠組み条件を構成する契機として、社会制御システムによる制御目標の設定、目的達成に直結する制約条件と機会構造、手段選択・手段獲得にかかわる制約条件と機会構造、主体形成にかかわる制約条件と機会構造とがあり、これらの有利／不利が、事業システムの存立と発展を傾向的に左右する。

補論　日本の固定価格買い取り制度をめぐって[15]

1 再生可能エネルギー特別措置法による新段階

　2011年8月26日以降、日本の再生可能エネルギー政策は、新しい段階に進んだ。この日に国会で成立した「再生可能エネルギー特別措置法」(正式名称は「電気事業者による再生可能エネルギー電気の調達に関する特別措置法)は、再生可能エネルギーの固定価格買い取り制度を本格的に導入するものであり、これまでの日本の政策枠組みを大きく転換するものである。

　世界的にみると、再生可能エネルギーの飛躍的増大に成功したドイツやスペインなどは、いずれも固定価格買い取り制(FIT)を導入してきた。日本では、2003年制定の「新エネルギーRPS法」が、2011年までの制度的枠組みとなっていたが、大規模水力発電を除いた再生可能エネルギーの発電シェアは1％ほどにとどまり、その制定時に批判され危惧されたように、十分な効果をあげたとはいえない。日本社会の有する技術的潜在力が、消極的な制度枠組みのために、開花結実することを妨げられてきたといえよう。

　しかし、ようやく日本でも、「再生可能エネルギー特別措置法」の制定による固定価格買い取り制度の導入で、再生可能エネルギーの急速な増加の可能性が開けてきた。

　2012年7月より、固定価格買い取り制度の運用が始まったが、運用開始の1年間で、新制度は明確に大きな効果を発揮した。自然エネルギー財団プレスリリース(2013.6.28)によると、2012年7月から2013年2月までの間に運転を開始した再生可能エネルギーの発電設備は合計409万kWになり、今後の導入もあわせた設備認定量は2361万kWにも上る。

　たいへん好調な出だしであるが、今後の定着のためには、留意すべき課題がある。

　第1に、大切な条件は適切な買い取り価格の設定である。再生可能エネルギーの種類ごとに採算のとれる価格は異なるので、どの種類の再生可能エネルギーも

---

[15] 編注：この補論は、本章の草稿執筆後の新しい状況展開の中で著者が執筆していた、「終章：再生可能エネルギー事業の普及のための今後の課題」(環境エネルギー政策研究所編『再生可能エネルギー事業』2014年：221-229)から1と2を、「再生可能エネルギー普及のための統合事業化モデル」(科研費報告書『地域に根ざした再生可能エネルギー普及の諸問題——金融と主体の統合を求めて——論文集(Ⅰ)』2013年：85-96)から3と4を、構成し補充したものである。

うまく事業化できるようにするためには、それぞれの種類とその利用技術の進歩にあわせて、多様な価格設定をすることが望ましい。

第2に、十分な長さの買い取り期間の設定が必要である。すでに第2節で述べたように、ドイツでは20年の買い取り期間を法律で保障していることにより、事業の長期的安定性が見通しやすくなり、多数の再生可能エネルギー事業が可能になった。この点を、日本の制度設計に際しても十分考慮すべきであろう。

第3に、全量買い取りを保障すること。これまでの日本では、さまざまな事業体による風力発電事業の売電企画に対して、電気会社が一定の枠を設けてきた。その枠をこえる申込みについては、電力会社が再生可能エネルギーによる発電に対して系統電力網への接続制限・接続拒否をすることがしばしばなされてきた。このような制限は、潜在的な起業意欲にブレーキをかけるものであり、再生可能エネルギーの促進の妨げになるものであるので、撤廃される必要がある。

2　新制度のもとでの各地域の発展の条件

固定価格買い取り制という新しい制度の導入を背景にして、2012年度からは、再生可能エネルギーのブームが起こっているともいえる。しかし、一時の流行ではなく、再生可能エネルギーが日本社会に定着し、また、その長所を本当に開花させるようなかたちで発展していくためには、配慮すべき条件がある。

第1に、再生可能エネルギーの利用の増大を、単なるビジネスチャンスとしてとらえるのではなく、持続可能な日本社会を形成していくための中心的な戦略として、位置づける必要がある。そのような価値理念がしっかりと定まっていないと、再生可能エネルギーの利用のしかたが、さまざまに歪められる可能性がある。再生可能エネルギーの事業には経営の健全性が必要であり、各事業体は黒字になることが望まれるが、そのことと利潤至上主義とは区別されるべきであろう。「利潤獲得のチャンスだ」とだけ考えて、公益性を無視するような再生可能エネルギー事業であれば、長期的には立ちゆかなくなるだろう。

第2に、再生可能エネルギーの利用の増大に際しては、各地域社会に潜在している資金を生かし、各地域の人々が主人公となって事業を起こし、発展させていくことが望まれる。しかし、これまでの日本の再生可能エネルギー事業は、必ずしもそうではなかった。そのため、各県内の自然を生かした発電をしているのに大半の売上は県内にとどまらず、県外に流出する結果になっているような県が続出してきた。再生可能エネルギーは各地域に分散的に存在しているので、地域

格差縮小の手がかりになるはずなのに、地域外からの外部資本によって開発利用されるだけであれば、そのような「格差の縮小」の効果を発揮することができない。

3 統合事業化モデル

では、「地域に根ざした再生可能エネルギー」を導入するためには、どのような事業化の方式を採用し、どのような制度形成を進めることが必要かつ効果的であろうか。ここで、以下の諸特徴を有する「統合事業化モデル」を提案してみたい。「統合事業化モデル」という言葉は、何人かの論者によってすでに使用されてきている言葉であるが、ここでは、次のような特徴を有する事業化モデルをさすことにしたい（**表11-3**を参照）。

①時間軸においては、「事業規模の段階的拡大モデル」と、「取り組み態勢確立の5ステップモデル」。
②社会空間軸においては、「制度的枠組み条件」と「主体的取り組み態勢構築」の同時促進。
③制度的枠組み条件についての重層的構築。
④主体的取り組み態勢についての3種の主体の連携。すなわち、各地域の直接的担い手（コア集団と協力者ネットワーク）と、地域横断的な支援者ネットワーク。
⑤取り組み態勢の進展に応じて高度化する、各領域での専門的情報支援。
⑥日本型環境金融モデル。
⑦結節点イベントによる地域内在的・地域横断的ネットワークの形成促進。

再生可能エネルギー事業の具体化の道を検討する場合、まず確認しておくべきことは、再生可能エネルギーの事業の具体的あり方には、非常にたくさんの選択肢があることである。事業の具体的取り組み態勢は、「事業モデル」と「金融モデル」の組み合わせからなると考えることができる。そして、事業モデルの基本性格は、技術的選択（代表的には、太陽光、太陽熱、風力、バイオマス、地熱、小水力）、事業規模（発電施設容量では、10kW、100kW、1000kW、1万kW、10万kWなどの区分が可能）、事業組織（代表的には、企業、自治体、第三セクター、NPO、協同組合、社団法人、などの諸タイプ）の組み合わせによって決まってくるが、これら3要素の論理的組み合わせだけで100種以上ある。

表 11-3 統合事業化モデルの諸要素

		担い手組織形成、取り組み態勢確立のステップ					
		開発準備段階		事業開発段階1	事業開発段階2	→事業化確定	事業実施
統合事業化モデルの構成諸次元	担い手組織	① 講演会	② 学習会	③ 事業化準備協議会（前半）	④ 事業化準備協議会（後半）		⑤ 事業組織設置
	主体とネットワーク	コア集団の形成 ネットワーク探索		組織案作成 キーパースンの明確化 ネットワーク形成	組織規約作成		組織運営 ネットワーク維持
	事業計画			（諸案作成） フィジビリティスタディ 立地点検討	（選択決定） 立地点確保		操業
	資金調達	ファイナンス手法の検討		ファイナンスモデル検討 開発資金確保	ファイナンスモデル決定 事業融資の交渉 公的債務保証交渉 補助金獲得		事業融資実施 公的債務保証実施
	専門知識とツール	ファイナンス基礎知識 組織モデル基礎知識		ファイナンスモデル形成支援 RETScreenの支援 ポテンシャルマップ提供 組織モデル形成支援	デューディリジェンス		発電設備の維持 管理支援
行政	自治体	公共施設の屋根貸し、地域間連携制度 地域版事業ガイドライン（社会的受容性ガイドライン） 地域再生可能エネルギー振興基本条例、事業化準備協議会への支援					
	政府	固定価格買い取り制度、発送電分離、広域系統連系					

このうち、「技術的選択」は、各地域の自然的条件と土地利用の実情に応じて、選択肢が限定されてくる。また、「事業組織」は、各地域に存在している具体的な諸集団、諸組織、社会関係のあり方によって、選択肢が限定されてくる。さらに、事業規模は、各地域における空間的条件、土地利用の実情、資金調達可能性によって、実現可能な範囲が限定されてくるのである。

論理的には、100種類以上の事業モデルが存在するが、各地域社会の自然的、社会的条件によって、技術的選択と事業組織の有力な選択肢は客観的に限定される。それらの有力な選択肢に対して、どのような「金融モデル」が適合的なのかを考える必要がある。

次に、「統合事業化モデル」のそれぞれの構成要素について、検討してみよう。

3-1 「事業規模の段階的拡大モデル」と「担い手組織形成の5ステップモデル」

地域に根ざした再生可能エネルギーを長期的に発展させるためには、「事業規模の段階的拡大」という考え方を採用する必要がある。いきなり大規模な事業を手がけるのは、実現可能性や失敗の回避という点で困難が多い。むしろ、最初の段階では、小規模の事業を手がけ、計画から実施までのサイクルを、小規模でよいから一周するという経験を積む。たとえば、ソーラー発電事業であれば、10kWから49kWの規模が手がけやすい。そこでの知識とノウハウの経験の蓄積や協力ネットワークの形成を生かして、第2周目には、一回り大きな事業に取り組み、それが成功すれば、さらに大きな第3周目の事業に取り組むというようにする。このようなかたちでの多段階発展の長期方針は、各地域に根ざした事業を定着させていくのに、現実的であろう。

各段階での事業のサイクルを一周するにあたり、「担い手組織形成の5ステップモデル」を提起してみたい。その意味は、事業組織の形成の成熟の程度を中心要因として考え、取り組み態勢の進化の程度を、「講演会」「学習会」「事業化準備協議会（前半）」「事業化準備協議会（後半）」「事業組織」という5ステップとして把握し、自覚的にステップアップを図るというものである。各ステップにおいて、ステップアップするためには、どういう内的・主体的条件と外的な支援条件が必要かを網羅的に考えていき、その実現に努力を集中していく必要がある。

3-2 「制度的枠組み条件」と「主体的取り組み態勢構築」の同時促進

地域に根ざした再生可能エネルギー事業を各地域で育成していくためには、制

度的枠組み条件と、主体的取り組み態勢の2つの側面からの変革努力が必要である。この2つの側面のへの注目は、社会学的な社会認識が「構造と主体」の両義性に絶えず注目することに、対応するものである。そして、「制度的枠組み条件」と「主体的取り組み態勢」とは、相互規定的な影響を及ぼしあっている。適切な「制度的枠組み条件」があれば、より効果的な「主体的取り組み態勢」が構築できるのであり、「主体的取り組み態勢」がより強固に確立できれば、「制度的枠組み条件」の改善も進めやすくなる。

3-3 制度的枠組み条件についての重層的構築

制度的枠組条件については、基礎自治体（市町村）レベル、県レベル、中央政府レベルといった水準に応じて、それぞれに取り組むべき課題がある。たとえば、固定価格買い取り制度は、日本においては、政府レベルでの制度形成が必要であり、また、効果的であろう。県レベルでは、市町村に対するさまざまな支援制度の枠組み条件を設定するという課題がある。市町村レベルでは、「地域自然エネルギー基本条例」とか、「再生可能エネルギー事業のためのガイドライン」の制定とかの課題がある (舩橋 2012a)。これらの制度が重層的に、整合的に形成される必要がある。

制度形成のイニシアティブ自体については、多元的に考える必要がある。ドイツにおける固定価格買い取り制度の導入過程についてみられるように、基礎自治体が新しい制度形成のイニシアティブを採用することも可能なのであり、それが適切・効果的なものであるならば、より上位水準の制度形成を促進することも可能なのである。

3-4 広狭の「主体的取り組み態勢」の構築

主体的取り組み態勢の構築として、広狭の異なる広がりを考えるべきである。

第1に、各地域での事業の担い手としての「コアとなる集団」の形成が必要である。このコア集団が組織化の程度を高めていくことが、取り組み態勢の確立の5ステップを通過していくことを可能にする鍵となる。その過程では、キーパーソンの存否や、リーダーシップのあり方が規定要因となる。

第2に、「コア集団」を支えるような「各地域内での支援・協力のネットワーク」の形成が必要である。たとえば、土地というかたちでの自然資源の提供、融資というかたちでの経済的資源の提供、ノウハウや知識の提供について、地域内でコ

ア集団を支援する諸主体が、協力のネットワークを形成することである。

　第3に、各地域での取り組みを支えるような「地域横断的な支援・協力のネットワーク」の形成が必要である。たとえば、取り組み態勢確立の5ステップを通過していくために必要な、さまざまな分野の専門的知識の提供、人材の紹介、経済的資源の提供、グリーン電力需要の組織化などといった課題に即して、支援・協力のネットワークを形成していくことが望ましい。そのようなネットワークの担い手としては、各分野の専門家、政策提言型NPO、コンサルタント会社、大学の研究室、各種研究機関などがなりうる。

3-5　各領域での専門的情報支援

　取り組み態勢の確立と、取り組み態勢のステップアップを促進する一つの鍵になるのは、各領域での専門的知識や情報の獲得である。その領域としては、代表的には次のものがある。
①各地に即した再生可能エネルギーのエネルギーポテンシャル情報。
②各時点での諸装置・設備の技術的仕様や各装置の性能についての情報。
③各地での再生可能エネルギー事業の成功事例と失敗事例についての情報。
④資金準備（金融モデル）についての情報。すなわち、さまざまな資金調達方法の得失。
⑤事業組織形態の選択肢についての情報。すなわち、さまざまな組織形態の得失。
⑥事業計画策定支援ツール（RETScreenなど）の提供。
⑦支援能力を有する専門家や専門組織のリスト。

　これらの情報は「取組み態勢の5ステップの進化」とともに、段階的に高度化が必要になる。専門情報が段階的に提供できる支援態勢を、費用負担条件を考えながら、整備していくことが必要である。

3-6　日本型環境金融モデル

　取り組み態勢のステップアップを促進するもう一つの鍵になるのは、資金調達の実現である。そこで、事業モデルと適合的な、資金調達モデルがなんであるのかの見極めとその実現が必要になるが、ここで、「日本型環境金融モデル」ともいうべきものを提示したい。

　日本の金融機関は、一般的に「自前審査主義」の文化を色濃く有している。それゆえ、再生可能エネルギーの領域についてだけ、ドイツのようなデューデリ

ジェンス機関の評価をよりどころにしてプロジェクトファイナンス方式を採用するような転換の可能性は、短期的には低いといわなければならない。そこで、日本の「自前審査主義」の文化を前提にした場合に、再生可能エネルギー事業への融資が、より積極的に実施される方向への変化の現実的道はどのようなものであるかを考える必要がある。日本における各地での事例と、金融機関についての聞き取りをふまえると、次のような特徴を有する「日本型環境金融モデル」ともいうべきものが、実現の可能性を有すると考えられる。

第1に、再生可能エネルギーの事業計画に当初段階から金融機関が参加し、それによって、事業者とともに成功経験とノウハウを共有することである。

第2に、まず小規模な事業への環境金融の経験を積み、そこでの知識と信頼感に立脚しながら融資の規模を拡大していくことである（段階的規模拡大）。

第3に、さまざまな金融機関が親和性の高い事業の担い手と連携すること。たとえば、地域に根ざした小規模な事業については、信用金庫や地方銀行の役割が大切であり、農業系団体が企画する事業については、農林系金融機関の果たす役割が鍵になるであろう。

第4に、融資にかかわる保証の態勢について、さまざまな方式を開発することである。たとえば、信用保証制度の利用は、有力な選択肢であるが、各県の信用保証協会による信用保証制度も、上記の諸点を留意することと組み合わさってこそ、その可能性を発揮する。信用保証協会も、「自前審査主義」によって、再生可能エネルギーの融資実績について経験を積まなければ、審査能力を獲得することができない。

また、さまざまな大手金融機関も、融資交渉の入り口においては、土地による担保提供などの姿勢を示すが、実際に、「融資の成功経験」をもつことにより自前の審査能力を高めたり、固定価格買い取り制度による制度的支援によって再生可能エネルギー事業に対する成功の確信を高めることができたり、事業主体側が複数の主体の連携によって信用力の向上を実現すれば、融資条件の柔軟化という姿勢を示しうるのである。

3-7　結節点イベントによるネットワークの形成・強化

以上でみてきたように、地域に根ざした再生可能エネルギー事業を実現するためには、多数の人々の協力が鍵になるが、そのような協力関係のネットワークの形成に効果があるのは、関心を有する人々が多数参加できるようなさまざまな

イベントである。代表的には、研究集会やフォーラムやシンポジウムなどの催しを組織化し、再生可能エネルギーに関心を有する不特定多数の人々が集まる機会を作り、さらに、それらの人々が交流し、パーソナルな知り合い関係を形成するように運営することは、地域内在的、地域横断的ネットワークを形成するのに、大きな意義がある。そのような効果を有することを自覚しつつ、結節点となるようなイベントをおこなうことには、積極的意義がある。

「統合事業化モデル」とは、以上の諸要因を同時に、うまく整備することによって、再生可能エネルギーの成功を実現しようという方式であるが、その中でも鍵になるのは、「担い手組織形成の5ステップモデル」であるので、次に、これについて、より掘り下げた検討をしてみよう。

4　担い手組織形成の5ステップモデル

表11-3は、統合事業化モデルを構成する諸要素を、「担い手組織形成の5ステップモデル」を軸にすることによって、とりまとめて表現したものである。各ステップで、取り組むべき課題と、次のステップに進むことを可能にする条件がどういうものかを検討してみよう。

また、表11-3は、担い手組織形成の進展段階を軸に、各ステップで、コア集団とネットワーク、事業計画、資金調達、専門知識とツールといった諸次元の要素がどのように変化していくのかを記したものである。以下、取り組み態勢という言葉は、担い手組織に加えて支援・協力のネットワークを含意するものとして使用する。

4-1　第1ステップ：講演会などでの一般的な知識の普及

最初のステップは、典型的には講演会などの形式で、再生可能エネルギーに関心を喚起し、もっとも基礎的な知識の普及を図っていく段階である。

このことが可能になるためには、講演会などを開催しようというイニシアティブをとる個人あるいは少人数の集団が必要であり、それを実現するための一定の資源（会場や宣伝手段、講師の手配など）の存在と、関心のある人々が存在することが必要である。そのような機会に、地域社会の中で、関心のある人々が聴衆として来場し、その中から継続的に、より深く勉強してみようという意向を有するグループができてくれば、次のステップに進むことができる。

4-2 第2ステップ：学習会による知識の蓄積

次のステップは、再生可能エネルギー事業に積極的な関心を有する人々が、より深く知識を得るために、「学習会」を継続的に開催することである。その組織化の過程のイニシアティブをとる主体や、その形式は多様なものが可能である。住民たちの自発的な「勉強会」や「ワークショップ」あるいは、自治体が関与した「連続市民講座」などの名称が付与されることもある。いずれの形式にせよ、内容的には関心のある人が継続的に集まり、再生可能エネルギーについての基本知識の共有をすすめることが中心となる。

そして、地域に即した事業化の予備的な情報収集も主題となる。自分の地域での有力な技術的選択肢は何かを検討したり、その具体化の選択肢を吟味したり、立地地点の候補地を予備的に吟味することがなされる。

このステップが可能になる条件としては、①学習会の組織化に熱意を有する個人、②学習会を支える資源（会場、予算、講師など）の確保、③学習会に参加しようという意欲を有する人々の存在といったものがある。

4-3 第3ステップ：事業化準備協議会（前半）

学習会を通して、自分の地域で再生可能エネルギー事業の形成の意義と可能性についての共有認識が高まり、さらに、事業化への積極的な意欲を有する人々が存在する場合には、「事業化準備協議会」の段階に進む可能性が開ける。

「事業化準備協議会」とは、単に学習するだけではなく、自分たちが主体となって、事業を実現してみようという意欲を有する人々が協力しようという姿勢をもって集まり、事業化の具体化のための情報収集や検討に着手することである。

「事業化準備協議会」の取り組みは、前半と後半の2つのステップを区別することができる。事業化準備に必要な作業課題は、事業計画、資金計画、事業組織設計という諸要素をもち、より掘り下げた知識を収集するとともに、その地域社会での実行可能性を考えた具体案を作成することであるが、「事業化準備協議会」の前半においては、複数の諸案を作成することが課題となる。はじめからベストな1つの案を作ることは困難であるからである。

各地でのさまざまな模索をみると、第2ステップから第3ステップに進むためには、1つの階段を上がる必要があるが、それは必ずしも容易ではなく、このステップの手前で足踏みが続くことも珍しくない。

このステップが可能になるためには、どのような条件が必要になるだろうか。第1の条件は、事業化への強い意欲と事業化の過程に責任をもって取り組もうという姿勢を有し、しかも、そのための時間・労力を投入できるような個人が存在することである。第2の条件は、そのような個人に協力する人々の存在であり、第3の条件は、事業計画を具体的に作成することを支えるようなくわしさでの専門知識の獲得である。
　そして、このような事業化準備協議会の設置を促進する好条件としては、自治体による支援の姿勢と支援政策や、十分な専門知識を容易に入手できるように社会的・制度的条件が存在することである。地域社会において、地域振興のために積極的姿勢を有し、人脈的な強いつながりと文化的な同質性を有する集団が存在することも、このステップへの進展を支える好条件である。
　この事業化準備協議会に参加する諸個人や集団の特徴は、地域社会の特徴に傾向的に規定されるであろう。また、実際にどのような人々が、事業化準備協議会に参加しているのかによって、その後に形成される「事業計画」「事業組織計画」「資金計画」についての有力な選択肢は限定されてくる。
　各地の事例をみると、事業化準備協議会の中心を担うのは、たとえば、地元の中小企業経営者グループである場合、農業や漁業従事者である場合、市民グループである場合などが存在し、そのような担い手の特性に応じて、有力な事業計画にかかわる選択肢も限定されてくるのである。

4-4　第4ステップ：事業化準備協議会（後半）
　もう1ステップ進んだ事業化準備協議会の後半は、複数の案の中から、実行可能性、成果の見込みを吟味して、1つの案を決定するという取り組みがなされる段階である。この段階は、単なる情報の収集や計画書の作成というかたちでなされるのではなく、事業実施のための資源の確保や制約条件のクリアと一体となったプロセスであり、「実行可能性」という点で、選択肢を限定していく過程である。
　たとえば、担い手組織としては、大規模なメガソーラーを実施したいと企画し、そのための土地の手当てができていたとしても、金融機関が融資してくれる額の上限の範囲でしか実行可能な計画は選択できない。同様に、電力会社が系統連携の承認について課す制約条件（接続可能な発電量など）の範囲でしか実行できない。
　したがって、この第4ステップを通過できるかどうかを規定するのは、事業

の具体的実施を可能にする資源や制約条件に関する諸主体との間で、協力や支援のネットワークを構築することである。たとえば、金融機関が、一定の条件での融資の意向を表明すること、場所の確保について場所を提供する民間のあるいは公的な主体が同意を表明すること、立地点の近隣の人々の理解や同意が得られることなどが必要な条件となる。

事業化準備協議会の前半では、担い手組織の関係者の間での目的や認識の共有と意志一致が鍵になるが、その後半では、直接的担い手組織をこえたより広範な協力者ネットワークにおける意志の一致が大切になる。

4-5　第5ステップ：事業組織の立ち上げと運営

第4ステップで実行可能な1つの案が作成され、実行可能な条件が整えば、最後の第5ステップとしての事業の実施に進むことができる。すなわち、事業の担い手組織を株式会社や社団法人というかたちで形成し、実際に資金を集め、建設工事を行い、発電事業を開始し、運営していくという段階である。

現在の日本社会において地域に根ざした再生可能エネルギー事業組織を設立し運営するに際しては、その経営理念において、「事業性」と「社会性・公益性」のバランスについて的確な判断をすることが必要である。この点について、事業が成功するための1つの条件は事業組織内部の意志決定主体に、経営理念が共有されていることであろう。「採算に無関心」では、事業は経営的に失敗してしまうし、逆に、「利潤至上主義」では、社会的に支持されるかたちでの長期的で広範な普及は無理であろう。

第5ステップの実現可能性は、第4ステップで準備されなければならないが、その鍵は、事業に必要な協力ネットワークが構築され、資源や情報の実際の提供がなされ、維持されていくことである。

結びに代えて：理論的課題[16]

なぜ、日本の枠組み条件は、効果の薄いものであったのか。これは国家体制制御システムの水準の問題になるであろう。

社会制御システムの1つとしての電力供給制御システムのあり方が、変化するかどうかという問題状況があった。個々の社会制御システムの尊重するべき経

---

[16] 以下のまとめは、2012年7月2日付の著者の追加論点メモを使用して構成した。

営課題群と価値群の再定義が問題になっていた。日本の電力制度と電力政策をめぐる意志決定過程の特色を問わねばならない。

再生可能エネルギー事業の繁栄／沈滞に影響を及ぼす社会的枠組み条件としては、「需要の組織化」「環境金融」という2つの側面から、考察するべきである。固定価格買い取り制度は、需要の組織化という点で、非常にメリットがある。同時に、日本とドイツの相違は、金融機関の融資行動、デューディリジェンスの差異にも由来することに注目するべきである。

RPS方式の内部に多様な下位類型が存在するのと同様に、FIT方式の場合も、その内部に多様な下位類型が存在しうる。このような認識は、次のような一連の問題設定を喚起する。

① 「経営システムの運営を支援するような適切な枠組み条件」の内容

「有利な枠組み条件」が具体的にはどのようなものかについては、取り上げる事例によって、さまざまな内容が予想される。本章で取り上げた、再生可能エネルギーの普及政策ということは、1つの事例にすぎず、他の事例の検討をとおして、さまざまな「有利な枠組み条件」の具体的内容が考えられる。

② 枠組み条件設定の長期的、広域的影響

事業システムにとっては、等しく「好都合な枠組み条件」は、複数存在しうるが、それぞれが、長期的にみて、またより広い社会的文脈において、どのような効果と帰結をもたらすのかということは、独自の問題として検討されなければならない。ある枠組み条件は、より広い社会的文脈においては、別の場所や主体に対して、弊害や損失や負担をもたらすかもしれない。

第12章

鉄道政策における政府の失敗

はじめに

　本章の課題は、鉄道政策の領域に即して「政府の失敗」を生みだす意志決定過程と制度的構造を総合的に分析することである[1]。取り上げる事例は、整備新幹線問題と旧国鉄長期債務問題である。まず、それぞれの問題の概要を紹介する（第1節、第2節）。分析のために本章が提出する基本的視点は、複数のシステム・主体・アリーナ間に、「断片的決定・帰結転嫁・無責任型」の相互関係が存在することである。この関係においては、政策決定過程における、総合性の欠如、合理性の不足、負担問題の転嫁が見られる（第3節）。分立する複数のアリーナの中でも政府・与党首脳部が構成する「主導的アリーナ」の機能が非常に重要である。主導的アリーナにおける意志決定は、国鉄債務問題と整備新幹線建設問題に即してどのような特徴を示しているだろうか。その意志決定のあり方の問題点を、モノ取り主義の噴出、予算編成における割拠的硬直性、補助金制度による負担の自己回帰の切断、政策目標と利害関心の昇順内面化と逆順内面化、公共圏の貧弱性という視点から検討する（第4節）。主導的アリーナに対して従属的な位置にあるのが「周辺的アリーナ」である。周辺的アリーナにおける意志決定はどのような特色を持ち、現存の公共事業の意志決定手続きの欠陥をどのように露呈しているだろうか（第5節）。さらに「政府の失敗」は、どのような副次的メカニズムによって助長されているだろうか。この視点から、歪められたケインズ政策、特殊法人の機能、

---

[1] 編注：本章での分析の前提となる事実関係に関する詳細なデータは、舩橋・角・湯浅・水澤（2001）の第2章および第9章に記載されている。同書の刊行後の経緯などを追加して書き直す構想であったと思われるが、手はつけられていない。本章では、読者の理解のために必要な事実の概要部分を、同書第1章の第2節と第3節から、本章の第1節と第2節に転載している。また、本章の内容は同書の第10章と基本的に同じである。こちらも、本書の内容に合わせて加筆修正する予定だったと思われるが、ほとんど手つかずであった。所々に書き直しに向けたメモが付されていたので、著者の考えを理解する上で有用と思われる部分は、［　］を付して残してある。

財政投融資制度の機能の問題点を検討する (第6節)。最後に、以上の分析を通して浮上する要因連関のポイントを総括してみよう (結び)。

第1節　新幹線建設の歴史と整備新幹線の位置

　本章で整備新幹線の建設過程をめぐる諸問題を検討するに先立ち、ここでは、日本における新幹線各路線の基本特徴を概括的に示し、歴史的な新幹線建設過程の中での整備新幹線の位置を確認しておきたい (**表 12-1**)。新幹線の各路線は、①建設される地域の交通需要、②収支採算性、③建設推進主体、④建設工事主体と営業主体との関係、⑤財源負担の方式、⑥鉄道にとっての経営環境、⑦世論の支持と関心、といった諸点において、異なった特徴を示している。

1　建設地域の推移と採算性の変化

　新幹線各路線の建設の経過をとらえ返すと、第1に見いだされるのは、建設路線が交通需要の多い地域から、より少ない地域へと段階的に移行してきていることである。第2に、それと連動して、路線網の拡大とともに、収支採算をとるのがしだいに困難になってきており、さらには、不採算路線の建設へと計画が拡大してきたことである。

　最初の新幹線である東海道新幹線は、三大都市圏である東京、名古屋、大阪を結び、しかもその通過地域は人口密度の高い太平洋ベルト地帯であった。在来線の東海道線だけではこの地域の交通需要に対応できないことから、東海道新幹線の建設が推進されたのである。それは需要対応型の建設であった。経営的には東海道新幹線は大成功であり、鉄道の復権を実現したというのが、鉄道関係者の評価である (山之内 1998)。たしかに、東海道新幹線は、在来線とあわせても利益をあげてきており、国鉄経営の悪化がきわまった 1985 年度においても、在来線とあわせた営業係数 77 を達成している (角本 1996: 24)。

　東海道新幹線の実績に裏付けられて、1975 年3月には山陽新幹線が全線開業し、さらに 1982 年6月には、東北新幹線の大宮－盛岡間が、同年 11 月には、上越新幹線の大宮－新潟間が開業する。東海道以後の山陽、東北、上越の3路線の開業は、この順に、より人口集積の少ない地域への段階的延伸を意味しており、それに対応して採算性もしだいに悪化していった。角本によれば、山陽新幹線は、単独では利益を生じたけれども、在来線を欠損に陥れ、両者をあわせる

表 12-1 新幹線諸路線の基本特徴

路線名	建設主体	当初の営業主体	建設財源	採算性
東海道	国鉄	国鉄	国鉄の借入金	単独黒字 在来線と合算黒字
山陽	国鉄	国鉄	国鉄の借入金	単独黒字 在来線と合算赤字
東北	国鉄	国鉄	国鉄の借入金	単独赤字 *3
上越	鉄建公団	国鉄	鉄建公団の借入金→国鉄に移管	単独赤字
整備5線 第一次スキーム 対象区間 *1	鉄建公団	JR各社	JR50%、 政府約35%、 自治体約15%	単独赤字 在来線の経営分離が必要
整備5線 第二次スキーム 対象区間 *2	鉄建公団	JR各社	政府が約2/3 自治体が約1/3 JRが受益の範囲内	単独赤字 在来線の経営分離が必要

注 *1 1988-90年度に、北陸新幹線の高崎―長野間、石動―金沢間、魚津―糸魚川間、東北新幹線の盛岡―八戸間、九州新幹線の八代―西鹿児島間の3線5区間を決定。財源については、「鉄道整備基金」の創設を1990年に決定。
*2 1996-97年度に、政府・与党が、既着工の3線5区間に加えて、東北新幹線の八戸―新青森間、九州新幹線の船小屋―新八代間、北陸新幹線の長野―上越間の3線3区間の着工を決定。
*3 単独赤字とは料金収入によっては建設費と営業費のすべてをまかなうことができないことをいう。東北・上越新幹線については、角本(1996)の分析に依拠している。ただし、JR東日本へのヒアリング(2000年2月)によれば、現時点では東北新幹線は有力な収入源という位置づけがなされているという。

と収支的にはマイナスとなる。山陽新幹線と並行在来線を合計した営業係数は、125 (1985年度) であった (角本 1996: 24)。

東北新幹線と上越新幹線においては、状況がさらに異なってくる。東北新幹線、上越新幹線は、当初より、需要対応型というよりも、開業によって旅客需要の増大を期待するという需要喚起の性格をもつものであった。両路線の開業後3年を経過した1985年度をみるならば、両方の路線の採算は新幹線単独でみた場合でも欠損であった。さらに、並行在来線もともに欠損を抱えていたから、新幹線と並行在来線の合算でみた場合も、大幅な赤字であった。この両路線の中では、上越新幹線 (営業係数 =195) のほうが、東北新幹線 (同 =177) に比べて、よりひどい状態であった (角本 1996: 24)。

この1985年度という年は、国鉄が経営悪化の末期症状に陥りつつ、他方で整

備新幹線の建設に向かっての政治的圧力がしだいに増大しつつあった時期である。整備新幹線の建設は、予定地域の人口がさらに少ない地域において企画されており、当然、旅客数もより少ないことが想定され、独立採算制で黒字化することは不可能である。それゆえ建設投資の相当部分を政府と自治体が負担することになった。しかも、その負担割合は、1988-90年度に定められた3線5区間を対象にした第一次スキームに比べて、1996-97年度の第二次スキームにおいては、より増大している。それだけ、採算性が悪化せざるをえないことが想定されているのである。

2　建設推進主体、営業主体と建設主体の分離、財源負担方式

　採算性の悪化に対応して、建設経過の第3の特徴は、建設推進のイニシアチブをとる主体が変化してきていることである。それに並行して、第4に、建設主体と営業主体の分離が進行し、第5に、建設財源負担の方式も段階的に変化してきた。

　東海道新幹線は、国鉄の積極的なイニシアチブで、政府内の一部にあった消極論を説得するかたちで建設された (本間 1980: 13-14)。山陽新幹線の建設も、国鉄のイニシアチブに基づいている。だが東北・上越新幹線の建設推進には、地方の利害要求を背景にした政権党有力議員 (その代表格は田中角栄議員) の積極性が非常に作用している。さらに、整備新幹線においては、各建設予定地方の利害要求とそれを増幅しながら表出する政治家こそが、建設を推進する中心的推進力となっている。

　そのようなイニシアチブの移行の裏面として、営業主体 (国鉄および JR) の態度は、各路線ごとの収支採算見込みが段階的に悪化していくことを反映して、積極的な建設推進から、より消極的な態度へと変化し、整備新幹線の建設にあたっては、採算に合わない建設費負担の拒否と並行在来線の経営分離という条件をつけるようになったのである。営業主体の消極化に対応するかたちで、建設担当主体と営業主体の分離が進んだ。この点で、整備新幹線の原型的なモデルとなったのは上越新幹線であり、そこには次の特色がみられる。

①上越新幹線の採算は、建設決定時から、赤字であることが予測されており、大蔵省もそのような認識をもっていた (朝日新聞 1982.10.29「上越新幹線の内幕2」)。

②その建設は、国鉄が自発的に計画したというよりも、田中角栄議員に代表される与党有力政治家のイニシアチブが決定的だった (朝日新聞、同上)。

③上越新幹線の建設担当組織は、営業主体とは別の組織であり、営業に責任をもたない鉄建公団であった。そして、鉄建公団は、政治家のイニシアチブによって創設されたものであり、とりわけ田中角栄議員の影響力が大きく作用していた。鉄建公団は、国鉄が建設をしぶる不採算路線を政治家のイニシアチブで着工させる装置という性格をもっていた。

以上に並行して、建設財源の負担方式も段階的に変化してきた。東海道新幹線は、国鉄のイニシアチブで建設され、財源については国鉄が自分で調達した。このことは、山陽新幹線でも継承されている。東北新幹線、上越新幹線の建設費も、工事の実施にあたっては、それぞれの建設担当主体である国鉄と鉄建公団の借入金によっている。だが、この建設費の調達については、国鉄自身が、東海道・山陽新幹線とは同じ意味づけを与えていたわけではない。というのは、国鉄の経営悪化が深刻化する中で作成された1981年の経営改善計画においては、国鉄は、東北・上越新幹線の資本費関係（約4000億円）を、「幹線営業損益」からはずしてしまったからである。これは、「東北・上越新幹線の資本費関係は自己の計算の責任外と宣言してしまった」（角本 1996: 179）ことを意味している。ここには、国鉄にとって、「おしつけられた建設」という意識がはたらいていたといえよう。結局、当初は鉄建公団の債務であった上越新幹線の建設費も、そっくり国鉄の長期債務となり、1987年の国鉄の民営分割化の際には、新幹線保有機構の債務として承継される。

では、整備5線の建設については、どのような主体がイニシアチブをとり、誰が財源を負担しているのだろうか。整備新幹線については、1988-91年にかけて、着工が決められた3線5区間と、その段階では着工決定に至らなかった諸区間（5線7区間）とがある。後者のうち3線3区間については、1996-97年度に追加着工の枠組みが決定された。両者を区別するために、便宜的に第一次スキームと第二次スキームということにしよう（表12-1参照）。いずれの段階でも、建設を熱心に推進したのは、各沿線地域からの利害要求表出であり、その代弁者としての各県知事や与党国会議員である。

第一次スキームの3線5区間の財源負担の方式は、すでに、建設経費を営業収入によっては、長期的にもまかなえないという条件のもとで決定されている。JRはこれらの区間の建設費負担を軽減しようとし、その意向を反映して、運輸省は1988年8月には、JRの負担を東北・北陸は20％、九州は5％とし、主要には政府と自治体の財政支出で建設する案を提出している。他方、大蔵省は、民

間企業であるJRの営業する路線に過剰に財政支出をすることは認められないとした。また、自治省は、自治体負担が過大になることに抵抗した。これらの主体の主張の妥協点として、JR50%、国約35%、自治体約15%という負担割合および、並行在来線の経営分離という条件が決定された。

　第二次スキームにおいては、JRがさらに財源負担を回避しようとする姿勢を打ち出した結果、1996年12月に、政府与党の間で合意した新しい枠組みでは、スーパー特急方式を主体として建設費抑制を図りつつ、従来の未着工区間に着工することを決めたもののその主要な財源を、国（ほぼ3分の2）と自治体（ほぼ3分の1）に求め、JRの負担は「受益の範囲内」であるとし、第一次スキーム対象区間よりも大幅に軽減した。このことは、財源確保について、東海道・山陽新幹線では維持されていた独立採算制方式が、整備新幹線においては、公共事業方式にとってかわられたことを意味するものである。

3　建設をめぐる社会環境

　最後に注目すべきは、鉄道をめぐる社会環境の変化である。第6に、鉄道にとっての経営環境は、1960年代半ば以降、自動車交通網や航空路の発達によって激変してきており、戦後直後のような鉄道の大きなシェアを旅客においても貨物においても維持することはできなくなった。このことは、1960年代後半以後の国鉄の経営不振の一般的条件であり、営業主体としての国鉄は1987年に分割・民営化され、JR各社という経営形態に移行せざるをえない背景となった。

　第7に、公害問題や採算性を大きな論拠として、世論の新幹線建設に対する風当たりがしだいに厳しくなるとともに、世論の賛否の分極化が目立つようになった。東海道新幹線の公害問題は、1974年の名古屋訴訟以後は、広く社会的に知られるところとなり（本間1980; 舩橋・長谷川他1985）、東北・上越新幹線の建設に際しては、公害反対という理由が新幹線建設反対運動の強力な論拠となった（舩橋・長谷川他1988）。整備新幹線については、比較的人口密度の薄い地域を通過することから、公害反対運動は東北・上越新幹線の建設時ほど盛り上がっていないが、財源問題をめぐっての批判が広範になされるようになった。建設推進論は、直接的受益を期待するローカルな利害表出を反映したかたちで主張されているが、その支持者は局地的になる傾向を示し、東海道新幹線の建設時に見られたような世論の広範な支持と期待は薄れてきている。

整備新幹線建設をめぐる以上のような経過は、「政府の失敗」という視点から解明されるべきものである。この経過の分析は、「公共投資の管理問題」「被格差問題・被支配問題・被圧迫問題への対処」という側面に即して「政府の失敗」についての豊富な示唆を提供するであろう。収支採算性の欠如した整備新幹線網が、巨大な国家財政の債務の累増にもかかわらず、むしろ、その累増を加重するかたちで、積極的に推進されるのはなぜなのか。被格差問題・被支配問題・被圧迫問題への対処が果たして、またどこまで、的確になされてきたのだろうか。「政府の失敗」の克服のためには、整備新幹線建設に即して、このようなテーマを探究し解明することが必要になっているのである。

第2節　旧国鉄長期債務問題

　次に、旧国鉄長期債務問題の経過を、主要な取り組み主体、債務承継主体、債務額、解決のための制度的枠組みなどを対比しつつ、概観してみよう（**表12-2** 参照）。
　旧国鉄長期債務問題の歴史的段階は、その主要な承継主体が何であるかによって、大きくは、①1987年3月までの国鉄時代、②1987年4月から1998年10月までの清算事業団の時期、③1998年11月以後の政府に債務が転嫁された時代、の3つの時期に分けることができる。このうち、①の国鉄時代は、1983年6月の国鉄再建監理委員会の発足を境目に、国鉄が取り組みの中心であった時期と、再建監理委員会に主導権が移行した時期の2つに区分することができる。それぞれの段階で、債務の縮減の計画が立てられたが、1998年10月の国鉄清算事業団の解散の時点に至るまで、総体としての債務の圧縮には成功せず、債務の大半は国家財政に転嫁されたのである。この経過を概観してみよう。

1　国鉄時代の債務の累増

　一般に、企業において、投資のための長期債務が存在すること自体は、通常の事態である。債務のあり方が問題になるのは、企業の債務返済能力との関係で、その額が適正かどうかという点においてである。1964年度は、東海道新幹線が開業した年であり、この時点での旧国鉄長期債務は8313億円であり、営業収入6002億円の1.39倍に相当した。この年度に国鉄の営業損益は、直前7年間の営業黒字から転じて323億円の赤字となった。1964年度を境目に、以後、国鉄の経営は急速に悪化していき、結局、国鉄としての最後の年度(1986年度)まで、

表 12-2 旧国鉄長期債務問題への取り組みの過程

時期区分	主要な取組み主体とアリーナ	債務承継主体	長期債務額	経営再建や債務返済に関する制度的枠組み
国鉄を中心にした対処の時期—1983.5	第二次臨時行政調査会第二特別部会(1981) 国鉄再建関係閣僚会議(1982.9-85.7)	国鉄	8313億(1964年度) 2兆2491億(1969年) 5兆5381億(1974年度) 12兆6894億(1979年度) 18兆0456億(1982年度) 19兆9832億(1983年度)	国鉄財政再建促進特別措置法(1973) 国鉄財政再建促進特別措置法(1980) 臨時行政調査会第三次答申(1982.7) 国鉄再建推進に関する臨時措置法(1983)
国鉄再建監理委員会を中心にした対処の時期 1983.6-87.3	国鉄再建監理委員会(1983.6-87.3) 国鉄改革関係閣僚会議(1985.7-)	国鉄	21兆8269億(1984年) 23兆5610億(1985年度) 23兆0652億(1986年度)	国鉄再建監理委員会「国鉄改革に関する意見」(最終答申)(1985.7) 国鉄改革関連8法成立(1986.11)
清算事業団への債務移管期 1987.4-98.10	清算事業団財政構造改革会議(1997.1-)	清算事業団 JR各社 新幹線保有機構	25.5兆(1987年度首) 5.9兆(1987年度首) 5.7兆(1987年度首) 計37.1兆(1987年度首)	緊急土地対策要綱の閣議決定(1987.10)
政府への債務移管後の時期 1998.11-	大蔵省	政府 鉄建公団 JR各社	清算事業団からの移管計28.3兆(1998.10) 政府24.2兆 鉄建公団3.9兆 JR各社0.2兆 (JR各社は新幹線保有機構分も承継)	旧国鉄長期債務処理法(1998.10)

資料：角本(1996)、国鉄清算事業団資料

黒字化することはなかった。

1970年代から80年代にかけて、再三、国鉄の経営再建計画が作成されたが、経営悪化をくい止めることはできず、1982年度末の長期債務は18兆円に達した。これは、この年度の営業収入の5.45倍である。この経営悪化の要因としては、次の諸点が指摘されている(角本 1996; 日本国有鉄道再建監理委員会 1985)。まず、1960年代以降、自動車との競争力の喪失、人口の都市部集中という、経営環境の変化により、地方交通線の不振、貨物の不振が帰結した。しかし、投資の管理が甘く過大な投資の継続により長期債務は増大を続けた。過大な投資の推進には、1960年代からの政治家の要求による赤字線建設に加えて、田中角栄の主導による東北・上越新幹線建設という拡張主義も作用した。そして、1970年代前半までの国会による運賃値上げの抑制と、1970年代後半からの利払い費の急増が経営悪化を加速した。さらに、労使関係の悪化による職場の荒廃と、国鉄経営陣が十分な経営権限をもたないという制度的枠組みが制約となって、再三の努

力にもかかわらず効果的な経営再建策は実施できなかった。国鉄による自己改革の破綻の中で、残された道は外部からの改革のみとなり、1983年6月に国鉄再建監理委員会が設置された。

2　清算事業団による債務返済の失敗

　国鉄再建監理委員会の最終意見に基づいて、1987年4月、国鉄は、JR各社へと民営分割化され、鉄建公団債務、本四公団債務、将来の年金負担などを加えた長期債務37.1兆円は、JR各社、新幹線鉄道保有機構、国鉄清算事業団へと承継される。JR各社と新幹線鉄道保有機構の債務(合計で11.6兆円)は、実質的にJRの負担により返済されるべきとものされたが、その後、JR3社(東日本、西日本、東海)の経営が順調であったこともあり、この債務は漸減を続けている。他方、国鉄清算事業団に承継された債務は当初25.5兆円であったが、まず土地売却や株式の発行により返済し、それによって返済しえない部分は国民負担(すなわち国家財政負担)とするものとされた。ところが、1998年10月の清算事業団の解散時点で、10年余にわたる土地売却や株式売却による収入にもかかわらず、債務は減少するどころか、28.3兆円に増大してしまった。

3　国家財政への負担の転嫁

　1998年10月の清算事業団の解散とともに、事業団債務の大部分は国家財政へと転嫁された。この債務は国債の発行により肩代わりされるが、以後は、国鉄債務というカテゴリーは消失し、国債一般(1998年度末には、310兆円)の中に、いわば溶け込むかたちでの取り扱いになる。この政府債務への移管の際、金利負担軽減措置(2500億円)、タバコ税増税(2245億円)、郵便貯金特別会計からの繰り入れ(2000億円ずつ5年間)という財源措置がとられたものの、それとて利払い費(6600億円程度)をまかなうのがやっとであり、元本償還の具体的財源手当はなされずに終わった。

　このように、旧国鉄長期債務は、返済の責任を負う主体の間で、段階的な転嫁を繰り返したが、各段階で効果的な債務返済策が樹立されないままに、問題の先送りを繰り返し、結局、利子の累積によって増大した債務(28.3兆円)が国家財政と鉄建公団の債務となったのである。

　以上のような国鉄債務問題の歴史的経過は、「政府の失敗」を「債務問題」に即して典型的なかたちで示している。国鉄債務問題をめぐって問うべき基本的問題

は、なぜ、このように長期債務が巨額化してきたのか、それをもたらした要因やメカニズムはいかなるものか、これまでの再三の返済計画にもかかわらず、債務の圧縮に成功しないのはなぜなのか、というものである。旧国鉄債務問題にかかわる意志決定過程の分析を通して、これらの問いを解明することができれば、「政府の失敗」を生みだすメカニズムについて、豊富な洞察が得られるであろう。

第3節　意志決定過程の総合的分析のための基本視点

1　経営システム、利害集団、代弁主体、政治的アリーナの基本的な相互関係

前節までにみたように、総体としての鉄道政策をめぐる意志決定過程の内部には、多数の経営システムが存在する。旧国鉄、鉄建公団、本州四国連絡橋公団、国鉄清算事業団、JR各社、各自治体財政、大蔵省の所管する国家財政、などは、いずれも経営システムという性格をもっている。これらの経営システムは、それぞれの経営課題群の達成をシステムの作動原理としており、それぞれ解決すべき経営問題を抱えている。経営問題の中でも、それぞれの財政上の健全性を維持することは中心的な問題である。各経営システムには、その代弁者がいる。各経営システムの代弁者は、自らが担う経営システムの経営課題群をよりよく達成し、経営問題をよりよく解決することに利害関心をもつ。

[自治体財政の性格付けが必要[2]。ここには、事業システム、社会制御システムとしての鉄道制御システム、国家体制制御システムの一契機としての国家財政制御システムとが関与している。]

また、総体としての鉄道政策をめぐる意志決定過程の内部には、多数の利害集団が存在する。地域の経済団体（建設関連業界、商店街、旅行関連業界など）、議員の集団を含む政党、さまざまな立場の交通網利用者（新幹線利用者、在来線利用者）、さまざまな立場の地域住民（納税者、交通網利用者、建設用地地権者、公害被害者となりそうな住民など）などである。これらの利害集団は、その代弁者を通して自らの利害関心を追求するが、利害集団としての組織化の程度、利害要求の表出の強さの程度はさまざまである。

これら複数の経営システムと利害集団には、それぞれその代弁者たる諸個人がおり、それらの代弁者たる諸個人は、さまざまな「アリーナ」（取り組みの場）において、自己主張し、交渉をおこなったり協議したりする。アリーナは、第一義的

---

[2]　編注：自治体財政の性格に関して、第9章第1節の4を参照。

には「政治システムにおける交渉の場」という性格をもつので政治的アリーナということもできる。すなわち、アリーナにおいては、複数の主体の利害調整が問題になり、時に厳しい紛争と駆引きを伴う。だが同時に、アリーナにおける意志決定の結果は、経営システムの文脈で、次のような重要な意義をもっている。各アリーナにおいては、そこに登場する複数の経営システムの代弁者たちと複数の利害集団の代弁者たちの間で、利害調整と交渉がなされ、その妥協の結果として、意志決定がなされるが、それは、各経営システムにとっての制約条件、前提条件、自由な選択範囲、干渉を受ける選択範囲、財の授受の条件などの作動の前提となる枠組みを定義することになるのである。個々の経営システムにとっての「枠組みの設定」は、諸経営システムを総体としてみた場合には、それらの「境界条件と連結条件の設定」を意味している。

　[枠組み条件、境界条件、連結条件の定義と相互関係の明確化が必要。]

　たとえば、鉄道政策の領域においては、国家財政（大蔵省）、運輸省、関連地域自治体、JR各社（あるいは旧国鉄）などの諸経営システムのそれぞれの代弁者たちが、いくつかのアリーナで交渉し、その妥協点として意志決定がなされ、それが、各経営システムにとっての制約条件や前提条件や財の授受の条件という枠組みを、そのつど定めている。これらの一連の条件は、それぞれの時点においては、制度化され、固定化されているように見えても、長期的には可変的である。

2　多数の主体の関与と複数アリーナの分立

　では、鉄道政策の領域の政策決定にかかわる、システム・主体・アリーナの相互関係に関して、どのような特質に注目すべきであろうか。

　第1に注目すべき特徴は、「多数主体の関与と複数アリーナの分立」という事態であり、このことが、「政府の失敗」を生みだすような意志決定過程の諸特質の基盤となっている。

　整備新幹線建設問題においても、国鉄債務問題においても、「多数の主体の関与」とは、意志決定に関与する多数の主体が存在していることであり、それぞれの問題に取り組むのにふさわしい権限を有しつつ責任をとれるような単一の主体が欠如していることである。重要な決定は、複数主体の交渉と駆引きがなされるさまざまなアリーナでおこなわれるため、意志決定は、常に妥協の所産であり、このことが意志決定の包括的整合性・一貫性・責任性の実現を困難にする一般的な条件になっている。

第2に、しかも、意志決定がなされる政治的アリーナは一箇所ではなく、複数存在する。そしてこれらの複数のアリーナの重みは対等ではない。大きな影響力を振るう一つの「主導的アリーナ」と、それに対して受動的な位置にある複数の「周辺的アリーナ」とがある。国鉄長期債務問題においても整備新幹線建設問題においても、これらの鉄道政策における主導的アリーナは、政府首脳部と与党首脳部による協議の場であった。その他のアリーナは、基本的には周辺的アリーナにとどまった。主導的アリーナで対処されないさまざまな問題に対しては、分散的に存在する複数の周辺的アリーナにおいて、それぞれに断片的な対処がなされるのである。社会的決定、あるいは事実上の「全体としての選択」は、それらの複数のアリーナにおける断片的な決定の事後的・累積的総和として、生みだされる。

3 「断片的決定・帰結転嫁・無責任型」のシステム・主体・アリーナ間連動

　複数のアリーナにおける多数の主体の交渉をとおして、さまざまな経営システムが連結されるというのは、政策決定過程における一般的枠組であるが、鉄道政策の領域においては、システムと主体とアリーナの間に、どのような連関のしかたが存在するであろうか。ここで、それを把握するために、システム・主体・アリーナ間の連動のしかたについての2つの理念型的なモデルを提示しよう。第1のモデルは、「断片的決定・帰結転嫁・無責任型」のシステム・主体・アリーナ間連動であり、第2のモデルは、「総合的決定・帰結集約・責任型」の連動である。これらを略称して、帰結転嫁型と帰結集約型ということにしよう。**表12-3**は、この2つのモデルの特徴を、①全般的特徴、②負担問題や負の随伴帰結の処理、③真の費用の顕在化、④負担問題にかかわる構造化された場、⑤経営課題や利害関心の主体への内面化のあり方、⑥アリーナの基本特性、⑦アリーナ内部の意志決定手続き、⑧意志決定基準、という諸要因に注目しつつ対比したものである。
　まず、全般的特徴を示すならば、「断片的決定・帰結転嫁・無責任型」連動とは、主導的アリーナにおいて、決定の随伴帰結が十分に考慮されることなく、断片的意志決定がなされるため、負担問題や負の随伴帰結は、しわ寄せ的に他の主体やシステムに転嫁され、その解決をめぐって、周辺的アリーナでの取り組みが連鎖的に必要になる。この型は、解決されるべき問題が他に転嫁されたり先送りされたりするのであるから、無責任性によって特徴づけられる。
　これに対して、「総合的決定・帰結集約・責任型」の連動の全般的特徴とは、

表 12-3　2つの意志決定モデルの特徴の対比

	断片的決定・帰結転嫁・無責任型の連動	総合的決定・帰結集約・責任型の連動
全般的特色	断片的決定 帰結取り集めの欠如 無責任性	総合的決定 帰結の取り集め 責任性
負担問題や負の随伴帰結の処理	負担問題の他への転嫁 事後の対処	負担問題の引受 事前の対処
真の費用の顕在化	事前の潜在化 事後の顕在化	事前の顕在化
負担問題にかかわる顕在化された場	負担の自己回帰の切断	負担の自己回帰
経営課題や利害関心の主体への内面化のあり方	逆順内面化 昇順内面化 人気取り主義とモノ取り主義	正順内面化 降順内面化
アリーナの基本特性	公共圏という性格の貧弱性 勢力関係に基づく交渉 しばしば「密室」	公共圏の一契機、すなわち 「公論形成の場」
アリーナ内部の意思決定手続き	合理性の不足 被支配問題・非圧迫問題をこうむる側の対抗力の欠如	合理性 被支配問題・非圧迫問題をこうむる側への対抗力の保証
意志決定基準	主導的アリーナにおける直接的利害当事者間の妥協形成 恣意性 負の随伴帰結(先鋭な被格差・被支配問題、非圧迫問題)の放置	経営システムとしての健全性の維持 支配システムおよび経営システムにおける負の随伴帰結の防止

　主導的アリーナおよび他のアリーナにおける意志決定が、その社会的帰結、とりわけ、負担問題や負の随伴帰結を包括的に取り集めた上で、総合的に利害調整がなされ、経営システムとしての健全性を保ちつつ、整合的に意志決定がなされるものである。負の随伴帰結に対しては、それを防止することが経営課題の一つとして設定され、そのための対処がなされ、それに要する費用は決定の総費用の一部として考慮がなされる。そして、総費用を事前に考慮した上で、個々の経営システムの内部において負担問題を処理し、他に転嫁することがない。この型は、総合的整合性、負担問題への責任ある対処という特徴をもつ。

　本書が主題としている整備新幹線建設問題や国鉄長期債務問題についての意志決定過程は、この2つのモデルのうちの「断片的決定・帰結転嫁・無責任型のシステム・主体・アリーナ間連動」の諸特色を示している。そして、そのような

無責任型の連動は、政治的アリーナにおいて設定される複数の経営システム間や利害集団間の連結条件が不適切であることと、深く関係している。本節ではまず、このような意志決定の総体的特徴を把握してみよう。

4　総合性の欠如と合理性の不足

「断片的決定・帰結転嫁・無責任型」のシステム・主体・アリーナ間連動における意志決定過程の全般的特徴は、「総合性の欠如」と「合理性の不足」である。

「総合性の欠如」とは、主導的アリーナにおける意志決定が、負担問題や負の随伴帰結まで視野に入れて、総合的な考慮のもとになされるのではなく、それらを部分的にしか配慮しないまま、受益やメリットの側面のみを優先的に視野に入れて骨格的な意志決定がなされてしまうことである。その後で、残された負担問題や負の随伴帰結の問題への対処は、将来に先送りされるか、周辺的アリーナに押しつけられ、そこで断片的に試みられる。しかし、それらの解決の優先順位は、従属的・第二義的な位置にとどまり、不十分な対処しかなされない。

意志決定の過程と内容における総合性の欠如は、意志決定の過程と内容における合理性の不足と絡み合っている。ここで、意志決定における合理性とは、「代替案の比較検討」、「認識・予測の正確さ・精密さ」、「意志決定基準の明確化・客観化」の3つの条件を実現することであると考えよう。ところが、整備新幹線問題においても、国鉄債務問題においても、意志決定過程において、このような意味での合理性を実現する諸条件、すなわち批判精神に裏付けられた厳密な検討という条件が、充足されていないのである。

「総合性の欠如」と「合理性の不足」が露呈している局面を理論的に一言で表現すれば、A経営システムの文脈での経営の健全性の欠如、B支配システムの文脈での被格差・被支配問題の先鋭化に対する対策の不十分性、C地域経済にとっての経営環境悪化に伴う被圧迫問題の生起に対する対処の不十分性、ということになる。

A「経営の健全性の欠如」は、「新線建設」と「債務返済」の2つの問題文脈で、次のようなかたちで露呈する。

新線建設の文脈では、経営健全性の第1の基準は、鉄道建設の投資主体と経営主体にとって投資的経費と営業的経費を、運賃収入によって回収できることである（このことを、収支採算性、あるいは建設全体の「経営健全性の第1基準」と呼ぶことにしよう）。この基準から見れば、すでに、上越新幹線と東北新幹線の建設にお

いて、投資の収支採算性は存在しない (角本 1996: 24)。まして、整備新幹線の全路線について、建設全体の収支採算性は存在しない。それにもかかわらず、整備新幹線の建設投資が実行されるのは、新幹線の地域社会への波及効果を正当化の理由にして、政府と自治体が投資的経費を大幅に負担しているからである。

では、地域社会への波及効果と政府・自治体による財政支出負担を勘案した場合には、経営の健全性は存在するだろうか。ここで、交通網整備による税収増大効果が、政府・自治体が負担する建設投資経費をまかなうことが可能な場合、そして、営業主体が営業収入によって営業主体の分担分の投資的経費も含めるかたちで、「営業上の経営健全性」を実現できる場合を、「建設全体の経営健全性の第2基準」ということにしよう。しかし、整備新幹線については、「建設全体の経営健全性の第2基準」を達成するような証明は、どの主体からも発表されていない[3]。

このような経営の健全性を実現するための「総合性の欠如」と「合理性の不足」は、経営の健全性について論議するための情報公開や研究が、次のようにまったく不足していることと密接に結びついている。

① 経営の健全性を議論するためのもっとも基本的な情報である整備新幹線各路線の乗客数と収支予測の公表を、運輸省は 1996 年末まではまったくしておらず、これらが公表され始めたのは、1997 年になってからのことである。
② 東北・上越の各新幹線も長野新幹線も当初に予定された工事費に対して、結果的に大幅な工事費の上昇をみているが、整備新幹線をめぐる政策論議において、新幹線工事費の上昇要因の分析・公表は、政府によっても鉄建公団によってもなされたことがない。整備新幹線については、工事費総額を表す一つの数字が公表されるだけで、その内訳の公表はいっさいなされていない。
③ 政府による開業の経済効果の予測は 1980 年に 1 回しかなされていない (運輸経済センター 1980)。

次に、「債務返済」の文脈での経営の健全性とは、債務を返済するべき主体が、利子分によるそれ以上の債務の増大を防ぐような方策をもちつつ、さらに、債務元本の返済を実現できるだけの財源を確保することである。しかし、1987 年時点の清算事業団の発足時から、1998 年のその解散に至るまで、法令 (日本国有鉄道清算事業団法第 33 条) に定められた毎事業年度の債務償還計画は 1 回も作成されず、「経営の健全性」は、実現されることがなかった。これに関連して、清算

---

3 このような計算を正確・厳密に実施するためには、経済学者による研究が不可欠である。経済学者によるこの主題の探究を期待したい。

事業団発足時に、野党の安垣良一議員から、利子による負債の増殖問題に対して、対処が欠けているのではないかという的確な質問がなされている (横田 1998: 62-72)。これに対して、当時の宮澤大蔵大臣と橋本運輸大臣の答弁は、甘い見通しに基づくあいまいなものであった。結果的には、安垣議員の危惧は的中した。

　Bの被格差・被支配問題や、Cの被圧迫問題への対処の不十分性は、整備新幹線問題において、並行在来線の経営分離問題、公害防止対策の欠如というかたちで露呈している。長野新幹線においても九州新幹線においても、新幹線の建設は並行在来線の経営分離問題を引き起こすとともに、在来線への依存が大きかった地域への打撃と交通網上の地位の急速な低下を生みだしている。長野県の小諸市と御代田町や群馬県の松井田町は、その代表的な例である。また、第三セクターによる在来線の存続政策を選択した場合でも、第三セクター支援のための財政負担が地域社会に転嫁される。公害問題については、長野新幹線建設にあたっては、公害調停を通して事前の対処がなされた。だが、九州新幹線建設にあたっては、各地で水涸れ問題が続出している。さらに、水俣市では、新幹線高架に直接に敷地が接する民家が存在し、このままでは騒音・振動公害の発生は必至である。同様の立地で多数の被害者を出した名古屋新幹線公害問題の教訓が、少しも生かされていないのである。

　整備新幹線についての政策決定の総合性と合理性を高めようとするのであれば、以上のような、A経営の健全性、B被格差・被支配問題、C被圧迫問題という諸論点に即して、整備新幹線建設と他の代替案の比較検討、とりわけ、フル規格新幹線とミニ新幹線の比較が必要である。しかし、整備新幹線各路線の決定過程においては、政府は、フル規格とミニ新幹線のそれぞれのメリットとデメリットを公表し、その選択についての開かれた討論を組織化することをまったくおこなってこなかった。

5　負担問題と負の随伴帰結の転嫁

　［主導的制御アリーナの存在水準と、取り扱う問題水準の区別が必要であろう。国鉄債務問題は、当初は、事業システムレベルで取り扱われており、それが、取り扱い不可能になった時点で、鉄道制御システムレベルで取り扱われるようになった。清算事業団が、鉄建公団債務も本州四国連絡橋公団の債務も、あわせて取り扱ったことは、まさにそのことを表している。そして、最後に、財政構造改革会議が制御アリーナとなったことは、国家体制制御システムレベルでの扱いに

なったことを意味している。ここには、一つの制御システムでうまく取り扱えない問題が、より高い水準の制御システムでの問題へと送られていることがわかる。再建監理委員会は、鉄道制御システムの水準で設置されており、その水準では解決できないので、国家と政府に問題が委託されたと考えることができよう。]

　国鉄長期債務問題や整備新幹線建設問題において、「総合性の欠如」や「合理性の不足」が露呈しているということは、主導的アリーナが「帰結集約型」ではなく「帰結転嫁型」となっており、そこでの政策決定に伴う負担問題と負の随伴帰結を、時間的に将来に転嫁するか、空間的に他の従属的アリーナに転嫁していることを意味している。

　国鉄長期債務問題においては、その時々の主導的アリーナにおいて、先送りというかたちでの時間的な将来転嫁がくり返された。国鉄から清算事業団への債務転嫁と、清算事業団から国家財政への債務転嫁とが、２段階にわたってなされたが、債務自体は膨張を続けた。

　整備新幹線建設においては、構造的緊張の連鎖的転移に伴って負担問題の連鎖的転嫁が見られた。主導的アリーナでは、フル規格もしくはスーパー特急での整備新幹線の建設が選択され続けたが、それは、国家財政と自治体財政へ負担問題を押しつけ、並行在来線の経営分離問題を引き起こし、経営分離に絡み合うかたちで、第三セクターの設立の必要という問題、経営困難が予測される第三セクター会社への財政補助の問題、在来線急行の廃止とそれに伴う急行停車駅地域の被圧迫問題、公害問題（熊本県での水涸れ問題）などを引き起こした。これらは、整備新幹線の建設を決定した主導的アリーナやそこに登場した諸主体によっては対処されず、波及的にこれらの負担問題や負の随伴帰結をこうむる他の主体や他の周辺的アリーナに押しつけられるのである。これらの負担転嫁の過程は、①無責任性、②転嫁の終着点としての国家財政、③真の費用の事後的顕在化、という特色を示す。

　①負担問題や負の随伴帰結は、主導的アリーナの政策選択ゆえに発生した問題（整備新幹線問題）であったり、主導的アリーナ以外では解決できない問題（国鉄債務問題）であるにもかかわらず、そこに登場する政府・与党首脳を構成する政治家たちは、自分たちのところで負担問題や負の随伴帰結を解決しようとせず、それを将来に転嫁したり、他のアリーナに転嫁することによって、無責任性を露呈しているのである。

　②このような負担問題や負の随伴帰結の他の主体やアリーナへの転嫁は、「構

造的緊張の連鎖的転移」ということもできる過程であるが、東北新幹線の建設事例に即して別稿で検討したように (舩橋他 1988: 5章)、最終的には、政府および自治体の財政負担の増大へと帰結していく。自治体財政へ転嫁された負担は部分的には、さらに、地方交付税措置などを通して国家財政へと転嫁される。この転嫁の連鎖において、国家財政は、転嫁の終着点であって、それをさらに他に転嫁することはできない。そこには、収支のアンバランスがすべて堆積せざるをえない。

③この負担問題の転嫁の過程は、「真の費用の事後的顕在化」という現象と絡み合っている。というのは、負担問題と負の随伴帰結の転嫁は、直接的というよりも、迂回的・段階的・間接的過程であったり、政策決定の当初には、転嫁がなされるかどうかがあいまいで潜在的であったものが、時間的ラグを伴い「先送り」の積み重ねの中から、事後的に転嫁が顕在化する場合も多いからである。国鉄長期債務の国家財政への転嫁は迂回的・間接的であり、国鉄解体時に推定的に提示された国民負担分 (13.8兆円) は実は真の費用ではなく、1998年10月の清算事業団解散時に、国家財政負担分が24.1兆円になることが事後的に顕在化した。また、第6節でみるように、本州四国連絡橋、青函トンネルなどの建設においては、特殊法人が真の費用を潜在化させる装置として機能しているのである。

これに対して、「包括的・帰結集約・責任型決定」が成立するためには、「真の費用の事前の顕在化」が、必要である。

以上のような全般的特徴の概観の上で、次に、主導的アリーナにおける意志決定の特徴がいかなるものであるのかを、より詳細に検討してみよう。

第4節　主導的アリーナの意志決定の特色と問題点

1　政府首脳と与党首脳の協議の場としての主導的アリーナ

整備新幹線と国鉄長期債務問題を扱う主導的アリーナは、1970-90年代を通して、政府首脳と与党首脳の協議の場であった。この期間、細川内閣の発足した1993年8月からの約11ヶ月を例外として、自民党は政権党の位置にあったから、与党首脳とは、事実上、自民党三役 (幹事長、総務会長、政調会長) や鉄道関係の有力議員を指している。政府首脳とは首相と関係閣僚 (とくに運輸相、蔵相、自治相) であり、これも実際には自民党の政治家である。政府首脳と与党首脳の形成する主導的アリーナは、その形式や名称においては、その時々においてさまざまなバリエーションを示すが、相対的な継続性をもつ委員会と、アドホックな協議の場

との混じり合ったものである（詳しくは表12-4を参照）。

　このようなかたちでの政府・与党首脳部の協議の場が、主導的アリーナとなっていることには、どのような問題点があるだろうか。

　第1に、「政府・与党の協議の場」が主導的アリーナになっているということは、国会が周辺的アリーナの一つになっていることを意味している。国会は、全有権者を基盤にして、さまざまな立場の代表者が選出されているのだから、本来「全納税者の視点」と「全受益者の視点」に基づいて、個々の問題を検討しうる場である。ところが、国鉄長期債務問題も整備新幹線建設問題も、重大な意義をもつ問題であるのに、国会による掘り下げた検討がなされないまま、ごく少数の政府・与党首脳部によって意志決定がなされてきた。

　第2に、政策決定手続きにおいて、政策決定内容の合理性を担保するような手続き的基準と内容的基準の制度化が、ともにきわめて不十分である。とりわけ、整備新幹線建設問題の枠組みになっている全国新幹線鉄道整備法（全幹法）は、路線の規格の選択や、着工優先順位や、財源の確保という問題について、一方で国会による審議や承認の手続きを欠落させており、他方で、関連地域の住民参加の機会を排除している。住民は、意見提出の機会さえ与えられていない。また、全幹法には、財政支出の是非を決定するための、収支採算性や投資効果についての内容的基準についての言及もまったくない。したがって、「収支採算性がまったくない路線の建設」という意味での非効率的な投資も法令上は許容されることになる。そもそも、政府・与党首脳部による協議という主導的アリーナ自体は、全幹法の中に、正式に位置づけられた決定の場ではない。法令上、なんの位置づけもされていないアリーナにおいて、何兆円にもわたる投資の可否や、路線の規格の選択や、着工優先順位や財源という重要問題が実質的に決定されているのである。さまざまな政策領域の中でも、このように政府・与党の協議の場が主導的アリーナになっているのは、鉄道政策において突出して見られる特色である。

2　国鉄債務問題の意志決定過程の特色

　国鉄債務問題の歴史的経過をとらえ返すと、この問題が、多数の主体の関与と複数のアリーナの分立の中で、無責任な決定の積み重ねにより、しだいに悪化してきたことがわかる。いいかえると、主導的アリーナで、債務膨大化の防止や債務返済の責任ある枠組みが、的確に決定されず、問題の先送りが、以下のように繰り返されてきた。

表 12-4　整備新幹線の建設段階と主導的アリーナ・主体

段階	主要事項	主導的アリーナ／主導的主体(*)、および意見分布
第1期 70-76	全国新幹線鉄道整備法と新幹線計画の遅延 　背景＝新全総／高度成長の終焉 70.5.18　全国新幹線鉄道整備法の成立 71.1.18　東北、上越、成田の3新幹線の基本計画決定 73.10.31　鉄建審が、12路線の基本計画を了承 73.11.13　整備5路線（北海道、東北、北陸、九州、長崎）の整備計画決定 73.12　総需要抑制策により着工延期 75.1.3　大蔵原案で新幹線予算削減。整備5線棚上げ	＊鉄道建設審議会 ＊与党運輸族、運輸大臣、自民党首脳のネットワーク 積極論：田中首相、新谷運輸相 　　　　鈴木総務会長 　　　　自民党「新幹線・複線・電化促進議員団」 慎重論：福田行政管理庁長官 　　　　大蔵省
第2期 77-87.1	新幹線計画の凍結継続とその解除 　背景＝国鉄改革問題、行政改革問題 77　春以降、自民党促進派議員の着工推進努力継続 79.6　整備新幹線調査委員会 80.9　整備新幹線財源検討小委員会の設置 81.6　全幹法の改正、建設費の地方負担可能に 82.7　臨調第三次答申「整備新幹線は当分見合わせる」 82.9　整備新幹線の凍結を閣議決定 85.8　政府・与党の協議で85年度着工見送りだが、工事実施計画申請を決定 87.1.30　整備新幹線凍結の閣議決定を廃止	＊関係閣僚会議＋自民党首脳の協議 ＊整備新幹線調査委員会(79.6) ＊整備新幹線財源検討小委員会(80.9) ＊整備新幹線財源問題等検討委員会(85.8) ＊第2臨調 積極論：自民党促進派議員集団＋建設予定地域知事・自治体 慎重論：政府（大蔵省、自治省、運輸省） 　　　　第2臨調
第3期 87.2-89.9	国鉄の民営分割化を経て第一次スキームによる建設着工 　背景＝内需拡大政策（バブル期） 87.4　国鉄の分割民営化、JR各社成立 87.12　政府・与党間で東北・北陸・九州に順次建設着手で合意 88.8/9 3　線5区間の着工決定。財源、規格は先送り 89.1　財源負担割合（JR50%）、JR負担財源の確保、並行在来線（横川・軽井沢）の廃止等を決定 89.7/8　東北・北陸・九州新幹線でトンネル工事着工、高崎・軽井沢間着工	＊政府・与党申合せ(88.8/9, 89.1) ＊整備新幹線建設促進検討委員会(88.1) 　・着工優先順位専門検討委員会 　・財源問題等専門検討委員会 積極論：予定地域自治体＋与党促進派議員 妥協案：運輸省（ミニ、スーパー特急による経費抑制） 慎重論：大蔵省 条件付協力：JR各社
第4期 89.10-93.9	鉄道整備基金の設立による第一次スキームの財源問題の決着 　背景＝バブルの崩壊、景気対策の必要 90.12　運輸省と大蔵省が鉄道整備基金設立で合意 90.12　政府・与党申し合わせで、3線3区間（軽井沢-長野、盛岡-青森、八代-西鹿児島）本格着工を決定 91.4　鉄道整備基金法の成立 91.10　鉄道整備基金の発足 92.8　北陸新幹線石動-金沢間着工	＊政府・与党申し合わせ(90.12) ＊運輸省と大蔵省の協議 推進努力：予定地域自治体＋与党促進派議員 　　　　　運輸省 財源確保の妥協策：大蔵省 条件付協力：JR各社
第5期 93.10-	第二次スキームによる3線3区間の新規着工 　背景＝財政悪化の進行 93.10　細川政権連立与党に整備新幹線見直し専門委員会設置 93.10.13　北陸新幹線糸魚川-魚津間着工 94.12　連立与党申し合わせ、関係大臣（官房長官、大蔵、運輸、自治）申し合わせ＝新スキームを96年中に作成 96.12　政府・与党合意＝政府・自治体中心の新しい財源負担方式 97.10.1　長野新幹線開業 98.1　政府・与党が3線3区間（八戸-青森、船小屋-新八代、長野-上越）の着工決定＝第二次スキーム	＊歴代連立政権与党間・政府首脳の合意 ＊（細川内閣）整備新幹線見直し専門委員会(93.10) ＊（村山内閣）整備新幹線検討委員会(01.0) ＊（橋本内閣）整備新幹線検討委員会(97.7) ＊財政構造改革会議 積極的推進：予定地域自治体、連立与党促進派議員 推進に支持・協力：運輸省、自治省 建設費負担に難色：JR各社 新規着工凍結論：大蔵省

作成：舩橋晴俊・湯浅陽一

第 1 に、旧国鉄時代における債務の膨張の過程が明らかにしているのは、政府・与党首脳部という主導的アリーナも、国鉄組織自体も、債務の膨張に対して、効果的に取り組めなかったことである。国鉄という経営システムと他の諸主体(鉄建公団、政治家、大蔵省)や国家財政システムとの連結条件が、以下の①②に示すように不適切であったため、国鉄組織は十分な決定権限をもたず、また、経営の成否が敏感に自己回帰しなかった。

［国鉄組織をめぐる枠組み条件、境界条件という視点から、分析が可能であろう。］

① 一方で、旧国鉄時代の制度的枠組みは、経営システムとしての最適化が図れるような自主的決定権を、旧国鉄組織に与えておらず、他の主体からの介入を許容していた。建設投資の決定、料金値上げ、賃金水準の決定、総裁の選任などの重要な選択が、国鉄組織にとっての「自由な選択範囲」の中に入っておらず、他律的に決定されていた。

② 他方で、経営の成果や失敗の敏感な自己回帰が欠如していた。経営成績が上がっても、従業員の報酬の改善につながるわけではなく、浪費的な投資がされ経営が悪化しても、政府の債務保証と国家助成によって、その影響は他に転嫁されえた。

第 2 に、1980 年代になって、国鉄長期債務問題の緊急性が高まった段階においても、責任と権限をもつ単一主体の欠如、および、主導的アリーナにおける真剣な取り組みの欠如という事態は、根本的には是正されなかった。1983 年 5 月の設置以来、国鉄の分割・民営化問題をリードしたのは再建監理委員会であったが、再建監理委員会の直接的な課題は経営形態の変更であった。旧国鉄債務処理にあたって、清算事業団や JR によって返済できない債務についての国民負担問題については、再建監理委員会は、明確な方針を出す権限と意欲をもっておらず、それを、政府と国会という別の主体とアリーナに委ねたのである。再建監理委員会は、その最終的報告書において、国民負担の問題を、政府と国会に投げかけたけれども、政府・与党首脳部の構成する主導的アリーナにおいて、国鉄債務問題についての真剣な「取り組み課題設定」(agenda setting)と解決努力はなされなかった。

第 3 に、清算事業団発足後の段階においても、主導的アリーナ(政府・与党首脳部)と債務の返済責任を形式的にもたされた組織(清算事業団)との連結条件は適切に設定されていなかった。バブル期における地価抑制対策として、政府が、緊急土地対策要綱を決定し(1987 年 10 月 16 日)、清算事業団に対しても一般競争入札に

よる土地売却を禁止したことが、国鉄債務の中心的返済手段を失わせることとなった。政策の整合性と責任性を保つためには、同時に、国鉄債務返済のための他の財源措置が、主導的アリーナでとられるべきであった。しかし、そのことを主導的アリーナで効果的に表出する主体は存在せず、負担問題は無責任の中にうやむやにされた。それとともに、国民負担についての政策決定がおこなわれるはずであった「土地の処分等の見通しのおおよそつくと考えられる段階」は、ずるずると何年も先のばしになっていった。

第4に、1998年の清算事業団の解散に際して、政策決定の主導的アリーナであった「財政構造改革会議」は、責任ある返済枠組みを構築しないまま負担を国家財政に転嫁した。財政構造改革会議の中心である企画委員会の構成員は、連立与党(自民党、社民党、さきがけ)3党の役員(幹事長、政策審議会長など)と、関係閣僚(大蔵、自治、運輸など)、関係各省の幹部であった(横田1998:82-83)。しかし、財政構造会議は、さまざまな個別的利害要求の噴出の方が、負担問題の整合的解決より優先されるアリーナであった。結局、利子分の財源をタバコ税などによって手当てしただけで、元本返済の手段があいまいなままに、28.3兆円の清算事業団債務の大部分は、国家財政へと転嫁されることになった。

このようにして、その時々の主導的アリーナによっても、債務を形式的に負わされている組織(旧国鉄、清算事業団)によっても、債務の効果的な圧縮努力はなされず、旧国鉄→清算事業団→国家財政というかたちで、負担問題の転嫁がくり返された。しかも、負担問題の転嫁のくり返しの中で、債務は減るどころか、むしろ増大してしまった。

第5に、このような負担問題の転嫁は、「来歴の異なるさまざまな債務の統合」と「債務発生主体と債務返済主体の分離」を伴うというかたちで、進められてきた。1987年の清算事業団の設立時には、本四公団に由来する債務、青函トンネル建設に由来する鉄建公団の債務が、旧国鉄債務と統合され、旧国鉄長期債務の一部は、JRに承継されたが、他は清算事業団に移管された。そして1998年10月には、清算事業団の債務の大部分は国家財政に移管され、その来歴は消失しつつ、国家債務一般の中に溶け込む形になった。それとともに、債務の来歴とは分野的に無関係の財源(郵便貯金特別会計からの特別繰入れとタバコ税の増税)によって、利子の返済が図られることとなった。

このような「債務の統合」と「債務発生主体と債務返済主体の分離」は、発生責任をあいまいにし、発生責任のある主体が、債務返済を最優先して行為すると

いう動機づけを弱めるものである。なぜなら、債務統合が進むたびに、その後は、どのような経過で発生した債務がいくら残存しているのか、ということは、わからなくなるからである。1999年以後、旧国鉄債務や、本四公団債務や青函トンネルにかかわる債務が、それぞれいくら残っているのかということを、大蔵省自身も管理しようとしておらず、誰にもわからなくなったのである。清算事業団が存在していた限りでは、運輸省への予算配分においては、清算事業団債務の返済が重視されるから、整備新幹線への新たな投資の規模は、相対的に抑制されていたが、清算事業団が解散し、運輸省の旧国鉄債務の返済責任への関与が消失するに伴い、整備新幹線建設要求には歯止めがなくなった。2000年12月に、北陸・九州新幹線のフル規格化格上げとリンクしつつ、2001年度新幹線予算の倍増が決定された。

3 財源の区画化と割拠的硬直性

以上のような国鉄債務問題における負担問題の転嫁・先送りが繰り返された根拠には、さまざまな要因が複合しているが、財政制度面から見れば、予算編成過程における財源の区画化と割拠的硬直性が重要である。

日本の予算編成過程は、増分主義(incrementalism)と割拠的硬直性によって特徴づけられ、このことが、国鉄債務問題の負担転嫁の繰り返しと先送りの背景になっている。増分主義とは、各年度の予算編成が、前年度実績プラスアルファというパターンで決定される傾向をさす(Wildavsky 1964=1972)。増分主義は、予算配分の必要性を、政策目標の重要性と政策手段の適切性をそのつどゼロから吟味して判断するという発想の対極に立つものであるが、交渉過程の簡素化、多数の利害関係者の要求のほどほどの充足、急激な予算の増減に伴う紛争の回避という機能があるので、根強く立ち現れてくるパターンである。日本においては、この増分主義が中央省庁の縦割り体質と結びつくことによって、予算配分における「財源の区画化」と「割拠的硬直性」を生みだしている。すなわち、これまである部局の所管してきた財源を、別の行政目的のために他の部局の所管する財源へと振り替えることが極度に困難であり、予算編成の過程に流動性と柔軟性が欠如しているのである。

大蔵省と首相は、形式的には、予算編成の権限をもっているけれども、これらの主体ですら、財政支出のコントロールにおいて、他の主体との関係で、絶対的な勢力をもっているわけではない。予算配分の過程は、大蔵省の所管する限ら

た財源をめぐって、各省庁が、それぞれ自分のところへより多くの予算を獲得しようとする烈しい争奪戦の過程である。強力な代弁主体をもたない政策課題は、予算分取りという諸主体のせめぎあいの過程において、弾き飛ばされてしまう。清算事業団(国鉄長期債務)のために要求提出するのは、運輸省鉄道監督局であったが、国鉄債務返済のための財源確保を、他の主体の既得権を削除しつつおこなうことはまったくできなかった。運輸省の他局の既得権を削減することさえ不可能であり、まして道路財源等の他の省庁の既得権を削減することはできなかった。

1998年の事業団解散時の財源確保努力においては、道路財源を国鉄債務返済に転用しようという案が浮上したが、主導的アリーナにおいて、与党の道路族議員からの拒絶にあい、それは立ち消えざるをえなかった。結局、恒常的財源確保は、タバコ税が導入されるに留まったが、それさえ、清算事業団の一職員の表現を借りていえば、「奇跡的」なことであった。それがかろうじて可能になったのは、タバコ税の導入が国鉄債務問題に相対的に責任意識をもつ大蔵省の所管する行政領域に属し、大蔵省の判断で実行可能な選択だったからである。

4　整備新幹線建設問題の意志決定過程の特色

次に、整備新幹線建設に関わる意志決定過程の示す特徴を検討してみよう。

第1に、全体としての整備新幹線の拡張主義的な投資の根底には、「受益と負担に統一的な責任を持つ単一主体の欠如」([狭義の制御主体の欠如])「主導的アリーナにおける複数主体間の勢力関係による投資決定」という特徴がある。整備新幹線建設問題においては、受益面への配慮と同時に、投資と営業の採算性にも責任をもつような単一の主体は、諸主体の分立の中で消失している。受益面への関心をもつ主体(各地域で建設を要求する利害集団とその代弁者としての議員と知事)と、営業の可能性とメリットに関心をもつ主体(JR各社)と、投資の負担面に関心をもつ主体(代表的には大蔵省)とが、実体的に分離している。そして、単一主体内で負担と受益のバランスを総合的に考慮するのではなく、主導的アリーナにおけるこれらの主体間の勢力関係を通して、受益と負担の優先順序が決定されるようになった。

第2に、主導的アリーナでの決定は、建設を要求する地域的利害関心の論理と、各経営システム(JR、国家財政、自治体財政)の最適化努力の論理が、ぶつかりあうなかで、それらの妥協点を見いだすというかたちで、なされている。主要な対抗軸は、建設を推進しようとする諸主体(与党の建設推進派議員、運輸省)の要求提出

に対して、自分の責任を負う経営システムに対して許容できない負担が課せられることを防止しようという諸主体(大蔵省、自治省、JR各社)の間での財源問題と着工時期をめぐる争いである。副次的対抗軸は、建設を推進しようとする諸主体の間での着工優先順位と財源配分をめぐる競合である。建設を推進しようとする利害要求の表出は、きわめて強力であって、長期的に見れば、財政的配慮から建設を抑制しようとする論理を、しだいに押しきっていったのである。

　第3に、各時点での妥協点の形成が、相対的に、建設抑制側に傾くのか、建設促進側に傾くのかということは、経済情勢および財政状態、それと連動した政府のマクロ政策の優先順位に大きく規定されてきた。1970年代中盤の総需要抑制政策、70年代後半から1980年代前半にかけての行政改革およびその一環としての国鉄改革の時代にあっては、新規着工に対する抑制的態度が主導的アリーナで優越していた。しかし、1980年代後半のバブル期においては、内需拡大政策のもとで、長年続いた整備新幹線の凍結が解除され、本格的着工が実現したのである。

　第4に、このように、マクロ経済政策との関連で投資の推進と抑制との間での妥協点の移動がくり返されてきたが、全体としては、新幹線網の建設は段階的に進行し、建設の進行とともに、建設費負担にかかわる妥協点は、段階的に移動した。すなわち、建設経費に対するJR負担の割合が段階的に減少し、逆に、政府および自治体による財政負担の割合が、段階的に増加してきている。

　第5に、この妥協点の移動とともに、関与する諸主体の態度は、しだいに、建設許容的な態度に変容してきた。各省庁の自己主張の論理は、微妙に変化を示している。運輸省は、1988年当時は、フル規格の範囲を抑制してミニ新幹線を3区間において主張したのに、1990年代以後は、フル規格に許容的になっていく。大蔵省は、1998-90年度の第一次スキームにおいては、JRの建設費負担50%に固執した。民間企業であるJRが経営する路線の建設費用に対する財政からの援助は2分の1が限度だという論理が見いだされる。ところが1996-97年度の第二次スキームにおいては、そのような論理は放棄されている。自治省も、第一次スキーム決定の交渉開始時点においては、自治体負担は10%が限度としていたが、一次スキームの確定の時点では、15%程度の自治体負担を受容し、第二次スキームにおいては、建設費のほぼ3分の1の自治体負担を認容するに至っている。

　第6に、主導的アリーナにおける意志決定基準をみるならば、「投資の健全性」

という基準がしだいに後退し、「直接の交渉当事者間での妥協形成可能性」という基準が優越するようになった。「投資の健全性」とは、「投資の採算性」、「投資効果の効率的発揮」という2つの要因によって判断される。だが、投資の採算性という条件は、整備新幹線には、もともと欠如している。さらに、「投資効果の効率的発揮」という条件も、虫食い的・断片的着工という方式になったことにより、失われているのである。

　主導的アリーナが、繰り返し虫食い的・断片的着工という特色をもつ決定を生みだしたことは、注目されてよい。たとえば、北陸新幹線は、2つの県の境をまたぐ飛び飛びの3区間でまず着工された。すなわち、群馬県と長野県にまたがる高崎・軽井沢間(89年8月)、富山県と石川県にまたがる石動・金沢間(92年8月)、新潟県と富山県にまたがる糸魚川・魚津間(93年10月)である。東北新幹線では、青森県と岩手県にまたがる沼宮内・八戸間からまず着工されたが、東北新幹線の終点たる盛岡と直接にはつながっていない。九州新幹線も八代・西鹿児島から着工されたが、山陽新幹線とは直結しない。このような着工のしかたは、細切れの路線が断片的に建設されることにより、長期にわたって営業収入に結びつかないのであるから、鉄道経営の合理性という基準からはきわめて不自然である。投資効果の効率的発揮という基準から見れば欠陥のある断片的着工という方式がなぜ選択されたのか。それは、この方式が、諸地域の利害要求にたいする「バランスを保った充足による紛争回避」という基準から、選好されるからである。建設促進を要求する諸主体の利害要求の間に妥協を形成し紛争を回避するということが、事実上の意志決定基準となっているという事態が、ここに露呈しているのである。

　第7に注目されることは、1990年代において、政権交替が何回もくり返されたが、そのことが、主導的アリーナの性格に大きな変更を加えなかったし、政策選択にも大きな変化を生みださなかったことである。1993年8月に自民党政権が崩壊し、非自民の連立与党・細川内閣が成立後、「新幹線見直し」が掲げられたが、結果的には大きな方向転換はなされなかった。またその後1994年4月発足の羽田内閣、同年6月発足の村山内閣においても、拡張主義的投資計画は変更されなかった。村山内閣の与党は自民党・社会党・さきがけの3党であるが、運輸大臣は新幹線建設に最も積極的な自民党の亀井静香議員であり、運輸大臣を中心に、新規区間における着工に向けて積極的に推進がなされている。政権政党の交替は、整備新幹線の建設推進という大局的政策決定に影響を与えていないの

である。

5 補助金型再配分構造における「負担の自己回帰」の切断

　以上のように、整備新幹線建設にかかわる主導的アリーナにおいて建設要求が絶えず強力に表出され、ついには2000年12月の広範なフル規格路線の建設決定にまで至った背景には、どのような「構造化された場」があるのだろうか。ここで、きわめて重要なのは、補助金型の財源の再配分構造に基づいて、第二次スキームの段階においては、政府が整備新幹線建設費のうち、形式的にはそのほぼ3分の2を、実質的にはその6分の5近くを負担していることである。

　補助金は、わが国の国家財政と地方財政を連結する主要な制度として、行財政制度のありかたを大きく規定してきた。補助金制度の果たす機能は多面的であるが、本章の文脈でみると、「負担の自己回帰」を切断していることにより、要求の噴出をもたらしていることに注目しなければならない。すなわち、補助金制度は、有権者と圧力集団の側の「モノ取り主義」と政治家の側の「人気取り主義」を加速し、有権者・圧力集団、政治家の双方における「負担問題に対する無関心・無責任」を促進する効果を発揮しているのである。

　一般に補助金制度のもとでは、自治体の財政部局の「収支均衡努力」が、国家財政にとっての「支出拡大圧力」に転化するという関連がある(舩橋1998a)。総体としての政府財政資源は、個別の自治体にとっては「集合財」的性格をもっているから、自らの取り分の増大によって、国税負担が増大したとしても、それは、全体に薄められてしまい、自分の地域住民への負担増大というはねかえりは無視しうるほど小さい。それゆえ、政府財政支出を増大させるという効果をもたらしたとしても、補助金を獲得しようとすることが、「合理的」なのである[4]。一言でいえば、補助金型の財源再配分は、「負担の自己回帰の切断」とセットになっているゆえに、要求の噴出を招く。ここに登場するのが、有権者と圧力集団によるモノ取り主義の横行である。この構造のもとで、国会議員の「活躍」の文脈が定義されてしまっている。国会議員は、地域利害の代弁的表出者になり、国家レベルの財政システムの収支均衡という経営課題に責任を負う主体ではなくなっている。国会議員は、自分の置かれた「構造化された場」の中で、「合理的に」行為すると、政府財政に対しては、「モノ取り主義」的となり、財源獲得のパイプであ

---

[4] ここには、環境問題についての社会的ジレンマと同型的な論理が見られる。Hardin(1968)や、舩橋(1995a)を参照。

ることによって、有権者と圧力集団に対しては、「人気取り主義」になるのだ。

このような事情は、補助金を欠如した自己責任的な財源構造の自治体行政と、補助金依存型の財源構造を、「負担の自己回帰」の有無という視点から、対比することによって、より明らかになるであろう。補助金がない場合の自己完結的・自己責任的な地方財政が前提になっている場合、要求表出と負担問題の引き受けの間にどういう関係が見いだされるだろうか。この場合には、**図12-1**に見られるように、要求表出に対しては、必ず「負担の自己回帰」が随伴する。より多くを望むのであれば、より多くを負担しなければならない。ここには、負担問題を根拠にして、要求表出に対して自己抑制のメカニズムが働く。ところが、これに対して、補助金依存型の財政構造では、要求表出が負担増大にリンクしない。負担の増大は、国家財政に転嫁され、「負担の自己回帰」は切断されている。この状況では、**図12-2**にみるように、要求のエスカレートに負担問題を媒介にした抑制を求めるフィードバックが作用しがたい。それゆえ、負担問題に無関心、無責任なかたちで要求提出が噴出し、「モノ取り主義」と「人気取り主義」が横行するのである。

近年、地方交付税の補助金化が進行していることが、さまざまな論者によっ

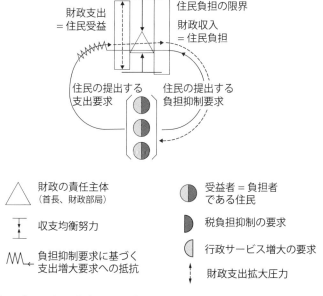

図12-1　負担の自己回帰の存在する財政制度のもとでの支出要求と負担抑制要求の均衡

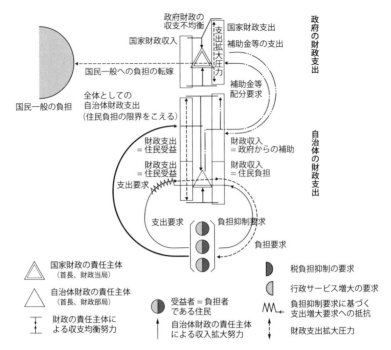

図 12-2　補助金型財政における負担の自己回帰の切断、要求の噴出、収支不均衡

て指摘されている（たとえば、吉田 1999）。この地方交付税の補助金化という事態は、現在の論脈でたいへん重要な意義をもっている。地方交付税制度の歴史的出発点においては、地方交付税は自治体の一般財源の不足を支援するものとして、制度化された。ところが、近年、基準財政需要額の計算に特定の事業の有無を反映させる仕組みが精緻になり、特定の事業計画の有無と地方交付税交付金の額が直結するように、制度の運用が変化してきている。そのような運用の一環として、整備新幹線の建設の第二次スキームにおいては、自治体負担分について、その90％の部分を起債でまかない、その起債の元利償還金の半分に対して、地方交付税の基準財政需要額に算入する措置がとられるようになった。このことは、地方交付税の配分を受ける総体としての他の自治体に対して地方交付税の割当の相対的冷遇というかたちで負担を転嫁しつつ、当該自治体の実質的な自己負担をほぼ半減し、形式上の負担の55％にするという効果をもつ。以上のような補助金型の財源再配分構造と地方交付税の補助金化は、今日における財政支出肥大化と国家財政の債務累積の背景にある重要な構造的要因である。しかし、政府の財政制度審

議会の財政赤字問題の診断においては、この点の分析が見られない(石監修1996)。

6 政策目標と利害関心の内面化の特徴——昇順内面化と逆順内面化

では、国鉄債務問題と整備新幹線問題についての主導的アリーナにおいて、そこに登場する主体は、「政策目標と利害関心の内面化」という点で、どのような特徴を示しているだろうか。この点で、「断片的決定・帰結転嫁・無責任型」のシステム・主体・アリーナ間連動においては、「昇順内面化と逆順内面化」の組み合わせという特徴が見られる。これとは反対に、「包括的決定・帰結集約・責任型」の連動において見られるのは「降順内面化と正順内面化」の組み合わせである[5]。

これらのうち、降順内面化と昇順内面化は、経営システムの階層性に関する文脈で定義される対概念である。「昇順内面化」とは、自分の直接担当している経営課題群の達成や自分の追求する利害関心を、より上位の経営システム(例、国家財政)の水準で設定されている経営課題群よりも優先しようという態度であり、より上位の経営システムから課される制約条件の枠を踏み越えてまでも自分の目標を追求しようとする態度である。政治家や個別の省庁が、政府全体の財政収支均衡を犠牲にしてまでも、自らの関与する整備新幹線などの公共事業予算の拡大を優先しようとするのは、昇順内面化の典型である。行政組織の実態を指摘する言葉として、「局あって省なし」「省あって政府なし」という表現があるが、これは昇順内面化を表現する言葉である。昇順内面化には、財政支出に関する「財源の区画化」「割拠的硬直性」「増分主義」が密接に相関している。

これに対して、「降順内面化」とは、経営システム内の諸主体が、より上位の経営システムの水準で設定される経営課題群の達成をまず優先し、それから課される制約条件を尊重した上で、その枠組みの中で自らの担当する経営課題群の達成や利害関心の追求を図ることである。たとえば、政府財政収支の均衡という課題の重要性を理解して、各省庁が、自らの予算削減を受容し、限られた予算という制約条件の中で、自分の担当する各行政課題に支出を振り向けようと努める場合である。降順内面化が実現するためには、支配者(統率者)の実効的な統治能力が前提になる。政府のレベルでは、首相が各省庁の拡張主義的な予算要求を抑制したり歳出を削減するという指導力をもたなければならない。

次に、正順内面化と逆順内面化とは、具身の諸個人や諸集団のもつ私的な利害要求と、経営システムにおいてこれらの諸主体が担当する経営課題や役割課題

---

[5] これらの内面化の4タイプについては、舩橋(1998c)を参照。

が、どのような優先順序の関係にあるのか、という文脈に位置する対概念である。「正順内面化」とは、具身の主体が行為の目標を設定するにあたって、経営課題や役割課題の遂行をまず優先し、私的利害要求の追求を、役割遂行に従属するものとして位置づけているような場合である（無私の精神）。これに対して、「逆順内面化」とは、具身の主体の行為目標の設定にあたり、私的利害要求の追求が、経営課題や役割課題の遂行に対して優越するようなしかたで優先的に設定されているものである。逆順内面化が昂進すれば、具身の主体の私的利害関心の介入によって、経営課題や役割課題の遂行のされ方が偏向し、それらの達成が、私的利害追及のための口実のようなものに変質させられ、組織の運営をめぐるあらゆるタイプの堕落や腐敗が生みだされる。

整備新幹線の建設を国会議員が熱心に推進する場合、交通基盤の整備という経営課題のかたちでの政策目標が大義名分として掲げられるが、同時にその追求には、選挙基盤への利益誘導、次の選挙における自分の当選という私的利害関心も強力に左右しているといわなければならない。「経営健全性」への無関心、フル規格とミニ新幹線の得失の合理的比較の排除という過程には、主導的アリーナに登場する政治家たちにおいて、逆順内面化というかたちで、私的利害関心の追求が、経営課題の達成のしかたを方向づけているという関係が見いだされるのである。

ところで、これらの4つの概念の間には、「降順内面化と正順内面化」に親和性があり、「昇順内面化と逆順内面化」が密接に結び付きやすいという関係がある。整備新幹線や国鉄債務問題についての主導的アリーナにおいては、「政策目標と利害関心」についての「昇順内面化と逆順内面化」の組み合せが優越している主体が再三見いだされる。

これらの利害関心の内面化の諸タイプは、支配あるいは統治の内実の諸タイプと相関している。降順内面化が支配者（統率者）の被支配者（被統率者）に対する指導力の存在と結びつくのに対して、昇順内面化は支配者（統率者）の被支配者（被統率者）に対する統治能力の空洞化、特定の交渉主題についての勢力関係における前者の後者に対する劣位を帰結する。また、被支配者（被統率者）における利害関心の正順内面化は、私的要求提出についての節度を可能にし、「人気取り的な意志決定よりも、負担問題についての経営責任を優先する支配者（統率者）に対する支持」と親和的である。これに対して、逆順内面化は、モノ取り主義的要求の噴出に結びつきやすく、「人気取り型支配者（統率者）への支持」と親和的である。

7 「公共圏」の貧弱性

　以上のような主導的アリーナとそれを取り巻く社会関係の特色を一言で総括するならば、それは、「公共圏」という性格の貧弱性である。公共圏（public sphere）とは、ハーバーマスが説明しているように（Habermas 1990=1994）、社会的・政治的問題や文芸作品を主題にした開放的で持続的な討論の場である。そこでは、人々が、対等な資格で、理性を駆使した批判的な討論を積み重ね、普遍的妥当性のある認識や価値判断の基準や社会を組織化する規範を探求する。公共圏の要素にあたる個々の討論の場を「公論形成の場」ということができよう。個々の政治的アリーナが「公論形成の場」に接近するためには、そこでの議論が、まず公開されたものであることが必要であり、さらに、主張の根拠を絶えず明らかにしようとするという意味で合理的な議論が持続的に積み重ねられなければならない。

　ところが、整備新幹線や国鉄債務問題を扱う主導的アリーナにおける主体間の相互作用においては、政策論議の合理性は軽視され、モノ取り主義と人気取り主義という性格をもつ各主体の利害関心の表出と、それぞれの妥協点の探求が重視される。主導的アリーナは勢力関係に基づく交渉の場という性格が強く、「公論形成の場」の対極として「密室」という性格を帯びている。このことは、これらの路線を整備計画として決定した1973年の時点、すなわち、田中角栄首相の時代とほとんど変わっていない。

　政府・与党首脳部の協議の場という主導的アリーナは、なぜ、公共圏という性格が貧弱なのであろうか。その第1の根拠は、鉄道政策の領域においては、政策の総合性と合理性を可能にするような討論と意志決定の手続きとが欠如していることである。全国新幹線鉄道整備法は、路線決定や財源の投入や路線規格の決定について、主導的アリーナにおける恣意的決定を可能にするものとなっている。第2の根拠は、主導的アリーナに対する社会的批判と環視が、厳しくないことである。主導的アリーナに登場する政治家たちが負担問題に対して責任感覚を欠如させ、財政赤字を安易に助長するような政策選択を続けたとしても、それに対する国会での批判も、有権者からの対抗力の行使も弱く、彼らはその地位を脅かされることがほとんどない。そして、第3に、補助金型財政構造による「負担の自己回帰の切断」が、このような負担問題に対する政治家の無責任性を可能にする、制度的背景になっているのである。「断片的決定・負担転嫁・無責任型」のシステム・主体・アリーナ間の連動は、このように「公共圏の貧弱性」によって特徴づけられるのである。

[利害調整アリーナにおけるある種の妥協は、統率アリーナにおける無責任と結びついている。利害調整のしかたにおいて、経営責任を保ちつつ、調整する方法もあるし、それを放棄する方法もある。]

第5節　周辺的アリーナの意志決定の特色と問題点

1　整備新幹線建設問題における周辺的アリーナの諸タイプ

　主導的アリーナにおける負担転嫁の意志決定は、国鉄債務問題においては、債務転嫁の行き先が国家財政という一つの経営システムであったが、整備新幹線問題においては、多数の随伴的問題が引き起こされ、それへの対処はいくつもの周辺的アリーナに押しつけられたのである。その主なものは、並行在来線の経営分離問題、フルかミニかの規格選択問題、特急停車の喪失問題、公害問題、財政負担問題である。

　表12-5 は、長野新幹線、九州新幹線における周辺的アリーナと、そこで取り組まれた争点を表示したものである。周辺的アリーナは、大きくは3つのタイプに分かれる。

　第1のタイプのアリーナは、建設を推進、あるいは容認する立場の諸主体の間で、随伴的問題を処理するために設定されたものである[複数の事業システム間の相剋]。それは、長野県とJR東日本とのあいだに形成されたアリーナであり、そこでの課題は在来線の経営分離に付随する在来線鉄道施設の第三セクターに対する有償譲渡問題である。それは、第三セクターによる在来線運営を志向する長野県にとっては、財政負担問題として存在していた。この問題は、長野県が押し切られるかたちで、有償譲渡で決着した[6]。

　第2のタイプのアリーナは、新幹線建設を推進する長野県や群馬県と、フル規格新幹線による打撃をこうむる沿線市町の行政組織との間に設定された。そこで争われたのは、「並行在来線の経営分離問題」「特急停車駅の喪失問題」「フル規格かミニ新幹線かの選択問題」であるが、これらは一体化した問題である。これらの問題をめぐっては、「在来線の現状維持、ミニ新幹線」を望む小諸市と御代田町が長野県に対立し、「信越線の横川・軽井沢間の存続」を求める松井田町と廃止やむなしとする群馬県とが交渉を続けた。これらのアリーナの勢力関係は、

6　編注：以下の諸論点の具体的事実については、舩橋・角・湯浅・水澤『「政府の失敗」の社会学』第4章を参照。

第12章 鉄道政策における政府の失敗 425

表12-5 周辺的アリーナでの随伴的問題対応

アリーナ(時期)	争点	主要な主体と主張または対応	決着の内容
JR東日本と、長野県・しなの鉄道、の間での交渉(1991-1995)	信越線の経営分離区間の鉄道施設の第三セクターへの譲渡問題	JR東日本：有償譲渡 ↑↓ 長野県・しなの鉄道：無償譲渡	しなの鉄道への有償譲渡 長野県からしなの鉄道への無利子融資
並行在来線対策(群馬県)協議会 横川-軽井沢間代替輸送協議会(1988-1991)	信越線の横川-軽井沢間の廃止	松井田町など沿線自治体：存続を要求 ↑↓ 群馬県：財政的、経営的に存続は無理	廃止の決定 代替バス輸送
非公式の長野県と2市町の交渉の場(1988-1991)	長野新幹線の規格選択 信越線の第3セクター化	小諸市、御代田町(行政＋議会) 　ミニ新幹線の実現／在来線存続 ↑↓ 長野県：フル規格新幹線／在来線	小諸市、御代田町側が第3セクター化に同意
行政不服審査法に基づく運輸大臣に対する異議申し立て(1991.9.10-10.11)	北陸新幹線・軽井沢-長野間の工事実施計画の認可の是非	軽井沢町等の住民5名：鉄建公団の提出した工事実施計画を運輸大臣が認可したのは不当 ↑↓ 運輸省：認可は行政内部行為	運輸省による却下(1991.10.11)
工事実施計画認可取消の行政訴訟(東京地裁、東京高裁、最高裁、1991.11.20-1993.2.26)	北陸新幹線・軽井沢-長野間の工事実施計画の認可の是非	軽井沢町等の住民5名：小諸市と御代田町の同意は無効、フル規格での新幹線には公共性がない、自治体財政の圧迫 ↑↓ 運輸省：認可は行政内部行為	東京地裁、東京高裁、最高裁で住民側敗訴
公害等調整委員会における調停(1991.6.13-1994.1.19)	公害防止(フル規格新幹線の是非)	群馬県・長野県の住民：公害防止要求、フル規格新幹線の不当性 ↑↓ 鉄建公団：環境保全対策を実施	公害調停の成立(1996.4)
事業認定取消訴訟(長野地裁)(1994.8.3-1996.4)	建設大臣による長野新幹線の事業認定の是非	軽井沢町などの住民：建設大臣による長野新幹線の事業認定は違法、ミニ新幹線にこそ合理性あり ↑↓ 建設大臣：新幹線の規格は運輸大臣の判断事項、北陸新幹線には公共の利益あり	住民側が訴訟を取り下げ(1996.4)
長野県収用委員会(1994.9.2-1995.11)	鉄建公団による土地収用裁決申請の是非	立木トラスト運動参加者：土地収用裁決申請を却下すべき、事業認定に瑕疵あり ↑↓ 鉄建公団：土地収用の裁決を求める	長野県収用委員会は、鉄建公団の土地収用申請を認める(95.11)
鉄建公団と熊本県の住民・自治体との直接交渉(1993-2001時点では継続中)	九州新幹線の水涸れ問題 九州新幹線沿線の移転補償問題	熊本県坂本村(役場、住民)：水涸れ問題 ↑↓ 鉄建公団：井戸汲み上げの応急措置 水俣市長野地区住民：公害回避のための移転補償 ↑↓ 鉄建公団：環境基準が守れるはずなので不要	恒久的対策について交渉継続中 移転補償について交渉継続中 (いずれも2001年時点)

県の側が圧倒的に優位であるため、結局は、長野県や群馬県の意向が、関係市町を押し切るという決着となった。

第3のタイプのアリーナは、フル規格新幹線の建設に反対している沿線の住民運動諸団体と、建設推進の諸主体のあいだに設定されたものである。このタイプのアリーナは、多数にのぼり、それぞれの直接的争点も異なっているが、その背景にある住民運動側の反対理由は共通であり、かつ、複合的である。住民運動側の主な反対理由は、並行在来線の経営分離が地域住民の生活にとって打撃となること、フル規格新幹線は財政負担が巨大すぎること、ミニ新幹線のほうが財政負担の軽さや既存の市街地の尊重などさまざまな面で合理性があること、および公害問題である。このような論拠をもとに、住民は、表12-5に示したような、さまざまなアリーナにおいて、要求と批判を提出したが、ほとんどすべてのアリーナで要求を実現することができなかった。例外的に成果をあげることができたのは、長野新幹線建設問題における公害調停である。

2 周辺的アリーナにおける意志決定過程の特徴

これらの周辺的アリーナにおける紛争と意志決定の特徴はどのようなものであろうか。

第1に、形式的に見れば、周辺的アリーナは主導的アリーナにおいて発言権をもたない主体が、随伴的に引き起こされる問題に対処する場という性格をもつから、周辺的アリーナに登場する主体は、主導的アリーナに登場する主体とまったく重ならないか、あるいは、部分的にしか重ならない。また、複数の周辺的アリーナが、分散的に存在しており、それぞれが個々の問題を断片的に取り扱い、断片的な決着を積み重ねた。

第2に、問題の断片的処理は、政策論争の平面でみるならば、つぎのような興味深い事実と結びついている。それは、長野新幹線建設においては、住民運動側が包括的政策論争を提起しているにもかかわらず、建設推進主体側は、それを拒否し、問題を断片化し、まともな政策論争が成立しないことである[7]。一般に行政組織と住民運動の対立・論争において、行政組織側が住民運動に対して投げかける典型的な批判は、住民運動は自らの部分的要求に固執するのみで、総合的・整合的な政策の提起や財政負担についての責任感を示さないというものである。ところが、整備新幹線をめぐる長野県の住民運動と行政組織の論争において

---

7 九州新幹線についても同様の事態が見られる。

は、政策の総合性と財政負担問題への感受性を示しているのは、軽井沢町を中心にした住民運動側であって、奇妙なことに、建設を推進している行政側は、総合的な政策という点では、説得力のある論議を提示していない。むしろ、鉄建公団、長野県庁、運輸省、建設省などの行政組織側は、住民から提起されている根本的問題を、そのつどのアリーナにおいて部分化・断片化し、総合的政策論争に入り込むことを回避してきた。

　第3に、総合性・包括性をもった政策論議を提起した住民運動側の努力にもかかわらず、建設的な政策論議と、計画の修正・洗練ができないということは、現在の公共事業にかかわる利害調整と意志決定の諸制度に構造的欠陥があることを意味している。つまり、現存の制度的枠組みの中に設定されるこれら個々のアリーナは公共圏の構成要素としての「公論形成の場」という性格をもっていない。長野県の住民運動は、あくまでも合法的な手段で、政策論争を通しての政策転換を促そうとした。現在の制度的枠組みで、住民側にとって政策的主張の提起に使えそうな諸制度は、ことごとく使用したのである。すなわち、行政不服審査法にもとづく異議申し立て、工事実施計画認可取り消し訴訟、建設大臣による事業認可取り消し訴訟、土地収用裁決申請についての土地収用委員会における意見陳述、公害等調整委員会における公害調停申請といったあらゆる制度的手段が使用された。けれども、住民側の総合的観点にたった問題提起は建設推進主体側に受けとめられることはなく、当初計画の修正や洗練につながらなかった。このような紛争過程の全体は、その成果の貧弱さを通して、利害調整制度の構造的欠陥を露呈させている。

　［この点を展開するべし。事業システムをめぐる利害調整について、社会制御システムが適切な枠組み条件を提供していない。］

　第4に、その構造的欠陥とは、全体としての総合的・合理的政策形成を可能にするような意志決定手続きが欠如しており、負の随伴帰結問題と費用負担問題とを、当初の主導的アリーナにおいて、事前に顕在化できていないという欠陥である。いいかえると、周辺的アリーナが、主導的アリーナで決定された事項を所与の枠組みあるいは前提条件とした上で随伴的問題を処理しなければならないという立場に置かれており、周辺的アリーナから主導的アリーナへ問題提起を環流させる制度的回路がまったく欠落していることである。建設計画に伴い生起する負の随伴帰結と、この計画に必要な「真の費用」とは、ともに、事後的に、周辺的アリーナで顕在化するのである。負担問題は、主導的アリーナでは正確・

真剣には取り扱われず、周辺的・従属的アリーナに転嫁され、その転嫁をこうむった諸主体の抗議を通して顕在化する。このように全体としての政策決定制度は、総合的・合理的討論を保証する「公論形成の場」としては、きわめて貧弱な機能しか発揮しなかったのである。

第6節　「政府の失敗」を助長する副次的メカニズム

[行財政制御システムがどのような場合に、欠陥を露呈してしまうのか。]

　以上においては、「政府の失敗」を生みだしているメカニズムを、主導的アリーナと周辺的アリーナの性格と相互関係に焦点をあてながら、「断片的決定・帰結転嫁・無責任型」のシステム・主体・アリーナ間連動として分析してきた。ここで、このメカニズムを補強している3つの副次的メカニズムについて検討してみよう。それは、「歪められたケインズ政策」「特殊法人の機能」「財政投融資の機能」という論点である。

1　歪められたケインズ政策

　日本における公的債務の増大の過程をみると、1990年代の景気低迷期に、景気対策という理由で、巨額の公共投資が、大量の国債発行を伴いつつ正当化されてきた。このような財政政策による景気対策は、ケインズ政策といわれるが、実際には、日本の景気対策は、次のような意味で、歪められたケインズ政策に陥っているように思われる。

　第1に、本来のケインズ政策は、不況期に財政赤字と国債の発行により景気刺激政策を採用するが、好況期には増大した税収を利用して債務を返済するものである。ところが、日本の財政出動による景気刺激策は、好況期における税収の確保と債務返済が徹底しないために、国債の発行と償還に対して非対称的なものになっており、この30年来（2000年時点で）、債務の累増を重ねてきてしまった。この事実は、好況時に税収増を自動的にもたらすビルトインスタビライザーの税制における制度化が不十分であることを示唆するものである。

　第2は、不況期に投資をするとしても、それは、国民のニーズを充足するという意味での妥当性をもたなければならないし、また投資効果の低い計画は浪費となるのだから回避すべきである。整備新幹線の投資は、それ自体に収支採算性がないばかりか、在来線の経営分離という新たな財政負担を自治体に課すもので

ある。また、時間短縮1分あたりの必要経費で比較する限り、ミニ新幹線の方が投資効果は何倍も高いのであるから非効率的な投資といわなければならない。個々の公共投資計画の内容的妥当性の吟味が十分でなく、浪費的・非効率的な投資が多いという意味でも、ケインズ政策の実施が歪められたものとなっている。

2　特殊法人の機能──真の費用の潜在化装置、責任追及回避の緩衝装置

　旧国鉄債務問題と整備新幹線問題の経過を分析すると、債務の増大と過剰な投資の推進という点で、本州四国連絡橋公団や鉄建公団という特殊法人が非常に重大な機能を果たしていることが明確になる。その機能とは、真の費用の潜在化装置、責任追及の回避装置、公的債務拡大装置ともいうべきものである。

　本州四国連絡橋公団は、本州と四国を結ぶ3本の連絡橋の建設をその任務としていた。本四公団は、各橋の建設の進行とともにそれらを段階的に供用してきたが、建設事業がほぼ終了した1999年度以来、3本の橋を全面的に供用するようになった。しかし、毎年の使用料金によっては、建設のための債務の利子の半額程度しか支払えないという事態が生じている。当初計画は、30年間の使用料金によって建設経費をまかなうという方針であったが(本州四国連絡橋公団本州四国連絡橋史編さん委員会 1985: 69, 77, 165)、実際には過大投資であったことが事後的に明らかになった。

　本四公団の場合、鉄道建設にかかわる債務と道路建設にかかわる債務の双方が、結局は、国家財政に全面的に転嫁されることになった。この当初の建前との巨大なずれは、誰が責任を負うべきものであろうか。債務転嫁の根本原因は本四公団という組織自体の経営の失敗ではない。本四公団は作業組織であって、本四架橋の計画を自らのイニシアチブで立案したわけでもないし、また決定したわけでもない。本四架橋の建設決定は、政府・与党首脳部の形成する主導的アリーナにおいてなされたのであって、本四公団にとってはその設立の前提条件であった。だが、本四公団という組織が介在して、建設の業務を約30年間にわたって担うことにより、その間、国家財政にとっての「真の費用負担」は潜在化したのである(真の費用の潜在化装置)。

　また、仮に国家財政から直接に、そのつど支出をまかなわなければならないのであれば、財源の確保は、はるかに厳しい制約条件の中でしか実現しなかったであろう。一般会計とは別の公団の会計を利用できるゆえに、巨額の借入金を利用した建設が可能になったのである(公的債務拡大装置)。そして、その債務には政

府保証がついているから、自力では返済不能であることが顕在化したとたんに、国家財政に転嫁されるのである。ところが、1970年前後に決定された投資の不採算性がはっきりと顕在化したのは、1990年代になってからである。投資採算性の欠如が明らかになった頃には、当初の決定にかかわった政治家たちは、すでにその事業に関係する責任ある役職になく、あるいは引退し、あるいは死亡し、世代交代が起こっているのが常である。これだけの巨額の債務が国家財政に転嫁させられたときに、表面的に見れば、責任は本四公団の経営失敗にあるかのように見えるのであり、実際に過剰な投資を主導的アリーナで決定した政治家たちの責任追求は、ほとんどなされないのである（責任追及の回避装置）。

　同様の機能は、鉄建公団も発揮してきた。国鉄債務の発生の過程においては、国鉄の外の主体（すなわち、政府・与党首脳部という主導的アリーナを構成する主体）が決定した、地方交通線、青函トンネル、上越新幹線の建設を担当したのは、鉄建公団であった。これらの投資はいずれも採算性のないものであり、これらの建設費用は、結局は国鉄および清算事業団の債務に転嫁されたのである。国鉄債務のうち上越新幹線の建設にかかる債務が、1.8兆円であり、清算事業団に承継された債務のうち、青函トンネルにかかわる債務が、1.5兆円である。1987年時点での37兆円の長期債務は、国鉄債務というより、「国鉄・鉄建公団債務」ともいうべき性格の債務である。国鉄債務といういい方は、鉄建公団が過剰な投資を担ってきた過程の問題性を、あいまいにする効果があった。鉄建公団という特殊法人は、本四公団と同様に、真の費用の潜在化装置、責任追及の回避装置、公的債務拡大装置という機能を発揮してきたのである。

　さらに鉄建公団は整備新幹線の建設工事の実施主体であるが、建設計画や鉄道経営に責任をもつ主体ではない。このことが九州新幹線建設においては、公害対策についての無策と無責任を帰結している。名古屋新幹線公害の教訓は生かされておらず、緩衝地帯を形成しようという設計思想を未だ持ち合わせていない。建設主体（鉄建公団）と営業主体（JR）が分立していることが、公害対策に対する無責任性の根拠となってしまっている。

3　財政投融資制度と政府による債務保証の機能

　公的債務の際限のない拡大という意味での「政府の失敗」を促進した副次的メカニズムとしては、財政投融資制度の機能も作用している。旧国鉄が、なぜ、赤字が顕在化してからも、長期にわたって借入金を増加させつつ、拡張主義的な投

資を続けてしまったのかということは、国鉄に対する財政投融資制度からの融資が継続したことが、大きな根拠となっている。もし融資主体が民間金融機関に限られていたのであれば、採算性のない融資に対してはより警戒的になり、拡張主義的投資に金融面から抑制が働いた可能性が大きい。

　同様に、鉄建公団にせよ、本四公団にせよ、投資採算性のない事業を借入れによって実施できる背景としては、財政投融資が利用可能であり、政府によって債務保証がなされている組織であるという要因が重要である。特殊法人に対する財政投融資による融資と、政府による債務保証は、融資におけるモラルハザードを生む基盤であり続けたのである。本四公団の建設事業は、基本的には借入金によってなされているが、その債務を政府が保証しているゆえ、金融機関からの融資においても、投資採算性を基準にした融資の制限や拒否はなされない。結局、採算性のない投資のツケは、政府財政に転嫁されるのである。

　このように、これまでの財政投融資制度が、融資をめぐるモラルハザードを生みやすく、それを媒介に、政府債務の拡大に対して促進的に作用してきたことも、「政府の失敗」の一つのメカニズムとなっているのである。

結 び

　国鉄債務問題の発生・悪化・未解決と、整備新幹線における拡張主義的投資による国家財政への負担の転嫁というかたちでの「政府の失敗」は、「断片的決定・負担転嫁・無責任型」のシステム・主体・アリーナ間連動という意志決定過程全体の特徴から生みだされてくるものである。すなわち、多数の主体の関与と複数アリーナの分立、負担問題と負の随伴帰結の将来への転嫁と周辺的アリーナへの転嫁、財源の区画化と割拠的硬直性、補助金型財政構造による負担の自己回帰の切断、主導的アリーナにおけるモノ取り主義の噴出と政治家たちの人気取り主義と負担問題に対する無責任性、政策目標と利害関心における昇順内面化と逆順内面化、真の費用の事前の隠蔽と事後的顕在化、公共圏の貧弱性、歪められたケインズ政策、真の費用の潜在化装置としての特殊法人、財政投融資をめぐるモラルハザードなどの諸特徴が複合して、「民主主義の統治能力」を低下させ、「政府の失敗」を生みだすメカニズムとなっているのである。

　このような分析の要点は、以下の諸点にある。
　①「政府の失敗」を促進し、その弊害を生みだしているメカニズムのいたると

ころに部分的にみる限りでは「一理ある論理」と「一定の合理性」が見いだされる。たとえば、「地域間の平等化への願望」や「ケインズ主義による不況対策」や「地価抑制対策のための土地の高値売却禁止」がそれである。また、経営システムとしての自治体財政の収支均衡努力（補助金の獲得、地方交付税措置の要求）やJRの経営健全化努力（整備新幹線建設にあたっての建設費負担拒否や在来線の経営分離という条件）は、ミクロ的には経営の最適化努力として一理あるものである。

② しかし、ミクロ的・短期的・個別的にみた「一理ある」努力や、経営システムとしての最適化努力の集積の中から、マクロ的・長期的帰結として、国家財政収支に巨額のアンバランスが生じている。ミクロ的・短期的な「合理的」努力が、その集積を通して、マクロ的・長期的には「政府の失敗」という非合理的帰結を生んでいる。このような「合理性の背理」が生ずる根拠は、さまざまな経営システムの間の枠組み条件が不適切なことである。より具体的にいうと連結のされ方が不適切なことである。諸システム間の不適切な連結条件によって、個々の経営システムに対して不適切な枠組みが設定されたり、さまざまな経営システムにおける政策選択の組み合わせが不整合となっている。その結果、ミクロ的にみた最適化努力は存在しても、全体としては過剰で非効率的な投資というかたちで「政策の歪み」と「非合理的帰結」が生みだされている。

③ 整備新幹線については、国家財政による大部分の建設投資負担という方式によって、国家財政と鉄道建設の経営システムが連結されている。このような連結条件の設定は、鉄道建設の経営システムにとっては、収支採算上の制約条件を大幅に緩和し元来不可能であった投資を可能にするものであるが、その分、国家財政に負担が転嫁される。国家財政の収支均衡という要請に由来する制約条件を度外視した「過剰に緩和された枠組み」の中で、鉄道建設の投資がなされているので、鉄道建設の経営システムにとっての部分的な最適化は達成されたとしても、国家財政を含む総体としての経営の健全性という課題は達成されていない。

　国鉄長期債務問題については、その発生の歴史的局面において、旧国鉄組織と国会や政府や政治家集団との連結のしかたは、国鉄に十分な独立した権限を与えず過剰な干渉が存在したこと、経営努力の成否が敏感に自己回帰しないことという意味で不適切な連結であった。また、清算事業団によ

る債務返済の局面においては、政府が地価対策の名目で土地の一般競争入札による売却を禁じながら代替財源を確保することを怠った点で、政府と清算事業団の連結条件の設定のしかたは不適切であった。

④このような連結条件の設定の不適切さの第1の根拠は、政策内容、政策決定過程、制度的構造の3者の相互作用の中に、探るべきである。すなわち、公論形成の場という性格を欠いた政府・与党首脳部の協議の場が、実質的な主導的アリーナになっているという制度的構造が、欠陥のある政策決定過程と政策内容を生みだしている。すなわち、そのような政府・与党の協議の場が主導的アリーナになってしまっていることは、一方で国会での審議が、鉄道政策においては、実質的に周辺的アリーナの位置に押しとどめられていること、他方で、公共事業の計画決定手続きにおいて、総合性と合理性を担保する手続きが未熟であり、関連地域住民の提起する負の随伴帰結の問題や、納税者一般が関心をもつ負担問題が、十分に検討されないことと、表裏をなすものである。

このような政策決定に関する制度的構造の不十分さが、負担問題を閑却した政策決定過程を再三、生みだしてきた。すなわち、政府・与党の協議の場という主導的アリーナにおいては、短期的・局所的利害関心に基づいて、また、昇順内面化と逆順内面化に基づいて、モノ取り主義的な要求を強力に表出する主体や、既存の財源の割拠的硬直性を防衛しようとする主体が勢力をもつ一方で、国家財政のマクロ的収支均衡という課題を強力に提起する主体が欠如してきた。そして、主導的アリーナにおける政策決定過程の特徴は、登場する諸主体間の勢力関係を反映した妥協によって、意志決定がなされる（政治的妥協形成基準の優越）ことである。結果として、選択される政策内容には、総合性と合理性が欠如し、また負担問題に対する責任意識が希薄なものとなっている。

⑤連結条件の適切性と不適切性を左右する第2の根拠としては、システム・主体・アリーナにおける、自己回帰性の有無が大切である。

経営システムにとっての経営の成否が、自己回帰するかしないかは、その経営システムの内部にいる諸主体のあり方を、根底的に規定する[8]。すなわち、

---

[8] 経営システムの成否の自己回帰の有無が、組織の体質を大きく変化させることは、1986年までの国鉄組織と、1987年に民営化されたJR組織における作動の違いを比較することによって、明瞭となる（細谷1993）。JRにおいては、経営の成否が自己回帰するという構造をふまえて、各主体に正順内面化、降順内面化が促進されてきたことが見てとれる。

経営システムの経営の成否が自己回帰する場合は、その内部の主体(諸個人、部局)が、組織全体の経営課題・自分の役割課題・自分の利害関心のあいだに優先目標を設定する際、降順内面化と正順内面化が実現されやすい。そして経営合理性の維持という制約条件が、経営システム全体に厳しく課されることになり、それが個々の部局や役割に対して、個別主義的利害関心の自存化的追求を抑制するように作用するのである。これに反して、経営システムの経営の成否が自己回帰しない場合には、その内部の諸主体に、昇順内面化と逆順内面化を生じやすいのであり、個別主義的要求が自存化しやすい。

また、主体にとっての要求提出やアリーナにおける意志決定が、負担問題の自己回帰を伴う場合は、主体とアリーナにおける、降順内面化と正順内面化を実現しやすいし、責任意識を保ちやすい。これに対して、主体とアリーナにおいて負担問題と負の随伴帰結が自己回帰しない場合は、モノ取り主義と人気取り主義が、きわめて噴出しやすくなる。

補助金型の財政構造の欠陥はここに露呈する。そのような負担の自己回帰を切断した基盤の上では、「地域間の平等」「地方の振興」というそれ自体としては妥当な政策目標の追求が、結果として、過剰で非効率的な投資と公的債務の巨額化という「政府の失敗」を生みだしてしまうのである。

⑥以上の考察は、今日における「政府の失敗」と、そこに露呈している民主主義の統治能力の危機を、2つの制度的文脈で分析することを提起するものである。

第1の論点は、政策内容における無責任性が、政策決定過程における断片的決定・負担転嫁という特徴と結びついていること、そしてそのような政策決定過程は、政府・与党首脳部が事実上の主導的アリーナとなり国会が周辺的アリーナにとどまるとともに、関連地域住民が政策決定過程から排除されているという制度的構造の欠陥と結びついていることである。

第2は、補助金型財政構造における「負担の自己回帰の切断」が、モノ取り主義と人気取り主義を噴出させ無責任な拡張主義的投資を生みだす温床になっていることである。

⑦本章を通して見てきたように、「政府の失敗」を生みだしているメカニズムは、システム・主体・アリーナのそれぞれのあり方にかかわるものであり、複合的である。したがって、その解決策、対処策の提起も複合的でなければならない。

第13章

初期熊本水俣病における行政組織の対処の失敗

はじめに

　本章の課題は、熊本水俣病の発生拡大過程における行政責任の問題を、社会制御システム論の見地から解明し検討することである。水俣病は復論するまでもなく、被害の深刻さという点で、世界的にも最大級の公害である[1]。水俣病についての行政の加害責任の問題は、1980年代になって各地の水俣病訴訟で問われてきた。だが、司法判断の前提として、どのような社会過程・組織過程を通して、行政組織が無責任な対応をしたのかが解明されるべきである。しかし、この課題については、深井純一の先駆的業績があるものの(深井 1977; 1982; 1985)、どのような要因連関によって行政組織の無責任な対応が生じたのかについて、さらに検討を深めるべきである。この課題について、本章では方法的立場の提示(第1節)をふまえて、事実経過と理論的検討を交互に行い(第2節～第6節)、最後に社会制御システム論の見地からの考察を試みる(第7節～第8節)。

第1節　行政責任解明の理論的視点

I　水俣病問題に対する総体としての行政組織の無為無策

　熊本水俣病の初期の発生と拡大過程、とりわけ社会的に問題が顕在化した1956～1959年において、総体としての行政組織(政府、熊本県、水俣市)は、巨視的にみるならばどのような態度を取りつづけたであろうか。一言でいえば、総体としての行政組織は、①水俣病の原因究明を完遂することができず、②発生源工場に対する的確な規制措置をおこなわず、③被害者に対する適正な補償の枠組

---

[1] 水俣病被害については、たとえば石牟礼道子(1969)、宇井純(1968)、原田正純(1985)等によって解明が積み重ねられてきた。

みを構築せず、④同種工場における被害の再発を防ぐための対策を樹立しなかった。

そのような初期における行政組織の対処の誤りと無責任性が、以後広く知られているような深刻な社会的帰結を招いた。加害企業である新日本窒素株式会社[2]（以下、新日窒と略称）による水俣湾への水銀排出は、1966年5月まで続き、被害者数を増大させ続けた。第一の水俣病である熊本水俣病への対処があいまいに終わった結果、1965年には、第二の水俣病が新潟県阿賀野川の流域で顕在化した。

その後、2つの水俣病の被害者と加害企業の間の紛争は長期にわたって継続し、訴訟をおこなっていた主要な未認定患者団体と加害企業の間で解決のための協定が結ばれたのは、ようやく1995年末から96年5月にかけてであり、事件顕在化以後40年が経過していた。しかもこの協定は被害者諸団体から見れば、内容的に大きな問題を残すものであり、関西訴訟原告団はさらに訴訟を継続し、2001年4月の大阪高裁判決、2004年10月の最高裁判決においては、ともに行政組織の国家賠償法上の責任が確定したのである。

1950年代における「総体としての行政組織」の水俣病への対応を、研究者グループによる原因解明の進展段階に応じて記述するならば、次のようになる。

① 1956年5月より3ヶ月間ほどは伝染病が疑われたが、夏ごろからは伝染病の疑いは薄れ、水俣湾の魚の有毒化が原因であるという説が有力になり、57年4月の伊藤蓮雄水俣保健所長の実験により、魚の有毒性が決定的に確証された。しかし、水俣湾の魚介類の採捕について、行政組織は食品衛生法の発動による漁獲禁止に踏みきらず、漁獲自粛の行政指導をおこなうに留まった。

② 魚を有毒化している原因としては、すでに1956年秋より、研究者の間では新日窒排水が疑われていたが、58年6月24日には厚生省環境衛生部長（尾村）が、国会において「発生源と推定されるものが工場において生産されておるということ」という答弁をするにいたった（参議院1958）。また、1958年9月の排水路変更により、1959年2月になって新たに水俣川方面に患者が現れたことは、工場排水が原因であることを実証するものであった。にもかかわらず、総体としての行政組織は、工場排水に対し排水停止という形の規制措置をとらず、放置し続けた。

2　この企業の名杯は、1965年1月以来、「チッソ株式会社」に変更され、現在に至っているが、本稿では、考察の主要対象である1956〜59年当時の名称を使用する。

③ 1959 年 7 月、熊本大学研究班は、原因物質として水銀が注目されることを公表し、同年 11 月 12 日の食品衛生調査会は、厚生大臣へ「原因はある種の有機水銀化合物」と正式答申し、そのことは翌日の閣議でも報告された。しかし、総体としての行政組織の中では、有機水銀説はうやむやに葬られてしまい、行政組織は有機水銀が原因であることをふまえた規制措置をなんら取らなかった。

④ 1959 年 10 月に、新日窒附属病院長（細川）は、新日窒のアセトアルデヒド工場からの排水の直接投与により猫が水俣病そっくりの症状を呈することを確認し（猫 400 号実験）、62 年 6 月ごろには、入鹿山熊大教授と新日窒の奇病研究室が、ほぼ同時に水俣工場内で生成する塩化メチル水銀が原因物質であることを突き止めた（宮澤 1997: 346-351）。そして、63 年 2 月には、熊大研究班は、水俣病の原因物質として水俣工場のスラッジより塩化メチル水銀を抽出と公式発表し、新聞にも報道された。これらにより、原因物質は塩化メチル水銀であること、新日窒工場の特定の工程（アセトアルデヒド製造工程）からそれが排出されていたことが解明されたにもかかわらず、行政組織は、なんの対応もとらなかった。

巨視的にみるならば、1956 年から 59 年にかけて、このように原因究明が段階的に進展するにつれて、それに対応して各段階で水俣病の拡大を防止する行政的措置が技術的には可能であった。「魚の有毒化」が判明した段階では、その有毒物質の種類や由来が不明であっても、漁獲禁止をすれば水俣病の拡大は防げた。魚の有毒化の原因が工場排水中の重金属であることがわかった段階では、有毒物質の種類が何かが未解明でも、工場排水の停止あるいは排出の循環による重金属の回収をしていれば被害の拡大は防げた。「ある種の有機水銀化合物」が原因であることがわかった段階では、有機水銀の種類の確定や無機水銀の有機化の機序がわからなくても、水銀使用の工程からの排水の停止あるいは完全循環措置をとらせれば被害の拡大は防げた。さらに、新日窒のアセトアルデヒドの製造工程で生成したメチル水銀が原因であることがわかった段階では、新日窒のみならず全国の同種の工程に対してメチル水銀排出を禁ずる措置をとれば、熊本水俣病の拡大の継続と新潟水俣病の発生は防げた。

しかし、総体としての行政組織はいずれの段階でも無為無策であり、被害の拡大を放置するというきわめて無責任な態度を取り続けた。

このような、行政組織の対処のしかたは、巨視的にみるといかなる性格をもつ

社会過程であったのだろうか。総体としての対処のしかたの特徴をどのような理論的視点で把握したらよいだろうか。

2 支配システムにおける行政の位置と加害への加担の意味

　被害者と加害企業が対立するなかで、行政が果たした役割は、社会制御システム論の視点、とりわけ支配システム論に注目することによって把握されるべきである。

　一般に、社会問題の解決過程における行政組織と住民との関係を把握するためには、両者の関係を、支配システムならびに経営システムという両義性に注目しつつ把握することが必要である（本書第2章）。そのような両義性の中でも、水俣病問題のような場合には、支配システムにおける両者の関係こそが重要な意義をもっている。支配システムとは、正負の財の配分構造（閉鎖的受益圏の階層構造）と、意志決定権の配分構造（政治システム）の両契機からなり、両者とも通常は格差を内包した不平等性を示す。支配システムの文脈における、行政組織の基本機能はなにか。それは、政治システムの契機においては支配秩序を維持することであり、閉鎖的受益圏の階層構造の契機においては、特定の財の分配構造を形成したり、維持したり、修正したりする作用を果たすことである。

　水俣病の直接的被害者は水俣病患者であるが、同時に工場排水による漁業への打撃と水俣病発生による魚の販売不能により、不知火海一帯の漁民も水俣病に関連した被害者となっていた。水俣病問題においては、加害企業と被害住民・漁民の間に、収奪型の受益圏／受苦圏構造が生じていた。

　以上をまとめて把握すれば、新日窒と患者・被害漁民の関係は、抑圧的排除・収奪型の支配システム類型として把握されなければならない。このような特質をもつ支配システムの状態のもとで、水俣病事件は、患者や被害漁民と加害企業とではまったく異質なかたちで体験されていた。患者や漁民にとっては、この事件は受苦性と階層間の相剋性と受動性という特徴をもつ「被支配問題」であった。これに対して、加害企業はいかにして既存の格差にもとづいた財の配分構造を維持しながら政治システムにおける秩序を回復するかという意味で、「支配問題」として水俣病事件を体験していた[3]。

　このような状況の中で、行政の果たした役割は、単なる「無為無策」と意味づけたのではすまされないものがある。というのは、行政組織はこの問題に対して

---

[3]　「被支配問題」と「支配問題」についての説明は、第2章を参照。

無関係な第三者ではなかったからである。一方で被害者側は、再三、原因の究明と工場排水の停止を要求し、他方で政府は経済成長政策の一環として化学産業の育成に力を注いでおり、この点では産業界と利害関心を共有していたからである。行政組織も利害当事者の一つであったのである。不正を是正するようにという被害者側の要求提出にもかかわらず、しかも対策の開始の必要性と可能性を根拠づける原因究明が、そのつどの段階で一定程度は進展していたにもかかわらず、行政が無為無策を続けたことは、①不正の放置と加害者の行為の擁護的黙認②政治システムにおける要求提出回路の閉塞という重大な含意があった。その意味はこうである。

1956〜59年の被害者と加害企業の間の紛争は、支配システムの中での利害闘争という性格をもっている。被害者側の切実な要求提出にもかかわらず、加害者側はそれを拒否し続けた。この紛争の当事者が掲げるそれぞれの利害要求の質を現時点から見れば、社会内で優先されるべき価値序列という点では、あきらかな優劣があった。

水俣病被害者の要求は、生命と健康を守ろうとするものであり、それらは基本的人権の基底をなすものとして、他の利害要求に対して最優先されるべきものであった。そして患者の要求と被害漁民の要求は、地域生活の共有基盤である良好な環境の保全の要求として一体のものであった。良好な環境の保全という要求は、地域の人々の生存と生活の共同基盤として普遍性をもつものであり、さらに、それは単なる金銭的要求に還元されるものではなく、自然と一体となった生活を守るという意味ももっていた。

これに対して、加害企業の利害要求は自分自身の経済的利益の拡大であり、しかもそれをすでに存在していた自然と共存している人々の暮らしを破壊し踏みにじりながら追求しようというものであった。

このように利害要求の質という点であれば、被害者側の要求にあきらかに普遍性があり、価値序列の上で優劣のある紛争であったが、力関係の上では、優劣は逆転し加害者側(新日窒)が圧倒的に被害者に対して優位に立っていた。

それゆえ、工場排水に原因物質が含まれるということを1958年の段階で厚生省幹部が明言しており、被害漁民は工場排水の停止を1957年以来要求しているのに、総体としての行政組織が無為無策であったことは、行政組織が社会的な不正の存在を知っていながらそれを放置していたこと、しかも加害者の行為を擁護的に黙認していたことを意味している。

この不正の放置と加害者の行為の擁護的黙認は、また、政治システムにおける要求提出回路の閉塞を意味していた。被害者は1956～59年の段階において、新日窒に対してと同時に、政府各省庁、熊本県庁に対して再三の要求提出をおこなっていた。しかし、自治体も政府もその要求を取り上げ、真摯に問題解決に取り組むことがなかったのである。1959年末の時点で、水俣病の原因は不明のままにされ、新日窒の加害責任は明らかにされず、水銀汚染の停止はなされず、他の企業に対する再発防止対策はとられず、十分な被害補償はなされないまま抗議行動は鎮静化させられた。患者によって、わずかに獲得されたものは、以後の補償請求権の放棄を伴う少額の見舞金だけであった。このような状況の中で、抗議に立ち上がった漁民の工場乱入に対して、警察は大量逮捕というかたちで報いた。

たしかに、行政組織は新日窒のように話し合いの拒否をくり返したわけではなく、被害者側との交渉の窓口は存在していた。しかし、その話し合いは問題解決に少しも効果をあらわさず、要求提出が行政組織の実効的な解決努力につながらないという意味で、要求提出回路は閉塞していたのである。このことは、新日窒と被害者の間に存在した抑圧的排除・収奪型の関係について、総体としての行政組織がそれに加担していたことを意味する。

このような事実に対して、すなわち、総体としての行政組織の果たした役割について、行政組織自体はどのような言い訳をしており、また行政責任を問題にした各地の訴訟の判決は、どのように解釈しているであろうか。

行政組織がなにもしなかったことについて、行政組織は事後的には、①水俣病の原因物質が不明であったこと、②その排出責作者が不明であったことという理由をあげて、自己弁解に努めている。行政組織に国家賠償法上の責任なしとした判決も、これらのことをその有力な論拠としている[4]。また、村山富市首相の発表した「水俣病問題解決にあたっての内閣総理大臣談話」(1995年12月15日)においては「政府としてはその時々においてできる限りの努力をしてきたと考えますが」というような回顧がなされている。

しかし、そのような弁解や回顧は事実経過とは大きく相違しているといわねばならない。事実の詳細な解明が必要である。その解明は、行政組織の不可解な行為の謎を解くものでなければならない。すなわち、目にあまる不正の放置と黙認、および政治システムにおける要求提出回路の閉塞が、なぜ生じたのかを明らかに

---

[4] 「新潟水俣病第二次訴訟第一審判決」(『判例タイムズ』782号)、「水俣病東京訴訟第一審判決」(『判例タイムズ』782号)、「水俣病関西訴訟第一審判決」(『判例時報』1506号)を参照。

しなければならない。

　これまでの巨視的視点にもとづく検討は、「総体としての行政組織」を対象としており、行政組織内部はいわばブラックボックスとされている。ここで必要になるのは、行政組織内部の過程がいかなるものであったかということへの注目である。総体としての行政組織の決定や行為も、それを突きつめていけば要素的な一人一人の行為と決定にまで行き着く。行政組織内部で水俣病問題にかかわった一人一人の行為がいかなるものであったのか、それらの累積がどのようにして、総体としての行政組織の無責任と欠陥を生みだしたのかを解明しなければならない。

3　意志決定過程分析の視点──複合主体論

　この課題に対して、すでに本書において使用してきた戦略分析に加えて「複合主体論」という理論的視角を採用してアプローチしたい。

　このような問題にアプローチする際に、本章で採用する理論的枠組みとしては、まず他の諸章と同様に、両義性論と戦略分析があり、また第Ⅱ部の諸章と共有する視点として、社会制御システム論がある。これらに加えて、本章ではさらに複合主体論の視点を取り入れる。それは、行政組織を多数の「要素主体」からなる「複合主体」として把握する視点である。ここで要素主体とは、個々の部局と役割(省・庁、局、課、係)を担う職員集団や個人のことである。

　上述のように、巨視的に見れば、総体としての行政組織は、きわめて不適切な意志決定を熊本水俣病の発生と拡大の過程においてくり返した。行政の行為と責任を解明したいという本章の問題関心からすれば、総体としての行政組織のそのような欠陥は、それを構成する要素主体の行為と意志決定にまで遡って分析されなければならない。そして、要素主体の意志決定と行為がどのように合成されることを通して複合主体の意志決定と行為が生みだされたのかを、分析する必要がある。**図13-1**は、この作業にあたって、検討すべき主要な主体の相互連関をまとめたものである。要素主体と複合主体のそれぞれの行為と意志決定の特質とそれらの相互関係を把握するために、ここで「拘束効果」「成型効果」「役割効果」および「制度効果」という概念を導入しよう。「拘束効果」とは、各主体(代表的には個人)が「構造化された場」に取り囲まれ、そこを通して役割課題、利害関心、利用可能な資源、行為の制約条件、状況認識といったさまざまな行為の規定要因に関して、組織の影響を受動的にこうむることである。「成型効果」とは、成員とし

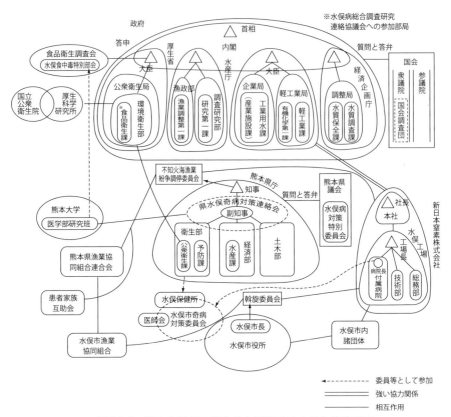

図 13-1　熊本水俣病の発生拡大過程をめぐる主体連関図

ての個人が、組織成員に共有されている特定の社会意識を内面化し、役割遂行に適合的な資質と能力を形成するように、組織と成員集団が個人に及ぼす作用の総体である。拘束効果と成型効果は、組織内の諸個人に地位の上下を問わず作用するものである。拘束効果と成型効果ゆえに、組織内の個人は傾向的に特定の行為パターンを選択するようになり、それを抜け出すのが困難さらには不可能となる。

　次に「役割効果」とは、ある要素主体の認識や価値判断や意志決定や行為が、その要素主体の担当している役割課題の遂行については、他の役割を担当している諸主体の認識や価値判断や意志決定や行為に対して優越するということであり、さらにより大きな単位の主体(つまり複合主体)としての認識や価値判断や意志決定や行為に直結し、それに転化するということである。これを要素主体の側から見れば、「役割効果」を通して諸個人は組織運営の文脈で「拡大された影響

力」を入手するといえる。次に「制度効果」とは、ある主体の決定や行為が、なんらかの制度の中でなされた場合、それが社会的に有効なものと認められ、社会的に通用する現実となることである。これを各主体の側から見れば、各主体は「制度効果」を通して社会的文脈で「拡大された影響力」を入手する。中でも行政組織という主体は、さまざまな制度の運用上の統率者であることによって、巨大な制度効果を発揮している。

それゆえ、行政組織内の諸個人は、「役割効果」と「制度効果」という二重の文脈で「拡大された影響力」を発揮している。両者が連動して発揮される場合を「役割・制度効果」といおう。それは行政内部の職員たちの、生きがいや自負の源泉にもなりうるものであるが、同時に巨大な責任を意味するものでもある。

4　分析の手順

本章の出発点にあるのは、本節第1項、第2項で示したような、総体としてみた行政組織の対処の誤りであり、その特色がいかなるものであったのかという認識である。この認識は、これまでの先行研究を継承しつつ、その対処の失敗の意味を社会学的視点によってより明確化しようとしたものである。そのようなマクロ的にみた失敗の過程が、ミクロレベル、メゾレベル、マクロレベルにおいて、どのような要因連関と特色をもっていたのかということを各節で検討する。

その際、第2、4、6節においては、事実についての「記述」を行い、第3、5、7、8節では、それに先行する各節での記述を「解釈」することを通して、理論的概念を析出していく。第3節は、ミクロレベル、第5節はメゾレベルの要因連関にそれぞれ主眼を置くが、それぞれ先行の各節で設定した理論的概念を前提にし、しだいに理論的概念が豊富になるかたちで論述を進める。さらに第7節では社会制御システム論の視点から、第8節では公共圏論の視点から、ミクロ、メゾ、マクロの3つの水準を横断するかたちで考察を進める。この検討を通して、本章の最後に浮上するのは「公共圏の貧弱性」という問題性であり、それを条件にしての支配システム内での加害的行為の暴走である。

第2節　熊本県と厚生省の1957年の対応

1　1957年における熊本県の対応

水俣病の社会的顕在化は1956年5月のことである。熊本大学と厚生科学研究

班の調査によって、1957年1月までには、当初疑われた伝染病ではなく、水俣湾の魚介類の有毒化による中毒であることが明確になった。このことは、同年1月25-26日の厚生科学研究班の報告会（東京）に参加した当時の研究の第一線にあった人々に共有された認識である。それゆえ、この頃、熊本県衛生部は奇病の担当部局を、伝染病を担当する予防課から食品衛生課に移している。

　1957年1月以後、水俣市漁協は、魚の売行き急減に対して危機感をつのらせ、県知事や政府への要請活動を活発化する。2月15日に水俣漁協は「漁業被害対策委員会」を結成し、県知事や政府への陳情を開始した。当日決められた方針の中心は、原因究明、遠洋漁業への転換と鹿児島県への入漁、「日窒工場あて浄化施設拡充かた要請を強硬化する」というものであった（熊本県1957）。水俣市漁民は、2月22日に桜井三郎熊本県知事あてに陳情書を提出し、さらに2月28日、漁民らは上京し、厚生省、水産庁、通産省を訪れ、政府各省庁に対しても、はじめて漁民より直接に実情を訴えるとともに、すみやかな対策を陳情した。

　2月26日には、熊大研究班の第2回報告会が開かれ、研究班から原因物質の決定にはいたらないが、水俣湾内の漁獲を禁止する必要があるとの結論が示された（熊本県衛生部長1957a）。このように原因究明が進展し、水俣市漁協の運動が高揚することによって、水俣病問題は熊本県行政にとって社会問題として放置できない課題になった。

　そこで3月4日、熊本県水上副知事、土木部長、秘書課長、衛生部長、公衆衛生課長、経済部長、水産課長らの熊本県幹部職員がはじめて県庁各部局合同の「水俣市奇病対策打合会」を開いた。県首脳部の本格的な関与はようやくこの時点で開始されたのであった。同時にこの会合が、県としての「水俣奇病対策連絡会」（県水対連）の第1回会合となった。

　この会議の記録（熊本県衛生部1957a; 熊本県経済部1957）には、公衆衛生課長よりの①経過説明と②現状説明のあと、③協議決定事項（対策）が記されている。席上、公衆衛生課長は原因について「結論としては、発生地域、中毒症状及び魚介類の分析結果よりみて、新日窒水俣工場に関係があるのではないかということに傾いてきている」（熊本県経済部1957）という重大な報告をしている。

　だが、会議の結果まとめられた「協議決定事項（対策）」は次のようなものであった（熊本県経済部1957）。

　　（一）原因の究明／［中略］

(なお、現段階では工場に関係があるかないかということは何とも云えないということに県としての意志を統一することとする)
…（中略）…
　(四) 漁獲の禁止
　漁業法ではできない。食品衛生法でも原因がはっきりしなければできないので、現段階では行政指導によって摂食することのないよう指導する。（後略）

　第1回水対連での協議をふまえて、県水産課内藤技師は3月6-7日にわたって、水俣市に出張し「百間港一帯における漁業被害の実態調査」を行い、それを6頁の報告書としてまとめた (熊本県経済部水産課・内藤大介 1957、本稿では以下「内藤報告書」という)。
　内藤報告書は、百間港一帯の深刻な漁業被害を生々しい筆致で描きだしている。
　そして、「現地側の希望及対策等について」の項目において、「この一帯が工場の設備拡充にともないその汚水による被害も益々激しくなるという見地に立って補償問題を工場及び関係方面に要求すべきであるといった気配が強い」という状況のもとで、漁協の被害対策委員会がまとめた7項目の要求が、詳細に記されている。その3番目には、「新日窒工場に対し完全浄化装置の申入れをおこなっているが県又は国から強力な勧告を実施してもらう」とある。だが、この内藤報告書は、以後、県水産課によって公表されることがなかった (深井1977)。
　1957年3月の時点で、もっとも緊急性のある課題は有毒化した魚の摂食を禁止することによって、新たな患者の発生を防ぐことであった。県は第1回水対連において「現段階では行政指導によって摂食することのないよう指導する」という方針を打ち出すにいたる。ここで、ただちに漁獲禁止措置をとらなかった理由は「漁業法ではできない。食品衛生法でも原因がはっきりしなければできない」(熊本県経済部1957) という法令の消極的解釈であった。また、熊本県漁業調整規則の適用の可能性は検討されたふしが見られない。ただし、原因がはっきりすれば、食品衛生法を発動するという方針が明記されており、その後、静岡県浜名湖事件における食品衛生法の適用実績についての調査を県はおこなっている。
　漁獲禁止措置に関する消極性以上に、消極性が明瞭なのは、新日窒に対する態度である。

魚の有毒化が明らかになり、マンガンなど重金属による汚染が疑われている状況で、もっとも必要なことは工場排水との関係の究明であったはずである。しかし、副知事を議長とする熊本県首脳部の会合(第1回水対連)の結論には、新日窒との緊張関係を回避したいこと、新日窒と関係するかたちでの因果関係追求、ましてやその責任追求に踏み込みたくないという態度が明瞭に現れている。

また桜井知事の県議会答弁に示された姿勢も同様であった。3月8日の県議会において、酒井善為議員は「大体重金属が大きな影響があるということは、もうこれは一般の常識となっておるだろうと思うんです」、原因究明にあたる機関が「あまりにも本件については臆病になっておる」と主張し、知事の基本的態度を問いただしている。これに対し、桜井知事は、熊本大学に原因究明をお願いしていること、食中毒ではないかという意見が強いことを述べ、「とにかく及ぼすところが非常に重大でありますので」といい、新日窒との関係については一言も言及していない(熊本県議会 1957)。

熊本県首脳部の新日窒に対する態度は、単に緊張関係を避けようとするだけではなく、ある局面においては水俣病問題の解明を意識的に抑えるというかたちで、新日窒の利害により積極的な配慮を示すということも見られた。たとえば、水上副知事は1956年11月末から12月はじめにかけての厚生科学研究班の現地調査に参加した当時の熊本県衛生部長(蟻田重雄)に対して、その直後に「蟻田さん、ああたはこれから八代より南には行かんでよございます」と言って、現地水俣市に行かないようにと禁足したのである(宮澤 1997: 114)。

このように工場排水規制と漁獲禁止という根本的な対応は棚上げしておいた上で、熊本県のとった対応は、漁場転換対策と浚渫事業の見合わせである。漁場転換対策とは、浅海増殖事業、対馬海域への出漁、鹿児島県海面への入漁の模索である。

2 食品衛生法適用問題と厚生省の対応

1957年4月、伊藤蓮雄水俣保健所長は、水俣湾産の魚を飼育していた猫に与えて水俣病を発症させることに成功する。これは水俣湾産の魚介類が有毒化しておりその摂食が水俣病の原因であることの決定的な証明になった。伊藤所長は、7月5日までに5例の発症に成功した。7月8-11日にかけて、箱根で日本衛生学会が開催され、厚生科学研究班の松田(公衆衛生院)および入鹿山、喜田村(熊本大学研究班)たちは、水俣病は感染症ではなく有毒化した魚介類の摂食による中

毒であることを発表した。

　このような研究の進展を受けて、7月24日の第3回熊本県水対連において、食品衛生法第4条を発動して、水俣湾における漁獲禁止の知事告示を出すという方針が決定された。また水俣湾内の浚渫工事は、汚染物質拡散による被害拡大の恐れがあることから漁獲禁止措置の後で着手するという方針も定められた。

　そのような方針の根拠となりうると熊本県庁が考えた食品衛生法の規定は、1957年時点で次のようなものであった[5]。

　　第四条　左に掲げる食品または添加物は、これを販売し［略］、又は販売の用に供するために、採取し、製造し、輸入し、加工し、使用し、調理し、貯蔵し、若しくは陳列してはならない。［略］二　有毒な、又は有害な物質が含まれ、又は附着しているもの。但し、人の健康を害す虞がない場合として厚生大臣が定める場合においては、この限りではない。

　また、食品衛生法第22条は、厚生大臣もしくは都道府県知事が、第4条に違反した営業者に対して「営業の全部若しくは一部を禁止し、若しくは期間を定めての停止をすることができる」と定めている。

　県職員（阪本水産課長、守住公衆衛生課長、伊藤保健所長）は、8月14日に水俣市で水俣市衛生課長や市議会議長、漁協組合長と参事らに採捕禁止の方針と指定海域について説明するとともに、原因がわからないので補償の意志はないと表明している。

　しかし、熊本県の食品衛生法の適用方針が、はたして実施できるかどうかについては、政府との関係での不確実性が存在した。第3回県水対連では「厚生省とも更に文書を以て連絡打合せをなす」（熊本県水俣奇病対策連絡会長・水上長吉 1957）という方針が決められており、8月16日、熊本県は厚生省公衆衛生局長あて照会をする。その趣旨は、食品衛生法を適用して水俣湾産の魚介類の採取販売の禁止措置をとりたいと思うが、この処置が妥当かどうか意見を回答してほしいというものであった（熊本県衛生部長 1957b）。

　この照会の背景には、当時の熊本県公衆衛生課長の証言（守住証言）が示すように、それ以前の段階で、熊本県が公衆衛生課からの問い合わせに対して、厚生省

---

[5]　食品衛生法（昭和22年12月24日法律第233号）の条文は、厚生省公衆衛生局・医務局・薬務局編（1958）『衛生六法』昭和33年版による。

が一貫して食品衛生法の適用に難色を示していたという事情があった。そして8月30日に、熊本県議会経済委員会は、知事告示方針を了承し、県として採補禁止の実施に向けての態勢は完全にととのったのである。

ところが、これに対して厚生省公衆衛生局長が1957年9月11日づけで、熊本県知事あてに出した回答は次のようなものである (厚生省公衆衛生局長 1957)。

　　一、水俣湾内特定地域の魚介類を摂食することは、原因不明の中枢神経系疾患を発生する虞があるので、今后とも摂食されないよう指導されたい。
　　二、然し、水俣湾内特定地域の魚介類のすべてが有毒化しているという明らかな根拠が認められないので、当該特定地域にて漁獲された魚介類のすべてに対し食品衛生法第一条第二号を適用することはできないものと考える。

この回答は熊本県の第一線の職員の期待に、まったく反するものであった。しかし、この回答によって、熊本県は食品衛生法の適用という既定方針を放棄してしまい、このことが、水俣病問題の歴史の中での大きな岐路において被害拡大への道へと進むことを帰結したのである[6]。

では、このような厚生省の回答の背景にある要因はなんであったのか。

表向き説明されているのは「魚介類のすべてが有毒化しているという明らかな根拠が認められない」という理由づけであるが、これは法令の運用の解釈としては、説得性を欠くし、また以後の事実経過に照らしてみても本当の理由を表明したものとは思われない。

一連の水俣病訴訟における厚生省職員の証言によれば「魚介類のすべて」とは「全ての魚種」を意味していたという (実川証言 194丁)。

だが、1950年5月2日の厚生省通達「飲食による危害事故、就中食物中毒の処理法について」によれば、「危険性の範囲が当初明瞭となっていないような場合には、危険の考えられる範囲全部に対して包括的な処置をおこなっておいて、爾後調査の進行によって危険の範囲が明確化するにつれ、不必要であった制限は順次解除し、食品の利用の禁停止を必要な部分のみに圧縮していくことが必要である」(厚生省 1950) とされている。この通達の考え方にもとづけば、水俣湾の魚

---

[6] 食品衛生法が適用できないという法解釈を厚生省が示す前に、むしろ熊本県水上副知事が、厚生省に、そう返事をするように働きかけていたのではないかという注目すべき新説を、宮澤 (1997: 152-161) が提出している。この点についてはさらなる検討が必要であるが、仮にそのような事情があったとしても、厚生省内には本論の分析したような利害関心が働いていたと考えられる。

の有毒性が確認された 1957 年 7 月の時点で、ひとまず水俣湾の魚介類一般の漁獲を禁止し、その後、もし無毒な魚種が確認されれば、それについては漁獲禁止を順次解除するという措置をとるべきなのである。

　また、仮に食品衛生法の適用のためには魚種の確定までが必要であるという前提に立つとしても、有毒な魚種が判明するごとに、魚種ごとに漁獲禁止措置がとれたはずである。しかし、厚生省は有毒な魚種が判明してもなんらの措置もとらなかったし、有毒な魚種を確認しようとする研究も推進していない。それゆえ「魚介類のすべてが有毒化しているという明らかな根拠が認められない」という理由づけは、食品衛生法を適用したくないことを正当化するための口実だったという色彩が強い。

　では、食品衛生法の適用にブレーキをかけた厚生省公衆衛生局の行為について、より説得的に説明できる理由は何であろうか。その理由を、当事者からは直接に理由として表現はされていないが、社会過程の上で見いだされる行為の規定要因という文脈において探ってみよう。

　厚生省公衆衛生局が漁獲禁止措置をとるよう指導しなかった基本的理由は、漁獲禁止措置が必然的に引き起こすであろう補償問題に伴うさまざまな行政組織にとってのコストを回避したいという、行政担当者としての利害関心であると考えられる。

　このことは、守住衛生課長によっても「結局つきつめて行くと補償の問題」と回顧的に指摘されている[7]。また、1959 年 6 月に上京した水俣市議会の陳情団に対する厚生省環境衛生部長(聖成)の説明においても、漁獲禁止に難色を示す理由の一つとして明示的に語られており、さらに同陳情団に対して（陳情直前の 6 月 18 日まで厚生大臣であった）坂田道太代議士は「禁止区域を設けると補償の問題になる」（熊本県 1959a）ことを指摘して、禁止が無理だという理由としている。

　すなわち、漁獲禁止措置は漁民の側からの補償の請求を喚起する可能性が高く、補償請求は行政に向けられるかもしれないし、新日窒に向けられるかもしれない。いずれにせよ、地域社会と厚生行政を巻き込んだ紛争化の可能性が高いことを厚生省関係者は予想していた。

　1957 年 9 月の状況で、厚生省公衆衛生局においては、被害の拡大を防止しなければならないという課題がある一方で、補償問題に伴う紛争とそのコストを回避したいという行政組織にとっての利害関心が働いていた。その結果「漁獲の継

---

[7] NHK,1976「ドキュメンタリー　埋もれた報告」。

続を許容できるような状態ではないが、漁獲禁止措置をとりたくない」という態度が生まれ、それを正当化するような口実として、「すべてが有毒化しているという明らかな根拠が認められない」という理由が持ち出され、上述のような熊本県に対する「回答」をしたのである。厚生省のこのような「回答」は、当時の厚生省公衆衛生局の置かれた「構造化された場」に規定され、同局の抱いていた利害関心に基づいた「合理的戦略」であったのである。

第3節　ミクロレベルでの無責任性の根拠

1　個人主体の資質の欠如

　水俣病問題に対して的確な対処、責任ある対処を可能にするのに必要な個人レベルの資質とはなんであったのだろうか。前節でみた諸過程は「知的洞察力」「感受性」「意志」が重要であったことを示している。これらは、およそ社会的な問題への的確な対処一般に必要な資質を示すものであるが、本章の文脈では次の含意をもつ。

　「知的洞察力」とは、この問題に関係する的確な知識の集積を基盤にして、個々の事象のもつ意味を理解し、状況の全体像を把握する能力である。いいかえれば、大局的洞察をもつとともに、細部の情報の意味を解読できる能力である。「感受性」とは、被害の深刻さ、問題の重大性を、敏感に受けとめ察知する能力である。「意志」とは、この問題の原因解明と被害防止に必要な努力を、さまざまな障害を克服しながら徹底し継続しようとすることである。これらは、具体的な個人の行為においては融合したり相互に補強しあったりする。感受性と意志が融合したところに、価値合理性が現れる。原因探究への意志は、情報への敏感さを生みだし、知的洞察力を高める。

　しかし、水俣病問題に対する現実の行政組織の対応過程において、くり返し見いだされたのは、重要な役割を担当する個人が、状況から課される課題の重大性との相関において、これらの資質の不足あるいは欠如を露呈したことである。

　たとえば、厚生省は、1957年9月に水俣湾の漁獲禁止措置にふみきらなかったことが、その後、現地でいわゆる「密漁」の横行と被害の拡大という深刻な帰結を生んだことを察知せず、この点で「知的洞察力」の欠如を示した。また、この事件が日本における最大級の社会問題であること、1960年代以後各地で続発する公害問題のさきがけであったこと、経済成長政策の見直しというかたちで

政策の優先順序の転換を迫るものであること、等の歴史的社会的意義の把握も、1950年代当時の行政組織においては完全に欠落していた。

「感受性」の欠如は、被害の深刻性、この問題の重大性を、的確に行政職員が把握していないというかたちで現れた。問題の発生地域が、政治・行政の中心である東京から遠く離れた熊本県であったこと、さらに熊本県の中でも周辺部であったことは、政府と熊本県政における問題への鈍感さの根拠となっている。そのような距離は、被害地域に対する「接触の間接性」を生み、それが感受性の欠如を助長した。「意志」の欠如は、取り組みの徹底性の欠如をくり返し生みだした。それは、まず、原因究明についても、被害の把握についても、行政組織が徹底した情報収集や情報探索を怠ったということに現れている。たとえば、厚生省は有毒化している魚種の未確認をもって水俣湾の漁獲禁止措置をとらない理由としているが、水俣湾の魚介類のどの魚種が有毒化しているかの調査をしようとはしなかった。この意志の欠如は、要素的主体間の関係で見れば、問題の解決にイニシアチブをとりうる立場の役割担当者が、解決の妨げになっている他の主体に対して、積極的な自己主張をしていないということにも現れている。熊本県の新日窒に対する自己主張の欠如はその典型例である。

特にこの「意志」の有無が厳しく問われるのは、「役割担当者としての個人あるいは部局のミクロ的利害」と問題への「適正な対処原則」を貫くための要請が対立した場合である。このような場合、個人あるいは部局としてのミクロ的利害を犠牲にしてでも、問題解決のために必要な原則を優先しようとするかどうかという文脈で、「意志」の働きが問われるのである。たとえば、厚生省食品衛生課が食品衛生法の発動による漁獲禁止措置をとろうとしなかった背後にあった「補償要求と紛争の回避」という利害関心は、「役割担当者としての部局」のミクロ的利害関心である。あるいは、熊本県が新日窒の排水が原因として疑わしいと思いながら、原因究明を徹底することによって新日窒の責任を明らかにすることを避けたのも、新日窒との対立や緊張関係を避けたいというミクロ的利害関心である。

したがって、ここで「意志」という場合、それは普遍性のある価値や正しい原則を直感し、それを堅持する能力を含意している。

以上に記述した、知的洞察力、感受性、意志は相互に補強しあう関係にあるから、その欠落も相互に促進しあう関係にある。水俣病問題の歴史の中で、現実に再三登場したのは、知的洞察力に欠けるため問題の実態に対して誤った認識や皮相な認識しかもたず、感受性に欠けるため問題の重要性と切実性を把握でき

ず、意志が欠けるため徹底した取り組みや正しい原則にもとづいた取り組みができないというような個人主体であった。無責任性の根拠として、ミクロレベルで再三見いだされるのは、このような特質をもった個人主体である。

このような主体の場合、個人レベルでの問題への対処はどのようなパターンを示すのか。それは、第1に自分自身の私的利害関心が、問題対処にそのつど介入し、その結果、対処のしかたが不適切なものへと堕していくことである。すなわち、正しい的確な対処原則に照らすとあいまいな対処を繰り返すことである。第2に、自分自身の利害関心を脅かすような「緊急性」が社会関係の中で発生したときにのみ、関心を振り向け、緊急性が消失すれば問題を忘却するということである。

2　行政組織における役割遂行を規定していたミクロ的利害関心

上述のように、各役割担当者の役割遂行の実際は、個人の特質としての、知的洞察力、感受性、意志によって左右される。これらの不足は、「責任意識の欠如」あるいは、問題解決に対する価値合理性の欠如を生みだした。その結果、「適正な対処原則」と「役割担当主体としてのミクロ的利害関心」が相剋したとき、前者を犠牲にしながら後者を優先するという行為パターンが繰り返された。

では、水俣病においては、行政組織の中で役割遂行を規定していた典型的な「役割担当主体としてのミクロ的利害関心」として、どのようなものが見いだされるであろうか。ここで、そのような利害関心として注目したいのは、「対立・紛争の回避」「重荷の回避」「正当性イメージの維持」という3つの要因である。これらは相互に部分的には重なりあう。

「対立・紛争の回避」とは、社会過程において他の主体との対立関係や緊張関係、あるいは紛争を避けようとする利害関心である。たとえば、熊本県水対連の原因究明努力が、工場排水との関係を問題にせねばならなくなった1957年3月において、とたんに足踏みをし、工場への言及すら避けるようになった過程には、この要因が見いだされる。また、たとえば厚生省が食品衛生法の適用による漁獲禁止を回避した過程にも、この利害関心が作用していた。

「重荷の回避」とは、ある課題に正面から取り組もうとする際に、担当主体にかかるさまざまな負担を回避しようとする利害関心である。これは部分的には「対立・紛争の回避」という利害関心にも重なるが、そのほかにも労力的、金銭的、心理的等の諸負担を回避しようという利害関心を含むものである。この「重荷の回避」という利害関心は、厚生省の食品衛生法の適用回避という判断を規定して

いた。また後にみるように「重荷の回避」は、熊本県が原因究明についても漁民対策についても示す「政府依存の姿勢」の背景をなす動機となっている。

「正当性イメージの維持」とは、議会や住民などの他の主体から、行政組織が批判されないようにすること、そのために正当なしかたで役割遂行をしているというイメージをつくりだそうとすることである。正当性イメージの維持が、責任ある役割遂行という実質に支えられていればよいのだが、実際には責任ある役割遂行が欠如した状況でイメージづくりの利害関心が一人歩きすることもある。たとえば第1回熊本県水対連で「現段階では工場に関係があるかないかということは何とも云えない」ということに県として意志統一した過程には、県についての正当性イメージを守ろうとする利害関心が働いている。

以上3つの利害関心は、行政組織における各要素主体の役割遂行を規定する要因として、水俣病に限らず一般に広く見られるものである。これらは、水俣病問題への行政組織の対処の過程に再三登場する。要素主体が、自分にとってのミクロ的利害関心を優先するあまり、問題解決のための「適正な対処原則」を犠牲にするというかたちで「責任意識の欠如」を示すとき、優先されているのはこれらの利害関心なのである。

3 不作為の役割効果・制度効果：ミクロ的行為のメゾレベル・マクロレベルの現象への転化

次に、行政組織内部の諸個人の行為というミクロレベルの要因が、行政組織としての意志決定というメゾレベルの現象やマクロレベルの社会的状態に、どう結びついていたのかを検討してみよう。1957年段階での水俣病被害の発生拡大過程における行政組織の失敗と無責任性は、「不作為の役割効果・制度効果」という視点から分析することができる。本稿では、第2節で示したようにミクロレベルの要素主体とメゾレベルの組織全体の挙動との相互関係を把握するため、「拘束効果」「成型効果」と「役割効果」を、さらに主体の行為がマクロレベルでの社会的現実になる過程を把握するために「制度効果」の諸概念を導入した。

ところで、問題の解決に対して何の適切な努力もしないという意味での「不作為」[8]も「役割効果」や「制度効果」を発揮する。第2節でみたような熊本県庁と厚

---

[8] 「不作為」という言葉は、ここでは「一定の行為をしないこと」という一般的な意味で使われている。行政不服審査法では、より限定された意味で、行政庁が法令にもとづく申請に対し、相当の期間内になんらかの処分その他公権力の行使にあたる行為をなすべきにもかかわらず、これをしないことをいうが、本稿での意味はそれよりも広い。

生省の行為の意味は、「不作為の役割効果・制度効果」として把握することができる。

水俣病問題の歴史の中では、「拘束効果」と「成型効果」を被っているゆえに特定の利害関心や定型的な行為パターンから抜け出せないような個人が、深刻な問題に対して何もしないという態度をとり、それが「役割効果」を通して複合主体としての自治体や政府組織全体の無為無策に転化し、行政組織が重大な社会問題（悲惨と不正）に対して、なにもせずにそれを放置するという帰結が再三見られるのである。

より細かく見れば、「不作為の役割効果」の起点である要素主体の「不作為」は、特定の個人（たち）の無知・無気力・鈍感さ、ならびにミクロ的利害関心によって規定されている。

たとえば食品衛生法の適用による漁獲禁止措置をとらないという厚生省公衆衛生局食品衛生課の決定は、社会紛争化を回避したいという政府職員に典型的なミクロ的利害関心に拘束され、現地との直接的接触が欠如するゆえの不十分な認識（無知と鈍感さ）に規定されていた。だが、この１部局の消極的決定は、役割効果を通して、政府全体と自治体が何もしないことに転化し、さらに窮迫した漁民による汚染魚の漁獲が社会的に放置されることを帰結した（不作為の役割効果・制度効果）。

また、第１回熊本県水対連において、工場排水が原因として疑わしいことを知りながら、副知事等県庁幹部職員が「対立・紛争の回避」や「重荷の回避」というミクロ的利害関心を優先させることによって、新日窒工場に対する懐疑の表明

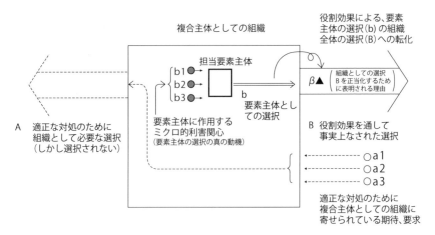

図13-2 「要素主体の行為」の役割効果を通しての「複合主体の行為」への転化

や調査努力さえ回避してしまった過程には、被害に対する鈍感さ、化学工業内部の工程についての無知、県内最大企業との対立を恐れる無気力が作用しており、それらがあいまって県庁全体としての無為無策に転化し、新日窒の汚染を放置し続けることとなったのである (不作為の役割効果・制度効果) (図 13-2 参照)。

ミクロレベルでの個人が、なにもしないということは、ミクロレベルでの利害関心によって規定されている。その場合でも「役割担当者としての個人」は、自分の行為についていろいろな理由づけをし、言い訳をすることができる。しかし、それが役割効果を通して行政組織全体の無為無策となり、深刻な被害の放置を生みだしたとき、社会的な文脈でその是非が問われねばならず、ミクロレベルと同じ理由で行政組織の行為を正当化できるわけではない。

第4節　工場排水規制についての水産庁、厚生省、通産省の対応

1957 年 3 月末以降、行政組織の中では、工場排水への疑いが控えめな表現ではあるが語られるようになり、汚染発生源として最も疑わしい新日窒に対して、どのような態度をとるべきかが課題として浮上するようになる。工場排水規制に対して行政組織はいかなる対応をしたのであろうか。

1　新日窒の問題把握と戦略の特徴

行政の各部局の行為の意味と機能を把握するためには、この問題の加害企業である新日窒が、当時どのような態度をとっていたのかを、まず明確にしておくことが必要である。

1957 年春の時点で、水俣工場長 (西田栄一) と水俣工場総務部長 (入江寛二) が、水俣病問題に対してどのような議論をしたかの記録が、入江自身によって残されている (入江 1970)。

> 当時は工場の技術的見解は、私たちに対しては一応「現在工場では、有毒物質を原材料にも製品にも使用したり製造したりしていないので、工場ではあり得ない」というような説明になっていた。しかし私は何となく果して工場と無関係と言い切れるかどうか分らない、万一工場に原因があるとなった場合、今の (当時の) 工場の姿勢は適当ではない、矢張り、大学研究機関と積極的に手を組んで原因究明に立向うべきではないかという主張をした。そ

れに対し西田工場長は、これは科学の問題で、工場に原因があるなどという立証は誰もできない、裁判になっても、七年も八年もかかって、結局決着はつかないのが落ちである。こういう科学の裁判というのは、特許でもいろいろあるが、最後は分らんという事になるんだ、という見解で、極めて確固たる信念であった (入江 1970: 34)。

　この記録に見られるように、新日窒水俣工場の幹部のうち、入江総務部長は自分の工場の排水が水俣病の原因かもしれないという疑いを内心ではもっていた。また、新日窒附属病院長の細川博士も、伝染病ではないことが判明した段階で工場が原因ではないかという疑いを持ち、1957年5月以降、社内の奇病研究の中心となって被疑物質を投与する猫実験を開始していた (入江 1970: 2; 宮澤 1997: 150-152)。

　これに対して工場長をはじめ技術系の幹部の主張は、表向きは工場は奇病と無関係という表明であった。西田工場長は後の刑事事件訴訟で1958年9月段階でも工場排水中に原因物質があるとは認識できなかったと証言している (西田証言 116-117丁)。だが宮澤によれば、工場幹部はかなり早い段階から内心ではアセトアルデヒド工場排水が水俣病の原因であるかもしれないという疑念をもっていたと推定できる。

　その理由は、①早くも1957年4月〜6月にかけて「アルデヒド装置廃水処理工事」が決定され、水銀の回収と廃水の水俣川河口・八幡プールが計画されていたこと、②にもかかわらず、熊大研究班が水銀に注目していない状況でそれが中止されたことである (宮澤 1997:146-152, 162-164)。宮澤はこの中止の理由を、水銀への注目を呼ぶような行為を回避したかったからだと解釈している。

　また、アセトアルデヒド製造工程内で、なんらかの種類の有機水銀が副生するという事実は、すでに1950年には工場内技術者に知られていた。ある技術者は、社内文書の「アルデヒド関係検討会研究結果、総合抄録」(1950年10月) に「アセチレンは硫酸水溶液に物理的に吸収され有機水銀化合物 (中間体といわれる) を生じる」と記していた (宮澤 1997: 95)。それゆえ、熊本大学が水銀への注目を発表した1959年7月段階、さらに食品衛生調査会が有機水銀説を公表した1959年11月段階では、新日窒内部でも工場自身への疑念はますます高まっていたはずである。

　では、熊大研究班によって工場排水への疑いが表明され、工場内部にも疑いを

もつ幹部社員が現れるに至った1957年春の段階以降、水俣工場の原因究明に対する態度はどうであったか。

先の入江総務部長の記録によれば、「又西田工場長は、因果関係を調べるのは、工場の責任ではない。何か説が出たときに、工場はその説を検討する事でいいのだというはっきりした見解を私に示した。それがその当時の内部の見解であったと言ってよいだろう」(入江1970: 35)。

事実、その後の経過において、新日窒技術系幹部の態度は、自ら原因を真剣に究明し結果を公表しようとすることではなく、一方で外部の原因究明努力に対しては徹底的に反論することによって原因論争を平行線に持込み、他方で巧妙な情報秘匿や情報操作によって外部主体の原因究明の進展にブレーキをかけようとするものであった。水銀への注目によって工場への疑念が高まった1958年夏以降は、さらに排水停止によって工場の操業が妨げられないようにすること、被害者の要求によって生じた紛争を鎮静化させること、そのために工場が原因ではないと言い続けると同時に排水を浄化しているというイメージをふりまこうという戦略がとられた。

このような新日窒の態度は、その当時突然出現したものではなく、歴史的には以前からとられていた経営姿勢の継承であった。すでに大正時代から、新日窒は水俣工場周辺海域の漁民との間で漁場汚染をめぐる紛争を繰り返してきた。だがそのつどわずかな金と引き換えに「永久ニ苦情ヲ申出サル事」と被害漁民に約束させたり（水俣町漁業組合1926）、「漁業権ヲ抛棄スルコト」を認めさせたり（日本窒素株式会社1943）してきた。

さらに、戦後の水俣工場は戦前の植民地の朝鮮工場から引き揚げてきた幹部が主流派を形成しており（NHK取材班1995: 44-45）、植民地時代に養われた自己中心的な態度が継承されていた。「仕事のやり方にしても、地域や労働者に対することでも、それから水俣病への対応にしても、朝鮮時代からの観念がずっとしみついていた」と入江は回顧している（NHK取材班1995: 206）。技術への自信がおごりへと転化し、他に犠牲を押しつけてもなんとも思わない態度が企業の体質となっていた。謙虚に批判を受けとめ自分の非を非として認める態度がなかった。

工場からの汚染物質排出が疑われだしてから、企業がこのような自己中心的な戦略をとっていたときに、工場排水に対して行政内の各要素主体はどのような態度をとっていただろうか。

2 汚染に対する水産庁の対応

1957年3月30日、厚生科学研究班(代表・松田心一)はそれまでの調査結果を報告書(厚生省厚生科学研究班 1957)にまとめ、その末尾に「新日窒工場の実態につき充分な調査を行い、工場廃水……の成分、それによる港湾の汚染状況等をも明かにすることにより、本病発生の原因を明かにしたい」という課題を明示した。ここには、報告書提出に先立つ3月23日の厚生科学研究班の会議で熊本大学側からなされた「工場に原因があると思われる」(熊本県衛生部1957b)との指摘が反映している。これにより、政府としては工場との関係も含めた原因究明にのりださざるをえなくなった。

1957年4月10日、厚生省からの呼びかけによって「水俣奇病対策懇談会」(第1回)が開催され、政府レベルでの「取り組みの場」が形式的には設定された。この会合には厚生省、水産庁、建設省、通産省、文部省、労働省から局長、部長級の役職者が参加し、政府レベルにおいて厚生省以外の諸省庁が水俣病問題に関与した最初の公式の会合である(厚生事務次官・木村忠二郎 1957)。経済企画庁はこの段階では出席していない。ではこの会合以後、各省庁はどのような取り組みを示したであろうか。

政府の行政組織の中で、厚生省の次に具体的取り組みを見せたのは水産庁漁政部漁業調整第二課であり、県レベルで水産庁と協力したのが熊本県経済部水産課である。では水産庁は水俣病問題に対してどのように取り組んだであろうか。

水産庁の職員がこの問題に関係して現地を訪れたことがはじめて確認できる時点は、1957年5月上旬である。5月7日ごろに、水産庁漁業調整第二課長(諏訪光一)が調査のために水俣市を訪れた(諏訪証言、6丁)。当時、漁業調整第二課の職務は、第一に浅海の水産物の増殖と水産資源の保護、第二にそれと関連して水産資源保護のための水質汚濁防止であった。だが、水質汚濁防止については水産庁にはっきりした分掌規定があったわけではなく、水産庁職員も水質汚濁防止については根拠法規と権限はもっていないという意識であった(諏訪証言、2, 20-22, 32丁)。

水俣病問題に水産庁がどういう対処をするかにあたって、漁業調整第二課が問題を担当するということ自体が、水産庁はこの問題に対して浅海増殖事業によって対処するという方針であることを示すものであった。

諏訪課長が水俣に調査に行った理由は、水俣問題が重大になってきたからである。だが、調査の目的は「水俣病ではなくて、魚が減ったということを調査に行っ

たわけです」(諏訪証言、6丁)。

　諏訪課長の現地調査の後、1957年度から3年間は浅海養殖事業に補助金と事業費がつけられた (深井 1977: 178)。だが、この事業はそれ以後はなくなった。その理由は、水俣市が漁礁を設置した水俣地先の海域が汚染地域に入ってしまい、意味をなさなくなったからである (諏訪証言、19丁)。

　では水産庁としては、水俣奇病の原因究明とりわけ新日窒の排水との関係の究明、さらに漁場汚染源としての工場排水に対する規制措置について、どのような態度で臨んでいたのであろうか。水産庁および県水産課から見れば、原因究明は厚生省と県衛生部の所管事項であり自らの分担範囲とは考えていなかった (奥野証言、20-21丁)。さらに工場排水規制については、漁業被害の発生ゆえに取り組まなければならない課題とは意識されていたが、組織としての的確な自己主張をしていない。

　当時、工場排水で付近の魚が汚染されて獲れなくなるという問題は全国的に存在していた。それゆえ諏訪課長によれば、水産庁側からは通産省に対しては「お前のところで工場の廃水を何とかしてくれということは、ゴンゴンしょっ中言いました」。けれども「通産省の連中は僕の言うことなんか全然取り上げないですよ」(諏訪証言、21丁)。当時の水産庁の無力感は、また自分たちには権限がないという自己認識に基づいている。諏訪によれば、工場排水を水産庁が規制することは当時の法律ではできなかったとのことである (諏訪証言、32丁)。

　それゆえ、諏訪課長は水産庁の所管の法令およびそれにもとづいた各県の漁業調整規則を利用して、直接に工場排水規制をしてみようという問題意識をもっていなかった。諏訪は「申訳ありませんけれども、各県の調整規則なんてものは見たこともありません」(同、36丁)とさえ述べている。

　その結果、工場排水問題についての水産行政からの関与は、組織としての責任ある強力な対応にはなっていなかった。「あの当時水質汚濁問題が出てくると、〔長官からは〕第二課長しっかりやってくれ程度のあれだったですから」(同、40丁)。そのような一般的雰囲気のもとで、諏訪課長が長官や上司と、新日窒(チッソ)の排水規制の話をしなかったのは「水産庁は直接チッソの排水規制はできないから」(同、20丁)という判断によるものであり、せいぜいしたことは「〔県水産課長の〕阪本君に対しては、お前のところでなんとか考えろぐらいのことは言ったと思います」(同、20丁)という程度であった。

　1957年8月14日、水俣市保健所において開かれた「水俣奇病対策懇談会」にお

いても、水俣市漁協側からの「漁業禁止とせず、食品としての販売および販売のための採補の禁止では蛇の生殺しである。進んで漁業禁止とできないか」という質問に対し、阪本水産課長らの県側の回答は「公益上の必要のための漁業禁止は現行漁業法ではできない。蓄殖保護及び漁業調整上の必要の場合のみできる。今回の事例の場合当然食品衛生法によって禁止すべきである」(熊本県経済部水産課長・阪本勝一 1957) というものであった。

まとめていえば、1957年段階における水産庁による水俣病問題への対応は、浅海養殖事業を中心とする漁場転漁対策を支援することに限定され、水俣奇病の原因究明や工場排水による漁場汚染の詳細な調査や、漁業資源保護のための工場排水規制という課題には踏み込んでいない。

3　工場排水に対する厚生省、通産省の態度

前述のように、1957年4月10日、厚生省からの呼びかけによって「水俣奇病対策懇談会」(第1回) が開催されたが、この懇談会は工場排水との関連での原因究明には1年余の間まったく役だたなかった。というのは通産省がなにもしなかったからである。その間にも、57年から58年にかけて、熊本大学と厚生科学研究班の研究者グループは工場排水に含まれる重金属が原因であるという研究結果をしだいに明確なかたちで発表するようになる。研究の進展をふまえて、58年6月24日の参院社会労働委員会において、厚生省公衆衛生局環境衛生部長(尾村偉久)は、水俣病の「発生源と推定されるものが工場において生産はされておるということ、それからその物質による病変であるということは、これは確定されておる」と答弁し、原因物質としてはセレン、タリウム、マンガンが主として疑われるとした。

この答弁に対応するかたちで、厚生省公衆衛生局長は通産省企業局長に通達を送り「肥料工場の廃棄物が港湾泥土を汚染していること及び港湾生棲魚介類ないしは廻遊魚類が右の廃棄物に含有されている化学物質と同種のものによって有毒化し、これを多量摂取することによって本症が発症するものであることが推定される」と記すとともに、「一層効率的な措置を講ぜられるよう」申し入れている (厚生省公衆衛生局長 1958a)。

厚生省はこの時点でやや能動化し、58年8月7日、政府の「取り組みの場」を再構築するかたちで「水俣奇病に関して関係各省間の連絡を一層緊密にし、原因の早期究明及び適切なる対策を講ずること」を目的とした「水俣奇病対策連絡協

議会」を設置することが確認された (厚生省公衆衛生局長 1958b)。しかし、この組織も発足とほとんど同時に休会してしまい、その後1年間の重要な時期になんらの役割を果たさなかった。

　そのような対応のマヒが生じたのは、化学工業を所管する通産省が原因究明にも被害拡大防止にも相変わらず何の努力をせず、これに対して厚生省が無気力・無策であり、そのような通産省の態度を変えさせるような的確な自己主張をしていないことである。

　要素主体としての通産省の利害関心は、総括的に表現すれば経済成長であり、個別的に表現すれば産業分野ごとの企業の発展であり、後者はそれぞれの産業分野を担当する各部局によって担当されていた。政府組織の中でも、通産省内の社会意識には「経済成長第一主義」という価値観がもっとも強く浸透しており、個々の成員にも成型効果を通してそれが内面化されていた。このことは常識的に知られている事実であるが、水俣病事件に即するとどのような通産省の戦略として具体化したのだろうか。

　通産省は、遅くとも58年6月の段階で、水俣工場の百間排水と奇病には関係があると考えていた。新日窒本社の石黒庶務部長は、西田水俣工場宛の連絡文書「奇病に関する件」(1958年6月26日付) において、通産省から「百間排水の分析表」や「八幡残さプールから海に出る上澄水の分析表」の提供を求められていることを述べるとともに、「これは通産省の人の頭では百間と同様なことが八幡方面でも起きては心配だとのことで一応こんなことを尋ねているものです」と説明を加えている (宮澤 1997: 172-173)。

　通産省の水俣病問題への対応の基本姿勢は、水俣工場排水と水俣病とに関係があるらしいことを知った上で、この問題で企業が原因者として判明することを防ぐこと、この事件が理由になって生産が阻害されないようにすることであった。そのために、原因究明に関する情報は自分のところで独占すること、厚生省関連の諸主体の原因究明努力には協力せず、工場排水が原因だとされることには積極的に反論することであった。このように通産省の基本的姿勢は新日窒の対応とまったく共通するものであった。

　通産省の中で、水俣病問題に関与した部局は軽工業局とりわけその内部の有機化学第一課、および企業局工業用水課であった。担当分野でいえば、このうち軽工業局と有機化学第一課は、化学工業品に関する生産・流通・消費の増進を担当し (秋山証言、4丁)、工場排水の規制という課題は工業用水課の役割であった。

工業用水課は水質二法の成立に伴い、排水規制をも役割課題の１つとして担当する部局として59年4月に設置されたのである。工業用水課の設置により、はじめて通産省の所轄事業の工場排水の規制を担当する部局ができたのであり、それ以前は「排水の行政というのはどこがやるとか、誰が担当するかということも全然決まっていなかった」(藤岡証言、22丁)。初代の工業用水課長(藤岡)に対して、設置時に水俣病問題についてどこからも引き継ぎのようなものはなかった。通産省の中には、59年3月以前に排水規制という角度から水俣病に取り組む担当者はいなかったのである。

被害の拡大を防ぐためには、工業用水課が排水規制という役割課題を積極的に果たすことが必要であった。しかし、そのことと通産省の各要素主体に共有されている生産の拡大・継続の擁護という支配的な利害関心とは対立するものであった。結果として、排水規制という工業用水課の役割課題の実質は、はじめから空洞化した。

工業用水課が水俣問題でおこなったこととして、確認できることは、1959年秋に生産原局である有機第一課に同種の工場について被害が出ているか調べるようにと口頭で依頼したことだけである(藤岡証言、28丁)。

1959年当時のことを、藤岡課長は「まあ、軽々しく動くわけにはいかん、という感じですね」(藤岡証言、55丁)と回顧している。この不作為は役割効果を通して政府全体の不作為を帰結したが、不作為の言い訳を「水質二法に従って指定されれば、そういう取締り等のこともやったでしょうけれども、それ以前の問題ですからちょっと工業用水課でやるべきというか、権限外の問題だ、というふうに思っております」(同、57丁)と弁解している。実際には、後述のように水質二法による水域指定は通産省官房の意向の介入によって阻止されたのである。

では厚生省から通産省への働きかけの特質はどうであったか。その働きかけはあいまいで明確な自己主張を欠いていた。

第1に、厚生省は被害の実情を通産省に効果的に伝達しておらず、両省のやりとりの中に問題の切実性は消散してしまっている。初代工業用水課長(藤岡)は、被害の実情については新聞報道以外知らないといい、就任時に厚生省から被害の実情について報告を受けたことはないと語っている(藤岡証言、23-24丁)。

第2に、重要情報の休眠化が生じており、対処の緊急性を通産省側が感じないことの一根拠になっている。藤岡は59年4月の工業用水課長就任時点で、58年6月24日の尾村部長の国会答弁を知らなかったと回想し、58年7月7日づけの

厚生省公衆衛生局長から通産省企業局長あての通達についても、証言（1986年）に立つまで「この文書自身を見たことないです」（藤岡証言、23-24丁）と語っている。

通産省内部において、厚生省からの情報についてはその伝達・整理すらきちんとおこなわれておらず、組織としてまともに取り組む態勢が欠如していた。通産省がおざなりの態度でこの問題を扱っていたということは、厚生省から通産省に対する59年夏までの働きかけが、通産省にとって対処の緊急性を感じさせるような迫力のあるものでなかったことを意味している。

逆に1958年当時、通産省は自らは原因究明に何の努力もしない一方で、「本問題の原因が確認されていない現段階において断定的な見解をのべることがないよう厚生省関係課に申し入れをおこなっている」（通産省軽工業局長・企業局長 1958）と自らの態度を述べ、厚生省の活動にブレーキをかけさえしている。このような両省のやりとりの中で、工場排水の規制をめぐる切実性も緊急性も完全に消散していたのである。

さらに、熊大によって水銀への注目が発表され、社会的緊張が高まった59年夏以降も、両省の間には緊張感のあるやりとりは見られない。59年9月26日、国会での追及を予想して通産省工業用水課長らと厚生省食品衛生課長らが会合を持ち、「次回国会に本問題が取り上げられた場合、厚生省の回答を『通産省は、工場排水の処理について指導しているようである』としたいので、この点を了解して置いて貰いたい」（通産省 1959）という打ち合わせをおこなった。実際には、この時点では通産省は工場に対してなにも指導しておらず、それは両省とも知っていた。ここでは、実際の工場指導のことは閑却され、国会対策への利害関心（正当性イメージの維持）のみが優先され、情報の偽造がおこなわれている。

第5節 「取り組みの場」の空洞化による無為無策：メゾレベルでの無責任性の根拠

1 「取り組みの場の空洞化」あるいは省庁間の統合の欠如

1957・58年段階での政府レベルの対応を、組織過程というメゾレベルでみると、どのような特色が見いだせるだろうか。

端的にいうならば、「水俣奇病対策懇談会」（57年4月）あるいは、「水俣奇病対策連絡協議会」（58年8月）というかたちで、「取り組みの場」（arena）は作られたけれども、それが「実質的に協力して問題を解決する場」、すなわち「実効性のある

制御アリーナ」にはならず、たちまち空洞化したことである。住民の生命・健康が破壊されている以上、その防止を至上命令として、原因究明と対策樹立が必要であるにもかかわらず、厚生省の自己主張のしかたは微温的であり、通産省は生産増大という省益への利害関心しかもたず、生命・健康破壊に対してきわめて鈍感な倒錯した価値基準にもとづいて企業擁護の戦略をとりつづけた。

　取り組みの場の空洞化とは、組織における「統合の欠如」と表現しなおすこともできる。およそ複数の諸個人から合成される組織というものが、ある問題に的確に取り組みそれを解決することができるためには、「単一主体性の実質的形成」が必要である。単一主体性の形成とは、一言でいえば、「要素主体の統合」を実現することである。諸個人のもつ認識、利害関心、意志に即して表現すれば、「要素主体の統合」ということは、「認識の総合化」「利害関心の共有目標への統合」「意志の整合的な結合」の３つの契機によって実現される。これらの諸契機を実現する条件としては、要素主体間における価値の共有とコミュニケーションの量的な豊富さと質的な深まりが、重要である。

　しかし、水俣病対策のために各省庁横断的に作られた前述の諸組織は、効果的な取り組みを可能にするような実質的な単一主体性の形成に失敗した。すなわち、これらに参加した各省庁の係官の間に、認識の面でも、利害関心と課題設定の面でも、意志一致の面でも、効果的な統合は達成されなかった。その基本的理由は、要素主体間に「環境保全、汚染問題の防止・解決」という価値の共有がなく、各省庁の利害関心が分立しており、これらの協議会等に出席する各係官はそれに強く拘束されていたからである。とくに、通産省職員が企業の利益を擁護するという利害関心によって行為し、原因究明に取り組んでいた厚生省や工場排水に対して苦情を表明している水産庁に対して、まったく非協力的であったからである。政府職員の意志が分立している場合、その足並みをそろえ、１つの目的に向かって協力させるのは、形式的には、内閣の責務であり、最終的には各省大臣や総理大臣の指導性が問われる。しかし、これらの主体は、なんら統合のための指導的な役割を果たさなかった。

　また、熊本県は、1957年7月24日に、第3回熊本県水対連を開いた後、以後、まったくこの会議を開催しなくなった。58年から59年にかけての原因究明の進展に応じて、水対連の開催の必要性は高まっていた。すなわち、県庁諸部局横断的な「取り組みの場」によって、県としての総合的対策を立てるべきであった。けれども熊本県首脳部は、水対連そのものを実質的に消滅させてしまったの

である。

　形式的には政府としての「取り組みの場」が作られていたにせよ、実質的な「統合の欠如」という事態のもとで、その作動の実質はいかなるものであったか。

2　「情報の休眠化」と「認識の断片化」

　「取り組みの場」の空洞化、あるいは、組織としての統合の欠如は、認識の面においては、「情報の休眠化」によって加速され、「認識の断片化」として具体化した。「情報の休眠化」とは、一定時点で、行政内部の一部局（さらには、一部の研究者）に知られていた情報が、他の諸主体に共有のものにならないとか、後の時点に伝達されることがなく、活用されないことである。

　情報の休眠化の一般的原因は、情報を保管する部局が情報の重要性についての知的洞察力に欠けることであり、また各部局の情報の探索努力が不徹底であること、各要素主体の間でのコミュニケーションが不完全であることである。だが、水俣病問題において、重要なのは、各部局のミクロ的利害関心によって、情報の意図的隠蔽が頻繁におこなわれたことである。

　たとえば、熊本県は、1952年の三好報告書[9]、1957年の内藤報告書を公表し、熊大研究陣の研究やマスコミの報道をバックアップするという選択をしなかった。また、県は1958年10月公表の『水俣市地先漁場における生物・水質・底質等の調査概報』において、水俣川以北地域の、「かき」の斃死状況のデータを削除した（深井 1977: 147）。また、後述のように、通産省は59年11月に秘密裏におこなった同種工場の水銀排出状況の調査を公表しなかった。

　情報の休眠化の結果、原因究明に必要な情報の体系的収集とその総合化は、ついにおこなわれることがなかった。すなわち、行政内部の各要素主体の問題認識や状況把握は、断片性、表面性という特徴、また直接的調査意欲の欠如に由来する間接性という特徴をくり返し示し、それがそのつど不適切な対応を選択する一要因となったのである。

---

[9]　1952年8月、熊本県水産課の三好礼治係長は、水俣漁協の依頼を受けて、百間港周辺の漁場汚濁について現地調査を実施し、「新日本窒素肥料株式会社水俣工場排水調査」を含む「復命書」（三好 1952）を残している。この文書は「三好報告書」と呼ばれているが、新日窒の提出した「工場廃水処理状況」を、資料として含んでいる。この資料によればカーバイドからアセトアルデヒドを作る工程で水銀が使用されていること、「アセトアルデヒド母液の老化による一部排出」のあることが記されている。

466　第Ⅱ部　複合的な社会制御過程

3　「消極的な役割定義」と「対処の空白」

　効果的な取り組み態勢が構築できない状態において、各省庁の示した態度は「消極的な役割定義」であり、その累積した結果としての行政全体としての「対処の空白」である。厚生省は、食品衛生法の運用にあたって、漁獲禁止はできないとする消極的な運用を行い、汚染防止措置には踏み込まなかった。水産庁と熊本県水産課は、漁業被害を漁場転換によって軽減することのみを志向し、漁場汚染の原因究明や汚染防止に取り組もうとしていない。これらの主体にとって、汚染魚の漁獲禁止という課題は、食品衛生法や漁業法が想定した典型的な問題処理パターンを越えるものと意味づけられた。そのような「自分の所管に関係はするけれども、所管する典型的な問題からはみ出している問題」については、各省庁は、

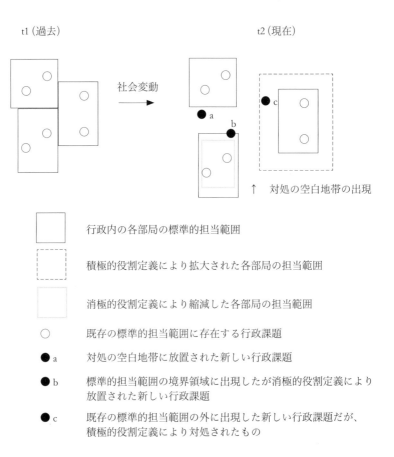

図 13-3　社会変動による新しい行政課題の出現と対処の空白

自らは消極的な役割定義をすることによって関与を回避し、他の部局や他の部局が所管する法令によって対処すべきことを期待した。しかし、各要素主体が消極的役割定義に基づいて「持ち場における対処」をしただけであったので、そのような態度の累積は全体としての行政(すなわち複合主体としての行政組織)をみると、公害防止という新しい課題に対して、発生源に対する積極的な原因究明がなされず、効果的な規制措置が取られないという「対処の空白」を生じさせたのである。この「対処の空白」は、社会変動に対する行政組織の自己変革能力の欠如を示すものである。「正常に」問題に対処している行政組織の標準的姿においては「社会像についての常識」と「政策上の諸課題についての常識」を前提として、標準的な役割定義にしたがって、各部局や個人が「持ち場における対処」をすることにより、全体として分担の隙間を生ずることなく問題に対処し、複合主体としての責任を果たすことができる(図13-3の(1))。しかし、社会は変動しうるものであり、特に戦後日本社会は経済成長とともに激しい社会変動が生じた。そしてそれとともに、公害問題が社会問題として空前の規模で激化した。このとき、短期的には関連する行政組織において役割の積極的・拡張的定義が必要であり、中期的には組織の再編と新設というかたちでの行政組織の自己変革が必要であった。積極的な役割定義にせよ、組織の再編と新設にせよ、そこに必要なのは法解釈論における積極性であり、さらに、法解釈論にとどまらず法創造論である。また組織論的に必要なのは、既存の組織構造を前提にした上で、省益や部局の利益を守り、既存の担当課題を遂行していればよいという官僚的思考様式にとどまることではなく、新しい社会的課題を担当できるようになるための組織の自己変革である。しかし、水俣病問題で実際に見られたのは、要素主体としての各部局が官僚的思考様式に基づく消極的対処にとどまり、その結果、複合主体としての行政組織が新しい問題に対して「対処の空白」を生みだし、その解決に失敗したことである(図13-3の(2))。

4 「課題定義の変質」と「切実性の消散」

効果的な取り組み態勢が欠如していたということの含意として、要素主体の相互関係においては、課題の受け渡しにともなう「課題定義の変質」と「切実性の消散」が頻繁に生じた。

複合主体としての行政組織の中では、複数の要素主体(部局や個人)が問題に関与する。各要素主体は、問題の全体像に対して自分の所管の領域の限りで課題を

設定する。自分の所管を越える課題の側面については、要素主体の間で「課題の受け渡し」がおこなわれる。そのこと自体は不可避の性質であるが、水俣病問題においては一つの要素主体から別の要素主体へと課題が受け渡されたとき、利害関心の分立という前提のもとで問題の取り扱い方が、各部局の利害関心の介入によって頻繁に変質した。それは、特に厚生省から通産省への問題の受け渡しの際に顕著に見られた。

　1958年段階において、工場排水に対して適切な措置を求めるという厚生省の通産省に対する課題提示は、通産省に受け渡された瞬間に企業活動への制約増大をいかに防ぐかという課題へと変質させられてしまっていた。またたとえば、後述の1959年秋の激動期において、工場排水に含まれる水銀濃度の把握は原因究明に不可欠な条件であり、厚生省からも通産省に対して工場排水に含まれる水銀の調査に協力するよう要請がくり返されていた。それを受けて通産省は新日窒と同様の工程をもつ全国の工場に、排水中の水銀濃度の測定と報告を求めた（通産省軽工業局長 1959a）。しかし、この濃度調査という課題は、通産省の手を経由すると「原因究明のための濃度調査」ではなく「各企業の利害防衛に有利になるような情報収集」へと変質させられてしまったのである。通産省の調査は秘密裏におこなわれ、そのデータは厚生省にも明らかにされなかったばかりか、今日に至るまで資料廃棄を理由に公表されていない。

　さらに、この「課題定義の変質」は「切実性の消散」と重なりあっている。問題の切実性は、被害者となった患者とその家族、そして漁業ができなくなった漁民たちにおいて、もっとも深刻に経験されていた。けれども、被害者・漁民→県の第一線職員→県庁首脳部→厚生省・水産庁→通産省というかたちで被害状況の伝達と対策の要望が伝えられる中で、対策課題の設定のしかたは変質をくり返し、その過程で切実性は消散してしまったのである。終端の通産省においては、被害の切実性がまったく感受されていないのである。

第6節　1959年秋の行政の対応

1　有機水銀説への政府の対応

　1958年9月、新日窒はアセトアルデヒド設備の排水経路を変更し、従来の百間港ではなく、水俣川河口へ流し始める。この排水路変更は、工場排水への疑いが公然と語られるようになった事態に対して、新日窒が、閉鎖的な水俣湾水域で

はなくより広い海面につながる水俣川方面に排水することによって稀釈することをねらったものである。この排水路変更の結果、汚染水域は拡大し、59年3月以降に水俣川河口方面に患者が続発する(有馬年表)。

　患者の発生地域の拡大という事態に加えて、1959年7月、熊本大学の研究班によって水銀への注目が発表されることによって、水俣病問題をめぐる社会的緊張は一挙に高まった。59年8月以後、魚が売れなくなったことから窮迫の極みに達した水俣市漁協の補償要求運動が激しく繰り広げられる。さらに、9月に入ると津奈木漁協、田浦漁協、芦北漁協、湯浦漁協等が、運動に立ち上がる。要求の中心は工場排水の禁止と被害補償である。10月になると熊本県漁連が漁民運動の主体として登場し、10月17日には総決起大会のあと、団交申し入れを拒否されたことに怒り新日窒工場に乱入する。さらに、社会的緊張の高まるなかで、11月1日から3日にかけて衆院水俣病調査団が政府各省庁係官を伴い現地を訪れる。不知火海沿岸漁民約2000人は11月2日に総決起大会を開き、衆院調査団に陳情した後、多数が再度工場に乱入し、社会的緊張はピークに達する。この一連のプロセスはきわめて複雑であるが、本節では政府による原因究明問題の処理と熊本県知事を中心にした調停作業と見舞金協定の成立という2つの側面に限定して、この期間の経過を記述してみたい。

　10月6日、東京の日比谷松本楼にて食品衛生調査会水俣食中毒特別部会、常任委員会、技術部会、水産食品部会の合同委員会が開催された(熊本県 1959b)。水俣食中毒部会(代表・鰐淵健之)の「水俣病研究中間報告」(食品衛生調査会水俣食中毒[特別]部会 1959)をふまえて、この日の審議においては有機水銀説を支持する方向で論議がまとまった。

　この状況において通産省の戦略はどのようなものであったか。それは、従来からの基本姿勢を継続しつつ、より積極的な行動に出るものであった。すなわち、当時の通産省がめざしたのは、工場排水と水俣病には関係があることを知りながら、①水俣工場が原因であると断定されることを回避すること、②工場の操業を継続すること、③工場への批判と紛争を鎮静化させること、④水質二法の適用対象から水俣地域をはずさせることであり、そのための積極的介入をさまざまな「取り組みの場」で展開したのである。それは、原因追及と対策についての放置と傍観という58年までの姿勢とはうって変わって、熊大研究班による原因追及に対して積極的に介入しそれを無効化しようとしたものであり、さらに、工場排水への規制を求める声を拒絶することにより、実効的な対策を妨害するものであった。

通産省が新日窒に対し、工場排水に対する行政指導をしたのを確認できるのは、1959年10月21日と11月10日の2回だけである。だがその内容は、企業擁護をしながら紛争を鎮静化させようとする姿勢にもとづくものであり、真摯に原因を解明し被害の続発を防ごうというものではなかった。

　10月21日に秋山軽工業局長は、新日窒社長に対し、①水俣川河口への排水放出を即時中止し従来どおり百間港の方へ戻すこと、②排水の浄化装置を年内に完成することを、口頭で指示した(加藤年表、有馬年表)。

　そして、59年10月22日、約1年ぶりに「水俣奇病対策連絡協議会」が開催され、それをふまえて10月31日付けで、厚生省公衆衛生局長から通産省軽工業局長へ、文書で「昨年9月新排水口の設置以来その方面に新患者が発生している事実があるので、現段階において工場排水に対する最も適切な処置を至急講ずるよう御配慮をお願いする」(厚生省公衆衛生局長1959a)という要請がなされた。このことを背景にして、12月10日に秋山軽工業局長は新日窒社長に対し、書面で「この際一刻も早く排水処理施設を完備するとともに、関係機関と十分に協力して可及的速やかに原因を究明する等現地の不安解消に十分努力せられたい」と通知している(通産省軽工業局長1959b)。しかし、通産省のこのような行政指導は企業の立場を擁護しながら社会紛争を鎮静化させるという利害関心によってなされていたに過ぎず、企業の利益に対立してまでも真の原因を究明しようという意志はまったく欠如していた。

　続いて11月11日に、水俣病対策に関する各省の「連絡協議会」が、同じく東京日比谷の松本楼で開かれる。厚生省、経企庁、農林省・水産庁、熊本県などより49名の出席者があったが、最大のグループは秋山武夫軽工業局長を筆頭に14名が参加した通産省であった。この会議においては、翌12日に予定されている食品衛生調査会の正式答申を控えて、有機水銀説を主張する熊本大学研究者に対して通産省グループが執拗な反論をくり広げた。

　会議を取りまとめるべき立場にある厚生省職員は、通産省幹部の突出した反論を押さえるだけの力量も熱意もなく、この日の協議会は、なんら対策を前進せしめることなく終わった。熊本大学を代表して出席していたのは、鰐淵教授と徳臣助教授であるが、徳臣の日記には当日の模様が「水俣病の各省連絡会議に出席。通産省はまったく工場弁護に終始する。各省ともそれぞれ責任のなすりあい。自分の利益のためにのみ動き前進なし」[10]と記されている。

10　NHK, 1976,「ドキュメンタリー　埋もれた報告」。

食品衛生調査会の名による原因究明が、通産省の利害関心（省益）に真っ向から対立するように見えた時点で、通産省は原因究明についての非協力という「消極的態度」から原因究明を打ち消すような「積極的反論」へと転じたのである。

　11月12日、食品衛生調査会の常任委員会が開催され、厚生大臣に対する最終答申が取りまとめられた。正式答申はその主文において「水俣病は水俣湾及びその周辺に棲息する魚介類を多量に摂食することによっておこる、主として中枢神経系統の障害される中毒疾患であり、その主因をなすものはある種の有機水銀化合物である」（食品衛生調査会 1959）と明言している。続いて答申は、この結論の理由として主症状、病理解剖所見、患者の尿中水銀排泄量、患者臓器の化学分析、水俣汚泥土中の高濃度の水銀含有、有磯水銀化合物による動物実験など8点をあげている。

　では、この答申の特色は何か。第1に、水俣病の原因が「ある種の有機水銀化合物」であることを科学的に正しく断定していることである。第2に、「ある種の有機水銀」についての指摘はされているが、注目の工場排水についてはまったくふれられていない。このような表現にとどまった理由としては、外的には委員会に対して、通産省のみならず厚生省からも工場の責任追求に直結しないような抑制した表現を求める意向が働いていたことが証言されており（鰐淵証言、13丁）、委員会の内部では引き続き同調査会での審議が継続するという期待を前提にして、学問的な厳密性を守ろうとする学者の良心が表現を抑制するように作用したという事情がある。

　では、閣議での取り扱いはどのようなものであったか。読売新聞（1959年11月14日付）の「政界メモ」欄は、翌13日の閣議でのこの答申の取り扱いを次のように伝えている。

　　この日の閣議で渡辺厚相から「水俣病」の調査結果が報告されたが、これが「有機水銀化合物のため」といういかにも問題の工場放流廃液らしいともとれる結論。さっそく池田通産相が「こういう調査は慎重に取扱ってほしい。工場の廃液だと即断されて、一部の思惑にのり、つまらぬ論議を背負いこみかねない」と食いついて通産相らしく工場側の肩をもった。これに対抗してか漁民側から陳情をうけている福田農相は「工場からでる無機物を魚や貝がたべると有機物になって害を与えるというのだから、いっそ漁民を真珠養殖に転業させようか」という珍案を披露した。これにまた「いやいっそ水

俣湾を埋めたてたら」といった意見が出るなどでこの問題はガヤガヤというだけで終ってしまったという。(読売新聞 1959 年 11 月 14 日)

　この小さな記事は、いくつもの重大な情報を示すものである。
　第 1 に、池田勇人通産大臣が、答申結果を行政過程で無力化するのに決定的な役割を担ったことである。第 2 に、これに対して渡辺良夫厚生大臣が、厚生省の代表者として原因究明の徹底や排水浄化の必要という方向での的確な自己主張をしていないことである。第 3 に、同様に福田赳夫農林大臣も的確な自己主張をしておらず、新聞記者に「珍案」と形容された転業策を述べているだけである。第 4 に、閣議全体が問題の重要性を認識せず、取り組みに真剣さが欠けており、なんらの明確な態度決定もせず政府としての正式見解を事実上棚上げすることになった。政府首脳部は、食品衛生調査会の答申の重みをまったく理解せず、またそれを無視した場合に引き起こされる社会的帰結の重大性に対する感受性も知的洞察力も持ち合わせていなかったのである。閣議は「取り組みの場」としては実質的にまったく機能しなかったのである。
　政府首脳の不適切な決定は、食品衛生調査会の答申を事実上無視しただけにとどまらなかった。答申の直後に、厚生省は突然水俣食中毒特別部会を解散し、熊本大学医学部の研究者を解任してしまう。実はこの解散は、ほんの 1 週間前までは厚生省の第一線の職員によっても予定されていたものではなかった。たとえば 11 月 4 日、厚生省高野食品衛生課長は、熊本県庁の記者会見で「中間答申」という言葉を 2 度も使用しており、この時点では最終答申のつもりでなかったことは明白である (熊本日日新聞 1959 年 11 月 5 日)。
　この解散は、形式的には厚生大臣の決定にもとづくものであるが、池田通産大臣等自民党首脳部の意向をふまえていると推定されるのであり、厚生省職員がそれまで想定していた予定を大きく屈折させるかたちでなされたのである。だが、この解散をめぐって厚生省幹部職員が抵抗した形跡はない。
　政府の取り組み態勢の再編は食中毒部会の解散にとどまらなかった。これまで、まがりなりにも政府の取り組みの中心にいた厚生省がその役割を奪われ、水俣病問題の所管は経済企画庁へと移るのである。すなわち、11 月 16 日に政府省庁の水俣奇病対策連絡協議会が開かれたあと、11 月 18 日、同協議会は厚生省が事務局を務める政府の対策組織としては最後の会合を開き、その後の調整の所管を経企庁調整局にすることを決定して解散した (厚生省公衆衛生局長 1959b)。翌 11

月19日、経企庁は通達を発し、政府の新しい取り組み態勢が経済企画庁を主管とする「水俣病総合調査連絡協議会」というかたちで構築されるのである。これによって、原因究明を正しく進めてきた熊本大学の研究者の社会的な発言力は大幅に低下することになる。

では、1958年12月に制定されていた水質二法、すなわち「公共用水域の水質の保全に関する法律」および「工場排水等の規制に関する法律」の適用によって汚染を防ぐ道はなかったのだろうか。事実経過としては、国会での再三の追及にもかかわらず、水俣病発生地域はこの時期に水質二法による地域指定の対象にならなかった。政府組織の中でも、水産庁は国会答弁（1959年10月22日）において、水質保全法の適用が必要との考えを表明している（衆議院 1959）。しかし、水質保全法を所管する経済企画庁が水俣川下流と水俣地先水面を水質保全法にもとづき指定水域にしたのは、ほぼ10年後の1969年2月のことである。なぜ経済企画庁は、59年段階で水俣の沿岸に水質保全法の適用をしなかったのか。経済企画庁水質保全課に課長補佐として通産省から出向していた一職員（汲田卓蔵）は、重大な事実経過を述べている（NHK取材班 1995）。汲田自身は、水俣病の原因は工場排水だと思っていた。水質保全課内部の議論では、農林省からの出向者が排水を止めるべきだとの主張もしていた。「だが汲田は、通産省の官房に毎週のように呼び出され、強い指示を」受けた。「『頑張れ』と言われるんです。『抵抗しろ』と。止めたほうがいいんじゃないですかね、なんて言うと、『何言ってるんだ。今止めて見ろ。チッソが、これだけの産業が止まったら日本の高度成長はありえない。ストップなんてことにならんようにせい』と厳しくやられたものね」（NHK取材班 1995: 158-159）。経済企画庁による水俣水域への水質保全法の適用が見送られた過程には、通産省官房の強力な介入があったのである。

2　熊本県知事の調停と見舞金協定

では地元の熊本県、水俣市においては、1959年11月から12月にかけてどのような動きが見られたであろうか。

11月2日に、漁民が被害の切実性を背景にして工場に乱入したことに対して、水俣市における他の諸主体は、被害への共感を示すどころか事態を企業の存続を脅かす緊急性として受けとめ、企業防衛と漁民非難に走ったのである。11月4日、新日窒従業員大会が水俣市公会堂で一般市民をまじえ約1500人を集めて開催された。

ついで 11 月 7 日、水俣市、同市議会、商工会議所、農協、新日窒労組、地区労など 28 団体の代表が、県知事に対して工場排水を止めることは工場の破壊であり市の破壊になる、水俣市民全体の死活問題であると陳情する一方、県警に対しては暴力行為に対し充分な措置を要望している。さらに 11 月 9 日、水俣市議会全員協議会が中村市長や新日窒幹部の出席のもと開催され、上京して食品衛生調査会に対し水銀説の「発表には慎重を期してもらいたい旨陳情する」(熊本日日新聞 1959 年 11 月 10 日) 方針を決定した。このような動きの中で、漁民、被害者は孤立していく。

他方、県議会においては、水俣病対策特別委員会の設置 (1959 年 7 月) 以来、論議されていた工場公害防止条例制定の機運は、11 月に入って寺本広作知事が漁民と新日窒の紛争に対して調停にのりだすとともに、急速に後退していく。11 月 5 日と 16 日の県議会水特委や、6 日と 14 日の議会運営委員会においては、県漁連やそれを代弁する県議から工場公害防止条例の制定のための臨時県議会の開催が再三要求されるが、両委員会の大勢は知事による斡旋の推移をみた上で県議会の態度を決めるという消極論にとどまった。

なぜこの段階で、県条例を作ろうという気運は急激に衰退してしまったのだろうか。直接的な第 1 の理由は寺本知事による調停へののりだしであり、その推移を見守るという態度が県議会にひろまったことである。同時に知事自身も、県条例の制定を回避したいという動機に支えられながら調停を開始したのである。第 2 に、水俣市からは全市的な工場の存続を求める運動が起こり、知事に圧力をかけた。第 3 に、もともと県議会の中で条例制定に積極的な議員の声は大きくなかった。条例制定に消極的あるいは無関心な議員も多かったのである。第 4 に、新日窒の側からの県政界に対する工作があったことである。NHK ドキュメンタリー「埋もれた報告」(1976 年) における長野県議の証言は、新日窒の重役クラスが、当時地元政界に対して金銭の提供をテコにした工作を展開していたことを示している。

11 月 24 日、寺本知事は 5 名の「調停委員」として、知事本人、岩尾県会議長、中村止水俣市長、河津寅雄県町村会長、伊豆富人熊日社長の 5 名を選び、この他に、川瀬健治福岡通産局長、岡尊信全漁連専務をオブザーバーに委嘱し、第 1 回の調停委員会を 26 日に開催した。

当時の知事の表向きの見解表明においては、水俣工場が水俣病の原因であるかどうかはわからないというものであった。それゆえ、県としては工場に対して汚

染防止措置を取るようにとの要求をまったくしてこなかった。しかし、寺本知事は新日窒が原因であることを内心では確信していたのであり、自分を「彼」と表示した回顧録『ある官僚の生涯』に、そのことを自ら、次のように記しているのである。

　　熊本大学医学部が有機水銀説を発表した後の、昭和34年(1959年)8月時点において、「彼は常識的に見て工場廃液以外に原因はありえないと判断した。従って、会社側が農薬説や爆薬説を出した時もまた東京工大の清浦教授が、アミン説を出した時も彼はそれらの説に迷わされることはなかった(寺本 1976:164)。

　調停に乗りだしたときの寺本知事の利害関心と戦略はどのようなものであったか。知事の利害関心は、①新日窒との決定的な対立や緊張関係に陥ることを回避すること、②漁民からの反発・批判を招かないようにすること、その上で③新日窒と不知火海漁民、新日窒と水俣病患者の社会的紛争を鎮静化すること、というものであった。
　そのための戦略としては、第1に原因が新日窒であることが解明されることを回避し、工場排水が原因かどうかをあいまいにしたかたちで妥協を形成することが必要であった。そのためには、調停の過程から熊大研究者を排除することが必要であった。第2に、知事は工場排水規制の県条例の制定を回避しようとしていた。もし排水防止の県条例ができれば、その運用をめぐって、知事は新日窒の態度と世論の批判の間で抜き差しならない選択を迫られることになる。
　第2回調停委員会は12月2日に開かれ、県漁連は25億円を要求したのに対し、新日窒側は、原因が科学的に立証されていないことをもって漁業補償に「ゼロに近い回答」をしたといわれる(熊本日日新聞1959年12月6日)。第3回調停委員会は12月15日に開かれ、徹夜での交渉の結果、16日午前3時に調停委員会は調停案を双方に提示した。その内容の骨子は、①会社は工場排水が将来に向かって漁場に損害を及ぼさぬよう調停の日から一週間以内に浄化装置を完成させる、②会社は不知火海沿岸漁民がうけた損失の補償として県漁連に3500万円を支払う、③県漁連は3500万円のうち1000万円を水俣工場乱入事件で工場に与えた損害補てん費として会社に支払う、④会社は漁業不振からの立ち上がり資金として6500万円を県漁連に融資する、というものである。

新日窒と県漁連はこの調停を受諾し、調印が17日深夜におこなわれた。調停受諾にあたって、村上県漁連会長は「この調停案受諾は漁民にとって苦しいものだった。涙の一語につきる」と語っている(熊本日日新聞1959年12月18日)。

この県漁連と新日窒の調停を、知事を中心とした調停委員会が進める過程で、付随的に患者家庭互助会と新日窒とのあいだの調停が取り上げられた。

11月25日、患者家庭互助会の臨時総会が開かれ、そこにおいて出席会員の全員一致の意見をもって、水俣病の原因は工場排水にあるから患者78人分の補償金として、新日窒に対し総額2億3400万円、一人あたり300万円の補償金を求める旨の決議をし、工場に申し入れた(熊本日日新聞1959年11月29日)。しかし、会社側がこの要求を拒絶したため、互助会は11月28日、工場前での座り込みを開始した。互助会は要求の実現を知事に陳情する。

調停委員会は12月16日に、県漁連に対する補償についての調停案を、新日窒に提示する際に「水俣病患者78人に対して7400万円を支払うよう同時に会社側に提案した」(熊本日日新聞1959年12月16日)。この7400万円のうち、2400万円が一時金、5000万円が年金となっている。互助会側は「一時金と年金にわけられていることは了承できない」(熊本日日新聞1959年12月18日)として、座り込みを続けた。しかし年末が近づき、借金をしていた人はそれを返済しなければならないという期限が迫る中で(宇井1971:121-122)、12月29日、最後の交渉が水俣市役所でおこなわれた。その結果、12月30日に互助会はついに調停案を受諾し調印するにいたる。これは後に「見舞金契約」と呼ばれることになった。

この調停案の受諾の過程は、互助会が政治的勢力としては新日窒によっても県知事によってもきわめて軽視されていることを示している。12月15日から16日明け方にかけての徹夜の調停作業において、県漁連側と新日窒は調停委員会に呼ばれて意見を表明しているが、互助会は正式の交渉当事者の位置づけをされておらず発言の機会すら与えられていない。12月29日に調停案を提示したのは調停委員会の正規メンバーではなく、森永商工水産部長であり(熊本日日新聞1959年12月30日)、県漁連との調停においては正規委員5名全員が出席していたことと比べて大きな落差を示している。また、新日窒側も県漁連との交渉で中心になった吉岡社長や千原専務といった本社役員は登場せず、現地の西田工場長が代表者となって交渉している。

では「見舞金協定」の内容はいかなるものであったか。協定の内容の骨子は、

死者に対し弔慰金30万円、葬祭料2万円、および発病時から死亡時までの年数に10万円を乗じた金額（発病時に未成年であった場合は3万円を乗じた金額）を加算した額を一時金として支払うこと、および、以後、成人に対しては年金10万円を（発病時に未成年であった者には、未成年の間は年金3万円を、成年になれば年金5万円を）支払うというものであった（新日本窒素株式会社1959）。さらに「第五条　乙［患者側］は将来水俣病が甲［新日窒］の工場排水に起因することが決定した場合においても、新たな補償金の要求は一切行わないものとする」（同上）という条項が付け加えられ、将来請求の道を閉ざしたのである。

　以上の漁業補償と見舞金協定の特徴と問題点はどのようなものであったか。

　第1に、漁業補償も見舞金の額も著しく低額であることである。漁業補償は一時金3500万円のうち、新日窒への賠償金1000万円を差し引いた「残る2500万円を不知火海沿岸漁民7000人で割れば、一人当り3500余円にしか」ならない（熊本日日新聞1959年12月17日）。患者への一時金も、互助会が当初要求していた死者に対する300万円の補償金の十分の一である。第2に、新日窒が水俣病の原因者であるかどうかということは不明にされたまま協定が結ばれている。また、原因を早急に明らかにしようという姿勢がみられない。第3に、当時工場排水についての監視態勢の構築が必要であったが、工場排水が本当に浄化されたのかどうか、とりわけ水銀の排出が本当に停止しているのかどうかを、監視、研究する態勢を構築するという課題が取り上げられていない。第4に、見舞金協定においては、後に原因が新日窒にあることが明らかになった場合にでも、被害者が補償要求する権利を封じている。したがって、この協定は後の水俣病訴訟の判決で、民法第90条を根拠にしながら「被害者の無知窮迫に乗じて、低額の補償をするのとひきかえに被害者の正当な損害賠償請求権を放棄させたような場合には、そのような契約は、社会の一般的な秩序、道徳観念（公序良俗）に違反するから、無効といわざるをえない」（『法律時報』1973年5月号 .52）と厳しく批判されるのである。

　2つの協定は、水俣病患者と漁民にとっての切実な課題を少しも解決するものではなかったが、その後の社会過程に大きな影響を及ぼした。協定が成立したことは水俣病問題についての社会的緊張を一挙に低下させ、それへの真剣な取り組みの気運を消散させるものであった。

　第1に、調停の成立は、県議会における公害防止条例の制定の気運を一挙に雲散霧消させた。第2に、政府の原因究明プロセスや現状調査の真剣さを低下

させるように作用した。第3に、水質二法の水俣海域への適用の気運をも消散させた。第4に、その後の被害者側の権利主張をしにくくし、泣き寝入りを強いることとなった。見舞金協定が水俣病を「幕引きした」といわれるのはこのような帰結に由来するのである。

　この調停の成立による問題の鎮静化は、新日窒が排水浄化装置サイクレーターの設置によって排水は浄化されるようになったという宣伝をしたことによっても促進された。1959年12月24日にサイクレーターの完工式がおこなわれ、これで工場排水が浄化されるというイメージがふりまかれた。熊本県知事や厚生省の聖成稔公衆衛生局長は、そのことを信じこみ、以後まったく行政的対処をしなくなる。しかし、実はサイクレーターはもともと有機水銀の除去能力はなく（井手証言34丁）、さらにアセトアルデヒド排水はそこに通されなかった（宮澤1997: 265）。二重の虚偽をこれらの主体もマス・メディアも見抜けなかったのである。

3　政府による原因究明努力の消散

　見舞金協定のあと、政府の取り組みはどのようになされたのだろうか。1959年11月下旬以降の政府の担当機関は経済企画庁を主管とする「水俣病総合調査研究連絡協議会」であった。この協議会はすでに発足時において、的確な取り組みができるのかが危ぶまれるような諸特徴を示していた。

　第1に、この組織は有機水銀説という水俣病の正体をついに突き止めることに成功した説を、再び棚上げにする意図にもとづいて発足した。それは同時に有機水銀説を提唱した熊大の研究者集団の社会的発言力を奪うものであった。第2に、この協議会は「調査を実施真実の解明に当たる」（経済企画庁1959）ことを目的としているだけで「対策」ということを目的として設定しておらず、水俣病の発生防止の面でも、被害者の保護・生活支援という面でも、水俣病対策への取り組みが消極化していた。第3に、調査研究にしても、発足時の課題設定において水銀への言及がないし、もっぱら物理化学的な側面が主となり、被害者に対する医学的治療には何の関心も払われていない。すでに課題の設定のしかたで、重要な課題が抜け落ちている。

　事実、この研究組織の以後の活動のしかたは、発足時に看取された欠陥を具体化するものでしかなかった。この協議会は、1960年1月9日に発足し、第2回会合を4月12日に、第3回を9月29日に、そして第4回を1961年3月6日に開催した。だが、水俣病への社会的注目がうすれ、行政組織にかかる緊急性

が低下するとともに活動を停止し、なんらの正式な結論も示さないまま自然消滅してしまったのである。この連絡協議会は、なんらの責任ある研究成果もまとめないことによって、結局は有機水銀説を行政過程で否定し、黙殺するという役割を果たしただけだったのである。

　この協議会がどのように消滅したかということに、再び社会的注目が集まるのは、1965年の新潟水俣病の発生以後のことであった。

　他方、熊本大学研究陣の研究は、困難な中でも1960年以後、続けられた。1962年瀬辺恵鎧教授は、低級アルキル水銀がアセチレン加水反応で副生する可能性を指摘し、同年6月ごろには、入鹿山教授らが工場残滓から原因物質と考えられる有機水銀を抽出した (宮澤 1997: 344-347)。

　1963年2月20日に、熊大水俣病研究班は、原因物質はメチル水銀であり、それが工場スラッジより抽出されることを発表し、世良完介研究班長はそれに先立つ2月16日の研究報告会で、直接的原因が工場廃液にあることは疑う余地がないと語った (有馬年表)。この熊本大学による研究は正しいものであったが、熊本県も政府もこれを取り上げようとはしなかった。せっかくの研究成果も行政によって無視されることにより、1960年代前半においては社会過程で影響力を発揮できなかったのである。

第7節　要求提出回路の閉塞と3つの水準での対処の失敗

　以上に見てきたような対処の失敗は、社会制御システム論の文脈でみると事業システムレベル、社会制御システムレベル、国家体制制御システムレベルという三重の制御システムにおいて、同時に三重の失敗が生じていたことを意味する。その意味を順次検討してみよう。

1　事業システムレベルの対処の失敗

　事業システムレベルでみるならば、新日窒水俣工場という一つの事業システムが汚染を引き起こし、被支配問題としての水俣病被害と漁民への打撃を生みだしていた。被害というかたちで構造的緊張を被った水俣病被害者と被害漁民は、運動を組織化し、要求提出を行い、交渉の場を設定しようとするかたちで、変革主体として自己形成した。だが、新日窒と水俣病被害者組織、および新日窒と被害漁民の間に形成された政治システムにおいては、勢力関係は、圧倒的に新日窒に

有利であり、患者家族会も被害漁民も有効な対抗力を発揮することはできず、汚染行為の停止や十全なる被害補償を獲得することはできなかった。1959年12月の決着は、水俣病の原因は不明とされたこと、補償金ではなく加害責任を認めない見舞金支払いであったこと、見舞金の額が僅少であったこと、将来の正当な請求権の放棄を強いる見舞金契約が押しつけられたことといった諸点において、患者運動にとっては敗北であった。また被害漁民にとっても、工場排水の停止要求は満たされず、補償要求は大幅に切り縮められたこと、大量の逮捕者によって打撃を被ったことという点で、敗北であった。

このような勢力関係のアンバランスを生みだした諸要因はどのようなものであったか。

第1に、水俣病被害者と被害漁民にとって要求提出を効果的に行い、また対抗力を効果的に駆使できるような制度的な枠組み条件がなかった。2つの運動は、非制度的なかたちでの抗議行動をするしかなく、それゆえ、いわば具身の主体の「むきだしの勢力関係」において加害者たる新日窒に対抗するしかなかった。

12月にあいだに立った調停委員会は、第三者型のアドホックな利害調整アリーナであったが、その調停内容は勢力関係を反映したものでしかなく、調停の受諾は2つの運動の敗北を意味するようなものであった。

第2に、加害者である新日窒は地域社会において突出した経済力を有する事業システムであるが、経営システムの文脈での強力な経済力を容易に地域社会の政治システムにおける支配力に転化しえていた。地域住民の新日窒への経済的依存は、新日窒の存続に対する利害関心を生みだし、漁民の排水停止要求を工場閉鎖の危機として感ずるような住民意識を生みだしていた。

第3に、患者家族と被害漁民は、地域社会内部においては経済的利害関係に規定されて少数派であり、支援主体を見いだすことができなかった。1959年11月2日の漁民の工場乱入に対して、その直後の11月8日に地域の28団体が一斉に漁民を非難しつつ、工場排水の停止に反対したのはその表れである。

第4に、患者家族と被害漁民は、地域社会の外においても支援主体を見いだすことができなかった。水俣市の外部に患者家族を支援するいかなる団体も存在しなかったし、熊本県の外部には県漁連を支援する主体は存在しなかった。

以上の諸要因に規定されつつ、政治システムの勢力関係は極端にアンバランスであった。新日窒は、被害者と漁民の運動に対して強気の態度で臨み、それらを鎮静化させるのに成功し、その意味では支配問題を解決し政治システムでは勝利

した。

　だが、その結果、公害防止をしっかりと経営課題として設定すること、あるいは受苦を経営システムの防止費用に転換することはなされず、その意味での経営システムの再編成は怠られ、その後の汚染防止対策は不備となり、被害の拡大を引き起こした。その帰結は長期的には1970年代以降、被害補償問題の重圧を通して企業としての行きづまりを招くのである。

2　社会制御システムレベルでの対処の失敗

　社会制御システムレベルでみるならば、当時、公害問題に対処できる効果的な社会制御システムが存在せず、社会制御システムレベルでの的確な対処ができなかった。すなわち、環境保全という価値を指導的な価値とし、そのために実効的な組織、法令、予算を備えるような行政組織は存在しなかった。また、そのような行政組織の形成を促進するに足るだけの強力な公害反対運動も存在しなかった。環境制御システムが本格的な形成されるのは、ずっと後の、1970年の公害関連14法案の成立と1971年の環境庁設立によってである。

　環境制御システムが欠如している状況ではあったが、その機能にもっとも近い位置にあり、運用によっては公害問題の解決に積極的な役割を果たしたかもしれない社会制御システムとしては、公衆衛生制御システムと水産業制御システムがあった。

　水産業制御システムは、水産庁を統率者（支配者）とし、水産業の振興を任務としており、制御手段としては漁業法やそれを根拠とする各県の漁業調整規則を有していた。公衆衛生制御システムは、厚生省（その中心としての、公衆衛生局）を統率者（支配者）とし、公衆衛生の維持を任務としており、制御手段としては食品衛生法を有していた。この2つの社会制御システムは、水俣病問題においては通産省を統率者（支配者）とする産業制御システムと相剋するが、結果的に効果的な介入はできず無力であった。

　この2つのうち、被害拡大の防止という点でも原因解明という点でも、公衆衛生制御システムはより深く関与したが、その関与には根本的な困難があった。それは、公衆衛生制御システムは食品の有毒化を問題にすることはできるが、有毒化が工場排水に起因する場合、工場排水に対して停止命令というようなかたちで規制権限を有するわけではないことである。

　社会制御システムのレベルでみるならば、「要求提出回路の閉塞」とは、総体

としての行政(政府、県庁、市役所)が新日窒と被害者・漁民の間に存在した抑圧的排除・収奪型の支配システムを是正するどころか、それをいくつかの面で形成することに加担し、他面では、そこに含まれる社会的不正を放置することによってその存続を擁護的に黙認したことを意味している。すなわち、要求提出回路の閉塞は、情報の伝達ミスのような要因によって生じているのではなく、行政組織を構成する諸主体の利害関心にもとづいた戦略的行為の積み重ねと、政治システムにおける力関係の不均衡によって生じている。

被害者にとっての要求提出回路の閉塞を生みだした、社会制御システムレベルの1つの理由は、厚生省や水産庁のような被害者たちの要求をまがりなりにも代弁していた諸主体の熱意や力量不足である(不作為の役割効果による行政組織全体の無為無策)。厚生省や水産庁の取り組みには二重の限界があった。第1に、公衆衛生制御システムや水産業制御システムの枠組みの中でも、なすべきことを十分に実施できたわけではない[11]。第2に、公衆衛生制御システムや水産業制御システムの担当範囲を一歩踏み越えて、積極的な介入をする努力に失敗した。

だが、閉塞を生みだしたより強力な要因は、通産省が加害企業の擁護という戦略をとり続けたことである。さらに、熊本県が加害企業に対して規制的な政策を取ることを後込みし、放置と黙認を続けたことが、力関係の上で加害企業を有利に、被害者を不利にするように作用した。

先述のように、新日窒幹部は、自分の工場排水、とりわけアセトアルデヒド排水が原因かもしれないという疑いを、早ければ1957年春以後には抱いていた可能性があり、どんなに遅くても1959年7月にはそのような疑いを抱いていたはずである。これに加えて、通産省も、遅くとも1958年段階ではそのような疑いをもっていた。だが、両主体は原因を真剣に探求することをせず、次のような共通の利害関心にもとづいてこの問題に対処した。その利害関心の中心は、①水俣工場が原因であると研究者グループが断定したり行政の公式見解として表明したりすることを回避すること、②工場の操業を継続すること、③新日窒に加害責任があるということを社会的に認めさせないかたちで工場への批判と紛争を鎮静化させること、である。

このような利害関心から生まれた戦略は、工場排水が原因だという主張を徹底

11　編注:「食品衛生法や熊本県漁業取締規則の発動による対応の必要性は、後の水俣病訴訟で指摘されているのにしなかった」とのメモが遺されている。

して否定することであり、1959年12月のサイクレーター完成後には、排水は浄化されたというイメージを作りだすことであった。それゆえ、原因究明問題をうやむやにすることと排水が浄化されるようになったというイメージの形成は、ともにこの紛争の帰趨を制する焦点であった。

このような過程は、行政内部に注目するならば、通産省軽工業局・企業局による「妨害の役割効果・制度効果」を通して「適正な対処原則」が蹂躙されたと表現することもできる。もし通産省の担当部局が、有機水銀説が出た段階で工場排水を使用した猫実験の系統的実施とその結果の公表という方針を打ち出していたら、工場排水が原因だということが速やかに解明され、被害の拡大も防止できたはずである。現実に通産省が採用したのは、その正反対の戦略であり、有機水銀説に対して徹底的に反論することによって食品衛生調査会の答申を「中和」する(宇井1968)作用をはたし、原因究明を妨害した。有機水銀が原因であるという認識から、工場排水に有機水銀が含まれるという認識まではわずか一歩の距離であるが、その一歩を進めるのに、1968年9月の政府の正式見解までおよそ10年の期間を要したのである(後藤1995)。この一歩の距離に横たわっていた障壁は、自然科学上の認識の困難さではなくて、社会的要因、より限定すれば行政内要素主体の妨害作用であった。通産省幹部職員というごく少数の要素主体が、省益というミクロ的利害関心に基づいて有機水銀説を否定したことが、役割効果を通して、原因究明について複合主体としての政府全体のマヒをつくりだし、総体としての行政が抑圧的排除・収奪型の支配秩序に加担するという事態を生み、被害の拡大という深刻な社会的帰結を招いたのである(妨害の役割効果・制度効果)。

3　国家体制制御システムの対処の失敗

このように深刻な公害問題に対して、的確な対処のできるような社会制御システムが欠如していた状況であったが、公害対策を効果的に担うための社会制御システムを形成しようという努力はまったくなされなかった。このことは、国家体制制御システムにおける的確な問題対処の失敗を意味している。すなわち、社会制御システムに欠陥があり、構造的緊張が発生しているにもかかわらず、国家体制制御システムレベルにおいて制度変革のための問題形成ができず、結果として社会制御システムの再編成はまったくできなかった。国家体制制御システムのレベルでのもっとも重要な岐路は、1959年11月13日の閣議であったが、この日の閣議は水俣病問題に対して「適正な価値を体現した制御アリーナ」という性

格をまったくもたなかった。閣議においては、個別問題への対処という文脈でも、社会制御システムの再編成という文脈でも、水俣病についての適切な問題形成はなされなかったし、効果的な主体形成もなされなかったのである。

4　「実効的で公平な利害調整アリーナ」と「適正な価値を体現した内的制御アリーナ」の欠如

　以上のような三重の失敗は、アリーナ論の視点でみるならば、なにが欠けていたからなのであろうか。

　事業システムレベルでのアリーナに注目するのであれば、「実効的で公平な利害調整アリーナ」が欠如していた。水俣病被害者や被害漁民と新日窒の利害対立において、被支配問題を解決するにたる「実効的で公平な利害調整アリーナ」が存在しなかったのである。すなわち、公害防止努力を加害企業に強制するにたる規制力、対抗力を有するような利害調整アリーナが欠如していた。

　そのことは、社会制御システムのレベルでは、公害防止という適正な価値を指導理念とし規制力を有するような社会制御システムが欠けていたことを意味する。そのような社会制御システムが形成されるためには、直接的には、公害防止という価値に立脚する制御主体としての行政組織と、それを具体化する制御手段としての法制度が必要である。そして、そのような行政組織を可能にするのは、直接的には「公害防止という適正な価値を指導理念とする制御アリーナ」が社会制御システムの担い手としての行政組織内部につくられることであり、さらに間接的には、そのような価値を指導理念とする制御アリーナが国家体制制御システムのレベルで形成され、公害防止のための社会制御システムを作りだすように作用することである。

　本来であれば、政府レベルの総合的取り組みのアリーナ（水俣奇病対策懇談会、水俣奇病対策連絡協議会、食品衛生調査会、閣議）や県レベルの総合的取り組みのアリーナ（水対連）が、「適正な価値を体現した制御アリーナ」であるべきであった。それらのアリーナにおいて公害防止という価値が共有された場合は、行政組織に単一主体性が形成され、実効的な制御主体が形成されえたであろう。

　現実には、それに参加した要素的な主体においては、志向する価値は共有されておらず、これらのアリーナは「適正な価値を体現した内的制御アリーナ」ではなく、行政組織内部の「中途半端な利害調整アリーナ」にとどまり、政府も県も単一主体性を実現できなかった。

5 「問題の切実性への鈍感さ」と「政治的緊急性への反応としての対処」

　要求提出回路の閉塞と妨害の役割効果による適正な対処原則の蹂躙という事態、さらに「実効的で公平な利害調整アリーナ」の欠如と「適正な価値を体現した制御アリーナ」の欠如には、どのような主体の行為原理が対応していたのであろうか。これについては、行政組織内の諸主体の行為原理が「政治システムにおける緊急性」への反応であって「問題の切実性」への対処ではないという特徴が見いだされる。

　「問題の切実性」とは、この場合、水俣病被害者や漁民の被害・損害の重大性であり、それが社会的公正という点から見て放置できないことである。これに対して「政治システムにおける緊急性」とは、政治システムの中の主体にとってのミクロ的利害関心ゆえに急いで対応を迫られる事態のことであり、他主体が要求を提出してくるかどうか、またそのような他主体がどれだけの政治的力量をもっているかによって左右される。感受性をもたない主体にとっては、問題が切実であっても、要求提出がなければ緊急性は生じないのである。そのような場合、政治システムにおける緊急性が低下すれば、問題への関心も低下し取り組み努力も消失する。

　このような態度を典型的に示したのは、1959年12月に見舞金協定をまとめた寺本知事である。寺本知事にとって、当時、最大の政治的緊急性は、漁民の運動によってもたらされたのである。漁民の抗議と要求をいかに鎮静させるかということが、寺本知事にとっては第一義的関心であった。それに比べて政治的にはわずかな力しかもたない被害者たちが作っていた「水俣病患者家庭互助会」を、知事は正式な交渉当事者として取り扱わず、自らは調印の立ち会いもせず部下にまかせたほどであった。ここには、被害・損害そのものに適正に対処するというよりも、紛争の鎮静化に関心を払うという「問題定義の変質」が見られる。そして、見舞金協定の成立によって政治的緊急性が消失すると、熊本県庁も熊本県知事も、原因究明や水銀流出防止対策に関心を示さなくなった。また、経企庁所管の「水俣病総合調査連絡協議会」も、政治的緊急性の低下した1961年3月時点での会合を最後に自然消滅してしまったのである。

第8節　悪循環構造と公共圏の貧弱性：マクロレベルでの無責任性の根拠とメカニズム

　前節までに見てきたように、行政組織内部の力関係が総体としての行政の加害者に対する擁護的黙認、被害者の要求に対する無為無策を生みだしてきたのであり、そこにはミクロレベルとメゾレベルにおいて、さまざまな要因連関が作用していた。だが、行政組織の意志決定と行為も、よりマクロ的な社会過程に包摂されている。よりマクロ的レベルでみると、無責任性を生みだすようなどのようなメカニズムが見いだされるであろうか。ここでは、閉塞をめぐる悪循環、公共圏の貧弱性という特質を検討していきたい。

1　閉塞状況とそれを再生産する悪循環構造

　水俣病問題における行政組織の自己革新力の欠如あるいは無為無策は、行政組織をとりまく「閉塞状況」(blocage)とそれを再生産する「悪循環」(cercle vicieux)の所産という性格をもつ[12]。

　ここで閉塞状況とは、組織あるいは社会の中で、解決すべき問題あるいは欠陥が存在し、それらを解決しようという企図と努力が一定程度なされていながら、現状を変革する効果的な働きかけをすることができず、欠陥に満ちた現状が継続してしまうことである。1956～59年における水俣病問題は、典型的な閉塞状況を示していた。そして、その問題解決に対する閉塞状況は、マクロ的文脈でみると、図13-4に示すような悪循環の中で再生産されていたのである。

　主要な悪循環(メインループ)は、二重線で示したような要因連関から成り立っている。すなわち「研究者による原因究明作業に対して、行政としての十分な支援・協力が欠如」しているために、「原因究明が困難で時間がかかり、研究上の知見に限界がつきまとう」という帰結が生じる。このことを理由の1つとして、さらに加害企業の利害代弁をする通産省の介入・反論も作用して「行政上は原因があいまいにされる」。そのため「解決を求める社会的圧力が高まらない」。このことが1つの要因となって「行政組織の消極性」を生みだす。行政組織の消極性は、まず各省庁の「適切な取り組み態勢の欠如」に由来するが、さらに「地元の社会意識」「被害への接触の間接性」「行政組織内の諸個人、諸部局のミクロ的利害関心

12　閉塞(blocage)、悪循環(cercle vicieux)という把握については、Crozier (1970=1981)、Friedberg (1972=1989)の示唆を受けている。

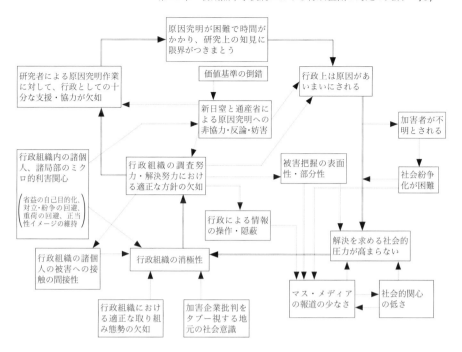

図 13-4　水俣病をめぐる閉塞状況と悪循環

出典：舩橋 2000: 195

の介入」によっても加速されている。そして「行政組織の消極性」は、「行政組織の調査努力・解決努力における適正な方針の欠如」を帰結する。すなわち、原因究明についても、被害防止についても、被害補償についても、適正な方策が取られることがなかった。このことが再び、回帰的に研究者の原因究明作業に対する支援の消極性を生みだす。この悪循環を補強するサブループとして、「行政組織の調査努力・解決努力における適正な方針の欠如」が「被害把握の表面性・部分性」と「行政による情報の操作・隠蔽」を生み、両者は「マス・メディア報道の少なさ」の要因となる。報道の少なさは、「社会的関心の低さ」と相互規定的であるが、両者あいまって「解決を求める社会的圧力が高まらない」という帰結を生むのである。

　この閉塞状況と悪循環の中で、「原因究明」という課題はきわめて重要な位置にある。水俣病においては、1968年9月26日に政府の正式見解の出るまで、行政的には「原因不明」という事態が続いた。実際には、1963年2月に熊大研究班によって原因は完全に解明され公表されていたのであって、行政の態度としての「原因不明」という事態は無責任性を生みだす悪循環構造の中で作りだされ

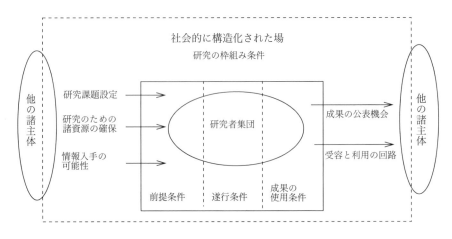

図13-5 「研究の枠組み条件」と「社会的に構造化された場」

たのである。

次に、このような閉塞状況を生みだす悪循環という事態はなぜ克服できなかったのかを、公共圏論の視点から考えてみたい。「公共圏論」の視点からみると、水俣病をめぐる行政の誤った対処については、第1に科学的研究アリーナの形成と利用の不適切さ、第2に環視条件の貧弱性という2つの論点が浮上する。

2　科学研究の枠組み条件の欠陥：公共圏の貧弱性（その1）

水俣病問題という文脈においては、社会的に果たされるべきもっとも重要な課題は次の2つであった。第1に原因の解明と加害主体の解明、第2に問題の解決をめぐって利害対立が生じたときに、より普遍性のある原則に立脚して、諸利害要求の間に優先順序を設定すること（具体的に一番の鍵になるのは、工場の利益と対立しても生命・健康を守るため有毒物質の排出を停止させること）である。

まず原因究明についていえば、情報の交換・共有が活発におこなわれ、開放的な場において批判的討論が持続的に組織化されることが、科学的認識を洗練するために必要な基本条件である。そのことは科学研究の枠組み条件という視点を使えば次のように説明できる。

科学的研究は、社会関係の中で社会過程の一契機として遂行される。そのような社会過程の一契機としての科学研究の過程を把握するためには、**図13-5** に示すような「研究の枠組み条件」に注目することが必要である。

図13-5は、①ある問題に取り組む研究者集団が存在すること、②研究者集団には研究遂行にあたっての「科学研究の枠組み条件」が設定されていること、③「科学研究の枠組み条件」は「研究活動をとりまく社会的に構造化された場」の中での「他の諸主体との相互作用」によって規定されていることを示している。

「研究の枠組み条件」は、科学研究活動にどのような影響を与えているのであろうか。

科学者集団と社会の相互作用には、「研究の前提条件」の設定と「研究の遂行」と「研究成果の使用」という3つの局面がある。

「研究の前提条件の設定」という局面で、「枠組み条件」が科学者集団に対して提供しているものは、①研究課題設定、②研究のための諸資源の確保、③情報入手の可能性の3つである。

これらについて、枠組み条件が、研究主体の「自律性」(松本1998→2016)を尊重するものになっているかどうか、あるいは「適正な研究」の遂行を保証するものとなっているかどうかに注目する必要がある。

「研究の遂行」という局面においては、④「科学的討論空間」の成立条件の有無が枠組み条件をなす。本章ではそのような成立条件として、「情報の公開・共有」「相互批判の自由」「関心の純粋性」「十分な検討時間の存在」「誤謬の訂正可能性」という5つがあると考える。ただし、ここで「関心の純粋性」とは、科学的研究の基本的目的として真理の探究という関心によって研究活動が導かれ、他の利害関心の混入によってそれが歪曲されないことである。また、「十分な検討時間の存在」ということは、相互批判の繰り返しや誤謬の訂正可能性を保証する条件である。これなしに、外在的に検討時間を区切るのは、科学的討論空間にとって危険であり、そういう限定のもとで出された判断はあくまでも「暫定的知見」にとどまるという留保が必要である。

「研究成果の使用」という局面において、「枠組み条件」が科学者集団に対して設定しているものは、⑤研究成果の公表機会⑥研究成果の受容と利用の回路である。「研究成果の公表機会」とは、研究者が権利上自由に、そして事実上効果的に研究成果を公表できるのかどうかという要因である。

では、初期の熊本水俣病において、科学的研究の枠組み条件は適切に設定されていたであろうか。実際には、原因究明を進めてきた熊本大学医学部を中心とする研究者にとっての枠組み条件は、産業制御システムの担い手としての通産省やその協力者からの介入を受け、研究活動の自律性と研究成果の適正な利用の条件

は掘り崩されたのである。

　原因究明の過程とは、表面的には科学論争のかたちをとりながら、実質的には新日窒と通産省にとっては人命よりも経済的利害を優先させるという倒錯した価値基準を社会的意志決定の中で貫徹できるかどうかという利害闘争の過程であった。そこでは、これらの両主体によって、科学的枠組み条件の操作努力と情報操作が活発におこなわれたのである。

　そのような過程は、食品衛生調査会の答申に工場排水への言及を避けるようにとの働きかけがなされたこと(鰐淵1968)、猫400号実験のデータが公開されなかったこと、食品衛生調査会水俣食中毒部会が解散させられたこと、水俣工場がデータ提供に協力的でなかったこと、通産省は工場排水の水質調査結果を今日に至るまで公表していないこと、さらにサイクレーターによる排水対策の完成という宣伝など、枚挙にいとまがない。

　これらの両主体は、自らの情報操作によって原因解明を困難にしておきながら、原因が解明されていないから対策はとらなくてよい、と主張する戦略をとったのである。食品衛生調査会の水俣食中毒部会を解散させたことは、原因究明を迷走させる方向への分岐点となり、そのような戦略の勝利を示すものであった。その解散は、自律性をもって研究を進めてきた研究者集団の活動の前提条件を掘り崩し、その成果を行政施策へ反映する回路を遮断するという効果をもつものであった。

　1959年までの段階では、原因究明のための「取り組みの場」はさまざまに存在したが、汚染物質の由来まで含めて原因究明を完遂できるような自律的な科学研究アリーナは存在しなかったのである。

3　価値序列の倒錯と環視条件の欠如：公共圏の貧弱性（その2）

　また、価値の優先順序という点について、水俣病問題の節目に見いだされることは、個々の取り組みの場で、人命尊重と被害者の権利回復という価値が、経済的利害と対立したとき、後者が優先されるような社会的選択がくり返されたことである。とくに新日窒および通産省の構成員、熊本県首脳部は、自らの経済的利害関心や政治的利害関心を、社会的に生じている健康破壊や環境破壊の解決という課題よりも、作為あるいは不作為によって優先するという意志決定をくり返した。

　個々の「取り組みの場」で、とりわけ利害調整アリーナにおいて、そのような

価値基準の倒錯が生じた社会的条件は何だったのだろうか。総括的にいえば、水俣病問題についての「取り組みの場」に十分な批判的関心が注がれなかったこと、社会一般における環視条件が貧弱であったことである。

個々の利害調整アリーナが公正な(公平な)利害調整をおこなわず、行政組織の内的制御アリーナが「適正な価値の体現化」に失敗したことの第1の内的要因は、加害企業と通産省が自己の即自的利害関心の追求にのみ熱心で、原因究明については情報を操作しつつ工場との関連を否定することのみに注力し、生命よりも経済的利害を優先する倒錯した価値基準を持ち込んだことである。

「公平で実効的な利害調整アリーナ」や「適正な価値を体現している制御アリーナ」が欠如していた副次的な内的要因は、被害者の要求を表出すべき立場にある厚生省や水産庁、熊本県が積極的な自己主張をするだけの主体性をもたなかったことである。熊本県と新日窒の間で、原因究明について継続的な討論がなされたわけではない。また、厚生省と通産省の間で、原因究明にせよ利害調整にせよ白熱の論争がおこなわれたわけではない。原因究明についても、また経済的利害よりも人命尊重が優先されるべきではないかという価値基準についても、それを問いつめる場や主体が、行政組織内部の取り組みの場においては、ついに出現しなかったのである。

個々の取り組みの場が、「適正な価値を内部化した制御アリーナ」に変貌しなかったこと、意志決定過程に関与した個人が積極的な自己主張をしなかったことをもって、参加する諸個人の主体性の限界を指摘することができる。しかし、そのような事態を生みだした根拠は個々の「取り組みの場」を取り巻いている「社会的文脈」の特質にも求められるべきである。

個々の取り組みの場が、公開された取り組みの場でなかったこと、すなわち密室性が高かったこと、世論の注視や批判的関心が薄かったこと、世論形成の鍵をなすマス・メディアの報道が、問題の重大性に比して少なすぎたことなどが、個々の「取り組みの場」において、あいまいな対応や倒錯した価値基準の横行を許す外的条件になったのである。たとえば、食品衛生調査会水俣食中毒部会の解散も、1961年3月6日を最後に水俣病総合調査研究連絡協議会が自然消滅したことも、当時、新聞に報道さえされなかった。

4　マス・メディアと社会意識

社会的関心の不足は、水俣病問題についての個々の「取り組みの場」を取り囲

む「社会的文脈」の一般的な特色であった。社会的関心の形成にあたって「マス・メディアの注目・報道」は決定的な重要性をもつ。たとえ当時の公共圏が貧弱であったとしても、マス・メディアがもっと活発に報道を続けていたならば、社会的関心が喚起され、個々の「取り組みの場」が、適正な対処をするという意味での「適正な価値を内部化した制御アリーナ」に接近することもできたであろう。しかし、マス・メディアは国政レベルにおいて「社会的関心の焦点」にこの問題を提示することに失敗した。

　マス・メディアの報道（とりわけ政府の存在する東京での報道）が低調であったということは、社会意識における問題関心の欠如あるいはタブー視と相互促進的であった。東京においては、1959年11月2日の漁民の工場乱入に至るまで、マス・メディアによる報道は、まったくと言ってよいほど欠如していた。この事件が来るべき公害の激化の先駆けであり、最大級の社会問題であることを、マス・メディアは認識していなかった。報道不足の中で全国的関心が集まるということもなかった。他方、地元熊本県においては、地元紙は再三、水俣病問題を報道していたけれども、新日窒を名指しで批判することをタブー視するような社会意識が存在していた。熊本県庁においては、下級の職員から県知事に至るまで、この社会意識に拘束されていた。

　問題の重要性に比して、マス・メディアの報道が低調で、社会的関心が十分にふりむけられなかったことは、公共圏の貧弱性を生みだし、環視条件の弱体を生みだした。それは「社会的な問題形成」の不十分さを生みだし、個々の取り組みの場が「適正な価値を内部化した制御アリーナ」あるいは「公平(公正)で実効的な利害調整アリーナ」へと成熟しない外的条件になった。世論の批判的関心が欠如している状況の中で、新日窒と通産省の利害関心が暴走し、両者の巧妙な情報操作と政治力によって、原因究明はあいまいになり、価値基準の倒錯が生じ、被害者にとっての要求提出回路は閉塞してしまったのである。

結　び

　以上の本章での分析は、事実経過についてはきわめて概略的な把握にとどまっているが、行政組織の無責任性のメカニズムについて、次のような論点を析出するものである。

　①総体としての行政組織は、1956～59年の水俣病事件において、段階を追っ

て原因が明らかになったにもかかわらず、それゆえ被害の拡大を防ぐ方法が、そのつど明確でありながら無為無策をくり返した。

②この無為無策は、中立的なものではなく、不公正な放置と加害者の行為の擁護的黙認を意味していた。なぜなら、水俣病被害者・被害漁民と新日窒の間には、抑圧的排除・収奪型の支配秩序が存在し、患者と被害漁民は再三、要求を提出していたからである。

③このことは、政治システムにおける要求提出回路が閉塞していたこと、総体としての行政が悲惨を放置するという無責任に陥っていたことを意味している。

④行政組織の無責任な対処の根拠は、一方で、厚生省や水産庁や熊本県に見られるように、要素主体のミクロ的利害関心に由来する「不作為の役割効果」によって、行政組織全体がマヒしたことに求められる。その基底には、鍵になる役割の担当者が知的洞察力や感受性や意志を欠如し、無知と鈍感さと無気力を露呈したという事実が見いだされる。

⑤他方で、行政組織は、通産省にもっとも明確に見られ、経済企画庁と熊本県にも部分的に見られたように、「妨害の役割効果」を発揮した。すなわち行政組織内の一定の部局が加害企業である新日窒を擁護し、その操業の継続を水俣病の原因解明や防止策よりも優先しようとし、政治的力関係における優位を通して、それが行政組織全体の態度に転化するというメカニズムが存在した。つまり、マクロ的にみた行政の無為無策は、ミクロ的には原因究明と防止策実施に対する積極的な妨害努力によって作りだされていた。

⑥水俣病被害者と被害漁民は、新日窒および行政に対して要求を提出したものの、政治システムにおける要求提出回路の閉塞の前に、それをほとんど実現できなかった。その閉塞は、行政の各部局の「不作為の役割効果」と「妨害の役割効果」の相互強化によって生みだされている。

⑦要求提出回路の閉塞と問題の未解決は、事業システムレベルにおける利害調整の失敗、適切な社会制御システムの欠如、国家体制制御システムにおける問題形成の失敗という三重の失敗を含意するものである。

⑧水俣病被害者と漁民が、新日窒に対して圧倒的な不利な勢力関係におかれていた理由としては、制度化された公平で実効的な利害調整アリーナの欠如、地域社会における新日窒の圧倒的な経済力と政治的支配力、患者家族

と漁民を支援する主体が地域社会の内部にも外部にも欠如していたことがある。
⑨原因究明はきわめて重要な意義を有するが、原因究明のための適正な「科学的研究の枠組み条件」は、新日窒や通産省やそれに協力する主体の介入によって存在することができなかった。
⑩マクロ的に見れば、解決すべき問題が存在しながらいっこうに改善できない閉塞状態が存在していた。その意味での閉塞状態は、原因究明の困難性、紛争化の困難性、行政のマヒ、社会的関心の欠如、マス・メディアの報道不足など、さまざまな要因の悪循環構造を通して生みだされていた。
⑪この悪循環構造は、個々の「取り組みの場」で原因究明があいまいにされ、価値基準の倒錯が生じていたことと対応している。そのことは、環視条件が貧弱なこと、個々の取り組みの場が、「公平で実効的な利害調整アリーナ」「適正な価値を体現した制御アリーナ」という性格を備えていなかったことに規定されている。
⑫環視条件は、個々の「制御アリーナにおける問題形成」と「適正な価値序列の定義」のあり方を大きく規定する。ところが、さまざまな制御アリーナに対する環視条件が弱体のもとで、問題形成が十分になされず、価値序列の倒錯が生じた。
⑬環視条件の貧弱性は公共圏の貧弱性を意味しているが、その促進要因になっているのは、運動の勢力の限界と、社会意識とマス・メディアのあり方である。社会意識における公害問題に対する関心の薄さとマス・メディアの報道の少なさとは相互促進的であり、そのことが行政に対する批判的関心と監視作用を弱め、行政の病理の増殖の外的要因になった。

このように分析してみると、「原因が解明されていなかった」から行政は対策をとれなかったという自己弁護には説得力がない。1959～60年当時、原因不明となったのは、行政内部の要素主体が原因不明にしようと積極的に努力したからである。行政組織の国家賠償法上の責任を検討するにあたっては、このような事実経過を認識することが前提になるべきである。水俣病は被害者にとっての病であると同時に、それとはちがった意味において、行政の病理を示しているのであり、さらに行政を取り巻く社会の病を意味しているのである。

資料リスト

(資料挙示の凡例)
- 引用資料が、水俣病研究会編、1995、『水俣病事件資料集　上巻・下巻』葦書房に所収されている場合は、その番号を（資料集　編名・資料番号）のかたちで示した。
- 訴訟の書証から直接引用した場合は、各資料の後にその出典を記した。その際、(新二甲)とは新潟水俣病第二次訴訟 (1982年提訴) の原告側書証であることを、(関西甲)とは熊本水俣病関西訴訟 (1982年提訴) の原告側書証であることを、(東京甲)とは熊本水俣病東京訴訟 (1984年提訴) の原告側書証であることを示す。たとえば「新二甲A76」とは、新潟水俣病第二次訴訟の原告側書証甲A76号証のことである。

文書資料

入江寛二, 1970,「細川先生の話」未公刊資料.
熊本県, 1957,「復命書」(1957年2月) (資料集II-220).
熊本県, 1959a,「水俣病関係について水俣市議の陳情内容要旨」(新二甲A76).
熊本県, 1959b,「食品衛生調査会合同委員会要旨」(1959年10月6日付) (資料集II-227).
熊本県衛生部, 1957a,「奇病対策連絡会 (第一回)」(資料集II-221).
熊本県衛生部, 1957b,「〔厚生科学研究班第二回報告会〕」(資料集II-227).
熊本県衛生部長, 1957a,「熊本県水俣地方に発生した原因不明の中枢神経系疾患について」(1957年4月8日付、厚生省公衆衛生局長あて) (新二甲A163).
熊本県衛生部長, 1957b,「水俣地方に発生した原因不明の中枢神経系疾患にともなう行政措置について (照会)」(1857年8月16日付、厚生省公衆衛生局長あて) (資料集II-239).
熊本県議会, 1957,「昭和32年3月定例会会議録 (抄)」(1957年3月8日) (資料集II-279).
熊本県経済部, 1957,「水俣市奇病対策打合会概要」(資料集II-234).
熊本県経済部水産課長・阪本勝一, 1957,「復命書」(1957年8月21日付) (資料集II-241).
熊本県経済部水産課・内藤大介, 1957,「復命書」(1957年3月) (資料集II-225).
熊本県水俣奇病対策連絡会長・水上長吉, 1957,「第三回連絡会の結果報告について」(1957年8月19日付、熊本県知事あて) (資料集II-240).
経済企画庁, 1959,「水俣病に関する総合的調査の実施について」(1959年11月19日付、関係各省庁あて) (資料集II-348).
厚生事務次官・木村忠二郎, 1957,「〔奇病対策の打合せについて〕」(資料集II-313).

厚生省, 1950,「飲食による危害事故、就中食物中毒の処理法について」(通達)(東京甲-560).
厚生省公衆衛生局・医務局編, 1958,『衛生六法　昭和三十三年版』.
厚生省公衆衛生局長, 1957,「水俣地方に発生した原因不明の中枢神経系疾患にともなう行政措置について」(1957年9月11日付、熊本県知事あて)(資料集Ⅱ-315).
厚生省公衆衛生局長, 1958a,「熊本県水俣市に発生したいわゆる水俣病の研究成果及びその対策について」(1958年7月7日付、通産省企業局長あて)(資料集Ⅱ-318).
厚生省公衆衛生局長, 1958b,「水俣奇病対策連絡協議会について」(1958年8月18日付、水俣市長あて)(資料集Ⅱ-319).
厚生省公衆衛生局長, 1959a,「水俣病の対策について」(1959年10月30日言付、通産省軽工業局長あて)(資料集Ⅱ-326).
厚生省公衆衛生局長, 1959b,「水俣奇病対策連絡協議会の今後の運営について」(1959年11月20日付、熊本県知事あて)(資料集Ⅱ-331)
厚生省厚生科学研究班, 1957,「熊本県水俣地方に発生した奇病について」(資料集Ⅱ-371).
参議院, 1958,「第二九回国会参議院社会労働委員会会議録(抄)」(資料集Ⅱ-357).
衆議院, 1959,「第三二回国会衆議院農林水産委員会会議録(抄)」(資料集Ⅱ-350).
食品衛生調査会水俣食中毒特別部会, 1959,「水俣病研究中間報告」(1959年10月6日付)(資料集Ⅱ-323).
食品衛生調査会, 1959,「食品衛生調査会の答申」(1959年11月12日付)(資料集Ⅱ-323).
新日本窒素株式会社, 1959,「契約書」(1959年12月30日付)(資料集Ⅱ-104).
通産省, 1959,「日室水俣工場の排水問題について」(1959年9月26日の会合のメモ)(新二甲A196).
通産省軽工業局長, 1959a,「工場排水の水質調査報告依頼について」(1959年11月10日付)(資料集Ⅱ-341).
通産省軽工業局長, 1959b,「水俣病の対策について」(1959年11月十日付、新日窒社長あて)(資料集Ⅱ-340).
通産省軽工業局長・企業局長, 1958,「水俣奇病結合研究連絡協議会の設置について」(1958年10月20日付、福岡通商産業局長あて)(資料集Ⅱ-334).
寺本広作, 1976,『ある官僚の生涯』非売品.
日本窒素株式会社, 1943,「契約書」(資料集Ⅰ-6).
水俣町漁業組合, 1926,「証書」(資料集Ⅰ-1).
三好礼治, 1952,「復命書」(1952年8月30日付、「新日本窒素肥料株式会社水俣工場排水調査」を含む)(資料集Ⅰ-22).
鰐淵健之, 1968,「水俣病」(関西甲A204).

テレビ番組

NHK, 1976,「ドキュメンタリー　埋もれた報告」.

年　表

有馬年表：有馬澄雄編, 1979,『水俣病　二〇年の研究と今日の課題』青林舎：815-936頁に所収の「水俣病年表」.
加藤年表：加藤邦興, 1990,「水俣病問題基本年表」(新二甲 A295).

引用証言一覧

＊各証言ごとに、証言者氏名、(主たる所属組織あるいは役職)、証言のなされた訴訟名、証言日の年月日、の順で記載する.
・秋山証言：秋山武夫(通産省軽工業局長)熊本水俣病関西訴訟、1986.9.22 および 11.17.
・井手証言：井手哲夫(荏原インフェルコ技術部研究課長)熊本水俣病関西訴訟、1985.7.26.
・奥野証言：奥野重敏(熊本県経済部水産課課長補佐)熊本水俣病関西訴訟、1987.6.19 および 9.18.
・諏訪証言：諏訪光一(水産庁漁政部漁業調整第二課長)熊本水俣病東京訴訟、1986.5.16.
・西田証言：西田栄一(新日窒水俣工場長)熊本水俣病刑事事件二審、1981.10.6.
・藤岡証言：藤岡大信(通産省企業局工業用水課長)熊本水俣病関西訴訟、1986.8.18.
・実川証言：実川渉(厚生省公衆衛生局食品衛生課課長補佐)熊本水俣病第三次訴訟、1984.9.6.
・守住証言：守住憲明(熊本県公衆衛生課長)熊本水俣病関西訴訟、1985.10.26.
・鰐淵証言：鰐淵健之(熊本大学医学部)熊本水俣病関西訴訟、1985.2.15.

付　記

①本論文執筆のため、熊本水俣病の裁判関連資料の収集にあたっては、新潟水俣病共闘会議、坂東克彦弁護士(新潟市)、松本健男弁護士(大阪市)、豊田誠弁護士(東京都)、松波淳一弁護士(高岡市)、千場茂勝弁護士(熊本市)、宮澤信雄氏に、御協力頂いた。記して深甚なる感謝の意を表します。
②本論文執筆の機縁となったのは、1991 年以来、東京都立大学人文学部飯島伸子研究室と法政大学社会学部舩橋晴俊研究室が取り組んできた新潟水俣病についての共同研究である。この共同研究の成果は、飯島伸子・舩橋晴俊編, 1999,『新潟水俣病問題：加害と被害の社会学』東信堂、としてまとめられている。

③本論文で扱ったテーマの一部についてより詳細な検討としては、以下のものがある。

舩橋晴俊, 1995,「熊本水俣病の発生拡大過程と行政組織の意志決定(一)」『社会労働研究』41 (4) : 109-140.

舩橋晴俊, 1996,「熊本水俣病の発生拡大過程と行政組織の意志決定(二)」『社会労働研究』43 (1・2) : 97-127.

舩橋晴俊, 1997,「熊本水俣病の発生拡大過程と行政組織の意志決定(三)」『社会労働研究』44 (2) : 93-124.

第 14 章　解　題

　第14章は、著者の当初の構想では介護保険システムを事例として執筆する計画であったが、2009年春に事例を原子力政策に替え、執筆を進めていた。
　原子力政策に関する著者の実証研究は、1989年にむつ小川原開発・核燃料サイクル施設問題の研究に着手して以後、『巨大地域開発の構想と帰結』(1998年、舩橋晴俊・長谷川公一・飯島伸子編)『核燃料サイクル施設の社会学』(2012年、舩橋・長谷川・飯島著)『「むつ小川原開発・核燃料サイクル施設問題」研究資料集』(2013年、舩橋晴俊・金山行孝・茅野恒秀編)を中心に多数の著書・論文・翻訳書を著している。また著者は、2010年から日本学術会議に設けられた「高レベル放射性廃棄物の処分に関する検討委員会」「高レベル放射性廃棄物の処分に関するフォローアップ検討委員会」の幹事、「暫定保管と社会的合意形成に関する分科会」の委員長を歴任し、2013年4月に発足した「原子力市民委員会」の座長を務めるなど、原子力エネルギー政策のあり方を問い、その変革に向けて学界と市民社会の叡知の結集・組織化に邁進した。
　本章の主題は、支配システムの文脈で、国家体制制御システムが社会制御システムに課す枠組み条件の効果を論じるものである。この主題にもとづいて、節構成と草稿を準備していたが、草稿は部分的・断片的なものにとどまっていた。そのため、本章は著者の構想した節構成に沿って、草稿と既発表論文の一部を用いて構成した。
　第1節は、年表にもとづくメモと日本の原子力政策の特徴を記したメモが草稿として残されたのみであったため、著者が編集委員会の代表を務めた『原子力総合年表・福島原発震災に至る道』(2014年、原子力総合年表編集委員会編)の序論の一部を取り込みつつ、年表データを加筆して第1項、第2項を、日本の原子力政策の特徴を記したメモをもとに第3項を構成した。
　第2節以降は、草稿が部分的に残されていたが、論文「原子力エネルギーの難点の社会学的検討：主体・アリーナの布置連関の視点から」(『核燃料サイクルの社会学』第5章)が、節構成の内容をほぼ網羅し、かつ非常によくまとまっていたため、主としてこの論文に依拠して構成した。なお、本章の節構成と上記論文のそれは、節の順序に若干の違いがあったが、上記論文の流れを優

先して節構成を変更している。さらに第4節第4項には、法政大学社会学部・政策研究実習報告書に収録した論文「原子力政策の内包する困難さについての社会学的考察」(『2004年度　むつ小川原開発・核燃料サイクル施設問題調査報告書』第1章)の一部を、第5節第3項には本書第11章のために準備されていたエネルギーシフトの日独比較に関する原稿を、第5節第4項には2013年に発表した論文「高レベル放射性廃棄物問題をめぐる政策転換」(舩橋晴俊・壽福眞美編『公共圏と熟議民主主義：現代社会の問題解決』第1章)の一部を利用し、本章の主題を達成できるよう構成した。

　結びは、草稿メモをもとに構成した。

第14章

原子力政策の問題点

はじめに

　本章では、支配システムの文脈で、国家体制制御システムが社会制御システムに課す枠組み条件の効果について、日本の原子力政策（とりわけ核燃料サイクル政策）の事例を通して検討する。まず、日本の原子力政策は、どのような展開をしてきたか、どのような特徴があるのかを概観し（第1節）、つぎに、日本の原子力政策をめぐる利害連関構造の特徴と問題点を分析する（第2節）。続いて、問題解決に必要な2つの規範的公準を実現するためには、どのようなアリーナが必要であるかについて、内属的アリーナと外在的アリーナに対応した認識と評価の差異に焦点を当てて考察し、この視点から日本の原子力政策をめぐる主体の布置連関を批判的に分析する（第3節）。そして、問題の核心にある「二重基準」の連鎖構造について掘り下げ（第4節）、閉塞状況から脱するためには国レベルでのエネルギー政策の方向転換が必要であることを示す（第5節）。

第1節　日本の原子力政策の歴史的展開と特徴

1　開発と批判（1950～70年代）

　戦後の日本社会で、原子力の研究開発が開始されたのは1950年代であり、1950年代から1960年代にかけて、研究用原子炉の臨界に続いて、小規模な商業用原子炉が稼働を開始した頃は、原子力は明るいイメージに包まれ、その平和利用への広範な期待が存在した。

　1955年12月に原子力三法（原子力基本法、原子力委員会設置法、原子力局設置に関する法律）が公布され、翌年には原子力委員会と科学技術庁が発足した。さらに、1957年6月に原子炉等規制法が公布され、同年8月に、日本で初の原子炉

JRR-1 (50kW) が臨界を達成した。そして1966年7月に、東海原発が営業運転を開始 (12.5万kW) した。

だが、原子力開発の推進動機としては、潜在的核武装能力を維持したいという思惑も、政権党と政府の一部においては公然とではないが作用していた。

1970年代になると、大規模化しながら商業用発電が普及するようになる。1970年3月に日本原子力発電 (株) の敦賀1号炉 (35.7万kW)、同年11月に関西電力初の美浜1号炉 (34万kW)、そして1971年3月に東京電力初の福島第一1号炉 (46万kW) が、それぞれ営業運転を開始し、軽水炉時代の幕開きとなった。

それにともない、環境汚染や事故の恐れについて、原子力発電への社会的批判がしだいに高まるようになった。1975年8月に、京都市で初の反原発全国集会が開かれ、同年9月に高木仁三郎らにより原子力資料情報室が創設された。

しかし、政府は、1976年1月に科学技術庁に原子力安全局を新設、1977年7月に通産省資源エネルギー庁に原子力発電安全課を新設、1978年10月に原子力委員会から分離独立するかたちで原子力安全委員会を設立したものの、1973年の第一次石油危機への対処の必要という動機も作用して、原子力発電を強力に推進する政策をとり続け、電力会社も各地での原発立地に熱心に取り組んだ。1975年10月に九州電力初の玄海原発1号機 (55.9万kW)、1976年3月に中部電力初の浜岡原発1号機 (54.0万kW)、1977年9月に四国電力初の伊方原発1号機 (56.6万kW) と、立て続けに全国で営業運転が開始された。

さらに、1977年4月に動燃の高速増殖実験炉「常陽」が臨界に達し、同年9月には電力10社が仏原子燃料サイクル会社 (COGEMA) と再処理委託契約に調印するなど、原子力産業が発展していった。

そのような情勢のなかで、1973年に日本で初めて提訴された、原子炉設置許可処分の取り消しを求めた伊方原発1号機訴訟に対して、松山地裁は1978年4月に原告の訴えを棄却した。

2　過酷事故の警鐘下での推進と核燃サイクル路線 (1980年代以降)

1979年のスリーマイル島原発事故と1986年のチェルノブイリ原発事故は、世界に衝撃を与え、日本でも原子力発電所の危険性への批判と反原発運動が一段と高揚することになった。1983年8月に再び京都で反原発全国集会が開催され、1987年4月には、ジャーナリストの広瀬隆が、原発と放射能の危険性を訴える『危険な話』を刊行し、大きな反響を呼んだ。1990年4月には、脱原発法全国ネット

ワークが、脱原発法の制定を求める 251 万人分の署名を衆参両院議長にあてて提出した。原発立地の住民サイドからも批判が相次ぎ、1982 年 7 月に高知県窪川町で原発立地の可否を問う全国発の住民投票条例が可決された。1996 年 8 月には、新潟県巻町で巻原発建設の賛否を問う全国初の住民投票がおこなわれ、賛成 7,904 票、反対 12,478 票、投票率 88.29％であった。この結果を受けて、町長は巻原発建設予定地内町有地の東北電力への売却はしないと明言した。

しかし、日本で原子力発電を推進する諸団体は、チェルノブイリ事故のような過酷事故は日本では起こりえないという、自己過信した認識を公言し、日本の原発の安全性を強調する宣伝を強化するだけで、危険性についての真剣な反省と抜本的な安全強化策の立案と実施を怠ってきた。

1980 年 5 月に、「石油代替エネルギーの開発および導入の促進に関する法律」が成立し、それ以降、原子力発電に高い優先順位が与えられた。

1984 年 4 月に、電気事業連合会は、むつ小川原開発の失敗に打撃を受けている青森県に対して、再処理工場、ウラン濃縮工場、低レベル廃棄物貯蔵センターの核燃料サイクル施設立地への協力を要請し、翌年 4 月、これを受諾した青森県、六ヶ所村、原燃 2 社および電事連 (立会人) は、基本協定を結んだ。

さらに 1990 年 5 月に、通産省は、「長期エネルギー需給見通し」案を決定し、今後 20 年間に 100 万キロワット級原発を 40 基増設するとした。

そのような中で、1985 年 10 月から 5886 億円をかけて建設された高速増殖炉原型炉「もんじゅ」が、1994 年 4 月に初臨界に達したが、以後、トラブルが続出した。他にも、1997 年 3 月の茨城県東海村の動燃東海事業所での火災爆発事故、1999 年 9 月の茨城県東海村の核燃料製造会社 JCO の工場での臨界事故 (従業員ら 3 人が被爆) などが発生し、2002 年 8 月には、原子力安全・保安院は、東京電力が福島県と新潟県の原発 13 基で 80 年代後半から 90 年代前半にかけて自主点検記録をごまかし、ひび割れなど 29 件のトラブルを隠していた疑いがあると発表した。東電は、虚偽記載の可能性を認めて謝罪し、プルサーマル計画の早期実施を断念した。2003 年 4 月、東京電力は、福島第一原発 6 号機の発電を停止した。東電の原発は、トラブル隠しや検査偽装の発覚で再点検のため次々に停止し、全原発 17 基が一時停止した。

2003 年 1 月、周辺住民らが「もんじゅ」の設置許可処分無効確認を求めた行政訴訟の控訴審で、名古屋高裁がもんじゅの安全審査に欠落があるとして設置許可は無効とする判決を示したが、2005 年 5 月、最高裁が国の安全審査は適法と

して原告らの請求を棄却、国側の勝訴が確定した。

2003年10月に、政府は初めてのエネルギー基本計画を閣議了承したが、核燃料サイクルの見直しは盛り込まれず、2005年10月には、青森県は、むつ市に使用済み核燃料中間貯蔵施設を受け入れることとなった。

2007年7月16日、新潟県中越沖地震が発生し、柏崎市、長岡市などで震度6強を記録した。柏崎刈羽原発で運転中だった2・3・4・7号機はすべて自動停止し、火災発生後に鎮火した。燃料プールの水があふれて海に流出したが、幸運なことに周辺放射能数値には異常はなかった。

このように安全対策が後手にまわりつつ原発推進を図ってきた歴史的流れのなかで、2011年3月11日、東日本大震災と福島原発事故という惨事を迎えたのであった。

3　小括：日本の特徴

以上、日本の原子力政策の歴史的経緯を概観してきたが、次の5つの特徴を指摘することができる。

第1に、1973年の第一次石油危機以後、原子力発電は、エネルギー政策上の重さを増し、「基幹的電力確保」という意味づけを与えられてきた。

第2に、使用済み燃料を再処理して、プルトニウムを取り出し、高速増殖炉で使用するという「核燃料サイクル」路線が選択されてきた。

第3に、世界に衝撃を与えた、スリーマイル島事故（1979年3月28日）とチェルノブイリ事故（1986年4月26日）の後も、原子力の危険性を真剣に受けとめることなく、原子力重視の政策を継続してきた。

第4に、原子力発電に不可避な「放射性廃棄物問題」に対する長期的で根本的な取り組みがなされず、地域開発が行き詰まった青森県に放射性廃棄物を集中させてきた。そして、最終処分地をめぐって出口が見えない閉塞状況に陥っている。

第5に、「核燃料サイクル」路線は、現実に技術的に行き詰まっている。1995年の高速増殖炉「もんじゅ」の事故だけでなく、2006年3月より六ヶ所村の再処理工場にてアクティブ試験をおこなった際に、トラブルが続出し、本格操業は、2010年秋に延期された。そして、さらに2年後に再延期されるなど、技術的に見通しがなくなっている[1]。

1　編注：ついに2016年12月21日にもんじゅの廃炉が正式決定された。

第2節　日本の原子力政策をめぐる利害連関構造の特徴と問題点

1　原子力施設の有する「強度の両価性」と逆連動の惹起

　公共事業にせよ民間事業にせよ、さまざまな事業システムは、それに連結したかたちで、さまざまな受益圏と受苦圏を生みだす。本書第2章で述べたように、「受益圏」(benefit zone)とは、主体がその内部に属することによって、固有の受益の機会を得るような社会的範域のことである。その反対に、「受苦圏」(victimized zone)とは、主体がその内部に存在することに伴って、固有の苦痛や損害や危険性をこうむるような社会的範域のことである。原子力発電所や核燃料サイクル諸施設をめぐる「受益圏」と「受苦圏」がどういう構造や特質を有するかについての検討が必要である。その際、まず注目すべきは「強度の両価性」という特徴である。

　「強度の両価性」とは、原子力発電所や再処理工場という基幹的な事業システムが、一方で巨大な受益・効用を生みだすと同時に、他方で、汚染と事故の可能性と放射性廃棄物というかたちで巨大な受苦を同時に生みだすこと、すなわち、周辺に巨大な受益圏と巨大な受苦圏とを同時に作りだすことを意味する。一方で、原子力施設を受益の可能性という点からみると、原子力発電所については、その巨大な発電能力が電力需要者に大きな受益を提供しうる。再処理工場も、その推進者によれば、高速増殖炉におけるプルトニウムの有効利用などいくつかの仮定が成立する限りでは、大きな受益があると評価されてきた。しかし他方で、原子力利用は、(A)定常操業による汚染、(B)事故による汚染の危険性、(C)放射性廃棄物の排出という3点において、事業システムの内外に負の帰結を生みださざるをえない。

　これらのうち、(A)定常操業における汚染については、どのような特徴があるだろうか。

　第1に、原発や再処理工場は、操業に伴い放射性物質を定常的に環境中に排出することによって、健康被害の可能性があるという意味での危険を生みだす[2]。しかも、その影響がどのようなものかを、明確に把握することが困難である。たとえば、六ヶ所村再処理工場では、クリプトンやトリチウムなどの放射能の排出が

---

[2] ここでは、「危険」と「リスク」とは、山口節郎(2002: 187)らの指摘にヒントをえつつ、次のように区別して使いたい。「危険」も「リスク」も、ある主体にとって、なんらかの受苦や損失が発生する可能性を含意しているが、「危険」とは、そのような事態が他主体の行為によって引き起こされる場合、「リスク」とは自分自身の行為によって引き起こされる場合をさすことにしよう。

公表されている。排出された放射性物質が環境に拡散し累積することが推定されるが、それが、長期的にどのような挙動や影響を示すかについては、未知の部分があまりにも多い。生物濃縮による影響ひとつをとっても、因果関係の解明は困難である。また、原発の内部では、恒常的に被曝労働が生みだされる。操業時においても定期点検時にも被曝労働が伴っているのであり、労働者の健康という点で大きな難点がある(堀江2011)。

　第2に、危険の認識をめぐる大きな意見対立、あるいは、被害把握と因果関係をめぐる意見対立の深刻さが存在する。フランスやイギリスの再処理工場の周辺では、白血病やガンの発生が高まっているという報告があり(桐生2001)、また、日本でも原発労働者の被曝問題の労災認定が争点になってきたが、被害の把握と因果関係について、社会的共通認識の形成がきわめて困難である。

　(B) 事故の危険性については、次のような特徴がみられる。

　第1に、事故発生は、人身被害の生起の可能性があるという意味での危険を構成している。危険の存在自体が、危険にさらされている人々にとっては、受苦となる。この危険には、不確実性と予測不能性という特徴がある。さまざまなリスク計算の試みがあるが、日本においても、もんじゅのナトリウム漏れ事故(1995年)、東海村JCO事故(1999年)、関西電力美浜原発の事故(2004年)、福島原発震災(2011年)のように、予想を超えたかたちでの事故が次々に発生してきた。

　第2に、事故が発生した場合の被害の巨大性と回復不能性がある。それは、アメリカにおけるスリーマイル島原発での事故や、旧ソ連におけるチェルノブイリ原発の事故、さらに福島原発震災の被害が如実に示している。そして、健康被害については、医療技術による被害の軽減や健康体への回復は、きわめて困難で限られた効果しかもたないことが、放射能被害の特徴である。

　つぎに、(C) 放射性廃棄物の特性と放射性廃棄物問題の固有の困難性を検討してみよう。

　第1に、放射性廃棄物は固有の除去不能・操作不能な危険性をもつ。その属性は人為的操作によって、消失させることができない。たとえば、猛毒化学物質の代表であるダイオキシンは、高温で分解し無毒化することができる。しかし、放射性物質は、そういう操作ができない。

　第2に、その危険性が超長期にわたって継続することである。高レベル放射性廃棄物が、人間社会に被害を与えないために隔離を要する期間は、少なくみても1万年以上である。1万年から数十万年、あるいはそれ以上の期間の隔離を要

するという説もある (土井 1993: 82)。1 万年という年月は、文明社会発生以後の人類史より長く、人間社会の時間尺度を使う限り、永遠といってもよいほどの期間なのである。

　第 3 に、人為的管理の不可能性。超長期にわたる危険性の存在は、危険性が消失するまでの長期間にわたって、隔離することの困難性と、確実な隔離の継続についての予測の不可能性を帰結し、現時点での責任ある意志決定の不可能性を生みだしている。

　これまでのところ、高レベル放射性廃棄物については、10 万年以上の長期にわたって安定的な地層に処分するというのが、核燃サイクル事業推進主体の方針である (核燃料サイクル開発機構 1999)。人為的バリアーが有効な期間を 1000 年と見込んだ場合、隔離が必要な期間を 1 万年もしくは 10 万年と想定した場合、自然バリアーに依存する期間は、それぞれ 90% もしくは 99% になる。しかし、自然バリアーをめぐる地下水の挙動、地殻変動およびそれに伴う地下水の挙動への影響などを、定量的に把握することは不可能といわれている (土井 1993: 82, 115)。

　仮に、自然バリアーに依存せず、人為的隔離を管理しやすい場所で継続するという方針をとったとしても、1 万年あるいは 10 万年というような超長期の未来にわたって、放射性廃棄物を管理するために作られた組織が存続する保証はない。

　以上のような、定常的操業による汚染、事故による汚染の危険性、放射性廃棄物の管理問題ということは、どの国の原子力施設にとっても共通の難題であるが、日本においては、さらに地震多発国であるという特有の事情が加わる。2007 年 7 月の柏崎刈羽原発の被災や 2011 年 3 月の福島原発震災は、地震と原発の関係という問題を、これまでになく先鋭なかたちで提起した。地震とそれに伴う津波は、定常操業における危険性とは桁違いの危険性を原発に引き起こす。地震の発生という要因は、「汚染の予測不能性」「汚染防止の困難性」「汚染が生起した場合の巨大性」をともに増幅するように作用する。しかも、地震の発生を、現在の科学は予測することはできない。地震学者の石橋克彦氏によれば、「将来 10 万年程度にわたって大地震の影響を受けない地域がわが国にも広く存在するなどとは、決して言えない」のである (石橋 2000)。

　以上のように、原子力関連施設は、たとえ受益の側面において巨大な受益が期待されるとしても、他方で巨大な「負の随伴帰結」を有しており、「強度の両価性」を有している。

注意すべきは、この「強度の両価性」は、「経営システムと支配システムの両義性」という視点からみるならば、経営問題解決努力と被格差・被支配問題解決努力の「逆連動」を含意していることである。原子力エネルギーの利用は、経営システムの文脈での受益を求めて、経営問題の解決努力を展開すればするほど、支配システムの文脈では、危険を増大させ、受苦を増大させるという帰結を招く。

この「逆連動」に対処すべく、さまざまな経営的、政策的努力が積み重ねられてきた。そのような努力は、いかなる帰結を伴っているのだろうか。また、そのような努力は、「逆連動」を本質的に備えた技術であるという原子力エネルギーの難点を、果たして克服しうるものであろうか。

2 「中心部」対「周辺部」、「環境負荷の外部転嫁」

このような強度の両価性は、受益圏と受苦圏を同時に作りだす。日本の原子力施設をめぐる受益圏と受苦圏の顕著な特徴は、それらの空間的な位置が分離し（受益圏と受苦圏の分離）、しかも、全国的レベルでみた「中心部」と「周辺部」とに重なり合っているということである。ここで「中心部」とは、人口、経済力、政治的・行政的決定権、文化的集積という点で、他の地域より相対的に優位にある地域のことであり、「周辺部」とはその反対に、他の地域より相対的に劣位にある地域である。日本全体で見れば、東京圏は中心部であり、青森県は周辺部である。青森県という水準で見れば、青森市は中心部であるが、六ヶ所村は周辺部である。それゆえ、六ヶ所村は日本全体でみれば、周辺部の周辺部という位置にある。

原子力施設に関連しては、「受益圏としての中心部」と、「受苦圏としての周辺部」という対応が顕著であり、このことは、固有の危険を伴う原子力発電所や放射性廃棄物関連施設が、常に中心部を回避して周辺部に立地してきたことに、端的に表れている。原子力施設の立地点の選択は、工学的・技術的に制約されることはもちろんであるが、同時に、社会的・政治的要因に制約されている。原子力施設の固有の危険性に対しては、どの立地候補点においても警戒と拒否の姿勢がなんらかの程度において見られるものであるが、中心部ほど拒否の力は強いから、結果として、中心部への立地は、一貫して回避されてきた。

「受益圏としての中心部」と「受苦圏としての周辺部」の間の関係はどのような特徴をもっているだろうか。両者は「環境負荷の外部転嫁」という関係によって結ばれている（舩橋1998b）。「環境負荷の外部転嫁」とは、社会内の一定の地域や集団が、自らの生産や消費を通して生みだす環境負荷を引き受けることをせず、

それを空間的あるいは時間的に離れた別の地域や集団に押しつけることをいう。

　原子力利用に関してみると、「受益圏としての中心部」は、自らの生みだす環境負荷を自らは負担せず、空間的に分離している「周辺部」や、時間的に分離している将来世代に押しつけようとしてきた。すなわち、受益圏としての中心部は、原子力発電所によって生みだされる電力を享受してきたが、発電所の操業に伴う汚染や事故の危険性という環境負荷を、原子力発電所の立地点である外部に押しつけてきた。また、原発の操業に伴い排出される各種の放射性廃棄物と使用済み燃料についても、中心部の受益に伴う環境負荷は、周辺部に押しつけられてきた。これらは「環境負荷の空間的外部転嫁」を意味する。同時に、そのような操作は「環境負荷の時間的外部転嫁」を意味している。というのは、原発が生みだす放射性物質は、超長期にわたって固有の毒性が存続し、将来世代に危険が押しつけられていくからである。

第3節　問題解決に必要な公準とその実現を規定するアリーナの条件

1　問題解決に必要な2つの公準

　原子力施設のように強度の両価性を有する事業システムをめぐって、社会的合意を形成するにはどうしたらよいのであろうか。いいかえると、一つの事業システムや社会制御システムが、「経営問題の解決努力と被格差・被排除・被支配問題の解決努力との逆連動」に直面している時、社会的合意形成に基づく、問題解決はどのようにして可能になるであろうか。すでに本書の第8章で、これまでの研究の到達点を、2つの公準 (postulate) としてまとめた。

　規範的公準1：2つの文脈での両立的問題解決の公準
　社会的に望ましい状態をつくり出すためには、支配システムにおける先鋭な被格差問題・被排除問題・被支配問題と、経営システムの文脈における経営問題を同時に両立的に解決するべきである。
　規範的公準2：支配システム優先の逐次的順序設定の公準
　2つの文脈での問題解決努力の逆連動が現れた場合、先鋭な被格差・被排除問題の緩和と被支配問題の解決をまず優先するべきであり、そして、そのことを前提的枠組みとして、それの課す制約条件の範囲内で、経営問題を解決するべきである。

では、この公準を具体化するためには、どういう条件が必要であろうか。公害防止の歴史的経験が示しているように、必要なのは、「受苦や格差の解消を経営課題として設定すること」であり、その上で「受苦や格差の解消のための費用を投入すること」である。これは、事業システムや社会制御システムが、「受苦や格差の解消のための費用を負担すること」を含意している。それを、要約して「受苦の費用化」ということにしよう。

2　内属的アリーナと外在的アリーナに対応した認識と評価の差異

問題解決の２つの公準を実現するためには、上述のように「受苦の解消の経営課題化」「受苦の解消」「受苦の費用化」が基本的な条件となる。日本の原子力諸施設の建設と操業に際して、事業推進者は、安全性確保への努力や、電源三法交付金による地域格差縮小の努力をおこなっていると主張している。では、実際に「受苦の解消」はなされているのだろうか。この問題を考えるには、事業システムの内部と外部とで、ものごとの把握のしかたがどのように異なるのかを検討する必要がある。

2-1　受益と受苦の感受のしかたの非対称性

図14-1は、事業システム（あるいは社会制御システム）の作動によって、その内部に受益が、外部に受苦が生みだされた場合の状況を表現したものである。

この図の示すところは、第１に、一般に事業システム（あるいは社会制御システム）の活動に伴う、受益と受苦のみえ方は、その内外で大きく異なっていることである（非対称性）。どのような主体でも、近くのものは大きくみえ、遠くのものは小さくみえる。システム内部の担い手や受益者からみれば、受益は大きくみえ、受苦は小さくみえる。しかし、システム外部の（顕在的あるいは潜在的）受苦圏からみれば、その反対に、受苦は大きくみえ、受益は小さくみえる。このことは、原子力施設に限らず、環境への影響の大きい飛行場や高速道路や新幹線などにも共通の特徴である。原子力施設については、事故や汚染の防止可能性も含めて、受益と受苦のみえ方が、事業システム（たとえば、電力会社）においても、社会制御システム（たとえば、原子力エネルギー供給制御システム）においても、その内外で大きく異なっており、このことは、立地点における社会的合意形成を困難化する基本的要因になっている。

(1) 事業システムの生みだす受益(benefits)と受苦(sufferings)

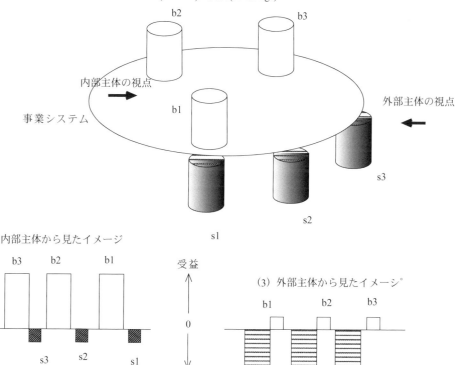

図14-1 事業システムの生みだす内部の受益と外部の受苦の見え方

2-2 内属的アリーナと外在的アリーナに対応する「総合的判断」の2つのタイプ

このようなシステムの内外でのものごとのみえ方の非対称性は、意志決定がどこでなされるかによって、意志決定の内容が異なるという帰結を生む。

一般に政策的判断は、複数の政策選択肢のそれぞれについて、どのような効果と費用と随伴帰結を生ずるかについてさまざまな要因や帰結を取り集めて分析し、それらをなんらかの基準に立脚して総合的に評価し、「もっとも望ましい」選択肢を選び取るというかたちをとる。

制御システムと政策判断をするアリーナとの関係に着目すれば、意志決定の実施されるしかたに2つのタイプが見いだされる。第1に、事業システムや社会

制御システム内部に、政策判断をするアリーナと主体が存在し、それらの制御システム内部から判断をする場合である。これを「内属的アリーナ」における政策判断といおう。第2に、それらの制御システムの外部に、制御システムのあり方を実質的に左右しうるかたちで政策判断をするアリーナと主体が存在し、システムの外部から判断をする場合である。これを「外在的アリーナ」における政策判断といおう。この2つのタイプの意志決定をめぐるアリーナ・主体・システム連関は、それぞれ、傾向的にどのような帰結を意志決定内容にもたらすであろうか。

「内属的アリーナ」における意志決定においては、経営システムとしての制御システムが有する経営課題群の達成とそれがもたらす内部的受益が重視され、この見地に立脚した内部からの最適化が、第一義的に志向される。すなわち、内属的アリーナは、経営問題をめぐる総合的調整を担うことを志向しており、この課題設定のもとでは、「費用便益分析」が、適合的な手法として使用可能である。同時に、内属的アリーナにおいては、制御システムの担い手たる諸主体の利害関心が直接的に表出されやすい傾向を有する。すなわち、制御システムの担い手の意向との直結性（あるいは、意向による束縛）が内属的アリーナにおける意志決定を特徴づけ、担い手主体の利害関心によるバイアスが生じ、同時に、制御システムの外部に生ずる負の随伴的帰結に対して、鈍感になる傾向がみられる。

これに対して「外在的アリーナ」における意志決定は、制御システムの担い手の有する利害関心のみならず、制御システムの担い手以外の他の諸主体の利害関心をも視野に入れて、それらの諸要素を総合的に判断するという可能性をより高く有する。それゆえ、外在的アリーナにおいては、経営システムとしての制御システムの内部からの最適化努力に対して、それとは異質な要素が介入するという特徴を有する。このような介入が積極的な意義を有するのは、事業システムの外部にいる諸主体が支配システムにおいて登場する被格差・被排除・被支配問題を防止あるいは解決するために介入する場合である。そのような介入があってこそ、規範的公準2（支配システム優先の逐次的順序設定の公準）は実現されうる。いいかえると、外在的アリーナにおいてこそ、支配システムの文脈における社会的合意形成の問題に取り組むことが可能であり、また、社会的合意形成をめぐっての「倫理的政策分析」(Johnson 2008=2011)が必要になるし、また可能である。これに対して、内属的アリーナは、「倫理的政策分析」を主題化して取り扱うことに鈍感である。

ここで、大切なのは、総合的判断を通して、2つの公準を実現するためには、内属的アリーナと外在的アリーナの果たす役割である。内属的アリーナにおける総合的判断は経営システムにおける経営問題の解決のためには、適合的である。だが、支配システムにおける被格差・被排除・被支配問題の取り組みは、内属的アリーナ単独では、不十分なものにならざるをえない。被格差・被排除・被支配問題の解決のためには、外在的アリーナにおける要求提出が必要であり、「被格差・被排除・被支配問題解決要求の経営課題への転換」と「受苦の費用化」が必要である。「受苦の費用化」とは、「受苦の許容化」の費用面に即した表現ともいえるのであり、「受苦の許容化のために十分な受苦防止費用を投入すること」を意味している。

内属的アリーナと外在的アリーナをあわせて制御アリーナと呼ぶことにすれば、複数の制御アリーナの組み合わせの中で、「負の随伴帰結を十分に取り集めた上での総合的判断」がなされることが必要である。その際、「受苦の費用化」努力をおこなった場合、社会的総受益よりも、社会的総費用のほうが巨大であれば、そのような事業計画は合理性をもたない。その場合は、事業計画の中止という選択が合理的である。

3　日本の原子力政策をめぐる主体布置と意志決定内容の特徴

以上のような理論的視点をふまえつつ、日本の原子力政策の特徴がいかなるものかを検討してみよう。

図14-2 は、現在の日本の原子力政策にかかわる主要な主体群とアリーナの布置連関を把握しようとしたものである。

ここで、原子力利用の推進という点で利害関心を共有し、原発などの原子力諸施設の建設や運営を直接的に担ったり、間接的に支えている各分野の主体群、すなわち、産業界、官界、政界、学界、メディア業界などに属する主体群の総体を、「原子力複合体」と呼ぶことにしよう。図14-2は、これまでの日本のエネルギー供給制御システムを、原子力利用という側面からみたときの主要な主体群とアリーナ群の布置連関を示すものであるが、その中において、原子力複合体は大きな影響力を発揮している。

この図においては、原子力政策の決定過程について、次のような特徴が表現されている。

第1に、日本の原子力政策は、原子力複合体に対して外部に存在するような

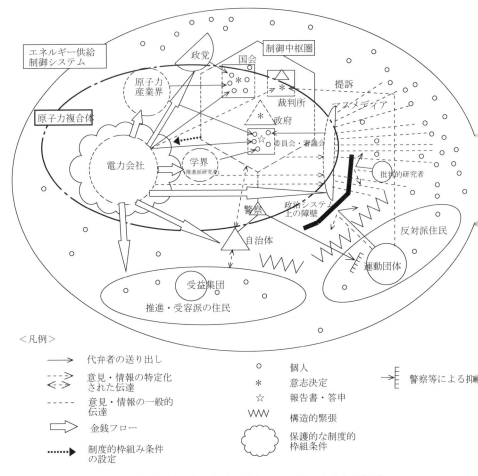

図 14-2　原子力政策をめぐる主体・アリーナの布置連関

外在的・超越的アリーナと主体群によって決定されるのではなく、主要な政策決定アリーナが、原子力複合体に内属するようなかたちになっている。

　このことは、第 2 に、エネルギー供給制御システムの制御中枢圏に有効に意見を表出し、全体としての意志決定過程に有効に介入する主体に偏りがあることを意味する。すなわち、原子力複合体の主要な構成主体である原子力政策担当官庁（経産省）、電力会社、原子力産業界、原子力関連学界に属する専門家たちが、制御中枢圏で主導的な発言力をもち、中枢的制御アリーナとしての委員会・審議会（原子力委員会や長期計画策定会議）の決定内容に主導的な影響力を発揮している。

第3に、原子力利用の負の帰結をこうむる人々（受苦圏）からの意見表出が、制御中枢圏に効果的に届かず、その声が政策決定に反映しがたい状況になっている（被排除問題）。操業に伴う定常的汚染や事故による汚染や放射性廃棄物の危険性に対する危惧や、原子力偏重の財政資金分配への疑問といった声が、制御中枢圏に有効に介入できないという状況が存在する。

　第4に、専門知の使われ方の特徴をみるならば、原子力エネルギー供給制御システムに内属するかたちで、相当数の専門家が活動しており、中枢的制御アリーナで選択される政策方向に合致する専門知識が動員され、そのような知識が行政組織によっても優先的に採用され、その意味で、権威づけられたり、正当視される傾向がある。いいかえると、科学知、専門知の自律性が失われ、原子力エネルギー供給制御システムの利害関心から見て都合のよい知識が、恣意的に重視され、それに対して批判的・懐疑的な専門家の知見は軽視されたり無視されたりする傾向がある。

　これまでも、原子力業界の関係者が閉鎖的な世界で政策決定を独占しているという批判的がなされているが（佐々木・飯田 2002）、それは以上のような事態を示すものである。

　では、このような意志決定過程における主体群とアリーナの布置連関は、意志決定内容におけるどのような特徴を生みだすであろうか。それは第1に、「負の随伴的帰結の取り集めの不完全性」、第2に「「真の費用」の事前の潜在化と事後の顕在化」である。

　「負の随伴的帰結の取り集めの不完全性」とは、原子力施設の企画の当初の意思決定過程において、その生みだす負の随伴帰結を完全に把握し、意思決定過程において十分に考慮することができていないことを意味する。原子力利用は、定常操業による汚染、事故の危険性、放射性廃棄物という3つの側面において事業システムの外側に負の帰結を伴う。ところが、原子力に関する事業システムは、これらの負の帰結を十分に取り集めて、内部化すること（受苦の費用化）ができていない。その根本的理由は、原子力施設による受苦発生の根拠となっている放射性物質に関しては、どんなに追加的費用を投入しても、危険をゼロにすることが技術的に不可能だからである。

　このことは、「「真の費用」の事前の潜在化と事後の顕在化」という第二の特徴を生みだす。なぜなら、「真の費用」の中には、受苦の回避・防止の費用も含まれるべきであるのに、「受苦の費用化」は事前には十分なされていないからであ

る。バックエンド対策の費用が、複数の選択肢に即して公表されたのは、2004年になってからのことである。2004年の段階で、長期計画策定会議の試算によれば、全量再処理という政策を選択した場合の費用は42兆9千億円と算定されている[3]。しかし、この額が、本当に真の費用を顕在化させているともいうことはできない。福島原発震災は、事故が発生した場合には、深刻な被害が発生し、その補償にはさらに巨額な費用が必要とされることを如実に示したからである[4]。

　以上の論点をまとめよう。日本の原子力政策の意思決定において、「何が最適かの総合的判断」は原子力エネルギー供給制御システムに内属するアリーナにおいてなされているゆえに、「負の随伴帰結を十分に取り集めた上での総合的判断」ができていないのである。

第4節　二重基準の連鎖構造

　現実の日本の原子力政策の特徴をその推進主体や協力主体の抱く規範的原則という点からみるならば、「二重基準の連鎖構造」が見いだされる。それは、規範理論の文脈でみるならば、普遍的妥当性を有しないような行為原則が広範に採用されていることを意味する。

1　原子力事業における二重基準

　すでにみたように、さまざまな地域紛争の原理的な解決の道は、一般的にいえば、「費用投入による受苦の解消」と「受苦の費用化」を前提にして、「経営問題と被格差・被支配問題の同時解決」を探ることにある。だが、現実の原子力技術に関しては、「費用投入による受苦の解消」「受苦の費用化」を完全におこなうことは不可能であるので、その社会的実施において、受益と受苦の分配についての「二重基準」を必然的に導入せざるをえない。

　この二重基準 (double standard) は、もっとも顕著なかたちでは、中心部での受益の享受と、周辺部への受苦の集中というかたちで表れている。すなわち、電力の大消費地である大都市部には、原発も、核燃料サイクル関連の諸施設も、各種の

---

[3]　原子力委員会新計画策定会議, 2004,「新計画策定会議 (第10回) 資料No.7」原子力委員会ホームページ (http://www.aec.go.jp/ アクセス日 2008.7.31)

[4]　より厳密にいえば、原発震災がひとたび発生すると、その被害の補償は、金銭に換算するかたちでの「費用化」によってはカバーできない。費用としては換算・算定できない質をもった被害が発生する。

放射性廃棄物の処分場も設置されることなく、それらはすべて周辺部に立地され、それらによる汚染と事故の危険性は、周辺部にしわ寄せされている。大都市部の諸主体（組織や個人）は、自分たちの地域に立地することを許容しない諸施設を他の地域に立地させ、自分たちはそのメリットを享受している。そして自分たちは汚染や事故による受苦の危険性を免れようとしつつ、それらの危険性を周辺部諸地域に押しつけている。自分たちは拒否するような「危険施設立地についての許容基準」を他の地域には、受け入れさせている。そこには、危険性／安全性についての二重基準が存在する。この二重基準が社会的に存在しうるのは、支配システムにおける勢力関係の格差が、中心部と周辺部との間に存在するからである。

2　相対劣位の主体における二重基準の採用

　だが、二重基準の採用は、大都市の電力受益者側だけの問題ではない。原子力施設の立地に一定程度協力する諸主体にも、二重基準の採用が広範にみられる。

　まず、日本において原子力発電所の立地を受容した各地域は、いずれも、使用済み核燃料の搬出ということを、立地承認にあたっての基本方針としている。このことは、電力会社にとっての深刻な制約条件となっており、現時点で電力会社が六ヶ所村の再処理工場の操業に固執することの強力な根拠になっている。ところで、原発立地地域が、使用済み燃料の地域外への搬出を条件としているということは、使用済み燃料というかたちでの高レベル放射性廃棄物の取り扱いについて、次のような意味で二重基準を採用していることを含意している。それは、「自分たちの地域は、原発の立地を受け入れることによって、経済的・財政的メリットや、雇用の確保というメリットを享受したい。ただし、固有の危険性を有する使用済み燃料は、自分たちの地域に受け入れることはしない」という態度である。ここにも、自分たちは拒否するような「危険施設立地についての許容基準」を他の地域には受け入れさせようという態度がみられる。そのような「他の地域」は、長い間不確定であったが、六ヶ所村の再処理工場の立地や、むつ市の中間貯蔵施設の建設が具体化してからは、「他の地域」とは、青森県とりわけ六ヶ所村やむつ市を含意するようになった。

　それでは、現時点で、各種の放射性廃棄物や使用済み燃料の受け入れに、もっとも許容的な青森県や六ヶ所村やむつ市の態度はどうか。これらの主体についても、高レベル放射性廃棄物に関しては、二重基準の採用という態度がみられる。

1995年の海外返還高レベル放射性廃棄物の受け入れ問題の際に、当時の木村知事は、政府（具体的主体としては科学技術庁長官）に、青森県を高レベル放射性廃棄物の最終処分地にしないということを文書で約束させようとした。2008年4月に三村知事は、ふたたび、そのような趣旨の確約書を、電事連、日本原燃、政府（経済産業大臣）に提出させた。ここには、高レベル放射性廃棄物の最終処分地は、「どこか他の地域」にするべきであるという主張がみられ、この問題についての二重基準の採用がみられる。

このように、中心部の電力受益地域→原子力発電所立地地域→使用済み燃料受け入れ地域（青森県）→高レベル放射性廃棄物の最終処分地受入れ地域（未定）の間に、「二重基準の連鎖構造」ともいうべき関係がみられる。「二重基準の連鎖構造」とは、受益圏の階層構造において、より上層の主体が採用した二重基準においては、相対劣位の立場に置かれた主体が、他の主体との関係においては、自らも二重基準を採用し、自分は相対優位の立場に立ちつつ他の主体を相対劣位の立場に置こうとすることであり、しかもそのような態度が多段階にわたってみられるということである。

3 二重基準の連鎖構造の含意

では、二重基準の連鎖構造を前提に、諸施設の立地が進むことの含意は何であろうか。

第1に、二重基準の連鎖構造を前提にした問題解決への取り組みは、最終的な相対劣位を受け入れる地域が確定されない限り、問題決着にたどり着くことができない。最終的な相対劣位の立場に立つ地域を「最底辺劣位」の地域ということにしよう。「最底辺劣位」という立場をいずれかの主体に受け入れさせるのは、一般にきわめて困難である。かろうじて低レベル放射性廃棄物の最終処分地の受け入れについては、青森県と六ヶ所村は、大都市部との間での二重基準を最底辺劣位の立場で受け入れるという方針を選択している。

第2に、二重基準の連鎖構造が社会的に実現するためには、相対劣位の立場や、最底辺劣位の立場に立つ主体の側が、「別次元の受益（交付金などの補償的受益）についての取引条件」を受け入れることが、必要になる。そして、受苦の大きさが増大するのに対応して、「別次元の受益についての取引条件」も釣り上がっていく。

第3に、二重基準の連鎖構造において、最底辺劣位の立場を受け入れる主体や地域が登場しない場合、そのつどの個別問題への対処は、未解決の問題を留保し

たものとなり、「あいまいさ」を内包するもの、重要問題の先送りを随伴する無責任なものとならざるをえない。現在、海外返還高レベル放射性廃棄物についても、むつ市における中間貯蔵施設立地問題についても、六ヶ所村再処理工場の稼働についても、高レベル放射性廃棄物の最終処分問題は、いずれも未解決である。

それゆえ、第4に、二重基準の連鎖構造を前提にした問題対処においては、現象的にみられるそのつどの個別問題についての解決策は、暫定的決着という特質を帯び、本来的に堅固さを欠如し不安定である。関連する主体は、二重基準を設定し、自分自身は二重基準との関係で、相対優位の立場に自分を位置づけることができるという想定のもとに、そのつどの個別争点に対して、「決着」が得られる。しかし、その決着は「費用投入による受苦の解消」の可能性を明示したものではなく、その点についての社会的合意形成が存在しない以上、真の解決にはなっていない。

このように分析してみると、これまでの青森県の選択は、きわめて危うい選択である。青森県は現在のところ、二重基準の適用において、高レベル放射性廃棄物や使用済み燃料については相対劣位の立場に、低レベル放射性廃棄物については最底辺劣位の立場に自分を置いている。青森県の願望としては、将来は、二重基準の適用上、相対優位の立場へといずれかの時点で自分が脱出することを望んでおり、その脱出の保証を政府に求めている。しかし、その脱出の保証は果たしてあるのだろうか。脱出の保証があいまいであるにもかかわらず、相対劣位の立場に位置しているゆえに、青森県に搬入される放射性廃棄物は質的にも種類が増え続け、量的にも増大し続けているのである。特に、福島原発震災の後、廃炉廃棄物問題が、全国的に深刻化することが予想される。今後、全国の原発に由来する廃炉廃棄物を、青森県と六ヶ所村へ集中させようとする圧力が高まるのではないだろうか。それは、結局は放射性廃棄物の処分に関して、青森県を最底辺劣位の立場に追い込むことになりかねないものである。

4 「踏みつけ主義による破綻」の連鎖

以上の分析を、さらに、青森県におけるむつ小川原開発の歴史と、青森県を焦点にした日本の原子力政策の巨視的な時間的経過においてみられた、「踏みつけ主義による破綻の連鎖」というべき事態に即して、詳述しておこう。

ここで「踏みつけ主義」とは、一定の問題に関与する利害関係者が、その問題への取り組みにあたって、他の人々・地域に犠牲者を生みだしつつ、自分(たち)

だけは特権的に受益しようという思惑で行動することである。そして、「踏みつけ主義による破綻」とは、踏みつけ主義の行動原則で、利己的に特権的受益を獲得しようとして行為した諸主体が、まさに、その行為を通して、より大きな社会的文脈や時間的文脈でみると、受益／受苦の階層構造の中で非常に不利な立場に陥ることになり、自らを苦境に置くようになることである。そして、そのような「踏みつけ主義による破綻」が社会システムにおける階層的水準を移動しながら、何回も連鎖的に繰り返されてきたようにみえる。

すなわち、「踏みつけ主義による破綻の連鎖」とは、ある主体が、踏みつけ主義の関係において、いったんは相対優位の立場に自分を置いたつもりであっても、その後より大きい文脈でみると、自分自身も犠牲者の道連れになりつつ、受苦圏へと転落するというメカニズムが繰り返されることである。では、「踏みつけ主義による破綻の連鎖」は、具体的にはどのようなかたちでみられてきたのだろうか。

第1に、1971〜73年にかけての当初のむつ小川原開発計画の段階における村内の主体連関の文脈。1971年8月発表の住民対策大綱第一次案に対しては、広範な地域が移転対象とされたため、六ヶ所村内に全村的な開発反対運動が組織された。しかし、同年9月発表の第二次案においては、移転対象地域は、村内でも人口面や政治的・経済的な面で弱い勢力しかもたない周辺部の集落へと限定され、それによって、村内でも移転対象にならなかった地域には、踏みつけ主義的な行動パターンをとる人々が現れた。結果的に、1973年12月の村長選挙で、開発促進派が多数派となり勝利した。けれども、その後の1970年代を通して、工場立地も工業開発に付随するはずであった受益機会も実現することはなかった。逆に、村全体の進路選択は、広大な工業用地の存在に制約されるようになった。

第2に、1970-80年代を通しての青森県と六ヶ所村の間の主体連関の文脈。青森県は巨大開発の夢を追い、1970年代を通して、六ヶ所村内の強固な反対を切り崩すかたちで、むつ小川原開発のための土地買収を強行した。そこには、六ヶ所村の民意を尊重するというよりも、青森県全体の利益のために、六ヶ所村に工業基地を立地するという企図が優先された。むつ小川原開発の強行は、村内に一定の受益機会を提供するものであったが、他方で、経済面でも、人間関係面でも、人生設計面でも、さまざまな犠牲を生んだ。土地を手放さざるをえなくなることによる農業基盤の喪失、政治的対立の先鋭化に伴う村内の人間関係の悪化、土地買収に協力したにもかかわらず期待した工場が立地しないことによる開発難民

化、等々。そのように六ヶ所村に多大な犠牲を押しつける開発計画ではあったが、結果的に石油工業の誘致はできず、1980年代半ばになって残ったのは、むつ小川原開発株式会社の巨額の借入金 (1985年末で、1607億円) と広大な空き地であった。この状況は、他の地域では繰り返し拒否されている核燃料サイクル施設三点セットを、青森県としては受け入れざるをえないという立場に置くこととなった。つまり、六ヶ所村に対して、踏みつけ主義的な開発政策は、青森県全体を他県ではその危険性故に拒否されてきた核燃料サイクル施設の受け入れを拒否できない状況に置くこととなった。

　第3に、1990～2000年代の核燃料サイクル施設の操業にかかわる政府・電力業界と青森県・六ヶ所村の間の主体連関の文脈。日本政府と電力業界は、再処理を中心とする核燃料サイクル政策を、青森県への危険施設の集中立地をテコに実現しようとしてきた。青森県世論においては、一貫して、核燃料サイクル施設に対する不安感が高く、当時の六ヶ所村住民の世論も、放射性廃棄物の搬入の増大を望んでいない (法政大学社会学部舩橋研究室，2004,『むつ小川原開発・核燃料サイクル施設問題と住民意識』: 214-226)。しかし、青森県民が、直接的に核燃料サイクル施設についての賛否の意志を表明する機会は、支配システムの中で閉ざされてきた。政府の政策は、二重基準の最底辺劣位の立場に青森県を置きつつ、原子力政策を推進する上での受益を追究するものであった。そこには、踏みつけ主義的な行為原則が存在したといわなければならない。しかし、2004年秋の長期計画策定会議での審議経過と結果において明らかになったごとく、政府と電力業界の政策選択肢は、青森県の要求に強度に拘束されるものとなった。

　再処理工場の操業に伴う一連の危険を受け入れてきた青森県の要求は、逆に、政府と電力業界が、全量再処理路線から脱却することを妨げるようになったのである。政府と電力業界は (そして日本社会は)、再処理継続という選択にしても、再処理撤退という選択にしても、今や、破綻的事態に直面するようになっているのではないだろうか。一方で、再処理からの撤退は、六ヶ所村の再処理工場の操業中止と、使用済み燃料の行き場の閉塞を媒介にして、原発の操業継続不能性という破綻を招きかねないものであると、これらの主体は考えている。ところが他方で、再処理の継続も、費用の膨大化・固有の危険性・プルトニウム利用の道の欠如・高レベル放射性廃棄物の処分問題というさまざまな難点を抱えており、その将来には、明るい展望があるとはいえない。

　総体としての日本社会は、原子力推進を柱にしたエネルギー政策を選択して

きており、それは、青森県に対する「踏みつけ主義的」態度を伴うものであったが、そのような犠牲の青森県への集中という政策が、今や日本社会を、原子力政策をめぐる非常に困難な状況に引き込みつつあるのではないだろうか。

　その困難な状況とは、進むことも退くこともできないという状況である。一方で再処理路線から撤退することができない。しかし、他方で、再処理路線の継続によって、日本のエネルギー政策が、「汚染（の危険）からの自由」という環境的合理性や、「二重基準の廃止」という社会的合理性や、「安価なエネルギー供給」という経済的合理性について、それぞれを実現しうるという明るい展望をもつこともできないのである。

第5節　原子力をめぐる閉塞状況と、エネルギー政策の打開の方向性

1　エネルギー問題、環境問題、地域格差問題をめぐる原子力依存の難点

　青森県における核燃施設の立地は、エネルギー問題、環境問題、地域格差問題の交差する領域に位置しているが、そのどの文脈で見ても、行き詰まりを露呈している。

　エネルギー供給という点では、再処理工場の操業が技術的困難にぶつかり大幅遅延をしていること、たとえ再処理ができたとしても高速増殖炉によるプルトニウム使用の展望が得られないこと、再処理の結果の高レベル放射性廃棄物の最終処分問題が解決できないこと、地震対策という点で不安を解消できないこと、バックエンド費用が巨額になることなど、難題山積である。原子力事業を推進する立場にある主体群の内部からも、こうした難点ゆえに、既存の核燃サイクル事業への懐疑の声が表明されている(山地編1998)。

　環境問題という点では、定常操業による汚染、事故による大規模災害の危険性、各種の放射性廃棄物の排出という難点があり、温暖化対策に原発は有効だという主張は、一つの環境問題への対応(温暖化問題)のために、他の環境問題(放射能汚染)の悪化を招くという自己矛盾に陥っている点においても、原発の生みだすエネルギーの三分の二は温排水となって地球を直接的に暖めている点からみても、環境問題総体を真剣に考えている人々にとっては、まったく説得力がない。

　以上のようなエネルギー政策上の難点や環境問題上の難点にもかかわらず、原子力施設の建設と操業が立地点で受け入れられ推進される背景には、これらの施設の立地が、経済的・財政的メリットをもたらすこと、すなわち、固定資産税、

電源三法交付金、核燃料税、雇用創出、関連産業の発達などのメリットをもたらすという事情がある。このような派生的・補償的メリットの利用は、どのような問題点を伴うものであろうか。

第1に、青森県における原子力施設に依存した地域振興は、すでにみたように、出発点においては、誘致型開発であるが、依存体質が深まるにつれて従属型開発となり、さらには危険産業受入れ型開発、ついには、放射性廃棄物処分事業に変容するというパターンに陥ってしまった。そして、原子力施設の立地に伴う派生的、付帯的受益の多くは一過的で、必ずしも地域社会に根ざして、富を産出するような事業システムを育成するものではない。産業構造や財政構造において、原子力エネルギー供給制御システムへの依存体質が深まった場合、危険施設を次々と追加的に呼び込むという政策への傾斜が帰結する。

第2に、原子力施設に関連する直接的・間接的な資金のフローに地域社会内の諸主体が、強い利害関係をもつようになると、政治システムにおいても、外部主体への依存性が高まる。当初は、立地受け入れの埋め合わせというような性格のマネーフローであったものが、やがて、それなしには地域経済も自治体財政も運営できないようなものになり、そのことが政治的支配力に転化する。すなわち、マネーフローは、原子力エネルギー供給制御システムの担い手主体たちが、地域社会に対して意志を貫徹するための交換力・支配力という性格を有するようになる（朝日新聞青森総局 2005）。

第3に、原子力施設の誘致は、地域内に相当の批判や反対を伴わざるをえず、地域社会の分裂と人間関係の悪化を引き起こす。多くの場合、そのような形の地域振興策を受け入れようと判断をした人々の間にも、不安や迷いの気持ちが伴っている。それゆえ、そのような不安・反対を押し切るために、立地受け入れの過程では、立地推進派によって非常に強引な、あるいは、道義的・法的にみて疑問のある政治的行動がしばしば取られてきた[5]。

第4に、危険物質の地域社会内部への滞留は増大する一方である。そのことは、汚染の危険が増大し続けることを意味する。すなわち、環境問題の上での難問を永続的に抱え込み、かつ、その難問のスケールが時間とともに大きくなっていく

---

[5] たとえば、1986 年 1〜3 月に泊漁協で海域調査の受入れをめぐって激しい対立が続く中で漁協総会において受入れが「決議」されたことになっているが、その手続きの公正さに疑義があること、同年 6 月の泊地区海域での海域調査の実施の際の警察力の使用と反対派住民の逮捕、1989 年 12 月の六ヶ所村村長選挙で「核燃凍結」と核燃についての住民投票の実施を公約に掲げて当選した土田浩村長が、結局住民投票を実施しなかったことなどがある。

ということを帰結する。これは、危険性／安全性という次元での地域格差の拡大を意味する。経済的・財政的な次元で地域格差を縮小しようという願望が、危険性という別の次元で地域格差を拡大している。

第5に、長期的にみると、地域社会における危険物質の増大は、他の産業分野の企業立地や人口定住に対する抑制的な効果を発揮していると考えられる。短期的・直接的には雇用の創出効果があるように見える原子力施設であるが、長期的・間接的には他の産業の立地や定着の阻害要因になっているのではないか。たとえば、六ヶ所村の例をとると、核燃料サイクル施設の存在が、村民の長期的居住地選択において、人口排出圧力として作用していることが、複数の村民から語られている。[6]

このようにみると、青森県の場合、「派生的、補償的受益」を期待しながら、核燃料サイクル施設の立地を受け入れているわけだが、地域振興という点で、常に重い問題を抱え込むことになっている。そして、「危険からの自由」と「地域経済の自立」という点で、いわば、「出口が見えないような状況」に陥っている。

2　代替的政策の方向性は何か

以上のように見てくると、エネルギー問題、環境問題、地域振興問題のいずれについても、原子力エネルギーの利用推進という方向性は、根本的な難点に直面している。この行き詰まりを脱却するには、政策決定のしかたと政策内容に根本的な方向転換が必要である。

2-1　政策決定アリーナの位置の変更

エネルギー政策の決定アリーナについて、必要なことは、図14-2に示した現状から、**図14-3**のような主体・アリーナ布置に転換していくことである。図14-3は、エネルギー政策の総合的・大局的方針決定のアリーナを、原子力複合体に対して、内属しないような諸アリーナに定位すべきことを示している。エネルギー供給制御システムの制御中枢圏は、原子力複合体の担い手たちに対する外在性、超越性を有するかたちで設定されるべきであり、それは、エネルギー政策に関与するさまざまな利害要求の表出に対して、公正に開かれていなければならない。いいかえると、この制御中枢圏を公共圏がとりまくべきであり、公共圏が

---

[6] 六ヶ所村住民Aさんからの聞き取り（2006年8月）、および、Bさんからの聞き取りによる（2007年9月）。

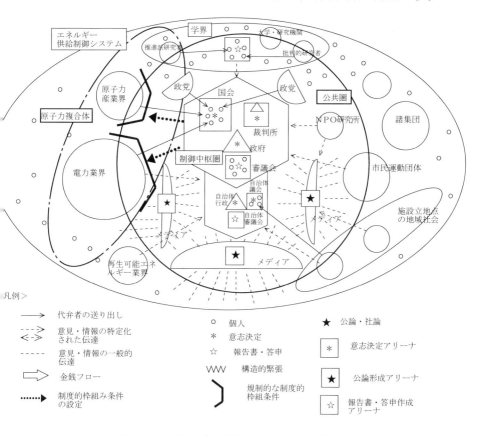

図 14-3　エネルギー政策のアリーナと公共圏

制御中枢圏に対して、注視作用・批判作用を十分に発揮するべきである。そして、「研究アリーナ」は「公論形成の場」の一つとして、自律性が存在することが必要であり、自律的な研究上の知見が政策に反映されるべきである。

2-2　政策内容の代案

　政策内容についていえば、原子力エネルギーの難点を克服するためには、再生可能エネルギーの普及・利用の積極的拡大という政策転換の方向性を提案したい。再生可能エネルギーの利用政策は、エネルギー問題、環境問題、地域振興問題の3つの文脈で、同時に有効かつ建設的な打開策となりうる。その内容を箇条書きにすれば以下のようになる。

①再生可能エネルギーは、エネルギー供給における経営問題、地域振興におけ

る経営問題と被格差問題の解決に貢献すると同時に、環境問題に関する被支配問題を回避しうるという特性を備えている。すなわち、経営問題の解決努力と被格差・被支配問題の解決努力とが正連動しうるという基本的特性を備えている。

②再生可能エネルギーの開発と普及をエネルギー問題と温暖化対策を同時に解決する戦略として、積極的に拡大強化していくべきである。ここで、再生可能エネルギーとは、環境保全との関係で持続可能な供給が期待できる風力発電、太陽光発電、地熱発電、小水力、バイオマス利用などの総称である。

③再生可能エネルギーの普及のためには、それを担う事業システムの経営基盤を保証するための再生可能エネルギー買い取り制度を確立すべきである[7]。その具体的方法としては、長期の固定価格買い取り制を、日本においても確立すべきである。再生可能エネルギーによる電力は、随伴的危険の伴わない温暖化対策や、過疎地域の地域振興に対する貢献という大きなメリットがあるゆえに、原子力発電や化石燃料による電力よりも高い価格で買い取ることは社会的にみて衡平である。

④各地方における経済的な富の産出による格差の解消、エネルギー自立、環境保全という諸課題を同時に達成するために、各地域の資金を生かした環境金融によって、自治体、地元企業、NPOなどの地域に根ざした主体によって、自然エネルギーの供給事業、特に発電事業を積極的に推進していくべきである。

⑤再生可能エネルギーの産出と売却を担うような事業システムを、各地域内部に形成しやすくするような制度的枠組み条件、とりわけ環境金融に関する信用保証制度を、エネルギー分野の社会制御システムの内部構成として整備するべきである。

⑥再生可能エネルギーの普及のための政策としての「地域間連携」を積極的に推進するべきである。地域間連携とは、再生可能エネルギー賦存量の多い北海道や東北各県などの地域で発電事業を形成し、電力の大消費地である東京などの都市部に、適正な価格でグリーン電力を販売することである。たとえば、東京都は2020年までにCO_2排出を25％削減すること、そのために2020年までに自然エネルギーの利用率を20％までに高めることを、2006年に政策目標として決定しており、2010年度より温暖化効果ガスの削減義務

---

[7] 編注：2011年に本章執筆の後、日本でも固定価格買い取り制度が導入された。

を大口電力需要者に課すようになった。このことは、グリーン電力の大口需要を東京都内につくりだすものであり、地域間連携の成立根拠となるものである。

以上の提案は、さしあたり、大きな方向性の提唱にとどまっている。このような政策の妥当性についてのより詳細な論証と、具体的な制度設計に関する提案は、今後の課題である。

3　エネルギー供給制御システムの日独比較

ここで、第11章で紹介したドイツのエネルギー政策の転換と日本の状況を比較してみよう。日本においては、エネルギー供給制御システムのあり方は、原子力発電を基幹的な電源として構成されている。再生可能エネルギーは副次的な位置づけにとどまる。これに対して、ドイツにおいては、1990年代以降、再生可能エネルギーが長期的なエネルギー政策の柱となるようになり、原子力への依存を段階的に縮減していく脱原発の政策が選択されている。この2つの国の選択を、社会制御システムを巡る被支配問題の解決可能性という点からみると、どのような特徴がみいだされるであろうか。

日本においては、原子力重視の枠組み条件が、エネルギー供給制御システムに課されることにより、原子力関連施設（原子力発電所、放射性廃棄物処分場、再処理工場など）の立地をめぐって、各地で先鋭な被格差・被支配問題が発生している。というのは、これらの原子力諸施設は、定常的汚染と事故による汚染という固有の危険性を有し、立地点周辺に不安を与え続けるものだからである。これに対して、ドイツにおいては、1990年代より、再生可能エネルギー重視と脱原発の志向が強かったが、1998年の社会民主党と緑の党の連立政権の樹立以来、脱原発と再生可能エネルギーを重視するという枠組み条件がエネルギー供給制御システムに課されることにより、被支配問題の生起を段階的に緩和することが可能になっている。

このような政策内容の相違を生みだした背景としての政策決定過程をみてみるならば、エネルギー供給制御システムという一つの社会制御システムの制度設計と制度選択の過程をめぐる枠組み条件の相違がみいだされる。日本においては、エネルギー供給制御システムのあり方を決定する主要な制御アリーナと主体群として、エネルギー供給制御システムの内的アリーナとしてのエネルギー総合調査会と原子力委員会、内的主体であると同時に国家体制制御システムの担い手

である経産省、および、国家体制制御システムの制御中枢圏に属するアリーナとしての国会が存在し、これらの主体群とアリーナ群の布置連関の全体が、エネルギー供給制御システムの制度設計過程に対する枠組み条件を形成している。制度改革過程に関する枠組み条件には、エネルギー供給制御システムの内的な主体・アリーナの布置連関と、外的な主体・アリーナ布置連関が、ともに作用している。

　この日本における枠組み条件においては、原子力利用をエネルギー政策の主柱にしようとする志向を有する主体群が、原子力のもたらす被支配問題に敏感で原子力利用に否定的な志向を有する主体群に対して、勢力関係において優位に立っており、原子力利用を優先的政策とするようなエネルギー供給制御システムが選択され続けてきた。

　これに対して、ドイツの場合、国家体制制御システムの中枢的アリーナである国会における勢力関係が、エネルギー供給制御システムの制度設計と選択の主導的な枠組み条件になっており、国会における勢力関係において、1998年に、再生可能エネルギーを優先し脱原発を志向する政党が多数派となったことによって、原子力のもたらす受苦と費用が敏感に国会に表出されるようになり、原子力利用のもたらす被支配問題を回避するような政策選択として脱原発政策が採用されるようになったのである。

　以上のように、国家体制制御システムが社会制御システムに対して課す枠組み条件は、政策内容面と政策過程面の両面において、被支配問題の解決可能性を規定しているのである。

4　高レベル放射性廃棄物をめぐる合意形成はなぜ困難か

　高レベル放射性廃棄物の最終処分場建設問題は、被支配問題の解決可能性が大きく行き詰まっている典型的な問題である。これまでの政策枠組みでは、なぜ、社会的合意にもとづいた最終処分場の建設が進まないのであろうか。このことは、説得技術の問題の次元ではなく、より根本的な問題の困難さの構造に注目して解明すべきである。

　すでに、本章では、原子力発電が「逆連動型技術」であること、「受益圏と受苦圏の分離」「環境負荷の外部転嫁」、原子力施設をめぐる「二重基準の連鎖構造」などの問題があることについて述べてきた。ここで、意思決定のあり方の問題をとりあげておこう。

　一般に、個々の政策論争上の争点の位置を把握するために、「正順型合意形成」

正順型の合意形成

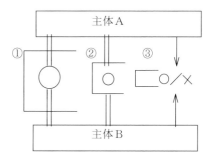

① 大局的政策　　（例、総合エネルギー政策）

② 個別領域の政策（例、原子力政策）

③ 個別問題　　　（例、放射性廃棄物問題）

逆順型の合意形成

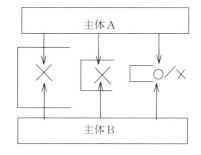

図 14-4　「正順型合意形成」対「逆順型合意形成」

問題と「逆順型合意形成」問題の区別という理論的視点を導入しよう。この区別は、大局的な政策枠組みから、個別の争点に至るまで、政策的選択肢は重層的な構造をもっていることに注目している。

図 14-4 が示すように、「正順型合意形成問題」とは、大局的な政策枠組みについては合意が存在し、その枠組みの中で、個別の争点についての合意形成が課題として登場するようなタイプの問題である。すなわち、「総論賛成」を前提として、各論についての賛否が問題になるような場合である。これに対して、「逆順型合意形成問題」とは、大局的な政策枠組みについて合意形成が存在しない状況であるにもかかわらず、個別的な争点についての合意形成が課題となるものである。すなわち、「総論反対」の人々が関与するかたちで、各論の賛否が問われるものである。

　容易に見て取れるように、「逆順型合意形成問題」はいわば、問題を解いていく手順が逆転したかたちになっており、「正順型合意形成問題」にくらべて、合

意形成ははるかに困難である。

　日本における高レベル放射性廃棄物問題は、典型的な逆順型合意形成問題であった。すなわち、エネルギー政策について、とりわけ原子力政策について、2011年3月以前の日本社会においては、広範な合意が形成されているわけではなく、原子力推進側と批判側との間に、政策の大局的枠組みにおいて、鋭い意見対立が存在していた。そのような背景のうえで、ひとつの高レベル放射性廃棄物処分場の立地の是非が問われる時、その危険性を危惧して反対する人々は、その処分場の建設計画に反対すると同時に、全体としての原子力政策にも反対しているということが、広範にみられてきた。原発反対派にとっては、「脱原発」の路線が明確になって初めて、具体的な処分場(保管場)問題の議論に入ることができるのではないだろうか。

　このように、合意形成の順路においても、国家体制制御システムが社会制御システムに対して課す枠組み条件の曖昧さと不適切さが、出口の見えない紛糾を招いているといえよう。

結 び

　日本の原子力政策は、負の随伴的帰結の取り集めを欠如させ、あるいは不完全なまま、推し進められてきた。原子力利用は、事故の危険性、定常操業による汚染、放射性廃棄物という3つの側面において事業システムの外側に負の帰結を伴う。この負の随伴帰結は、その大きさについての不確実性と算定不能性という特徴を有する。

　原子力事業システムは、その出発点において、これらの負の帰結を十分に取り集めて、内部化した上で、総合的な計算をして、事業の採否を判断するという手続きをとってこなかった。放射性廃棄物問題を先送りし、あいまいにしたまま、受益の側面に注目して、出発してしまった。出発点においては、「帰結取り集め型の決定」が欠如しており、「帰結無視型決定」「断片的決定」がなされていた。

　「帰結無視型決定」は無責任である。一般に、自分の行動がどういう帰結を引き起こすのか、その帰結が深刻なものであれば、はじめからその行動をとるべきでない。飲酒運転には、そのような無責任性が現れている。原子力は、まさにそのような問題ではないだろうか。

　取り集めの欠如は、「環境負荷の外部転嫁」と結びついている。空間的に見れば、

中心部地域による受益の享受と、負の随伴的帰結の周辺部地域への押しつけが見いだされるし、時間的にみれば、現在世代による受益の享受と、負の随伴的帰結の将来世代への転化がみられる。

　いいかえると、原子力発電においては、「費用投入による受苦防止」と「受苦の費用化」について、事業システムの内側からみた評価と、外側からみた評価が食い違い、外側からみた場合、常に不完全で不確実なかたちでしか実施されてこなかった。

　負の随伴的帰結の取り集めが欠如しているということは、「真の費用」が事前には潜在化しており、事後になってようやく顕在化するという帰結を伴う。なぜなら、「真の費用」の中には、受苦の回避・防止の費用も含まれるべきであるのに、「受苦の費用化」は事前には十分になされていないからである。事後的に顕在化してくる「真の費用」を十分に算入した場合、原子力発電事業は、果たして経済的に合理的な選択なのかという疑問が生ずる。

　原子力産業保護型の制度的枠組み条件は、リスク随伴型の蓄積を生みだした。そこには、経済力が、政治勢力に転化し、枠組み条件が維持されるという悪循環が生じている。その結果として、政策全体の硬直性が起こってくる。

　同時に、原子力政策に関わってきた「専門家」の関与の問題点もみえてくる。政策課題に対する科学的討論アリーナが未成熟であるために、科学者の討論が深化しない。科学技術研究が、特定の政策目的に従属させられる。科学的知見の独立性・自律性が欠如し、政策目的に従属する科学者の間での「専門家をめぐる正統性の循環」が生じてしまう。政策決定における科学者の役割取得の問題点をあらためて問う必要がある。

第15章

環境制御システムの形成
―― 行政組織の再編成を事例として

はじめに

　本章の根底にある問題関心は、一定の社会問題領域における行政官僚制の問題解決能力の限界が露呈したときに、民主主義の統治能力を回復しようとするような人々の実践を通して、行政官僚制が変革され、それを通して、その領域での問題解決が促進される方向での社会変動が可能になるということは、どのような過程なのか、またそれは、いかなる諸条件の組み合わせによって可能になるのかという主題である。まず、行政組織をめぐる社会変動を社会制御システムの再編成過程として把握するための基本的視点を整理してみよう（第1節）。次に、1960年代から70年代初頭にかけて、環境制御システムがどのような歴史的過程を通して形成されたのかを回顧する（第2節）。最後に、行政組織の限界が克服されるようなかたちでの変革・変動過程がどのような特質をもち、どのような諸条件がそれを可能にしたのかについて、この事例に即して理論的検討をおこなう（第3節）。

第1節　社会制御システムとメタ制御システム――問題関心と対象の限定

1　対象としての社会制御システムの再編過程

　総体としての行政官僚制を構成する各組織は、それぞれの担当領域における社会制御システムの統率者（支配者）として、社会を制御している。たとえば、経済官庁は経済分野の社会制御システムの統率者（支配者）であり、社会の中での経済分野の諸活動に対してさまざまな政策的介入をおこなっている。それぞれの行政組織が担当する社会制御システムには、それぞれの政策目標群があり、それは、経営システムの文脈でみれば、経営課題群というかたちで設定されている。その

達成に向けて、行政組織は、傾向的に機能的合理化の方向に進化する。たとえば、1950〜60年代の日本においては、政府全体として経済成長という政策目標に最優先の位置を与え、その担い手である経済官庁が大きな権限を掌握しつつその達成のための政策手段を洗練し、非常に早いテンポでの経済成長を実現してきた。そして経済成長を推進するキーワードとして、近代化や合理化という言葉が頻繁に語られてきた。

このような行政組織の機能的合理化は、それがめざす特定の政策目標群やそれを前提的に支えている特定の価値との関係においては正機能的なものであるが、それが無反省にまた過剰に追求された場合には、他の諸利害や諸価値を犠牲にするという帰結を随伴し、一転して、さまざまな社会問題を引き起こす原因になってしまう。しかもそのような新しい社会問題に対して、行政官僚制は、しばしば極度の硬直性を示し、問題解決能力の限界を露呈する。実際、1950〜60年代の日本においては、高度経済成長が実現することに伴い、公害問題が続発し、年を追って深刻なものとなっていった。しかし、経済成長を推進した企業群や経済官庁群は、公害規制の強化に抵抗し、公害防止は遅々として進まなかった。

このような状況は、社会の変革・変動という文脈では、次のようなことを含意している。それは、特定分野の社会制御システムを担当する既存の行政組織の合理化によっては、新しく登場してきた社会問題を解決することができず、むしろ、別の次元の価値と政策目標の探究を使命とするような新しい行政組織を形成し、それが担う社会制御システムが社会に介入することによって、新しい問題を解決しつつ、社会そのもののあり方を変革して行くことが必要だということである。このような状況を劇的なかたちで示しているのは、1960年代を通して激化した公害問題に対処するために、1970〜71年を境目にして、新しい社会制御システムとしての「環境制御システム」が形成された過程である。その制度的画期をなすのは、1970年12月の臨時国会における公害関連14法案の制定と、1971年7月の環境庁の設立である。環境制御システムとは、環境負荷の累積により現在生じている、あるいは将来生じるであろう「構造的緊張」を「解決圧力」に転換し、「実効的な解決努力」を生みだすような社会制御システムであり、環境問題の解決に第一義的関心を払う環境運動ならびに環境行政部局をその制御主体とし、これらの主体の働きかけを受ける社会内の他の主体を被制御主体とするような社会制御システムである（舩橋 1998b: 203）。環境制御システムが形成されて、経済システムに対する介入が「制約条件の付与」というかたちで開始された状態のイメージ

は、**図15-1**として示すことができる。

　環境制御システムの形成は、同時に、経済システムに対するその介入の開始を意味しており、総体としての社会制御システムの再編成を意味している。その再編成は3つの契機を含んでいた。第1に、公害問題解決のための政策の展開とは、環境制御システムによる経済システムに対する制約条件の付与を意味していた。第2に、環境制御システムの形成とは、新しい政策目標群の設定を意味しているから、環境制御システムを経営システムの文脈でみるならば、それは、新しい経営課題群の設定を意味していた。第3に、それらの新しい経営課題群は、環境制御システムの志向する価値によって支えられているが、それは、経済システムの志向する価値とは異なっているから、環境制御システムの登場とは、政策目標群の価値序列の再編成を意味するものであった。

　行政官僚制の関与する社会変動の過程には、深浅と広狭においてさまざまな規模があるけれども、できるだけ包括的な視野をもって、社会変動の過程を把握するためには、このような複数の社会制御システム群のかかわる再編成の過程を取り上げるべきである。すなわちそれは、時代の問題を解くために新しい社会制御システムが登場し、旧来の社会制御システムとは異なる価値を志向し、それに基づく新しい政策目標群(経営課題群)を設定し、その立場から既存の社会制御システム群に介入し、それらに制約条件を設定しつつ再編成を迫るというような過程である[1]。しかも、その過程は、新しい価値志向とそれに裏打ちされた政策目標の尊重という点で、行政官僚制の自存化傾向の諸弊害に対する批判と克服という性格を有し、それゆえ、民主主義の統治能力の回復の試みという含意を有する。

　本章で主題としたいのはこのような過程であり、その具体的事例として、1960年代および1970年代初頭の日本における「環境制御システムの形成とその経済システムに対する介入」を取り上げることにしたい。より一般化したかたちでいえば、本章の問題関心とは、社会を構成する人々の選択と決定を通して民

---

[1] 編注：著者は、2004年の論文「環境制御システム論の基本視点」(『環境社会学研究』Vol.10: 59-74)において、環境制御システムと経済システムの関係の変化について、以下のような理念型的5段階モデルを提示した。
　　O：産業化以前の社会と環境との共存
　　A：産業化による経済システムの出現と環境制御システムの欠如による汚染の放置
　　B：環境制御システムの形成とそれによる経済システムに対する制約条件の設定
　　C：副次的経営課題としての、環境配慮の経済システムへの内面化
　　D：中枢的経営課題としての、環境配慮の経済システムへの内面化
本章では、主としてAからB(C)への段階移行を扱っているものと思われる。

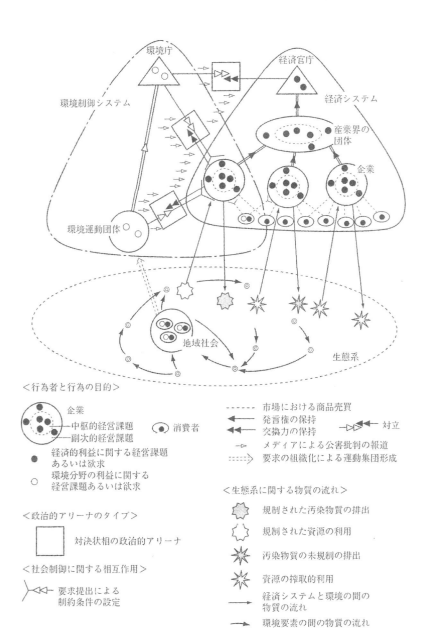

図 15-1　環境制御システムによる経済システムへの制約条件の付与

主主義の統治能力が高まり、行政官僚制の変革・再編がどのようにして可能になり、それを媒介にして、社会変動がどのように進展するのか、という問いである。行政組織の硬直性と不的確な対応、閉塞状態と悪循環はどのようにして突破されうるものであろうか。そして、どのような諸条件と諸要因の組み合わせにより、必要な社会変革がなしとげられるのだろうか。

2　社会制御システムとメタ制御システム

　次に、社会制御システムの形成と再編過程を主題とする本章において、いかなる理論的視点を採用するかについて説明したい。

　本章で採用するのは、社会制御過程の階層性という理論的視点である。すでに第９章で詳しく展開したように、社会制御過程を、①事業システム、②社会制御システム、③国家体制制御システム、④国際社会制御システムの４水準からなる重層的な過程として把握する[2]。社会制御システムは事業システムに、国家体制制御システムは社会制御システムに、それぞれ枠組み条件を与え、メタ制御システムとして作動している。

　メタ制御システムとは、メタ制御作用を発揮する主体とアリーナの連関の総体が形成する社会システムである。ここで、メタ制御作用とは、社会制御システムの形成や維持や廃止といった、社会制御システムのあり方自体を制御する作用のことである。たとえば、行政組織が新しい法案を用意し、国会が新しい法律を制定することは代表的なメタ制御機能である。また、裁判所が新しい判例によって社会規範を変革し、マスメディアが世論形成や政策争点形成を促進する過程も重要なメタ制御作用である。新しい社会制御システムが形成される過程というのは、社会の中でのメタ制御作用が活発化し、メタ制御システムが社会制御システムの枠組みをなす諸制度を再編するような過程である。

　具体的な個々の組織や主体やアリーナは、これらの諸水準に関与しうるのであり、特定の組織や主体やアリーナが、それぞれ特定の水準に排他的に属するというわけではない。たとえば、国会の審議は、個々の事業システムの運営のしかたを主題化することもあるし、特定の社会制御システムのあり方を論議することもあるし、メタ制御システムにかかわる諸制度の改変（たとえば、情報公開制度の創設）

---

[2]　編注：環境問題に関する国際社会制御システムは、相対的に未熟であり、本書の分析の範囲に含まれていないが、著者の国際社会制御システムの水準での把握を知るためには、舩橋（2013g）を参照。

を検討することもある。

　どの時代においても、既存の社会制御システム群によっては的確な対処ができないような新しい社会問題が発生しうる。そのとき、メタ制御システムの変革作用が低い水準にとどまるのであれば、社会制御システム群を変革することはできず、その結果、新しい社会問題も未解決のままにとどまるであろう。反対にメタ制御システムの変革作用が活発化して変革能力が高度に発揮され、既存の社会制御システム群を再編成し、新しい社会問題を適切に解決していくこともありうる。後者のような変革過程というのは、いかにして可能となるだろうか。

第2節　日本における環境制御システムの形成過程

　1960年代初めから1973年にかけて、日本の公害問題と公害対策の歴史は、環境制御システムの確立過程を劇的なかたちで示している。この時代に、公害問題の空前の激化に対処するかたちで、社会制御システムの一つとしての環境制御システムが創出され、社会システムの他の部分に対する介入が開始された。とくに、経済システムに対して厳しい制約条件が設定され、公害問題の解決に向かう社会変動が起こった。**表15-1**「環境制御システムの形成過程[3]」と**図15-2**「メタ制御システムと環境制御システムの段階的変化」は、この時代にどのような段階をへて、公害・環境政策にかかわる制度形成が進展したのかをまとめたものである。各段階でどのような制度形成がなされたのか、それを促したのは、どのような諸問題・諸要因であったのかを、段階を追いながら概観することにしよう。

　ただしその前に、環境制御システムの形成以前の段階(1950年代)について簡単に触れておこう。環境庁発足以前は、生活環境の悪化への対処を厚生省が担当していた。厚生省が、最初に生活環境汚染防止基準法案を作成しようとしたのは1955年であったが、関係各省、地方公共団体、産業経済界のすべてから、猛反対を受けて、日の目を見なかった。1958年、本州製紙江戸川工場の排水によって、打撃を受けた東京湾の漁民が抗議行動に立ち上がり、激しい紛争が起こった。この事件をきっかけにして、1958年に、はじめて水質二法(水質保全法、工場排水規制法)が制定される。だが、水質二法は、①指定水域制であること、②罰則がないこと、③排出基準は定めるが環境基準を定めるものではないこと、④所管が

---

[3]　表15-1の作成にあたっては、新聞各紙、国会議事録、飯島(1977)、橋本(1988)、川名(1987; 1988)、大石(1982)を参照している。

表15-1 環境制御システムの形成過程

		行政組織	政策形成アリーナ	主要な制度形成
形成以前の段階			1959.3.1 水質審議会が発足 1960.10 公害防止調査会を設置	1954.10 大阪府が旧条例を全面改正し事所公害防止条例を制定 1956.6 工業用水法公布 1956.10 東京都で煤煙防止条例を制定 1958.12 水質保全法、工場排水規制法の公
第1段階: 萌芽的形成 1961.4-1970.6	① 1961.4-1964.3	1961.4 厚生省環境衛生局環境衛生課に公害係設置(担当者1名) 1963.4 通産省企業局に産業公害課を設置	(1961秋、厚生省環境衛生課と通産省立地政策課との交渉)	1962.6 煤煙等規制法の公布 1963.6 政府は水質保全法に基づき漸く指水域と水質基準を設定 1963.10 東京都が旧条例を改正して新た煤煙防止条例を制定
	② 1964.4-1967.3	1964.4 厚生省環境衛生局に公害課設置。課員7名 1965.10 公害防止事業団が発足	1965.1 衆議院及び参議院に、(産業)公害対策特別委員会を設置 1965.10 公害審議会が発足 1966.11 公害対策推進連結会議が公害基本法案の検討開始	1964.12 横浜市がはじめての公害防止協を東京電力と結ぶ 1965.6 公害防止事業団法の公布
	③ 1967.4-1970.6	1967.4 厚生省に公害部設置	1969.6 水質審議会に環境基準部会を設置	1967.8 公害対策期方法の公布、施行 1968.6 大気汚染防止法の公布。施行 1968.12 1968.6 騒音規制法の公布。施行は1968. 1969.2 硫黄酸化物の環境基準の閣議決(公害対策基本法に基づく最初の基準) 1969.6 衆院で公害3法案(被害救済、処理、水質保全改正)可決 1969.7 東京都公害防止条例公布 1969.12 公害に係る健康被害救済特別法の公布 1970.2 一酸化炭素の環境基準の閣議決 1970.4 水質環境基準法を閣議決定 1970.6 公害紛争処理法の公布 1970.6 改正水質保全法の公布
第2段階: 本格的形成 1970.7-1973.9	① 1970.7-1971.6		1970.7.28 公害対策関係閣僚会議の初会合 1970.31 中央公害対策本部の設置 1971.1 環境庁設置準備委員会の開催	1970.11 工場排水規制法施行令改正施行 1970.11 中央公害審査委員会が発足 1970.12 公害関連14法の成立(公害罪などの新設、公害対策基本法などの改正) 1971.5 環境庁設置法の成立 1971.5 騒音環境基準を閣議決定 1971.6 悪臭防止法の公布
	② 1971.7-1973.9	1971.7.1 環境庁設置(502名)	1971.9 中央公害対策審議会が発足	1971.12 環境庁長官が運輸大臣に対し港騒音で勧告 1972.1 浮遊粒子状物質の環境基準を告 1972.6 大気汚染防止法と水質汚濁法の(無過失責任の法制化) 1972.6 自然環境保全法の公布 1972.6 海洋汚染防止法の施行 1972.6 公害等調整委員会設置法の →7.1に発足

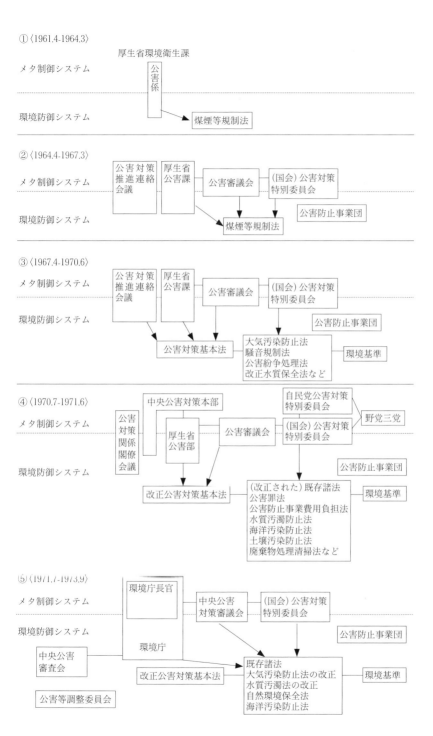

図 15-2　メタ制御システムと環境制御システムの段階的変化

経済成長政策を任務とする経済企画庁であること、という欠点をもっていた。実際、水質二法は、経済成長に伴う水質汚濁に対して無力であり、被害者が1950年代後半に発見された熊本水俣病や、1965年に発見された新潟水俣病に対して、まったく防止効果がなかった。水質二法の内容からみても、環境保全に第一義的関心を有する行政部局が欠如していたことからいっても、この段階では、「環境制御システムが萌芽的に形成された」ということもできない。

1　萌芽的形成の段階の第1期（1961年4月〜1964年3月）

　環境制御システムが萌芽的に形成されたといいうるのは、公害防止政策に第一義的関心を有する行政組織が形成され、そのような基本姿勢をもって経済システムに介入するようになってからである。この視点に立つならば、環境制御システムの萌芽的形成の段階の第1期は、1961年4月に厚生省環境衛生局環境衛生課に公害係がたった1名ではあるが設置された時点から始まり、1964年3月に至る3年間の時期といえよう。当時の制度形成の焦点は大気汚染対策であった。1960年代になって三重県四日市の石油化学コンビナートや水島工業地帯などの大気汚染問題などが発生し深刻化しつつあった。大都市部ほど大気汚染は広がっており、ぜん息患者の発生などの被害が生じ、それへの対応が必要だった。

　1961年（昭和36年）秋から、厚生省環境衛生課と通産省企業局立地政策課が、ばい煙規制法の制定をめざして、政府内部での協議を始めた。当時、厚生省は、公害防止条例を制定している東京都、大阪府、福岡県の積極的協力を得て、同法の制定に取り組んだ（川名 1988: 22-23）。ばい煙規制法は、両省の協議の結果、厚生省と通産省の共管にすること、通産省の強い主張で「国民の健康の保護と生活環境の保全を図るにあたって経済の健全な発展との調和」という文言を入れることになった。厚生省は共管がくずれれば、国会の委員会を通過することは難しいと考え妥協した。ばい煙規制法は2ヶ月余で国会を通過し、1962年6月2日に公布され、同年12月1日に施行された。この法律は、大気汚染の著しい地域を指定し、ばい煙の濃度が排出基準を超えた場合に排出規制を命じる仕組みである。

　だが、この法律は骨抜き法案として、次のような諸点において批判された（橋本 1988: 54）。すなわち、①既存の工業地域を対象指定するが、新しい工業開発地域での予防は不可能なこと、②排出規制が相対的な濃度方式であること、③許可制でなくて届け出制であること、④鉱山、電力、ガス工場の規制権限は通産省にあり地方自治体には権限がないこと、⑤目的の中で産業の健全な発展との調和を

謳っていること、といった論点である。環境制御システムが形成され経済システムに対して、「制約条件の設定」を行おうとしているのだが、その制約条件の強さや実効性は、まさに萌芽的な段階にとどまっていたのである。

2　萌芽的形成の段階の第2期（1964年4月〜1967年3月）

　厚生省の公害係が公害課（職員数7名）に格上げされてからの3年間（1964.4〜67.3）を、環境制御システムの萌芽的形成の段階の第2期としてとらえたい。この時期には、経済成長にともなう公害が各地で多発し、住民運動の高揚のインパクトを受けて、環境制御システムの萌芽的形成がさらに進展した。そこにはどのような要因連関が存在したのであろうか。

　1962年の全国総合開発計画の策定以後、それを具体化する新産業都市や工業整備特別地域の指定をめぐって、日本中に地域開発ブームがおこった。四日市コンビナートにおける深刻な公害発生にもかかわらず、各地の自治体は競って工業開発に走った。それに平行して、交通網の高速化も進み、1964年には東海道新幹線の開業や大阪国際空港へのジェット機乗り入れも実現した。しかし、両者とも深刻な公害を生みだした。高度経済成長を支える民間投資と公共投資は、ともに公害を続発させつつあった。公害問題についての先駆的著作である『恐るべき公害』（庄司・宮本 1964）が刊行されたのが、この年であった。

　では、高度経済成長に伴う公害問題の多発という状況を転換させる第一歩となったのは、いかなるきっかけだったのだろうか。この時期の制度形成にあたって大きなインパクトを与えたのは、静岡県沼津市・三島市・清水町における石油化学コンビナート立地阻止（1964年）である（本書の第5章）。1963年以来、静岡県、政府、財界が連携して進めたコンビナート建設計画は、立地予定の二市一町における空前の住民運動の盛り上がりによって、完全に阻止されることになった。住民の反対の根拠となったのは、既存コンビナートでの深刻な公害被害の発生である。二市一町の住民は、四日市公害現地調査と学習会を繰り返し、住民による環境アセスメントを実施し、ローカルメディアの活発な報道にも支えられて、多様な集団が広範に連携する独特の組織形態をつくり出した。住民運動の盛り上がりの中で、二市一町の市長・町長と議会は、64年5月から10月にかけて、次々と反対の意志表示をし、ついに、この計画は中止に至る。政府（とりわけ通産省）と財界、県当局が企画した大規模なコンビナート建設計画が、公害の事前予防をめざした住民運動によってはじめて拒否された。この事件は日本の公害問題

史の画期をなし、さまざまな方面に影響を及ぼした。

　政府においては、1964年の後半に通産省が「産業公害の現状と対策について」という資料を作成し、産業構造審議会に産業公害対策部会を設置し、公害対策を検討するようになった。立法部門においては、1965年1月、衆議院に産業公害対策特別委員会が、参議院に公害対策特別委員会が設置される。さらに各地の住民運動にとっても、沼津・三島・清水の住民運動の勝利は、さまざまな教訓と運動への激励を与えるものとなった。沼津・三島で採用された組織形態としての「市民協議会」方式や、運動スタイルとしての学習会の重視や、住民自身による調査活動という方針は、各地の運動に大きな教訓を与えたのである。

　1965年前半には、国会の産業公害対策特別委員会の最初の立法案件として公害防止事業団法が審議される。同法は1965年6月に公布され、同年10月には公害防止事業団の設立に至る。また、厚生省公害課は1965年度から、公害調査研究委託費を確保し、浮遊ばい塵と亜硫酸ガスについての大気汚染調査(四日市、大阪)、水俣病とイタイイタイ病の調査に着手した。大気汚染調査は、将来の環境基準設定のための基礎資料を蓄積するためのものであった(橋本 1988: 86-87)。マスメディアと世論の公害問題に対する感受性も、1950年代とは大きく変化するようになった。それを象徴的に示しているのは、1965年6月に被害者の発生が公表された新潟水俣病である。事件発生直後の首都東京での新聞報道を、熊本水俣病をめぐる社会的緊張がピークに達した1959年秋における熊本水俣病についての報道と比較すれば、ほぼ100倍の報道密度となっている[4]。

　このように、1964年から65年にかけて、厚生省公害課の設置、公害審議会の設置、国会の産業公害対策特別委員会の設置がなされた(図15-2の②を参照)。このようなかたちでの主体とアリーナの設定は、公害政策を担うネットワーク形成という点で、前の段階からの大きな前進である。また、自治体レベルでは、1964年12月に横浜市がはじめての公害防止協定を東京電力と結び、大気汚染物質の削減という制約条件を企業に課すようになった。日本経済新聞の調査によれば、この時点で公害防止条例を有する県は10都府県であり、また公害専門部課を有するのは、7都道府県である(日本経済新聞1964年8月4日)。自治体レベルの取り組みが部分的に進行し始めたことがわかる。

　だが、後から振り返れば、当時、着手された公害対策は、後に生起してくる問題のごく一部分をカバーしていたにすぎない。また、1965年4月以来、産業公

---

[4]　朝日新聞、読売新聞、毎日新聞について、筆者が算定した。

害対策特別委員会で、社会党などの野党が提出していた公害対策基本法案は、政府・与党（自民党）の消極的な姿勢の前に制定には至らない状態が続いた。

3 萌芽的形成の段階の第3期 (1967年4月～1970年6月)

1967年4月からの3年余は、環境制御システムの萌芽的形成の第3期にあたる。この期間には、厚生省公害部の設置、ならびに、公害対策基本法の制定というかたちで、環境制御システムの強化が進展する一方、それを凌駕するようなテンポで、公害問題の全社会的激化、公害紛争の続発、とりわけ重要な公害訴訟の連続的な提訴がなされた。

この時期は、公害問題・公害紛争の空前の激化によって特徴づけられる。1967～68年にかけて、東京、富士市、佐伯市、徳山市、北九州市、福岡市などでは、大気汚染による被害が発生し、石狩川、多摩川、大牟田川、臼杵川や瀬戸内海各地、高知市などで水質汚濁や漁業被害が発生した。また、1968年秋には西日本各地でカネミライスオイル中毒事件が発生し、その患者は1万人をこえた。この時期の公害紛争の著しい特徴は、安中市、富士市、四日市市、姫路市、倉敷市、高知市など各地で多数の住民運動が組織化されるとともに、本格的な公害訴訟が続々と提訴されたことである。1967年6月に新潟水俣病の被害者が加害企業を被告として提訴する。この提訴は各方面に大きな影響を与え、これに続くかたちで、四日市公害訴訟(1967年9月)、イタイイタイ病訴訟(1968年3月)、熊本水俣病第一次訴訟(1969年6月)が次々と開始される。これらの訴訟は四大公害訴訟と呼ばれた。

このような公害問題・公害紛争の激化を背景にしながら、環境制御システムの萌芽的形成は、一段と進展する。1967年4月、厚生省公害課が格上げされるかたちで公害部が設置される。公害部－公害審議会－産業公害対策特別委員会という取り組み態勢によって、この期間に、多数の法律や環境基準が制定された。最大の懸案は、1966年から審議が続いている公害対策基本法の制定であった。1967年1月の衆議院の総選挙では、公害対策基本法の制定が、政府・与党と野党あげての論戦のテーマとなった(橋本1988: 111)。

そのような背景のもとに、1967年2月には政府の公害対策推進連絡会議で、公害対策基本法案の要綱がまとまり、5月には法案が閣議決定されて国会に提出され、8月には公害対策基本法が公布・施行されるにいたる。このことは、公害問題に対する総括的な基本法として、それまでの個別法とは異なる段階に法令

の整備が進んだことを意味していた。しかし、当時の社会的勢力関係においては、公害規制強化の声はまだ弱く、法の理念においても、環境基準の性格においても、当初の厚生省案は、経済界と通産省の反発にあって、微温的なものに弱められてしまった。公害対策基本法においては、当初の厚生省試案要綱にあった「国民の健康と福祉の保持が事業活動その他経済活動における利益の追求に優先する」という部分がなくなり、「生活環境の保全については、経済の健全な発展との調和が図られるようにする」が挿入されたことが、それを象徴している。

　1967年8月の公害対策基本法を皮切りに、1968年から1970年前半にかけて、大気汚染防止法、騒音規制法、健康被害救済特別措置法、公害紛争処理法、水質保全法改正という諸法律が形成された。硫黄酸化物の環境基準、一酸化炭素の環境基準、水質環境基準も、1969年2月から1970年4月の間に定められた。自治体レベルにおいては、1967年4月に「東京に青空を」をスローガンにした初の革新都政（美濃部知事）が出現する。美濃部都政は1960年代後半から70年代前半にかけての革新自治体の台頭の柱であり、公害行政において積極的な施策を展開し、1969年4月には東京都公害研究所を設置する。このように、萌芽的形成の第2段階（1964.4〜67.3）で整えられた「取り組み態勢」を基盤にして、次々と、環境制御システムの萌芽的形成を実現するような制度化が実施されたのである。当時のメタ制御システムと環境制御システムを構成する諸要素を示せば、図15-2の③のようになる。

　しかし、この段階の制度形成にもかかわらず、1967年以降、公害は年を追って激化を続けた。この段階の制度形成では、公害防止のための効果的な制約条件を付与できなかった。1970年になると、静岡県富士市（田子の浦）のヘドロ汚染、新宿区の牛込柳町の自動車排気ガスによる鉛汚染、各地のカドミウム汚染、北九州市洞海湾の汚染などが続発し、公害問題は空前の激化を示すようになる。そして、1970年6月の日米安保条約の自動延長の期限がすぎると、政治的アリーナの最優先の争点として、公害問題が浮上するようになる。

4　本格的形成の段階の第1期（1970年7月〜1971年6月）

　公害問題の空前の激化を背景にして、1970年7月より、環境制御システムの本格的形成の段階に突入する。その後3年余の間に、日本の環境制御システムは本格的に確立され、行政組織の大きな再編成を伴うとともに、再構成された社会制御システム群の作用を通して、公害防止を実現する方向での一定の社会変動を

促進した。この本格的形成の時期は、1970年7月の中央公害対策本部の設置から12月の臨時国会での公害関連14法案の成立までを前半期とし、その後の環境庁設置の方針決定と設置準備の完了まで（1970年12月末から1971年6月末まで）を後半期として二分することができる。

　1970年初頭から7月はじめにかけて、新聞で繰り返し取り上げられているのは、各地のカドミウム汚染（とりわけ群馬県安中地区や富山県での汚染問題）、東京都新宿牛込柳町の鉛汚染、静岡県富士市の田子の浦の汚染である。そのような全国的な汚染の進行とそれに対する批判的世論の高まりのさなかに、7月18日に東京杉並区で光化学スモッグにより40数名の高校生が倒れ病院に運び込まれるという事件が起こる。首都東京での大量の被害者の発生は大きな衝撃を各方面に与え、公害対策の緊急性はさらに高まることになる。

　新聞論調においても、公害問題が最大の政治課題として報道されるようになる。6月29日の朝日新聞は、朝刊一面トップおよび他の2頁全面を使い「公害、日本をおおう」「この汚染この荒廃　どうする公害列島」と題して、公害実態調査報告を掲載する。読売新聞は、7月1日の朝刊一面トップに、「公害許すまじ／市民運動、全国で爆発」という調査報道を掲げ、7月25日からは、朝刊一面に「公害　政治は何をしている」という座談会形式の特集記事を5回にわたって連載した。社説においても、各紙は公害・環境問題を頻繁に取り上げ積極的な対策を政府に求めた。その回数は7月だけで、朝日新聞は11回、読売新聞は14回、毎日新聞は7回にわたっている。7月27日には、野党三党（社会、公明、民社）は、公害対策を主題とした臨時国会の開催を、与党（自民）に要求した。

　このような公害事件の続発、各地の住民運動の高揚、新聞のキャンペーンに押されるかたちで、7月24日の閣議で、佐藤栄作首相は「光化学スモッグ公害について発言をし『公害防止が70年代の内政上の最大課題である』と強調し、政府としての公害対策体制づくりを急ぐよう指示した」（『朝日新聞』1970年7月24日夕刊）。同日、第1回の公害対策関係閣僚会議が開催されている。その直後の7月31日に、中央公害対策本部が発足し、本部長には佐藤首相が、副本部長には山中貞則総理府総務長官が就任する。鈴木善幸自民党総務会長は「世論がここまで盛り上がれば公害対策もやりやすい。私が厚生大臣のころは、厚生省が何かいっても通産省あたりから反対が出たりした」と発言している（『朝日新聞』1970年8月1日夕刊）。8月4日には、第2回の公害対策関係閣僚会議が開催され、その直後に山中総務長官は、公害対策基本法は根本的に見直すので、「経済との調和条項」は存続しな

いだろうという見通しを語っている(『朝日新聞』1970年8月5日朝刊)。また、8月6日に福田赳夫蔵相は「(昭和)46年度の予算編成にあたっては物価安定と公害対策に最重点を置きたい」と発言しており(『朝日新聞』1970年8月7日朝刊)、この頃、政府・与党首脳において、公害対策最優先という認識が形成されていたといえよう。

国会も積極的な取り組みの態勢をとった。6月から11月にかけての国会本会議の閉会中も、衆議院と参議院の(産業)公害対策特別委員会は、毎月開催され、公害問題の審議を続けた。その過程で、8月18日には野党三党(社会、民社、公明)が公害対策について共同で提案をし、与党自民党と協議の結果、四党が「緊急に措置すべき事項」8項目について意見の一致をみた(川名1988: 101)。超党派的な国会の意志が、こういうかたちで表明された。8月から11月にかけて、中央公害対策本部は、公害関連諸法の改正と制定についての準備をすすめた。この過程で、公害対策基本法から「経済との調和」条項を削除することも決定された。

1970年11月24日より、「第64臨時国会」が開かれる。この国会の目的は、公害関連諸法の改正と制定であったので、「公害国会」と呼ばれた。野党が再三要求していた公害対策のための臨時国会が実現したかたちとなった。11月24日から12月10日にかけての衆議院産業公害対策特別委員会の審議を経て、公害関連14法案は、12月10日に衆議院本会議を通過する。同日、衆議院公害対策特別委員会は、全会一致で「環境保全宣言」を可決している。12月18日の参議院本会議での可決によって、公害関連14法案が成立する。同時に、参議院本会議では「公害防止に関する決議」も可決されている。最終的に成立した14法案のうち、新規の制定は、公害防止事業費事業者負担法、公害犯罪処罰法、水質汚濁防止法、海洋汚染防止法、土壌汚染防止法、廃棄物処理清掃法の6法案であり、既存の法を改正したのは、公害対策基本法、大気汚染防止法、毒物劇物取締法、自然公園法、下水道法、道路交通法、農薬取締法、騒音規制法の8法案である。これらの法案について、野党各党は、法案制定を推進するという基本的態度を示しながらも、規制が徹底していない点を批判した。主な批判点は、①公害罪法の骨抜きと、②無過失賠償責任の欠落であった。

このようにして公害関連諸法の制定がなされたが、その実施を担う行政組織はどのような過程で形成されたのだろうか。公害関連諸法の成立の後の12月28日に佐藤首相が、山中総務長官に、環境保護庁ともいうべき、新しい一元的機構の設置についての検討を指示した。そして、佐藤首相、福田蔵相、保利茂官房長官、木村俊夫官房副長官、山中総務長官の間での意見交換をふまえて、政府首脳の意

見が三点で一致し、それをふまえて、佐藤首相の裁断で「環境保護庁」の設置の方針が決定された。この決定過程では、公害行政を担当している厚生省首脳部は何の相談も受けなかった。厚生省首脳部は、独立の官庁設置という方針までは打ち出していなかったが、彼らを超越したアリーナで、新組織の設立が決定されたのである (川名 1988: 125-128)。

　1971年1月11日に、「環境庁設置準備委員会」の第1回会合が開かれた。委員は各省次官と副長官級11人であり、これに加えて、山中総務長官がその委員長である。環境庁設置法案の準備は、各省庁から環境行政関連の部局を供出させるかたちで進められた。この時点での環境行政関連部局は、13省庁53課に及んでいた (川名 1988: 129)。山中総務長官は、3月7日と4月10日に衆参両院の内閣委員会でそれぞれ、環境庁設置法案について提案理由を説明した。環境庁設置法は、5月17日に衆議院本会議で、5月24日に参議院本会議で可決され、7月より環境庁が新設されることになった。環境庁職員は寄り合い所帯であり、主要なポストをどの省庁からの出向者が担当するのかについても決定がなされた。

5　本格的形成の段階の第2期 (1971年7月〜1973年9月)

　公害関連諸法案に加えて、1971年7月1日の環境庁設立をもって、環境制御システムの本格的形成の第2段階に入る。この時期は1973年10月の石油危機発生の直前の9月まで続く。この時期の基本的特徴は環境庁設立までに形成された骨格的な環境政策の諸制度が、法令の細目的な制定を通して、経済システムに対するより細目的な介入として具体化するとともに、さらに、いくつかの法令の追加的制定により強化されていくことである。

　この時期には、1970年以来の公害反対の世論の空前の高揚と熱気が引き続き存在していた。7月1日からの数日間は、環境庁の初代長官を山中総務長官が兼務したが、7月5日の佐藤内閣の改造とともに、大石武一議員が2代目長官に就任する。環境庁の最初の1年間は、大石長官の存在感の大きかった時代である。歴代の環境庁長官の中でも、大石長官は環境優先の価値理念が際だって明確であり、社会的期待と創設期の熱気に支えられるかたちで、環境行政における積極的な政策を次々と打ち出した。大石長官の打ち出した具体的な個別問題への対処としては、尾瀬の自動車道路建設の中止 (1971年7〜9月)、三重県四日市市への訪問と患者宅への訪問 (1971年7月)、水俣病認定制度の運用の改善 (1971年8月)、大雪山縦貫道路建設に反対表明 (1971年10月)、長野県ビーナスライン建設に再

検討を要望 (1971年10月)、大阪空港と東京国際空港の騒音問題での運輸大臣への勧告 (1971.12)、宮内庁の新春閣僚カモ猟への欠席 (1972年1月)、水俣病患者とチッソとの補償の自主交渉の斡旋 (1972年2月)、国連人間環境会議での演説と「環境週間」の提案 (1972年6月) などがある (川名 1988: 148-220)。「大石長官在任の一年間に環境庁に寄せられた陳情はざっと3000件。大石が直接、会ったものだけでも、350件を数えた」(川名 1988: 152) という点に当時の雰囲気がよく現れており、大石時代は、尾瀬自動車道路建設阻止の事例のように環境庁長官と住民運動リーダーが直接に連携することが見られた (平野 1972; 大石 1982)。

　個別分野の制度形成という水準でみるならば、初期環境庁の政策として重要なのは、浮遊粒子状物質での環境基準の告示 (1972年1月)、悪臭防止法の施行 (1972年5月)、大気汚染防止法と水質汚濁法の改正 (1972年6月)、自然環境保全法の公布 (1972年6月)、海洋汚染防止法の施行 (1972年6月)、などである。このうち、大気汚染防止法と水質汚濁法の改正は、無過失責任を盛り込むものであり、1970年12月の公害国会で、野党から批判されたこれらの法の不十分さを修正するという意義を有する。また、自治体レベルでは、1972年7月に沖縄県も含めて、47都道府県に、公害防止条例が制定されるに至る (川名 1987: 388)。このことは、環境制御システムの確立の一つのメルクマールといってよい。さらに1973年3月には熊本水俣病の判決が下り加害企業の責任が明らかになり、1959年12月の見舞金契約は「公序良俗に反して無効」とされた。1973年7月には窒素酸化物の固定発生源についての環境基準が制定され、同年9月には公害健康被害補償法が成立する。

　このようにして、環境庁の設置から1973年9月までの2年余の間に、環境制御システムの内実を与え、それを確立するようなさまざまな制度形成が続いたのである。しかし、1973年10月の石油危機を契機として経済情勢は激変し、それに伴い、社会的雰囲気と政治上の課題の優先順序も変動する。石油危機とその後のスタグフレーションをいかに克服するのかという経済政策上の課題が、再び最優先の政治的課題として登場する。他方で、汚染物質の漸次的低減が進んだこともあって、公害対策のさらなる強化の必要という緊急性は薄れていく。当時の社会的雰囲気の変化については、「国内の嵐のような動きも、[昭和] 49年 [1974年] に入って静まりつつあり、海外では全く冷え切ってしまっている」(橋本 1988: 201) と回顧されている。

第3節　変革過程の特色とメタ制御システムの変革能力を支える諸契機

　前節でみたような、環境制御システムの形成とそれに伴う社会制御システムの再編成は、社会変革・変動の質という点で積極的な意義を有する。それは、第1に、この変革・変動過程が、政策目標の背後にある諸価値の優先順序を再定義すると同時に、それに連動して諸社会制御システムが目標としている経営課題群の再定義を伴うものであるからである。このような質の変革は、行政官僚制の合理化によっては実現できない。いいかえると、この変革過程は、行政官僚制の通常の作動の論理を乗り越えるような質を有していた。第2に、この変革過程は、公害防止という広範な世論が政策目標の優先順序を変更させたという点で、行政官僚制の硬直性を打破するほどに民主主義の統治能力が高揚したという意義を有する。第3に、この変革過程は新しい社会問題に対応できるように行政官僚制の再組織化を実現したのであるが、それを通して、その問題を解決する方向への社会変動を促進するものであった。では、このような質を備えた変革・変動は、どのような特徴を持ち、どのような要因連関によって可能となったのであろうか。

1　メタ制御システムの段階的強化

　環境制御システムの形成へと進んだ変革過程の第1の特徴は、図15-2が示すように、メタ制御システムの水準に位置する変革志向的な主体・アリーナのセットが段階的に強化されていったことである。段階的とは、1つの時期の変革による主体やアリーナの形成が、次の変革のいわば踏み石となり、それを可能にしていることである。行政内部の取り組み態勢の中心的担い手たる部局も、審議会や国会委員会というかたちでの変革課題を討論するアリーナも段階的に強化されていった。これらの主体やアリーナは、個別の公害問題に取り組むという点では環境制御システムを構成する契機であるが、同時に、社会制御システムにかかわる制度変革に取り組むという点ではメタ制御作用を発揮しているから、メタ制御システムの中にも位置している。ある段階で確立された主体とアリーナを基盤としながら、より強力なその次の段階の制度的枠組み（アリーナと鍵になる主体と規範体系）が形成されるという過程が繰り返された。そのイメージは、図15-2に記したようなものである。

　1961～63年度は政府レベルでメタ制御作用を発揮する主体は公害係しかなかった（図15-2の①）。公害係の活動を基盤にして、1964～66年度には、公害課

―公害審議会―衆参両院の公害特別委員会というかたちで、メタ制御システムを構成する主体・アリーナのセットが強化される（図15-2の②）。この態勢を基盤にして、1967〜69年度には、公害部―公害審議会―公害特別委員会という態勢がつくられ、さらに法制の面でも公害対策基本法といくつかの個別法令が形成された（図15-2の③）。1970年7月には、公害対策関係閣僚会議―中央公害対策本部―公害部―公害審議会―公害特別委員会というかたちで、メタ制御システムは飛躍的に強化され、最強の態勢がつくられる（図15-2の④）。さらに1971年〜73年には、環境庁―中央公害審議会―公害対策特別委員会という形に再編成された（図15-2の⑤）。このような主体・アリーナネットワークは、環境制御システムの段階的形成であるとともに、環境制御システムを形成するメタ制御システムの担い手の段階的変化をも同時に表している。

　図15-2に示したような環境制御システムの形成過程のもう一つの特徴は、経済システムと環境制御システムと間での妥協点が段階的に移動していったことである。このことは、「経済との調和条項」の扱いや、環境基準の厳しさや適用対象の広狭などについて、また、無過失責任の取り扱いについて、代表的に現れている。「経済との調和条項」は、1967年の公害対策基本法においては、厚生省公害部や公害審議会の意に反して挿入されたが、1970年12月の段階の公害対策基本法の改正においては、削除されたのである。無過失責任は、1970年12月の段階では法令に盛り込めなかったが、1972年6月の大気汚染防止法と水質汚濁法の改正に際しては、緩やかなかたちではあるが盛り込まれた。

2　支配システムにおける「制度変革課題の設定」、経営システムにおける「制度設計」

　このような段階的な環境制御システムの形成の過程の鍵は、そのつど、メタ制御システムにおいて、「制度変革にかかわる課題設定」と「制度設計」努力がなされたことである。このことの含意を、本格的な環境制御システムの形成をもたらした1970〜71年の制度変革過程に即して、掘り下げて検討してみよう。

　環境制御システムの本格的形成を可能にした転機は、1970年7月末に首相を本部長とする内閣直属の「中央公害対策本部」が設置されたことである。この中央公害対策本部の打ち出した大局的方向に指導されるかたちで、政府の諸部局が公害関連の14法案を準備し、12月の臨時国会で、野党の要求を部分的に取り入れた修正を織り込みながら、それらが可決成立したことによって、環境制御システムを支える法令の骨格が定まった。また、その後、中央公害対策本部の本部

長(佐藤首相)や副本部長(山中総務長官)が打ち出した方針に基づいて、1971年5月に環境庁設置法が制定され、1971年7月の環境庁の設立によって、環境制御システムを支える行政組織が確立したのである。

　このような変革過程において決定的な役割を果たした中央公害対策本部の設置は、いかなる意義を有するものだったのだろうか。その意義は、端的にいえば、既存の社会制御システム(この場合は経済システム)に対して、二重の意味で超越性を有するアリーナにおいて、「社会制御システムの再編成という射程を有する変革課題の設定」がなされたことである。変革課題の設定とは、一定のアリーナがなんらかの変革課題を本気で取り上げ、それを解決するような決定を生みだすべく真剣な取り組みを開始するということである。この場合、政府首脳部が本気で公害対策という課題に取り組むという姿勢が、特別のアリーナ設定として具体化した。つまり、アリーナの設定と変革課題設定とは、同時的な過程であった。

　ここで重要なのは変革課題を設定するアリーナが「超越性」を有することである。超越性とは、第1に「決定権限における超越性」を、第2に「問題解決原則における超越性」を意味する。公害問題の激化は、経済的利益を追求する経済制御システムがあまりにも自存性を強め独走してしまった帰結という性格を有するから、経済制御システムの利害要求を相対化し、それに対して制約条件を設定することが必要だった。中央公害対策本部は、その位置する支配システム上の決定権限において、政府の最高水準に位置しており、個々の官庁が所管する個々の社会制御システムに対して、決定権限の上で超越性を有していた。1970年7月より前の段階では、行政組織の中のこのような高い権力水準で「変革課題の設定」がなされることはなかった。せいぜい厚生省公害課や公害部という水準、あるいは、厚生大臣の諮問機関である公害審議会という水準での変革課題設定であり、そのようなレベルの主体やアリーナは、経済制御システムに対する決定権限の上での超越性をもっていなかった。

　さらに、1970年7月以後の制度変革過程が積極的な成果を生みだしたのは、中央公害対策本部においては「問題解決原則における超越性」も一定程度実現したからである。そのような原則提示を象徴しているのが、公害対策基本法からの「経済との調和」条項の削除の決定である。その削除は、政策のめざす価値序列の再定義を意味していた。つまり、中央公害対策本部の設置は、「二重の意味で超越性を有するアリーナの設置」と「変革課題の設定」と「政策を指導する価値序列の再編」が同時に生起したことを意味している。

環境制御システムの形成を生みだしたメタ制御作用の第2の契機は、「社会制御システムの再編成という射程を有する新しい制度の設計」である。そのことを実務的に担ったのは、中央公害対策本部と連携した各省庁の幹部職員たちである。この制度設計作業は、1970年の秋に進展し、11月末には政府案として国会に提出できるような公害関連14法案として結実した。それが可能になったのは、①中央公害対策本部が効果的な対策を実現しようとする大局的方針を打ち出していたこと、②公害規制の実効的な方策のためには何が必要かについての実務的な研究が厚生省公害部を中心にして蓄積されていたことである。

社会制御システムが、支配システムと経営システムの両義性を有するように、メタ制御システムも支配システムと経営システムの両義性を有する。メタ制御システムの機能の第1の契機が、支配システム（より厳密にいえば政治システム）における「変革課題の設定」なのであり、第2の契機が、経営システムにおける「新しい制度の設計」なのである。

このような性格を有する公害対策本部の設置と「変革課題の設定」はいかにして可能になったのだろうか。ここで注目されることは公害対策本部の本部長である佐藤首相にしても、副本部長である山中総務長官にしても、個人としてみれば、政治家として環境政策の強化に使命感をもって一貫して取り組んできたような主体ではないということである。そのことは、両人の回顧録を見ても明瞭である（佐藤1997; 山中1997）。彼らは、内面的に環境の価値に固執し、政治家として長期にわたってそのための努力を続けた主体ではない。そのような人物であるにもかかわらず、大胆な「変革課題の設定」を含意する中央公害対策本部の設置が可能になったのはなぜなのであろうか。

3 変革圧力生成の諸要因とメカニズム

3-1 構造的緊張の普遍的存在、要求提出と紛争の普遍化

1970年7月の段階で、佐藤内閣が中央公害対策本部の設置に踏みきらざるをえなかったのは、それだけの緊急性圧力が政治システムにおいて、内閣に加えられていたからである。

政治システムにおいて公害対策の緊急性が浮上してくる根源的基盤は、実態としての公害が各地で多発し深刻化しているという客観的事態である。環境破壊というかたちでの構造的緊張が普遍的に存在していた。それゆえ必然的に、全国各地で、多数の公害反対運動が組織され、要求が提出され、いたる所で紛争

が生じた。地域的には北は北海道から南は沖縄まで、また大都市部においても (例、東京の光化学スモッグ、鉛汚染)、地方都市においても (例、富士市田子の浦のヘドロ公害)、農村部においても (例、富山県や群馬県のカドミウム汚染)、さまざまな地域で公害が多発していた。公害の種類としても、大気汚染、水質汚濁、土壌汚染、騒音、振動、悪臭などが、さまざまに問題化した。その発生源は、鉄鋼、金属、電力、自動車、製紙など、あらゆる民間産業の業種に広がるとともに、空港、新幹線、道路などの公共施設・公共事業も公害の原因となった。公害の発生地域、公害の種類、原因となる企業・事業という、どの側面においても、公害問題はあらゆる領域に広がるかたちで発生していた。それに対応するかたちで、1970年7月段階においては、厚生省、通産省、経企庁、農林省、運輸省、総理府、文部省、海上保安庁、警察庁・警視庁、自治省など、非常に多くの政府部局がそれぞれの所管に応じて、公害問題についての取り組みや関与を開始するようになっていた。

3-2 諸主体のネットワーク形成

　構造的緊張の普遍的存在を基盤にして、多数の個別問題を扱うアリーナにおいて、変革を志向する多数の主体が登場し、それらの「変革を志向する諸主体のネットワーク形成」が進展した。それは、公害反対運動・環境運動、メディア、行政組織、政党と議員、専門家、さらには企業内の良心的主体へとひろがるかたちでの組織主体・個人主体間のネットワーク形成である。環境制御システムの萌芽的形成が開始された1961～66年の段階において、すでに、公害が深刻な都市部自治体の行政組織と、厚生省公害課 (係) との連携した取り組みは存在したし、それに、大学などの研究者が協力していた。行政組織の中には、非常に少数だが積極的に公害対策にのりだす個人も現れた (田尻1972)。1965年の国会での (産業) 公害対策特別委員会の設置は、国会議員や政党の中にも公害を取り上げる主体の登場を促したし、各地の公害反対運動が個別の議員との連携の実現に応じて、国会という場で問題を提起する回路を開くものとなった。また、『恐るべき公害』(庄司・宮本1964) や、『苦海浄土』(石牟礼1969) の出版に見られるように、研究者や文学者の努力が出版メディアと結合することによって、公害問題についての知識の共有や、公害反対運動の支持者の増大に貢献した。さまざまな公害訴訟においては、被害者、支援者、弁護士、医者、自然科学者、社会科学者、ジャーナリストなどの多様な主体によって、問題解決を志向するネットワークが再三形成された。水俣病の加害企業であったチッソ株式会社の労働組合にみられるように、労働者が

企業内で公害反対運動に立ち上がり、企業外の被害者運動と連携する取り組みも登場した (飯島 1977: 248)。このようなネットワーク形成は、同分野の主体間の協力 (例、各地域の住民運動間の交流) というかたちでも、異分野の主体間の連携 (例、被害者運動と弁護士などの専門家とジャーナリストの連携) というかたちでも進展した。そのようなネットワーク形成は、各主体の変革主体としての力量の向上と社会的影響力の拡大という点で相乗効果を発揮した。

　これらの変革を志向する諸主体のネットワーク形成の中でも、特に重要なのは、住民運動、被害者運動、自然保護運動などの広義の環境運動である。「変革課題としての設定」の起点は、これらの運動が、政治システムにおいて提出する要求提出とそれによる争点形成にあるからである。ではこれらの個別の環境運動の主体的力量は、どのような諸条件のあるときに、伸張したのであろうか。一般論としては、社会運動の形成を支える要因として、運動の共鳴基盤となる共有された利害状況の広がり、価値合理性を備えたリーダーの存在、参加者たちの社会関係の緊密性といったものを指摘することができよう。これに加えて、事例に即してさらに掘り下げて検討してみると、学習会、住民調査、住民メディアという主体的要因の重要性が見出される。このことを典型的なかたちであらわしているのは、1964年の沼津・三島・清水における住民運動がコンビナート立地計画を阻止した事例である。この地域の住民運動は、四日市公害という先行事例について現地調査を行い、気象条件を分析して大気汚染の環境アセスメントを行い、自らの中から講師を生みだして数百回の学習会を開催した。そして、運動団体のパンフやビラとローカル新聞が、住民の視点に立った情報提供という意味での「住民メディア」の役割を果たした。住民調査、学習会、住民メディアの三点セットが、地域公共圏ともいうべき討論空間を生みだし、そこに基盤を置いた強力な運動主体が形成され、政府と県当局と財界が進めてきたコンビナート立地計画を阻止するという地域開発の転換点をつくりだした (星野・西岡・中嶋 1993)。

　さらに、複数の環境運動団体が連帯しネットワークを形成することによって、孤立した運動によっては生みだせないような運動の力量と社会的影響力の高揚が生みだされた。このことを劇的なかたちで例証しているのは、1968年1月の新潟水俣病被害者団体の水俣市訪問と熊本水俣病被害者団体との交流である。複数の団体の交流と連携の発揮する効果は多面的である。たとえば、2つの水俣病被害者団体の連携においては、精神的な相互支援、訴訟などの有効な運動戦術の共有、問題の解明についての知識の共有、協力的な専門家やジャーナリストとの

人脈形成、支援団体の形成と拡大などの効果が発揮されたのである。

このような争点形成と変革主体のネットワーク形成については、その規模という点で、個別問題、一つの制度、社会制御システムという、次のような3つの水準を区別できる。

①個別問題：個別問題についての争点形成とそれに対応した一つの運動。
②一つの制度：一つの新しい法制度の形成を要請するような環境問題の一つの問題領域での複数の個別問題についての争点形成とそれに対応した複数の運動。
③社会制御システム：環境制御システムという新しい社会制御システムの形成を要請するような、環境問題のあらゆる問題領域での制度変革をめぐる同時多発的な争点形成と、それに対応するような多数の環境運動。

以上のうち、①の水準では、ただちに、法制度の形成や改正に結びつくわけではない。大気汚染でも水質汚濁でも、ある種類の公害問題に即して全国をカバーする新しい法律制定というかたちでの制度形成が必要になるのは、②の水準での問題化、すなわち一つの地域だけではなく全国各地で問題が多発し、全国的な紛争化が生ずることを前提にしている。たとえば、1970年のカドミウム汚染は②の水準での問題事例である。富山、宮城、群馬、大分、長崎といった複数の地域で同種の問題が発生し、全国的レベルでの争点形成が促進され、法制度の変革圧力が形成されたのである。実際、70年12月の土壌汚染防止法は、各地のカドミウム汚染への対応という性格を強くもっている。

さらに、そのような法制度の形成が、複数の個別問題領域が絡まり合うようなかたちで、同時に要請される場合には、③の水準、すなわち、新しい社会制御システムの形成が問題化する水準に達しているのである。1970〜71年の環境運動の盛り上がりは、②の水準での争点形成が、水質汚濁、大気汚染、土壌汚染といったさまざまな公害問題領域において、同時に進行したという性格を有しており、したがって、③の水準に達していた。

3-3 メディアの報道による緊急性の増大

社会運動の高揚はメディアによる報道の活発化と相互促進的である。そして、メディアによる報道のあり方は、メタ制御システムにおける変革課題設定において、きわめて重要な機能を果たす。総体としてのメディアの報道は、何が社会的に重要な問題であるのかの通念を形成し、さらに行政組織と政治家に対して緊急

性圧力を課すという作用を果たす。

　ここで、メディアの中でも世論形成に対して中心的な機能を果たす新聞が、一つの問題分野に対して示す報道姿勢の積極性について、5段階のモデルを提示してみよう。

①通常の取り扱い。特に大きな事件が発生すれば報道するが、細目の事件は無視される。

②記者個人のレベルでの敏感な取り扱い。ある問題分野について熱心な問題意識や、敏感さを有する記者が存在し、系統的な取材をしている。

③組織レベルでの敏感な取り扱い。熱心な問題意識や、敏感さを有する取材チームが存在しており、系統的な取材をしている。調査報道や特集記事、連載記事が組まれる。

④最重要問題としての取り扱い。新聞社全体としてその時点での最重要問題群の一つとして位置づけ、取材チームに相当の人員を動員し、一面トップで報道したり、社説で再三取り上げたり、キャンペーン記事を連載する。細目の事情が詳しく報道される。

⑤複数の新聞社による最重要問題としての取り扱い。④の姿勢を有する複数の新聞社が同時に存在する。

　このような分析モデルからみると、1970年7月時点での新聞による公害問題の扱いはどういう特徴を示していたであろうか。**表15-2**は、一面における公害・環境問題の報道記事数を、1970年7月の三大紙に即して、また、『朝日新聞』については、1964年以後のいくつかの時点に即して月単位でまとめたものである[5]。

　1970年の5〜6月には、公害・環境問題についての『朝日』の報道回数は、それ以前に比べ急増し、7月には、ほとんど連日、一面で取り上げられるほど飛躍的に増大している。

　70年7月については、『読売』『毎日』とも『朝日』と類似の頻度で公害問題関連の報道をしており、しかもこれら三大紙の報道の姿勢は、「公害対策の強化」を主張する点において、同一方向を向いている。三大紙各紙を個別に見れば、公害報道において④の水準に達していたと判断できるのであり、さらに、三大紙を総体として見れば、⑤の状態に達していたというべきである。この状態は、およ

5　記事数の数え方については、どこまでを公害・環境問題の独立記事とみなすかについて、一定の主観的判断が入らざるをえない。本論文では、事件の報道に対する識者の論評は、独立記事とはみなしていない。コラムや座談会は独立記事とみなす。

表 15-2　三大紙一面掲載の公害・環境問題の記事数

	朝日新聞							読売新聞	毎日新聞	朝日新聞		
	1964 7月	1967 7月	1970 1月	1970 4月	1970 5月	1970 6月	1970 7月	1970 7月	1970 7月	1970 10月	1971 7月	1973 7月
朝刊か夕刊の一面に関連記事が掲載された日数	2	7	6	2	14	12	29	26	27	19	7	14
一面掲載の公害・環境問題関連記事の延べ数	2	7	7	2	28	24	88	104	85	30	9	14
公害・環境問題関連の朝刊と夕刊の一面トップ記事の合計	0	3	0	0	6	4	19	22	14	7	2	5
公害・環境問題関連の社説の回数	0	1	1	4	5	2	11	14	7	6	5	7

出所：『朝日新聞』『読売新聞』『毎日新聞』縮刷版より筆者作成。

そ新聞というメディアが果たしうる最も強力なかたちで、「変革課題の設定」を促進している状態である。

　メディアのこのような報道姿勢は、各地の公害反対運動にとって、それを強化するようなさまざまな作用を及ぼす。それは、公害批判の世論が高まることによって運動一般が進めやすくなること、個別の環境運動にとっては自分たちの運動についてのメディアによる報道が加害者側に対する交渉力になりうること、類似の問題に取り組んでいる他の地域の情報や、連携可能な他の地域の運動団体の情報の入手、自分たちの社会的・歴史的役割についての自己認識の深化、等々の作用である。逆に、運動の展開は、メディアに対して報道すべきトピックを提供するし、有力な運動団体や運動リーダーは、メディアに対して情報提供の重要な源泉になる。

　メディアの報道姿勢の変化と密接に関係しているのは、世論の動向の変化である。メディアは、フレーミング効果を発揮し、何が重要な問題であるのかに関する「状況の定義」を与えるからである。NHKの世論調査によれば、1969年4月には、「これからも今のように急ピッチな経済成長を続けることは望ましい」が43％に対して、「望ましくない」は19％であったが、1970年9月には両者は逆転し、「これまでのような経済成長が今後も続くとしたら、国民生活にとって望ましくない」が45％へと増加し、「望ましい」は33％へと減少した（NHK放送世論調査所 1975: 195）。この一年半ほどの間に、世論の急激な変化が生じていたのである。

結　び

最後に、本章の要点と含意をまとめておこう。

1　環境制御システムの形成を可能にした過程と要因

　第1に、環境制御システムの本格的形成が可能になった直接的条件は、「権限における超越性」を有する政府組織の頂点に位置するアリーナに、「価値序列の再編成」を伴うような「変革課題の設定」がなされたことである。その変革課題設定とは、政府首脳に対して、メタ制御システムの政治システムの側面における緊急性の昂進が要請したものであり、内容的には、価値基準の再定義、経済的利害に対する超越性をもつ問題解決原則の採用、政策目標の優先順位の再定義、社会制御システム群の再編成を含意するものであった。

　第2に、そのような変革課題設定が可能になったのは、次の諸契機が相互に強化しあいながら、メタ制御作用が活発化したからである。

①行政組織、審議会および国会の委員会の中に、環境優先の方向での変革を志向する(すなわち、メタ制御作用を発揮する)主体・アリーナネットワークが、段階的に強化されるかたちで形成されてきたこと。

②多数の環境運動がさまざまなアリーナで同時多発的に要求提出を通しての争点形成を行い、それらの環境運動が、総体的・集積的効果として、より高い権力水準のアリーナでの「変革課題設定」を要請する変革圧力を及ぼしたこと。

③メディアによる公害問題についての積極的報道、フレーミング、世論形成、それらを通しての緊急性圧力の創出が、より高い権力水準のアリーナでの「変革課題設定」を要請する変革圧力を及ぼしたこと。

　この視点から中央公害対策本部の設置の過程を振り返るならば、次のようにいえる。1970年7月ごろまでの時期に、個別的な公害防止という主題が、各省庁の審議会や、各地域における交渉の場というかたちのさまざまな個別的アリーナで、次々に論じられるべき主題として、提起されるようになっていた。このことは、変革圧力が数多くの作用点で、同時並行的に働いていたことを意味する。さらに、環境運動の高揚とメディアのキャンペーンの積極化によって全社会的な変革圧力が高まった。それにつれて、個別的アリーナでの一斉の争点化あるいは議題としての登場を基盤にして、それらの議題設定が集約され、政治的課題としてより

高次の水準へと押し上げられていった。変革圧力の高まりの結果、ついには、政府の最高の決定権限の水準に中央公害対策本部というアリーナが設定され、同時に本格的な公害対策が、そこで取り組むべき変革課題として設定されたのである。

2　社会変動についての一般的含意

　以上の分析と考察は、行政組織を焦点にした社会変動について、次のような洞察を提供するものである。

①社会制御システム群の布置連関のあり方が、各時点での社会の定常的なあり方を規定するとともに、社会変動の方向に対して大きな影響を与える。

②既存の社会制御システム群によっては、適切に解決されないような構造的緊張が発生した場合、社会制御システム群の再編成が要請される。

③社会制御システム群の再編成には、政策を方向づける価値序列の再編成と、経営課題群の再定義とが含意されている。

④それゆえ、社会制御システム群の再編成は、行政官僚制の有する機能的合理化の論理や、行政課題の自己目的化の論理とは、異なった次元の変革の論理を必要とする。

⑤行政組織が志向する価値序列の再編成や、経営課題群の再定義のためには、決定権限と問題解決原則という点で、二重の意味での「超越性」を、個々の社会制御システムやそれの担い手である行政組織に対して有するアリーナが必要である。

⑥二重の意味での超越性を有するアリーナの形成、そこにおける変革課題設定、新しい問題解決原則の採用は、密接に絡み合って進行するが、それを可能にするのは、メタ制御システムの機能である。

⑦メタ制御システムの機能が高度に発揮され、価値序列と経営課題群の再定義を伴うような変革を実現するためには、行政組織、国会、社会運動、マスメディアを横断するかたちで、変革を志向する（すなわち、メタ制御機能を発揮する）主体・アリーナのネットワークが、強力に形成されなければならない。

⑧民主主義の実質化は、民衆の意志をより敏感に反映するかたちでの、メタ制御機能の高度化によって可能となる。

第 16 章

複合的な社会制御過程における問題解決の可能性

はじめに

　本章の課題は、複合的な社会制御過程における問題解決の成否を規定するメカニズムを「制御システムの階層性論」と「経営システムと支配システムの両義性論」に立脚して、さまざまな事例研究の前提の上に、体系的に考察することである。ここでの課題は、個別的な事例を詳細に記述することではない。個別的事例を中心においた検討であれば、一つの事例から、さまざまな理論的な論点を抽出することができるが、ここでは、社会制御過程についての理論枠組みを中心におき、それとのかかわりから、個々の事例が示唆しうる多様な論点のごく一部を選択的に抽出し、理論枠組みに沿った諸論点の配列をおこなうという方法をとる。
　「制御システムの階層性論」と「経営システムと支配システムの両義性論」という２つの理論的視点を前提にすることによって、さまざまな社会問題の解決過程に対して、一貫した視点でアプローチする可能性が開けると同時に、具体的な論議の展開については、多数の論点が枝分かれ的に派生してくるので、論議の展開方向については多様な選択が可能である。そのような多様な可能性の中で、本章で重視する実質的問題関心を明示しておきたい。
　第１に重視するのは、「経営問題解決努力と被格差・被排除・被支配問題解決努力の逆連動／正連動」という論点である。一方で、「経営問題の解決努力」を単独で取り上げただけでも、制御システムの４水準に、それぞれ無数の問題群がある。他方で、「被格差・被排除・被支配問題の解決努力」についても、これらの４水準に無数の問題がある。それぞれを個別的に取り上げることによって、「経営問題の解決」と「被格差・被排除・被支配問題の解決」をもたらすような効果的な政策や運動や必要な規範的原則を探究することが必要であるし、また可能である。だが、現実の社会制御過程においては、この２つの文脈の努力が「逆連動」

することが頻繁に生じてくるのであり、それらをいかに調整するのか、さらには、逆連動ではなく「正連動」をもたらすにはどうしたらよいか、ということが重要である。

　第2に大切なのは、「普遍的妥当性を有する問題解決原則の発見をめぐる合意形成」という論点である。「経営問題の解決」と「被格差・被排除・被支配問題の解決」、ならびに両方の解決努力の「逆連動」状態の解決という課題について、どのようにしたら合意形成を実現できるのか、そのために、合意形成の軸になるような「普遍的妥当性を有する問題解決原則」をどのようにして発見できるのだろうか。この論点において、規範理論的関心と、社会的合意形成をめぐる事実認識への関心は、密接に関係してくる。そこで、規範理論の平面と、事実認識の平面との明確な区別の上で、しかも両者を関係づけながら、この論点を考えていく必要がある。

　第3の論点は、「指導性と社会的合意形成」との関係の問題、あるいは「民主主義の統治能力」の問題である。さまざまな問題解決の成功を「社会制御の成功」と考える場合、制御主体と制御中枢圏の有する指導性と、民衆の意志に立脚した社会的合意形成との関係づけは、非常に重要な論点となる。一方で、制御中枢圏の主体的能力の強化は、独走化や独裁化を帰結する可能性があるし、他方で、民衆の要求と意見の尊重が、世論の統合の欠如と漂流とを帰結する可能性もある。この両方の望ましくない状況を回避して、いかにして、社会的合意を形成しつつ、実効的な制御努力を実現するかという「民主主義の統治能力」の問題を問う必要がある。

　以上の3つの論点は深く絡み合っているが、それを考察する際には、社会学的な視点が用意する論議の文脈の分節に依拠することにする。すなわち、「制御システムの階層性論」と「経営システムと支配システム論」とを組み合わせると、社会問題の解決過程に登場するさまざまに異なる社会的文脈を分節することが可能になるので、それぞれの社会的文脈における具体性に即した検討をそのつど展開するという方法を、以下においては採用する。

第1節　事業システムと社会制御システムとの関係における複合的な社会制御過程

1　複合的な社会制御過程を解明する際の視点

さまざまな社会制御の事例の分析をふまえると、「複合的な社会制御過程」における問題解決の可能性を解明するにあたっては、次のような視点を有することが大切である。

第1に、「合理性と道理性の背理と調和」という視点が大切である。従来、社会諸科学においては、「合理性の背理」という事態への注目はなされてきた。これは、一般的にいって、それぞれの主体が「合理性」を追求して行為をした場合でも、そのような主体の行為の集積効果は、合理的なものではなく「非合理的なもの」になる場合があるということである。このような事態への注目を、本稿における「経営システムと支配システムの両義性論」の枠組みで再構成するのであれば、「合理性と道理性の背理と調和」という論点が提出できる。この論点は、次のような問い（Q）として表現できよう。

Q1−1：個別の局面での合理性や道理性を追求する努力の集積効果が、別の局面での合理性や道理性の実現にどのような影響を与えるだろうか。

Q1−2：どのような条件がある場合に、ある局面での合理性や道理性の追求が、別の局面では合理性や道理性を否定するような帰結をもたらすであろうか。

Q1−3：どのような条件がある場合に、ある局面での合理性や道理性の追求が、別の局面でも、合理性や道理性を実現するような帰結をもたらすであろうか。

第2に、社会制御努力の効果を把握するためには、複数の制御システムの関係性への注目が必要である。この関係性を表すのに「枠組み条件」「境界条件」「組合わせ条件」といった諸概念が有用であろう。それぞれの含意の明確化と使用のしかたについては、以下の論述の中で順次明らかにしていきたい。この論点は、第1の合理性や道理性の局部的な追求の帰結がいかなるものであるのかということを解明するためには、鍵となる論点である。

第3に、複数の制御システムや複数の水準の制御システムに注目すること に

よる、問題発生や問題の未解決についての解明。すなわち、第2の論点を問題の発生や悪化をもたらすメカニズムという文脈で解明しようとするものである。一つの水準の一つの制御システムに注目していただけでは「うまくいっている状態」「問題解決が可能になりそうな原則」も、複数の水準、複数の制御システムとの関係を考慮した場合には、「問題発生・未解決」を帰結することがある。この視点が大切な理由は、現代社会で改革が必要になっている諸問題においては、このような性質の問題が繰り返し見られるからである。

　第4に、問題解決の可能性の探究にあたっての、複数の制御システムや複数の水準の制御システムの組合わせへの注目。この論点は、第2の論点を問題解決の可能性を開くという文脈で展開するものであるが、第3の論点の裏返しになる。すなわち、一つの水準の一つの制御システムに注目していただけでは「解けない問題」については、同一水準の複数の制御システムの組み合わせのあり方や、異なる複数の水準の制御システムの組み合わせに注目することによって、解決可能性を探究することが大切である。さらに、第3の論点が示すような複合的な問題悪化のメカニズムを乗り越えるためには、どのようにすればよいのかということの探究が課題となる。

　すでに第9章で検討してきたように、社会制御システムと事業システムの関係を把握するに際して、手がかりとなる基本命題は、次のようなものである。

　Ⅰ-FWl：社会制御システムの設定している枠組み条件（制度構造と主体・アリーナ群布置）の優劣は、事業システムにおける問題解決の成否を傾向的に規定する。
　Ⅰ-FWl-ES：すぐれた枠組み条件を有する社会制御システムの中では、個別の事業システムにおける問題解決が傾向的に成功する。
　Ⅰ-FWl-DF：欠陥のある枠組み条件を有する社会制御システムの中では、個別の事業システムにおける問題解決が傾向的に失敗する。

　この命題における「問題解決」ということの含意を、①経営システムの文脈、②支配システムの文脈、および、③経営システムと支配システムの絡み合う文脈というかたちで分節し、枠組み条件の作用について、検討してみよう。

2　経営システムの文脈における社会制御システムの課す枠組み条件の作用

　まず、経営システムの文脈において、事業システムの水準での経営問題の解決可能性が、社会制御システムの設定する枠組み条件によって、どのように規定されるのかについて検討してみよう。

　企業にせよ、行政組織にせよ、非営利型組織にせよ、それが事業システムとして存立し、存続できるか、どのような発展可能性を有するかは、経営システムの文脈での社会的環境に依存するが、本稿で考察の中心に設定するべきは、社会制御システムから課される枠組み条件である。この点の検討において、再生可能エネルギーの普及政策の国際比較は、わかりやすい例証となる。

〈事例1〉再生可能エネルギーの普及政策の日独比較（第11章）

　さまざまな再生可能エネルギーの中でわかりやすい例として、太陽光発電と風力発電に注目し、日本とドイツにおける普及政策を比較してみよう。日本とドイツは、人口規模と工業技術水準において類似しており、社会制度の効果を国際比較するにあたっては、好都合である。

　すでに11章で詳しく述べたように、この両国の風力発電と太陽光発電の2000年代の導入実績と累積量をみると、風力発電の2006年末の設備容量は、ドイツが2020万kWで世界一であるのに対して、日本は113万kWで第13位であった。また、2006年の太陽光発電の設備容量は、ドイツが280万kWで世界一であるのに対して、日本は154万kWで第2位であった。ドイツは、太陽光発電の増設をハイピッチで進めており、2005年と2006年の2年間で169万kWの増加であるのに対して、2004年まで世界一の設備容量を有した日本は、この2年間で60万kWの増加に留まり、ドイツに追い抜かれた。この導入量の差異は、どのような政策の差異に由来するものであろうか。

　一つの社会において、太陽光発電や風力発電を支えるのは、それらを担う事業システムである。だが、これらが技術的に可能であるということと、どのようなテンポでそれらの技術が普及するのか、すなわち、それらを担う事業システムがどのようなテンポでどの程度まで発展するのかの間には、多くの要因が介在する。

　ドイツにおいて、再生可能エネルギーの普及を支えたのは、それを志向した自治体および政府レベルの政策であり、政策を具体化する一連の立法に根ざした制度である。ドイツにおいては、エネルギー供給制御システムがその内部の事業システムに設定している枠組み条件が、経営システムの側面での育成効果という点

で、非常に積極的な作用を果たした。ドイツでは、まず1991年に制定された「電力買取法」によって、一般電気料金の9割という一定率固定価格によって、電力会社が風力発電や太陽光発電からの電力を買い取るという政策が導入された。さらに、2000年には「自然エネルギー促進法」が施行され、2001年4月より、完全固定価格制で、電力会社が再生可能エネルギーによって発電された電力を買い取るようになった。しかも、その価格設定は、再生可能エネルギーの発電を担う事業システムの採算がとれるように、再生可能エネルギーの種類に応じて、きめ細かい価格設定をしている。ドイツの固定価格買い取り制は功を奏し、風力発電や太陽光発電の飛躍的増大を可能にし、温室効果ガスの大幅な削減に貢献してきた。

これに対して、日本では、2002年に「電気事業者による新エネルギー等の利用に関する特別措置法」(略称、新エネRPS法)が成立し、この法律の課す制度的条件が再生可能エネルギーによる発電を担う事業システムにとっての枠組み条件となった。新エネRPS法は、固定枠制という考え方に立っている。すなわち、電気事業者が利用しなければならない新エネルギー等電気の量が、特定の目標年度に対して設定される。具体的には、2010年度に、全ての電気事業者が、電気供給量の約1.35%(全国計で、122億kWh)を新エネルギーでまかなうべきものとされた。その達成のためには3つの方法があり、電気事業者は、①自ら「新エネルギー等電気」を発電するか、②他の発電事業者から「新エネルギー等電気」を購入するか、③他の発電事業者から「新エネルギー等電気相当量」を購入すればよい。このうち、「新エネルギー等電気相当量」とは、二酸化炭素削減に貢献するという新エネルギー特有の価値を、電力の価値とは別に認めて、事業者間で取引できるようにしたものである。

このような新エネRPS法に対しては、普及の目標値が小さすぎること、新エネルギーの種類別の割当量がなく環境貢献よりも低価格という基準で電力会社が種類を選好してしまうなどの批判がなされてきた。日本で固定価格買い取り制度が実現したのは、2012年7月になってからである。日本の固定価格買い取り制度は、ドイツのそれと比べて弱いものではあるが、それでも再生可能エネルギーの推進を加速した。

ドイツと日本の実績を比較すれば、再生可能エネルギーの導入効果という点では、固定枠制と固定価格制という2つの枠組み条件の優劣は明確である[1]。固定

---

1 編注:著者は、そのほかに再生可能エネルギー事業者に対する金融システムの違いにも注目している。詳細は、第11章の補論を参照。

価格制は、事業システムにとって、生産物の販売可能性を保証し、それによって、事業システムが経営資源としての収入を継続的に獲得することを保証している。長期に渡る固定価格による買い取り保証があれば、新規の事業計画を立案し、そのための投資資金を集めることも容易になるので、新しい事業システムを設立する方向への動機づけが強力に付与されるのである。いいかえると、固定価格制は、事業システムの目的達成と経営手段獲得に、有利な機会構造を提供している。これに対して、固定枠制は、目的達成量に対する上限を外的な制約条件として課してしまっており、目的としての自然エネルギーの生産量を増加させようという動機づけを欠いている。固定枠の割り当てからはずれた事業システムにとっては、財を生産したとしても販売の保証はなく、したがって経営手段獲得の機会構造も閉ざされている。

両国のエネルギー供給システムを比較した場合、さまざまなエネルギー源のウエイトと組み合わせをどうするのかについての考え方が異なっている。ドイツにおいては、再生可能エネルギーの奨励は、原子力発電からの段階的脱却とセットになっている。これに対して、日本では、再生可能エネルギーに対する相対的な消極性は、核燃料サイクル計画を長期戦略とする原子力発電の継続とセットになっている（第14章）。このように重視する長期戦略の相違は、エネルギー供給制御システムの達成しようとしている「制御目標」の設定のしかたの差異に由来する。日本では、明示的には、エネルギーの安定供給ということが、「制御目標」として優先的位置を占めており、温暖化問題と放射性廃棄物問題にかかわる環境配慮、重大事故に関する危険回避という課題は相対的に、軽視されている[2]。これに対して、ドイツにおいては、温暖化対策のための二酸化炭素削減と重大事故に関する危険の回避ということが、制御目標の中で優先的な位置を占めており、そのことが、再生可能エネルギーの固定価格での買取り政策の根拠となっている。

このような2つの国の再生可能エネルギー政策の比較をふまえれば、経営システムの文脈での社会制御システムと事業システムとの関係について、次のような定式 (Postulate) が可能であろう。

P1-1：経営システムとしての事業システムの存立と発展の可能性は、社会

---

[2] 原発は二酸化炭素の排出が少ないので温暖化対策に対して貢献的だという見解は広範に流布しているが、この見解は適切でない。なぜなら、原発で発生するエネルギーの三分の二は温排水となって排出され地球を直接的に暖めているのであり、この面で温暖化推進的であることを認識するべきである。

制御システムが課す枠組み条件によって大幅に異なる。
　Ｐ１−２：枠組み条件を構成する契機として、社会制御システムによる制御目標の設定、目的達成に直結する制約条件と機会構造、手段選択・手段獲得にかかわる制約条件と機会構造、主体形成にかかわる制約条件と機会構造とがあり、これらの有利／不利が、事業システムの存立と発展を傾向的に左右する。

3　支配システムの文脈における社会制御システムの課す枠組み条件の作用

　次に、支配システムの文脈で、社会制御システムの課す枠組み条件が、問題解決に対してどのような差異を生みだすのかについて、検討してみよう。このような関心にとって、わかりやすい例証となるのは、新幹線公害対策の日仏比較である。

〈事例2〉　新幹線公害対策の日仏比較(第4章および第10章)
　日本とフランスは高速鉄道の建設・営業という点では、世界のトップレベルを争うライバルである。だが、新幹線の公害対策という点では大きな優劣がついている。
　日本では、1964年の東海道新幹線の開業以来、さまざまなかたちで新幹線公害が発生してきた(第4章)。なかでも、最大規模の公害問題は東海道新幹線沿線の名古屋市で生じた。名古屋市では、人家密集地を7キロにわたって緩衝地帯を設けることなく、街路に対して斜めに横切るかたちで新幹線の高架が建設された。時速200kmを越える列車が、毎日200本以上走行することにより、沿線住民に、騒音、振動、テレビ電波の受信障害、日照被害などを引き起こした。被害者住民は、575人の原告団を組織し、新幹線の建設営業主体である国鉄を被告にして、騒音振動の差し止めと慰謝料をもとめて、1974年3月に提訴した。1980年の一審判決(名古屋地裁)と、1985年の控訴審判決(名古屋高裁)は、ともに、減速走行というかたちでの差し止め請求は棄却したが、騒音振動の違法性を認め、被害に対する慰謝料の支払いを命じた。その後、山陽新幹線の沿線の北九州市楠橋地区や、東北新幹線沿線の埼玉県南部においては、住民運動の盛り上がりを背景に、緩衝機能を果たす緑地がかろうじて例外的に確保された。しかし、騒音・振動公害防止のために汚染者負担の原則にもとづいて、緩衝地帯を事業者が設置したり、地

下化するというような設計思想は、一般原則としては採用されていない。その結果、九州新幹線の西鹿児島駅近辺では、人家に密接するかたちで、高架橋が建設され、住民から提訴されるという事態が生じている。

　これに対して、フランスでは、日本のような深刻な新幹線公害問題は発生していない（第10章）。フランスでは、人口の多いパリの都心部に新幹線は乗り入れておらず、路線の選択においても集落を極力回避し、公害防止のために地下化や緩衝緑地の設置をおこなうという設計思想が採用されている。特に、1989年開業のパリとボルドー方面を結ぶ大西洋新幹線においては、パリ近郊の住宅地を通過する際に、12kmにわたって、緑地遊歩道を取り入れた理想的な公害対策を実現している。緑地遊歩道による公害防止対策とは、平均の幅47ｍの緑地帯を確保し、その中央部に地下化、または、半地下化の上での全幅防音壁の設置というかたちで線路を建設するというものである。日本には、そのような技術的に徹底した公害対策はどこにもみられない。

　このようなフランスと日本の新幹線公害対策の優劣を規定する要因は何であろうか。フランスは、人口密度が日本の三分の一であり、地価も日本より安いという要因の作用もあるが、地理的条件がこのような差異の決定要因ではない。日本では、人口密度と地価が比較的低い地域においてもフランスのような対策はみられない。

　むしろ、新幹線という一つの事業システムをめぐる公害問題の解決可能性は、それを包摂している社会制御システムの有する利害調整能力に規定されている。フランスの新幹線公害対策の成熟性を可能にしているのは、新幹線という事業システムを包摂している社会制御システムであるフランスの鉄道制御システムが、優れた枠組み条件を事業システムに対して設定しており、支配システムの文脈での利害調整手続きが、道理性のある解決原則の選択による社会的合意形成を導きやすいものになっているからである。

　その枠組み条件の核心には、行政手続きにおける「公益調査制度」がある。大西洋新幹線のような大規模な公共投資計画は、大きくは、政治的利害調整の段階、行政的手続きの段階、司法的手続きの段階という3段階を通して決定されるが、行政的手続きの段階の核心が公益調査制度である。公益調査制度は、事業主体とは独立の第三者機関である公益調査委員会が中心となって、開発計画に公益性があるのかどうかを公開された資料にもとづいて検討する手続きである。事業主体の提出した計画書が公開され、沿線の住民や自治体が意見を提出することができ

る。この吟味の過程に環境アセスメントも組み込まれている。公益調査の過程では、事業者と利害関係者と公益調査委員会の間で、意見交換がなされ、場合によっては、計画が修正されることもありうる。公益調査委員会は、主要な論点を整理し、個々の論点について関係者から出された意見を要約した後、委員会独自の判断をそのつど下していき、最終的には事業の公益性の有無についての見解を盛り込んだ報告書を作成する。その調査に基づいて、政府が公益性宣言を出すことによって、事業は実施可能となる。

大西洋新幹線の場合、公益調査の過程で、公害防止や通過地域の利害などの見地から、環境団体や自治体や住民から5210件の意見や提案がなされた。緑地遊歩道の建設も、当初のフランス国鉄の計画にはなかったものであり、その発案は住民団体によるものである。最終的に、当初計画に対して、路線の場所変更、地下化、緑地遊歩道の建設というかたちで、全線で四カ所の大きな修正がなされた。このような住民や自治体の意見をふまえて、計画が修正されうるということは、日本の新幹線建設が高度に硬直的で、住民から再三要求が出される地下化や緩衝地帯の形成を、事業主体が拒否し続けてきたのと対比すると、きわめて対照的である。

フランスで計画修正が可能なのは、住民や環境団体や自治体が、公益調査制度の中で、事業主体に対して、発言と要求提出の機会をもち、対抗力を発揮できるからである。その根拠は、一つの事業システムをめぐる利害調整の過程で、被支配者が、事業主体（支配者）に対して、対抗力を発揮することが可能なような枠組み条件を、公益調査制度が提供していることである。すなわち、公益調査制度は、支配システムの文脈で、対抗力を保障するような枠組み条件を、事業システムによって受苦をこうむる可能性のある諸主体に用意しているのである。しかも、この枠組み条件は、「言論の説得力」が、対抗力に転化するような仕組みを内包している。すなわち、住民団体などの主張が、どの程度、合理性や道理性を備えているのかを判断するのは公益調査委員会であり、公益調査委員会が納得する要求や意見であれば、事業主体も計画の修正要求に対して、譲歩せざるをえない。なぜなら、公益調査委員会も同調するような計画修正を、事業主体が拒否し続けるのであれば、最終的な報告書において、計画の公益性自体が認められず、その場合には、計画の進行は頓挫してしまうからである。

要約すれば、公益調査制度は支配システムの文脈における利害調整が展開される枠組み条件となっている。その本質的特徴は、潜在的受苦圏に属する主体に、

支配システムの一契機としての政治システムにおける対抗力を保障し、要求の提出と要求の経営課題化、受苦の費用化を可能にしていることである。

4　枠組み条件設定の意義——「合理性・道理性の背理」の克服

　以上のように、経営システムの文脈でも、支配システムの文脈でも、社会制御システムが適切な枠組み条件を設定することによって、事業システムレベルでの経営問題や被支配問題が的確に解決されるという事態は、「合理性・道理性をめぐる背理の克服」という意義を有している。

　固定価格買い取り制は、経営システムの文脈でみると、「合理性の調和」とでもいうべき事態を可能にしている。この制度を、経営システムの文脈でみると、事業システムにとっての自分の利益の追求という意味での合理的行為と、社会制御システムのレベルでの目的（再生可能エネルギーの普及）の達成とが、調和的である。

　公益調査制度は、支配システムの文脈で対抗力を潜在的受苦圏に保障することにより、「合理性と道理性の調和」を可能にするような枠組み条件となっている。それは、単に、潜在的受苦圏の立場に立っている主体の利害要求を実現するだけではない。事業システムの担い手の利害関心にとっても、「受苦の費用化」による「衡平性としての道理性」の実現が、建設の円滑な実現という事業システムの目的達成にとっても合理的であるという事態をつくりだしているのである。

　ひるがえって、日本の鉄道建設制度においては、フランスの公益調査制度のような、潜在的受苦圏に対して言論の力を根拠にした対抗力を保障するような枠組み条件はない。そのような前提で、事業システムの担い手が、建設の実現という利害関心を達成しようと目的合理的に行為するならば、結果として、沿線住民への公害被害という被支配問題や地域との不整合という問題を引き起こしてきたのであり、「合理性・道理性をめぐる背理」が生起してきたのである。

5　事業システムをめぐる逆連動問題に対する社会制御システムの課す枠組み条件の効果

　以上の考察を通して、経営システムの文脈および支配システムの文脈のそれぞれにおいて、事業システムレベルの問題解決を促進するような枠組み条件を、社会制御システムが設定するべきであるという一般的指針を提出することができる。だが、さらに検討しなければならないのは、事業システムレベルで生起する

より困難な課題としての逆連動問題への対処である。

5-1　事業システムをめぐる逆連動の意味

　事業システムをはじめ、どの制御システムの水準でも、経営システムの文脈における経営問題の解決と、支配システムの文脈における被格差・被排除・被支配問題の解決を、それぞれ単独で解決しようとするのであれば、それに必要な方針や枠組み条件が何であるかは、相対的に単純に見いだすことができる。

　しかし、困難なのは、この両方の問題文脈が絡み合い、逆連動をおこしているという事態をいかに打開するかということである。逆連動という事態の含意は、次のように定式(Postulate)化できる[3]。

　　Ｐ２－１：経営問題の解決の必要性が、被格差・被排除・被支配問題の解決努
　　　　　　 力の具体化に対して、制約条件を設定する。
　　Ｐ２－２：被格差・被排除・被支配問題の解決の必要性が、経営問題の解決の
　　　　　　 ための手段選択に対して、制約条件を設定する。

　したがって、一方の文脈での問題解決を容易にするために、課されている制約条件を緩和しようとするのであれば、他方の文脈での問題解決を悪化させるのである。このことは、上記の２命題をふまえて、次のように表現できよう。

　　Ｐ３－１：被格差・被排除・被支配問題の解決努力に対する制約条件を緩和す
　　　　　　 れば、経営問題の悪化の可能性が強まる。
　　Ｐ３－２：経営問題の解決努力に対する制約条件を緩和すれば、被格差・被排除・
　　　　　　 被支配問題の悪化の可能性が強まる。

　一般に、事業システムレベルで逆連動問題が生じているとき、それを合意形成によって解決するというのは容易ではない。そのような状況に対して、社会制御システムレベルでの要因が介入することによって、解決の可能性はどのように変化するであろうか。すなわち、社会制御システムは、事業システムレベルにおいて出現する逆連動問題に対して、何らかの解決可能性を用意することができるであろうか。

3　編注：この定式Ｐ２－１とＰ２－２は、第８章で論じた「制約条件1, 2」と同じ内容である。

このことを検討してみると、次にみるように、事業システムレベルだけで解決の道を探究しているだけでは、一見「解決ができない」逆連動問題であっても、社会制御システムレベルでの取り組みまで視野に入れれば、「解決の道が開ける」可能性があるのである。ここでは、そのような可能性を提供する２つの論理的メカニズムを説明しておきたい。

5-2　社会制御システムでの社会的規範の設定による事業システムでの逆連動の解決

　事業システムレベルの逆連動問題を社会制御システムレベルの制御努力により解決する第１の道は、適正な社会規範の設定である。

　事業システムにおける経営問題解決努力と、被格差・被排除・被支配問題解決努力が相剋するとき、それを決着づけるのは、一般に支配者と被支配者の勢力関係である。

　たとえば、公害問題において、加害企業側の経営システムの論理による利益確保努力と、支配システムの文脈における被害者側の汚染防止と補償要求が相剋するとき、企業は、しばしば、「これ以上の公害防止投資の負担は、経営効率を損ない、競争において不利になり、企業の存続を脅かすものであるので受け入れられない」という主張をする。競争的環境の中での経営問題の悪化を回避するためには、「受苦の費用化」は受け入れられないという論理である。これに対して、被支配者側（公害被害者側）は、生命・健康の尊重は他の利害追求に優先するものであり環境汚染は、いかなる理由でも許容されないと主張する。

　この対立は、事業システムをめぐる政治システムの勢力関係によって決着づけられる。しかし、社会的規範が欠如したままの、むき出しの勢力関係による決着は、必ずしも道理性を実現するわけではない。

　この逆連動という事態の解決にあたって大切なのは、道理性を尊重する解決をいかにして実現するかである。しかし、道理性をはずれた決着の回避は、事業システムレベルだけで問題を取り扱おうとすると袋小路に入りかねない。だが、社会制御システムレベルで打開の道を探るのであれば、「適正な社会規範の設定」を通して、この袋小路を抜け出す道が開ける。

　被害者にとっての被支配問題としての公害問題を防止しつつ、良心的に公害防止投資をする企業が、経営問題の解決にとって不利にならないようにするためには、汚染防止の社会規範を環境基準というかたちで設定し、公害罪法というようなかたちで汚染行為を処罰する規範を設定すればよいのである。これは、道理性

にかなったかたちで競争を展開するための枠組み条件を用意するものである。すべての企業に汚染防止の社会規範を課すのであれば、良心的企業が不利になり、悪徳企業が栄えるという不条理は回避される。熊本水俣病において、チッソの汚染行為が続いたのは、そのような適正な社会規範の欠落という条件の下でであった(第13章)。

5-3 事業システム数の増大による社会制御システムレベルでの受益機会の拡大

　事業システムレベルの逆連動問題を社会制御システムレベルのあり方が打開する第2のメカニズムは、複数の事業システムの併存による受益機会の拡大である。これは、事業システムにおける経営問題の解決努力と、事業システムをめぐる被排除問題の逆連動が生ずる場合に、その袋小路を打開する道である。

〈事例3〉サービス提供施設の増加によるサービス供給能力の拡大(旧構想の第14章)[4]

　たとえば、介護老人福祉施設などの介護サービスを提供する施設を適正に運営するためには、受け入れ可能人数の適正な水準の維持という経営問題が存在する。過剰な人数受け入れは、過密現象と介護労働者の過重労働を帰結し、適正な介護を不可能にする。この定員管理の論理は、介護領域に限らず、さまざまなサービスを提供する経営システム(病院、教育組織、保育施設、救急医療施設など)に、繰り返し出現するものである。他方、入所によって、介護サービスを希望する者が多数にのぼる場合、定員枠に空白がないので、ニーズを抱える者の一定の部分は、施設への入所を拒否されざるをえない。入所の優先順序について、どのような熟慮を払ったとしても、被排除問題が生じてしまう。

　類似の例としては、不況業種における企業再建のための解雇問題がある。ここにおいても、経営問題の解決と被格差・被排除・被支配問題の解決努力とが逆連動する。この逆連動は、一つの事業システムという文脈でのみ議論するのであれば、「合意に基づく解決」に至ることは、きわめて困難であるが、別の事業システムによる雇用機会の提供という選択肢を取り入れれば、打開の可能性が開ける。

　このように一つの事業システム単位でみたときには、経営問題の解決と被格差・被排除・被支配問題の解決との逆連動が打開できないという状況があったと

---

[4] **編注**：事例3の記述は、2009年3月までの旧構想における第14章に予定されていた内容に基づいており、本書では対応する章がないが、そのまま掲載することとした。

しても、社会制御システムの内包する事業システム数を増大させ、受益機会を拡大させることができれば、打開の可能性が開ける。その場合には、一つの事業システムをめぐる経営問題の解決と被排除問題の解決の逆連動は解消しうる。

　以上の考察をまとめるならば、一つの事業システムをめぐる経営問題と被格差・被排除・被支配問題の逆連動は、制御システムの一つの水準だけで考えるのであれば、あるいは一つの水準の一つの制御システムを焦点にして考えるのであれば、解決できない場合でも、複数の水準の制御システム、あるいは一つの水準の複数の制御システムの組み合わせによって解決の可能性が開けるということである。このことをふまえて、社会制御システムが事業システムに対して設定する枠組み条件の適切さは、①経営問題解決努力への効果、②被格差・被排除・被支配問題解決努力への効果、③両者の逆連動の克服への効果、という３つの視点から吟味されるべきである。

　このように社会制御システムのレベルで、適切な枠組み条件を事業システムに対して設定することによって、事業システムレベルでの問題解決の可能性を高めることができるのであるが、そのような制御努力は、社会制御システムに対しても、反射的効果を伴う。適切な枠組み条件を創出し維持するためには、さまざまな主体的条件や資源確保の条件が社会制御システムに対して要請されるのである。そして、社会制御システムの側がその要請をみたそうとすることは、さまざまな随伴帰結を伴いうる。たとえば、ある社会制御システムが、自らが包摂する事業システムを育成しようとすると、社会の中でより多くの資源を獲得することが必要となる。だが、一つの社会制御システムに、社会の中のより多くの資源を集中することは、社会の別の部分に資源の欠如を引き起こすかもしれない。このような制御努力の反射的効果についても、「社会制御過程の社会学」は考慮に入れなければならない。

　社会制御システムのレベルで、一つの社会制度設計をする際に、まず考慮に入れるべきは、これら３つの文脈での効果という点で、「適正な枠組み条件」になっているのかということである。次に考えるべきは、反射的効果の長期的・多段的帰結である。後者については、第３節以下で検討したい。

　その論点に進む前に、ここでさらに、制度の効果の批判的吟味という点では、２つの視点の追加が必要である。それは、第１に、複数の手段の存在と異なる文脈での異なる影響や随伴帰結ということであり、第２に、関与する主体の能力

や価値志向という点である。

6 複数の枠組み条件の設定可能性と、それぞれの多面的効果

　経営問題の解決にせよ、被格差・被排除・被支配問題の解決にせよ、それらの逆連動問題の解決にせよ、どのような枠組み条件の設定が望ましいのであろうか。このことを検討する際には、「一つの文脈で手段として有効な多様な枠組み条件の存在」、「枠組み条件の生み出す多面的効果」という視点が必要である。

　枠組み条件をどのように評価するべきかについて、留意するべき第1の視点は、目的達成のために設定すべき政策手段には複数のものが存在し、それゆえ枠組み条件にも複数のものが存在することである。

　留意するべき第2の視点は、さまざまな枠組み条件は、それぞれ多面的効果を発揮するということである。ここで、多面的効果を把握するにあたっては、一つの事業システムに対して課される枠組み条件に即して見れば、経営システムとしての事業システム、支配システムとしての事業システム、枠組み条件を課す側の社会制御システムという3つの視点が必要である。このことを一般的には、次のように表現できよう。

　Ｐ4-1：経営システムの文脈で同様の効果がある複数の枠組み条件も、支配システムの文脈では異なる帰結・効果を伴う。
　Ｐ4-2：支配システムの文脈で同様の効果がある複数の枠組み条件も、経営システムの文脈では異なる帰結・効果を伴う。
　Ｐ4-3：一つの事業システムに対して同様の効果のある枠組み条件の設定も、その枠組み条件を課す側の社会制御システムのレベルで、異なる反射的効果を発揮する。

　たとえば、被支配問題の一例としての新幹線公害対策を促進するためには、鉄道制御システムはどのような枠組み条件を鉄道事業者に課すことができるであろうか。次のような諸案がありうる。
　①減速走行を導入する。
　②事業者が騒音料を導入し、地下化や緩衝地帯のための公害対策の経費を乗客にも負担させる。
　③政府あるいは自治体が、緩衝緑地帯の用地を事業者に提供する。

④政府が事業者の公害防止投資に補助金を与えたり税制上の優遇措置をとる。

⑤政府が厳しい環境基準を定め、事業者が違反した場合には、厳しい罰則を科す。

⑥建設計画の立案の段階で環境アセスメントを課し、情報公開を行い、住民に対抗力を保証する。

これらの諸案は、関係する諸主体の利害状況にさまざまに異なる効果を及ぼす。①減速走行は、事業システムとしての事業者の利害にとってはマイナスとなり、乗客の便益も削減する。②騒音料の利用は、事業システムの営業にとっては不利益になり、乗客の負担も増大するが、汚染者負担の原則という点では筋がとおっている。③④は、事業システムの営業上の利益を防衛しつつ、公害対策にも効果をあげうる方策だが、政府や自治体の負担増大という帰結を伴い、また汚染者負担の原則からみた妥当性の検討が必要である。⑤は、事業システムに厳しい制約条件を課すものであり、事業システムの公害防止努力を動機づけるものであるが、その実施のためには、制御中枢圏としての政府に主体性、指導性が必要である。⑥は未然防止という点で合理的であり、また、事業システムに対して、早期の対策への取り組みを動機づけるものである。

すなわち、これらのどの方策も、事業システムに対する枠組み条件の設定を意味しているが、それぞれ異なるかたちでの多面的効果を伴う。また、これらの方策をどのように組み合わせ、どれを優先的に採用するべきかについては、さまざまな選択肢がある。

この認識からは、枠組み条件の設定にあたっては、次のような一般的指針が導かれる。

Ｐ５：社会制御システムの事業システムに対する枠組み条件の設定にあたっては、複数の選択肢が存在するのが常であるから、社会制御システムが達成しようとしている制御目標の達成に対する効果、それに要する費用、それに伴う多面的な随伴帰結という３つの視点から、道理性と合理性という基準から見て、より適切なものを選択するべきである。

7 制御の効果を規定する要因としての主体の性格――価値志向の共有

7-1 価値志向と能力による制御効果の多様性

社会制御システムの課す枠組み条件が、それに関与する個々の被制御主体の

行為に対してどのような効果を発揮し、どのような社会的帰結を伴うかについては、多様な要因が介在する。枠組み条件は、行為を傾向的に方向づけるだけであって、どのような行為がなされ、その累積によって、どのような社会的帰結が生じるかは、主体の有する特質によって振幅がある。この主体の有する特質として、大切なのは「価値志向」と「能力」である。

このうち「能力」の差異の与える効果については、これまでの研究において、次のような定式化をしている (第9章)。

> Ⅰ-FW2：しかし、社会制御システムの設定している枠組み条件の優劣は、事業システムにおける問題解決の成否を完全には規定しない。
> Ⅰ-FW2-EF：社会制御システムが優れた枠組み条件を設定したとしても、個別の事業システムに関与する諸主体が無能であれば、問題解決の失敗が生ずる。
> Ⅰ-FW2-DS：社会制御システムが欠陥のある枠組み条件を設定したとしても、個別の事業システムに関与する諸主体がきわめて有能であれば、問題解決の成功が可能となる。

ここでは、さらに、被制御主体の有する価値志向の重要性について検討しておく[5]。制御努力の効果は、制御目標の定義を根拠づけている価値、いいかえれば、制御主体が志向する価値を被制御主体が共有しているのか、すなわち、制御主体がめざす価値の実現を促進するようなエートスを、被制御主体が保持しているのかという点に、大きく左右される。

この点については、一般に3つの可能性がある

第1に、制御中枢と被制御主体が価値を共有しており、それゆえに、制御中枢の制御努力に沿うような行為を被制御主体が行い、制御努力が効果的になされる場合がある。すなわち、価値の共有による円滑な制御の実現である。合意形成に基づく制御が、合意の調達までに長時間かかるとしても、いったん合意に基づく制御が開始されれば、傾向的に円滑な制御ができるというのは、価値の共有という要因が作用している。

第2に、制御中枢と被制御主体との間で志向されている価値が対立し、制御中枢の制御努力と、被制御主体の志向する行為が相剋する場合。被制御主体は、

---

[5] Ⅰ-FW2の3つの命題は、価値志向という言葉を導入することによって、微修正することが必要であり、また可能であるが、ここではその作業には立ち入らない。

制御中枢の制御努力に対して、抵抗したり、空洞化するような行為をとる。たとえば、公害防止のために汚染物質の排出に対して、制御中枢が濃度規制を枠組み条件として設定することに対して、被制御主体たる企業が、公害防止という価値と制御目標を共有しておらず、汚染物質の排出時における稀釈によって規制に対処し、結果として汚染物質の削減ができない場合がある。

　第3に、制御中枢と被制御主体との間で価値が共有されていない場合で、被制御主体が、制御主体の意向に正面から対立するわけではないが、制御主体の設定する枠組み条件の歪曲や悪用をおこなう場合がある。すなわち、制度設計の目的からはずれるかたちで、枠組み条件を別の目的のために利用しようとする場合である。

7-2　行為パターンの多様性

　同一の枠組み条件が存在しても、異なる価値志向を有する主体によって、制御努力の帰結は異なるものになるという事態は、「行為パターン」という言葉を使えば、次のように表現できよう。

　何らかの制御努力において、中枢的制御主体が一つの枠組み条件を設定する際には、関連する諸主体の一定の行為パターンを想定し、その結果、制御目標が、よりよく達成されるだろうという期待が抱かれている。そこには、「標準的な行為パターン」が想定されるのである。しかし、実際には、「標準的な行為パターン」とは異なる行為を、関連する諸主体が採用することもありうる。その結果、枠組み条件の「多面的効果」という点からみると、「負の多面的効果」が発生してしまう。「負の多面的効果」を発生させるような関連諸主体の行為は、制度設計者から見れば、「想定外の行為パターン」という意味を帯びる。「標準的な行為パターン」の生みだす正の効果よりも、「想定外の行為パターン」の生みだす負の効果が顕著であるという場合もありうる。

　一定の被制御主体が、設定された枠組み条件が可能にする選択肢を利用して、「想定外の行為パターン」を採用し、それが、制度的枠組み条件の設定にあたって主要な目的としていた効果とは異なる場面に「負の効果」を生みだした場合、その負の効果をこうむる主体からみれば、そのような行為は、「制度の悪用」という意義を帯びる。

　さらに、関与する主体が規範意識を欠如している場合は、枠組み条件の提供する機会を利用しての「不正」行為も発生しうる。ここで、悪用は、不正よりは、

外延が広く、不正ではないが悪用であるという事態は、さまざまに生起しうる[6]。

第2節　複数の社会制御システムの関与する制御過程

　前節では、制御システムの4水準のうち、社会制御システムと事業システムの2つの水準の関係を検討したが、本節では、国家体制制御システムと社会制御システムの2つの水準の関係を検討する。

1　国家体制制御システムが社会制御システムに課す枠組み条件の作用

　これまでの研究によれば、国家体制制御システムと社会制御システムとの相互関係は次のように定式化できる(第9章)。

　Ⅱ-FW1：国家体制制御システムの設定している枠組み条件(制度構造と主体群・アリーナ群布置)の優劣は、社会制御システムにおける問題解決の成否を傾向的に規定する。
　Ⅱ-FW1-ES：国家体制制御システムが優れた枠組み条件を設定している場合、個別の社会制御システムにおける問題解決が傾向的に成功する。
　Ⅱ-FW1-DF：国家体制制御システムが欠陥のある枠組み条件を設定している場合は、個別の社会制御システムにおける問題解決が傾向的に失敗する。

　これらの命題は、国家体制制御システムと社会制御システムの一般的な相互関係を示したものであるが、そのより具体的内実については、社会制御システムと事業システムの相互関係についてと同型的に把握できる局面と、それとは異質な要素が介入してくる局面がある。まず、同型的に把握できる局面について、考えてみよう。その場合、社会制御システムと事業システムの相互関係について検討したのと同様に、経営システムの文脈での相互関係と、支配システムの文脈での相互関係を分節して考える必要がある。

---

[6]　たとえば、派遣労働を可能にする枠組み条件が、安易な労働者の解雇の多発と生活の不安定化をもたらし、雇用の確保が社会問題化しているという事態(たとえば、2009.2.14の朝日新聞による報道)には、派遣労働をめぐる制度にかかわる「標準的な行為パターン」の想定が妥当性を欠き、実際には、「想定外の行為パターン」が多発しているという視点や、「制度の悪用」という視点から、解明がなされるべきである。

1-1　経営システムの文脈における国家体制制御システムと社会制御システムとの関係

経営システムの文脈において、国家体制制御システムの課す枠組み条件の優劣が、社会制御システムの経営問題解決の成否を左右するという事態について、旧国鉄の長期債務問題を事例にして考えてみよう。なお以下の考察に関する事実経過は、湯浅陽一の研究(湯浅 2001)が詳しい。

〈事例 4〉旧国鉄長期債務問題(第 12 章)

1970～80 年代を通して経営が悪化を続けた旧国鉄は、1987 年 4 月に民営分割化され、JR 各社となるとともに、国鉄やそれと密接な関係にある鉄建公団の長期債務が、国鉄清算事業団に承継された。この時点で、運輸省を中枢的制御主体とする社会制御システムとしての鉄道制御システムが、旧国鉄債務問題の解決に取り組むことになったといえよう。清算事業団および JR 各社がそれぞれ債務返済について、一定の責任を課されることとなった。この解決過程において、国家体制制御システムが社会制御システムとしての鉄道制御システムに対して課した枠組み条件はどのようなものであっただろうか。その枠組み条件のもとで、鉄道制御システムは、旧国鉄債務問題の解決を首尾良く解決しえたであろうか。

歴史的経過が示すのは、1998 年 10 月の清算事業団の解散時点において、清算事業団は 27.8 兆円の債務を抱えたままであり、そのうち 23.5 兆円は国家財政の一般会計に転嫁されることになった。総体としての鉄道制御システムは、長期債務問題の解決に失敗したといわなければならない。債務返済という経営問題が首尾良く解決できなかった根拠は、国家体制制御システムが鉄道制御システムに対して課した枠組み条件が、問題解決を可能にするようなものではなかったことにある。

旧国鉄長期債務問題においては、鉄道制御システムに対して課された枠組み条件が適切でなかったということの第 1 の意味は、問題解決を可能にするような資源配分(とりわけ債務の生みだす利子分の財源保証)をしなかったことである。第 2 に、経営システムとして、最適な経営努力を実行することを可能にするような選択の自由度を、国家体制制御システムは、鉄道制御システムに与えなかった。1987 年 10 月に、地価高騰という社会情勢の中で土地価格の抑制のために、緊急土地対策要綱が閣議決定されることにより、地価が上昇したタイミングでの保有土地の売却を清算事業団は禁じられてしまった。

第 16 章　複合的な社会制御過程における問題解決の可能性　581

　これら 2 つの点において、枠組み条件が鉄道制御システムに対して、より有利なものであれば、清算事業団の解散時の債務は、大幅に減少させることができたであろう。
　ただし、容易にみてとれるように、鉄道制御システムにより有利な枠組み条件を設定することは、隣接する他の社会制御システムや事業システムに対して、不利な枠組み条件を設定することになったであろう。資源の配分と選択の自由度という 2 点において、複数の事業システムや社会制御システムのそれぞれにとって「より有利な枠組み条件」の間のトレードオフが存在するのである。

　1-2　支配システムの文脈において、国家体制制御システムの課す枠組み条件の効果
　支配システムの文脈において、国家体制制御システムの課す枠組み条件の優劣は、社会制御システムをめぐる被格差・被支配問題の解決の可能性を規定する。エネルギー供給制御システムの国際比較を事例として、このことの含意を考えてみよう。

〈事例 5〉エネルギー供給制御システムの国際比較（第 14 章）
　日本においては、エネルギー供給制御システムのあり方は、原子力発電を基幹的な電源として構成されている。再生可能エネルギーは副次的な位置づけにとどまる。これに対して、ドイツにおいては、1990 年代以降、再生可能エネルギーが長期的なエネルギー政策の柱となるようになり、原子力への依存を段階的に縮減していく脱原発の政策が選択されている。この 2 つの国の選択を、社会制御システムをめぐる被支配問題の解決可能性という点からみると、どのような特徴がみいだされるであろうか。
　日本においては、原子力重視の枠組み条件が、エネルギー供給制御システムに課されることにより、原子力関連施設（原子力発電所、放射性廃棄物処分場、再処理工場など）の立地をめぐって、各地で先鋭な被格差・被支配問題が発生している。というのは、これらの原子力諸施設は、定常的汚染と事故による汚染という固有の危険性を有し、立地点周辺に不安を与え続けるものだからである。これに対して、ドイツにおいては、1990 年代より、再生可能エネルギー重視と脱原発の志向が強かったが、1998 年の社会民主党と緑の党の連立政権の樹立以来、脱原発と再生可能エネルギーを重視するという枠組み条件がエネルギー供給制御システムに課されることにより、被支配問題の生起を段階的に緩和することが可能に

なっている。

　このような政策内容の相違を生みだした背景としての政策決定過程をみてみるならば、エネルギー供給制御システムという一つの社会制御システムの制度設計と制度選択の過程をめぐる枠組み条件の相違がみいだされる。日本においては、エネルギー供給制御システムのあり方を決定する主要な制御アリーナと主体群として、エネルギー供給制御システムの内的アリーナとしてのエネルギー総合調査会と原子力委員会、内的主体であると同時に国家体制制御システムの担い手である経産省、および、国家体制制御システムの制御中枢圏に属するアリーナとしての国会が存在し、これらの主体群とアリーナ群の布置連関の全体が、エネルギー供給制御システムの制度設計過程に対する枠組み条件を形成している。制度改革過程に関する枠組み条件には、エネルギー供給制御システムの内的な主体・アリーナの布置連関と、外的な主体・アリーナ布置連関が、ともに作用している。

　この日本における枠組み条件においては、原子力利用をエネルギー政策の主柱にしようとする志向を有する主体群が、原子力のもたらす被支配問題に敏感で原子力利用に否定的な志向を有する主体群に対して、勢力関係において優位に立っており、原子力利用を優先的政策とするようなエネルギー供給制御システムが選択され続けてきた。

　これに対して、ドイツの場合、国家体制制御システムの中枢的アリーナである国会における勢力関係が、エネルギー供給制御システムの制度設計と選択の主導的な枠組み条件になっており、国会における勢力関係において、1998年に、再生可能エネルギーを優先し脱原発を志向する政党が多数派となったことによって、原子力のもたらす受苦と費用が敏感に国会に表出されるようになり、原子力利用のもたらす被支配問題を回避するような政策選択として脱原発政策が採用されるようになったのである。

　以上のように、国家体制制御システムが社会制御システムに対して課す枠組み条件は、政策内容面と政策過程面の両面において、被支配問題の解決可能性を規定しているのである。

1-3　社会制御システムをめぐる逆連動問題

　第3の論理的関係、すなわち、一つの社会制御システムをめぐる逆連動問題についても、その解決可能性を規定するのは、国家体制制御システムが課す枠組み条件である。これについては介護保険制度問題を事例として考えてみよう。

〈事例6〉介護保険制度(旧構想の14章)

　日本の高齢者福祉サービスの分野においては、1997年12月に介護保険法が制定され、2000年4月より、介護保険制度の運用が開始された。介護保険の導入は、それ以前の措置制度による介護サービスに比べて、高齢者の側の選択の自由を尊重しようとする政策理念をもっていること、社会保険方式による財源の確保、介護認定制度やケアマネージャーの導入などの点で、介護サービスの社会化の画期をなすものである。総体としての介護サービスの給付は、介護保険制度の導入以後、急速に増大してきた(社会保険審議会介護保険部会報告 2004: 50)。だが、介護保険制度は、社会制御システムとしての経営問題解決努力と被格差・被排除・被支配問題解決努力との逆連動問題にも直面せざるをえなかった。この面で、多くの批判が寄せられているのが、低所得者に対しては、実質的なサービス水準の低下と負担増を招いているのではないかという点である。この論点を、①年金からの介護保険料の天引きと、②利用時の一割負担、③要介護度に対応したサービス給付の支給限度額の不十分性という点に即して、検討してみよう。

　①介護保険制度は、社会保険方式を採用し、40歳以上のすべての国民から保険料を徴収しており、高齢者自身も「介護保険料」を支払わなければならない。社会保険の保険料の徴収という課題は、経営システムの文脈での経営課題の一つであるが、国民健康保険における徴収率の低下に見られるように、完全な達成は容易ではない。この難題を克服するために、介護保険制度においては、年金からの天引きという仕組みが導入された。これは、介護保険制度の中枢的制御主体である厚生労働省の視点から見れば、経営問題の解決にとって非常に効果的な新しい政策手法の導入であるとして、肯定的に評価されている(増田2003)。しかし、個々の高齢者の側から見れば、年金によって保証されていた可処分所得を引き下げるものであり、低所得者にとっては剥奪問題をひきおこしたり、加重する方向に作用する。また介護保険料の滞納者に対しては、介護サービスの給付制限の規定が定められている(伊藤 2004: 182)。これらの運営原則は、社会保険制度を保険料の徴収に立脚して運営するためには、合理的な考え方のようにみえる。しかし、考慮しなければならないのは、未納の理由である。支払い能力があるのに、怠慢や私利優先によって自己負担を忌避しようという個人に対する対処としては、このような運営原則は道理にかなったものといえよう。しかし、保険料の支払い意志はあるのに支払い能力がない個人に対しては、このような運営原則は、道理性

を逸脱した対応になってしまう。

　②また介護サービスの給付にあたっては、サービス提供に必要な経費の1割を、サービスを受ける者が自己負担することになっている。これらは、経営システムとしての介護保険制度が抱える経営問題解決に対して、有効に対処するための運営原則という意義をもっている。この運営原則の背後にある考え方は、介護サービスを自己負担なしに提供する場合の「過剰利用」に対する抑制効果を期待しているものといえよう。しかし、経済力の少ない世帯にとっては、自己負担分が負担できないことが制約となって、支給限度額の一部しか利用できないという事態も発生している (神野・金子 2002: 36-37)。

　③介護保険制度においては、介護認定の段階によって、介護保険制度を通して、給付されるサービスの支給限度額が定められている。この原則は、必要性の程度に応じてサービス給付をおこなうというねらいに由来するものであり、経営問題の解決の要請を背景にして設定されている原則といえる。しかし、各認定段階に応じて、給付される介護サービスの支給限度額が低すぎるとの批判がなされている (伊藤 2004)。2006年度 (平成18年度) では要介護度5の場合、35830単位までのサービスが介護保険制度を通して提供されることになっているが (月刊介護保険編集部 2006: 266)、措置制度の下で提供されていた介護サービスと比較して大幅な給付水準の切り下げになっているという批判がある。そのような場合、措置制度のもとで提供されていた給付を得るためには、膨大な自己負担が必要となる。しかし、経済力のない世帯にとっては、それは不可能であるから、サービス水準の切り下げが生じざるをえない (神野・金子 2002: 34-35)。

　このように、介護保険制度の中には、経営システムの文脈でみると、経営問題を解決するための見地から導入された運営原則が、さまざまなかたちで制度化されている。ところが、高齢者の間には所得格差があり、高所得者にとっては、このような運営原則に由来する利用条件によって生活が困窮するとか、介護保険の利用を差し控えるという事態は生じないかもしれないが、低所得者にとっては、可処分所得の減少が生活維持にとって非常に打撃になったり、1割の自己負担が不可能ゆえに介護サービスの利用を抑制せざるをえないということが起こってくる。また、認定段階に応じた支給限度額をこえるサービスが必要な場合でも、低所得者にとっては10割自己負担でサービス給付を追加することは不可能である。つまり、現在の介護保険制度においては、経営問題の解決努力と低所得者にとっての被格差・被排除・被支配問題の解決要求との間に逆連動が生じて

いるのである。

　このような逆連動問題は、制度設計のしかたによっては、緩和あるいは解消しうる。たとえば、介護保険料については、低所得者に対する納入免除であるとか、所得に対する定率性の採用による低所得者の負担軽減とかの方式を取り入れるという選択肢もある。また、サービス利用時の1割の自己負担についても、低所得者に対しては、自己負担の免除や負担率の軽減という選択がありうる。

　このような逆連動問題を緩和する方法が実行可能であるかどうかは、国家体制制御システムが、介護保険を担う社会制御システムに、保険料以外の財源をどこまで保証するかという点と、そのことの推進が可能になるようなかたちで、国家体制制御システムの中枢的制御アリーナにおいて、低所得者の立場からの効果的な意見表出が可能かどうか、ということに規定されている。つまり、国家体制制御システムが、介護保険制度によって担われている社会制御システム（介護サービス供給システム）に対して、どのような枠組み条件を設定するのか、すなわち関係する諸主体の間にどのように財と決定権の配分をしているのかということが、逆連動問題に対する決着を規定する。

　現実には、財源制約が厳しいことと、介護サービス充実についての意見表出が国家体制制御システムの制御中枢圏に効果的になされていないことが条件になって、逆連動問題が先鋭化しており、さらに、さまざまなところで、被格差・被排除・被支配問題を深刻化させながら、逆連動の決着がなされているのである。

　以上のような国家体制制御システムと社会制御システムとの関係をめぐる問題解決可能性は、社会制御システムと事業システムとの関係をめぐる問題解決可能性と同型的な論理的メカニズムとして、論ずることができる。ここで大切なことは、さらに、国家体制制御システムと社会制御システムの関係という水準に固有の問題を検討することである。

2　国家体制制御システムの固有の制御問題

　国家体制制御システムと社会制御システムとの関係における枠組み条件設定の過程が、社会制御システムと事業システムとの関係の文脈での枠組み条件設定とは異なる固有の特徴を示すのは、どのような文脈においてであろうか。

2-1　国家体制制御システムの制御作用の特徴

ここでまず、国家体制制御システムの固有の特徴を再確認しておきたい。

第1に、国家体制制御システムは完備性を備えている。すなわち、自己完結的な制御能力を備えている。国家体制制御システムの制御中枢圏は、国家権力の担い手であり、秩序維持の強制力と、租税というかたちでの財の再配分をおこなう強制力を有している。これに対して、個別の社会制御システムは完備性を備えているわけではなく、その制御作用の有効性は、国家体制制御システムの作動に依拠するものである。国家体制制御システムの果たしている法秩序の維持は、制御保証作用を社会制御システムや事業システムに提供している。社会制御システムの制御中枢圏は、国家体制制御システムの制御中枢圏の提供する「制御保証作用」を前提にしている。制御保証作用は、いわば、暗黙のうちに作動している制御作用である。それは、間歇的にしか顕在化しないが、社会制御システムや事業システムの制御過程を可能にしている。

第2に、制御過程における価値の作用が異なっている。一つの社会制御システムにおいては、一つの価値が前提になる。なかでも一つの供給型の社会制御システムにおいては、一定の価値の前提の上に、その価値に基づいた制御目標を志向しているという意味で同質の事業システムが被統率者＝被支配者として存在している。ただし、さまざまな社会制御システムは、それぞれに異なる価値に志向しており、制御目標も相互に異質である。これに対して、国家体制制御システムは、異質な価値を志向する複数の社会制御システムを統合しなければならない。それゆえ、国家体制制御システムの制御中枢圏においては、異なる価値を志向する複数の社会制御システムの間で、制御目標の優先順位や、財や決定権の分配について、調整をしなければならないという固有の課題に取り組まなければならない。ここに現れる困難さは、一つの価値を前提にしている社会制御システムに対しては立ち現れないものである。

第3に、国家体制制御システムの制御対象となっているさまざまな社会制御システムの相互関係と、社会制御システムの制御対象となっているさまざまな事業システムの相互関係は異なっている。国家体制制御システムにおいては、制御中枢圏の諸主体の制御対象となっているのはさまざまな社会制御システムであり、それらは、相互に異なる価値と制御目標を志向しているという意味で異質である。それらの異質な社会制御システムは、相互前提的な関わり方、あるいは、相互浸透的な関わり方をしている。さまざまな社会制御システムは相互に制約条件と前提条件を提供しあうことにより、それぞれの作動が可能になっている。そ

の意味で、それらは相互浸透しているということもできる。たとえば、教育制御システムとその基礎単位である学校組織は、交通制御システムや電力供給システムや、防災制御システムなどの存在と作動を前提条件とした上で作動している。

　これに対して、一つの社会制御システムの中に存在する事業システムは、共通の価値と共通の経営課題群を有し、並存している。デュルケム的な表現をすれば、社会制御システム相互には「有機的連帯」という性格が、一つの社会制御システムに包摂されている複数の事業システムの間には「機械的連帯」という性格があるともいえよう。また、機能分析的な表現を使えば、社会制御システム相互の間には「機能的補完性」があるといえるし、一つの社会制御システムに包摂されている複数の事業システム相互の間には「機能的な等価性や代用性」の関係があるともいえる。

2-2　複数の価値間の優先順序の再定義問題

　このような基本的特徴を有する国家体制制御システムと社会制御システムとの関係という水準において、制御の成否をめぐって、どういう独自のメカニズムに注目するべきであろうか。

　第1に、国家体制制御システムにおいては、複数の社会制御システムが追求する「制御目標間の優先順序」をどのように設定するのかという固有の問題が立ち現れる。その優先順序の設定は、言葉の上での理念表明だけで把握できるものではない。具体的には、複数の社会制御システムにとっての枠組み条件間の択一的競合（トレードオフ）という問題が登場した時に、それをどのように決着づけるのかという問題がある。ここでトレードオフの現れる文脈としては、複数の社会制御システムに対する「選択の自由度についての境界条件」を定めることと、「財の分配についての分配条件」を設定することとが重要になる。この制御目標間の優先順序の再定表の事例として、日本における環境制御システムの形成過程を取り上げてみよう。

〈事例7〉環境制御システムの形成過程（第15章）

　1970〜1971年にかけて急激に進行した日本における環境制御システムの形成過程は、複数の社会制御システムの間での優先順序の変更についてのわかりやすい事例である。日本においては、戦後復興期、さらにその後の高度経済成長期を通して、経済規模が拡大することに対応して、さまざまな公害が多発した。

1960年代は、公害の激化によって特徴づけられる。当時の通産省、運輸省、建設省、経済企画庁などの中央省庁はそれぞれ経済分野の社会制御システムの中枢的制御主体となり、公共投資と民間投資を通しての経済成長を促進した。この過程で、総体としての経済制御システムは、強固に形成されたが、公害問題に取り組むべき環境制御システムの形成は立ち後れ、また、1960年代を通して萌芽的段階にとどまった。環境制御システムの段階的強化のメルクマールとなるのは、1964年4月の厚生省環境衛生局内への公害課（課員7名）の設置、1965年1月の衆議院と参議院における産業公害対策特別委員会の設置、同年10月の公害審議会の発足、1967年7月の厚生省公害部の設置、同年8月の「公害対策基本法」の設置などである。

しかし、このような環境制御システムの萌芽的・段階的強化によっては、1960年代後半の空前の公害の激化は防止しえず、1970年に至って公害は最も緊急な政策的対応を要する政治的課題となった。1970年7月に首相が本部長となる「中央公害対策本部」の設置、同年12月の「公害国会」における公害関連14法案の成立、1971年の環境庁の設置という一連の制度的変革を経て、ようやく環境制御システムが本格的に形成されたのであった。

1970年12月の「公害対策基本法」の改正によって、1967年の同法の当初制定時に明文化されていた「経済との調和」条項が削除された。このことは、環境制御システムのめざす価値と、経済システムの志向する価値との間の優先順位の変更を意味している。

環境制御システムの形成は、さまざまな環境基準を確立したり開発行為の可能な範囲を限定することにより、それを遵守するようにという制約条件を経済システムとそれを構成する諸主体に課すものであった。それは、環境制御システムと経済システムとの間での「選択の自由度についての境界条件」の変更を意味している。また、環境制御システムの形成により、公害防止のためにさまざまな予算投入をしたり公害防止投資にたいする税負担の軽減措置が推進されたが、それは、国家財政が、財政資源をさまざまな社会制御システムに分配する際の分配条件を変更するという意義を有するものであった。

このような2つの社会制御システムの間での優先順位の変更は、国家体制制御システムの制御中枢圏でなされなければならない。環境制御システムの確立過程においては、中央公害対策本部が、制御中枢圏の中でも、経済的価値と環境価値の間の優先順位の変更に重要な役割を果たした。この課題は、異質な価値のあい

だの葛藤に対して決着をつけ、それらの間に優先順序を設定するという性質のものであり、国家体制制御システムの制御中枢圏における特有の課題である。国家体制制御システムの制御中枢圏において行為する主体は、異質な価値間の葛藤問題についての判断を、絶えず求められるのである。これに対して、一つの社会制御システムのレベルでも、さまざまな価値判断をめぐる対立が、主体間に生起しうるのであるが、一つの社会制御システムの志向する究極の価値が、異質な主張を通約する公分母になりうる。つまり、一つの社会制御システムの制御中枢圏における価値対立の調整より、国家体制制御システムの制御中枢圏における価値対立における優先順序の設定や変更の問題は、より困難な課題であるといえるであろう。

環境制御システムの確立過程において、国家体制制御システムの制御中枢圏における複数の価値間の優先順序の変更を可能にしたのは、全国各地での公害反対運動の展開である。また、公害反対運動と共振するかたちでのマス・メディアにおける公害批判キャンペーンの展開と、公害批判の世論の盛り上がりが、政府と国会に対する大きな要求圧力を形成していた。

2-3　複数の社会制御システムの連結条件

国家体制制御システムの制御過程に固有の問題として、第2に、複数の社会制御システムの適切な組み合わせをどのようなかたちで実現するかという課題がある。制御問題の解決に対して、複数の社会制御システムの組み合わせのしかたが大切であるということは、次の命題によって表現できよう。

P6-1(基本命題)：一つの社会制御システムが、適切に問題を解決することができるかどうかは、その社会制御システムの内部構成だけでは決定されず、隣接する他の諸社会制御システムがどのようなかたちで存在しており、それらとどのように連結されているのか、ということに規定される。

P6-2(応用命題)：一つの社会制御システムを担う社会制度の構成原則や運営原則のよしあしの判断は、単独でその制度を抽出して論ずるだけでは不十分であり、完結できない。隣接する他の社会制御システムとの連結が生みだす総体的効果に対する判断が、必要である。

これらの命題の含意を枠組み条件の設定という文脈でとらえ返すのであれば、

次のようにもいえる。国家体制制御システムは、個々の社会制御システムに対して枠組み条件を設定しているのであるが、ここで大切なのは、それらの枠組み条件の効果を単独で把握すべきではなく、相互作用においてみるべきことである。すなわち、複数の枠組み条件が、どのように連結されているのかという連結条件（あるいは、組み合わせ条件）を把握することが重要となる。

これらの基本命題の含意を、再び介護保険制度の例に即して考えてみよう。

〈事例6〉介護保険制度（再考）（旧構想の第14章）
　現行の介護保険制度を制度的枠組みとする介護サービス供給システムにおいては、先にみたように、経営問題と低所得者層にとっての被格差・被排除・被支配問題の逆連動が先鋭化している。その相剋の焦点には、高齢者の介護保険料納入にあたっての年金からの天引き問題、一割の自己負担の重さゆえのサービス受給の抑制問題、要介護認定の各段階に対応して提供可能なサービス量の不足問題、などが見いだされる。

　これらは、受給者の側から見れば、低所得者層にとっての被格差・被排除・被支配問題を深刻化するという性格を有するものであり、さらに、基本的ニーズが充足されないという点では「剥奪問題」という意義をも有するものである。その立場からは、介護保険制度の組み立て方に不満と批判が投げかけられている。

　他方、すでにみたように、年金からの天引き、一割の自己負担、認定段階ごとのサービス上限の設定という制度を構成する原則は、財源の制約のもとで、経営システムの側面での経営問題解決努力に由来するものである。

　このように現在の介護保険制度をめぐっては、介護保険制度の経営システムを財政的に均衡させることを志向した経営問題解決努力と、その加入者や利用者が支配システムの文脈でこうむる被排除問題・剥奪問題の解決要求とが、いろいろなかたちで逆連動しているのであるが、この逆連動はどのように解決できるであろうか。

　この逆連動問題の解決の方向の探究に際しては、「複数の社会制御システムの組み合わせ条件」という視点の導入が不可欠である。もし介護保険制度が、年金制度の充実のもとに、しっかりした高齢者の所得保障と組み合わされており、すべての高齢者に適切な水準の収入があるのであれば、「年金からの介護保険料の天引き」とか「サービス受給における一割の自己負担が必要」という方式であっても、このような逆連動問題の先鋭化を回避できたであろう。また、もし国家財政

システムの財政基盤が潤沢であり、国家財政から豊富な財政資金の提供ができるのであれば、「設定されたサービス上限の不十分性」という問題を改善できるであろう。

　一つの社会制御システムの作動（いいかえれば、それを支えている制度の効果）のよしあしは、その社会制御システムや制度を、単独でみただけでは判断できない。その社会制御システムや制度と密接に関連している他の社会制御システムの作動との連結的効果においてこそ、判断されるべきである。

　いいかえると個々の社会制御システムをめぐって、逆連動問題が深刻化するかどうかは、国家体制制御システムの制御中枢圏が、複数の社会制御システムをどのように連結し、全体としてどのように制度設計をするかに、規定されるのである。

　以上のように、本章の第1節と第2節までの検討においては、複数の制御システムの相互関係と枠組み条件を鍵概念としながら検討してきた。ただし、それは、制御努力の直接的効果という局面においてであった。現実の社会制御過程においては、制御努力の多段的帰結という事態がみられる。制御問題の解決可能性や解決困難性について考察する際には、多段的帰結についてもアプローチすることが必要である。

第3節　制御の多段的帰結

1　制御過程の多段的帰結とは何か

　制御の多段的帰結とは、諸主体の行為と枠組み条件が相互に規定しながら何段階にもわたって、帰結を生みだしていくことである。すなわち、出発点となる制御努力が第一次的な枠組み条件を作りだし、その枠組み条件に方向付けられた諸主体の一定の行為が展開し、それらの行為によって第二次的な枠組み条件が作りだされ、さらにそれに方向付けられた次の段階の行為がなされる、というようなかたちで多段的な帰結が生じていくことである。

　多段的帰結はさまざまな効果を生みだすが、さまざまな効果の発生のメカニズムを解明するにあたって、どのような要素的作用に注目しておくことが必要であろうか。

　第1は、構造と主体の再強化的な相互作用である。各水準の制御システムが設

定する枠組み条件は、特定の行為パターンと主体類型を傾向的に作りだす。組織構造や制度構造というかたちでの枠組み条件は主体に対して「拘束効果」と「成型効果」を発揮する。

　ここで、「拘束効果」とは、各主体が、「構造化された場」に取り囲まれ、そこを通して、役割課題、利害関心、利用可能な資源、行為の制約条件、状況認識といったさまざまな行為の規定要因に関して、組織構造や制度構造の影響を受動的にこうむることである。また、「成型効果」とは、組織や集団の成員としての個人が、組織や集団の成員に共有されている特定の社会意識を内面化し、役割遂行に適合的な資質と能力を形成するように、組織と成員集団が個人に及ぼす作用の総体である（舩橋 2000: 141-142, 本書第 13 章）。そして、拘束効果に起因する定型的な行為や、成型効果に由来する特定の主体類型は、組織構造や制度構造を再強化するように作用する。

　第 2 に、すでにみたように、上位の水準の制御システムが下位の水準の制御システムに対して、何らかの枠組み条件の設定を通して制御努力をおこなった場合、反射的効果が、上位水準の制御システムに対しても生ずる。たとえば、社会制御システムが、そこに包摂されている事業システムに対して経営についての「好条件」を付与した場合、その反射的効果が、社会制御システムレベルで発生する。その典型としては、社会制御システムが補助金によって事業システムを育成しようとすれば、財源の負担・捻出問題が社会制御システムレベルで生ずるという事態がある。

　一般に社会内のあらゆる相互作用は、多段的帰結を伴いうる。多段的帰結の中には、「負の多段的帰結」と「正の多段的帰結」があり、社会制御過程においては、その両者にともに注目する必要がある。また、多段的帰結は、拡散し、検知不能という意味で消失していく場合もあるし、蓄積し増殖していく場合もある。この 2 つの視点の組み合わせの中で、特に注目するべきは、「負の多段的帰結の蓄積や増殖」である。それは、負の多段的効果が、拡散も消失もせず、社会のある部分に集積し、構造的緊張を促進し、欲求や経営課題の充足についての許容化ができないような場合である。公害問題における食物連鎖を通しての汚染物質の濃縮というメカニズムに類比的にいえば、多段的効果を通して負の社会的影響の濃縮あるいは集積という事態が発生しうる。

　注意しなければならないのは、そのように負の多段的帰結が発生した場合でも、そのようなメカニズムの初発においては、正の価値や利益の追求努力がみら

れるのが常であることである。構造と主体の相互作用の中で、局所的な合理的戦略や、道理性の局所的追求が、連鎖的・累積的帰結としては、「別のかたちでの問題」を作りだしてしまう。このことは一般的にいえることであり、このような社会過程に、枠組み条件を設定する中枢的制御主体も、枠組み条件の中で行為する被制御主体も巻き込まれている。

そこで、考えるべき問いは、次のように定式化される。

Q2-1：社会制御過程において、問題解決を通して価値や利益を追求する努力が、累積し、組み合わさる中で、どのようなかたちで「負の多段的帰結」が出現してくるだろうか。そこには、どのような論理的メカニズムが見いだされるだろうか。

Q2-2：社会制御過程において、問題解決を通して価値や利益を追求する努力が、累積し、拡大し、成功していく過程において、どのようなかたちで「正の多段的帰結」が出現しうるだろうか。そこにはどのような論理的メカニズムが作用しているだろうか。

この多段的帰結という論議の文脈に、経営システムと支配システムの両義性という視点を導入するならば、次のような問題設定が必要になる。

第1に、経営システムの作動に「有利な枠組み条件」はさまざまに想定しうる。大切な問題は、多段的帰結という点で、どのような枠組み条件が適切かということである。長期的帰結という文脈でみると、どのような条件付与が的確であり、どのような条件付与は、長期的・マクロ的弊害を伴うかを検討することが必要である。

第2に、支配システムにおける「利害調整方法」として、「実効的な枠組み条件」はさまざまに構想しうる。大切な問題は、どのような枠組み条件が、長期的・多段的帰結という点で、適切かということであり、どのような枠組み条件は、長期的には負の多段的帰結を生みやすいかということである。

2　多段的帰結としての「悪循環的な閉塞」

制御の多段的帰結は、通時的に顕在化してくる場合もあるし、共時的に作用している場合もある。制御の多段的帰結として、まず注目するべきは、共時的な文脈で生ずる「悪循環的な閉塞」である。すでに、たとえばM. クロジエは、官僚制

組織の研究において、「悪循環的な閉塞」のメカニズムの事例についての解明をおこなっている (Crozier 1971)。ここでは、日本おける代表的な公害問題である熊本水俣病の事例から、「悪循環的な閉塞」について検討してみよう。

〈事例8　熊本水俣病の放置のメカニズム〉(第13章)

　1950年代後半における熊本水俣病の放置と未解決状態の継続という事例は、社会制御システムと国家体制制御システムの2つのレベルにまたがるかたちでの「悪循環的な閉塞」を示している。すでに、これまでの研究で解明されてきたように、初期水俣病において、汚染物質の排出という加害行為をくい止めることができなかった過程には、次のような悪循環的な過程が存在していた (舩橋 2000: 194-196)。

　1956年5月に最初の患者が発見された熊本水俣病問題においては、その原因が不明であることが、有効な対策の樹立に対して困難を生みだしていた。その要因連関をみるならば、「研究者による原因究明作業に対して、自治体や政府の行政組織としての十分な支援・協力が欠如していた」ことが、「原因究明が困難で時間がかかり、研究上の知見に限界がつきまとう」という事態を生みだした。このことが一つの理由となって、さらに、加害企業の利害を代弁する通産省の介入・反論も作用して、「行政上は原因があいまいにされる」こととなる。1959年11月に食品衛生調査会が、有機水銀を原因物質として指摘しながらも、そのことを認める政府の正式見解が当時はだされなかった。原因があいまいであるため、「解決を求める社会的圧力が高まらない」。このことが、一つの要因となって、問題解決に対する「行政組織の消極性」を生みだす。そして、このことが、「行政組織の調査努力・解決努力における適正な方針の欠如」を帰結する。すなわち、1959年当時、原因究明についても、被害の防止や補償についても、適正な方策がとられることがなかった。このことが、再び、回帰的に研究者集団の原因究明作業に対する支援の消極性を生みだしてしまう。

　この悪循環的な閉塞のメカニズムの渦中において、個別的に見れば、それぞれに自分の置かれた状況の中で、原因の究明や防止策の採用のために、努力した諸個人が存在していた。にもかかわらず、全体としては、根本的な問題解決にはいたらず、原因究明はあいまいにされ、被害者には正当な補償がなされなかったというのが、1959年末までの状況であった。

3 制御過程を通しての、通時的文脈での「負の多段的帰結」

制御過程を通しての「負の多段的帰結」は、通時的文脈でも生ずる。そのような事例としては、どのようなものがあり、そこには、どのようなメカニズムが作用しているであろうか。いくつかの「負の多段的帰結」の事例を検討してみよう。

〈事例9〉補助金制度のもとでの財政赤字の拡大メカニズム（第12章）

負の多段的な帰結の例として、補助金というかたちで、国家財政制御システムから個別の領域別社会制御システムに資源が配分され、さらに、個別の社会制御システムの内部で、自治体を経由して事業システムに予算が配分される場合を考えてみよう。

端的にいえば、政府から自治体に対する補助金の比重の大きい財政システムにおいては、制御努力の負の多段的帰結として、財政赤字の恒常的な圧力が生まれる。

補助金は、限定された文脈でみると、一定の合理性なり、道理性のある論理によって、正当化されるようにみえる。財政力の弱い自治体でも、補助金のおかげで、道路や学校や福祉施設をつくることができる。それゆえ、財政力の弱い自治体が補助金を求めて努力するのは、自治体経営からみれば合理的であり、それが地域格差の縮小の方向に作用する場合であれば、財政資源の再分配によって道理性の一契機としての衡平への接近という意義も有するであろう。

しかし、社会過程における総体としての効果を把握するためには、補助金制度の二次的効果あるいは多段的帰結を勘案しなければならない。補助金型の資源配分は、「負担の自己回帰」を切断していることにより、「要求の際限のない噴出」を絶えず生みだしてしまう。それは、「収支を不均衡化する圧力」となって、国家体制制御システムのレベルでの収支不均衡を拡大する方向に作用する。補助金は、負担問題を考慮しないという意味での有権者の「モノとり主義」と、それに照応するような、負担問題を考慮せずに受益のみを提供しようとする政治家の「人気取り主義」を増殖させるのである。

この補助金の多段的帰結を考慮するならば、「地方交付税の補助金化」がもたらす帰結についても、照明が与えられる。「地方交付税の補助金化」とは、本来は使途を特定化しない財源である地方交付税が、その運用において、実質的に補助金と同じような特定の使途に強く関係づけられるようになることである。たとえば、整備新幹線建設のために自治体が起債できるようにし、その地方債返済

費用を交付税の基準財政需要額へ算定できるような措置をとることは、「交付税の補助金化」を意味している。この措置は、「負担の自己回帰の切断」をもたらし、際限のない要求圧力の噴出を招く。このような新幹線建設にかかわる自治体負担の軽減措置は、地方レベルの財政システムの経営問題を解決しやすくするような枠組み条件の設定であるが、その第二次的帰結は、モノとり主義と人気取り主義による国家財政システムレベルにおける支出増大を要求する圧力の加速である。

このように、補助金制度のもとでは、一つのレベル・文脈での問題解決努力が、別のレベル・文脈で問題を悪化させているという「負の多段的帰結」がみられるのである。

〈事例10〉原子力発電依存における二重基準の連鎖構造と地域間格差（第14章）
「負の多段的帰結」の他の事例として、日本における原子力発電のもたらす帰結を検討してみよう。原子力発電への依存は、物理的には、放射性廃棄物という帰結を伴う。放射性廃棄物は固有の危険性を有するという意味で「負の財」であり、「負の効果」を生みだす。この放射性廃棄物の生みだす「負の効果」は「転嫁」や「先送り」によって消失せず、永続的に累積し、社会的文脈で、きわめて複雑な多段的な帰結を生みだす。

放射性廃棄物問題は、現在の日本においては、低レベル放射性廃棄物の埋設についても、海外返還高レベル放射性廃棄物についても、使用済み燃料の中間貯蔵施設についても、当面は青森県に集中させるというかたちで処理されている。このような構造がつくりだされてきた過程には、エネルギー供給制御システムの担い手側と、地元の諸主体のそれぞれにおける戦略的な行為の積み重ねがみられる。

電力エネルギー供給を、原子力発電を柱にしながら推進しようとする諸主体（経産省、原子力委員会、各電力会社、日本原燃など）は、原子力関連施設の過疎地立地を推進し、電源三法交付金などの経済的なメリットを立地促進の手段として使ってきた。これに対して、立地候補点となった地域においては、賛否両論の対立というかたちで、地域世論が分裂するのが常であった。立地反対派は、危険性を最大の論拠とするのに対して、地元の立地賛成派あるいは許容派は、雇用や自治体財政に対する経済的メリットを主要な根拠としてきた。たとえば、青森県六ヶ所村における核燃サイクル施設の受け入れの過程に、このことは典型的に現れている。この過程で、原子力施設の立地推進側にも、各地の地元の賛成派にも、「二重基準」が見られ、それらの諸主体の相互規定的な行為の多段的効果として「二

重基準の連鎖構造」が作りだされている。

　電力の大消費地である東京などの大都市部では、自らは原子力発電によるメリットを享受しながら、原発の操業に伴う危険や、放射性廃棄物の処分に伴う危険は自ら引き受けることは拒絶し他の地域に押しつけようとしていることにおいて、二重基準を使用している。電力会社や、経産省も、原子力施設の立地点選択において、大都市部を回避し過疎地を選択することによって、危険性／安全性についての二重基準を採用している。さらに、原発立地点である福島県や新潟県において、立地協力派は、電源三法交付金や雇用の確保などの経済的メリットを引きだしつつ、使用済み燃料や低レベルおよび高レベルの放射性廃棄物の長期的管理や処分を拒否し、他の地域に搬出することを立地受け入れの条件にしている。そこには二重基準の採用がみられる。それらの放射性廃棄物は、現時点では青森県に集中する構造になっているが、青森県自身も、高レベル放射性廃棄物の最終処分場の建設を拒否することを再三表明しており、どこかよその地域に搬出することを条件としている。その意味では、青森県も「どこかよその地域」との関係において二重基準を採用している。

　このような各主体の二重基準の採用は、各主体のミクロ的・短期的利害関心の追求という立場からは合理的ともいえようが、その累積は「二重基準の連鎖構造」を生みだしており、危険性の負担という点で地域間の大きな格差を生みだしている。すなわち、原子力施設や放射性廃棄物をめぐって出現している「二重基準の連鎖構造」は、各主体の局地的な最適戦略の積み重ねから、その多段的帰結として、道理性から逸脱するような格差構造が生みだされてくるメカニズムを示している。

　電源三法交付金制度というのは、それによって、原子力施設の立地を傾向的に促進するという効果を有する制度である。それは、直接的、即効的に財政力格差縮小という効果も生む。しかし、長期的には、エネルギー供給政策を核燃料サイクル推進というかたちで方向づける効果を生みだし、結果として、再生可能エネルギーの利用においてヨーロッパの先進国に日本が立ち後れるという帰結を生んできたし、国内的には別のかたちでの大きな格差構造（原子力施設立地点における自生的産業の欠如、危険の負担の格差）を再生産するとともに、国土の中への総体としての放射性廃棄物の際限のない累増という帰結を生んでしまう。これらの負の多段的帰結という視点から、その妥当性が検証されるべきであろう。

以上のように、社会制御過程においては「負の多段階的帰結」というべき論理的メカニズムが、さまざまに発見される。では、このような状況の対極の可能性、すなわち、「正の多段階的帰結」は、はたして、またどのようなかたちで、出現しうるのであろうか。

4　触発的変革力

「負の多段的帰結」との対比で、社会制御過程において注目するべきは、変革過程に現れる「正の多段的帰結」である。そのような「正の多段的帰結」として、第1に重要なのは、「共鳴基盤と触発的変革力」という論理的メカニズムである。

〈事例11〉分別収集の導入に見られた触発的変革力（第3章）
「触発的変革力」とは、ある問題に取り組む一つの主体の効果的な変革努力が、類似の問題に取り組む他の主体の変革努力を連鎖的に触発し、多数の主体に共鳴と自発性を喚起しつつ、同様の変革努力が波及していくような変革力である。その好例は、1974〜75年にかけての沼津市における分別収集の導入の事例である。沼津市では、わずか数名の現場の清掃労働者による「分別収集による資源リサイクルとゴミ減量」という新方式の発案が、やがて60名の現場労働者に共有される。その実現のためには、市民による分別排出が必要であるが、1974年夏の5つの町内会組織による分別排出の協力を始点として、段階的に協力する町内会の数が増え、1975年3月には、全市のほぼ三分の二の協力が得られ、同年4月からは、全市域において実行されるようになった。さらに、日本全国の他の自治体に「分別収集」方式が急速に波及していき、1991年の「廃棄物の処理及び清掃に関する法律」の大改正にあたっては、分別によるゴミ減量という考え方が同法の中にも取り入れられるに至った。

触発的変革力の出現は、共鳴基盤の存在を前提にしている。一般に、なんらかの主張や思想や問題解決努力の共鳴基盤は、利害状況の共有であるが、触発的変革力という過程が生起するのは、解決困難な同種の社会問題への直面という利害状況が広範に存在しており、それをなんとか解決・改善したいという利害関心が広範に共有されていることである。

触発的変革力は、個々の主体性の発揮が、変革の連鎖を引き起こしていくというかたちをとるから、「悪循環的な閉塞」という「負の多段的帰結」の一つの対極をなすものである。触発的変革力の作用を見いだすことのできる別の事例として

は、四大公害訴訟や、日本における有機農業運動の開始と普及などを、挙げることができよう。

5　進化的・段階的変革

　正の多段的帰結が累積していく第2のメカニズムとして、「段階進化的変革」がある。これは、ある時点で存在する主体と制御アリーナが起点となって、変革努力がなされ、その結果、より大きな影響力を有する主体形成と制御アリーナ設定が可能になり、それらの新しい主体や制御アリーナによって、より強力に変革努力が展開されるというかたちで、段階的に変革力が進化しながら、変革過程が進行するというものである。この変革過程は、制度と主体の相互作用というかたちで進展する場合は、一定の制度構造のもとで、新しい主体形成がなされ、その主体が新しい制度構造を形成し、その構造のもとで、さらに強力な主体形成が可能になるという連鎖をたどる。

〈事例7〉環境制御システムの形成過程 (再考) (第15章)
　段階進化的変革の事例として、1961〜1971年にかけての、日本における環境制御システムの形成の過程を再度とりあげてみよう。環境制御システムの形成の第1段階は、1961年4月から1970年6月にかけて進展したが、それは、萌芽的形成というべき段階であった。その段階は、厚生省環境衛生局環境衛生課に1名の公害係設置 (1961.4) から始まり、同省環境衛生局に7名の公害課設置 (1964.4) により主体が強化され、衆議院と参議院への産業公害対策特別委員会の設置 (1965.1)、および、公害審議会の発足 (1965.10) によって制御アリーナが創出され、厚生省公害部の設置 (1967.4) に至る。環境制御システムの第2段階の形成は、1970年7月から1973年9月に至る本格的形成の段階である。その進展は、国家体制制御システムの制御中枢圏に、公害対策関係閣僚会議と中央公害対策本部が設置され (1970年7月)、公害対策関連14法案の成立 (1970年12月) を経て、環境制御システムの中枢的制御主体としての環境庁の設置 (1971年7月) と、中央公害対策審議会の発足 (1971年9月) という経過をたどった。

　この事例においては、変革を志向する主体と変革を担う制御アリーナが段階的に強化されていった。すなわち、一つの段階の主体と制御アリーナの布置連関のもとでの制度変革の成功により、より強力な主体と制御アリーナが形成され、より根本的な変革が可能になっていくというかたちで、変革力が段階的に進化して

いく過程がみられた。

　以上のように、一方で、制御努力の「負の多段的帰結」は、社会的な問題の深刻化の過程に繰り返し立ち現れてくるものであり、より具体的なレベルでは、さまざまな論理的メカニズムをみいだすことができる。閉塞の悪循環的再生産(熊本水俣病)や、ミクロ的経営問題解決努力の意図せざる帰結(補助金の長期的機能としての財政赤字促進圧力)や、ミクロ的利益追求を通しての被格差・被排除・被支配問題の深刻化(二重基準の連鎖構造を通しての原子力施設の立地)という諸過程は、その「負の多段的帰結」の具体的な論理的メカニズムの中でも重要なタイプと思われる。

　他方で、制御努力の「正の多段的帰結」という社会過程も、社会問題の改善・解決過程の中に、さまざまに発見することができる。正の多段的帰結の具体的な論理的メカニズムの中でも、「共鳴基盤を背景にしての触発的変革力」と、「主体と制御アリーナの段階的進化による変革過程」は、重要であり注目するべきである。

　「正の多段的帰結」は、どういう条件の下で、いかにして可能になるのだろうか。この問題を包括的に論ずることはできないが、「正の多段的帰結」の出発点を可能にする主体の「超越性」について、指摘しておきたい。およそ変革志向を有する主体は、なんらかの超越性を有するといえるが、閉塞性と悪循環のメカニズムを克服していくためには、それに対する「超越性」を有する主体もしくは主体群による変革行為が、とりわけ必要である。悪循環のメカニズムの外側に出なければならないからである。そのような超越性を可能にする根拠として重要なのは、主体の有する価値合理性と、主体群の有する連帯関係であろう。

6　多段的帰結についての補足的論点

　以上においては、制御過程における多段的帰結について、さまざまに検討してきたが、ここで、多段的帰結に関する補足的論点を整理しておこう。

　①多段的帰結は予測しがたい。

　一般に、社会制御過程においては、一段先の予測ですら、頻繁にはずれるものである。まして、社会制御努力において、多段的帰結についての正確な予測をすることは、きわめて困難である。そこにはあまりにも多数の要因が介在するからである。

ここで大切なことは、どういう要因故に多段的帰結の予測が困難であるのかを、明確にしておくことである。多段的帰結の予測がはずれる根拠の一つは、「恣意的に楽観的な予測」である。それは、制御努力のもたらす多段的帰結のうち、「正の効果」や「正の可能性」をくり返し過大に評価し、「負の効果」や「必要な費用」や「負の可能性」をくり返し過小に評価するという傾向である。このような「恣意的に楽観的な予測」は、たとえば、地域開発計画などにおいて頻繁に見られてきたものである (宮本 1977: 18-19)。

　②多段的帰結は、一般に効果の社会空間内での移動を伴う。
　一つの行為が多段的な帰結を生むとき、社会空間内、また物理空間において、効果の社会的移動を伴う。原子力発電に伴う放射性廃棄物や、財政赤字の転移は、その一例である。

　③政府の失敗の一つの発生メカニズムとしての多段的帰結。
　「多段的帰結」という視点は、「政府の失敗」の発生メカニズムを解明するための一つの理論的視点を提供している。
　「負の多段的帰結」という視点は、「政策の成功」や「有能な職員」と、「政府の失敗」とは、別の次元に属していることを明らかにする。すなわち、「政策の成功」が積み重なり、「有能な職員」が集まっていれば、「政府の失敗」が回避できるというわけではない。「政策の成功」や「有能な職員」が存在するにもかかわらず、むしろ、それらと同時に、さらには、それら故に、「政府の失敗」が出現しうるのである。
　整備新幹線の建設の事例は、そして、より広くは、日本における公共事業のあり方は、そのような論理的メカニズムを示している。財源捻出が困難な中で、さまざまな制度的工夫により、整備新幹線は建設されてきた (角 2008)。建設を熱望する各地域からみれば、地元負担分の財源を捻出するために、地方債を発行し、その返済費用の一定部分を、地方交付税制度の基準財政需要額に組み入れることにより、自治体にとっての実質的負担を軽減するという方策は、「うまいやり方」にみえる。このような財源捻出の工夫をすることによって、整備新幹線の建設は、「政策としては成功」したようにみえる。そして、そのような切り抜け策を案出した政府や自治体の職員は「有能」であったといえる。しかし、そのようなかたちで、巨額の投資を実現したことが、巨視的に見れば、公的債務を加重し続けているのであり、政府支出の過大性と公的債務の肥大化という意味で「政府の失敗」が生じているといわなければならない。

表16-1 政府組織の自存化傾向の生みだす諸弊害（表9－6の再掲）

弊害の生ずる社会制御システム内の文脈		諸弊害	
支配システム	政治システム	過剰介入 独走化 独裁化	先鋭な被格差問題と被支配問題への鈍感さ
	閉鎖的受益圏の階層構造	財の党派的配分 腐敗	
経営システム	目的	行政課題の自己目的化 セクショナリズム	
	手段	硬直性　　　肥大化　　　非能率性 真の費用の事前の潜在化と事後の顕在化 （費用の偽装）	

　ここであらためて、「政府の失敗」とは何かについて、検討してみよう。これまでの研究を整理すれば、政府はさまざまなかたちで自存化傾向の諸弊害を露呈する。経営システムと支配システムの両義性論に即して自存化傾向の諸弊害を整理すれば、**表16-1**のようになる。

　ここで、「政府の失敗」とは、「政府組織の運営に対して民衆からの批判作用が欠如あるいは弱体なため、政府組織の自存化傾向が放置されていた場合に生ずる諸弊害や問題解決能力の限界のこと」と定義しておこう。

　この定義の特徴を確認しておこう。この定義は、第1に、「政府の失敗」を「自存化傾向の諸弊害」に注目して定義しようとしている。第2に、「政策の成功」や「職員の有能さ」を前提にしても、「政府の失敗」が生ずることがありうるという認識に立っている。第3に、「民衆からの批判作用の有無」を、「政府の失敗」の定義の中で、重要な位置においている。第4に、「政府の失敗」は、常に存在しているものではなく、民衆からの批判作用によって、自存化傾向の諸弊害の発生を抑制すれば回避できるものであるという含意がある。この第4の論点は、公共圏による制御中枢圏に対する絶えざる批判の必要という論点につながっていくものである。

　さまざまな独裁体制が、表面上は、どのようにもっともらしい価値を掲げたとしても、さまざまな弊害を生んでしまうという論理的メカニズムは、このような意味での「政府の失敗」という視点から、照明を与えることができる。

第4節　制御中枢圏のあり方

　以上の各節で確認してきたことは、社会制御過程において、制御問題を解決するためには、上位の水準の制御システムから下位の水準に対して課される枠組み条件の適否が重要であること、また、制御努力の効果は直接的帰結のみならず、多段的帰結に即しても、評価されるべきことであった。

　このような特質を有する社会制御過程において、各水準の制御中枢圏の果たす役割は重要である。社会制御システムあるいは国家体制制御システムの制御中枢圏には、制御システムとしての自分自身の内部構成と、下位の水準の制御システムに対して設定する枠組み条件をどのように制度設計するべきかという課題と、それらを前提にした上で、制御システムの運営上、そのつど立ち現れる制御問題を、どのように解決していくのかが問われる。では、社会制御過程において的確に制御問題を解決するためには、制御中枢圏にどのような条件・資質が要請されるのであろうか。

1　制御中枢圏にはいかなる資質、能力が必要とされるのか

　問題解決過程の論理的契機に即せば、以下のような資質・能力が必要である。

1-1　問題の感受と問題形成能力

　社会制御過程の出発点は、問題の感受と問題形成にある。制御中枢圏は、国家体制制御システムや社会制御システムの定常的運営のための意志決定を処理しなければならないが、同時に、環境条件の変化に対応しつつ、人々の欲求をよりよく充足するために、また、社会システムの中に存在する構造的緊張を解決するために、絶えず、制御目標としての経営課題群と変革課題群を再定義しつつ、自らと他の水準の制御システムの変革に取り組まなければならない。この過程で、何が解決すべき問題なのかを敏感に感受し、変革課題を明確にするという意味で、問題形成をしなければならない。

　「問題の感受と問題形成」は、経営システムの文脈でも、支配システムの文脈でも、絶えず必要になる。とくに、支配システムの文脈においては、このような制御目標の再定義(変革課題群の設定と経営課題群の再定義)の過程においては、絶えず、被格差・被排除・被支配問題の解決という課題を、経営課題群へと転換する操作が必要になる。

1–2　情報の包括的取り集めを基盤にした解決諸案の作成能力

　より的確な問題解決のためには、経営問題の解決、被格差・被排除・被支配問題の解決、両者の逆連動の解決といういずれの問題解決においても、複数の解決案を作成し、それぞれの選択肢の効果と費用と多面的な随伴帰結を勘案して、総合的評価ができるようにしなければならない。

　的確な解決案の実施のためには、価値理念、大局的な解決原則、情報収集と認識・予測能力が必要になる。価値理念が明確でなければ、制御目標を明確に設定できないし、制御目標の質的洗練もできない。大局的な解決原則とは、解決案作成の方向づけを与えるものである。公害問題解決における「汚染者負担原則」はその一例である。

　より的確な解決策が何かを明確にするためには、複数の解決策について、効果と費用と随伴帰結についての情報を取り集める能力と、予測能力が必要である。しかし、一般に制御問題についての完全情報を入手することはできず、将来の事象については不確実性をゼロにすることはできない。

　多面的・多段的帰結については、すべての「微少な」帰結まで把握することはできない。帰結についての情報取り集め能力の限界があるのであり、どこかで「すそきり」という性格の判断が必要になる。「すそきり」とは、軽微と考えられる多面的・多段的帰結については、無視することである。けれども、「すそきり」には、重要な帰結を見過ごすという過誤の危険がある。

　逆に、帰結を考慮する場合に「針小棒大」な議論に陥る危険もある。それは、実際にはトリビアルな影響しか起こさないものを過大に評価することであり、プラス効果の過大評価もあれば、マイナス効果の過大評価もありうる。

1–3　解決策の決定能力

　解決策の決定能力とは、さまざまに構想されうる複数の解決策について、どの解決策が適切であるのかを判断し、最終的に一つの解決策を選択する能力である。この過程においては、利害要求の対立、価値の対立に対して、どのような優先順序を設定するのかという問題に取り組まなければならない。社会制御システムのレベルにおいては、各領域において掲げられる価値を前提にしての、価値の概念解釈が問題になる。国家体制制御システムにおいては、複数の社会制御システムが志向する異なる価値の間の優先順序が問題になるので、価値判断の問題

が、より深刻に問われる。一つの解決策を決定するためには、問題解決のための価値理念の明確化と堅持、価値理念に立脚した問題解決のための規範的原則の設定、さまざまな利害要求に対する優先順位の適正な設定、ということが必要になってくる。

制御中枢圏を構成するさまざまな主体の間で、何が適正な解決策であるのか選択する過程において、意見対立が存在するのは常である。それらの意見対立から、なんらかのしかたで一つの決定を作りださなければならない。

1-4 解決策の実行能力

解決策の実行能力とは、制御中枢圏が決定した解決策を社会システムの中で実行すること、すなわち、他の諸主体との協力を得つつ、あるいは抵抗を排除しつつ、それを社会過程において、実行できる能力である。解決策の実行のためには、決定権における優越性と合意形成能力の少なくとも一つをもたなければならない。

合法性支配の枠組みが存在する時、制御中枢圏が合法的に政策決定をすれば、決定権における優越性は確保されるから、解決策の実行はできるであろう。しかし、それがどの程度、実質的に効果を発揮するかは、合意形成の程度による。合意が存在しない場合、被制御主体の側は、さまざまなかたちで、自分の利害関心を守るために、「想定される標準的行為パターン」とは異なる想定外の行為パターンをとりうるのである。それゆえ、解決策の実行が空洞化・形骸化しないためには、合意形成が存在すること、またその前提としての価値理念が共有されることが好ましい条件である。

1-5 制御中枢圏の備えるべき指導性とは何か

制御中枢圏は、決定権における優越性を有するのであり、社会制御過程において特別に重要な位置にある。それは、巨大な役割・制度効果を発揮する。適切な社会制御をおこなうためには、繰り返し、制御中枢圏が、制度設計と制度運用との両面にわたって、適切な決定をしなければならない。制御中枢圏が、社会制御過程において、問題解決に積極的に貢献するためには、指導性をもたなければならない。ここで、「指導性」を、被制御主体の協力を動員しつつ問題解決策を立案・決定し、それを実行する能力と定義しておこう。制御中枢圏の指導能力の鍵は、①目標としての価値・経営課題群の明確化、②それを実現するにあたっての道理

性の尊重と手段的合理性の選択、③被支配者（被統率者）の合意に基づく協力の動員、といった諸要素である。それでは、制御中枢圏が指導性を発揮するための条件は何であろうか。

1-6 制御中枢圏の有する優越性と、有するべき尊重性と超越性

先にみたように、制御中枢圏には、問題解決過程の諸契機に即してさまざまな能力が必要とされるのであるが、それらの能力を洗練すること、つまり、指導性を発揮しうるためには、何が必要であろうか。ここで大切になるのは、諸主体の要求や主張に対する「尊重性と超越性」である。

第1に、問題形成のためには、諸主体（諸個人、諸集団）の要求のうち、道理性・合理性を備えたものに対する尊重性が備わっている必要がある。道理性の中には、基本的人権の尊重、衡平、公正、賢明の諸契機が含まれている。この意味での尊重性がなければ、問題形成が的確になされないだろうし、負の随伴帰結に対して鈍感になってしまい、解決策の選択肢の発案も的確になされないであろう。

第2に、制御中枢圏は、個々の利害要求が合理的でなかったり、道理にはずれたものである場合には、それらに対して、合理性や道理性に立脚する超越性をもって対処すべきである。すなわち道理性に立脚することによる「道理性の欠如に対する超越性」が必要であり、また、「制御システムの部分に準拠した合理性」に対して「制御システム全体の合理性に準拠した超越性」が必要である。たとえば、人権侵害に対しては、それを中止させなければならないし、財政支出を求める個々の利害要求に対して、財政全体の健全性を保つことを根拠にした超越性を発揮することが必要である。

この超越性とは、制御中枢圏を構成する諸主体の「私的な利害要求」に対する超越性をも意味する。制御中枢圏の「私的な利害要求」が、「逆順内面化」[7]というかたちで、制御過程に混入するのであれば、制御過程の劣化が生ずる。それが、昂進すれば、さまざまなかたちでの「財の党派的分配」や「腐敗」が生ずることになる。その意味では、制御中枢圏には、無私性が要請される。

超越性の契機を欠いて、尊重性の契機だけしかもたなければ、個別的利害要求にひきずられすぎることによって、制御中枢圏の意志決定は適正さを失うことに

---

[7] 逆順内面化とは、個人や集団の行為目標の設定にあたり、私的利害要求の追求が、経営課題や役割課題の尊重に対して優先的に反映されているような場合である。
編注：本書の12章4節の6を参照。

なるであろう。

　逆に、尊重性の契機を欠いて、超越性の契機だけしかもたなければ、制御中枢圏は、独善的になったり、人々の正当な利害要求に対して、鈍感になってしまうであろう。

2　制御中枢圏の劣化問題

　このように制御中枢圏が指導性を備えること、そしてそれを可能にするような尊重性と超越性を備えることは、社会制御が適切になされるための要請であるが、実際には、それらの不足や欠落が生じてくる。すなわち、制御中枢圏は、さまざまなかたちで劣化しうる。「劣化」とは、経営問題や被格差・被排除・被支配問題に対して、合理性と道理性に支えられた解決能力が低下あるいは喪失することを含意している。事業システムにおける制御中枢の劣化、社会制御システムと国家体制制御システムにおける制御中枢圏の劣化は、どのようなかたちで顕現するであろうか。

2-1　指導性の欠如としての劣化

　劣化の第1の形態は、指導性の欠如としての劣化である。それは、制御中枢圏が、問題解決過程において積極的な役割を果たせなくなることである。より具体的には、制御過程の方向づけを与えるような価値合理性の欠如、合理性と道理性についての概念解釈を提示して被制御主体を納得させることの欠如、負担問題と支出問題についての整合性の欠如、部分的要求を抑制するような制約条件や原則の提出の欠如、相剋するさまざまな利害要求に対する説得力のある優先順序設定の欠如、などのかたちで現れる。

　頻繁に生じる劣化の形態は、部分的利害要求の昂進に対して、的確な枠組み条件を設定できなくなることである。一般に、一つの社会制御システムの制御中枢圏で、政策決定する際に、その内部の有力な事業システムの利害要求は、社会制御システムの政策選択に大きな影響を及ぼす。また、一つの国家体制制御システムの中で、政策決定をする際、その内部の有力な社会制御システムの利害要求が、国家体制制御システムの政策選択に大きな影響を及ぼす。これらの影響力が、合理性や道理性を逸脱するように作用し、他の部分で、合理性や道理性を犠牲にしてしまうとき、制御中枢圏の劣化が生じる。

　ここにみられるのは、下位の主体が提起する「私利偏重型」の政策提案に対し

て、制御中枢圏がそれに引きずられて、「追認埋没型」政策決定をおこなっているという事態である。

ここで、「私利偏重型」政策提案とは、既得権の防衛や私利追求機会の拡大といった私的利害関心を優先的に反映させるようなかたちで、政策提案がなされることである。また、追認埋没型政策決定とは、既成事実を追認し、有力な被制御主体の利害関心に対して超越性をもてないような政策決定である。その対極は、先導性と超越性をそなえた政策決定である。

たとえば、2009年時点における日本の政府と自治体の公的債務の合計は800兆円を超えるが、その累積していく過程では、各省庁の支出拡大要求が自存化的に昂進し、それに対して、国家体制制御システムの制御中枢圏が、全体として、整合的に負担問題や再分配問題を解決していない。別の例としては、第二次世界大戦に至る過程で、旧日本軍が出先機関の独走によって戦闘行為を開始してしまい、制御中枢圏を構成する首相や天皇が、それを指導できなくなったことも、劣化の例といえよう。

2-2 独裁化としての劣化

劣化の第2の形態は、独裁化としての劣化である。「独裁化」とは、制御中枢圏の決定権における優越性が昂進し、被制御主体の側に批判や不満があっても、制御中枢圏がその表出自体を認めず、意志貫徹をしていくような事態である。

何が独裁化であり、何が指導性の発揮であるのかは紛らわしい面がある。だが、判別のメルクマールは、反対意見、批判意見に対する態度であり、道理性・合理性の尊重の程度である。指導性の発揮努力は、反対意見、批判に対して閉ざされたものになる時には独善的になり、それらを禁圧する時には独裁的となる。独裁化はさまざまなかたちで道理性と合理性を蹂躙する。制御中枢圏が独裁化に陥ると、批判意見の禁圧というかたちで、自由な言論を封ずるとともに、他のさまざまな基本的人権を侵害するようになり、さらに、財の党派的分配や、さまざまな腐敗が生ずることになる。独裁化は、短期的には経営システムの能力向上を推進するかのごとくみえることもあるが、長期的には、経営問題の解決についても、被格差・被排除・被支配問題の解決についても、劣った成果しか生まないであろう。

3 制御中枢圏の能力の向上／劣化に影響を及ぼす諸要因

以上のような検討をふまえて、次に問うべきは、制御中枢圏のいかなる特質が、

その問題解決能力の改善を促進したり、逆に、劣化を招きやすいかということの検討である。このテーマは、多様な問題群に分節されるものであるが、ここでは、代表的な論点を概観するかたちで提起しておこう。

3-1　制御中枢圏の内部構成

　制御中枢圏の内部構成は、制御作用の質にどのように影響を及ぼすだろうか。制御中枢圏のいかなる主体・アリーナ布置連関が、制御能力の向上に正負の影響を及ぼすだろうか。

　国家体制制御システムの特色は、制御中枢圏に、議会、司法組織、政府首脳という異質の主体とアリーナが存在することである。これらの主体とアリーナにどのような権限を付与し、どのような相互関係を構築するかによって、制御中枢圏はさまざまに設計しうる。三権分立の基本発想は、制御中枢圏の諸機関の相互牽制・相互批判と機能の分割により、制御中枢圏の自存化傾向が生みだしうる諸弊害に対する歯止めの構築といえよう。だが、実際に、司法機関が行政組織や立法組織に対して、どの程度独立性を有し、また、牽制や批判的作用を及ぼしうるかは、多様である。

　日本においては、近年、中央省庁の官僚機構を政治家が批判する際に、しばしば「政治主導」という言葉が使われる。これは、官庁主導型の法律形成の累積の中に、未解決の問題が山積していること、それらの解決に対して、政治家と国会が積極的役割を果たすべき所、その指導能力が不足していることについての危機感の表明ともいえる。だが、「政治主導」といっても、それが特定の利害集団の要求圧力の表出強化を意味するのであるならば、「政治主導」によって、むしろ、制御中枢圏は、劣化するであろう。

3-2　制御中枢圏の意志決定過程

　さまざまな主体・アリーナの布置連関のもとでも、どのような手順で意志決定をおこなうのかについては、さまざまな選択肢がある。社会制御システムの制度設計の骨格を定める法律を議会が制定するのにあたり、法案を用意し提出するのは、議員のみなのか、行政組織もそれができるのか、あるいは、主として行政組織が担うのか、というさまざまな選択肢がありうる。さらに、意志決定過程が、制御中枢圏の外部の主体の関与に対してどの程度開かれているのかという問題もある。この点は、後述の「公共圏と制御中枢圏の関係」という主題につながる

ものである。

3-3 制御中枢圏の担い手となる個人の決定・選任の方法

制御中枢圏には、さまざまな組織やアリーナがある。それぞれを担う諸個人をどのように決定・選任するのかということは、制御中枢圏の能力を左右する重要な要因である。それは個人の側から見れば、どのようにして制御中枢圏の内部の役割取得ができるのかという問題になる。たとえば、政府の最高責任者を議員内閣制によって国会で選ぶ方法もあるし、大統領制で国民の直接投票で選ぶという方法もある。選挙を取り入れる場合に、議員や大統領を選ぶ選挙規則をどう定めるのかについても、さまざまな可能性が開けている。

ここで、大切なのは、制御中枢圏の担い手主体の選抜、役割獲得のメカニズムが、「優れた個人」を選抜できるようになっているかどうかである。役割担当者の決定のしかたが拙劣であれば、「凡庸な」個人、あるいは、「無能な」個人が、重大な社会的影響力を有する役割を担うということが生じてしまい、制御中枢圏の劣化が生じるであろう。

ここで、「優れた個人」ということの判断基準もさまざまに定義できるが、制御過程において道理性と合理性が大切であるという本稿の立場に立てば、「道理性や合理性を実現するかたちで問題を解決しうる能力」が、「優れた個人」の総括的な定義になるべきである。

以上の諸要因（制御中枢圏の内部構成、意志決定過程、担い手の決定と選任の方法）は、いずれも、制御中枢圏の能力を規定する重要な要因であるが、制御中枢圏の問題形成能力、解決諸案立案能力、解決案決定能力、解決策実行能力のいずれも、その内部だけで、完結的に論ずることができない。なぜなら、制御中枢圏の内部構成、意志決定過程、担い手の決定と選任の方法といった要因は、制御中枢圏の内部だけで決定されることではなく、制御中枢圏とその外部の社会内の諸主体との相互作用においても規定されるからである。制御中枢圏をとりまく言論空間を公共圏ということにすれば、制御中枢圏の制御能力は、それをとりまく公共圏との関係によって、深く規定されているのである。そこで、次に問うべきは、制御中枢圏を取り巻く公共圏のあり方、および、制御中枢圏と公共圏の相互作用のあり方である。

第5節　公共圏による制御中枢圏への働きかけと公共圏の豊富化

1　制御中枢圏の「指導性／劣化」を規定するものとしての公共圏の「豊富性／貧弱性」

　制御中枢圏が、どのようなかたちで指導性を発揮し制御問題を解決することができるのか、それとも劣化をおこし、適切な問題解決に失敗するのかを規定する、外的要因として重要なのは、制御中枢圏をとりまく公共圏のあり方である。

1-1　公共圏の意味と作用

　ここで、公共圏（public sphere）とは、①公共の問題を扱いつつ持続的な討論がなされ、②討論への参入可能性が公衆に開かれており、③討論の過程と内容が公開されているような社会圏、として定義しておこう。

　公共圏に参加している主体としては、まず公共の問題に関心を有し発言しようという諸個人や各種の利害集団や政党があるが、これに加えて、意見交換を媒介する各種のメディアや、意見交換の素材や政策選択肢を提起する調査研究機関も、重要である。

　公共圏は制御中枢圏を取り巻いており、制御中枢圏と相互作用している。制御中枢圏の側からみれば、そこにおける問題形成も、解決諸案の作成も、解決策の決定も、解決策の実行も、公共圏を構成する諸主体との相互作用を通して進められるのである。

　公共圏の果たす機能は何であろうか。それは、第1に、より普遍性のある合理性や道理性の概念解釈の探究である。合理性や道理性の概念解釈については、主体ごとにさまざまな見解が提出されうる。公共圏における討論は、合理性や道理性の概念解釈についての合意の程度を高めることを通して、それらの概念解釈についての普遍性に（到達しないまでも）接近しようとする。

　第2に、公共圏は、そのつど合理性と道理性を探究しつつ、それらを根拠としながら、制御中枢圏に対する批判作用を発揮し、制御中枢圏の自存化傾向の生みだす諸弊害を防止するという機能を果たす。

　公共圏の批判作用は、まず、制御中枢圏が「政策の失敗」を招かないように、その制御努力によって課される枠組み条件が、直接的効果という点で、適切なものであるのかということを吟味する。それだけではない。先にみたように、制御中枢圏は、局地的な「政策の成功」を実現しても、多段的帰結という点では、「政

府の失敗」を引き起こすことがあり得る。そのような場合、「政策の成功」や「有能な職員」のもとで、「政府の失敗」が生ずるのであるが、それに対する処方箋は「政策は失敗すればよい」「職員は無能であればよい」ということではない。必要なことは、公共圏が、制御中枢圏に対して、批判作用を絶えず投げかけ、「政府の失敗」を招かないように、制御中枢圏の選択肢に対して、適切な制約条件を設定することである。

制御中枢圏の有する自存化傾向が諸弊害を生じないように、公共圏が制御中枢圏に対して、抑制作用、批判作用を絶えず及ぼしていくことが必要である。そのような条件のある場合に、制御中枢圏の制御努力の成功や有能性は、健全なかたちで発揮されるであろう。そのような相互作用の過程は、公共圏と制御中枢圏との間の「対抗的分業」ともいえるだろう。

「民主主義の統治能力」とは、公共圏を通しての民衆の意志表出が、そのつど、民衆からみて合意できるような意志決定を制御中枢圏が生みだすように作用することによって、発揮されるのである。そして、民主主義による統治の質を規定するのは、「公共圏の理性化」の程度である。

1-2 民主主義の統治能力と公共圏

このような文脈でみるならば、次のような意味で民主主義は厳しい制度であるといえよう。

第1に、一方で、制御中枢圏やその内部の統率者（支配者）に対しては、絶えず、厳しい批判が寄せられる。制御中枢圏は、批判を受けとめなければならないし、寄せられるさまざまな意見、要求に対して、そのつど、何が合理性と道理性にかなったものかを判断しなければならない。

第2に、公共圏において、制御中枢圏に対する意見表出活動が活発におこなわれなければならない。そのためには、民衆は、「公民感覚」を備えた有権者でなければならない。一般原則志向、負担志向をもたなければならない。多数の民衆が私生活への閉じこもりと、公共の問題に対する無関心、無関与という傾向に陥るのであれば、公共圏は貧弱化し、民主主義の統治能力は低下するであろう。

2 公共圏の豊富化の規定要因

最後に、日本社会において、公共圏を豊富化し、制御中枢圏に対する批判作用を活発化するためには、どういう要因が重要であるのか、どういう論点を考えな

ければならないかについて、2つの提起をしておきたい。

2-1　科学的討論アリーナや、科学的政策研究主体の重要性
　民主主義による統治の質を規定するのは、「公共圏の理性化」の程度である。公共圏の理性化にとって、科学的知見は、重要な意義を有する。
　社会制御過程においては、制御中枢圏がおこなう社会制御の努力が、現在、どのような効果を発揮しているのか、そして将来発揮するのか、そして、どのような多面的・多段的帰結を現在生んでいるのか、また将来生みだすのか、ということを正確に把握しなければならない。
　制御努力の直接的効果、多面的帰結、多段的帰結について、事前に、また政策の実施過程において、十分な吟味がなされなければならない。その過程で、科学研究の主体と、科学研究のアリーナは重要な役割を果たす。ここで、科学的知見を、制御中枢圏における意志決定に反映させるためには、どのような主体・アリーナの布置連関やどのような努力が必要かという問題が立ち現れる。

2-2　日本社会の制御過程の欠陥
　制御過程の理性化という視点からみると、日本社会における制御過程には、どのような不十分さ、あるいは、欠陥がみいだされるであろうか。本書で取り上げてきた具体的事例から、抽出した特質を整理してみよう。以下の諸特質は、今後さらに、他の多数の事例との照合作業が必要であるという意味では仮説にとどまるが、本書で扱った事例をはじめ、さまざまな事例の根拠をもっているのであり、その意味では恣意的な思いつきではない。

①密室型の政策決定アリーナが、大きな役割・制度効果を発揮するような政策決定構造が存在する。
②政策決定にあたって、制御中枢圏の有するべき「普遍的原則に立脚しての社会の適正な組織化」という志向よりも、政策決定アリーナに登場しうる主体の、個別的利害関心の間の妥協形成という傾向が強い。
③特殊主義的な自己利益追求が主導的な主体や解決原則が多数存在している。
④多面的、多段的帰結の批判的吟味が不十分である。
⑤制御中枢圏が有するべき、個別的利害関心に対する尊重性と超越性が不十分である。

⑥制御中枢圏をとりまく公共圏において、独立の政策研究主体、政策批判と提言を担う主体が弱体である。政策領域の各分野において批判を展開する市民シンクタンクのような主体はまれにしか存在しない。
⑦有権者の側のモノとり主義と、政治家の側の人気取り主義が、相互循環的に補強しあう傾向が政策決定過程で再三みいだされ、要求と負担の整合的解決への志向が弱い。
⑧(放射性廃棄物問題や整備新幹線問題に見られるように)負の多段的帰結の事前の取り集めが不十分であり、事後的、場当たり的な対処を積み重ねている。
⑨社会制御システムの制御中枢圏が、事業システムを担う特定の有力な利害集団に対して、超越性をもたず、後者の利害関心に引きずられる方向で、政策決定をしてしまう(追認埋没型の政策決定)。

結 び

本章で検討してきたのは、複合的な社会制御過程の成否を左右する要因とメカニズムが何であるのかということを、「経営システムと支配システムの両義性論」ならびに「制御システムの階層性論」という2つの理論的枠組みに立脚して探究することであった。そして、そのような社会制御過程を解明しようとする問題関心の背景にある価値関心は、道理性と合理性とは何か、民主主義の統治能力はいかにして可能になるのか、ということであった。本章は、社会学基礎理論の領域における探究として性格づけられるが、その方法的志向において、「T字型の研究戦略」に立脚した「中範囲の理論」の産出と、その組織化による「基礎理論」の形成という方法を採用している。今後の課題となるのは、「中範囲の理論」と「基礎理論」との間で往復運動を続け、両者の洗練と成熟化に努めること、そしてさらに、個別具体的な問題領域において、問題解決のための政策提言を提出していくことである。

第 17 章　解題

　本章については、2010 年 7 月 19 日付のファイルに以下のタイトルと目次案が示されている他には、断片的なメモや文章がいくつかのファイルに分散して残されているのみで、体系的に書きおろされた一次原稿は存在していない。

第 17 章　社会制御の指針
　第 1 節　規範的原則としての多段的許容化
　第 2 節　勢力関係モデルの理性化と
　第 3 節　公共圏の豊富化の鍵となる課題
　　1　科学的研究アリーナの自律性
　　2　政策形成型 NPO と市民シンクタンク
　第 4 節　主体性の質の再検討－自己超越的主体性

　しかしながら、残されたメモや文章には重要なアイディアが含まれており、それらを可能な限り当初の目次案に沿って並べて提示することは、有意義と考えられる。
　また、2013 年 1 月 2 日付のファイルに、「〈負の創発的効果論〉を、制御過程の総括の一つの柱にするべきである。その上で、その克服の道（規範原則、主体形成、制度形成）を最後に持ってくるべきである。」というメモが残されている。「負の創発的効果」については、本書第Ⅲ部の第 18 章「持続可能性をめぐる制御不能性と制御可能性」論文の中で展開しており、①社会的ジレンマを通しての汚染と危険の産出と累積、②環境負荷の外部転嫁による二重基準の連鎖構造の生成、③各種制御システムの自存化傾向の諸弊害、④直接的制御能力の高度化によるメタ制御能力の低下、の 4 タイプが提示されているので、18 章をお読みいただきたい。
　以上のような遺志をふまえて、本章の編集は、残された多数のメモや文章をＫＪ法的に寄せ集め、上記の 2010 年 7 月 19 日付目次構想に沿って、できるだけ読みやすい文章の形になるようにメモ群をつなげて構成することとした。また、第 2 節のタイトルが「と」で終わっており、中途半端なもの

であったので、内容から判断して「普遍主義的合意」という言葉を加筆した。さらに、当初の目次構成案からはみ出すけれども重要な、今後の課題を示唆したメモについては、新たに第5節を設けてとりまとめた。編者による加筆は、メモをつなぎ合わせるための最低必要限にとどめているため、論じ足りない印象を与えるが、著者の思索の跡を汲み取っていただければ幸いである。

再構成した目次
  第1節　規範的原則としての多段的許容化
　　1　逆連動問題の解決
　　2　多段的許容化
　　3　合意形成という課題にとっての「無知のヴェール」の含意
　　4　功利主義的規範原則と正義論的規範原則
　第2節　勢力関係モデルの理性化と普遍主義的合意
　　1　勢力関係モデルと理性的制御モデル
　　2　理性的制御モデルの成立を規定する諸条件
　　3　「個別主義的合意」と「普遍主義的合意」
　　4　公民感覚の程度
　第3節　公共圏の豊富化の鍵となる課題
　　1　言論の説得力を支える制度
　　2　科学的研究アリーナの自律性
　　3　政策形成型NPOと市民シンクタンク
　第4節　主体性の質の再検討－自己超越的主体性
　　1　社会的主体性
　　2　「自己超越的主体性」が社会制御過程の文脈で有する意義
　　3　日本社会の人間関係の問題
　第5節　今後の課題
　　1　「生活世界」対「大規模制御システム」という問題
　　2　現代社会の不平等のメカニズムとしての独特の「中心部－周辺部」論

第17章

社会制御の指針

はじめに

　社会制御過程の洗練のために、どのような規範的問題を考えるべきか。社会制御過程において登場する代表的な規範的問題は、どのような特徴をもっているのか。それに対する解決原則をどのように定立するべきか。ここで扱うのは、社会の中に登場する規範的問題の一部であり、紛争の解決と深く結びついた規範的問題である。

　頻繁に生じる頽廃態に対して、有効な批判、対処の方法とは何か。必要なことは、高度に良心的な規範的原則の洗練ではないだろう。「制御の失敗」と「政府の失敗」についての知識の蓄積が必要である。制御システムの重層制を前提にして、経験的要因に即した議論が必要である。

　問題解決原則には、①「公準」的原則と、②経験的傾向性をふまえた「派生的・推奨的原則」がある。②は、傾向的失敗についての経験的知識をふまえた推奨原則ということになる。

　本章の課題は、ここまでの第Ⅱ部の諸事例の分析にもとづいて、複合的な社会制御過程における問題解決の規範理論的検討をおこない、「社会制御の指針」を提示することである。以下、「多段的許容化」（第1節）、「普遍主義的合意」（第2節）、「公共圏の豊富化」（第3節）、「自己超越的主体性」（第4節）について述べ、さらに今後の研究課題として、「生活世界からみた大規模制御システム」の問題、および「中心部−周辺部」論について触れたい（第5節）。

第1節　規範的原則としての多段的許容化

1　逆連動問題の解決

　すでに第8章で述べたように、政策は、多面的な正の効果を追求すべきであ

る。正連動の追求と逆連動の回避が、一般的にいって、合理的であり、賢明である。技術選択の政策論的な方向づけとしては、「逆連動問題」を生むような技術的選択より、「正連動」を可能にする技術的選択をするべきだということがいえる。

では、逆連動への適正な対処、あるいは、逆連動の決着の問題をどのように考えるべきだろうか。支配システムにおける「許容化」を前提にして、経営システムにおいて、経営問題の合理的解決を図ればよい。これが、第 8 章で述べた規範的公準 2 である。ただし、許容化＝受忍限度の定義問題をどのように解決するべきかという問題がある。

現実の「逆連動問題」の決着のしかたには、以下のものがある。
①勢力関係において、支配主体が優位であれば、犠牲をともなった決着が実現する。
②勢力関係において、拮抗すれば、さまざまな補償的受益の拡大や、被格差・被排除・被支配問題の緩和のための工夫が洗練されつつ、支配主体の意志が貫徹する。
③勢力関係において、被支配主体に十分な対抗力があれば、被格差・被排除・被支配問題に関する完全な回避あるいは許容化が実現する。

ただし、ある種の問題においては、③の実現とは、経営問題の解決の放棄ということになる。また、①の方式は、結局は、社会的に「高い費用」を払わなければならないことになる。

2　多段的許容化

大切なことは、社会的意思決定について、「多段的許容化」という考え方を導入することではないだろうか。

経済学は、「道理性」の問題を扱えないのではないか。経済学では、「マーシャルの代替の法則」が成り立つこと、「辞書式選好順序」が排除され、「無差別である」ことが大切とされる。「お金とリスクが交換できる」という想定がある。「異次元の価値が通約できる」という想定がある。「複数の財の組み合わせに対して、セットで評価できる」と考えている。

しかし、現実には、異次元の価値で「代替できないもの」が争われている。「お金に命は換えられない」というのが、住民の態度 (例、「どんなに、お金をつまれても、原発のためであれば土地は売れない」) である。現実の人間は、「辞書式選好方式」に立つ。経済学は、多次元のものを一次元に集約しようとする。しかし、それが根

本的に無理なのではないか。

　そこで、「多段的許容化」あるいは「許容化／最大化・最適化」の戦略が必要となる。必要性について、まず「許容化」する。次いで、欲望について最大化／最適化する。「辞書式選好方式」による「二段階許容化」という意思決定手続きを、社会のなかに組み込めば良いのではないか。「一回の判断／一回の決定」ではなく、「複数回の判断による複数回の決定」をすればよいのではないか。

　第Ⅰ部の事例を振り返ってみると、東京ゴミ戦争においては、許容化できるので、その方向で洗練し合意形成をすることができた。沼津・三島・清水における石油コンビナート建設阻止においては、許容化できないので、拒絶することになった。

　基本的必要を充足するための、社会制御システムや事業システムの設計原則と、「必要を越えた」欲求を充足するための、社会制御システムや事業システムの設計原則との差異を考える必要がある。参入受益条件の設計にあたって、この原則の問題は重要である。

　意志決定過程、とりわけ、制御アリーナの設計の原則における「受忍限度」の定義問題、剥奪回避＝基本的ニーズ水準の定義問題を考えるにあたっては、①受忍限度の定義の「絶対的基準」による解決と、②受忍限度の定義問題を「相互性を配慮した手続きの重視」により解決しようとするアプローチがありうる。

　「受忍限度の定義問題」について、主体の布置連関と手続きの洗練により、解決可能性を高めることはできないだろうか。内部と外部の見え方の差異という現実から出発して、概念解釈についての合意を形成する方法は何だろうか。この方向で、合意形成のための制度設計を考えるべきである。

3　合意形成という課題にとっての「無知のヴェール」の含意

　「受忍限度の定義問題」と「受苦の解決可能性問題」について、「無知のヴェール」はどのような打開の可能性をもたらすであろうか。論理的に分析してみるならば、「無知のヴェール」は、①「二重基準の克服」、②「最底辺の視点からみた許容水準の設定」、③「受苦の費用への転換」、④「交渉問題の自己選択問題への転換」という4つの条件を可能にするのである。

　①「二重基準の克服」とは、自分にとっての受益や受苦の評価と、他者にとっての受益や受苦の評価との間で、異なった基準を使うという意味での二重基準を使わないこと、いいかえれば、自分にとっての受忍限度と他者にとっての受忍限

度を同じ基準で考えることである。これは不偏性ともいいかえうる。

　一般的にいえば、人間は、「100％の敏感さをもつ共感能力」を備えているわけではない。「100％の敏感さをもつ共感能力」とは、他の主体にとっての受益や受苦をあたかも自分にとっての受益や受苦とまったく同様の敏感さをもって感受する能力である。一般的には、人間は100％の敏感さはもたないのであるから、他の主体の受益も受苦も過小評価するというのが通例である。100％の共感能力をもたないということは、誰しも自分の受益と受苦には敏感であるが、他者の受益と受苦には相対的に鈍感であることを意味する。つまり、各個人は常に「ミクロ的二重基準」を有しているのである。

　現実の社会の中では、このミクロ的二重基準が社会的に集積し、さまざまなかたちで社会システムの中に組み込まれることによって、「構造化された二重基準」が形成される。本章の論脈で大切なのは、社会制御システムの支配者＝統率者と被支配者＝被統率者の利害状況と利害関心の分化に対応するかたちで、すなわち、相対的に受益圏に属する人々と、相対的に受益圏の底辺層あるいは受苦圏に属する人々の分化に対応するかたちで、「構造化された二重基準」が存在していることである。新幹線や原子力施設などの多くの事業システムにおいて、受忍限度の定義問題をめぐって現れる対立は、この「構造化された二重基準」に由来する論争という性格を示している。

　「無知のヴェール」の第1の含意は、このような二重基準を克服することである。二重基準を克服することができれば、「受忍限度の定義」や「受苦の解決可能性」の判定をめぐって、合意形成がしやすくなる。

　②「最底辺の視点からみた許容水準の設定」とは、「受忍限度の定義」や「受苦の解決可能性」の判定に際して、もっとも不利な立場の個人からみて、許容可能な水準を設定するということである。

　この場合、特権的な位置にいる受益者の立場と視点に立って社会の衡平性を定義するのではなく、財の配分上、社会的にもっとも不利な立場の人の視点から衡平性を探究することになる。一定の社会状態の善し悪しを判断するという問題は、仮に受益と受苦のバランスのもっとも不利な立場に自分が置かれたとしても、この社会状態を受け入れるのか、というかたちで設定されるのである。「無知のヴェール」の第2の含意は、社会の状態の善し悪しを判断する際に、「最底辺の視点からみた許容水準の設定」を可能にすることである。自分がもっとも不利な立場に立つ可能性がある以上、その立場からみても、許容可能な財の分配水

準の設定が妥当なものと判断される。

　③前述の「最底辺の立場からみた許容水準の設定」という条件は、「受苦の費用負担への転換」を要請する。ここで「受苦の費用負担への転換」とは、一定の事業システムにおいて経営問題解決努力に伴い逆連動的に先鋭な被格差問題や被支配問題が発生する場合に、事前の受苦防止努力、あるいは事後の受苦補償努力をおこない、それに要する費用は、事業システムが負担するということである。すなわち、受苦圏にとっての受苦を、事業システムにとっての防止費用、あるいは、補償費用へと転換することである。先鋭な格差と受苦を解消し、それをこうむる人々からみての許容水準に達するまで、格差の緩和と受苦の解消のために費用を投入することが要請される。「無知のヴェール」の第3の含意は、「無知のヴェール」の下では、このような「受苦の費用負担への転換」を実行することをどの主体も受け入れることが可能になることである。

　④「交渉問題の自己選択問題への転換」とは、上記の「二重基準の克服」「最底辺の視点からみた許容水準の設定」「受苦の費用への転換」ということを前提にして、一つの事業システムに関係する受益と費用負担と許容水準の定義（受苦の防止可能性の定義も含む）とをワンセットにして、一つの主体が自己選択の問題として受けとめて総合的に判断することである。つまり、一つの事業企図に伴うメリットもデメリットも、一つの主体がすべて自分の問題として受けとめて、その是非を判断するということである。

　多くの現実の利害調整は、複数主体の間の交渉問題として立ち現れる。交渉問題とは、一定の社会的な企図について決定をする場合に、複数の人々が立場の差異を前提にして、決定の是非を争うものである。すなわち、典型的には、相対的に受益が大きく費用負担と受苦が少ない人々（すなわち、受益者）と、相対的に受益が少なかったり欠如したりし、しかも費用負担もしくは受苦が大きい人々（すなわち、受苦者）の間で、そのような決定をすることの是非が、交渉というかたちで争われることである。交渉問題の中でも、一般に中心的な対象として考察すべきは、経営問題に第一義的な関心を有し被格差・被支配問題を相対的に軽視する支配者＝統率者と、その逆の利害関心を有する被支配者＝被統率者の間での交渉である。

　これに対して「交渉問題の自己選択問題への転換」とは、交渉問題の前提としての立場の差異性を消失させた上で、社会的選択を考えることを含意している。「立場の差異性の消失」は現実にはきわめて困難であるが、「無知のヴェール」の

第4の含意は、「無知のヴェール」がそれを可能にすることである。妥当な規範的原則を発見しようとする過程において、立場の差異性が消失するのであれば、各人の思考と判断は同型的なものになる。

ロールズはこの点を「関係者の間での差異は彼らに知られていないのであるから、そして、誰もが同等に合理的であり同じような状況に位置しているのであるから、各人は同一の諸論拠（arguments）によって確信に達することは明らかである。それゆえ、われわれは原初状態における合意（agreement）を、任意に選ばれた一人の人物の視点から見ることができる」（Rawls 1999: 120）と指摘している。

つまり、多数の人々が存在し判断することによって得られる結論が、その中の任意の一人の人物が下す結論と同じになるのである。したがって、立場と判断が異なる人々の間の交渉は不要となる。「関係者は通常の意味における交渉をするいかなる根拠も持たない」（Rawls,1999: 120）。なされる判断過程は、一人の個人が、他との交渉なしに、どのように選択するかという問題になる。つまり、交渉問題は自己選択問題へと転換されるのである。すなわち、受益と受苦と費用の組み合わせをめぐる複数の主体の間の社会的合意形成の問題は、単一主体内における「受益と受苦と費用の総合的な組み合わせにおいて、いかなる状態は受容可能であり、いかなる状態は受容不可能かの選択問題」へと転換されるのである。

もしも「無知のヴェール」が存在するのであれば、上述の①②③④を実現する可能性が開けるから、「二つの規範的公準」（第8章）を具体化しようとするにあたって登場する「受忍限度の定義問題」と「受苦の解決可能性の判定問題」を合意形成によって解決することが可能になるであろう。もちろん、現実の社会の中では、「無知のヴェール」は存在せず、すべての関与者は、自分や他の諸主体の利害状況や能力などについて、なんらかの程度において「既知」である。我々は原理的に一つの「無知のヴェール」に依拠することはできない。けれども、「無知のヴェール」の機能的等価物や機能的類似物を制度的に設定することはできないであろうか。

もし、現実の意志決定過程において、無知のヴェールの機能的等価物を実現できれば、「合意形成」に立脚し、2つの規範的公準に基づいた問題解決が可能になるはずである。

「無知のヴェール」の完全な機能的等価物でなくても、それに近接した機能的類似物のようなものがあれば、①から④の条件の実現に接近していくことができるのではないだろうか。「無知のヴェール」の機能的等価物となるような意志決定手続きが制度化できれば、実体的基準についての意見の不一致が当初は存在

したとしても、意志決定手続きを通して、「妥当な実体的基準」を発見することに、接近しうる道が開ける。そして、そのような結論は、「個人的には不満」であっても、「手続きの妥当性」を根拠に「受容」がなされ、そのような意味での社会的合意を可能にするであろう。

4　功利主義的規範原則と正義論的規範原則

功利主義的規範原則と正義論的規範原則とは、どのような文脈で、それぞれ妥当性を有するのか。正義論的規範原則こそが、主脈をなし、功利主義的規範原則は、副次的・部分的役割を果たすだけではないか。

たとえば、高レベル放射性廃棄物の処分場をつくるときに、「事故の時に総線量被ばくを減らす」ためには、過疎地に立地すればよいという論理がある。これこそ、典型的に「功利主義的規範原則」ではないのか。全国にいきなりこの規範原則が適用されることと、「各電力圏域内の暫定保管」を前提にした上で、各電力圏域内部で、功利主義的原則が適用されることとでは、その意味が異なる。

正義論的規範原則としての、「非許容基準」と「合理性」の組み合わせを追求すべきであろう。まず、非許容基準(禁止基準)というものがあって、その上で、「諸利害要求の最適達成」をすればよいのではないか。「規範的公準」の第2原則は、このような考え方に立っている。道理性優先の枠組みの上での合理性の達成も同様である。さらに、「没道理的合理性」批判も、このような基準と親和的である。

制御主体が配慮しなければならないことは、組み合わせ効果と意図せざる効果である。また、道理性の契機として、「複数の価値基準の優先順序の決定」「複数の価値・利害についての総合的判断」とでもいうべき問題がある。

第2節　勢力関係モデルの理性化と普遍主義的合意

1　勢力関係モデルと理性的制御モデル

社会的合意形成にもとづいて逆連動問題が解決されることが、「規範的公準2」からは要請される。このことは、支配システムにおける「受忍限度の定義」をめぐって社会的合意形成ができることを含意する。この公準2を実現する社会過程には、2つの理念型を考えることができる。

①勢力関係モデル：その一般的条件は、被格差・被排除・被支配問題をこうむる側が、支配システムの一契機としての政治システムにおいて、中枢的制御主体

に対して有する「対抗力」の大きさである。被格差・被排除・被支配問題の緩和あるいは解消要求の「経営課題への転換」が、逆連動問題の克服の鍵である。

②理性的制御モデル：討論を通して、道理性と合理性について、そのつど合意が形成され、それにもとづく社会的意思決定がなされるような場合である。逆連動問題に即していえば、「受忍限度の定義」をめぐって合意が形成されるようなモデルといえよう。

③このふたつの中間に、「一定程度理性化された勢力関係モデル」が存在する。このタイプの意志決定手続き、討論アリーナと制御アリーナの布置を設計することは、政策科学における制度設計論として重要な意義を有する。

「理性化の契機を内包した勢力関係モデル」を焦点にして、規範的公準の実現可能性を高める経験的条件は何かを考えたい。現実の社会制御過程においては、主体の利害状況の多様性、価値観の多様性、「完全な公民感覚」の欠如など、いくつかの理由により、「理性的制御モデル」の実現は困難な場合が多い。現実に妥当するのは、「勢力関係モデルの理性化」あるいは「理性化の契機を内包した勢力関係モデル」であろう。その実現の鍵となる要因は何であろうか。

2 理性的制御モデルの成立を規定する諸条件

これまでの事例研究から抽出された諸条件は、以下のようにまとめられる。

[1] 受益圏、受苦圏の構造

分離型でないこと、あるいは、主体の利害状況の同型性もしくは類似性があること。

[2]「公民感覚（公衆感覚）」を有する主体の関与

このこと自体は、統率者にも被統率者にも求められる。その特徴は以下の通りである。

　　①一般原則志向性
　　②共感能力と理解能力
　　③衡平性（「無知のヴェイル」はこの点で、議論を明確にする装置である）
　　④応分の費用の負担意志
　　⑤手続きについての規範の尊重

[3] 制御中枢の有する「尊重性」と「超越性」

人々の（道理性と合理性を備えた）要求提出に対する「尊重性」が必要であるが、それとともに、社会を組織化する適正な原則から逸脱した部分的な利害要求に対

する「超越性」＝過剰な私利私欲の追求に対する超越性も必要である。

　[4] コミュニケーションを通しての「状況認識」と「評価尺度（評価基準）」の共有
　各主体の当初有していた認識が変容する（情報の追加や修正によって、より洗練された認識へと進む）。当初は、部分的にしか所有していなかった「評価尺度」が共有される。主体Aは他の主体Bが重視している評価尺度を、最初は無視していたり、過小評価していたかもしれない。各主体が有する「評価尺度」は、コミュニケーションを通して変容しうる。合意形成というのは、複数の評価基準の共有を前提にしての「各主体にとっての許容状態の実現」ということではないだろうか。

　[5] 討論と決定の手続き
　討論が必要なのは、「解決策の洗練」に加えて「主体の変容（認識の洗練、評価尺度の妥当性の確保）」ということが起こるからではないか。交渉問題の自己選択問題への変容ということも、「認識と評価基準の共有」という変化が起これば、可能になるのではないか。
　勢力関係モデルの理性化のためには、言論の力を、政治システムにおける対抗力に転換するようなアリーナと制度や手続きが必要である。特に、解決案を洗練し、主体が普遍的妥当性を有する道理性と合理性にもとづいて、合意形成に向かって変化する機会としての「討論」の手続きが必要である。

3　「個別主義的合意」と「普遍主義的合意」

　事業システムの水準では、主体間の個別的交渉の場において、どのように合意形成が実現されるべきか、という主題に力点があった（第8章）。「公民感覚」というよりも、「他者への感受性」を有する主体がいれば、問題解決は可能であった。事業システムのレベルでは、当面の具体的交渉相手の被格差・被支配問題解消要求を受けとめて、そのための配慮をすることができれば、「合意形成」はできる。それは、必ずしも「一般原則志向」を伴わなくてもよい。「他者への感受性」があればよい。運動の側も、「自分たちの要求」への固執があれば、被格差・被支配問題を回避させる可能性が高まる。（ただし、東京ゴミ戦争の場合は、「普遍的説得性」のある解決方式が作られていた。）
　しかし、ひとくちに合意形成といっても、そこには、質的な差異のようなものはないのであろうか。当事者の合意さえあれば、その積み重ねによって、社会は適正に運営されるのであろうか。社会制御システムの水準では、事業システムの水準での合意形成とは異なる質が求められるのではないだろうか。

「合意形成による解決」ということも、いくつかの質的に異なるタイプがあるのではないか。公民感覚、普遍的妥当性のある原則の共有という質を有する合意形成もある。しかし、個別主義的な合意形成もある。個別主義では、「特権的な（と思われる）条件付与」によって、合意を形成する。「自分の利害からすれば受け入れられるので合意する」のと、「社会組織の原則として納得できるので合意する」という場合の違いがある。

「個別主義的合意」と「普遍主義的合意」とでは、社会制御過程における多段的帰結が異なる。たとえば、原子力問題にみられる問題点としての「二重基準の連鎖構造」は、「個別主義的合意」の代表例である。整備新幹線にみられる問題点も、「個別主義的合意」によって、特徴づけられる。

勢力関係モデルにおいては、個別主義的合意、個別主義的な利害操作が、しばしばみられるが、理性的制御モデルにおいては、単なる合意ではなく、道理性と合理性の概念解釈についての合意を形成する。すなわち、普遍主義的な合意である。

個別主義的合意は、傾向的に、第三者に対して説得力をもたないような考え方にしばしば立脚する。直観的にいえば、「第三者の批判、環視」が「普遍主義的合意」の方向へとプッシュするはずである。「すべての人に対して説得性」があるものを「普遍的妥当性」があるというべきだろう。いったん「普遍的妥当性」がある原則が確立すれば、それは、個別的状況において、そのつど、かなりの程度の説得性を発揮するのではないだろうか。「説得性」を優先して、妥当性をあとから定義することもできる。このことは、妥当性とは、そのつどの個々人の主体的判断によって、支えられなければならない、という立場にたつ。

「合意の質」を、普遍主義的合意へと絶えず洗練していくことが必要である。個別主義的合意の問題は、日本社会の問題性につながっているので、第4節で詳しく述べる。二重基準は拒否されなければならない。

4 公民感覚の程度

ここで「完全な公民感覚」「通常の公民感覚」「公民感覚の欠如」という3つのタイプの主体を想定することができる。

「完全な公民感覚」とは、他者の欲求や主張に対する十分な共感能力と理解能力を有し、自分の利害要求と他者の利害要求とを同等に扱い、そのことを前提にして、社会を組織化する一般的原則の探究を志向するという態度である。

「通常の公民感覚」とは、他者の欲求や主張に対する一定の共感能力と理解能力を有し、他者の利害要求を一定程度は尊重する姿勢を有し、自分の利害要求のみならず他者の利害要求も一定程度は充足できるような、妥当な一般的原則を受容しようという態度を有することである。

これに対して、「公民感覚の欠如」した主体とは、他者の欲求や主張に対する共感能力や理解能力を有せず、他者の利害要求を無視し、自分の利害要求のみを絶対化し、社会を組織するための適正な一般原則を志向するという態度をもたない主体のことをいう。

手続き的制御による社会制御過程の理性化は、「通常の公民感覚」を有する諸個人が、社会の中に一定程度、存在することを前提にしている。というのは、もし、すべての社会成員が、自分の利害要求を絶対化し、社会過程の中で常に最優先しようとし、他者の利害要求に対してなんらの配慮もしめさず、自他の利害要求の相剋を適正な規範的原則によって調整しようとしないのであれば、およそ「社会制御過程の理性化」は不可能になるからである。

現実に存在する世界は、このような3種のタイプの主体がどのように存在しているのかについて、多様な姿を示すであろう。多くの社会では、「完全な公民感覚」を有する主体は稀であり、社会の一部には「公民感覚を欠如した主体」も存在するが、一定の主体は「通常の公民感覚」を備えているといった状態にあるであろう。そのような社会を「公民感覚の分布についての標準的な社会」ということにしよう。

「完全な公民感覚」を「すべての主体」が備えている時、「社会制御の理性化」は、もっとも容易に達成しうる。それに比べれば、「公民感覚の分布についての標準的な社会」においては、「社会制御の理性化」の達成は、はるかに困難になるであろうが、不可能と決まっているわけではなく、「手続き的制御」の洗練を通して、それに接近する可能性が存在すると考えられる。経験科学的な研究課題として重要なのは、「公民感覚の分布についての標準的な社会」において、どのような制度形成努力や、主体形成努力をすれば、「社会制御の理性化」に接近できるかということである。

一般的にいえば、人々の間での「公民感覚」の強度が強まるほど、「制度的手続き」はシンプルなものでも、合意形成に接近できるであろう。(たとえば「完全な公民感覚」を有する人々の比率が大きい場合。) これに対して、公民感覚の全体としての程度が低くなれば、制度的手続きは、複雑なものが大きくなる。

以上の議論をまとめよう。制御中枢圏を取り巻く公共圏において、どのように合意形成が実現されるべきか。ここでは「勢力関係モデルの理性化」に力点がある。「公民感覚」を有する主体が必要になる。同時に、「普遍主義的合意」ということ、「多段的帰結を考慮した場合の適正さ」という質を有する解決が必要なのであり、そのためには、公共圏における討論を通して、「解決案の洗練」と「主体の変貌」の同時進行が必要なのではないだろうか。

第3節　公共圏の豊富化の鍵となる課題

1　言論の説得力を支える制度

すでに第16章において、制御中枢圏のあり方や制御中枢圏を取り巻く公共圏のあり方について論じてきた。ここでは、公共圏と制御中枢圏の全体にわたる社会圏における意見表出と決定手続きのあり方についての考察を一歩進めたい。

基本的には、「言論の説得力」を政治システムにおける対抗力、決定力に転換する制度的枠組み条件が必要である。この点で、フランスの公益調査制度（第10章）は教示に富む。さらに、A. グラムシのヘゲモニー論は、興味深い論点を含んでいる。説得性のある主張による多数派形成のダイナミックな展開が可能になるような制度設計を考えていく必要がある。

たとえば、議会の調査委員会という制度は、日本でも、もっと活用されるべきではないだろうか。原発事故に関して国会事故調が設置されたのは、憲政史上初ということであるが、イギリス議会では、常時、2つか3つが開かれているというし、アメリカでは、リンカーン以来の伝統で150もの委員会が作られるという。公共圏の豊富化というとき、「政府の審議会」「国会の調査委員会」「市民シンクタンク」の3つの並立が必要なのである。しかも、「議会調査委員会」は、国会だけではなくて、自治体議会の中にも作るべきである。この方式のメリットは、以下のように考えられるだろう。

①政府審議会は、政府の失敗を解明するような問題には、適さない。「政府のこの部局に責任あり」というような調査はできない。
②政府審議会は、傾向的に行政組織主導型の運営と内容になる。
③国会専門委員会は、異なる見解をもつ各党派から、推進されることになる。

2　科学的研究アリーナの自律性

　言論の説得力を支えるものとして、科学的研究アリーナの自律性は、重要である。だが、科学には何ができて何ができないのか、まず、その意義と限界をおさえておくことが必要であろう。

　第1に、「科学的知識」と「総合的政策判断」とを峻別すべきである。ただし、科学的知識と総合的政策判断とがまじりあったような領域の問題がある。たとえば、一定の発生確率のもとで、地震対策をどのように選択すべきか、という問題。また、道理性のからんだ問題に、科学は貢献できるのだろうか。たしかに「賢明さ」についての前提認識を科学は提供できる。不公平な分配状況の発生メカニズムについて、科学は認識できるであろう。しかし、そのことが、再分配についての「科学に基づいた」議論を可能にするのかどうかは定かではない。

　第2に、したがって、「科学によって答えられる問題」と「科学だけでは答えられない問題」を区別することが重要である。より正確には、4つのタイプの問題に分けることができる。

　A：科学によって、原理的には回答できる問題
　　　A1: 現在の社会や専門家が有する能力と知識によって回答可能な問題
　　　A2: 現在の社会や専門家が有する能力と知識によっては回答不能な問題
　B：科学（だけ）によっては、原理的には回答できない問題
　　　B1: 一定の価値判断や倫理的原則の共有を前提にして、科学が一つの回答の形成に、ある部分で貢献できる問題
　　　B2: 一定の価値判断や倫理的原則の共有が欠如しているので、科学が一つの回答の形成には、貢献できない問題。ただし、この場合でも、科学は「さまざまな選択肢の含意の明確化」という意味で、「選択肢の整理」には貢献できるであろう。つまり、「それぞれの選択肢がどのような直接的費用と、随伴帰結をもたらすのか」を明確にすることである。

　第3に、「科学」と「学術」とを区別したい。哲学、倫理学、美学などは、科学には収まらないのではないか。人文学といわれるものの多くは「学術」ではあるが、「科学」には収まりきらないのではないだろうか。

　科学的知識と価値判断とは、複雑に絡み合っている。たとえば、「大気圏内核実験を停止すべきである」という声明に多くの科学者が賛同するケースを考えてみよう。この声明は、精密な測定により、放射性物質の拡散を科学的に検出し、それが、人間の健康に悪い影響を与えるということを科学的に認識した、とい

うことが前提になっている。この場合、2つの価値判断が前提になっている。第1に、「健康被害は回避するべきである」という価値判断。第2に、大気圏内核実験によるメリットが、この「マイナスの随伴帰結」の受容を正当化しないという判断。この第2の判断には、2つの立場があり得る。①核兵器そのものが平和の維持に役立たず、人類にとって悪だという評価をする場合。②核兵器は自国の国防に有益であり、しかも、地下核実験によって、性能の維持はできる、という評価に立つ場合。②の場合は、無用な随伴帰結を伴う、「劣った手段」だからやめればよいという判断なのである。さらに、一定の価値基準を抽象的な水準では共有しているが、具体的な水準になると意見が分かれるという事例は多い。複数の考慮要因の重みづけが異なるということが、背景にはある。

では、科学と学術が、社会的決定や政策決定に対して効果的に貢献するための条件は何だろうか。

第1に、科学界による「一つの声」(unique voice)の成立の重要性である。「一つの声」は説得力のある言論となりうる。「一つの声」が成立するための条件は何か、逆にいえば、「一つの声」の成立を妨げている条件は何かを検討する必要がある。

第2に、「科学的検討の場」の「分立・従属モデル」と「統合・自律モデル」の視点が重要である。この点については、本書の第Ⅲ部第21章（「高レベル放射性廃棄物という難問への応答」で詳しく述べているが、政策判断が先立ち政策判断に従属して分立した科学的検討の場から、政策判断から自律的で開かれた多角的な科学的検討の場へと、科学的検討の場の枠組み条件のあり方を変革すべきである。

以上をまとめるならば、まず、「公論形成の場」には、「科学的（学術的）検討の場」と「総合的政策形成・判断の場」の2つの契機があり、それらの性格の相違を自覚し、それらを区別すべきであるとともに、両者の適切な結合の方式を探究することが必要である。そして、以下の4つの問題群のどこまでを、「科学」あるいは「学術」が的確に取り扱うことができるのかを自覚するべきである。

　A：政策選択肢の準備としての科学的事実認識の洗練
　B：政策決定の準備としての複数の政策選択肢についての効果、費用、随伴帰結の認識
　C：政策決定の準備としての適切な政策案形成手続きと政策決定手続きの洗練
　D：総合的判断に基づく政策決定（利害調整、価値判断が入る）

これらのうち、ＡＢは「科学」が回答できる。Ｃは「科学」の射程を超えるが「学術」の検討対象にはなる。Ｄは、「科学」「学術」によっては、回答は出せない。国

民の総意(国民の意思表明)によって、決定されるべきものといえる。

3　政策提案型ＮＰＯと市民シンクタンク

　第Ⅱ部では、単なる個別案件ではなく、「社会制度設計」の是非が主題となる。したがって、個別争点に即しての「対抗主体」だけではなく、社会制御システムの設計についての代替案を提出できるような対抗主体が必要である。単なる個別イッシューについて、取り組む住民運動団体ではなく、「政策提案型NPO」あるいは「市民シンクタンク」が必要なのである。

　制御中枢圏は、傾向的に逆運動問題を、経営問題優先的な姿勢で決着づけようとする。被格差・被排除・被支配問題の解決努力を、正当な重みをもって取り上げつつ、経営問題の解決についても対案を提出するという意味での、市民シンクタンクが、公共圏に必要なのである。日本では、「原子力資料情報室」と個々の反原発運動団体との関係が、このことの例証となるであろう。

　公共圏の内部で「市民シンクタンク」は、制度設計、制度パフォーマンスの絶えざるモニタリングをおこなう必要がある。私利追究と公共目的の関係の批判的吟味を行い、私的利益追求と公共目的追求の適正な関係と不当な融合を判別しなければならない。

　社会制御過程においては、絶えざる批判的吟味が必要である。そのことの根拠としては、以下のものが挙げられる。問題把握の差異による随伴帰結の軽視の傾向。内部的アリーナは、外部への負の効果に対して鈍感になりがちである。潜在化している費用の顕在化。多段的効果の予測のしがたさ。妥当な対処原則の文脈依存性。そのつど、概念解釈を生みだす必要があり、それについての合意形成が必要である。今後、供給型社会制御システムの３タイプ(９章４節：市場型、行財政型、非営利型)に即した、洗練が必要である。

第４節　主体性の質の再検討――自己超越的主体性

1　社会的主体性

　すでに本書の第２章で展開したように、諸主体の主体的行為を通じて経営システムと支配システムは作動し、この両義的システムの作動によって構造化された場で、主体的行為がおこなわれている。その定常過程においても、変動・変革過程においても、主体とシステムとは結びついているのであるが、主体的行為には

幅があり、ここでは、主体がシステムのあり方に対して、非常に大きな影響力を与えうる特権的回路を明確にしたい。

個人があるイニシアチブをとった場合に、「共鳴基盤」（あるいは変革行為への同調基盤）が非常に広い場合と狭い場合がある。単に「自由な選択範囲」が広いか狭いかという問題ではなくて、個人主体のもつ「システム再編成能力」が、社会システムの状態に応じて、伸縮するのである。それは、具身の個人の能力ではなく、一定の社会的文脈に置かれた個人が、発揮しうる影響力ということである。「構造的緊張」は、そのような「共鳴基盤」のひとつといえるだろう。

一人の主体のイニシアチブが、システム形成力やシステム変革力を発揮するためには、ひとつには「同調者の存在」「同調者の供給基盤」「有力な潜在的協力者の存在」ということが問題になる。たとえば、オーケストラの指揮者が、作品を作り上げることができるのは、多数の演奏者が存在しているからである。同様に、強力な住民運動が存在するのは、リーダー個人の資質・意欲だけでなく、協力する人々が社会的に存在するからである。

個人のシステムに対する影響力を解明する場合、もうひとつ大切な論点は、「規範変更の特権的アリーナ」に個人が位置しているかどうか、そして実際に「変更可能な流動化（あるいは臨界化）」がそこに出現しているかどうかということである。意志決定過程において主体性の作用が大切になる局面が２つある。まず、アリーナにおける議題設定（agenda setting）である。「取り組み課題設定」が、きちんとできていないために、なされるべき意志決定が少しもなされない、ということがある。逆にみれば、「取り組み課題設定の回避」（争点形成の回避）ともいえる。次に、臨界化状況、すなわち何らかの意志決定がなされることが可能になる状態である。臨界化状況に達しないために、少しも改革が進まない、ということがありうる。

ここで、主体形成の諸水準あるいは階層的主体性論を考えてみたい。主体形成には、①個人主体形成、②単位的集団主体形成、③ネットワーク型主体形成、④複合組織型主体形成の４水準がある。次に、制度化された社会的しくみの中での、役割取得の問題がある。

①個人の主体性については、２つの論点がある。第１に、全国レベルなど、より広い範囲で有効な働きかけをするような集団的運動主体を立ち上げる能力の問題。第２に、集団的運動主体に参加する姿勢をもった人々が存在するということ。個人が立ち上がり、社会的に働きかけをする回路とミクロ的基盤が、存在するということではないだろうか。「個人が能動化できる社会空間」が存在するこ

とが重要になる。

②集団的主体性には、独自の質がある。一人一人は「支持者・協力者」レベルとしての主体性を発揮するだけだとしても、そのような人が「多数存在する場合」と「少数にとどまる場合」では、集団的主体性の質が異なる。たとえば、ドイツの市民運動の強さは、「支持者・協力者」レベルの主体性を発揮することのできる市民が「多数存在する」ことではないだろうか。さらに、集団はその実績によって主体性が拡大する。たとえば、大磯エネシフトにおける「ソーラー発電一号機設置」の意義は、それがグループの関心の焦点となり、売電収入が入っていることによって自信になるとともに、メディアの取材や見学申込みが増加し、町役場、他の自治体、県庁などに対して、「実績のある主体」として重みを示すようになった。実績があると可能なことが増える。

「集団レベルの主体性」を可能にする条件は何なのか。個人レベルで「自己組織化を支えるようなエートスの共有」が広範な人々の間になされていることが、集団主体形成の条件である。補足的に説明すれば、個人が有するさまざまな力量、たとえば、熱意、体力、計算が素早い、電子機器についての操作能力、記憶力などの知能といった要因が、集団主体形成に決定的なのではない。また、それらの要因の大小が集団主体形成の成否を左右するわけではない。

では、集団主体形成を支えるエートスとは何か。第1に、集団主体形成が必要であることを明確に自覚していることである。すなわち、社会の中でうまく生きていくためには、自分を支え、自分の自己主張の媒介になるような集団主体形成が必要であることを自覚していることである。第2に、「私的世界」への引きこもりではなく、集団形成、集団活動に、一定のコストを払っても参加しようとすることである。第3に、集団主体を支えるためのコスト負担を引きうける用意があることであり、「負担回避のゲーム」に陥らないことである。第4に、集団が必然的に内包する「小さな意見対立」をうまく処理する技術や姿勢を有すること。そして第5に、社会的連帯感覚を有することである。

これらのことが、集団的主体形成には、決定的に大切である。集団主体形成のために「連結機能」を果たすための個人は、多大な労力投入が必要である。だが、そのような連結機能を果たすことの必要性を自覚している複数の個人がいれば、連結に必要な労力を分散して分担することができる。

③ネットワーク型の主体形成のためには、異質な諸個人、諸集団が協力することが必要である。それは、「同質の個人が集まって、一つの集団を形成する」た

めの主体性とは異なるものを必要とするのではないだろうか。ときに「内集団／外集団」の論理によって、高い「集団的主体性」が、獲得される場合がある。しかし、そのような「排他的な集団的主体性」は、異質性のある諸集団が結びつかなければならないネットワーク型主体の形成に対しては、逆機能的である。

　ネットワークの形成は、拠点集団の存在が前提になる。個人にとって「等身大の課題」として可能なことは、「一つの拠点集団を形成すること」にとどまるといえよう。同様の他の拠点集団が存在することは、外在的な要因であり、「等身大の課題」を超えている。しかしながら、2人の個人aとbが、それぞれ同等の労力を通して、拠点集団A、Bを作ったとしよう。ところが、Aのまわりには、類似の集団が存在しないのに、Bのまわりには、類似の集団、B2、B3などが存在しているとしよう。その時、b－Bのみは、ネットワーク主体βの構成員となることができ、大きな主体性の発揮の機会をもちうる。単なる「共鳴基盤」というよりも、「いざとなったら有効に機能するネットワーク」というものが存在するかもしれない。たとえば、再生可能エネルギーや選挙運動などで能動化する人々は、そういう資源をもっている。

　④複合組織型主体形成については、労働組合の役割を考えると良いだろう。これまで、対抗的な「集積・ネットワーク複合構造」は、歴史的な存在位置や役割を変えてきた。原子力市民委員会も、ご当地エネルギー協会も、「媒介力の集積」によって、対抗勢力の拠点となっている。他方の「原子力複合体」も、多数の組織が組み合わさり、富の集積がある。道理性に立脚した社会制御の努力が、それに対して闘わなければならない劣化 (degradation) のメカニズムとは何なのかを考えていく必要がある。

2　「自己超越的主体性」が社会制御過程の文脈で有する意義

　変動・変革過程において能動化する個人主体に要請される主体性の質について、掘り下げて考えてみよう。個人主体の生き方に即した規範的問題である。

　すでに第2章でみたように、主体の諸契機として、資源操作力、戦略的合理性、価値合理性、コミュニケーション能力を確認することができる。これらの主体性の諸契機は、経営問題の解決や、被格差・被支配問題の解決に、さまざまな回路を通して貢献する。

　資源操作力、戦略的合理性、価値合理性が、経営システムの経営問題の解決努力に直結することは、たやすく見てとれる。コミュニケーション能力は、統率ア

リーナの内部において、また統率アリーナとその外部の諸主体を連結する点において、重要な作用を果たし、経営問題の解決に致命的な重要性を有することも理解されるであろう。

被格差・被支配問題の解決についても、被支配者の対抗力発揮の過程において、資源操作力、戦略的合理性、価値合理性としての主体性は、重要な作用を果たす。コミュニケーション能力は、被支配者たちが強力な集団的主体形成をおこなうにあたっても、対立関係にある陣営との論争においても、不可欠である。

だが、第8章で述べたような「概念解釈」をめぐる対立の問題を考える際には、さらに、主体性のもう一つの契機としての「自己超越性」に注目すべきである。

2-1　主体性の第5の契機としての自己超越性

自己超越性としての主体性とは、「既知のものに閉じこもらず未知なもの異質なものに対する感受性を備え、それまでの自分のあり方、すなわち、認識や価値観や行為のしかたを、変革し乗り越えていくというような主体性」である。

自己超越性としての主体性について、集中的に、また徹底的に考察しているのは、森有正の一連の論考である。森においては、自己超越性としての主体性の発揮の過程は、「経験の深化」の過程として、把握されている。そこで、森の思索を一つの手がかりとしながら、自己超越性としての主体性について考えてみよう。

森のいう経験の深化の過程にみいだされるのは、第1に、始源性（本源性）の存在であり、それを支える価値に対する根源的直観の存在である。第2に、異質なものに対する開放性、あるいは自己批判の能力である。第3に、自己克服の努力と能力である。

第1の始源性（本源性）とは、個人の意志と価値判断が個人自身に由来し、他に還元できないことである。始源性を支える中心には、自分の生き方という文脈での価値に対する根源的直観がある。森有正は、経験の端緒を「内的促し」という言葉によって表現しようとしたが、それは、この「生き方にかかわる価値に対する根源的直観」にほかならない。この直観によって求められる価値は、欲望一般の対象のことではなくて、自分の生き方を積極的に意味づけるような価値である。別の角度からいえば、価値に対する根源的直観の基盤にあるのは、「本来性の探究」である。本来性の探究とは、自分の本来のあるべき生き方を探究し定義しようとすることである。そのような個人は、自発的に新しい行為をおこなう。

第2に、森有正が経験という言葉で表現しようとした主体性のあり方は、異

質なものに対する開放性を根本的な特性としている。開放性とは、異質なもの、未知のものに直接に接触する能力と表現してもよい。森有正は、「経験」と「体験」とを明確に区別して使い分けているが、両者の基本的な相違は、経験が異質なものに対する開放性と接触によって定義されるのに対して、体験は、異質なものに対する閉鎖性と接触の欠如によって、定義されることにある。体験においては、未知のもの、異質なものが、既知のものに還元されてしまう。そこでは対象と主体が真に接触することがない。

　第3に、経験の深化の過程は、自己克服という課題を浮上させ、自己克服の努力（あるいは意志）と能力を要請する。森有正は、この自己克服ということを、オルガンの演奏における自らの経験を例証としながら、次のように説明した。「バッハは演奏の理想を楽譜に書かれている通りに演奏することである、と言った由であるが、この理想は、そこに達する一歩手前で、自己とその克服の問題という深淵を控えている」（森 1972: 10-11）。

　では、このように把握される自己超越性は、社会制御過程の中で、どのような作用を発揮し、どのような意義を有するであろうか。

2-2　価値合理性の質とコミュニケーション能力の質

　自己超越性としての主体性が重要なのは、第1に、その有無によって、価値合理性としての主体性やコミュニケーション能力としての主体性が、大きな質的差異を示すことである。

　自己超越性としての主体性によって支えられる価値合理性は、どのような特色をもつであろうか。価値合理性とは、実現すべき価値に一貫して志向する態度であるが、森が描くように経験の深化の過程で現れてくるような価値合理性を「自己批判的価値合理性」あるいは「開放的価値合理性」と呼ぶことにしよう。自己批判的・開放的価値合理性とは、そのような価値を信奉しながらも、自分に対する批判の姿勢を保持しているような、あるいは、自分対する批判に開かれているような価値合理性である。

　ここで「自己に対する根本的懐疑とすれすれの」「自分は間違っているかも知れない、ということを決して忘れない心性」のことを不可知論的態度と呼ぶとすれば（森 1978: 62）、それは、不可知論的価値合理性と表現することもできる。

　これに対して、同様に価値合理性という態度であっても、自分の信奉する価値に対する批判を自分にも他者にも許さないというような場合を、閉鎖的価値合

理性、あるいは、自己絶対化的価値合理性ということにしよう。閉鎖的価値合理性も主体性の一つの発現のしかたを可能にする。閉鎖的価値合理性を奉ずる主体も、外面的にみれば、一貫した価値志向性と熱意と労力の精力的な動員・投入によって、なにごとかを成し遂げるであろう。だが、閉鎖的価値合理性は、自己批判の契機を欠如することによって、独善的なもの、さらには、独裁的なものになりやすい。このような質の価値合理性は、権威主義的社会構想を支える思想となるものであり、「至高の価値」の名において、抑圧的排除状相の政治システムを生みだし、さまざまな悲惨を帰結しうるものなのである。

　自己超越性としての主体性は、コミュニケーション能力の質という点でも重要な含意を有する。自己超越性を保持している人々の間では、批判的情報や多様な意見や疑問の提示を含むかたちでコミュニケーションが可能となることにより、率直で豊富な意見交換ということについてのコミュニケーション能力が維持される。それは、制御アリーナにおいて問題解決策を検討する際に、批判的吟味を可能にする基盤である。また、それは、制御アリーナが外部からの意見と批判の提出を敏感に把握し、制御アリーナと外部との適切な連結回路を支える基盤となる。

　これに対して、閉鎖的価値合理性をもつ個人は、異なる意見に対して、とりわけ批判的な意見に対して、拒絶的・抑圧的な態度をもって臨む。つまり閉鎖的価値合理性をもつ主体は、低い水準のコミュニケーション能力しかもちえない。もし支配者の地位にある者がそのような態度をもち、かつ、支配システムにおける圧倒的に有利な交換力を他の主体に対して有しているのであるならば、他の諸主体は、自分の利益を防衛するという戦略的判断から、批判的情報の提示を、意識的に回避するようになるだろう（イエスマンという人間類型の増殖）。その結果、適切な情報収集の機会を失った支配者の状況認識は、ますます独善的なものになり、経営システムの文脈でも支配システムの文脈でも問題解決についての適切性を失っていく。同時に、特権的な受益集団の肥大化を、傾向的に招くであろう。それは同時に、被支配者の側の正当性信念の低下を帰結するものとならざるをえない。このようなメカニズムは、さまざまな独裁的政権や、独裁的な組織経営において、くり返し見られてきたことである。

2-3　価値理念に対する概念解釈の提示

　自己超越性としての主体性は、社会制御過程を導くさまざまな価値理念に対し

て、そのつど、「具体的な場面に即した概念解釈」を提示するという作用を果たす。

何が本来の価値合理性であり、道理性であるのか、より詳しくは、衡平や公正とは何なのか、ということは、社会制御過程の中で、繰り返し問題になる。そのつどの具体的文脈に即して、そのつど、概念解釈がなされなければならない。そのような概念解釈は、各人の価値に対する根源的直観によってなされる他はない。それを果たすのは、自己超越性としての主体性なのである。それは、そのつど必要になる「本来性の探究」であって、それによりかかっていれば自動的に正答が出てくるような固定的定式は存在しない。

大切なことは、先にみたように、社会問題解決の基本となる2つの「規範的公準」の概念解釈をめぐって現れる諸難問の解決に対して、自己超越性としての主体性が有する意義である。すなわち、「受忍限度の定義問題」「受苦の解決可能性問題」をめぐっては、そのつど、妥当な概念解釈を定義しようとする諸個人の努力がなされるが、それを支えるのは「自己超越性としての主体性」なのである。いいかえると、何が妥当な概念解釈なのかについては、そのつど諸個人の根源的直観が作用するのである。

2-4 始源性のある行為の展開〈経験の論理〉

では、自己超越性を備えた主体が存在することは、社会制御過程の進展のしかたにどのような影響を及ぼすのであろうか。行為論的に見ても、制御システムの作動という視点で見ても、自己超越性としての主体性は、社会制御過程に、注目すべき独特の特質を付加するのである。

自己超越性、あるいは、経験という質を備えた主体性に注目することによって、社会制御過程におけるどのような特質に照明が与えられるであろうか。

それは、個人主体が、物象化した社会システムの作動の論理に還元されない本源性を発揮することによって生ずる、さまざまな問題解決過程への着眼を可能にする。

一般的にいえば、経験という質をそなえた主体性は、現実に対する絶えざる批判の源泉であり、変革の源泉である。また、そのような主体性は、他の主体が利害状況の操作によってその主体を操作しようとしても、あらゆる操作努力を超越する可能性をもつものであり、それゆえ、「問題形成」「争点形成」を可能にし、変革過程の基本サイクルのうちの変革主体形成の局面への移行を支える根拠になるのである。

より具体的な文脈でいえば、第1に、価値に対する根源的な直観は、経営システムの文脈における経営課題群の枠組みとなっている価値を再定義し、それによって経営課題群の再定義を可能にするものである。そして、このような主体性は、「本来の価値」の探究に支えられた経営課題群の再編成を伴うような経営システムの変革の源泉となる。

　第2に、価値に対する根源的な直観は、支配システムにおける反抗と異議申し立ての根拠になるものである。支配システムの利害状況が、沈黙と服従を強いるような抑圧的排除状相であっても、あらゆる犠牲を伴っても異議申し立てに立ち上がる人々は存在しうる。そのような人々には、自己超越性という質を伴った主体性が、みいだされるのである。

　さらに、第3に、「変革過程」の局面において「適正な問題解決」を探究する際にも、開放的価値合理性と良質なコミュニケーション能力を人々が保持している場合は、制御アリーナにおいて、批判的情報を含む多様な情報を集めることができ、それにもとづいて状況を認識し、的確な意志決定をおこなうことができる。このことは経営システムの文脈においては、「手段的合理性」の洗練に適合的であり、支配システムの文脈においては、「適正な問題解決原則」の発見と合意形成の重視を通して、財の分配における先鋭な格差や受苦を是正したり、特権的な受益圏の肥大化を防ぐのに適合的である。

　以上のような検討をふまえれば、主体に関する規範的公準として、第8章で提示した2つの規範的公準（経営問題と支配問題の両立的解決の公準、および支配システム優先の逐次的順序設定の公準）に加えて、次のような第3の公準が得られる。

規範的公準3：主体のあり方に即した規範的公準
　　社会的な問題解決過程においては、個人の主体性のあり方において、自己批判的な価値合理性や開放的なコミュニケーション能力を可能にするような自己超越性が維持されるべきである。

2-5　始源性のある社会制御過程の展開

　自己超越性という質を備えた主体が関与する社会制御過程は、既知のものに還元できない新しさを発揮しうる。そのような社会制御過程に働く論理にはどのような特徴がありうるだろうか。

　森有正は、それを「経験の論理」と名づけ、「経験の論理」が作用する社会過程を、

1971年から72年におけるアメリカの中国政策転換を例証にしながら、次のような記述によって描こうとした[1]。

> ［1971年］七月ニクソンの訪中の見通しが報道された。朝鮮戦争からヴェトナム戦争まで、一貫して追求された中国問題を中心とするアメリカの極東政策は一つの曲がりかどに到達した。事柄はその当然の論理を辿りつつあり、また辿ったのである。それは形式論理ではもちろんないし、必然性の因果律的論理でもない。人間社会がもつ、人間的、実質的な論理、本当の意味で容赦のない、恐るべき論理である。
> この「人間」の論理は、「経験」の論理であり、行動のたびに、そのつど、その時の新しい現実によって、新しく規定されて発現して来る論理であって、決して直線的に予測したり、支配したりすることのできないものである。ベルグソンがどこかで言っているように、それは自由と一体になった論理であり、それを辿るのは、その中で賭ける外はない論理である。その動機はただ一つで、「ある正しいこと」をその中に感じ識別することだけである。だからそれは、レジスタンスの論理と同質であり、真珠湾やナチスのソ連不意打とはちょうど正反対の構造をもった論理なのである。（森 1972: 143-144）。

ここで、森有正が「経験の論理」といっていることを、社会科学の用語で表現することは可能であろうか。自己超越性としての主体性や、道理性という言葉を使用することによって、その可能性が開けるように思われる。

森がいう「経験の論理」とは、規範理論的関心に立脚して社会事象がたどる経過をみたときにみいだされる論理のことといえよう。それは、大局的に見て、不合理な事態や道理性を欠如している事態を是正し、実質的な合理性・道理性が実現していくような社会過程に貫徹しているような論理である。このような角度から、社会過程を把握しようとする論者は稀であるが、規範理論的関心からみれば、社会制御過程に対して、重要な洞察を与えるものである。

森有正は、この「経験の論理」を「人間社会が持つ実質的な論理」ともいいかえている。森の人間理解と社会把握によれば、この意味での「人間社会が持つ実質的な論理」を生みだす根底にあるものは、無数の人々が発揮する経験という質を備えた主体性ということになる。経験という質を伴った主体性を感受することが

---

[1] 1972年2月にニクソン大統領が訪中。なお、米中の国交樹立は、1979年1月。

できるのであれば、各時代に登場する個人の発揮するそのような始源性を有する主体性と、それの生みだす社会過程の「新しさ」に注目することが可能になる。

たとえば、そのような質を備えた主体性の発揮は、過去の運命を将来の創造のテコとして前面に据え直す作用を果たすのである。主体の行為は、意味転換的であり、危機を通して、あるいは負の経験を通して、新しい価値や理念が創出されるのである。

まとめていえば、「人間社会の実質的な論理」「経験の論理」と森が呼んだ事態は、マクロ的には、実質的な道理性・合理性をよりよく実現するようなかたちで、社会の変革が進む過程である。そして、そのような事態は、ミクロ的には、自己超越性を備え、道理性や合理性を志向するような多数の個人の実践によって支えられている。その両者がどのように社会制御過程においてつながっているのかは、社会学にとって注目すべき問題となる。

3　日本社会の人間関係の問題

日本の社会制御の失敗事例からみえてくるのは、異質な主体が出会うことによる共通認識の形成ができないということである。異質なものに触れあわないことが、個人の「人間的自覚」や「社会的自覚」を深化させることへの刺激を欠如するという帰結を生んでいるのではないだろうか。閉鎖的集団の中で、それなりに「収まっている」。

日本においては、「現代社会の機能的分化」作用に、「タコツボ性＝非社会性」が重なり合うことによって、「分立の逆機能」あるいは「分立ゆえの低機能」が、頻繁にみられるのではないか。「一般的原則にのっとって大きく連帯する」ということができなくて、「個別的利害関心が優越するゆえのタコツボ化」ということが、作用してしまっている。たとえば、「反原発運動」が選挙で統一候補を立てることができない。

より高次の次元での問題解決のためには、それを具体化する「共有された規範的原則」が必要である。しかし、日本ではしばしば「共有された規範的原則」を欠如したまま、個別具体的な利害調整にいきなり着手してしまう。だから、議論が絶えず、同じところに戻る。日本社会は「道理性と合理性に立脚して組織化する」という能力を欠如している。即自的利害要求の狭い範囲での妥協の積み重ねでしかないことが多い。それが、迷走と決断不能の根拠である。

日本社会では、「具身の個人が内面化している規範」が弱体である。細かな規

則は、たくさん作られるが、その根底において、「社会を組織化する規範」を具身の諸個人が共有することが弱体である。問題そのものではなくて、人間関係や他の主体の態度に反応する。

このような日本社会のあり方に対して、森有正は「私的二項関係」という鋭い指摘をしている。森は、日本社会における経験が、個人を定義するものではなく、二人の人間を定義しているのではないかと論ずる。「二人ということを強調するのは、その「経験」が二人称の世界を内容とするからである」(森 1979b: 62)。森は、一人称としての「我」、二人称としての「汝」、三人称としての「彼・彼女」の区別に注目し、これらの言葉を使って、日本人の経験の特徴を解明しようとする。

端的にいえば、日本人は、「我と汝」というかたちで、人間関係の中の自分を経験するのではなく、「汝の汝」として生きているのである。「「日本人」においては、「汝」に対立するのは「我」ではないということ、対立するものもまた相手にとっての「汝」なのだ」(森 1979b: 63-64)。「親子の場合をとってみると、親を「汝」として取ると、子が「我」であるのは自明のことのように思われる。しかしそれはそうではない。子は自分の中に存在の根拠をもつ「我」ではなく、当面「汝」である親の「汝」として自分を経験しているのである。それは子が親に従順であるか、反抗するかに関係なくそうなのである」(森 1979b: 64)。

このような二人の人間の関係を、森は「私的二項関係」あるいは短く「二項関係」と呼ぶ。これは「二人の人間が内密な関係を経験において構成し、その関係そのものが二人の人間の一人一人を基礎づけるという結合の仕方である」(森 1979b: 66)。では二項関係とは、どのような特徴を備えた関係なのであろうか。二項関係は、第1に親密性、第2に関係の方向の垂直性という特徴を有する。

親密性とは、あらゆる他人の参入を排除し、唯一人だけが「汝」として入ってくるような関係である。「そしてこの二人の間では、互いにその「わたくし」(他人の入ることのできない自分だけの領分)を消去してしまうが、そういう関係自体は、同時に、外部に向かっては、私的存在の性格をもつ」(森 1979b: 69)。「二者の間には秘密はなく、凡てを許し合い、また要求しあう」(森 1979b: 69)。

二項関係の第2の特徴は、その関係が平等な二人の間の関係ではなく、上下関係、垂直的な関係であることである。たとえば、親と子、上司と部下、先生と生徒、師匠と弟子、先輩と後輩といった関係は、そのような上下関係である。しかもこの上下関係は、既成の社会秩序の中に埋め込まれている。

このような二項関係は日本語と絡み合うかたちで、日本社会の人間関係の根深

い特徴となっている。日本人の思考は日本語を通してなされるのであり、日本人の思考の論理も、感受性も日本語と深く結びついている。森は日本社会における二項関係の特徴を、日本語の有する敬語の体系の発達と現実嵌入という点に注目しながら検討している。これまで多数の論者が日本人や日本社会を主題にした論考を提出してきたが、森の考察の特徴は、日本語についての掘り下げた検討に裏打ちされている点である。

　容易にみてとれるように、日本語では敬語の体系が高度に発達している。中立的表現はむしろ例外的である。卑近な例をあげよう。学校で教師と学生が会話するとき、英語圏ではお互いを呼び合うのに、you を使う。しかし、日本語では、学生が教師を呼ぶのに「あなた」という言葉ではなく、「先生」と呼ぶのが一般的である。この「先生」という言葉自体には、会話に関わっている二人の間の上下関係が含意されている。これに対して you という単語自体には、そのような上下関係は含意されていない。

　このような日本語の特徴を、森は「現実嵌入」という言葉によってとらえようとした。現実嵌入とは、言葉がそのつどの具体的な現実と深く絡み合っており、現実に対する独立の程度が低いことである。このことは現実に対する「距離をとった思考」を難しくしている。

　以上のような(私的)二項関係の中にいる個人は、その意志決定や行為に関して、どのような特徴を示すであろうか。基本的な特徴は、一人ひとりの主体性の未熟ということである。主体性とは意志決定能力とその実行能力を含意している。ところが、二項関係における個人は、そのつどの判断や意志決定が、「汝」というべき他の個人に依存し、その影響を大きく受けるのである。いいかえると、各人の判断基準における自律性が欠如あるいは不十分である。

　この主体性の未熟ということは、無責任性につながる。「二項関係は、人間が孤独の自我になることを妨げると共に、孤独に伴う苦悩と不安を和らげる作用を果たすのである。また二人の人間が融合することによって、責任の所在が不明確になるのである」(森 1979b: 70)。

　以上のような視点は、日本社会のどういう特徴を浮き彫りにするであろうか。森はいう。

　「一種の内的促しによって、私どもは右にも左にも動く。その一番大事なことは、日本という国は昔から内的促しを殺しに殺し続けてきたのです。内的促しとはつまり、一人の人間が個人になるということ、その人になるということ。それ

はなぜかと言いますと、さきほどの二項方式の問題になるわけです。その人が本当の個人になれば、その人は社会にとっても、天皇にとっても親にとっても他人になりますから、それを日本人は恐れるのです」(森 1975: 57)。

ここで大切なのは、「適応」と「変貌」を区別することである。合意のための変化には、「適応としての変化」と「変貌としての変化」がある。日本社会は、「原則なき適応としての変化」が強すぎるのではないだろうか。小利口に器用であるという状況があり、その文脈では非常に有能である。これに対して、より普遍性を志向するような原則の確立に向かっての変化、すなわち「変貌」ということが、大切なのではないか。たとえば、南相馬市が、「電源三法交付金は受け取らない」という決定をしたが、これは「変貌」を表しているのではないだろうか。依って立つ価値基準、あるいは行為の原理が変化したともいえる。

さて、本節で述べた規範的公準3「自己超越的主体性」は、強い主体を要請しているかのように見えるかも知れない。しかし、すべての個人が強い主体になれるわけではない。ただ、少なくとも一部に強い主体が必要である。そして、感情的主体も、「勢力関係の理性化」において、効果を発揮することがありうる。重要なのは、①普遍主義的合意と個別主義的合意の相違、そして②個別的・私的利害関心と社会制御システムレベルの公益性とを区別することである。「普遍主義的合意」に基づいて社会を組織化していくような「公共圏」の豊富化を促す制度を築き上げていくことが求められる。

第5節　今後の課題

本節では、原発震災問題に取り組む中でみえてきた、社会制御過程の社会学にとって重要な、新しい視点を2つ提示する。

1　「生活世界」対「大規模制御システム」という問題

大規模な制御システムは、生活者、生活世界に対して、さまざまな作用を及ぼす。この視点は、武藤類子氏の覚醒、すなわち「買わされていた」ことへの拒絶という表現にヒントを得た (武藤 2014: 27)。

大規模制御システムは、個人や集団・組織を、①同化的担い手要素として、②受動的消費者として、否応なく組み込んでいく。我々は、大規模システムに組み込まれた要素としてのみ、存在が可能になっている。たとえば、「存在可能条件」

としての採算性など。

　また、大規模制御システムは、③周辺的犠牲者を生みだし、④その解体作用、存続否定作用を及ぼす。たとえば、放射性廃棄物問題など。

　大規模制御システムが社会を支えつつも、さまざまな弊害を引き起こす中で、「生活世界」に立脚した、「対抗制御努力」はいかにして可能となるのか。『社会制御過程の社会学』においては、生活世界から公共圏を経て、制御システムを組み替えるという働きかけ作用、原理、原則が必要である。再生可能エネルギーは、「生活世界にとっての望ましさという視点からの組み替え」としてある。「大きすぎることの弊害」を指摘するべきである。この視点をもたないと、『社会制御過程の社会学』が、平板になるだろう。

2　現代社会の不平等のメカニズムとしての独特の「中心部－周辺部」論

　「中心部－周辺部」の巨大な格差生成構造に注目すべきである。あるいは、富と情報と権力の集積構造といってもよい。マルクスは、「資本蓄積論」を描いた。そのような視点からの理論化が必要である。

　本書の第Ⅰ部では、「両義性論」を提出したが、第Ⅱ部では、現代社会の不平等のメカニズムとして、独特の「中心部－周辺部」論をもっと展開するべきかもしれない。原子力複合体は、その最も典型的な仕組みである。

　原子力複合体は、「三重の財」（富・情報・権力）の集積構造をもっている。「富を集積する」ということは、他との関係で、格差を作りだすことである。「三重の財」の集積構造を有する社会制御システムは、外部に対する強力な働きかけのしかけをもっている。三重の財の相互循環的補強という視点から分析すべきである。さらに、「ほどほどに再分配する」ことによって、操作する仕組みが問題である。

　勢力関係モデルは、この独特の経営・支配システムに適合的である。理性的制御モデルは、この独特の「支配・経営の複合構造」「集積とネットワークの複合構造」に対して、対抗しうる。

　原子力複合体に代表される現代社会の歴史的個性としての巨大な「○○システム」の特徴は、何だろうか。

　①「三種の財の集積」。
　②自分を中心としたネットワークの形成。
　③「ほどほどの受益」をまわりに提供しつつ、結果として、他に対して、格差
　　を生成する。

④「自己正当化装置」「宣伝装置」を備えている。「人々の支持」を集めるしかけをもっている。
⑤インプット、アウトプットのしかけをもっている。人材インプットについては、同質性の確保のための「選別」を行なっている。
⑥経営システムの強力さが、支配主体としての強力さの根拠となっている。
⑦社会制度的枠組みを利用しつつ、複合構造が再生産され、維持されている。
⑧社会制度的枠組みを自分の都合のよいように作り変えている。

この複合体を何と呼べばよいだろうか。

第Ⅲ部　東日本大震災と社会制御過程の社会学
（遺稿）

第Ⅲ部　解　題

　東日本大震災を機に、著者の危機意識は高まり、鬼気迫る様相で社会的課題に実践的・理論的に取り組み、多数の論文・文章を発表し、社会的な反響を呼んだ。それらの論考は、震災後に突然生まれたものではなく、震災前から構想し準備してきた『社会制御過程の社会学』の第Ⅰ部・第Ⅱ部の理論と事例分析に深く裏打ちされており、著者の理論と分析の潜在的解明力をあらわしている。

　震災後に執筆された多数の論文は、①理論的検討、②時事発言、③震災の背景分析、④高レベル放射性廃棄物問題と科学のあり方についての議論、⑤被害構造論と復興への取り組み、⑥再生可能エネルギーと地域の内発的発展論に、大きく分けられる。そのなかから、本人の自己評価が比較的高く、相対的に十分な展開がなされているものを6本選んで、第Ⅲ部を構成することにした。選定にあたり、一般に雑誌論文は後になると入手しにくくなるが、単行本の論文は後からでも入手可能なので、同等な内容の場合は、雑誌論文を優先した。収録しなかった論文のうち重要なものを、参考論文として以下に併記したので、あわせてお読みいただければ幸いである。

①理論的検討から1本を収録
　第18章　持続可能性をめぐる制御不能性と制御可能性
　　（長谷部俊治・舩橋晴俊編著『持続可能性の危機――地震・津波・原発災害に向き合って』お茶の水書房：33-61．2012年9月）
　参考論文：震災復興問題における取り組み態勢の問題点――理論概念の構築を目指して
　　（『東日本大震災の被災地再生をめぐる諸問題』法政大学サステイナビリティ研究所：21-35．2014年3月）
　参考論文：公共圏の豊富化を通しての制御能力の向上
　　（河村哲二・陣内秀信・仁科伸子編著『持続可能な未来の探究：「3.11」を超えて』御茶の水書房：131-147．2014年3月）

②時事発言から1本を収録
　第19章　原子力政策は何を判断基準とすべきか──政策転換に必要な
　　　　　パラダイム変革とは
　　（『世界』848号, 岩波書店：117-125. 2013年10月）

③震災の背景分析から1本を収録
　第20章　震災問題対処のために必要な政策議題設定と日本社会における制御能力の欠陥
　　（『社会学評論』Vol.64 No.3, 日本社会学会：1-23. 2013年12月）
　参考論文：福島原発震災の制度的・政策的欠陥──多重防護の破綻という視点
　　（田中重好・舩橋晴俊・正村俊之編著『東日本大震災と社会学──提起された〈問い〉をめぐって』ミネルヴァ書房：135-161. 2013年3月）
　参考論文：原子力政策をめぐる社会制御の欠陥とその変革
　　（舩橋晴俊・壽福眞美編著『持続可能なエネルギー社会へ』法政大学出版局：205-233. 2016年8月）

④高レベル放射性廃棄物問題と科学のあり方についての議論から1本を収録
　第21章　高レベル放射性廃棄物という難問への応答──科学の自律性と公平性の確保
　　（『世界』No.839, 岩波書店：33-41. 2013年2月）
　参考論文：高レベル放射性廃棄物問題をめぐる政策転換──合意形成のための科学的検討のあり方
　　（舩橋晴俊・壽福眞美編著『公共圏と熟議民主主義──現代社会の問題解決』法政大学出版局：11-40. 2013年3月）

⑤被害構造論と復興への取り組みから1本を収録
　第22章　「生活環境の破壊」としての原発震災と地域再生のための「第3の道」
　　（『環境と公害』Vol.43 No.3, 岩波書店：62-67. 2014年1月）
　参考論文：日本学術会議による「原発災害からの回復と復興のために必

要な課題と取り組み態勢についての提言」

　（『学術の動向』Vol.19 No.4,日本学術協力財団：59＆60-65．2014年4月）

　⑥再生可能エネルギーと地域の内発的発展論から1本収録
　　第23章　エネルギー戦略シフトと地域自然エネルギー基本条例

　　（『月刊自治研』Vol.54 No.634: 29-37．2012年7月）

なお、第Ⅲ部の序論として、震災直後に執筆された原稿のうち、①2011年8月に脱稿し『環境社会学研究』第17号(2011年11月刊)に「特別寄稿」として掲載された「災害型の環境破壊を防ぐ社会制御の探究」(p.191-195)と、②2012年5月に脱稿し共編著『東日本大震災と社会学』(2013年3月刊)の「あとがき」として掲載された「東日本大震災は日本社会に対する自己批判的解明を要請している」を選び、2つを統合して再構成した。具体的には、①「特別寄稿」の(1)(2)(3)に続けて、②「あとがき」の内容を(4)として加えるかたちをとった。

序論

災害型の環境破壊を防ぐ社会制御の探究
―― 東日本大震災は日本社会に対する自己批判的解明を要請している

　東日本大震災は、地震、津波、原発震災という3つの災害が複合した先例のない大災害である。私は、1989年以来、青森県の核燃料サイクル施設の現地調査を続けてきたが、福島原発事故を見て最初に感じたことは、恐れていたことがついに起こった、政府も東電も技術的制御能力を失っているという2点であった。そして、数多くの警告が発せられてきたにもかかわらず、地震国で原発を推進してきた人々と諸組織に対する深い怒りを覚えずにはいられなかった。同時に、東日本大震災は、環境社会学に対して、その問題設定と視点の見直しと再組織化を、いくつもの点で要請していることを痛感した。考えなければならない論点は多数にのぼるが、ここでは、(1) 人間社会と自然との関係の見直し、(2) 技術論的視点の必要性、(3) 福島原発震災を生みだすに至った社会制御の欠陥、(4) 日本社会に対する自己批判的解明、という諸点について考察したい。

(1) 人間社会と自然との関係の見直し

　環境社会学は、人間社会と自然との相互作用に焦点をあててきた。その焦点のあて方は、多くの場合、人間社会における生産と消費の総体が、さまざまなかたちでの汚染物質や環境負荷や環境破壊をもたらし、それによって悪化した環境が、今度は人間の生命と生活に打撃を与えるという構図にもとづくものであった。このような構図を前提にして、人間社会と自然との関係を把握することは、公害・開発問題期における「公害型の環境破壊」についても、環境問題の普遍化期に登場する「微少負荷累積型の環境破壊」についても、共通に採用される見方であったといえよう。

　しかし、東日本大震災は、自然が地震や津波というかたちで、端的に人間社会に対する深刻な打撃をもたらすということ、自然は間歇的にではあれ人間社会に対してきわめて兇暴になりうることを示した。つまり、「災害型の環境破壊」

が発生したのである。このことは、従来の環境社会学において暗黙に想定されている自然と人間社会の関係とは、質的に異なる事態である。これまでの環境社会学が扱ってきた「公害型の環境破壊」と「微少負荷累積型の環境破壊」とは異なる「災害型の環境破壊」に対して、環境社会学は的確に取り組むことができるのであろうか。それとも、このような事態を中心対象にするためには、「災害社会学」ともいうべき別の研究領域の確立が必要となるのだろうか。現時点で、最低限いえることは、環境社会学の大局的な問題設定の再定位の必要性である。すなわち、単に「サステイナブルな社会」をいかにして実現するべきかを問うのではなく、今後は、「災害耐性を有するサステイナブルな社会」をいかにして実現するべきかという問題関心が必要なのである。

　環境社会学の扱う問題群の一つの分類としての被害論、原因論・加害論、解決論という区分は、災害社会学にとっても、有益な視点を提供すると思われる。このような分類に立脚することは、災害型の環境破壊の把握に対しても有効であろう。しかし同時に、災害という事態を見つめるならば、いくつかの論点や領域への拡張的な取り組みが要請されていることを自覚すべきである。第1に必要なのは、科学技術論の視点である。災害時における自然と人間社会の関係はいかなるものとなるかという問題関心からみて、科学技術について新たな考察が必要である。第2に、「科学技術による災害型環境破壊の増幅」という主題の設定が必要であり、この問題関心から社会制御のあり方を再検討する必要がある。

(2) 技術論的視点の必要性

　表III-0-1は、人間社会と自然との関係を再考するための手がかりとして、技術の分類を試みたものであり、「環境調和型技術」と「環境破壊型技術」の差異を、定常時と非常時に分けて対比している。ここで、正連動型技術とは、経営システムの文脈での経営問題の解決を通しての受益の増大が、同時に支配システムの文脈での格差の縮小や受苦の解消を促進するような技術である。これに対して、逆連動型技術とは、経営システムの文脈でのメリットを実現すればするほど、格差や受苦を拡大してしまうような技術である。

　また、「本質的安全性」(現代技術史研究会編 2010)とは、事故時において技術システムの停止や故障が生じたとしても、安全な状態で安定するような技術である。これに対して「人為依存的安全性」とは、人為的な安全化努力が成功を続けている限りにおいて安全性が保たれており、人為的な安全化努力が失敗したり、

表Ⅲ-0-1　技術の分類

		環境調和型	環境破壊型
定常時の効果		正連動型技術（例、リサイクル技術） 逆連動防止型技術（例、公害防止技術）	逆連動型技術
非常時の効果	事故時	本質的安全性	人為依存的安全性
	災害時	防災・減災技術	災害増幅型技術

欠陥があると、被害が発生するような技術である。災害増幅型とは、いったん自然災害が発生したとき、その技術が存在したために、かえって被害が増幅するような技術である。これに対して、防災・減災技術は、被害の防止や減少に役立つ技術である。

　環境問題の視点からは、環境破壊型を回避し、環境調和型技術を選択することが望ましい。ところが、原子力発電所は事故の危険性、放射性廃棄物、被曝労働という難点を有しており、表Ⅲ-0-1の分類によれば、逆連動型、人為依存的安全性、災害増幅型という特徴を有するのであるから、環境破壊型技術である。今後は、環境破壊型技術の放棄と環境調和型技術の自覚的選択が必要である。

(3) 福島原発震災を生みだすに至った社会制御の欠陥

　東日本大震災の諸被害の中でも福島原発震災は人災という性格を有する。原子力発電は「災害増幅型技術」の代表といわなければならない。なぜ、そのような技術が採用されたのか。安全対策はなぜ不十分だったのか。福島原発震災は、それに先行するどのような不適切な意志決定の累積の中から生みだされたのだろうか。

　技術的にみると、福島原発震災を引き起こした諸要因として、地震国日本での原発立地、特定敷地への6基の集中立地、安全性という点で設計上の難点のある原子炉の採用、老朽化した原子炉の長期使用、津波想定の過小評価、非常用電源対策の不十分さ、事故発生想定の甘さ（複合的な事故発生の可能性の軽視）などが、指摘されている。このような技術的に適切でない選択の背後にあるのは、社会的意志決定過程の欠陥である。

　本来であれば、原発の立地に際しての安全確保のためには、電力会社や原子力委員会の努力はもとより、第一次公開ヒアリング、自治体による意見表明、第二次公開ヒアリング、原子炉設置許可、工事計画認可、（場合によっては）差止め訴訟などの手続き過程において、自治体議会や首長、経済産業省、文部科学省、原

子力安全保安院、原子力安全委員会、裁判所などが社会的多重防護の役割を果たさなければならない。またそのような過程には「耐震指針」の制定が組み合わされており、それを担う専門家も社会的多重防護の一つの役割を果たすべきである。それぞれの段階に関与する主体は、安全性への配慮を優先すべきであり、そのための設計内容の変更や建設の停止という選択を回避するべきではない。

しかし、実際に原発震災が発生したことは、そのような社会的多重防護が空洞化しており、破綻したことを意味する。なぜ原発震災の防止ができなかったのか。その背景にどのような制度的欠陥と、主体・アリーナ布置連関の欠陥があったのか。この主題の解明のためには、少なくとも以下の４つの論点を検討する必要がある。

①地域独占、発送電統合、総括原価方式による売電価格決定、電源三法交付金という制度的枠組み。このような制度的枠組みは、競争を排除するかたちで、巨大な経済力を電力会社や日本原燃のような原子力事業を担う企業に保証するとともに、エネルギー政策の担い手である経済産業省にも、毎年の予算査定に左右されない巨額の経済資源の操作を可能にしている。この経済力は、原発マネーや核燃マネーとも呼ばれる。

②経済力の情報操作力、政治力への転化。電力会社や経済産業省の有する巨大な経済力は、情報操作力と政治力に転化されてきた。電力会社の巨額の宣伝費、広告費は、有名人や専門家を使用した世論操作を可能にし、また、政治資金の提供を通して、利害要求の代弁者である政治家を生みだし操作してきた。原発震災後に、九州電力の「やらせメール」問題が発覚し、公開シンポジウムにおいて、原子力安全・保安院が、電力会社などをとおして参加者の動員と意見表出の操作をしていることが露見した。このような過程は、「同化的情報操作」というべきであり、経済力がそれを生みだす基盤となっている。

③原子力複合体の形成と存在。「原子力複合体」とは原子力利用の推進という点で利害関心を共有し、原発などの原子力諸施設の建設や運営を直接的に担ったり、間接的に支えている各分野の主体群、すなわち、産業界(電力会社、原子力産業)、官界、政界、学界、メディア業界などに属する主体群の総体である。原子力複合体は、その文化風土の前近代性を強調するならば、「原子力村」と呼ぶこともできる。原発マネーや核燃マネーは、原子力複合体の強力な形成根拠となっている。同時に、原子力利用の推進主体と安全規制の

担い手主体が制度的・組織構造的に分離せず、また人脈的にも融合したかたちになっており、安全確保のための規制は骨抜きになったり空洞化したりしてきた。

④主体形成と制度的枠組み形成の相互循環的補強。原子力複合体を構成する諸主体は一群の制度的枠組み条件のもとで、絶えず経済力を補強されつつ再生産されている。同時に、これらの主体は自らの利害を防衛するために、強大な情報操作力や政治力を生かして、上述のような制度的枠組み条件を擁護してきた。主体と制度的構造は相互循環的に補強し合い、硬直的な意志決定と批判拒絶、原子力複合体以外の主体の介入を排除してきた。

以上の4つの論点は、それぞれ掘り下げた事実把握と解明を要するものであるが、さらにそれらの共通基盤ともいうべき日本社会の特質についても、森有正の指摘している「私的二項関係」の視点（第17章）から掘り下げた検討が必要である。

(4) 日本社会に対する自己批判的解明

原発震災に直面して、エネルギー政策の根本的な見直しが必要なことは、多くの人が指摘することであるが、より深くは、日本社会のあり方のさまざまな側面が、問い直されなければならない。

第1に、原発の危険性は、さまざまに警告を発せられていたにもかかわらず、それが無視されてきた。たとえば、安全規制のための原子力安全・保安院が、原発を推進する経産省に所管されているのは、国際的には異例の構造である。それは、日本社会の意志決定のあり方、組織運営のあり方の欠陥を露呈するものである。すでに、電力業界で仕事をしてきた人々から、組織のあり方に対して、利益優先主義や、情報操作に関して、多数の批判的論点が提示されている（北村2011）。

第2に、科学者の研究のあり方が問われる。原発事故とのからみで「御用学者」という言葉が多用されたが、この言葉がこれほど説得力をもった時代はなかったのではないか。科学研究は、自律性と総合性をどこかで失っていたのではないか。さまざまな利害関心が、「専門家の科学的認識」と称するものを歪ませ、各専門分野はタコツボ化してしまい、異分野間の対話の機会を欠如していたのではないだろうか。

第3に、専門研究者は、社会的に必要な発言を、十分にしてきたのだろうか。私自身、青森県の核燃料サイクル問題をめぐる諸問題を20年来、調査してきたし、いくつかの論考も発表してきた。だが、原子力問題の深刻さに対して、それは、

ほんの一角にしか触れていないという限界があり、また、自分が知り得たことをもっと明確・強力に、問題点の指摘と対案の提示というかたちで提示するべきであったと反省せざるをえない。

第4に、政策決定過程のあり方と内容が問われる。原発震災の事前においても事後においても、政府および地方自治体の行政的決定、国会および地方議会の討論のありかたと決定は、何を議論し、いかなる決定をしてきたのであろうか（清水2011）。大震災の惨禍が眼前に存在するにもかかわらず、政党間・政党内に、政争はあっても、政策論争が乏しいのはなぜなのだろうか。国会はなぜ明確なエネルギー政策の転換を打ち出せないのだろうか。国会議員にひとりずつついているはずの政策担当秘書は、議員に対して有効な知見を提供しているのであろうか。

第5に、マスメディアのあり方が問われる。1970年代より、電力会社は巨額の広告費を新聞社や放送局に提供してきた。さらに、それらに登場する多数の文化人や芸能人を起用して宣伝に努めてきた。そのような背景のもと、マスメディアは原発の安全神話の流布に奉仕してしまったのではないか。いくつかのテレビ局が、3月11日から一週間、事態の深刻さを的確にとらえることもできず、誤った見解をくり返している大学教授を、「専門家」としてくり返し画面に登場させて解説をさせていたのはどういうわけか。なぜ、意見の異なる専門家の議論を紹介しようとしないのか。第二次世界大戦の敗戦にいたる歴史的過程での新聞のあり方への反省が、戦後には語られた。だが、原子力複合体との関係において、それと同型的な誤りに、マスメディアは、陥っていなかったか（伊藤2012）。

第6に、裁判所のあり方、警察や検察のあり方も問われている。日本の裁判所は、原発の差し止めをもとめる数十件の訴訟において、原告住民側の請求をみとめたことは、下級審で2回あるのみである（志賀原発訴訟・もんじゅ訴訟）。しかも両方とも上級審で逆転している（現代人文社編集部2012）。このような裁判所の態度は、選挙区定数の不均衡の是正を国会にさせるだけの毅然とした態度をしってこなかったことと同根の欠陥ではないだろうか。

警察は、なぜ、原発批判のデモに対して、執拗に逮捕をくり返すのであろうか。検察は、原子力災害に対して業務上の過失を問う意志はないのであろうか。1950〜60年代における水俣病事件に対して、警察と検察のとった加害者擁護と被害者抑圧の構図を思い浮かべずにはいられない（舩橋2000）。

第7に教育のあり方が問われる。電力業界も、原子力業界も、メディアも、行政組織も、裁判所も、さまざまな分野の教育を受けた人々が担い作動させてい

る。その中には、高等教育を受けたと称する人、専門家と称する人も多数いるのだ。その人たちは何を学び、何を学んでこなかったのだろうか。各水準の教育は、適切な技術的能力と倫理的資質を有する人を、果たして十分に育ててきたのであろうか。

　このような疑問は、もっといろいろと列挙することができよう。これらの自己批判的問いの掘り下げた解明なしには、日本の積極的な再建は、なされえないであろう。そのためには、研究者の自律性と主体性の確立、公論形成の場と公共圏に対する市民としての参加と、それと結合した「研究をとおしての実践的貢献」の道が探究されなければならない。

第18章

持続可能性をめぐる制御不能性と制御可能性

はじめに

　現代社会のありかたを把握する上でも、その改革を考える上でも、持続可能性（sustainability）をめぐる制御可能性／制御不能性は、一つの鍵になる視点である。とりわけ、東日本大震災は、エネルギー政策が、持続可能性と不可分に結びついていることを明らかにするとともに、原子力に大幅に依存したエネルギー政策の根本的見直しを要請している。

　本章の課題は、現代社会において、持続可能性をめぐる制御不能性あるいは制御困難性が、どういう要因連関のもとに生みだされているのか、制御可能性を高めるためには、どのような要因、条件が大切であるのかということを、エネルギー政策を主要な参照事例としつつ、検討することである。

第1節　持続可能性と制御可能性を考える基本的視点

　現代の地球社会と日本社会が直面する諸問題を解明し、その解決の道を探るにあたって、持続可能性（sustainability）と制御可能性（controllability）は、相互に関連づけつつ使用されるべき鍵概念である。この2つの言葉の基本的意味と相互関係を、まず考えてみよう。

1　制御可能性と持続可能性の基本的意味と両者の相互前提性

　社会システムの有する制御可能性を暫定的に定義するのであれば、制御可能性とは、社会システムの抱えるさまざまな問題群を解決しつつ、社会システムを一定の望ましい状態に保つことである。すなわち、社会において「めざされるべき状態」を想定した上で、その状態を達成し、維持できるかどうかという点でこそ、

制御可能性が問題になる。このように制御可能性をとらえるのであれば、社会システムをどのような理論枠組みで把握するのかということと、その社会システムの中に立ち現れてくる問題群をどのような概念枠組みで把握するのかということが、制御可能性／制御不能性の解明に際しては重要となる。

　次に、持続可能性については、「ブルントラント委員会報告」において提示された考え方を暫定的な定義として採用することができよう。すなわち、持続可能な開発とは、「将来の世代の欲求を充たしつつ、現在の世代の欲求も満足させるような開発」をいう（環境と開発に関する世界委員会 1987: 66）。この定義は、人間社会が自然環境に依存していること、そして環境は有限であること、現在世代の欲求充足は環境の有限性との関係で、一定の節度が必要であることという一連の認識を前提にしている。ただし、この定義はさまざまに多様な解釈を許容するものであり、その含意については、いくつかの視点からの考察が必要である。すなわち、充足されるべき「欲求」をどのようなものとして考えるのか、この条件を満たすような、あるいは、満たさないような経済活動や技術とはどのようなものか、などの論点を明確化しなければならない。

　このような暫定的な定義にもとづいて検討すると、制御可能性と持続可能性が相互前提的な関係にあることが確認できる。すなわち、一方で、持続可能性を有する社会は、その実現のために、制御可能性を備えなければならない。持続可能性の実現のためには、人間社会が生みだし自然環境に課している環境負荷の総量を制御する必要があるのであり、その点での制御可能性が必要である。

　他方で、同時に、全体社会水準での制御可能性を実現するためには、持続可能性という条件が、その必要条件の一つとなる。社会の一部分、たとえば、一つの企業をとりあげた場合、社会全体の持続可能性とは無関係に、制御可能性を実現することはできる。二酸化炭素を大量に発生する企業であっても、当面は安定的な経営を実現することはできる。しかし、全体社会の水準では、持続可能性を備えていない社会は、長期的には存続できないから、制御可能性を備えているとはいえないのである。

2　制御可能性をとらえる理論枠組と、その成立条件

　では、現代の社会システムの制御可能性／制御困難性を解明するためには、社会システムを把握するために、どういう理論的モデルが有効であろうか。ここでは、社会システムをめぐる制御過程を把握するために、「4水準の階層的制御シ

ステムモデル」と「経営システムと支配システムの両義性論」という2つの理論的視角が必要かつ有効であることを示したい。

2-1　4水準の階層的制御システムモデル

4水準の階層的制御システムモデルとは、事業システム、社会制御システム、国家体制制御システム、国際社会制御システムという4つの水準の制御システムが、階層的に重ね合わさりつつ、社会制御過程が進行しているというかたちで、社会制御の過程を把握するモデルである（第9章）。

このモデルの特徴は、3つある。第1に、採用している視点は、4つの水準の制御システムにおいて、それぞれ「制御中枢圏」が、なんらかの程度において存在し、各水準の意志決定の中心的役割を果たしていること、そして、各水準の制御中枢圏をとりまいて、なんらかの程度において「公共圏」が存在し、制御中枢圏と他の諸主体の間の相互作用を媒介しているということである。第2に、4つの水準の制御システムの間には、よりマクロ的な水準の制御システムが、よりミクロ的な水準の行為主体に対して、行為の機会構造と制約条件を定義するような枠組み条件を設定しているという関係がある。第3に、さまざまな問題群の解決という意味での制御可能性は、制御中枢圏の設定する問題解決原則の適切さと、各水準で設定される枠組み条件の適切さに規定されるのである。

よりマクロ的水準の制御システムから課される「枠組み条件」の優劣が、よりミクロ的水準の制御努力の成否と、どのように関連するのかという点は、一定の命題群によって把握できよう。その命題群とは、たとえば、社会制御システムと事業システムとの関係においては、次のように定式化できる[1]。

Ⅰ-FW1　：社会制御システムの設定している枠組み条件（制度構造と主体・アリーナ群布置）の優劣は、事業システムにおける問題解決の成否を傾向的に規定する。

Ⅰ-FW1-ES：すぐれた枠組み条件を有する社会制御システムの中では、個別の

---

[1] 以上の基本命題の冒頭のアルファベットの含意は次のようなものである。ICは、inside composition（内部構成）を、FWは、framework（枠組み条件）を、E, S, D, Fは、それぞれ、excellent（優れた）, success（成功）, defective（欠陥のある）, failure（失敗）を示している。また、ここでⅠという記号は、事業システムと社会制御システムとの関係にかかわる水準であることを示す。社会制御システムと国家体制制御システムの関係にかかわる水準についてはⅡを、後者と国際社会制御システムの関係にかかわる水準についてはⅢを使用して、同様の命題群を提示できる。

編注：詳しくは本書の第9章を参照。

事業システムにおける問題解決が傾向的に成功する。
Ⅰ-FW1-DF：欠陥のある枠組み条件を有する社会制御システムの中では、個別の事業システムにおける問題解決が傾向的に失敗する。
Ⅰ-FW2：しかし、社会制御システムの設定している枠組み条件の優劣は、事業システムにおける問題解決の成否を完全には規定しない。
Ⅰ-FW2-EF：社会制御システムが優れた枠組み条件を設定したとしても、個別の事業システムに関与する諸主体が無能であれば、問題解決の失敗が生ずる。
Ⅰ-FW2-DS：社会制御システムが欠陥のある枠組み条件を設定したとしても、個別の事業システムに関与する諸主体がきわめて有能であれば、問題解決の成功が可能となる。

2-2　経営システムと支配システムの両義性論

　制御可能性を把握するために、第2に必要な理論枠組みは、「経営システムと支配システムの両義性論」（本書の第2章）である。
　さまざまな制御システムを、経営システムとして把握するということは、それらの制御システムが、自己の存続のために達成し続けることが必要な経営課題群を、有限の資源を使って充足するにあたり、どのような構成原理や作動原理にもとづいているのかという視点から、それらにかかわる諸現象をとらえることである。他方、さまざまな制御システムを支配システムとして把握するということは、それらが、意志決定権の分配と正負の財の分配についてどのような不平等な構造を有しているのか、これらの点に関して、どのような構成原理や作動原理をもっているのかという視点から、それらにかかわる諸現象をとらえることである。意志決定権の分配にかかわるのが「政治システム」であり、正負の財の不平等な構造が「閉鎖的受益圏の階層構造」である。それぞれの観点から有意味な側面を現実から抽象することによって、経営システムと支配システムとが論定される。経営システムと支配システムとは、どのような社会や組織を取り上げてみても、見いだすことのできる2つの契機なのであり、特定のある対象が経営システムであり、他の対象が支配システムであるというような実体的な区分ではない。
　このような「経営システムと支配システムの両義性」という視点に立つと、社会制御過程において解決されなければならない問題群を、複眼的に、かつ明確に定義することが可能である。経営システムの側面で、社会問題を把握するにあたっては、「経営問題」の解決ということが鍵になる。経営問題とは、なんらか

の経営システムにおいて、さまざまな制約条件や困難に抗しつつ、有限な資源を使って、いかにして最適な経営方法を発見し、すべての経営課題群をより高度に充足し、経営システムの存続と発展を実現するかという問題である。4つの水準の制御システムのいずれにおいても、この意味での経営問題は存在する。

　他方、支配システムの文脈においては、まず「秩序維持問題」を解決する必要がある。ここで「秩序維持」とは、各主体の欲求充足や利害追求のための行為が定型的なパターンの中におさまり、紛争が顕在化していないことである。同時に、さらに、社会的な諸問題としての「被格差問題」と「被排除問題」およびそれらを基盤に発生する「被支配問題」とを解決する必要がある。ここで、「被格差問題」とは、なんらかの閉鎖的受益圏の外部にいる主体が、財の入手に関して受益圏内部の主体に比べてより少ない機会しかもたず、より低い欲求充足しかできない状態が当事者によって問題視されたものである。「被排除問題」とは、なんらかの閉鎖的受益圏が存在する状況で、その閉鎖的受益圏の内部の主体が外部に排除されたり(例、解雇)、外部の主体の内部への参入意向が拒否される場合に、当事者によって排除や参入拒否が不当であると問題視されたものである。「被支配問題」とは、このような被格差問題の特質に、さらに受苦性、階層間の相剋性、受動性という3つの規定が付加することによって定義される。公害の被害、職業病、労働災害、冤罪、土地の強制収容等は、このような意味での被支配問題の典型である。ここで、注意するべきは、「秩序維持問題」の解決の方法には、大きな振幅があり、一方で、人々の合意にもとづいて強制力の発動なしに「平和的な秩序維持」が実現する場合がある。他方の極には、人々の間に正当性についての合意がなく、さまざまな交換力の発動によって、究極的には物理的強制力の発動によって「強権的な秩序維持」が出現する場合がある。後者の場合は、秩序維持という課題は達成されるが、同時に、先鋭な被支配問題を伴うことになる。

　先にみた4つの制御システムは、いずれも、このような意味での「経営システムと支配システムの両義性」を有するのである。

　このような把握にもとづけば、「制御」の含意には「経営」と「秩序維持」と「要求提出と異議申し立て」とがある。経営問題の解決という点では、制御は直接的には経営を意味し、そして、その暗黙の前提として「秩序維持」を含意している。被格差・被排除・被支配問題の解決という文脈では、それらの解決のための有効な制御のためには、「要求提出と異議申し立て」が必要である。ここで、異議申し立てとは、単なる要求提出だけではなくて、価値判断や価値基準の問い直しを

伴う問題提起を含意している。社会制御の過程には、制御を支える「共有された価値」の再定義ということも含まれるのである。

このような両義性論の理論的視点に立脚したとき、現代社会における制御の困難性を照らし出す言葉として、「逆連動」を提示することができる。「逆連動」とは、経営システムにおける経営問題解決努力と支配システムにおける被格差・被排除・被支配問題解決努力とが、対立して両立しないような状態であり、一方の解決努力が他方の解決努力を困難化するような状況をいう。逆連動の反対概念は「正連動」であるが、その意味は、上述の2つの解決努力の間に、相互促進的な関係があることである。

現代社会における持続可能性と制御可能性の確保に対して、原子力発電所が典型的に示すように、さまざまな場所で、逆連動状態がその障壁となっていることに注意するべきである。

3　持続可能性の成立条件

次に、持続可能性の成立のためには、どういう条件が必要なのか考えてみよう。

3-1　循環と持続可能性

持続可能性の概念の含意を明確にするためには、まず、自然と人間社会の間での物質・エネルギー循環に注目し、その文脈で、持続可能性の含意を明確にしなければならない。

図18-1は、社会と自然との間に見られる、5つの循環と3つの再生産の相互関係を示したものである。

持続可能性の第1の含意は、家族を基盤とする「消費・生活システム」において、「健康で文化的な生活」の再生産が維持されることである。

第2に、生活と家族の再生産のためには、生産システムにおける各種の財とサービスが生産され、経済システムと「消費・生活システム」との間に、交換と循環が形成されなければならない。

では、これらと自然環境システムとのあいだには、どのような関係が必要であろうか。生産システムと消費・生活システムは、同時に、自然環境システムとの間で物質とエネルギーを授受しているのであるが、両者は、資源消費と廃棄物の排出という点で、環境負荷を自然環境システムに対して与え続けているのである。このような相互作用が持続可能であるためには、原理的には、自然環境シス

第18章 持続可能性をめぐる制御不能性と制御可能性

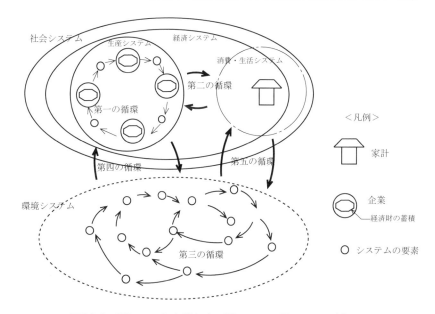

図18-1 諸システム内部および諸システム間の5つの循環

テムが有する環境容量の範囲内に、環境負荷が抑制されなければならない。

ここで、環境容量には、資源の産出・提供能力と汚染の浄化能力の2つの側面があり、それぞれ、フローの側面とストックの側面がある。

フローの側面に注目するならば、持続可能な社会とは、環境負荷と環境容量の関係について2つの条件を満たさなければならない。第1に、社会の消費する資源が、自然環境システムの有する資源再生能力の範囲に収まっていること、第2に、社会の排出する廃棄物が、自然環境システムの有する浄化能力の範囲に収まっていることである。この2つの条件が満たされるのであれば、社会は恒久的に持続可能である。だが、この2つの条件は、非常に厳しい制約条件を社会に課すものである。現代社会はこのような厳密な意味での持続可能性を実現しているわけではない。にもかかわらず、現代社会が存続しているのは、ストックの側面に依拠することによってである。すなわち、現代社会は、一方で、自然環境システムの有する再生能力によって提供される資源に加えて、蓄積されている資源(資源ストック)を消費することによって、年々の資源を確保しているのであり、他方で、自然環境システムの有する浄化能力に加えて、廃棄物を自然環境システムの中に(なるべく被害を及ぼさないかたちで)蓄積すること(廃棄物ストック)によって、

廃棄物を処理しているのである。
　このストックの側面でみる限り、資源ストックの消費は、長期的には資源の枯渇を生むであろうし、廃棄物の蓄積は、長期的には「安全な蓄積」の不可能性という帰結を生むであろう。自然環境システムのストック能力に依存する生産と消費は、「資源枯渇」や「蓄積能力を超えるゆえの汚染」というかたちでの破綻が生じない限りでの「暫定的な持続可能性」を実現しているに過ぎない。
　長期的で厳密な意味での持続可能性は、フローの側面での環境容量の内部に環境負荷を抑制するものでなければならない。そして、それは、自然環境システムの物質・エネルギー循環と多様な種の再生産の能力の範囲と調和するかたちで、人間社会の生みだす環境負荷を抑制することを意味する。

3-2　持続可能性のための制御可能性が必要とされる技術をめぐる2つの文脈

　持続可能性と制御可能性とを同時に実現する道を探る場合に、社会システムと自然環境システムの間を媒介する技術の性格、および、技術を担う組織の性格について、検討する必要がある。
　社会システムと自然環境システムの相互作用の中に、技術と技術を担う事業システムを位置づけてみれば、図18-2のような相互作用を見いだすことができる。
　制御可能性と持続可能性については、一方で、技術を内部化している事業システムが自然環境システムとどういう関係に立っているのか、そして他方で、技術を内部化している事業システムと社会全体とがどういう関係に立っているのかという2つの文脈に即して、検討が必要である。
　すなわち、制御可能性と持続可能性は、社会全体－事業システム（技術）－自然、という三項関係における2つの相互作用の文脈に即して考察されるべきである。
　一般に、技術を内部化した事業システムは、自然環境システムを利用し、そこからさまざまな財やエネルギーを取り出すことによって、自らの受益を拡大しようとしている。そのような自然環境システムの利用がいかなる帰結をもたらすのかということを分析するために、ここで、技術と自然生態系との関係について、「逆連動型技術」と「正連動型技術」とを区別することにしよう。逆連動型技術とは、経営システムにおける経営問題をより高度な達成水準において、解決しようと努力するほど、支配システムにおける被格差・被排除・被支配問題を悪化させ、先鋭化させるような技術である。たとえば、原子力発電所や火力発電所は、逆連動型技術である。これに対して、正連動型技術とは、経営システムにおける経営問

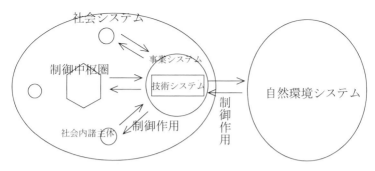

図18-2 技術をめぐる制御の2つの文脈

題をより高度な達成水準において解決するほど、格差と受苦を減らすことによって、被格差・被排除・被支配問題の改善あるいは解決を促進するような技術である。太陽光発電はその一例である。実際には、一つの技術にこの両側面が備わっている場合がある。そのような場合を、「両連動型技術」ということにしよう。たとえば、風力発電はそのような特徴を有している。

　持続可能性の実現のためには、逆連動型技術や両連動型技術を採用したときに、「負の帰結」を防止あるいは解消することが必要である。石油火力発電所に排煙脱硫装置をつけて大気汚染公害を防止するとか、風力発電所の立地に際して騒音公害や緑地破壊をしないように工夫するというのは、その例である。もしそのような受苦の発生が回避できるのであれば、逆連動型技術や両連動型技術は、「中立化」される。

　そのような「中立化」が可能かどうかは、全体としての社会システムと、技術を内部化した事業システムとの相互作用のあり方に依存する。この文脈で、社会システム側が、逆連動型技術を内部化した事業システムに対して、どのような働きかけができるかどうかが、重要な問題となる。

3-3　持続可能な社会の実現条件は何か

　逆連動型技術を内部化した逆連動型事業システムではなく、正連動型の事業システムや逆連動を中立化した事業システムを実現するためには、どのようにしたらよいのであろうか。このことを環境社会学における一つの基礎理論である「環境制御システム論」に立脚して検討してみよう。

　環境制御システムとは、環境負荷の累積により現在生じている、あるいは将来

生じるであろう「構造的緊張」を「解決圧力」に転換し、「実効的な解決努力」を生みだすような社会制御システムであり、環境問題の解決に第一義的関心を払う環境運動ならびに環境行政部局をその制御主体とし、これらの主体の働きかけを受ける社会内の他の主体を被制御主体とするような社会制御システムである（舩橋 1998b; 本書の第 15 章）。

環境政策や環境運動の努力により、社会が持続可能性を有する状態に向かって変革されていく諸段階は、環境制御システムの経済システムに対する「介入の深化」の諸段階として、すなわち、「環境破壊の放置」「制約条件の付与」「環境配慮の副次的経営課題としての内部化」「環境配慮の中枢的経営課題としての内部化」として把握することができる（舩橋 2004）。

持続可能な社会の形成の条件、すなわち、逆連動型の事業システムを改善して中立化したり、正連動型の事業システムを実現するための基本条件は、環境制御システムが形成され、それが経済システムに対して介入し、「環境配慮の中枢的経営課題としての内部化」の段階にまで、介入を深化させることである（舩橋 2004）。

本節の論点をまとめるならば、持続可能性の実現のためには、循環、環境負荷の環境容量内部への抑制、制御可能性の実現、逆連動型技術の中立化あるいは正連動化、環境制御システムの介入の深化による「環境配慮の中枢的経営課題群としての内部化」といった諸条件が必要である。

第 2 節　現代のエネルギー政策における持続可能性と制御可能性の欠如

以上のような持続可能性の成立条件を確認した上で、今日の社会で、どのような社会的メカニズムを通して、それが危機に陥っているのかを、エネルギー問題を主要な参照事例としつつ、検討してみたい。

1　化石燃料の問題点

1-1　化石燃料に見られる負の創発的効果

現代の世界のエネルギー供給において、もっとも比重の大きいのは、石油、石炭、天然ガスなどの化石燃料である。化石燃料の技術的利用は、経済システムの中で、さまざまな受益を提供しており、化石燃料の利用なしには現代文明は成り立たないが、環境問題と持続可能性という点で、化石燃料は大きな難点を抱えて

いる。

　短期的・直接的効果という文脈では、化石燃料は大気汚染問題を生みだすものであり、その意味で逆連動型技術である。長期的・累積的効果という文脈でみると、化石燃料は資源枯渇問題と、温暖化問題の促進という難点を有するものである。これらの難点は、いずれも、現代社会における「負の創発的効果」という特質を示しており、それが、持続不能性と制御困難性を生みだす社会的メカニズムの核心にみいだされる。

　現代社会における制御困難性は、個々の主体の行為に合理性が不足しているから生みだされているというわけではない。個人や組織という個別の主体をみるならば、むしろ、自分の利害関心をより効果的、効率的に追求しようという意味で合理的な行為がいたるところに見られる。その意味での合理性の追求が徹底しているという点においては、現代社会は他に比類がない。しかし、個々の主体にとっての個別的、直接的合理性の追求の集積の中から、社会的にみた混乱や制御困難性・不能性が、立ち現れてきているのである。「負の創発的効果」とは、個別の主体の合理的行為が社会的・時間的に累積することによって、社会的に見たときに困った事態（負の帰結）を生みだすことである。

　化石燃料の利用に起因する「負の創発的効果」は、内容的にみると、「社会的ジレンマのメカニズムによる環境悪化」と「環境負荷の外部転嫁による環境悪化の促進」という2つの要因が絡み合うかたちで具体化している。

1-2　環境破壊のメカニズムとしての社会的ジレンマ

　環境社会学の一つの理論としての「社会的ジレンマ論」によれば、集合財としての環境が破壊されていく社会的メカニズムの中には、広範に社会的ジレンマという状況が見いだされる。社会的ジレンマとは、「複数の行為主体が、相互規制なく自分の利益を追求できるという関係のなかで、私的に合理的に行為しており、彼らの行為の集積結果が環境にかかわる集合財の悪化を引き起こし、各当該行為主体あるいは他の主体にとって、望ましくない帰結を生みだすとき、そのような構造を持つ状況」（舩橋 1998b: 196）を指す。

　社会的ジレンマの古典的モデルは、G. ハーディンの描いた「共有地の悲劇」であるが、その特徴は、共有地を使用している牧夫たちが、家畜の過剰放牧により、共有地の荒廃と彼らの家畜の共倒れを帰結するというものである（Hardin 1968）。このモデルは、自分たち自身の受益追求が自らに打撃をもたらすという意味での

「自損型の社会的ジレンマ」を表しているが、現代の化石燃料の使用に見られる社会的ジレンマの特徴を把握するために、さらに、「環境負荷の外部転嫁」と「市場競争による加速」という視点を付け加えることが必要である。

1-3 環境負荷の外部転嫁

「環境負荷の外部転嫁」とは、一定の主体や社会が生みだす環境負荷が、当該の主体や社会以外の他の主体や社会に押しつけられ負担が転嫁されることをいう。環境負荷の外部転嫁には、空間的な外部転嫁と、時間的な外部転嫁とがあり、それぞれ受益圏と受苦圏の分立を生みだす。たとえば、日本の化石燃料の使用が、輸入によって支えられるのは、海外に存在する資源を減少させていくというかたちでの空間的な「環境負荷の外部転嫁」であり、石油火力や石炭火力発電所が大気汚染を生みだし工場の外部の地域住民に被害を与えるのも同様である。また、現在の人類社会が化石燃料の消費に伴って二酸化炭素を増大させ将来世代にとっての気候変動を引き起こすのは、時間的な「環境負荷の外部転嫁」である。

環境負荷の外部転嫁は、負の創発的効果として、環境負荷の増大を帰結する。その理由は、環境負荷を内部化する場合と異なって、負の帰結が自己回帰せず、自己抑制作用が発揮されることがないからである。環境負荷の外部転嫁によって、受益圏と受苦圏が分立した場合、「加害型の社会的ジレンマ」が立ち現れる。この解決は、「自損型（あるいは自己回帰型）」の社会的ジレンマより、はるかに解決が困難である（舩橋1998b）。

さらに、市場メカニズムは、生産者に競争圧力をもたらしているから、化石燃料の使用を通して利益を追求する諸企業にとって、公害防止投資のような環境負荷の軽減のための投資を切り下げる誘因を与える。そのことは、社会的ジレンマを通しての環境破壊を加速させることになるのである。

このように、化石燃料の利用は、逆連動型の技術であるが、全体社会が事業システムに対して効果的な制御をおこなえば、負の帰結を抑制することができる。大気汚染防止を義務づけるような社会的規範を、社会から事業システムに対して課すことができれば、それは、社会的ジレンマ状況を克服することを可能にする。すなわち、厳しい規制のもとでは、事業システムにとって、公害防止技術の開発と公害防止投資を積極化することが合理的な利益追求になるのであり、そのことは、逆連動を中立化して、「負の創発効果」としての社会的ジレンマを解消することを意味する。同様に、気候変動についても、環境負荷の削減が、個別の事業

システムにとって合理的な行為となるような社会的規範（たとえば、炭素税、排出権取引）を、全体社会から事業システムに課すことによって、逆連動技術としての化石燃料使用が生みだす、負の効果を削減することができる。

2　原子力固有の問題点

次に、現代世界で、大きな影響力を占める原子力技術については、持続可能性／不能性、制御可能性／不能性の問題は、どのように立ち現れているのかを検討してみよう。

2-1　原子力は絶対的な逆連動型の技術として、持続可能性をもたない

第1に、原発は、被曝労働を含む定常的汚染、放射性廃棄物、事故による汚染の危険性という3つの側面において、逆連動型技術であり、しかも、これらの負の効果が、原理的に解消不能であるという点で、絶対的な逆連動型技術であり、持続可能性と正面から対立するものである。原発は定常的な操業状態においても、内部的には被曝労働を伴い、外部的にも放射性物質を排出し、また放射性廃棄物を生みだす。これらの負の効果は、自然環境システムによっても人為的努力によっても無毒化することはできず、持続可能性の基本条件である「環境の浄化能力内部の汚染物質の排出」という条件を、原理的に満たすことができない。

第2に、事故が発生した場合、チェルノブイリ原発事故や福島原発事故に見られるように、原発の生みだす受苦は飛躍的に拡大する。技術論的にいえば、原子力発電所は、事故についての「本質的安全性」をもたない。本質的安全性とは、一定の技術の利用に際して、人為的な操作努力が停止したり無効になったりしても、安全な安定状態に至るような技術である（現代技術史研究会 2010）。ところが、核分裂の発電への利用は、いくつもの装置が、的確に作動している間に、ようやく可能になるのであって、それらの装置に部分的な不具合が生じ、人為的な制御が不可能になった場合は、原発全体の危険性が昂進する方向への変化が進行してしまうのである。たとえば、原発に、その運転のための電源が供給され続けることは、水の循環を保障し安定的操業を実現する前提である。しかし、全電源喪失というかたちで人為的介入ができなくなった場合、原発は、炉心の臨界状態の停止だけでは安定せず、その発熱量の帰結として冷却水が失われることになり、メルトダウンや爆発へと向かってしまう。

すなわち、原発は、部分的な不具合や不適切な操作によって、巨大な事故を

起こしてしまう危険性を内包している。原子力発電所の安全確保のためのあらゆる努力にもかかわらず、4000炉年に1回の割合で大きな事故が起こりうることを、アメリカのオークリッジ国立研究所が、事故の実績データに基づいた帰納的研究によって、1983年に発表している（高木 2011: 74-76）。この研究は、重大事故の発生確率を推定したものであった。世界的には、1970年ごろより、原発が本格的に普及拡大してきたこと、その経過の中で、1979年のスリーマイル島原発事故、1986年のチェルノブイリ原発事故、2011年の福島原発事故（3つの原子炉のメルトダウン）をカウントするならば、約40年間で5回、すなわち、約8年間に1回の重大事故が生じていることになる。この期間の全世界の稼働中の原発は、最大でも400基前後なので、4000炉年に1回の重大事故発生というこの研究の推定は、きわめて正確なものであるとともに、現実の重大事故発生の確率は、もう少し高かったと考えることができる。

2-2　原子力複合体は原子力技術を制御できず、社会は原子力複合体を制御できなかった

ところが、原子力発電の推進者は、このような難点を有する原子力技術を、持続可能性と矛盾しないものであり、かつ、危険性を制御できると考えてきた（山名 2008）。

原子力発電の推進についての利害関心を共有し、原子力発電を実施する事業システムの直接的、間接的な担い手となっている電力業界、原子力産業界、官界、政界、学界、メディア業界に属する諸主体の総体を「原子力複合体」ということにしよう。日本の原子力複合体は、その閉鎖性と内部の文化風土の前近代性に注目するならば、「原子力ムラ」と呼ぶこともできる。ただし本稿では、それが日本以外の諸国にも存在することと、産軍複合体と同様に、技術力と経済力と政治力の相互促進的増殖という特質を有するところから、原子力複合体という表現を優先する（Funabashi 2012）。

原子力複合体を構成する諸主体は、絶対的逆連動型技術としての原発の難点、すなわち事故の生みだす深刻な帰結や、いったん事故が生じた場合の制御不能性という難点を、直視してこなかった。特に日本においては、苛酷事故に対する真剣な警戒心が欠如していた。そして、福島原発事故においては、大事故の防止という点でも、事故発生後の被害拡大の防止いう点でも、原子力複合体の有する制御能力の欠如が露呈した。「技術的多重防護」と称されてきた安全性のための防壁は、簡単に崩壊してしまった。そして、技術的多重防護の崩壊の背景には、社

会的多重防護の破綻があるというべきである。日本において、全体としての社会は、原発事故防止のために、原子力複合体に対して、的確かつ効果的に介入することができなかった。すなわち、全体としての社会は、逆連動型技術を推進することによって社会の中に大事故の危険性を増殖させてきた巨大な事業システムとしての原子力複合体を、制御できなかったのである（桜井 2011）。

　ここには、原子力複合体における技術的制御能力欠如と、原子力複合体に対する社会的制御能力の欠如という二重の意味での制御能力の欠如が見いだされるのである。

2-3　社会が原子力複合体を制御できなかったメカニズム

　全体としての社会は、なぜ、原子力複合体を制御できなかったのであろうか。そこには、社会的ジレンマのメカニズムに加えて、「自存化傾向の諸弊害」を生みだす別のタイプの「負の創発効果」が見いだされる。

　まず確認すべきことは、原子力発電を担う事業システムも、化石燃料による発電を担う事業システムと同様に、社会的ジレンマを通しての環境破壊というメカニズムの中に、身をおいていることである。原子力発電を担う事業システムが、自らの直接的、短期的利益の追求をすることが、その集積効果としては、集合財としての環境に汚染と危険という負の財を押しつけるという帰結をもたらす。しかも原発を担う電力会社は、さまざまな回路で、コスト削減への圧力にさらされていることから、安全対策は、さまざまなかたちで切りつめられてきた（蓮池 2011）。

　同時に、原子力複合体は「自存化傾向の諸弊害」ともいうべきものを生みだしてきた。「自存化傾向」とは、社会の中で一定の社会的必要を充足するという役割を担っている組織が、巨大化し、強力になったときに、社会的使命の達成よりも、その組織自体の存続や利益追求自体が自己目的化してしまい、社会内の他の諸主体によっては統御できなくなる傾向をさす。

　このような自存化傾向は、行政組織においては、たとえば、浪費的な公共事業の実施というかたちで、典型的にみいだされるものである（本書の 12 章）。自存化傾向の生みだすさまざまな弊害として、支配システムの文脈では、独走化、独裁化、過剰介入、財の党派的分配、腐敗などがあり、経営システムの文脈では、セクショナリズム、肥大化、硬直性、非効率性といったものがある（舩橋 2001b）。

　総体としての原子力複合体は、このような意味での自存化傾向の諸弊害を示し

ている。それは特に安全対策について、原子力複合体の外部からの介入を拒絶し、原子力複合体内部の利害関心が、安全対策の程度を左右するという帰結を招いた。

　全電源の喪失というような苛酷事故に対処するためには、巨額な安全化対策経費が必要になるが、経費削減を求める利害関心は、安全対策をほどほどにしておこうという態度を生み、それとの整合化の帰結として、予想される事故や天災の規模を控えめに、楽観的に想定するという選択を生みだした。「想定外」という言葉の背後には、深刻な災害や苛酷事故に対応するための経費を惜しむという利害関心が存在し、想定される事故のスケールを小さく設定しておくという本末転倒の態度が存在していたのである。

　原子力複合体が自存化傾向の諸弊害を生みだしている過程の根底には、それを構成する要素的諸主体のミクロ的な利害関心の追求がある。それに対する外部からの適正な制約条件の設定が欠如している場合、ミクロ的な利害関心の追求努力の集積を通して、自存化傾向の諸弊害が生みだされる。その意味で、自存化傾向の諸弊害は「負の創発的効果」の一つのメカニズムをあらわすものである。

3　「負の創発効果」としてのメタ制御能力の低下

　社会が、原子力複合体の自存化傾向の諸弊害を制御できなかったということの含意は、「直接的制御能力」と「メタ制御能力」の区別を導入することによって、より明確になる。

　ここで、「直接的制御能力」すなわち狭義の「制御能力」とは、一定の制度構造や組織構造の存在を前提にした上で、さまざまな水準の制御システムが、当面する経営問題や被格差・被排除・被支配問題を解決するために有する能力を意味する。

　これに対して、「メタ制御能力」とは、一定の組織や社会が有する制御能力をより高度化させるような制御能力、すなわち、制御能力をより高度化させるために、制度構造や組織構造自体を変革したり、制御過程に関与するより高度な制御能力を有する主体を形成するような能力のことである。

　あらゆる組織はこの両方の能力をなんらかの程度において有しているけれども、両者は正比例するわけではない。たとえば、軍事組織は、特定の目的の遂行という点での制御能力は高いとしても、一般に上意下達型の組織構造をもち、組織内外からの批判に対して閉鎖的であり、しばしば高度の硬直性を示し、自己変革ができないという意味で、低いメタ制御能力しか備えていないという事態がみ

られる。

　狭義の制御能力とメタ制御能力の区別を導入するならば、広義の「制御能力の不足」には2つの意味があることがわかる。すなわち、現代社会の制御能力の不足とは、第1に、現代社会を支える既存の制度構造と主体の布置連関の下で露呈している問題解決能力の不足（狭い意味での制御能力の不足）を意味し、さらに第2に、そのような制度構造や主体の布置連関を変革する能力の不足（メタ制御能力の不足）を意味している。

　では、原子力複合体をめぐるメタ制御能力はどのような特徴を有するだろうか。日本の原子力複合体は、直接的制御能力を支える堅固な制度構造、組織構造を有し、巨大な資源動員力をもっていた。その骨格は、地域独占、発送電の統合、電源三法交付金、総括原価方式による電力販売価格決定方式、等である。しかし、原子力複合体は高度に硬直的であり、原発の有する難点を解消するようにとの外部からの批判に対して、拒絶的であった。原子力複合体は、その内部からの自己変革能力も低く、同時に、外部からの働きかけによる変革もできなかった。全体として、原子力複合体自身も日本社会も、エネルギー政策について、きわめて低いメタ制御能力しか保持していなかった。

　注目するべき事は、原子力複合体としての、また社会全体としてのメタ制御能力の低さが、他ならぬ原子力複合体の有する直接的制御能力の強化によって、促進されていたことである。原子力複合体を支える制度的基盤のもとで、組織や制度の有する「成型効果」[2]を通して、その維持に利害関心を有する個人主体や組織主体が大量に形成され、それらの主体は、既得権を削減するような変革に頑強に抵抗し、原発批判の立場からエネルギー政策の転換を求める陣営の政治的・社会的影響力を低下させるためにさまざまな情報操作や経済力の操作をおこなったのである（Funabashi 2012）。

　科学技術の高度化も、このような帰結を変えるわけではない。これらの事例を観察する限り、科学技術は、局部的な手段的合理性を洗練するという意味で、制御能力の高度化には積極的な役割を果たしているが、メタ制御能力の高度化には、ただちに直結するわけではない。メタ制御能力の高度化のためには、道理性にもとづいた問題解決を促進するように、制度構造を変革する能力を高める必要

2　「成型効果」とは、組織成員に共有されている特定の社会意識を内面化し、役割遂行に適合的な資質と能力を形成するように、組織と成員集団が個人に及ぼす作用の総体である（舩橋2000: 141-142、本書の第2章第2節を参照）。

があるが、科学技術によって、そのような能力の高度化が自然に実現するわけではない。

以上のように、福島原発震災を生みだしてしまった社会的過程には、「社会的ジレンマを通しての汚染と危険の産出と累積」、「環境負荷の外部転嫁による二重基準の連鎖構造の生成」、「自存化傾向の諸弊害」、「直接的制御能力の高度化によるメタ制御能力の低下」といったさまざまなかたちの「負の創発的効果」が作用し、累積していたのである。

第3節　エネルギー政策における持続可能性と制御可能性の確立の道

1　エネルギー政策の転換と規範的原則

原子力複合体が自存化傾向の諸弊害を生みだし、制御の失敗とメタ制御能力の低下を生みだしている状況で、持続可能性と制御可能性を備えた社会を実現する方向でのエネルギー政策の転換は、どのようにして可能になるであろうか。

そのためのエネルギー政策は、内容的には、省エネルギー、脱原発、化石燃料への依存度の漸減、再生可能エネルギーの拡大という4つの柱が必要である。そのような内容を有する政策を「エネルギー戦略シフト」というが、それこそが持続可能性と制御可能性を実現しうる政策である。

なぜなら、再生可能エネルギーの導入とは、環境制御システムの経済システムへの介入が「環境配慮の中枢的経営課題への内部化」という段階まで深化すること、そして、循環を実現することを意味するからである。

では、そのようなかたちで持続可能性と制御可能性を確立するためには、どういう条件が必要であり、いかなる変革の道が存在するであろうか。

2　社会的意志決定のあり方の変革

日本において、原子力複合体の中の制御アリーナが、原発の苛酷事故の可能性を軽視し、エネルギー政策の選択が、道理性と合理性を失っていたということは、制御アリーナの特色からみるならば、影響や帰結についての情報の「総合的取り集め」にもとづいて、道理性と合理性の視点から「総合的な評価」をおこない、社会的意志決定をおこなうアリーナが欠如していたことを意味する。

2-1　考慮範囲、影響範囲、帰結範囲

　ここで、社会的意志決定過程の適切性の有無を分析するために、考慮範囲、影響範囲、帰結範囲の諸概念を導入しよう。「考慮範囲」とは、意志決定に携わる主体や制御アリーナが、利害関心の対象や制約条件や事実認識として、関心をよせ、決定をおこなう際に主観的に意識している範囲のことである。「影響範囲」とは、意志決定の結果、直接的に生みだされる影響の総体である。「帰結範囲」とは、ある主体や制御アリーナの意志決定の影響を受けて、他の主体や制御アリーナが反応的に意志決定や行為をおこない、その結果とし、間接的に生みだされる帰結の総体である。ある社会的意志決定が、道理性や合理性を実現するための条件は、理想的には、制御アリーナにおける考慮範囲が、影響範囲と帰結範囲をカバーしていることであり、それにもとづいて「総合的評価」をしていることである。そして、社会的意志決定が、道理性や合理性に接近するための最低限の条件は、考慮範囲が影響範囲をカバーしていることである。

　原子力発電をめぐる意志決定過程の特色は、第1に、エネルギー供給制御システムの中枢的制御アリーナにおいて、考慮範囲が、影響範囲と帰結範囲を十分にカバーしていなかったことである。たとえば、放射性廃棄物という深刻な影響や、大事故という帰結が十分に考慮範囲に入っていなかった。これまでの制度的手続きでは、影響範囲や帰結範囲を、中枢的制御アリーナにおける考慮範囲が、カバーしないままに、意志決定ができるような構造になっていた。第2に、原発の立地を受け入れる地元においては、立地に伴う付随的受益という影響範囲は考慮範囲に入っているが、事業システムの欠陥や能力不足によって生ずる事故の発生という帰結が、必ずしも十分に考慮範囲に入っていなかった。

　では、どのような条件があれば、中枢的制御アリーナにおける考慮範囲が、影響範囲や帰結範囲をカバーし、総合的評価にもとづいた道理性と合理性の探究が促進され、可能となるであろうか。

2-2　公共圏の豊富化

　ここで大切なことは「公共圏の豊富化」である。公共圏を通しての民衆の要求と意見の提出が、制御中枢圏における考慮範囲と影響範囲・帰結範囲の一致を促進し、さらに、公共圏における議論の深化が、民衆の意志を反映した「道理性と合理性」の定義を可能にする。それに基づいた「総合的判断」が、制御中枢圏の意思決定に反映することが大切である。

ここで公共圏の豊富化とは「公論形成の場」がさまざまなかたちで形成され、政策的課題についての議論が広範におこなわれることである。そして、そのような議論の積み重ねの中から、特定の政策的課題に関連して何が道理性と合理性を備えた解決であるのかということについて、そのつど民衆の意志を反映するかたちで、判断を積み重ねていく必要がある。「道理性と合理性の定義」とは、そのつど具体的状況の中で、概念解釈を積み重ねることを意味する。

2-3 勢力関係モデルの理性化——言論の力の対抗力への転化

ただし、ここで、「公共圏の豊富化」という課題の含意が、「理性的制御モデル」に一元的に偏って解釈されるべきではない。理性的制御モデルとは、人々の討論の積み重ねによって、道理性と合理性についての概念解釈についての合意をそのつど作りだし、それらについての合意に基づいて社会が運営され、個々の政策的課題についての意志決定がなされるような社会過程を含意する。

理性的制御モデルが実現することは、一つの理想的な姿であるが、現実にはそれは理念型である。現実の社会制御過程を把握するためには、理性的制御とは異なる要因、すなわち、勢力関係や利害闘争に注目した意志決定過程の把握が必要である。そこで必要となるのが、「勢力関係モデル」である。

勢力関係モデルとは、討論による合意形成ではなく、正負の財の与奪によって規定される勢力関係にもとづいて、社会的意志決定がなされ制御過程が進行するようなモデルである。

ここで大切なことは、表18-1 に示されるように、勢力関係モデルには、さまざまな下位類型があること、理性的制御モデルを一方の極としながらも、それとの近接性において、勢力関係モデルの下位類型を連続的に配列することができ、それらが相互に移行しうることである。ここで、勢力関係モデルの下位類型の間で、表18-1 の上部から下部に向かって移行が進むことを「勢力関係モデルの理性化」といおう。

社会的な制御能力の確立の鍵は、このような意味での「勢力関係モデルの理性化」にある。そして、それを促進するのは、意志決定制度の改善である。選挙制度や住民投票制度は、勢力関係の「言論闘争化」を促進する制度的仕組みであり、公益調査制度（本書の第10章）や裁判制度は、勢力関係の「論争的理性化」を推進する効果を発揮する。

表 18-1 政治システムの利害調整アリーナにおける社会関係と社会的意志決定の類型

(表 8-3 の再掲)

		鍵になる要因の差異	変化を表す言葉
勢力関係モデル		①暴力的な勢力関係 （植民地、強制収容所などの暴力的支配）	↓ 非暴力化
		②（非暴力的な）交換力にもとづく勢力関係 （スト、示威行進、座込み、金銭の与奪）	↓ 言論闘争化
		③多数派形成型の言論闘争にもとづく勢力関係 （選挙、住民投票）[言論闘争型公論形成アリーナ]	↓ 論争的理性化
理性的制御モデル		④理性的な論争にもとづく勢力関係 （法廷、公益調査制度）[論争型公論形成アリーナ]	↓ 対話的理性化
		理性的な対話の関係（道理性と合理性に即しての説得性）[対話型公論形成アリーナ]	

2-4 エネルギー戦略シフトへの抵抗をどのように克服するか

　日本における原子力複合体は、「交換力にもとづく勢力関係」あるいは「言論闘争にもとづく勢力関係」という政治システムの状態のもとで、その有する経済力や政治力を駆使して、エネルギー政策を大きく左右してきた。すでに見たように、これまでの全体としての日本社会は、そのような原子力複合体の決定と行為を、安全性の確保という点で、制御することができなかった。

　今後、日本のエネルギー政策に必要なのは、再生可能エネルギーの比重を増やしつつ、原子力への依存度を低下させていくことである。全体としての社会が、そのような方向で、原子力複合体のあり方を制御していくためには、支配システムにおける変革と経営システムにおける変革という、二重の課題を果たさなければならない。

　支配システムにおける変革で決定的なのは、国家体制制御システムの制御中枢圏において、エネルギー戦略シフトの方向での政策転換の意志決定をすることである。しかし、原子力複合体は、国家体制制御システムの制御中枢圏に対して、これまで、大きな影響力をふるってきたし、その影響力は、福島原発事故後においても、依然大きなものがある。そのことに規定されて、日本政府は、震災の後でも、エネルギー戦略シフトの方向での政策転換を明確に打ちだせないでいる。

　では、エネルギー戦略シフトの実現のために、他の回路はないのであろうか。エネルギー戦略シフトの本質的な特徴は、逆連動型技術への依存度を減らし、正連動型技術をコアにした事業システムを増やしていくことである。そのような変

革を、各地域レベルの経営システムの文脈で、積極的に導入し、その積み上げの中から、支配システムにおける勢力関係を変革していく可能性を追求するという道もあるように思われる。そのような経営システム先行型の変革の可能性を、ドイツの経験を参照事例にして探ってみよう。

　ドイツにおいては、「小さな変革実践」の共鳴的波及によるメタ制御能力の高度化ともいうべき変革過程がみいだされるのである。

3　ドイツにおける地域社会からの変革のイニシティティブ

　ドイツにおけるエネルギー政策の転換に果たした「地域からのイニシアティブ」の役割はきわめて示唆的である。地域からのイニシアティブが、どのようにドイツ全体の政策転換に転化していったかについて、示唆的な2つの動きを簡単に見ておこう。

3-1　アーヘン市におけるアーヘンモデルの導入

　太陽光発電に対する実効的な促進政策について、突破口を切り開いたのは、ドイツ中央部西端にあるアーヘン市における1995年3月からの「アーヘンモデル」の導入であった。

　第11章で述べたように、アーヘンモデルの要点は、次の2点にまとめられる。第1に、アーヘン市の公営企業であるアーヘン市市電・エネルギー供給株式会社とアーヘン市エネルギー・水道供給会社は、太陽光発電については、1kWhあたり2マルクで20年間、風力発電については、1kWhあたり0.25マルクで15年間買い取ることとし、設備所有者の必要経費が売電でまかなえるようにした。第2に、上記の買い取りのための財源は、電気料金を1%だけ値上げして、消費者である市民全体でまかなうこととした（当時の1マルクは55円）。

　このアーヘン市の制度的枠組み条件の特徴は、再生可能エネルギーの積極的導入という政策理念を前提にして、発電技術の差異に応じて買い取り価格を変化させることであった。具体的には、当時の電気料金約0.2マルク／kWhと比較して、太陽光発電は約10倍、風力発電は約1.25倍の買い取り価格であった。

　このアーヘンモデルは、アーヘン市における太陽光発電設備容量の急速な拡大（2年間で10倍以上）をもたらすとともに、その後、ボン市など全国40以上の自治体に拡がっていった（和田 2008: 19）。

3-2 シェーナウ村におけるシェーナウ電力の設立（Janzing 2008）

　ドイツ南西部のフライブルク近郊にシェーナウ村は位置している。1986年のチェルノブイリ原発事故後、この地域の住民の中に、「原子力から自由な未来のための親たち」（EfaZ）という組織が設立された（1987年5月）。EfaZは節電運動を繰り広げ、「節電コンクール」を地域でおこなうとともに、チェルノブイリ事故で被災したキエフの子供達を夏季休暇の間に3週間招待するという取り組みもおこなった（1993年）。1990年代に入っては、地域送電網の買い取りと再生可能エネルギーの供給に取り組むことになる。1996年5月10日の住民投票によって、住民達の設立した企業（Elektrizitatswerke Schönau, EWS）が、それまで地域電力網を所有し原発を使用しているKWR社から、それを買い取る権利を獲得した。1997年7月にシェーナウ電力は送電網を買い取り、グリーン電力の供給を担うようになる。2012年1月時点で、全ドイツの125000の顧客に100%のグリーン電力を供給しており、発電設備の中心は水力である（2012.1.13 Ursula SLADEK氏からの聞き取り）。福島原発震災後の一年間で、顧客が25%急増した。

3-3 2つの事例の示唆

　アーヘンモデルの普及の過程でも、シェーナウ電力の発展の過程でも、経営システムの文脈で「正連動型技術」に依拠した事業システムを形成するという「小さな実績の積み重ね」を基盤にした社会変革が進行した。ドイツにおいては、2000年に制定され、2004年に改正された「再生可能エネルギー法」によって、急速にソーラー発電が普及し、国政レベルでの制御中枢圏による法制度改正がいかに大きな効果を発揮するかの例証を提供している。注目するべきは、「再生可能エネルギー法」は、アーヘンモデルによって導入された技術的特性に応じた固定価格買い取り制度を採用していることである。国政レベルでの法律の変革がいきなり開始されたのではなく、自治体レベルでの「小さな実績の積み重ね」が、公共圏における公論形成を支え、自治体レベルでの法制度変革を実現し、ついには、最初の段階では不可能であったような「大きな変革」を実現したのである。

　すなわち、政府レベルの制御中枢圏の意志決定が制御能力とメタ制御能力を回復することを促進する一つの基本的な回路は、地域社会レベルでの「優れた問題解決の実践の積み重ね」である。

結び

　本章では、現代社会における持続可能性と制御可能性の欠如が、どのようなメカニズムにおいて出現しているのかを、エネルギー政策領域における原子力複合体に注目することによって、とりわけ、福島原発災害に注目することによって、検討してきた。そして、「逆連動型技術」の問題性や、「負の創発的効果」としての「社会的ジレンマによる環境悪化」や「原子力複合体の自存化の弊害」について、解明してきた。また、原子力複合体の有する制御能力の高度化が、メタ制御能力の低下をもたらしているという問題点を指摘した。逆連動の克服や、負の創発的効果の克服、メタ制御能力の向上のためには、適正な社会的規範、すなわち、道理性と合理性を実現するような社会的規範の発見と採用が必要である。そのためには、そのような社会的規範を発見し、それを制御中枢圏に採用させるように働きかける公共圏の作用が大切になる。そして、公共圏の社会変革に果たす作用を把握するために、理性的制御モデルと勢力関係モデルの2つの基本的類型を提示し、制御能力とメタ制御能力の確立を図るための方向づけとして「勢力関係モデルの理性化」という考え方を提示した。

　公共圏の豊富化を通しての変革の実現については、持続可能性の実現に必要な規範的原則を体現しているような小さな実践の積み重ねが、公共圏における公論形成を支え、ついには、国政レベルでの大きな意志決定による社会変革を生みだしうるという示唆を、ドイツの事例からくみとった。最後に、このような「草の根からの変革」を支える個人主体と集団主体の性質について、考えてみよう。

　一つの組織の改革において、定常的課題を遂行するための制御アリーナと同時に、変革課題に取り組む制御アリーナ、すなわちメタ制御能力を有する制御アリーナを形成することが、非常に大きな意義をもつということは、さまざまな組織の改革の成功事例からくみとることができる。地域社会や全体社会においても同様であろう。

　各地域社会において、メタ制御能力を有するような制御アリーナを形成し、再生可能エネルギーを担う事業システムを創設し増殖させていったところに、ドイツの変革力の源泉があった。そのような制御アリーナの実質は、継続的に市民が政策立案・提言のための集会を組織化し、集団的主体形成を成し遂げたことである。そのような集団主体や変革を議論する制御アリーナに参加し、それを運営していくような各個人の主体性が、非常に重要であることがわかるのである。

第 19 章

原子力政策は何を判断基準とすべきか
―― 政策転換に必要なパラダイム変革とは

はじめに

　2013 年 7 月 8 日、原子力規制委員会は、原子力発電所についての新しい規制基準を施行した。この規制基準に対しては、原子力市民委員会の緊急声明（原子力市民委員会 2013）をはじめ、各方面からの批判の声があがっている。規制基準はどのような欠陥を有するものかを、まず明確にする必要がある。そして、そのような欠陥が、自民党・安倍政権下のなし崩し的な原発復権の政策推進に由来することを明らかにしたい。

　さらに、震災後に、本来どのような内容の原子力政策の転換と、そのための取り組み態勢の変革が、求められてきたのかを考えてみよう。同時に、そのような政策転換は、政策過程や政策評価基準に、どのような変革の必要性を提起しているのかについて、検討してみよう。

第 1 節　新規制基準の問題点

　2012 年 9 月 19 日に発足した原子力規制委員会は、2013 年 7 月に新しい規制基準を制定した。だが「新規制基準」は、2012 年 9 月に民主党政権のもとで発表された「革新的エネルギー・環境戦略」の提起した「原発に依存しない社会の一日も早い実現」という政策に背を向けて、原子力依存を復活させつつ原子力発電所の再稼働を準備するものという性格を露呈しており、その決定手続きと内容の双方からみて、多くの問題点を抱えている。

1　原子力市民委員会の指摘した手続き上の問題点

　「原子力市民委員会」(Citizens' Commission on Nuclear Energy, CCNE) とは、2013 年 4 月

15日に設立された「脱原発社会構築のために必要な情報収集、分析および政策提言をする市民シンクタンク」であり、筆者もその一員である。その当面の課題は、脱原発に向けての調査研究と意見・情報交換を活発に組織化し、2014年春を目途に「脱原子力政策大綱」をとりまとめ公表することである。このような課題設定の背景にあるのは、日本の脱原発運動が、より体系的な政策提言に取り組むべきであるという自覚である。同時に、原子力市民委員会は、その時々の原子力政策の重要問題について、必要に応じて提言をすることにも取り組む方針であり、原子力規制委員会が予定を前倒しして新規制基準を決定した6月19日に、緊急提言として「原発再稼働を3年間凍結し、原子力災害を二度と起こさない体系的政策を構築せよ」（原子力市民委員会 2013）を公表している。

　この緊急提言の論点整理をふまえて、新規制基準には次のような問題点があることを指摘しなければならない。まず、その作成手続きについてみれば、「エネルギー・環境会議」が、意見聴取会（全国11会場）、パブリックコメント（89124件）、討論型世論調査（電話調査6,849名、討論参加者285名）を実施し、56団体に対して説明会をおこなうというかたちで、民意をくみ上げる努力をしていたのに対して、原子力規制委員会は、そのような民意の反映について、十分な努力をおこなっていない。原子力災害は国民の生命・健康に深く関わるテーマなので、政策決定には、広く人々の意見を聞くべきであり、本来であれば、今回、公表された「規制基準」を中間報告として、それに関する主要な論点について公開の討論会、あるいは公聴会を開催して、広く国民の意見を聞き、内容の改善と社会的合意の形成に努めるべきである。ところが、そのような手続きはとられていない。2013年2月のパブリックコメントでは、その期間の短さからみても、コメントの内容への反映という点でも不十分である。

2　新規制基準の内容上の問題点

　新規制基準の内容上の問題点としては、第1に、自民党政権の政策の大局的方向づけが、原発への依存度の低減ではなく、原子力政策と原子力事業を福島事故以前の状態に戻そうとしていることであり、そこから、安全性の確保という点では多くの重要な課題を放置しながら、再稼働を推進しようとしていることに対して、批判の視点がみられないことである。たとえば、原子力損害賠償制度の根本的見直しについての取り組みや、高レベル放射性廃棄物問題に対する国民の合意に基づく確固たる対処の方針を欠如したまま、再稼働が推進されようとしており、

そのことは、安全最優先という考え方が、採用されていないことを意味している。

　第2に、規制委員会は、安全規制を強化するための全体像を示すことなく、ごく限られた範囲についての新基準の作成に留まっている。安全規制の政策体系を全体的に強化するためには、原子炉立地審査指針との整合性の検討、安全評価審査指針の確立、重要度分類指針の見直しなどが必要となるが、これらは、まったく手がつけられていない。さらに、新しい原子力災害指針は、福島原発事故の経験や、将来起こる可能性のある重大事故の危険を十分考慮しているとはいえず、それに対応する各都道府県の地域防災計画については、全国的にみればその整備が未完である。

　第3に、より具体的、技術的な論点に踏み込むのであれば、多数の問題点が存在するが、そのいくつかを指摘しておく。①福島事故の原因究明は事故をくり返さないために不可欠であるが、それがまだなされていない。②起こりうるとして設計で考慮されている事故(設計基準事故)の原因を内部事象に限定しているのは不適切であり、自然現象あるいは外部からの人為事象も想定する必要がある。③福島事故では、一つの原因で複数の機器の機能が同時に失われるという「共通原因故障」が見られたのに、新基準でもそれを想定することを回避し、単一故障の仮定で設計すればよいという考え方が採用されている。④外部電源が、耐震設計上の重要度分類において、最も耐震強度が低い設計でよいと分類されたままであるが、外部電源の重要度を格上げするべきである。⑤「重大事故対処設備」の一部について、設置の5年間猶予を認めているが、そのような猶予期間をおくべきではない。

3　完全な過酷事故対策の不可能性の自覚

　このような欠陥のある「新規制基準」が制定された背景は何か。それは、第1に「過酷事故」のリスクをゼロにすることが不可能であることを規制委員会が自覚していること、第2に、大局的なエネルギー政策のパラダイム転換が欠如したまま、再稼働問題が取り上げられ、再稼働推進の文脈のもとで、新規制基準の制定が推進されてきたことである。

　第1の論点でいう「過酷事故」とは、福島原発事故のように「炉心溶融や格納容器の破損、あるいは使用済み燃料貯蔵槽内の燃料体損傷が生じ、環境に著しい放射能汚染を引き起こす大事故」を指す(原子力市民委員会 2013: 5)。

　福島原発事故以前には、万一の事故の場合でも、周辺住民に放射線障害や、さ

らには著しい放射線災害を与えないことを基本的目標として、「立地評価」がおこなわれてきた。しかし、新規制基準においては、重大事故の含意が過酷事故も含むものとして使用されているが、重大事故に対する立地評価の実施は含まれていない。その理由は、厳密に立地評価すれば、住民が放射能障害や放射線災害をこうむる可能性という理由で、立地不適となる原発が続出することを回避したかったからであろう。このことは、重大事故時の住民の被ばく制限をはずしてしまうという規制上の後退を意味している。

　また、原子力規制委員会では、新規制基準は、それさえ守れば安全が確保されるという意味での「安全基準」ではないことを自覚しており、新規制基準を守ったとしても、事故のリスクが残ると考えている。「原子力規制庁担当者は、安全を確認する第一義的責任は電気事業者にあり、規制基準を守ることで事足れりと考えて貰っては困る、とも発言している」(原子力市民委員会、2013:5)。

　原子力発電所の事故リスクを徹底的に減らすためには、電力会社が負担不能なほどの高コストがかかるのであり、しかも、いくら安全対策を強化しても、過酷事故リスクをゼロにすることができない。このたびの原子力規制委員会の新規制基準の欠陥の背景には、このような原発の本質的難点を、洞察力のある規制業務担当者が気づき、しかも、それを本音で語ることができないという事情があるのではないだろうか。

第2節　政策パラダイム転換の必要条件の欠如

　次に、新規制基準の欠陥が生みだされた背景として、エネルギー政策パラダイムの転換の欠如について検討してみよう。福島原発震災後に必要となっているエネルギー政策の転換は、「政策パラダイムの転換」ともいうべき根本的なものである。根本的な政策パラダイムの転換を可能にするのは、どのような取り組み態勢の場合かということを考えねばならない。

1　政策パラダイム転換に必要な取り組み態勢

　ここで、1970～71年に成し遂げられた「はじめての実効的な公害政策の導入」の事例（本書の第15章）などを想起しながら、根本的な政策パラダイム転換を可能にするような取り組み態勢の構築の5つの条件を整理してみたい。根本的な政策変革を担う取り組み態勢は、①変革主体形成、②政策議題設定、③「取り組みの場」

（アリーナ）の形成、④新しい状況定義、⑤価値序列の再定義、という5つの条件によってこそ可能となるであろう。ここで「変革主体形成」とは、社会の現状の中に改善するべき問題群をみいだし変革志向性を有する個人主体や集団主体が、その解決のために自分の有する資源・労力を投入しながら努力を開始することである。「政策議題設定」とは、社会システムが内包している問題群が、政策的に解決するべき問題群として、また、それをめぐって議論が闘わされるべき問題群として設定され、政策形成に関与する諸主体に共有されることである。

「取り組みの場」の形成とは、そこにおいて「政策議題」が設定され、それをめぐって変革志向性を有する主体が、議論し決定を行おうとして相互作用に入ることである。より細かくみれば、「取り組みの場の形成」は、「実効的な意志決定の場」と「政策案形成の場」と「科学的検討の場」の3つが存在し、それらが有効に結合していなければならない。三者はさまざまに重なり合うが、機能的には別のものである。これらの3つの場の相互関係は、「科学的検討の場」で得られた知見を使用しつつ「政策案形成の場」で、政策案がつくられ、それが、「実効的な意志決定の場」（中央政府レベルの決定については、閣議や国会）において選択・決定されることによって、法制度や行政計画の決定と変革が実際に生みだされる、と定式化できよう。

政策パラダイムの転換をもたらすような意志決定がなされるためには、取り組みの場において、「新しい状況定義」が採用され、その前提の上で、さまざまな政策目標を支える「価値序列の再定義」がなされて、政策目標の優先順序が転換されることが必要である。

2　民主党政権による原子力政策の転換の試み

政策パラダイムの転換という視点からみると、2012年12月までの民主党政権の原子力政策への取り組みはどういう特徴を有するであろうか。2011年7月13日に、当時の菅直人首相は、「原発に依存しない社会をめざす」ことを、日本の首相として、はじめて表明した。つづく、野田首相のもとで、2011年10月21日に、設置の閣議決定がなされた「エネルギー・環境会議」は、2012年9月14日に「革新的・エネルギー環境戦略」を決定した。その内容は、「原発に依存しない社会の一日も早い実現」を掲げるもので、ゆるやかなテンポであることや、再処理政策の継続というような問題点を含みながらも、はじめて、エネルギー政策のパラダイム転換の方向性を打ち出したといえるものである。

このような民主党政権の姿勢は、政策パラダイム転換のための5条件からみ

ると、どのような性格を有するものだろうか。民主党政権は、①変革主体形成という点では、脱原発を志向する有力政治家の登場、②脱原発という政策議題設定、③「エネルギー・環境会議」や国会の「事故調査委員会」(2011年12月8日より)という取り組みの場の設定、④「新しい状況の定義」としての脱原発の必要性、⑤経済的メリットよりも安全性・汚染防止を優先するかたちでの「価値序列の再定義」といった特徴を有し、政策パラダイム転換の可能性を有する取り組み態勢を創り出していた。実際、この取り組み態勢から創り出された「革新的・エネルギー環境戦略」は、「2030年代に原発稼働ゼロを可能とするよう、あらゆる政策資源を投入する」という方針を打ちだした。

しかし、2011年9月19日の閣議での取り扱いは、「『革新的エネルギー・環境戦略』を踏まえて、関係自治体や国際社会等と責任ある議論を行い、国民の理解を得つつ、柔軟性を持って不断の検証と見直しを行いながら遂行する」という扱いに留まり、「革新的・エネルギー環境戦略」を閣議決定することによる強い規範性を付与するところまではいかなかった。それゆえ、「革新的・エネルギー環境戦略」が、その後、どれだけ社会的に定着するかは、以後の世論の動向や政治的勢力関係に影響されやすいものとなった。

3　自民党・安倍政権による原発推進政策のなし崩し的復活

2012年12月の衆院選挙で民主党が大敗し、自民党政権（安倍首相）が登場したことにより、民主党が進めてきた脱原子力政策を逆転させて原子力を復活させようとする政策が推進されるようになった。その第1の方策は、ベトナムなど諸外国への原発の輸出の推進であり、第2は、被災地での強引な帰還政策の加速と原発の再稼働の推進である。

東日本大震災は、日本社会の変革を多方面にわたって要請するものであるが、特に、福島原発震災は、原子力推進を柱としてきた日本のエネルギー政策のパラダイム転換を迫るものである。それは、内容的には、戦略的エネルギーシフトともいえるものであり、省エネ、脱原発、化石燃料使用の長期的削減、再生可能エネルギーの積極的導入をその内容とする。世論調査の動向を見れば、脱原発を求める世論は福島事故後に多数派となっている。

ところが、安倍政権のもとでは、大局的なパラダイム転換が欠如したまま、原発の復活という方向づけのもと、再稼働問題が取り上げられ、再稼働推進の文脈のもとで、新規制基準の制定が推進されてきた。

安倍政権のもとでは、政策転換のための取り組み態勢の構築は放棄されており、事実上、これまで、原子力推進政策を担ってきた「原子力複合体」の復権と、原発利用の復活がもくろまれている。安倍政権は、民主党政権下で促進されてきた「政策議題設定」の取り消しと、「取り組みの場」の解体・弱体化を促進してきた。

安倍政権は、民主党政権下で作られた「エネルギー・環境会議」や国会の「事故調査委員会」という「重要な取り組みの場」を継承するような取り組みの場を作ろうとしていない。また、2013年7月の参院選挙においても、原発問題を主要な争点からはずしている。そして、原発震災のもたらした「新しい状況の定義」にも背を向けており、脱原発に対応する「価値序列の再定義」もおこなおうとしていない。

いいかえると、原子力発電をどのように取り扱うべきかという点でのパラダイム転換が求められているのに、日本社会の制御中枢圏は、適切な取り組み態勢の構築と方針転換に成功しておらず、迷走状態にある。

この迷走状態から抜けだす手がかりを、脱原発という課題が、政策科学に投げかけている含意を検討することを通して探してみよう。

第3節　脱原発政策の政策科学にとっての含意

福島原発震災をきっかけとして、日本社会のさまざまな側面について根本的な反省と変革が必要なのではないかということを多くの人々が考えた。根本的な反省の対象となるべき領域として、政策決定の際に前提となる政策判断基準の見直しと、政策決定過程のあり方の改善という課題がある。この2つの課題は、政策科学の主要領域である「政策分析評価論」と「政策決定過程論」の主題そのものである。

1　原子力複合体の政策判断基準

福島原発震災に至る原子力推進の政策過程では、どのような政策判断基準が採用され、その背後には、どのような規範的原則についての考え方が基礎になっていたのであろうか。

日本の原子力政策のこれまでの特徴として、①担い手主体の自存化傾向、②担い手主体の利害関心の優先的反映、③受益優先の政策評価、④受苦問題への関心の薄さ、を指摘できよう。

①担い手主体の自存化傾向とは、原子力利用の推進を直接的あるいは間接的

に担う、電力業界、原子力産業界、政界、官界、学界、メディア業界などに属する主体群が、「原子力複合体」とも呼ぶべき構造を創り出し、それが、政府や国会や世論にたいしても、操作的影響力を及ぼすほど強大化し、独自の自己主張をするようになることである。②担い手主体の利害関心の優先的反映とは、政策決定過程において、原子力複合体の自存化傾向が著しく、原子力複合体の意向が、制御中枢圏（国会、政府、裁判所）の政策決定や判断にたいして、原子力批判論を圧倒しつつ、大きな影響を与えてきたことである。その結果、③受益優先の政策評価が支配的となり、原子力利用の受益の面がさまざまに強調される反面、④受苦問題への関心の薄さ、を帰結した。すなわち、原発操業に伴う、定常的汚染、被ばく労働、放射性廃棄物、事故の危険性などの、負の帰結については、それらが、過小評価されたり、無関心のまま放置されることが続発した。

　このような政策決定のあり方にみいだされるのは、総括的に表現するのであれば、「個別主体準拠的な功利主義的合理性」が政策判断基準になっているという特徴である。「個別主体準拠的」とは、原子力複合体を構成する諸々の個別主体の利害関心が主導的な判断基準になっていることである。「功利主義的合理性」とは、個別主体に注目するならば、当該主体にとっての効用と費用を評価して、効用を最大化するようなもっとも合理的な手段や選択肢が選好され、正当化されることを意味する。功利主義的な合理性基準を社会に適用した場合の政策判断には、さまざまにバリエーションがあるが、基本的発想としては、さまざまな受益（効用）と受苦（費用）を一次元的な評価尺度に換算する（代表的には、貨幣価値）こと、また諸個人の効用は社会的に加算可能であるのでその集計によって社会にとっての望ましさを把握できること、社会的な総効用の上昇をもっとも効果的に実現するような手段選択が合理的であること、という考え方をとる。

　このような発想は、原子力利用の正当化に頻繁に使用されてきたものである。

2　これまでの政策判断基準への疑問

　原子力発電は「功利主義的な合理性基準」によって正当化されることが多いが、それに対しては、「システム準拠的な道理性」基準にもとづく以下の3つの視点から疑問を提出しなければならない。

　第1に、「功利主義的な合理性基準」によって原子力発電を肯定し正当化する論者は、人々の受苦を的確に評価しているのだろうか。確率論的リスク論を利用する場合、とくに恣意的な評価に陥っているのではないか。この視点からの対抗

方法は、「受苦の費用への換算」「社会的費用の包括的把握」「補償費用の事前内部化」といった原則に関して、より徹底的に取り組み、「功利主義的な総合評価」が公正におこなわれるように働きかけることである。それによって、さまざまな社会的費用が正確に把握できた場合には、「功利主義的な合理性基準」という推進論者の土俵の上で、内在的に批判を提示することができよう。そして、受益と費用を比較考量すれば、他のエネルギー源に比して原発が劣っていることが明らかになるであろう。

　第2に、倫理的政策分析の視点から、原子力政策を批判することができる。倫理的政策分析の基礎として、正負の財の分配に関する「衡平」(equity)、発言権や決定権の分配に関する「公正」(fairness)、「基本的人権」(human rights)に注目するならば、それらが、政策過程において尊重されているかどうかという視点から、政策を評価することが必要である。日本におけるこれまでの原子力諸施設への立地は、「周辺部への立地」「環境負荷の外部転嫁」「受益圏と受苦圏の分離」などの特徴をもっている。そのような立地の帰結は、「二重規準の連鎖構造」である。すなわち、危険施設の立地を巡って負担についての「衡平」とは言い難い状況が頻繁に生じている (舩橋 2012c, 本書の第14章)。

　第3に、「賢明さ」の視点からの批判が必要である。ここで「賢明さ」(wisdom)とは、短期的・局地的な利益追究が、長期的・広域的な利益追求を犠牲にしないことである。原子力発電所のように、発生確率は低くても、過酷事故により補償不能なきわめて巨額の、被害上限を確定できない被害をだすような危険性を伴う技術の選択については、そのような技術を初めから選択しないことが、賢明さである。ドイツの倫理委員会では、そのような技術を選択肢から外すことが提唱されている (安全なエネルギー供給に関する倫理委員会 2013)。

　以上の第2、第3の論点において提示された衡平、公正、基本的人権、賢明さの上位概念は、「道理性」(reasonability)である。それゆえ、「道理性を合理性に優先させること」「非許容基準を優先する道理性判断」という政策判断基準が、これらにおいては、主張されているのである。いいかえると、日本では、原子力発電について、「環境負荷の外部転嫁」の結果として「二重規準の連鎖構造」が創りだされ、その中で、さまざまな取引を通しての受益追求がみられるが、それは、「没道理的な合理性追求」というべきである。

　「システム準拠的な道理性探究」を政策判断基準とするということは、基本的人権の尊重や、衡平、公正、賢明さという評価基準に即して、社会システムの「許

容できる状態」と「許容できない状態」をまず区別すること、そして「許容できない状態」に陥らないことを優先的な政策選択基準とすることを意味する。このような考え方は、たとえば、K. R. ポッパーが、望ましい社会のあり方の判断基準として提示した「緊急の悪弊の除去」の優先という考え方に対応するものである。

3　政策決定過程のあり方の変革

　日本において「個別主体準拠的な功利主義的合理性」という判断基準がこれまで支配的であったのは、「原子力複合体」が巨大な影響力を政策決定過程に及ぼしていたことを基盤にしていた。これからは「システム準拠的な道理性探究」という考え方を優先的な政策判断基準とするべきである。そのためには、政策決定過程自体の変貌が必要になる。
　システム準拠的とは、社会システム全域において表出される利害要求全体を視野に入れ、またシステムのあり方そのものに関心を寄せることである。また、道理性探究とは、それらの利害要求を充足するに際しての社会システムの適正なあり方という意味での「道理性」(reasonability) とは何かを探究することである。その内容の核心は、原子力複合体が制御中枢圏に対して巨大な影響力をふるう状態から転換して、公共圏における道理性や合理性の判断にもとづいて制御中枢圏が政策決定を行い、原子力複合体に対して制約条件を設定し、抑制するというような政策決定過程への変化である。そのためには、「公論形成」の場を豊富化するとともに、政策情報の収集分析と代替的政策提言をおこなう市民運動の強化が不可欠である。原子力市民委員会は、そのような試みの一つである。

結　び

　一般に、社会システムの望ましいあり方を総合的に構想するためには、「道理性」が基底的な基準となるべきであり、そのような基盤の上で、あるいは、そのように限定された枠組みの中で、「功利主義的合理性」基準が採用されるのが適切である。このような社会哲学的立場の選択とそれに立脚した政策評価基準の設定の根拠づけは、社会を「経営システムと支配システムの両義性」（舩橋 2010，本書第 2 章および第 8 章，第 17 章）として把握するところにある。「システム準拠的な道理性探究」を優先させることは、原子力政策の総合評価に重要な意義を有するし、当面する新規制規準の評価や再稼働問題に対する判断にも必要な視点である。

第 20 章

震災問題対処のために必要な政策議題設定と日本社会における制御能力の欠陥

はじめに

　本章は、震災後の社会変革と地域再生のためにどういう政策議題設定が必要なのかを、エネルギー政策の転換と避難自治体の直面する困難の打開という問題領域に即して検討し、また日本社会の「制御能力の不足」を「取り組み態勢の欠陥」という視点から考察する。

　まず、震災後の日本社会において、どのような社会変革の課題が問われているのかを検討する。そして、「取り組み態勢」に注目して、社会制御能力の欠陥とその改善を検討するために必要な理論的視点を提出する（第1節）。つぎに、震災後に焦点となった脱原発政策をめぐって、政府レベルでの制御中枢圏でどのような取り組みと政策選択がなされてきたのか、あるいはなされてこなかったのかを検討する（第2節）。さらに、福島の震災被災地に即して、長期避難者と長期避難自治体がどのように困難な状況に陥っているのか、生活と地域社会の再建のためにどのような政策議題設定が必要なのか、とくに、「移住」と「早期帰還」という二者択一を超えて「長期待避・将来帰還」という第3の道のためにはどういう政策パッケージが必要なのかを考える（第3節）。以上をふまえて、エネルギー政策と地域再生について的確な政策が打ちだせないのは、取り組み態勢のどのような特質に規定されているのかを、制度・政策の形成の局面と運用の局面に即して検討する。また質的変革の停滞を規範的原則の共有の欠如という視点から考察する（第4節）。

第 1 節　東日本大震災で問われたもの

1　制御能力の不足とさまざまな問題

　東日本大震災は、日本社会のあり方に根本的な反省を迫るものであった。大震

災をきっかけとして、日本社会のさまざまな欠点が鮮明に意識され、同時に、危機の意識をバネに、社会的な流動化が生じ、変革可能性が開けたのではないかという社会的雰囲気が、震災直後には特に強く存在した。

震災をきっかけに、日本社会のどのような特徴が欠陥として指摘され、どのような問題領域について、見直しの必要が提起されたのだろうか。

第1に、防災対策や原子力安全政策の不備が、まず自覚された。第2に、原子力の危険性の自覚は、日本のエネルギー政策の見直しを迫るものであった。第3に、原子力施設の周辺部立地というあり方への反省は、中央と地方の関係や地域格差問題を浮かびあがらせるものであった。第4に、福島県での原発立地は、原発依存型の地域振興政策と財の再分配政策によって促進されてきたが、そのような地域経済や自治体財政の見直しが必要となった。第5に、「原子力複合体」[1]が、あまりにも大きな影響力をもつような政策決定過程のあり方への反省が生じた。第6に、社会的多重防護の破綻という視点からみて、原発差し止め訴訟を棄却してきた、司法のあり方についての再検討が必要になった。第7に、原発をめぐる世論形成という点で、メディアのあり方やメディアに登場する専門家への批判が提起された。第8に、原子力開発を推進してきた科学・技術の研究のあり方を反省しなければならない。

これらすべてを通して問われているのは、日本社会における意志決定と主体性のあり方、そして、社会制御のあり方である。震災以後、生活の防衛と再建、地域の復興のために、さまざまな地域と専門領域で、多数の人々が懸命な努力を続けてきた。だが、日本社会が直面している重要な問題群について、とりわけ、福島原発震災への対処とそれからの回復について、果たして適切な政策選択ができているのであろうか。

原発震災の発生したプロセスについては、すでに拙論で、原子力複合体の自存化という視点から解明を試みてきた(舩橋 2013c)。原発震災の発生は、政策決定過程についての「勢力関係モデル」のもとで、原子力複合体が、巨大な経済力、情報操作力、政治力を保持し、その勢力に対抗する安全規制が不徹底で無力であるという事情のもとに発生した。ここで、「勢力関係モデル」とは、「討論による合意形成ではなく、正負の財の与奪によって規定される勢力関係にもとづいて、

---

1 原子力複合体とは、原子力発電の推進に利害関心を有し、連携しながらそれを直接的・間接的に担ってきた産業界、政界、官界、学界、メディア業界などに属する個人や組織の総体を指す。その文化風土の前近代性に注目すれば、「原子力ムラ」ともいえる。

社会的意志決定がなされ制御過程が進行するようなモデルである」(舩橋 2012b: 33; 本書の第8章を参照)。震災の打撃からの再建の過程で、そのような「勢力関係モデル」の有する欠陥は克服されたのだろうか。勢力関係モデルの質的変革を進めるためには、どのようにしたら良いのだろうか。

2 「取り組み態勢」の分析枠組み

　勢力関係モデルの質的変革を問題意識として、意志決定と取り組み態勢のあり方を検討していこう。その際、制度・政策の形成・変革に関する取り組み態勢と、それらの運用に関する取り組み態勢を区別することが必要である。前者では、議会による法律や条例の制定とか行政組織による計画形成が課題となる。後者では、すでに存在する制度・政策を枠組みとしながら、その中で、具体的な個人や集団がどのように連携したり行為するのかが問われる。被災地の再建のためには、制度・政策の形成・変革に関する取り組み態勢と、それらの運用に関する取り組み態勢の双方における制御能力の高度化が必要である。本章では、現在までの復興政策の欠陥は、制度運用の欠点ではなく、制度・政策の形成が未熟であるという認識に立つので、この面についての分析枠組みを中心的に検討することにする。そして、取り組み態勢の優劣の分析のために、「政策決定の場」「政策案形成の場」「科学的検討の場」「公論形成の場」という4種類の「取り組みの場」に注目する視点を提出したい。

　「政策決定の場」とは、法律や条令や行政計画の制定というかたちで、社会的に実効性のある決定をおこなうような場である。その代表的なものは、議会(例、国会)、および、行政組織の首脳部の会議(例、閣議)である。制度の作り方によっては、国民投票や住民投票がこれにあたる。

　「政策案形成の場」とは、さまざまな政策選択肢を発案し、効果や費用という点から、それらを洗練し、政策決定ができる一歩前の状況を準備することである。各種の審議会はその代表的な例であるが、行政組織も大きな政策案形成機能を発揮している。

　「科学的検討の場」とは、政策案形成や政策判断に必要とされる事実認識を、科学的におこなう場である。科学的知識は、現状把握の点でも、問題の原因解明の点でも、政策手段の効果と費用と随伴帰結の把握についても必要とされる。

　「公論形成の場」とは、民衆が、公共の問題、すなわち何らかの社会問題や政策的課題に関して、自由に議論する開放的な討論の場である。そこでは、「科学

的検討の場」でなされる事実認識という課題も、「政策案形成の場」でなされる政策提言も、個々の場の個性に応じて、さまざまなしかたで、ともに取り上げられる。

一つの社会のあり方に関する骨格的意志決定の場の総体を「制御中枢圏」ということにすれば、立法組織、行政組織、司法組織は、制御中枢圏を構成する基本主体である。上記の4種類の場のうち、制御中枢圏には、「政策決定の場」「政策案形成の場」が含まれている。他方、「公論形成の場」は、制御中枢圏を取り巻く公共圏に属しているのであり、「公論形成の場」の総体が「公共圏」を構成している。「科学的検討の場」は制御中枢圏の中にも存在するし、公共圏の中に「公論形成の場」の一つのタイプとしても存在しうる。

社会変革的な制御能力は、これら4種類の「取り組みの場」が、全体としてどのような「取り組み態勢」を作りだしているのか、すなわち、それぞれどのような特質を持ち、どのような連結のしかたをしているのかによって規定される。

ここで、政府レベルでの政策・制度形成が、積極的に実施されるような「取り組み態勢」の条件を考えてみよう。**図20-1**は、これら4つの場が適切に結合された場合のイメージを描いたものである。

まず、新しい社会問題や政策的課題に的確に対処しうる「政策案形成の場」や「政策決定の場」が形成されるためには、これらの場で、①変革主体形成、②政策議題設定、③新しい状況定義、④価値序列の再定義、という諸条件がみたされなければならない(舩橋2013b: 120＝本書第19章参照)。

ここで「変革主体形成」とは、社会の現状の中に改善するべき問題群を見いだし変革志向性を有する個人主体や集団主体が、その解決のために自分の有する資源・労力の投入を始めることである。「政策議題設定」(agenda setting)とは、社会システムが内包している問題群が、政策的に解決するべき問題群として、また、それをめぐって議論が闘わされるべき問題群として設定され、政策形成に関与する諸主体に共有されることである。「新しい状況定義」とは、社会の現状を把握する解釈枠組みが再構成されることであり、とりわけ、社会の有する欠陥と変革の必要性について新しい考え方が登場することである。「価値序列の再定義」とは、さまざまな政策目的群の前提になっている諸価値について、たとえば、経済価値よりも、安全価値や健康価値を優先するというように、それらの間での優先序列を変更することである。いいかえると「変革主体形成」とは「新しい状況定義」や「価値序列の再定義」を内面化し、新しい「政策議題設定」を担うことのできる主体の形成を意味している。

第20章 震災問題対処のために必要な政策議題設定と日本社会における制御能力の欠陥　697

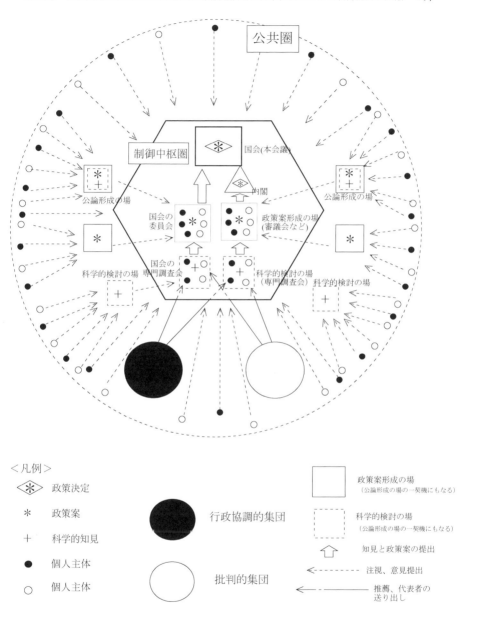

図 20-1　公共圏が作用している「取り組み態勢」

「政策案の形成の場」が優れた政策をつくりだすためには、まず、社会が直面している問題を適切に「政策議題」として設定することが必要であり、そのためには「社会状況の認識能力」が必要である。さらに、「政策議題」に対して適切な政策案を形成するためには、公正さと合理性を備える必要がある。ここで公正さとは、その場に参加し発言する人が、特定の利害集団の代弁者に偏らないこと、意見表明の平等な機会が存在し情報の公開と共有がなされていることである。また、合理性とは、複数の政策案について、目的達成に対する手段の的確性、費用負担、随伴帰結の諸視点から比較して、それらの優劣に即して選択できることである。

また、そのような政策形成に関与する「科学的検討の場」は、「分立・従属モデル」から脱却して、「統合・自律モデル」を実現することが必要である（舩橋2013a＝本書の第21章）。「分立・従属モデル」とは、科学者が複数の異なる討論の場に分立して参加し、一方で、政府に協調的な研究者が、政府の利害関心に従属した場で活動するのに対し、他方で、批判的視点をもった科学者は別の場で討論するが、その意見は「政策案形成の場」に対しては、参入障壁によって効果的に反映できないような状態を指す。たとえば、原発の近くの活断層の有無に対して専門家の間で論争が続きグレーゾーンの状況であるのに、政府に従属した審議の場で「活断層無し」という結論が行政協調的な研究者によってなされるのは、「分立・従属モデル」で見られる事態である（朝日新聞特別報道部2013: 281-282）。これに対して、「統合・自律モデル」は、異なる学説を支持する複数の研究者が一堂に会すること、「科学によって回答可能な問題」に限定して取り組むこと、議論は人々に公開され「自律性」に裏づけられた公正な討論がおこなわれることという特徴を有する。

そして、「公論形成の場」とは、社会問題や政策的課題に関して、人々が討論過程を通して内容的に洗練された意見としての公論を作り上げていく場であり、公開性や対等性や批判性をその特色とする。「公論形成の場」においては、要求提出による社会問題の開示、問題解決の原則や方法についての検討、制御中枢圏の提案する政策案に対する賛否についての議論がなされる。

ある社会の制御能力の高低は、これらの4種類の「取り組みの場」がどのような性質をもつか、それらがどのように連結しているのか、していないのかという視点から、分析することができる。「政策案形成の場」が効果的に機能するためには、一方で「公論形成の場」から提出される要求提出を受けとめて、的確な「政策議題設定」ができなければならず、他方で、「科学的検討の場」から、理系・文

系を問わず必要な分野から、妥当性のある「科学的知見」の提供を受ける必要がある。

3　制御能力の鍵としての「合意形成」と「批判的吟味」

つぎに、制御能力の高低が、「合意形成」と「批判的吟味」の能力によって規定されることを確認しておきたい。

「社会的合意形成」は形式的にも実質的にも実行可能性の鍵であるので、制御能力を保証する重要な要因である。議会の議決に代表的にみられるような形式的な社会的合意の存在が、社会的意志決定が可能になる前提条件である。さらに、たとえば多数決によって意志決定が形式的になされたとしても、実質的な合意形成の強弱が実行可能性を規定する。合意の程度が弱い場合は、形式的決定にもかかわらず反対派の抵抗によって決定の実質的空洞化が起こりうる。

ここで注意するべきは、制御能力の高度化のためには、合意形成と並んで、同時に「批判的吟味」が大切だということである。合意形成が、実質的なものになるかどうかは、合意の形成過程において批判的吟味が十分になされ、その内容が洗練され、関係主体が納得していることによって規定される。

さらに、批判的吟味能力は、既存の制度構造や価値観を変革するという文脈で、制御能力の高度化が必要になる場合に、とりわけ不可欠である。そのとき必要なのは、既存の社会秩序に対する異議申し立てと、それを一つの契機とした新しい「政策議題設定」である。この場合、既存秩序を支えているような社会的合意に異議を申し立て、異なる社会認識や価値観を主張することが積極的意義を有する。

ここで、制御過程の一つの理念型としての「理性的制御モデル」を定義しておこう。理性的制御モデルとは、人々の討論の積み重ねによって、道理性と合理性についての概念解釈についての合意をそのつど作りだし、それらについての合意にもとづいて社会が運営させるような社会制御のあり方である（舩橋 2012b: 30）。4種の「取り組みの場」に即するならば、理性的制御モデルとは、「公論形成の場」が豊富に形成され、「公共圏」での討論が活発であり、「科学的検討の場」の「統合・自律モデル」が実現し、「政策案形成の場」が公正で合理性を備え、「政策決定の場」が人々の合意形成にもとづいて決定をおこない、いずれの「取り組みの場」でも批判的吟味がなされているような場合である。それは、勢力関係モデルの対極である。

この視点をもつことによって、勢力関係モデルの質的変革には、民主化と理性化という 2 つのベクトルがあることがわかる。勢力関係モデルの「民主化」と

は、公共圏で表出される民衆の意志がより効果的に制御中枢圏の意志決定に反映可能となることである。そして、勢力関係モデルの「理性化」とは、勢力関係モデルにおける意志決定に対して、公共圏における道理性と合理性を主張する議論が、より大きな影響力を発揮するようになることである。

制御能力の質と高低の解明についての以上の理論的視点は、さまざまな震災関連の諸問題の解明に適用可能と思われるが、本論では、「エネルギー政策の転換」と、「長期避難を強いられた自治体の再建問題」を主要な参照事例として考察することにする。

第2節　原子力震災と、エネルギー政策の転換の迷走

1　原子力をめぐる二重の制御問題と戦略的エネルギーシフト

原子力をめぐる制御問題は二重である。原子力利用に際しては、原子力に対する技術的制御と、原子力利用を推進する諸組織に対する社会的制御という、2つの制御問題が的確に解決されなければならない。ところが、原発震災が発生したということは、技術的制御が失敗したのと同時に、原子力を推進してきた諸組織に対する社会的制御にも失敗したことを意味する。原発震災を経験した以上、この二重の制御問題は、公論を反映した民主的制御により原子力複合体の独走に歯止めをかけること、そして脱原発と安全を実現する規制の強化という方向で解決されなければならない。

福島原発震災が日本社会に提起したのは、従来のような多数の原発に依存するかたちでの電力供給を進めるのか、それとも脱原発の方向で、エネルギー政策の転換を進めるべきかという課題である。震災以降、さまざまな論者によって脱原子力の提唱がなされた。その代表的な考え方は、環境エネルギー政策研究所によって提唱された「戦略的エネルギーシフト」である（環境エネルギー政策研究所 2011『『無計画停電』から『戦略的エネルギーシフト』へ」http://www.isep.or.jp）。戦略的エネルギーシフトは、省エネルギー、脱原発、再生可能エネルギーの積極的増大、化石燃料の長期的削減という4つの柱からなる。そのメリットとしては、環境汚染の回避、安全性の確保、持続可能性、地域間・国家間の格差縮小、エネルギー自給の向上、などがある。

本章では、戦略的エネルギーシフトの実現を、震災後のエネルギー政策の選択の中心的論点として位置づけたい。「戦略的エネルギーシフト」の実現は、エネ

第 20 章　震災問題対処のために必要な政策議題設定と日本社会における制御能力の欠陥　701

ルギー領域における部分的な改革ではなく、社会の質的な変革を含意しており、ドイツの事例にみるように (壽福 2013)「政策パラダイム転換」ともいうべきものである。

2　民主党政権のもとでの取り組み態勢と政策転換

　では、震災後の日本政府は、エネルギー政策の転換という課題に対して、どのように取り組んできたのであろうか。2011 年 7 月 13 日、民主党の菅首相は、日本の首相としては、はじめて「原発に依存しない社会をめざす」という意向を表明した。それを受けて、野田首相のもとで、同年 10 月 21 日に「エネルギー・環境会議」が設置され、将来のエネルギー政策の複数の選択肢が検討され、それぞれの効果やコスト・帰結が議論された。そのような審議をふまえて、野田政権は 2012 年 7 月に、2030年の原発割合について、0％，15％，20〜25％という 3 つの選択肢を提示し、国民の意見を聞く手続きに入った。意見聴取会 (全国 11 会場)、パブリックコメント (8 万 9124 件)、討論型世論調査 (電話調査 6,849 名、討論参加者 285 名) を実施し、56 団体に対して説明会をおこなうというかたちで、民意をくみ上げる努力をおこなった。首相官邸や国会の前でのデモの盛り上がりを背景に、パブリックコメントでは、原発 0％を支持する意見が 90％に達した。そのような世論を反映して、「エネルギー・環境会議」は、9 月 14 日に、「原発に依存しない社会の一日も早い実現」を掲げた「革新的・エネルギー環境戦略」を決定した。この過程は、勢力関係モデルの民主化、理性化の進展を示すものであり、社会制御の質の一定の変革が見られた。

　しかし、このような転換を志向する政策内容に対しては、日本の脱原発を望まないアメリカ政府、核燃料サイクル政策の堅持を求める青森県知事、原子力発電を維持したい財界主流派からの反発と抵抗があり、野田政権は「原発 0％」のタイミングを「2030年代」と先のばしするかたちで「革新的・エネルギー環境戦略」の内容を後退させたが、それさえ閣議決定することはできず、9 月 19 日の閣議での取り扱いは、「『革新的・エネルギー環境戦略』をふまえて、関係自治体や国際社会等と責任ある議論を行い、国民の理解を得つつ、柔軟性を持って不断の検証と見直しを行いながら遂行する」というものに留まった。

　この過程の特徴は、第 1 に、「エネルギー・環境会議」が、制度変革的な「政策案形成の場」という性格を有し、その設置自体がエネルギー政策の根本的見直しという「政策議題設定」とセットになっていたことである。そのことは同時に、

政策転換の前提としての「新しい状況の定義」「価値序列の再編」の存在も意味していた。

しかし、第2に、「政策決定の場」としての内閣は、一貫した主体性を発揮することはできず、その時々の政治的勢力関係に左右された場当たり的な動きを示した。もともと、民主党政権のもとでは、脱原発を志向する潮流と、原発継続を主張する潮流がせめぎ合っており、そのつどの意思決定は両者の勢力関係のもとでの妥協点を探るという性格が強かった。

3 自民党政権下での原発復活と、取り組み態勢の劣化

2012年12月の衆議院選挙の結果、自民党・安倍政権が発足した。この政権交代は、原発震災への対処という点では、政策決定手続きにおいても、政策内容においても、原発の復活に向けての大きな方向転換を帰結することになった。

安倍政権の本音は、原発の復活であるが、2012年12月の衆議院選挙でも2013年7月の参議院選挙においても、原発の是非を正面から争点に掲げることはしなかった。そして安倍政権は、民主党の設定した「エネルギー・環境会議」を継承せず、長期的なエネルギー政策についての「政策案形成の場」を解消してしまった。

また、原子力政策の要である「原子力委員会」についても、それを「政策案形成の場」として再強化しようという姿勢は見られない。原子力委員会のあり方については、震災後に、民主党政権によって見直しの対象となり「原子力委員会の見直しの有識者会議」が2012年12月まで検討を続けた。原子力委員会の委員の任期は、2013年1月で終了したが、新しい委員の選任は見送られ、形だけは存続しているが、実質的な政策案形成機能は失われることになった。

さらに、「東京電力福島原子力発電所事故調査委員会法」に基づいて、2011年12月に国会に設置された「国会事故調」は、2012年7月に報告書を公表した。国会事故調の特徴は、その運営において、独立性や透明性の確保に工夫がされたことである（後藤2013）。しかし、国会事故調の活動は、そこまでであり、以後、国会のもとに、原子力政策の推進・廃止を含めてエネルギー政策全体について検討するような調査委員会は作られていない。「現在の国会には、原子力をまともに議論する場がない」とさえ、国会議員のA氏は語っている（2013年9月の聞き取り）。

このようにして、自民党政権下では、脱原発を政策議題とするような「政策案形成の場」は消失し、実質的な「政策決定の場」は、内閣および与党首脳部が掌握することになった。そして、旧来からの「原子力複合体」の要求表出が有力に作

用するような勢力関係モデルが復活した。

　安倍政権は原発の復活を志向し、再稼働とそれを可能にするための新しい規制基準の制定、さらには諸外国への原発輸出を推進しようとしている。そのような政策枠組みの中で、原子力規制委員会は2013年6月19日に新規制基準を決定した。だが、安全確保という点では、その内容に多数の問題点があり、特に過酷事故対策という点では、原子力市民委員会が批判しているように（原子力市民委員会2013a）、根本的な難点を抱えている。

　結局、安倍政権のもとでは、福島原発震災を引き起こすに至った「二重の制御問題」に関する欠陥が再現することになった。第1に、原子力複合体は、原子力技術の使用について、責任ある一貫した対処ができていない。その端的な表れは、2013年夏に顕在化した福島第一原発の汚染水問題である。8月21日には、原子力規制委員会が、汚染水の状況を国際原子力事象評価尺度で「レベル3」と判断した。福島原発事故は収束していないのである。また、核燃料サイクル問題や、「もんじゅ」の取り扱いや、放射性廃棄物問題についても混迷が続いている。

　第2に、汚染水問題やこれらの問題についての混迷の根拠になっているのは、原子力利用についての適切な取り組み態勢が、社会的に欠如しているという事態である。つまり、原子力複合体の自存化状態を、日本社会は民主的に制御できていないのである。

　このように二重の制御問題について漂流状態が続いていることは、実は、福島原発事故後の適切な復興政策の欠如と通底しているのである。そこで、次に、福島原発震災からの生活再建と地域復興の実態を検討してみよう。この領域には多数の問題があるが、長期避難自治体問題を焦点にすえる。

第3節　長期避難自治体問題

1　緊急対応の積み重ねと制度の形式的整備

　震災後、2011年中にさまざまな緊急対応が積み重ねられた。まず、避難区域については、4月22日には福島第一原発から半径20キロ圏内が警戒区域に指定され、20キロ圏外では、緊急時避難準備区域と、計画的避難区域が指定された。損害賠償については、2011年4月11日に「原子力損害賠償紛争審査会」が設置され、同審査会は4月28日には損害の範囲の判定のための「第1次指針」を定めた。震災復興全体の法制度的枠組みとしては、6月24日に、復興基本法が施行され、

6月25日には、復興構想会議が「復興への提言」を提出した。7月29日には、「東日本大震災からの復興の基本方針」が策定され、8月からは「原子力災害からの福島復興再生協議会」が開始される。また、福島県レベルでは「福島県復興ビジョン」が策定される。10月10日には除染方針が発表され、11月30日には復興財源確保法が成立し、12月16日に、野田首相は事故収束を宣言する。

年があけて、2012年2月10日には復興庁が開庁し、3月30日には福島復興再生特別措置法が成立する。4月1日には、田村市と川内村の警戒区域が解除される。6月27日には、「子ども被災者支援法」が制定され、復興庁の作成した「福島復興再生基本方針」は7月13日に閣議決定される。

このような国レベル、福島県レベルでの復興政策の展開に対応して、被災地の市町村レベルでも、復興計画の策定への取り組みが進んできた。そして、さまざまな緊急対策には、巨額の予算が投じられてきた。

2　復興政策の問題点——個人の困難と自治体の困難

表面的にみるのであれば、さまざまな制度的・政策的対応が積み重ねられ、あたかも、震災復興について精力的、効果的な取り組みがおこなわれているかのようである。

しかし、一人ひとりの被災者の生活再建という点と、被災地自治体の復興という点に注目し、その実態を見つめるならば、多くの問題が未解決であることが明らかとなる。ここでは、とりわけ、困難な問題が鮮明に現れている「長期避難者」ならびに「長期避難自治体」に注目してみよう。

ここで、「長期避難者」とは、震災発生後2年半を経過した2013年9月時点でも、帰郷を選択していない人々のことであり、福島県民の避難者は約15万名に達している。「長期避難者」は、避難の開始が行政からの指示によるものか、自主的判断によるものかによって、また福島県内への避難か県外への避難かによって、避難生活にさまざまな差異が生じている。だが、元の自治体に戻ることを選択できないという点では、共通である。

避難せざるをえない基本的な理由は、放射線量の高い地域で健康を脅かされることへのおそれである。この理由はとくに出産や子育てをしている世代で強まらざるをえない。それと同時に、放射能汚染によって、生活システムを支える5層の生活環境が崩壊したことも、元の地域では生活できない理由になっている（舩橋 2014a＝本書の第22章参照）。一般に、一定の地域での人々の生活は、各地域の

有する自然環境、インフラ環境、経済環境、社会環境、文化環境を前提に成り立っている。「インフラ環境」とは、道路、鉄道、港湾、電力網、上下水道などの物的基盤をいう。また、「経済環境」とは、他の企業や経済団体のように経済的生産活動を可能にしている諸施設や諸組織の総体であり、「社会環境」とは、(経済分野以外の)社会生活を可能にしている諸施設や諸組織の総体である。「文化環境」とは、教育、宗教、芸術など、生活の文化的側面での活動や欲求充足を可能にしている諸施設や諸団体の総体である。ところが、放射能汚染によって、これら5層の生活環境が崩壊した地域では、住民達が帰還を望んでも、生活を成り立たせる展望がなく帰還のしようがない。生活環境という視点からみれば、「さみだれ式帰還」は生活環境の再建を保証しないから、各人にとって、都合の良いものではない。帰還とともに5層の生活環境を再構築するには「一斉帰還方式」のほうが好ましい。一斉帰還とは、「生活する人々」の帰還と「経済環境」「社会環境」「文化環境」の復元を同時に達成する方式である。その実行のためには、「自然環境」の浄化を前提条件にして、「インフラ環境」の整備を先行させる必要がある。だが、「一斉帰還方式」を実現するためには、住民の大多数が「安心して帰還できる」程度にまで放射線量が低下することが必要条件となる。

　個人単位でみた場合、ふるさとで暮らすことができなくなった長期避難者は、さまざまな困難な状況に置かれている。以前と同程度の住宅を確保することの困難、収入基盤の再構築の困難、家族同居の困難、別居による生活費の増大、放射能汚染の不安、生活設計ができず将来が見通せない困難、生き甲斐の喪失、ハンディキャップを有する者へのケアの確保の困難、損害賠償獲得の困難、補償打切の不安などに、避難者は直面している。生活の基本条件である住居の確保ひとつをとっても、東電の賠償基準では、経年変化による価格低下を補償額の算定根拠にしているので、新築時の5分の1にしか評価されない場合もある。また、仮設住宅は恒久的な生活を想定した居住条件を備えておらず、そこでの生活の長期化はストレスが多いものとならざるをえない。このように多くの長期避難者が、避難先での生活再建についても壁があり、元の郷里にも帰還できないという八方ふさがりの状況におかれている。

　つぎに、自治体単位でみた場合、長期避難自治体も非常な困難に遭遇している。「長期避難自治体」とは、強い放射能汚染が広範に広がっている自治体で、人口のすべてあるいは大半が放射能汚染を回避するためには、長期にわたる避難が不可避になっているような自治体のことである。帰還困難区域と居住制限区域が自

治体面積の過半を占めているような浪江町、双葉町、大熊町、富岡町、飯舘村はそのような自治体である。長期避難自治体においては、個人単位の生活においても、自治体単位の地域社会の将来という点でも、さまざまな困難が立ち現れている。

　自治体単位でみた場合、元の地域への行政組織の復帰の困難や長期的な自治体の存続問題が立ち現れている。2013年夏の時点では、どの自治体もその解散や郷土の永久放棄を選択せず、自治体としての存続と帰還の道を模索している。

　だが、帰還して地域社会を再建するという課題は、きわめて困難である。高度に汚染された土地には、そもそも帰還計画をたてることさえできない。結果として、長期避難自治体は、明確な帰還政策を打ちだすことが難しく、当面は、避難先で自治体としての組織を維持し活動を続けていかざるをえない。

　しかし、避難先で自治体としての行政サービスの水準を維持することは容易ではない。たとえば、避難先の小学校や中学校の施設は臨時校舎であり校庭も狭く、元の自治体に立地していた時と比べて、貧弱なものにならざるをえない。そして元来の自治体住民は、さまざまな地域に広域的に避難しているので、住民間の人間関係を維持することも、行政組織と住民との関係を維持することも容易ではない。時間の経過とともに、個々の住民はそれぞれの避難先での生活再建、生活適応のために住民登録を避難先に移すことも進展せざるをえないであろう。そのような動きが累積するならば、避難元の自治体は、人口減少を帰結し人口の再生産ができなくなる。それは、自治体としてのアイデンテイティを維持することを困難化し、長期的には自治体自体の消滅を帰結するかもしれない。

　このように自治体単位の再建の道をみると、避難先での再建も帰還しての再建も、ともに大きな困難にぶつかっている。

　個人としての選択肢の閉塞と自治体としての選択肢の閉塞は、相互規定的である。各個人からみれば、地域の将来がどうなるのかについて、はっきりした展望が見えないことが、生活設計を描けないことの規定要因になっている。たとえば、富岡町住民へのアンケート調査では帰還意向について「現時点でまだ判断がつかない」(43.3%)が、「戻らないと決めている」(40.0%)、「戻りたいと考えている」(15.6%)をこえて最多である(復興庁・福島県・富岡町 2013: 11)。他方、そのように住民の態度が不確定であることが、「帰還」をめぐって住民の志向に分裂があることとならんで、自治体としての長期的政策の形成を困難にしている要因となっている。

第20章　震災問題対処のために必要な政策議題設定と日本社会における制御能力の欠陥　707

3　取り組むべき政策課題と考慮するべき選択肢

　以上のように、避難している住民と自治体にとって、明確な生活再建、地域再建の展望を見いだすことができないという状況は、これまでの復興政策、とりわけ、福島原発震災の復興政策にさまざまな限界あるいは欠点があり、窮状を打開するためには、なお、取組まなければならない政策課題がいくつも存在していることを示すものである。

　総括的にいえば、生活再建と地域復興の大局的政策方針が総合性と適切性を欠き、被災地自治体や個人に対する支援政策が不十分である。その含意としては、①生活再建と地域復興についての支援政策の不十分性と当事者にとっての選択肢の貧弱さ、②福島原発事故が収束しておらず、収束させるための政策的取り組みと組織体制が弱体であること、③東電による損害賠償と行政による支援政策の統合の不足、④東電の責任問題や今後の経営形態、法的位置づけについての検討不足、⑤放射線問題の取り扱いに対する強引さと曖昧さ、などがある。

　以上の諸問題のうち、①生活再建と地域復興についての支援政策の不十分性と、当事者にとっての選択肢の貧弱さこそが、復興政策の欠陥のもっとも中心的なものであると考えられるので、本章ではそれを中心に検討することにする。

　これまでの地域復興と個人生活再建の政策枠組みは、「帰還しない／帰還する」という二者択一的枠組みで議論されてきた。このようなかたちの選択肢の限定は、被災の実態を見つめるならば、適切ではない。「移住(帰還しない)」と「早期の帰還」に加えて、第3の選択肢として、「5年をこえる長期の待避期間を経て、放射線の危険性が十分低減した将来のいずれかの時点で帰還する」という方策がある。この第3の道の選択は、前述の「長期避難自治体」にとっての有力な選択肢であり、この第3の選択肢を支える政策パッケージが必要である。

　「長期待避」は、住民個人としては待避先で生活を再建する時期である。自治体としては「避難先での拠点施設」で業務をおこなう時期である。また、住民と自治体が協力しながら、住民のネットワークと自治体としてのアイデンテイティを維持しつつ、一方で避難先での生活再建、他方で長期的な帰還方針の推進という両方の課題に取り組むべき時期である。

　ここで、「長期待避」の時間的長さは、最小で5年間を想定するが、汚染の程度に応じて、10年、20年、30年、50年さらには100年という期間を考察の範囲としなければならない。原子力にかかわる政策、とりわけ、放射能汚染への対処には、通常のまちづくりよりずっと長い、これだけの時間的視野が必要になる。

この「長期待避・将来帰還」という第3の道は、「移住（帰還しない）」と、「早期帰還」という二者択一だけの場合に立ち現れるさまざまな困難を克服する可能性を切り開く。まず、安全性の確保という要請は、空間線量が十分に低くなるまでの長期待避によって、実現しうる。また、地域社会の再建は、遠い将来にならざるをえないが、自治体行政組織が維持され、元の地域を適切に管理する態勢が構築されるのであれば、その実現も可能であろう。

「長期待避・将来帰還」という復興の道を実現するためには、それと密接に関連する諸課題、すなわち、①放射能問題についての科学的検討、②二重の住民登録、③健康手帳の機能も有する被災者手帳、④「地域再生基金」の創設といった諸問題に総合的に取り組まなければならない。そのような政策を「長期待避の道を含む総合的復興政策」ということにしよう。

そのような「総合的復興政策」が、なぜ必要なのかということを考えてみよう。

4　放射線問題についての科学的検討

放射線問題に関する知見の社会的共有が不足していることが、個人の生活の道の選択と、自治体による地域再建政策の形成、なかでも「第3の道」の選択を困難化する阻害要因になっている。ここで、放射線問題の科学的検討のためには、少なくとも「空間放射線量の長期予測」「除染技術の改善」「低線量被ばくの健康影響」という3つの問題について、科学的知見を洗練し、蓄積し、社会的に共有する必要がある。それぞれの課題の内容は次のようなものである。

①空間放射線量の長期予測。「長期待避・将来帰還」という政策を実現するためには、その前提となる知識として、除染という人為的介入がない場合でも、たとえば、10年、20年、50年、100年後に、各地の放射線量がどこまで自然減衰するかを把握することが必要である。放射能は自然減衰するものであるから、人為的介入がない場合でも長期的には減少していく。その予測のためには、放射性物質の自然環境の中での挙動の研究の蓄積によって、把握する必要がある。特に1ミリシーベルトや、5ミリシーベルトを下回る（あるいは超える）範域がどこまで広がるのかを知ることは、今後の政策検討の基本的データとして大切であろう[2]。

②除染技術の改善のための研究。空間放射線量は、除染が効果をあげれば自

---

[2] 日本弁護士連合会は、「福島第一原子力発電所事故被害の完全救済及び脱原発を求める決議」（2013年10月4日）を発表したが、年間1ミリシーベルト、および、5ミリシーベルトを超えることが推定される地域をそれぞれ「支援対象地域」「特別支援対象地域」とすることを求め、これらの線量を基準に避難に関する政策を整備するよう求めている。

然減衰以上のテンポで低減しうる。鍵は除染ということになるが、除染の効果の過小評価と過大評価を避けつつ、認識の共有が必要である。除染技術、除染の予算管理、除染担当組織のあり方の改善について、衆知を集めるしかたで研究をおこない、これらの改善を継続する必要がある。除染効果、除染廃棄物の少なさ、被ばく労働、費用削減などの評価基準を総合的に勘案して、より「優れた除染技術」の確立をめざす研究の場を作るべきである。その際、現場の知恵、現場での実験的な試みが可能なようにし、優れた技術を柔軟に取り入れて、環境省の方針に反映させていく組織的・制度的回路が必要である。これまでの除染態勢は、そのようなフィードバック回路が貧弱であるとともに、手抜き除染が頻発したり、除染廃棄物が膨大になり置き場が確保できないゆえの停滞や、予算管理の硬直性といった問題を露呈している。

　③低線量被ばくの健康影響問題の研究レビュー。急性で確定的な放射能被害を生みだすほどの線量でなくても、長期的に確率的な放射能被害は発生しうる。どのような放射線量ならどのような意味で安全なのか、あるいは危険なのかについての事実認識と、さまざまな放射線レベルに対する実践的対処についての研究が必要である。この問題についての専門家の見解の分立が、住民にも自治体にも数多くの困難と不安を引き起こしている。この問題については、世界的に知見の更新が続いているので、絶えずレビューを続け、研究者の間で「共有されている認識」の部分を広げていくべきである。

　以上の３つの問題について「科学的検討の場」の「統合・自律モデル」を実現することが必要である。これらの問題については、専門家や研究者の間で、複数の見解や異なる学説が提起されてきた。しかし、これらは「原理的に科学によって回答可能な問題」であるので、「異なる見解を有する複数の者が、一堂に会して」科学によって回答可能な範囲で、専門家の間で合意された認識の領域を広げていくべきである。

5　二重の住民登録

　「長期待避・将来帰還」という第３の道を実行するためには、「避難先での個人の生活再建」と「自治体の存続」とを両立させることが必要であり、そのためには、二重の住民登録が必要である。

　避難先での生活再建を円滑に果たすためには、避難住民が単なる居住証明ではなく、住民登録を避難先へと変更することが必要になる。しかし、避難した住

民が、避難先の自治体に住民登録を変更することは、現在の制度のもとでは、避難元の自治体の人口が減少することを含意しており、もしそのような動きが累積するのであれば、避難元の自治体自体の消滅という事態さえ起こりかねない。遠い将来になるにせよ、元の居住地域の環境の原状復元を実現し、自治体を消滅させず、集団的に帰還していくためには、元の地域の利用のしかたについて、元々住んでいた住民として、また、将来復帰する住民として、発言権や決定権をもたなければならない。そこで、避難先と避難元への二重の住民登録が可能な制度を形成し、将来の帰還に備えて、避難元の住民が元の町の将来構想に対して発言権と決定権をもてるようにするべきである。これまでの政府（総務省）の見解は、選挙権や納税を二重にすることはできないという理由で、二重の住民登録という制度に否定的である。しかし、被災地の特殊事情に鑑み、特例法によって特別の権利を被災地住民に付与するとともに、納税の分割による減収分は、政府が自治体財政を補填するべきである。

6 健康手帳の機能も有する被災者手帳

　被災者に対しては、さまざまな支援政策が、長期に渡ってとられる必要がある。支援政策の対象者を明示するものとして、被災者手帳の制度化が必要であろう。健康管理手帳についてはすでに浪江町で取り組まれているが、健康管理のみならず、住宅、就労、就学、起業といったさまざまな支援がなされるべきである。

　被災者手帳は、被災者に対する支援制度、支援サービスの受給資格や利用資格を定めるものである。その保持の資格は、2011年3月11日の発災時に、福島県の一定地域や他県でもその後に高い放射線量を記録した地域に居住していたことという包括性のある形式的条件とするのがよい。

　そのような被災者手帳があれば、民間諸団体の取り組む被災者支援についても、その対象者を簡易に特定化することができるというメリットがある。

　さらに、特に長期避難自治体については、被災者手帳は、二重の住民登録の権利を有することの資格を示すものとなる。長期避難自治体に属する住民に対しては、被災自治体が、現在の居住地にかかわりなく奨学金の給付や育児支援などの給付を提供できるようにするべきである。それは、コミュニティの連帯を維持し、「長期待避期間」の終了後に、ふるさとに帰還するための手がかりになりうる。

7 「地域再生基金」の設置と財源

被災自治体の経済的基盤を強化するために、各自治体が管理するような「地域再生基金」を設置するべきである。この基金の原資は、基本的には原発震災を引き起こした責任を有する東電と政府が提供することにする。東電は原発事故による汚染によって広大な土地を長期間使用不能にし、地域社会を崩壊させたことに対して補償責任をはたさなければならない。政府も原発立地政策を進めてきたのであるから同様の責任を有する。これまでの東電の補償の枠組みでは、個人の財産に対する補償とは別の、地域社会全体を崩壊させたことに対する責任の問題が無視されている。そこで、自治体が管理する「地域再生基金」をつくり、その財源は、東電と政府からの補償金を充てたらどうか。東電と政府は、汚染された土地がふたたび、使用可能になるまでの期間、汚染によって地域社会を崩壊させたことに対する補償金を支払うものとする。東電によるこの基金への資金提供に際して、金融機関は債権の一部を放棄することによって、東電を支援するべきである。

この基金は自治体が管理し、自治体は地域再生のための各種の政策に使用する。まず、市町村は「地域再生基金」を運用し、被災者手帳を有する住民にたいして、被災後の居住地がどこかを問わず支援の対象とする。このことは、自治体と住民の絆を維持することに役立つはずである。

次に土地を保全・管理する資金として、使用することも大切である。被災地の土地を長期的に誰が管理するのかは大きな問題である。被災地は、すでに政府が除染廃棄物の「中間貯蔵施設」の建設を提案しているように、今後の政治的選択によっては、汚染物質の集積所になりかねない。これに対して、自治体に基金があれば売却を希望する住民から土地を買い上げることができる。その際、自治体の買い上げを、買い戻し条件つきとすれば、長期待避のあとに当該住民が自宅に戻りたい場合は、優先的に買い戻しを認めることができる。こうすれば、自治体は、第三者に所有権が移動することにより、自治体の意向とは乖離したかたちで、土地の使用方法が決められるという事態を回避することができる。

さらに産業振興のために基金を使用することもできる。その際、土地保全と産業振興を一体的に実施すれば、たとえば、20年以上1ミリシーベルトの線量が続くと予想される土地を使って、住民主体の事業体によるメガソーラー事業を実施することもできよう。

これらの基金の運営に際しては、住民参加の「運営委員会」を設置したり、基金の運用が効果を上げているのかを「検証委員会」を設置して、点検することが望ましい。

8　長期方針のための取り組み態勢の不足

　以上のように、被災者の生活支援と被災地の再建のためには、被災地再建の第3の道としての「長期待避・将来帰還」という選択肢を各自治体が選択できることが望ましい。そのためには、「長期待避の道を含んだ総合的復興政策」が必要なのであり、それには、①放射線問題についての科学的検討、②二重の住民登録、③健康手帳の機能も有する被災者手帳、④「地域再生基金」の設置といった諸政策をパッケージとして結合する必要がある。

　そのような総合的な政策形成を担うような取り組み態勢は、存在したのだろうか。復興構想会議がまとめた「復興への提言〜悲惨の中の希望」も、福島県が策定した「福島復興ビジョン」も、閣議決定された「福島復興再生基本方針」も、「長期待避の道を含んだ総合的復興政策」、およびそれと密接に関係する「二重の住民登録」や「被災者手帳」や「地域再生基金」といった主題を取り扱っていない。すなわち、それらの諸課題への取り組みは、これまでのところ、復興政策の中で政策議題として設定されてこなかった。生活再建と地域再建についての本質的に重要な問題を議論する場が欠如しているといわざるをえない。

第4節　制御能力の高度化のために、何が必要か──取り組み態勢の改善と規範的原則

　以上のように検討するべき重要な課題群が存在しているにもかかわらず、それに対して的確な取り組み態勢を構築することが不十分なのはなぜなのだろうか。いいかえると、大震災というような困難な問題に直面した状況での、日本社会の制御能力の貧弱さは、どのような要因連関によって生まれているのであろうか。制御能力の低さを、①大局的制度・政策形成、②行政官僚制のあり方、③具体的主体の協力関係のあり方という3点に即して分析してみよう。②③は制度・政策の運用の局面に関係する。

1　制度・政策の形成にかかわる制御能力の低迷の構造

　図20-2は、震災問題に関する現在の取り組み態勢が「行政専横型」となっており制御能力の不足を帰結していることを示している。その結果、図20-2のような4種の「取り組みの場」とそれらの結合関係によっては、原子力政策の転換も、

第20章 震災問題対処のために必要な政策議題設定と日本社会における制御能力の欠陥 713

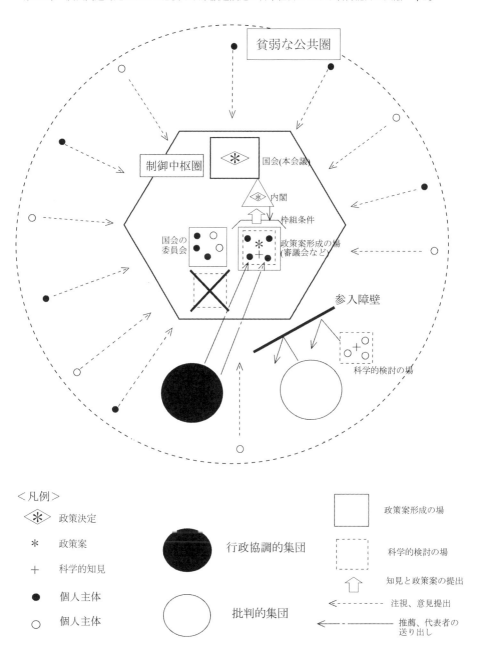

図 20-2 行政専横型の取り組み態勢

被災地の長期的総合的復興政策にも、的確に対処できていないという帰結を生んでいる。その含意は何か。

第1に、公論形成の場の数が少なく、全体としての公共圏が貧弱である。すなわち、エネルギー政策を議論する「公論形成の場」や、総合的・長期的復興政策を議論する各地域での住民達の話し合いの場が少なく、そのことは、制御中枢圏における政策案の形成が、公論を反映して改善されるという機会を少なくしている。

制御中枢圏における政策案の形成と決定は、むしろ、勢力関係モデルが妥当するような状況が基調になっている。2012年8月には、脱原発をめぐる公論が、パブリックコメント制度を通して表出された。しかし、原発推進勢力の方が、脱原発勢力よりも、制御中枢圏に対してより強力な影響力を及ぼしていた。結局、野田政権は、原発維持を志向する諸勢力の圧力に押されて、脱原発という政策姿勢を何段にもわたって後退させた。

第2に、公共圏の貧弱さとは、住民から自治体に対して、自治体から政府に対して、要求し対案を提出する力が弱いことを意味している。このことは、「政策案形成の場」における「政策議題設定」の貧弱さの重要な要因になっている。実際、「福島県民は我慢強いが、自己主張が弱い」という趣旨の指摘は随所で聞かされる。自治体と政府との関係に即してみれば、市町村レベルの利害状況が多様であることに起因して、被災市町村が一致団結して政府に要求をつきつけるということが、効果的に実行できていない。

第3に、科学的検討の場のあり方において、「統合・自律モデル」が実現できず、「分立・従属モデル」の中で、科学的知見が取りあつかわれている。先に述べたような「空間放射線量の長期予測の検討会」「除染改善のための研究会」「低線量被ばくの健康影響についての研究会」というようなかたちで、複数の学説を有する研究者が一堂に会して研究して、議論を深めるという機会がほとんど存在しない。その結果、専門家の見解は分立的、分散的であり、総体としての専門家への信頼は低迷している。社会的に広範に共有された科学的知見は政策案形成の基盤であるが、それが手薄いままに留まっている。肝心な論点について、事実認識を共有できないことが、政策案形成のための論議の積み上げを困難にしている。

第4に、国会の政策案形成能力が低迷している。元来、日本の国会は、法律案形成能力が低く、大部分の立法が議員提案ではなく政府提案にもとづいている。そのような弱点が、震災という危機への対処においても露呈している。そ

の一つの理由は、国会が政策形成の補助組織となる「専門調査会」をもたないことである。2012年7月に報告書を出した福島原発事故の原因を探る「国会事故調」は憲政史上はじめてのものであり、画期的な意義をもった。しかし、その後、原発政策についても震災復興についても、国会は「専門調査会」を組織化していない。議員集団としても、「子ども被災者支援法」を例外として、重要な制度・政策形成にイニシアティブを発揮していない。

以上の諸帰結として、国政レベルでも福島県政レベルでも、「エネルギー政策のパラダイム転換」や「長期待避の道も含んだ総合的復興政策」を「政策議題」として設定しているような「政策案形成の場」が存在しない。そのことが、「政策案形成」の貧弱さを生み、制度・政策形成についての制御能力の低さを生みだしている。

2　行政官僚制のあり方

制度・政策の運用の面では、行政官僚制のあり方が、いくつもの点で、制御能力の低さを生む要因となっている。

第1に、復興庁が総合的調整能力を発揮していない。長期避難している自治体のある職員は「復興庁はワンストップ型の窓口として設置されたはずなのに、そのようには機能しておらず、手続きがワンステップ増えて煩雑になっただけだ」と批評している(2013年9月の聞き取り)。

第2に、福島現地にいる政府職員に決定権限が乏しく、いわば「子供の使い」になっており、現場で提起される重要問題に対する判断は東京(霞ヶ関)の本省組織でしかなされない。また、各省庁の大臣や幹部職員が現場を訪れることは稀であり、現場の実情に即したリーダーシップを発揮していない。

第3に、自治体職員は住民からの要求の噴出と、中央政府の画一的・硬直的基準の板挟みにあい、そのつど、適応的妥協的調整に努めるというストレスの多い業務をさばかねばならない。たとえば、除染問題については、現場での要望に対して、環境省の予算使用原則では適切に対処できない局面がいろいろとあるが、その背後には費用負担者である東電の姿勢に制約された財務省の硬直的姿勢がある(2013年9月、ある自治体職員からの聞き取り)。

第4に、市町村レベルの職員には住民からのクレームが多数寄せられ、それへの対処に忙殺されることが、別の諸課題への取り組みを手薄にさせ、そこでまた住民の不満が発生するという悪循環がみられる。

以上のような行政官僚制の作動の硬直性と悪循環は、それに接する住民と行政職員にさまざまなストレスや不満を惹起しているが、その背景には、生活再建や地域復興についての大局的な制度・政策枠組みが十分に洗練されていないという事情も作用している。

3 具体的な主体間の協力関係

より具体的な局面での制度・政策の運用については、各地域の具体的な諸個人、諸集団の間での効果的な協力関係の存否という問題がある。この点で以下のような諸困難が立ち現れている。

第1に、行政組織と住民の間に溝がある。発災以来、各自治体では、多数の行政職員が寝食を忘れての取り組みをしてきた。それでもなお、震災被害で困窮している住民のニーズを的確にカバーすることは容易ではない。住民から行政に対する不満がさまざまに噴出せざるをえない。また、住民が広域に分散的に避難せざるをえなかったという状況が、具体的な協力関係をつくることを困難化し、地域再建への取組みを空洞化させる要因となる。

第2に、若い世代の地域社会からの離反をめぐる悪循環がある。若い世代ほど放射線の影響、とくに子どもに対する影響について敏感であり警戒的である。これに対して各自治体の政治・行政の主導権は年配の人々が掌握している。年配者は他の地域への長期避難を嫌い、早期の帰還を望む傾向がある。若い世代は「放射線被害を真剣に考えない年配世代は、我々の意見に耳を傾けない。何を言っても無駄だ。家族の生活と子どもたちは自分の力で守るしかない」と考えることになる (2012年11月、富岡町住民からの聞き取り)。そして自治体の政策への働きかけは断念し、地域政治には参加せず、避難先での適応的な自己防衛を優先するという方針を選ぶ。そのことがまた、自治体の政策選択肢を早期帰還の方針のみへと一元化していく帰結を生む。

4 制御能力の質的変革と規範的原則

以上のような取り組み態勢の特徴は、以下のようにまとめられる。それは、理性的制御モデルというよりも勢力関係モデルが基調になっていること、原子力複合体が根強い政治的影響力を保持していること、緊急対応的な対処が積み重ねられてきたけれども、エネルギー政策の転換と避難者・避難自治体の再生のための的確な議題設定と総合的制度再編が不足していること、震災対処という点では中

途半端な制度・政策枠組みのもとで多くの個人や集団は根本的な制度・政策の変革を志向するよりも局地的・適応的な対処をせざるをえないこと、震災時の緊急性・流動性が薄れ日常性が復活するとともに行政官僚制の硬直性・画一性が顕在化してきたこと、政策過程の閉塞性が若い世代の離反を引き起こしそれが政策内容の硬直性を生むという悪循環が存在すること、などである。いいかえると、勢力関係モデルの民主化、理性化という意味での政策決定過程の質的変革は、脱原発を主張する街頭行動の盛り上がりや(平林 2013)、原発政策に対するパブリックコメントの殺到や、国会事故調の批判的報告書などのかたちで萌芽的にみられたが、社会制御能力の欠陥を克服できるほどに力強く進んだわけではない。

最後に、このような「社会制御能力の不足」と「取り組み態勢の欠陥」の継続の根拠を「規範的原則の共有の欠如」という視点から分析してみよう。

第1に、制度・政策の形成という局面でも、それらの運用という局面でも、「話し合いの場」の少なさが、多くの人からくり返し指摘されている。そのことは規範理論的視点からみれば、「社会的意志決定の公正(fairness)」という原則が十分に社会的に共有されていないことを意味している。「公論形成の場」の本質的な特性は、意見表明の公正な機会があること、情報の公開と共有が公正になされることである。

また、制御中枢圏を担っている政治家や行政職員が、「公正」という規範的原則を十分に共有していないことが、制御過程の質的変革を妨げる一因となっている。そして、「科学的検討の場」が「分立・従属モデル」に留まっていることは、科学的議論の手続きにおいて公正が実現していないことを意味している。さらに根本的な公正の欠如の問題として、国政選挙による定数不均衡や、小選挙区制による政党間での得票率と議席獲得率の大きな乖離という問題がある。

第2に、利害調整にかかわる「公平(equity)」の原則が、「政策案形成の場」や「政策決定の場」で十分に共有されていない。そのことは、「二重基準の連鎖構造」(舩橋 2012c)の上に原発の建設を推進し、原発震災を呼び起こした背景に存在する要因であるが、原発事故への対処、とりわけ除染問題への対処に際しても露呈している。さまざまな放射性廃棄物や、除染廃棄物の取り扱いが混迷し、場当たり的な対応がくり返されてきたが、その根底には、「負担の公平」についての規範的原則の共有の欠如という事態がみられるのである。

日本社会の制御能力の質的変革については、「勢力関係モデル」の民主化と理性化が鍵である。それがどこまで進むかは、政策決定過程において、公論形成の

場の豊富化を基盤にして、公正や公平という規範的原則が政策決定過程と政策内容に、どこまで積極的に取り入れられるか、それを担う個人主体と集団主体がどれだけ形成されるかに規定されるであろう。

結　び

　本章では、東日本大震災に直面しての「制御能力の不足」を、福島原発震災に焦点をあて考察してきた。特に、制御能力の不足を分析するための理論概念群の提出を「取り組みの場」「取り組み態勢」を鍵にして試みた。また、規範的原則の共有が、理性的制御モデルへの接近というかたちでの社会制御の質的変革の鍵であることを考察した。制御能力の不足を生みだすメカニズムは複合的であり、本論ではほとんど触れていない諸要因(たとえば、主体のエートス、政策形成を支える社会調査のあり方、政治家の資質と選出メカニズムの欠陥、閉塞を生む悪循環の社会過程、など)をも含めたさらなる解明が必要である。そして、社会学の研究を担う者は、そのような知見を、社会の民主的制御能力の強化へと生かすために、有効な発信回路を構築しつつ、社会にフィードバックしていくべきである。

第 21 章

高レベル放射性廃棄物という難問への応答
―― 科学の自律性と公平性の確保

はじめに

　2012 年 9 月 11 日、日本学術会議は、内閣府原子力委員会に対して、「高レベル放射性廃棄物について (回答)」と題する文書 (以下、「回答」と略記) を提出した。

　この「回答」は、2010 年 9 月に、原子力委員会から学術会議に対して出された「依頼」に答えるかたちでなされたものである。その依頼の背景には、2000 年に制定された「特定放射性廃棄物の最終処分に関する法律」にもとづいて取り組まれた高レベル放射性廃棄物の最終処分地選定が、10 年の間、進展をみないという行きづまった状況がある。そして依頼の趣旨は、「高レベル放射性廃棄物の処分に関する取組みについての国民に対する説明や情報提供のあり方について審議」すること、提言には「地層処分施設建設地の選定へ向け、その設置可能性を調査する地域を全国公募する際、及び応募の検討を開始した地域ないし国が調査の申し入れをおこなった地域に対する説明や情報提供のあり方」についての見解を示すことが期待されていた。

　筆者は、この回答の素案を作成するために学術会議の中に設置された「高レベル放射性廃棄物の処分に関する検討委員会」の一員として、2 年弱の間、審議の過程に参加した。他方、日本における高レベル放射性廃棄物問題の焦点となっている青森県六ヶ所村の社会学的現地調査を 2002 年以来、毎年、実施し、その知見を取りまとめるとともに (舩橋他 2012)、熟議民主主義の視点からカナダにおける高レベル放射性廃棄物問題を検討した研究書の翻訳もおこなってきた (Johnson 2008=2011)。このような経緯をふまえて、高レベル放射性廃棄物問題に取り組むにあたり、今後どのような視点が大切であるのかについて、いくつかの論点を提起してみたい。

第1節　学術会議「回答」の考え方

1　「回答」の論点と現状認識

　まず、高レベル放射性廃棄物問題についての学術会議の「回答」の主要な論点と、その前提となっている現状認識を確認しておこう。

　「回答」の前提となっている認識は、これまでの政策枠組みで高レベル放射性廃棄物問題の地層処分地が選定できないのは、コミュニケーション技術や説得のしかたの巧拙の問題ではないということである。

　合意形成ができない根拠を社会科学的に分析するのであれば、次のような要因が析出される。

　第1に、エネルギー政策と原子力政策の大局的選択について、広範な国民合意が欠如しているにもかかわらず、最終処分地選定という部分的な問題を断片的に取り上げ決定しようとしている形になっており、その意味で「逆転した手続き」になっているという状況がある。

　第2に、高レベル放射性廃棄物の危険性・有毒性が非常に強いものであり、しかも数万年単位での安全な隔離が必要であるので、責任ある対処が要請される時間的単位がきわめて長期にわたることである。

　第3に、これまでの最終処分地の選定は、全国の原発から排出される放射性廃棄物を1箇所に集めるという計画であり、「受益圏と受苦圏の分離」を伴うものであるため、負担の公平という点で、説得性を欠いていることである。

　第4に、政策立案の前提としての事実認識について、専門家の間でも共有された認識が欠如していることである。具体的には、数万年の間安定性のある地層処分の適地が、わが国に存在しているのかどうかという点で、専門家の合意は存在しない。このことは、現在の時点での「最終処分地の選定」という政策とは異なる別の政策を選択することを要請するものである。

　以上のような視点から、これまでの政策の行きづまり状況を分析した上で、学術会議は、科学的知見の適正な取り扱い、暫定保管、総量管理、多段階の意志決定という考え方を柱にした提案を回答として提出した。提案の要旨は次のようにまとめられる。

　まず、「回答」では、高レベル放射性廃棄物の範囲を、使用済み核燃料を再処理した後に排出される高レベル廃棄物（ガラス固化体）のみならず、仮に再処理が中止され直接処分方式が選択された場合における使用済み核燃料も、対象に含め

て検討している。すなわち、学術会議は、核燃料サイクル政策を中止する場合も含めて、高レベル放射性廃棄物問題について検討をおこなった。

　次に、「回答」は、「科学的知見の適正な取り扱い」を強調している。その含意は、科学的知見を作りだす過程の自律性を保障し尊重するとともに、科学的知見の限界を自覚するべきことである。そして、科学的知見をめぐる専門家の間の合意形成は、政策的判断についての社会的合意形成の前提的条件として大切なものである。ところが、数万年単位の長期間にわたって安定的な地層が存在し、長期にわたって高レベル放射性廃棄物を人間社会から隔離できるかどうかについて、現時点の科学的知見によっては、専門家の間で、十分な合意が形成されているとはいえないというのが、学術会議の委員会の判断である。科学的知見の現状がそうであるならば、そのことを重視した政策選択をしなければならない。

　そこで、現時点で採用するべき政策選択肢として、最終処分ではなく、安全性に責任をもった「暫定保管」を考えるべきことになる。暫定保管 (temporal safe storage) とは、「高レベル放射性廃棄物を一定の暫定的期間に限って、その後のより長期的期間における責任ある対処方法を検討し決定する時間を確保するために、回収可能性を備えたかたちで、安全性に厳重な配慮をしつつ保管すること」である (日本学術会議 2011: 10)。暫定保管期間としては、数十年から数百年が想定されており、その期間を利用して、技術開発や科学的知見を洗練するとともに、より長期の対処についてのさまざまな選択肢について、十分な検討をおこなうことが可能になる。

　この暫定保管とセットになるのが、「総量管理」の考え方である。総量管理とは、「高レベル放射性廃棄物の総量に関心を向け、それを望ましい水準に保つように操作することであるが、その含意としては、「総量の上限の確定」と「総量の増分の抑制」とがあり、その内実がいかなるものとなるかは、原子力政策の選択と深く関係している」(日本学術会議 2011: 13)。「総量管理」という考え方は、高レベル放射性廃棄物問題について、あらゆるステークホルダーが話し合いの場に参加することを実現する非常に重要な条件と考えられる。総量が無制限に増加を続ける状況では、原子力批判の立場にたつ人々にとって、放射性廃棄物問題を自分たちも責任をもって考えるべき問題として受けとめることはできないであろう。そして、総量管理を「総量の上限の確定」という厳しい意味にとれば、それは、なんらかのテンポの脱原発政策を採用することを含意している。

　多段階の意志決定とは、最終処分場の立地点選定というような個別的問題に取

り組む前に、大局的な政策の方向や、重視すべき判断基準や対処原則についての合意を形成し、段階的に合意を形成していくことを意味している。とくに、まず総量管理や、暫定保管という大局的方針についての合意を形成するべきである。

また、政策選択にあたって、どういう判断基準を重視するべきか（たとえば、経済的効用と社会的公平の優先順位をどう考えるか）、科学的知見の自律性をどのように確保するべきか、施設立地点の住民同意の手続きをどのように定めるか（たとえば、住民投票の制度化）、などの諸問題についても合意を形成していくべきである。

そのような政策の基本的枠組みとなるような諸条件、諸原則について合意を形成した上で、その後で、暫定保管施設の立地点選定に取り組むべきである。

2 学術会議の回答の意義

以上のような学術会議の回答は、どのような意義を有するものであろうか。

第1に、今回の「回答」は、自律性と自立性を備えた研究者の集合としての学術会議が、原子力についての従来の利害関係や既得権益にとらわれることなく、原理的な視点で、政策の根本的見直しを提起しているという積極的意義を有する。すなわち、これまで、原子力委員会が正面から考えようとしてこなかった暫定保管や総量管理という政策原則を提起していることに新しさがある。

第2に、「回答」の原案を作成した検討委員会には、専門分野という点でも、原子力政策のあり方についても、多様な見解を有する研究者が参加している。学術会議の「課題別委員会」においては、人文・社会系の研究者と理工系の研究者がともに参加することを組織化の原則としているが、その原則に立脚していることが、今回のような根本的見直しを提起するにあたってはプラスに作用した。また、原子力利用の推進の是非については、委員会内部には多様な意見が存在するけれども、「科学によって答えられる問題」に自己限定しながら検討をおこなった点が、「委員会としての共有された見解」を生みだした。その際、放射性廃棄物問題について「なぜ合意形成ができないのか」は「（社会）科学によって答えられる問題」であるという理解に立ち、その要因連関を分析した上で、合意形成の可能性を高めるために何が必要かという点から、提言をまとめたという経緯がある。

第3に、「回答」は、現時点でただちに高レベル放射性廃棄物問題について最終的解決を与えるものではない。だが、現在の社会の有する科学的知見の限界を自覚するのであれば、現時点で可能な「最善の対処」なのではないだろうか。

そのような認識に立ちつつ、この方向で高レベル廃棄物問題に取り組むとき、

今後、考慮すべき2つの問題について考えてみたい。それは、「科学的検討の場」の自律性をどのように確保すべきかということと、暫定保管施設の数と規模をどのように選択したらよいのか、という問題である。

第2節　科学的検討と総合的政策的判断の区別と再組織化

1　分立・従属モデルから統合・自律モデルへ

　現代社会における政策決定に際しては、一般に、科学的知見の適正な利用と、利害調整と価値判断にかかわる総合的判断とが、ともに必要である。ここで、大切なことは、「科学的知見」を産出する「科学的検討の場」と、利害調整と価値判断にかかわる必要のある「総合的政策的判断の場」とを、それぞれどのようなかたちで設定し、かつ、両者をどのように関係づけるべきかという問題である。

　これまでの日本の政策決定において、とりわけ原子力政策の決定においては、2つの議論の場の設定のしかたが不適切であるという状況が再三みられた。それは、以下のような意味での「分立・従属モデル」（図21-1）のもとで議論と決定がなされることが多かったからである。

　分立・従属モデルの第1の特徴は、科学的検討の場が複数に分立していることである。すなわち、一方で「総合的政策的判断の場」に組み込まれつつ科学的議論をおこなう場が存在し、他方で、そのような議論の場から排除された、いわば在野の科学的検討の場が存在するという状況がみられる。2つの場に属する研究者グループが分立しており、科学的知見の洗練、共有のために、一堂に会することが稀であったり欠如したりしている。

　第2の特徴は、総合的政策判断の場に組み込まれた科学的検討の場においては、科学的検討の自律性の維持が不徹底であり、政策を主導する行政組織から課される枠組み条件が、さまざまなかたちで科学的検討の問題設定や立論の過程や結論のありかたに影響を及ぼす。すなわち、科学的知見の含意と帰結が現実の政策過程や利害調整過程において、行政組織にとって好ましくない帰結を伴うようなものは、抑制される傾向があるということである。原発立地における活断層の存否問題や、水俣病の患者認定問題において、このような傾向が明白に存在してきた。そして、行政組織の利害関心を忖度し、行政組織に協調するような姿勢をとり、自律性を欠如している専門家に対しては、「御用学者」批判がくり返されてきた。

　以上のような特徴をもつ「分立・従属モデル」ではなく、今後は、次のような

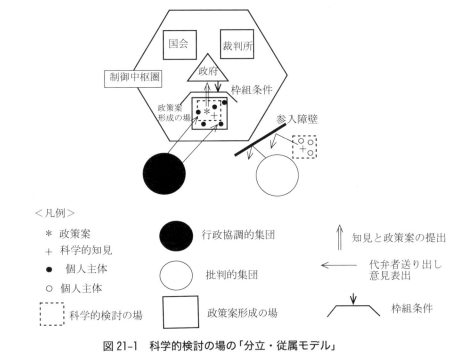

図 21-1　科学的検討の場の「分立・従属モデル」

特徴を有する「統合・自律モデル」(図21-2) を実現すべきである。第1に、「総合的政策的判断の場」と「科学的検討の場」を区別し、「科学的検討の場」には、さまざまな科学的見解を有する科学者が一堂に会するかたちで集まり、「科学によって答えるべき問題」について徹底した議論をするべきである。すなわち、科学的討論の出発点に複数の見解（あるいは仮説）が存在するのは常態であって、どの見解が妥当性を有するのかについて、科学的手続きで徹底した検証をするべきである。

第2に、さまざまな科学的見解を有する科学者がそこに参加しているということは、さまざまなステークホルダーがそれぞれに信頼し、推挙するような人物がそこに参加しているということである。したがって、そのような科学的検討の場で、見解の一致が得られれば、社会的な認識の共有を実現する可能性が非常に高まる。

第3に、科学的検討の場においては、二重の意味での科学の限界が自覚されなければならない。つまり、「原理的に科学によっては答えられない問題」と、「原理的には科学によって答えられるが、現在の科学的知識ではまだ答えられない問

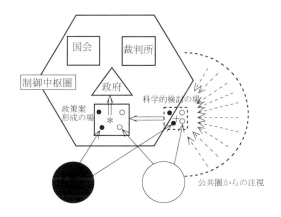

図 21-2　科学的検討の場の「統合・自律モデル」

題」とが存在するのである。

第 4 に、科学的検討の場の自律性を実現する条件として、「情報の公開と共有」「さまざまな学説を有する研究者の参加」「十分な検討時間」「誤謬の訂正可能性」という条件を保証するべきである。

第 5 に、科学的検討の場は公衆の注視に対して開かれているべきであり、公衆からの疑問に対して説得的に答えるべきである。そのためには科学的検討の場で使われる情報や科学者の見解は、公衆に対して公開されなければならない。すなわち、公共圏からの注視が必要である。ここで、よく勉強している公衆が、科学的知識の説得性や妥当生に対して批判的吟味能力を有することを認めるべきである。

2　議論の軸としての合理性と道理性

以上の 2 つの場において、議論の軸となる判断基準は異なっている。「科学的検討の場」では、「合理性」(rationality) あるいは合理的な知識が求められ、批判的吟味もこの基準に沿ってなされる。これに対して「総合的政策的判断の場」においては、合理性に加えて「道理性」(reasonability) が議論の焦点に来る。ここで、道理性とは何を意味するのかという点で概念解釈が必要となるが、道理性の構成契機としては、正負の財の分配に関する「公平」(equity)、発言権や決定権の分配に関する「公正」(fairness)、「基本的人権」(human rights) の尊重、および、短期的・局

所的利害の追求が長期的・全体的利害を犠牲にしないという意味での「賢明さ」(wisdom)の4つがあると考えたい。そして、「道理性」の判断については、科学的知識の認識と限界が露呈することを自覚しなければならない。道理性が主題になる多くの問題については、科学的検討によって一義的に判断ができ、結論がだせるわけではない。すなわち、道理性をめぐる総合的判断については、科学の専門家が特別にすぐれた答えを出す能力をもっているわけではなく、一般市民と科学の専門家とは同等の立場に立っている。

第3節　自圏域内対処の原則

　今後の政策として、暫定保管、総量管理、多段階の意志決定という学術会議の提案の方向を選択するのであれば、暫定保管施設の規模と数をどのようにするのかという問題が浮上する。この点で社会的合意を形成しつつ暫定保管をするためには、適地選定にあたって、自然科学的・地質学的基準と社会哲学的・倫理的基準の共用が必要である。自然科学的・地質学的基準としては、暫定保管期間の間の地層の安定性、安全性が確認できることが大切である。そのためには、科学的検討の場での自律的な検討が必要になる。他方、社会哲学的・倫理的基準としては、まず、負担の分配についての地域間の公平が重視されなければならない。これまでの「地層処分」方式においては、全国の原発から排出される高レベル放射性廃棄物を、1箇所に集中させることが想定されていた。そのことは、原発を稼働させている9電力会社のうち少なくとも8社は、自分の電力供給圏域外に放射性廃棄物を排出すること、その意味での「環境負荷の外部転嫁」と「受益圏と受苦圏の分離」を伴うものであった。いいかえると、これまでの日本では、危険の負担についての二重基準が、電力の大消費地である大都市部と原発立地地域（福島県や新潟県）の間に、また、原発立地地域と放射性廃棄物の受け入れ先（青森県）の間に、連鎖的に構造化されていたが、その延長上に最終処分地を建設しようとするものであった。

　これに対して、暫定保管施設の立地にあたり、道理性の実現を重視し、「負担の公平」という倫理的基準にもとづくのであれば、そのような1箇所集中型ではなく、各電力会社の圏域ごとに少なくとも1つ建設するという考え方が出発点として必要であろう。このような方式に対しては数が増えて、非効率ではないかという疑問が寄せられるかもしれない。だが、人口950万人で、原発10基を有す

るスウェーデンも、人口540万人で、原発4基を有するフィンランドも、それぞれ自国内で高レベル放射性廃棄物問題に対処していることを見れば、日本で原発を有する各電力会社の圏域ごとに、暫定保管施設をつくることは数が多すぎるとはいえない。

　各電力会社の供給圏域内に、それぞれ暫定保管施設をつくることは、「受益圏と受苦圏の重なり」を意味し、「負担の自己回帰」を実現することになる。このことは、各電力供給圏相互の間での負担問題への公平な対処を意味しており、それゆえ道理性の実現を可能にする最低限の条件である。同時に、各電力供給圏においては、電力受益の随伴帰結としての放射性廃棄物が、自己回帰し、可視化することになる。それによって、受益と「危険負担としての受苦」を総合的に考量することが可能になるのであり、そのことは、「合理性を備えた政策判断」を可能にする前提条件である。

　反対に、放射性廃棄物の暫定保管施設を、各電力供給圏が引き受けようとしない場合、「負担の自己回帰の切断」が起こり、それによって、圏域間での「負担の不公平」が生じるから、道理性は実現できない。さらに、各圏域にとっては、受苦を無視しつつ受益を追求することが可能である。そのような選択は局所的には「合理的」となるが、社会全体で見た場合には、受苦が過小評価されることによって、政策判断の合理性は失われる。現在までの日本の放射性廃棄物政策は「負担の自己回帰の切断」によって、総合的政策判断の道理性と合理性が犠牲になっているといわざるをえないが、暫定保管施設についても、1箇所集中型は、類似の帰結を生みかねない。

第4節　核燃料サイクル政策からの撤退との整合性

　以上のような暫定保管施設の各電力供給圏内での建設は、核燃料サイクル政策からの撤退とも整合的である。

　これまで、核燃料サイクル政策のもとに、青森県六ヶ所村に再処理工場が建設され、日本中の原子力発電所から排出される使用済み核燃料が「リサイクル資源」の名目で、六ヶ所村に搬入されてきた。しかし、以下の諸理由により、これからのエネルギー政策としては、核燃料サイクル路線からの撤退が妥当である。

　第1に、六ヶ所村再処理工場の下には活断層の存在の可能性が指摘されている（渡辺他 2009）のであるから、汚染や事故を回避するためには操業するべきでな

こと。

　第2に、技術的な不可能性。高速増殖炉の実用化の見込みはまったく立っておらず、六ヶ所村の再処理工場も2001年に通水試験を開始したが、操業不能の状態が続いている。

　第3に、経済的な合理性を欠き、浪費的である。

　第4に、2030年代の脱原発をめざすことと、核燃料サイクルを続けることは政策的に整合的でない。

　第5に、再処理工場が順調に稼働した場合は余剰プルトニウム問題が生じるが、それはこれまで日本政府が公言してきた政策とは矛盾し、核武装可能性という点で国際的批判と疑念を呼ばざるをえない。

　政府の中でも、核燃料サイクル政策からの撤退は有力な選択肢として検討されてきたが、2012年の夏時点では、長年、核燃料サイクルに協力してきた青森県からの反発を受け、核燃料サイクル政策の継続が選択されている。青森県の三村申吾知事は、1998年に日本原燃と取り交わした「覚書」にもとづいて、核燃料サイクル政策を放棄するのであれば、使用済み核燃料を青森県に置いておく必要性はないのだから、各地の原発に戻すことを要求する姿勢を示した。ところが、それは、各地の原発の使用済み核燃料貯蔵プールが近い将来満杯になり、操業継続が不可能になることを帰結するので、政府としては、回避しなければならなかった。

　六ヶ所村の再処理工場に使用済み核燃料が搬入される際に、タテマエにおいては、「リサイクル資源」という名目であったが、その実質的動機は、各地の原発の使用済み核燃料貯蔵プールの空き容量を確保し、原発の操業不能を回避することであった。そのような虚構が、青森県の態度によって、暴露されたともいえる。

　しかし、視点を変えて、脱原発と核燃料サイクル政策の中止を選択するのであれば、青森県三村知事の主張は筋が通っているといわなければならない。使用済み核燃料を、各電力供給圏内に戻して安全に管理する必要が生じるのであり、そのような政策転換は、高レベル放射性廃棄物の暫定保管を各電力供給圏域でおこなうという考え方と整合的である。

結　び

　高レベル放射性廃棄物問題についての学術会議の回答は、この問題についての

政策の見直しを求めるものであると同時に、これからの原子力政策についての公論形成に対して、研究者集団が貢献しうる一つの回路を示すものである。この提言が、日本社会において、これまでより広範な社会的合意に支えられて高レベル放射性廃棄物問題へのより的確な対処を可能にすることにつながっていくのか、それとも、地域紛争のくり返しという地平が続くのかということは、この提言の具体化のしかたに左右されるであろう。その際、科学的知見の自律性を保証すると同時に、科学の限界を自覚するという二重の意味で、科学的知見の適正な扱いができるのかどうか、また、電力供給圏を単位とした「負担の自己回帰」による「負担の公平性」が実現するかどうかが鍵となるであろう。この2つの条件を欠如する場合、暫定保管と総量管理という政策理念によっても、社会的対立の壁を乗り越えることはきわめて困難となる。

第22章

「生活環境の破壊」としての原発震災と地域再生のための「第3の道」

はじめに

本章の課題は、第1に、「生活システム」を支える「5層の生活環境」の崩壊という視点から福島原発震災の特有の被害を把握することである。第2に、被害の特徴をふまえて、被災地域に共通に必要になる被害補償と地域再生についての考え方や取り組み態勢や財源確保の方策について検討する。第3に、「移住」か「早期の帰還」かという二者択一をこえて「長期待避・将来帰還」という第3の道を提起し、それを支える政策パッケージを提唱したい。

第1節　原発震災の被害の構造

東日本大震災後2年半が経過した時点で、各地の地域再生はさまざまな困難に直面している。とりわけ、地震と津波の被害に加えて放射能汚染がかさなっている福島原発震災の被害地域は、被災者の生活再建と地域再生のための効果的な政策が確立されていない。地域再生のためには、従来の制度枠組にとらわれることなく、大胆な政策形成に取り組むべきである。

そのためには、まず、原発震災による被害の特徴がいかなるものであるのかを検討する必要がある。住民が町ぐるみ避難せざるをえなかった双葉町や大熊町や浪江町や富岡町を訪れてみると、誰も居住していない町なみが広範にひろがり、地震で倒壊した建物もそのままの状態で放置されている。あたかも3月11日で時が止まったかのようであり、無人となっている住宅街をみると、原発震災はこれまでの人生とこれからの人生のすべてを奪ってしまったという思いを禁じえない。

1 「5層の生活環境」の崩壊としての被害

ここで、原発震災の被害の特徴を「5層の生活環境」の崩壊という視点から検討してみよう。

一般に個人の欲求充足行為の総体としての生活システムは、その人を取り巻く環境に依存しており、その環境は複数の層から構成されている。図 22-1 は個人の生活システムが5層の環境、つまり、自然環境、インフラ環境、経済環境、社会環境、文化環境に取り巻かれていることを示している。

「自然環境」とは、山、平野、河川、森林、海、植物、動物など、自然を構成するすべての要素から成り立っている。自然環境は他の4つの環境の基盤となっている。「インフラ環境」とは、人工的に作られた道路、橋、鉄道、港、電力網、上下水道のようなあらゆる経済的・社会的活動の共通基盤から成り立っている。

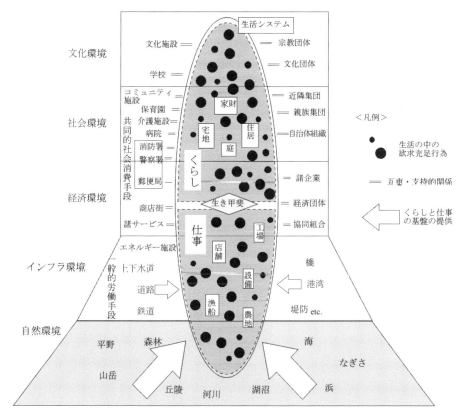

図 22-1　生活環境の5層と個人の生活システム

「経済環境」は、他の企業、協同組合、金融機関、商店街、オフィス街など、経済活動を可能にするようなあらゆる施設や組織から構成されている。「社会環境」は、社会生活の基礎的条件を提供するようなさまざまな集団や組織や施設から成り立っている。近隣集団、親族集団、友人集団や、市役所やコミュニティセンターや病院などの諸施設は社会環境を構成している。郵便局や警察署や消防署は、経済環境と社会環境の両面にまたがるものである。「文化環境」は、教育や芸術や宗教のような文化的活動を支えるあらゆる施設や組織から構成されている。学校、図書館、博物館、文化センター、寺院や教会などは文化環境の基礎的要素である。

　個人の生活システムは、このような5層からなる生活環境と相互作用し、それに依存している。これらの5層の環境はストックであり、そこから諸個人の生活の必要を満たすようなさまざまな財やサービスのフローを継続的に生みだしている。

2　「5層の生活環境」の破壊としての被害

　福島原発震災は、広大な地域を放射性物質で汚染し、数多くの住民を彼らの住んでいた町から遠く離れた別の地域に避難させることになった。2013年の9月においても、なお、約15万人の住民が余儀なく避難を続けている。このことは福島の被災地に暮らしていた人々にとって、5層の環境が完全に破壊されたこと、各個人の生活の必要を満たしていた行為システムが完全に解体したことを意味している。図22-2は5層の生活環境が放射能汚染によって崩壊し、生活システム内における欲求充足が非常に貧弱になったことを示している。

　被害に対する適正な補償について考えるとき、このような被害構造を認識することにはどのような意義があるであろうか。第1に、被害は、個人の生活を支えていたさまざまな財やサービスや所得のフローが断ち切られたと同時に、そのようなフローを支えていたストックとしての生活環境が破壊されるかたちで生じているので、被害の補償のためには、ストックとしての5層の生活環境を回復するという原則が必要なのである。自然環境の原状回復を基盤として、その上に重なっている他の4層を回復しなければ、個人生活の再建はできない。第2に、ストックとしての5層の生活環境が崩壊したということは、地域社会が解体したということである。社会学は、社会を単なる個人の集合ではなく「創発的特性」を有するものとして把握する。それに対応して、社会学的に見れば、被害は

第22章 「生活環境の破壊」としての原発震災と地域再生のための「第3の道」 733

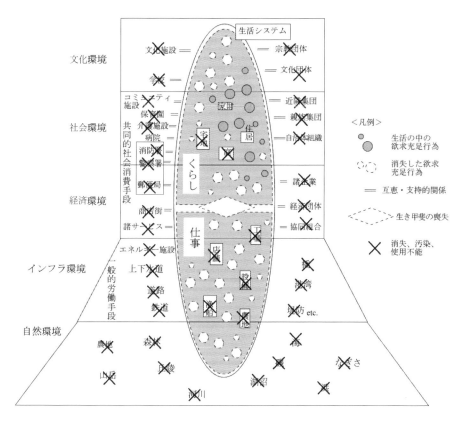

図 22-2 被災による個人の生活システムの解体

個人レベルの被害だけではなく、地域社会が解体したり機能しなくなったというかたちで、社会の創発的特性が喪失させられたという意味で、地域社会レベルの被害が独自に存在しているのである。個人レベルの財産や所得の損失だけではなく、地域社会を解体させたこと、地域社会が立ちゆかなくなったこと自体を被害として把握すべきである。それゆえ、第3に、個人レベルでの補償と同時に、コミュニティとしての地域社会レベルでの補償が必要である。それはコミュニティとしての地域社会を再生することであり、そのことは個人にとって、5層の生活環境を回復することを意味している。すなわち、個人にとっての生活再建と、コミュニティとしての地域社会の再生は不可分な関係にある。そのことを適正な被害補償の政策の前提的認識にしなければならない。原発震災の発生に責任を有する諸主体、なかでも、東京電力と政府は、個人に対する補償とコミュニティとしての

地域社会に対する補償という二重の義務を負うべきである。また、時間的にみれば、これらの補償の義務は、5層の生活環境が回復するまでの長期間にわたって存続すると考えなければならない。

第2節　被災地支援の基本政策

1　生活再建と地域再生を考える視点

　以上のような被害状況の把握に立てば、個人生活の再建と地域社会の再生と被害補償のあり方にどういう考え方や原則が導きだされるだろうか。

　第1に、放射能汚染の程度によって、5層の生活環境の受けた打撃や弱体化や崩壊の程度は異なっている。一方で、放射能汚染の程度が深刻で、住民が地域ぐるみ避難せざるをえず、5層の生活環境が全面的に崩壊したような地域がある。他方で、汚染の程度が地域ぐるみ避難を必然化するほど深刻ではなかったが、多数の住民が自主避難した地域がある。そのような地域では人口の減少自体が、経済環境、社会環境、文化環境の脆弱化の要因となるから、生活環境の5層が全面崩壊しなくても、それらの悪化・弱体化・貧弱化が、いろいろなかたちで生じている。

　第2に、個人レベルの生活再建と、地域社会レベルの地域再生という2つの固有の課題があり、それぞれに必要な固有の条件がある。個人レベルの生活再建に際しては、個人の自由な生活設計と選択を保証する必要がある。同時に、自治体としての望ましい地域再建・復興の道を実現する必要がある。再建・復興の過程では、両者が矛盾しかねない状況もさまざまに生起してくるから、それを乗り越える制度形成と政策が必要である。

　第3に、生活再建と地域再生のために、どの地域においても共通に必要となる考え方や取り組み態勢と、各地域の被害状況の固有性に即した政策との両方が必要である。一方で地域再生の政策が効果的で合意形成を可能にするためには、どの地域においても共通に重視するべき考え方や手法があるであろう。他方で、各地域の空間線量の差異によって、各地域にとっての切実な課題と可能な選択肢は異なっている。そこで、地域の被害状況の特性に応じて、それぞれの地域に適した地域再生の道と手法を考えなければならない。

2　共通基盤となる考え方と政策

震災被害からの復興を考えるにあたって、被災地全体にわたって、適用されるべき考え方や政策としては、どのようなものがあるであろうか。ここでは、①社会的道理性を実現する規範的原則、②地域再生基金、③被災者手帳、④地域再建の課題別協議会と専門支援員、⑤適正な科学的研究という5つの論点を提起したい。

①社会的道理性を実現する規範的原則

政策の根底には、どのような価値を重視し、どのような規範的原則を設定するのかという点での判断が必要である。この点で、原子力市民委員会が「原発ゼロ社会への道」を探究するに際して、提示した「安全性」「公平性」「公正さ」「持続可能性」という4つの政策評価基準は、これからの原子力政策や地域再生政策を論ずる場合の有力な手がかりになる[1]。このうち、「安全性」は根本的には「生命・健康の価値の尊重」という理念を前提にしているものであり、また、より具体的な権利論に立脚した政策論の文脈では、「被曝を避ける権利」として、具体化されるべきものである。

②地域再生基金

これまでの復興政策においては、巨額の予算が準備されかつ支出されているが、それが、真に各地域の実情に即した政策のもとに使用されているのかという点では、さまざまな問題点が露呈している。その大きな理由は、個々の具体的被災地で現場の問題に取り組んでいる自治体が自由に柔軟に使える財源を十分に保持しておらず、財政資源の管理権限を有するけれども、現場の実情から距離があり縦割り組織となっている中央政府組織が、硬直的で画一的な、また総合性に乏しい政策指示をだすのに留まっていることである[2]。

自治体が地域再生の中心的な担い手になるための財源基盤として、市町村ごとに、また県ごとに、「地域再生基金」というかたちで自治体が管理する基金を設置するべきである。この基金は、個人生活の再建のための住居や就学や就労の支援にも、コミュニティの維持、避難ゆえに無人になった土地の管理、産業振興など、多面的な政策目標のために使用できるようにするべきである。この点で、中越沖地震からの復興のために設けられた「新潟県中越沖地震復興基金」の経験

---

1 原子力市民委員会、2013、『原発ゼロ社会への道——新しい公論形成のための中間報告』
2 2013年9月上旬の福島県庁、富岡町、南相馬市の各行政部局からの聞き取りにもとづく。

は示唆的である。この基金は、平成19年(2007年)10月に基本財産30億円と運用財産1600億円を有する財団法人として設立され、現在は、公益財団法人となっている[3]。その事務局は新潟県庁内におかれ、新潟県知事が理事長となっている。

　基金という制度枠組みの長所は、財源使用の分野的柔軟性と時間的柔軟性が確保されることである。通常の一般会計の場合は、この2つの点で運用の柔軟性が少なく、予算執行の自己目的化による浪費的使用や緊急の必要への即応ができにくいなどの問題点がある。「地域再生基金」の財源は、原発事故に責任ある東京電力と政府から提供されるべきである。政府の財源としては、「電源三法交付金」を「地域再生基金」に組み替えるという政策も考えるべきである。

　③被災者手帳

　もう一つの重要な政策は、「被災者手帳」の制度化である[4]。この手帳は、被災に関する各人の個人情報を記載し、被災者が生活再建のためにさまざまな支援を受ける資格を有することを、長期的に保証するものである。この手帳は、「健康管理手帳」の機能も含むべきである。該当者は、震災発生後に定められた「警戒区域」「計画的避難区域」「計画的避難準備区域」に含まれる人はもとより、自主避難者が出たより広い地域全体を対象にするべきであり、自主避難者も「被災者手帳」をもてるようにするべきである。

　④地域再生の課題別協議会と専門支援員

　地域再生の具体的課題はさまざまであり、地域社会の実情にあわせた取り組みが必要である。除染問題にしても、農林水産業の再建にしても、被曝低減の工夫にしても、住民と行政が協力して、現状の把握と改善のための取り組みができることが望ましい。そのために、「課題別協議会」というかたちで、地域住民と行政組織が話し合う場を各地域に設置し、専門家の支援を受けながら、地域に即した改善策を創っていくべきである。問題の複雑さ、巨大さに比べて、地域再生のための住民と自治体行政組織との話し合いの場が、現状ではあまりにも少ないままに留まっている。話し合いの場であるとともに、協力して実践的企画に取り組むことを可能にするような場として「課題別協議会」を設置したらどうか。その

---

[3] 公益財団法人新潟県中越沖地震復興基金ホームページ (2013年11月9日取得、http://www.chuetsu-oki-kikin.jp/)
[4] 日本学術会議社会学委員会「東日本大震災の被害構造と日本社会の再建の道を探る分科会」, 2013,「原発災害からの回復と復興のために必要な課題と取り組み態勢についての提言」を参照。

ような「課題別協議会」をうまく機能させるためには、事務局機能、ファシリテーター機能、専門知識の情報収集機能を担う人々が必要である。そこで、これらの機能を担うような「専門支援員」のための予算を確保し、数名を一チームとして各自治体における取り組み態勢を支援する。専門支援員は、少なくとも5年程度の期間でのフルタイム雇用とし、自ら専門知識を提供したり調査したりするとともに、必要な専門家を全国からみいだして協力ネットワークを組織化することもその任務とすべきである。

⑤適正な科学的研究

地域再建のための効果的な政策を形成するためには、正確な科学的知識が不可欠である。特に以下の3つの課題については、早急に科学的研究の場が設定されるべきである。

第1に、汚染地域における長期的な放射線量の予測、とりわけ安全な地域の予測。たとえば、年間の放射線量が1ミリシーベルト以下になるような地域が、10年、20年、30年、50年、100年後といった将来時点でどこまで拡大するかを知ることは地域再生のための情報として不可欠である。

第2に、除染の方法をどのようにしたら改善できるのかの研究。被災の後、除染は優先的な政策目標になり巨額の予算が用意された。しかし、科学者、技術者が、除染技術を改善するために議論できるような開かれた場がほとんどない。環境省が作成した除染マニュアルは、現場での実情と経験に基づいて、絶えず改良されていくべきなのに、そのような回路が弱体である。

第3に、低線量被曝の健康影響に対する研究のレビュー。さまざまな専門家の意見がこの問題について分立しており、そのことが政策形成の障壁になっている。この問題については世界中で論争と同時に、知見の更新も続いているので、その時々の「共有された知見」の確認ができるような自律性をもった研究成果のレビューの場が必要である。

以上のような3つの問題に対して、「統合・自律モデル」が妥当するような「科学的検討の場」が形成されることが必要である[5]。

以上の①から⑤までの考え方は、被災地域全体に共有されるべき課題や考え方といえるであろう。そのような共通基盤を前提にした上で、より個別的な事情に

5　舩橋晴俊, 2013,「高レベル放射性廃棄物という難問への応答－科学の自律性と公平性の確保」『世界』No.839: 33-41, および本書の第21章を参照。

即した復興政策を考えてみたい。

第3節　被災地再建のための「第3の道」

1　帰還問題をめぐる2つの選択肢──それらの対立と難点

　避難者の個人生活再建と、被災地再生・復興をめぐって、これまでの議論のされ方は、「(早期に)帰還する／帰還しない(移住する)」というような二者択一のかたちをとることが非常に多かった。そしてこのような二者択一をめぐって、住民内部にも、住民と行政の間にも、対立や反目がさまざまに生じてきた。

　帰還問題に対する第1の選択肢は、できるだけ早い帰還であり、その背後には故郷への愛着と地域再生への熱意がある。(5年以内の)早期の帰還を望む声は、住民にも行政職員にも広範に見られるが、住民の場合は年配者に顕著である。しかし、早期の帰還という選択は次のような困難にぶつからざるをえない。

　まず、元の町の放射線量があまりにも高い場合は帰還は不可能である。震災後の日本政府の見解によれば、年間20ミリシーベルト未満の地域であれば、生活することが可能とされている。しかし、この基準は、安全性の視点からみれば、あまりにも甘い基準であると多くの人が考えている。この点について、多くの日本国民は、政府の判断を信用していない。富岡町住民についての意識調査によれば、帰還を望んでいる住民は15.6%のみである[6]。つぎに、5層の生活環境が大幅に悪化してしまったことは、帰還に対する大きな障壁を作りだしている。良好な経済環境、社会環境、文化環境は、大部分の住民が帰還してこそ、回復が可能になる。それゆえに、断片的な帰還というやり方は、困難を伴わざるをえない。たとえば、住民からみれば、病院が診療を再開するまでは、帰還はできない。しかし、病院の経営が成り立つためには、大部分の住民が帰還していることが前提になる。したがって、帰還政策を成功させるためには、住民達が一斉に帰還することが必要であり、また望ましい条件となる。

　これに対して、「移住する(帰還しない)」という第2の選択肢も存在する。この選択は子どもたちの被曝を避けることを最優先したいという思いをもつ若い世代に広範にみられる。この第2の道にも、次のような困難が立ち現れる。

　ひとつは、一般に別の地域で、良好な住居と良い仕事を得ることは困難なので、

---

[6] 復興庁・福島県・富岡町, 2013,「富岡町住民意向調査　調査結果(速報版)」復興庁・福島県・富岡町

生活再建は容易でない。避難住民から見れば、東京電力によって提供される補償は、「5層の生活環境」を避難先で再構築するに足るものではないので、多くの点において不十分である。さらに、ある人にとって仕事を失うということは、単に経済的基盤を失うだけではなく、多くの場合、生き甲斐の喪失を意味する。

また、各住民の個人的な適応と、自治体としての存続とがジレンマに陥るという問題がある。「移住する」という選択をした住民にとっては、住民登録を元の町から避難先の自治体に移すということは、生活上の便宜という点では必要なことである。しかし、そのような引っ越しは、元の町から見れば人口の減少を意味している。もしこのような行為が次々となされるのであれば、長期的には、自治体の存続が危うくなる。このような状況は、住民個人が避難先によりよく適応しようとする努力と、元の町の存続が可能であることとの間にジレンマが存在することを意味している。

このようにして、2つの選択肢のそれぞれが、住民によって選ばれる根拠を有するが、同時に、多くの難点を伴うものであり、しかも、それぞれを選択する住民同士の間に対立と分断が生まれがちである。多くの人々にとってこのような分断は苦悩の種である。そのような対立を解決する何らかの方法があるだろうか。

2　第3の道としての「長期待避、将来帰還」

ここで、以上のような対立を乗り越えるための選択肢として、「長期待避、将来帰還」という第3の道を提案したい。この考え方は、高度の汚染地域から避難してきた住民にとって、避難の期間が長く続くことは避けられないという認識に立つ。住民達は被曝を避ける権利を有する。避難者は、元の町の放射線量が十分に安全な水準に下がるまで安全な地域での生活が保証されるべきである。放射線量が将来1ミリシーベルトより低くなったときに、多くの住民は安心して元の町に帰還する事ができるようになるであろう。しかし、そのような低減が実現されるまでには、非常に長期の避難期間、たとえば、10年、20年、30年、50年、100年といった避難期間が必要になるであろう。帰還の実現が自分の世代でなく、子や孫の世代になることも見据えなければならない。

第3の道には、住民たちが現在、安全に生活することと、将来、元の町に帰還することの両方を可能にする政策である。また、第3の道は、避難者たちが、元の町の地域空間を将来帰還するべき地域として位置づけることにより、その安全な管理に関心をもつことも含意している。しかし、この第3の道の実行は容易で

はない。避難先の町で、住民たちはまとまりやアイデンティティを維持する事ができるであろうか。とても長く続くであろう待避期間に、どのようにして住民の生活を再建すればよいのだろうか。無人になった元の町を、長い待避期間の間に、どのように保全したらよいのだろうか。これらの問題を解決して、第3の道を実行するためには、一連の政策が必要である。

3　第3の道を支える政策パッケージ

　ここで、第3の道としての「長期待避、将来帰還」という地域再生の道を実現するためには、すでに検討した①社会的道理性を実現する規範的原則、②地域再生基金、③被災者手帳、④地域再建の課題別協議会と専門支援員、⑤適正な科学的研究という論点がいずれも非常に大切になることを確認しておきたい。さらに、その上で、⑥二重の住民登録、⑦セカンドタウン、⑧土地の長期的保全と利用という政策が重要になる[7]。

⑥二重の住民登録

　日本の自治体では、住民登録が基本的な制度枠組みとなっている。住民登録によって、ある個人は、法的に自治体に所属することができ、さまざまな行政サービスを受ける権利を獲得する。現行法では、原則として、一人の個人は一つの自治体にのみ住民登録ができる。しかし、この原則は、避難した自治体と避難住民にとって、深刻なジレンマを引きおこす。避難住民が、よりよい生活再建を実現するためには、避難先の自治体において、住民登録することが望ましい。このような選択は各住民から見れば合理的であるが、そのような選択が累積すれば、元の自治体の人口が減少するという帰結が生ずる。もしそのようなかたちでの人口流出が続くのであれば、元の自治体の存続は不可能になるであろう。そのような困難を回避するためには、避難者に対して、二重の住民登録を認めるべきである[8]。避難者は、元の自治体の住民登録を維持したまま、避難先の地域での住民登録も可能なように制度を改めるべきである。そのためには、特別立法が必要であろう。

⑦セカンドタウン

7　編注：以下の⑥⑦⑧の説明文は、公刊論文では紙数の制約でカットされていたが、カット前の原稿から、編者が復活させた。
8　今井照, 2012,「『仮の町』をどのように考えるか」『月刊自治研』通巻636号：10-15.

「長期待避、将来帰還」のためには、元の町が、コミュニティとしての統合力とアイデンティテイを維持する必要がある。そのためには、自治体行政組織の維持をコアとしつつ、一定の住民がある程度まとまって居住するような「長期生活拠点の形成」が必要となる。ただし、それが、非常に大きな規模であると、避難先の地域社会がそのような生活拠点の建設を好ましく思わないかもしれない。行政組織が存在し、一定の住民がそれに近いところに長期的生活拠点を設けることができれば、それらの全体を「セカンドタウン」と意味づけ、将来帰還に備えて長期待避する拠点とすることができよう。さらに空間的に離れて住んでいる人もヴァーチャルには、セカンドタウンに加わることもできるであろう。

⑧土地の長期的保全と利用

第3の道を選ぶ場合、元の町の土地は、私有地であれ公有地であれ、何年後かに再び戻って、生活や生産のために使用する空間という意味を帯びてくるから、それを安全に保存し、有効利用するということが課題になる。たとえば、東京電力の提示している補償基準では、移転先に同程度の住宅を確保できないと考える人に対しては、その私有地を「地域再生基金」で、妥当な価格で買い上げて、当該個人の新住居獲得の資金とするとともに、自治体がその土地を管理することによって、外部の第三者に土地が販売されることによる望ましくない帰結（たとえば、各種廃棄物の処分場建設）を回避することができる。そのような土地売買は、帰還時点での買い戻し条件付きの販売とすることもできよう。また、長期待避期間中の土地の有効利用策として、自治体や住民が主体となって、メガソーラー発電所を建設し、汚染されて当面は帰還できない土地であっても、自治体と住民の経済基盤として有効に利用するという政策も必要かつ可能であろう。その際、たとえば、20年間は農業利用が不適な土地については、農地転用を柔軟に認めるという政策が必要である。

結び

本章は「5層の生活環境」の破壊という視点から原発震災の被害構造を把握し、それに立脚して、個人生活の再建と地域再生に必要な補償と政策を検討した。とくに、「地域再生基金」「長期待避、将来帰還」「二重住民登録」などの考え方を軸にして、政策パッケージを創っていくことが大切である。

第23章

エネルギー戦略シフトと地域自然エネルギー基本条例

はじめに

　筆者は、1990年ごろより「エネルギー政策と地域社会」を主題として、環境社会学と社会計画論に立脚して、地域社会の発展にとって望ましいエネルギー政策のあり方を模索してきた。特に、2009年度からは、法政大学サステイナビリティ研究教育機構を活動拠点としつつ、他の研究機関(科学技術振興機構、JST)、NPO(環境エネルギー政策研究所、ISEP)、自治体関係者(東京都環境局)と協力しながら、自然エネルギーの普及による地域振興の促進についての検討を深めてきた。その過程で生起した2011年3月の東日本大震災は、エネルギー政策についての根本的反省を迫るものであった。今こそ、エネルギー政策の転換のために知恵をしぼり、努力を結集するべき時だと考えている。

第1節　転換期を迎えたエネルギー政策

　東日本大震災は、エネルギー政策の根本的見直しを迫るものである。エネルギーを取り巻くさまざまな状況を総合的に勘案すれば、今後の日本のエネルギー政策は、省エネ、脱原発、化石燃料への依存度の漸減、再生可能エネルギーの飛躍的増大という4つの方針を柱とするべきであって、そのような意味でのエネルギー戦略シフトが必要である。このような政策転換の根拠について、簡単にまとめてみたい。

1　省エネの優先性

　持続可能な地球社会を形成するにあたって、省エネルギーの推進は、優先事項である。世界的には人口増大と経済成長が続いており、また、今後も当分は途上

国を中心に、この2つの環境負荷の増大要因が作用し続けるなかで、エネルギー消費の長期的な増大圧力が存在する。このような趨勢に対して、資源の早急な枯渇の回避と温暖化対策の両面からみて、また、投資効率からみて、省エネの推進にまず取り組む必要がある。

2　原子力利用が抱える根本的難点

次に、原子力の採用にはどのような難点があるのかを整理しておきたい。

原子力技術の根本的難点は、それが絶対的な「逆連動技術」という性格を有することである。逆連動技術とは、財やサービスという受益をより高度に追求すればするほど、それに比例して、さまざまな受苦や格差が拡大してしまうような技術のことである。原発は、労働者の被曝を含む定常的操業に伴う汚染、各種の放射性廃棄物、事故による汚染の危険性という「負の帰結」が伴うのであるから、逆連動技術である。

たとえば、新幹線は高速走行に伴って騒音、振動、テレビ電波の受信障害などの負の帰結を伴いうるから逆連動技術であるが、地下化や緩衝緑地帯やテレビの共同受信アンテナなどを適切に設置すれば、これらの負の帰結は防止可能であるから、「改善可能性を有する逆連動技術」である。

これに対して、原子力技術は、原理的にこれらの負の帰結を防止できない。その意味で、「絶対的な逆連動技術」である。原子力の利用は、このような解消できない負の帰結を社会の中にもち込むことによって、社会内部に対立と不和をたえず引き起こす。

対立と不和の焦点には、汚染、放射性廃棄物、事故の危険性という負の帰結を誰に押しつけるのかという問題がある。この問題は日本においては、「環境負荷の外部転嫁」にもとづく「二重基準の連鎖構造」の形成というかたちで、決着づけられてきた。

環境負荷の外部転嫁とは、ある地域や時代の人々の利害追求と欲求充足に伴い発生する環境負荷が、他の地域や時代の人々に押しつけられることである。東京圏の膨大な電力消費は、危険施設である原発を福島県や新潟県に立地し、汚染や事故の危険性を空間的に外部転嫁することによってまかなわれてきた。福島県や新潟県は原発の立地を、原発操業に伴う経済的・財政的メリットを享受しつつ、放射性廃棄物を他の地域に搬出させるというかたちで空間的に外部転嫁することを条件として、受け入れてきた。青森県は、再処理工場の立地や放射性廃棄物

というかたちでの負の財を受け入れることで経済的・財政的受益を獲得してきたが、もっとも取り扱いのやっかいな高レベル放射性廃棄物の最終処分地となることは拒否しており、どこか他の場所にそれをつくらせることを政策上の条件としてきた。

このように、各地域が相対的に優位な立場に立って利益を追求し、それに伴う危険を引き受けずに他の劣位の立場にある人々に押しつけるという構造において二重基準が採用されており、しかも、その劣位の立場の人々も、同様のやりかたで、さらに劣位な立場の別の人々との間に二重基準を形成しているような事態を「二重基準の連鎖構造」と呼ぶ。そして原子力発電の利用には、たえずこの二重基準の連鎖構造が伴う。

原子力発電に対する以上のような批判に対し、それを擁護する論理として、二酸化炭素を出さないから温暖化対策に有効だという見解がある。しかし、原発の核分裂エネルギーのうち、電力に転換できるのは3分の1であり、3分の2は温排水として環境に捨てられて、直接的に地球を暖めている。この意味で原発は温暖化促進的な技術なのである。

3　化石燃料の問題点

原子力発電のこのような難点を考えて、それへの依存度を減らす場合、当面の電力供給の主力は化石燃料になる。しかし、化石燃料もさまざまな難点を有するのであり、中長期的には、化石燃料を主柱にし続けることはできない。

その理由は、第1に、枯渇性資源であり、長期にわたって経済・社会を支えることはできない。石油についていえば、これから数十年の間に急速に使い尽くされてしまうことが懸念されている。第2に、価格の高騰が不可避であり、経済的に負担が大きい。日本にとっては、原油、天然ガスなどの輸入額が23兆円にものぼっており、石油への依存度を減らさない限り、その負担はさらに増えていくであろう。第3に、化石燃料の使用は温暖化促進的である。石油、石炭、天然ガスのいずれについても、その燃焼は二酸化炭素を生みだすという帰結を伴っている。

第2節　自然エネルギーの多元的メリットと地域開発

1 自然エネルギーの原理的な長所

以上のような観点に立つならば、21世紀の世界と日本にとっては、自然エネルギーの利点を生かして、それをエネルギー供給の主柱にしていくことが、重要な課題となる。

では、自然エネルギーにはどのような特徴や長所があるのだろうか。自然エネルギーのメリットとしては次の諸点を挙げることができる。

①枯渇しない。永続的に利用できる。
②遍在的であり、また地域の地理的、歴史的個性と結びついている。
③エネルギー自給によって、国民経済、地域経済の基盤を形成できる。
④地域に根ざした事業を形成することによって、地域の創富力を高めることができ、地域における雇用の基盤となる。
⑤自然エネルギーの豊富な地域と、エネルギーの巨大な需要をもつ地域の間に、健全な連携関係を構築できる。
⑥温暖化対策に大きく貢献できる。

自然エネルギーはこのような多元的なメリットを有するものであり、その適切な活用は、多元的な効果を社会に与えることができる。そして、自然エネルギーによって原発や化石燃料を代替していけば、それらによって発生する環境負荷や事故の危険や処理困難な廃棄物を減らすことが可能であり、地方にうまく立地するならば、地域格差の縮小に貢献する。自然エネルギーの利用は基本的に「正連動型の技術」という性格を有する。

これに対し、たとえば、風力発電が騒音公害を引き起こすことを理由に、自然エネルギーの利用も環境破壊をもたらす逆連動型ではないかという疑問が寄せられるかもしれない。たしかに、風車は建設のしかたに適切な配慮を欠けば、騒音公害や緑地の破壊などの弊害を引き起こしうる。しかし、そのような負の効果は、十分な離隔距離をとるなど、しかるべき対処をすれば、原理的にも実際にも防止しうるものである。そのような欠点があったしても、それは克服可能な逆連動ということができる。

2 外発的開発が孕む危険性——むつ小川原開発の教訓から

2011年8月に国会で可決成立し、2012年7月から施行された「再生可能エネルギー特別措置法」は、日本における自然エネルギーの振興という点で、画期的な意義を有する。この制度の運用は、社会的に大きな影響を発揮し、自然エネル

ギーの導入を加速するであろう。

　だが、ここで考える必要があるのは、ひとくちに自然エネルギーの振興といってみても、地域社会からみれば、効果の異なる２つの方式があるということである。端的にいえば、(a) 地域外の主体が主導権をもった外発型開発なのか、それとも (b) 地域に根ざした内発的な開発や事業なのか、ということである。

　たとえば、2012 年時点で、青森県には 202 基の風車が、秋田県には 105 基の風車が設置され、稼働している。しかし、青森県の風車のうち 194 基と、秋田県の風車のうち 100 基は、それぞれ県外の事業主体のものであり、県内の事業主体によるものは、青森県は 8 基、秋田県は 5 基にとどまる。せっかく両県に豊かな自然エネルギー資源があるのに、それを利用して主要な受益を入手しているのが、県外の組織や投資家ということになってしまっている。

　これまでの日本の地域開発において、地域外部から有力な事業主体を誘致し、それを拠点にして地域経済や地方財政を活性化しようという誘致型開発は、さまざまに試みられてきた。誘致型開発が一定の成果をあげる事例もあるが、いつもうまくいくわけではない。地域社会の主体性、主導性が失われることによって、誘致型開発がいつのまにか従属型の開発、あるいは、植民地型の開発に変質してしまうということも、くり返されたのである。

　その典型的な事例は、青森県において 1970 年代に巨大な誘致型開発として取り組まれたむつ小川原開発である。この開発の当初の構想は、巨大な石油化学コンビナートの建設によって、飛躍的な工業力の増大をめざしたものであるが、結果は、需要予測が完全な空振りに終わり、むつ小川原開発株式会社には、巨大な借入金と企業が進出してこない広大な工業用地が残ることになった。

　そのような追いつめられた状況の中で、1980 年代になって、青森県は核燃料サイクル施設の建設を受け入れる道を選んだ。それは、危険施設受け入れ型開発へと、開発の性格を変容させるものであった。

　しかし、当初、核燃料サイクル施設は再処理工場とウラン濃縮工場、および低レベル放射性廃棄物埋設施設というかたちで、２つの工場と１つの放射性廃棄物施設というかたちであったものが、1995 年の海外返還高レベル放射性廃棄物 (ガラス固化体) の受け入れを境に、事業全体の性格が工業開発というよりも放射性廃棄物処分事業に変容した。度重なるトラブルにより、試運転段階で再処理工場が行き詰まったことと、東日本大震災以後のエネルギー政策の見直しのなかで、その性格はますます強まっている (舩橋他 2012)。

この工業開発の事例は、地域開発の主導権を地元が保持し続けることが非常に大切であること、地域社会が主導権を失えば、誘致型開発は植民地型開発に変容する可能性を有するものであることを、教訓として示している。

自然エネルギーの利活用についても、これまでの地域開発の教訓を自覚し、生かしていくべきである。自然エネルギーの量的拡大を急ぐあまり、地域の主体的取り組みが弱体のまま誘致型開発に走ることは、結果的には、地域外部の事業者に主導権と受益機会をゆずりわたすことになる。気づいてみれば、地域に豊かに存在する自然エネルギーの生みだすメリットが一方的に外部主体によって持ち去られるという意味で「植民地型開発」に陥ってしまうということになりかねない。

第3節　自然エネルギーを生かす基本条例の制定の提案

1　コミュニティパワーの3原則

それでは、各地域の人々が、地域に根ざした自然エネルギーの利活用を実現するためには、どのような考え方や自治体の政策が必要なのであろうか。

ここでヒントになるのは「世界風力エネルギー協会（World Wind Energy Association）」の「コミュニティパワー」に関する次のような3原則である。

下記の3基準のうち2つ以上を満たす事業は、「コミュニティパワー」と規定される。

1. 地域のステークホルダーが事業の全体あるいは大部分を担っている。
   地域の個人、あるいは地域のステークホルダーからなる団体（農場経営者、協同組合、独立系発電事業者、金融機関、自治体、学校等）が、事業全体、あるいは大部分を直接的、あるいは結果的に担っている。
2. 地域社会に基づく団体が事業の議決権をもっている。
   地域のステークホルダーからなる団体が、事業の意思決定に関わる議決権の大部分を所有している。
3. 社会的、経済的利益の大部分が地域に分配される。
   社会的、経済的利益の全て、あるいは大部分が、その地域社会に分配される。

（ICLEI Japan HPニュース＆イベント 2012, http://archive.iclei.org/?id=12216, 2012閲覧）

このコミュニティパワーの提唱の根底にあるのは、各地域の自然エネルギーは地域のものであるという考え方である。この考え方に立脚するならば、自然エネルギーの利用によって得られる利益は、まず地域に還流するべきである。そのことを具体的に実現するための諸原則として、地域をキーワードにしたこれらの原則が提唱されたのである。同時に、このような原則を備えている地域主体の事業は、外部主体が主導権をもって実施した事業に比べて、はるかに住民が受容しやすいものとなるであろう。

2 地域自然エネルギー基本条例の考え方

このコミュニティーパワーの考え方は、地域に根ざし地域に受益が還流するような自然エネルギー事業の展開のために、非常に有効であると考える。このような考え方を盛り込んで、各自治体が「自然エネルギー基本条例」を形成することを提案したい。

筆者は、「科学技術振興機構(JST)」の堀尾正靱氏が中心となっている研究グループで議論を重ね、その議論を集約するかたちで、2012年6月6日に、東京(イイノホール)で開催されたシンポジウム「自然エネルギーは地域のもの」において、「地域自然エネルギー条例の必要性とひな形案」と題した報告をする機会をえた。その条例案の骨子となる考え方は以下のようなものである。

第1に、「自然エネルギー」の利活用といっても、その主導権を誰が掌握しているのかによって地域振興に対する効果は異なってくる。そこで、地域の主導のもとにすすめられる事業を「地域自然エネルギー事業」と名づけ、それを次のように定義する。

「地域自然エネルギー事業」とは、「事業体の代表者・所在地、事業資金、受益の配分などについて、別途定める一定の条件を満たす、地域に根ざした自然エネルギー資源を活用した事業をいう」。

第2に、ここで「別途定める一定の条件」は、地域の主導権を保障するような原則でなければならない。たとえば、前述の「コミュニティパワーの3原則」に示唆を得て、次の諸原則のうち2つ以上を実現するということを条件とすべきである。

①［意思決定］　事業の意思決定は、地域に基礎をおく組織によっておこなわれること。

②［事業資金］　事業資金の過半が、当該地域に属する主体から提供されてい

ること。
③［受益の還流］　事業による利益の過半が、当該地域に属する主体に行き渡ること。

ただし、これらの原則のより具体的な意味内容は、各自治体の個性に応じて、柔軟に考えればよい。

第3に、自治体は、自然エネルギー一般ではなく、「地域自然エネルギー事業を積極的に推進する」という態度を表明するようにするべきである。

第4節　地域を主体とした創造的問題解決の道

1　再エネ特措法をいかにして生かすか

「再生可能エネルギー特別措置法」が、2012年7月から施行された。本法律は、固定価格買い取り制度を本格的に日本に導入したという点で、画期的な意義を有する。この制度の基本的な特徴は、自然エネルギー資源利用の各技術に対応して、それぞれの事業が採算がとれるように、多様な価格が設定されていることである。2012年5月の段階では、価格案に対するパブリックコメントが募集されるにいたった。この時点での買い取り価格案は、事前の予想の中でも高めのゾーンに設定されており、最初の3年間はいわばプレミアムをつけて、自然エネルギーの導入を加速しようという政策姿勢が反映されている。ただしそのような高い価格の条件設定は、利潤動機だけが先走る事業プロジェクトの多発による乱開発を喚起する恐れなしとしない。

自然エネルギーの導入と振興にとって、これまでにない好条件が設定されるにいたったが、この機会を各地域が本当に生かすことができるかどうかは、これからの各地域の主体的取り組みにかかっている。地域自然エネルギー基本条例は、自然エネルギーを地域に根ざしつつ普及するための基本的政策手段であるが、それを形成し使いこなすためには、各地域で集団的主体形成が必要となるのである。

また、事業に必要な資金も、極力、当該地域の内部から調達するべきである。各地域の自治体財政は余裕がないので、多くをあてにすることはできないが、民間金融機関による融資の潜在力は大きい。全国銀行協会のデータによれば、2010年末の銀行預金残高564兆円に対し、貸出残高は416兆円で、差額は148兆円もある。どの地域でも「預金あれども投資なし」という資金が、住民一人あたり100万円は存在する。

2 公論形成から始まる地域の内発的発展

　さまざまな地域問題に対して、どのような条件がある時に、住民集団や自治体行政組織は、効果的な取り組みをすることができるのだろうか。日本における歴史的な経験をとらえ返してみれば、住民による学習会、住民調査、および、住民メディアの3つの条件がそろうときに、地域に根ざしたさまざまな取り組みと創造的な問題解決の可能性が開けるように思われる。理論的な表現をするのであれば、これらは各地域における「公論形成の場」を作りだす基本条件ともいえる。

　このような地域問題への取り組みの教訓を踏まえれば、自然エネルギーについても、地域に根ざした取り組み、とりわけ地域住民が主体となった取り組みは、複数の段階に渡って議論の場が深化していくものとして構想されるべきである。

　第1の段階として、自然エネルギーを主題にした学習会（勉強会と言ってもよい）を、住民や自治体職員が継続するということが、すべての取り組みの基本であると思われる。学習会と組み合わせて専門家を呼んでの講演会や、先進地の見学などを設定することも有益である。学習会を通して、それぞれの地域において、自然エネルギーの利活用のための事業組織について、現実的な方向性を発見することが必要である。自然エネルギーには風力発電、太陽光発電、小水力、畜産バイオマス、木質バイオマス、地熱などがあるが、各地域にとってどのよう取り組みが効果的で実現性があるのかを考える必要がある。それとともに、その中心的な担い手となる個人主体群がはっきりしてくれば、取り組みは次の段階に進むことができる。

　第2の段階は、事業組織準備会の段階である。準備会は、事業組織、事業計画、資金計画をセットにして議論し、実行可能な案を作る必要がある。事業組織あるいはそれを支える基盤となる組織形態としては、株式会社、自治体直営、第3セクター、社団法人、NPO、協同組合などがありうる。事業組織をつくることは事業計画をつくることと密接に関係している。事業計画についてある程度の見通しが得られてこそ、事業組織の具体的イメージも明確にすることができよう。そして事業計画をつくることは、資金計画をつくることと結びついている。準備会の役割は、これらをセットにして全体計画を練り上げるとともに、事業実施に必要な諸主体との協力関係を作り上げていくことである。

　第3の段階は、実際に事業主体を設置し、事業を開始し、運営を続けていくことである。施設の建設とメインテナンス、マネーフローの管理、受益の配分、情

報の公開などが課題になる。事業組織は技術的能力のみならず、経営の健全性を維持しつつ、事業の社会性、公益性を実現していく姿勢をもつべきである。

結　び

東日本大震災は、原子力災害を伴うことにより、エネルギー政策の根本的見直しを要請するものであると同時に、それにとどまらず、日本の政策決定のあり方、地域振興のあり方、大都市圏と地方との関係のあり方、技術選択のあり方、専門家のあり方、マスメディアのあり方など、日本社会のさまざまな局面について反省と改革を要請している。その中にあって、地域に根ざした自然エネルギーの振興は、サステイナブルな社会の実現のために不可欠の条件であることに加えて、日本社会のさまざまな局面の変革という点でも、非常に積極的な意義と可能性を有する課題なのである。

引用文献リスト

朝日新聞青森総局, 2005, 『核燃マネー――青森からの報告』岩波書店.
朝日新聞特別報道部, 2013,『プロメテウスの罠 3――福島原発事故、新たなる真実』学研パブリッシング.
飯島伸子, 1977, 『公害・労災・職業病年表』公害対策技術同友会.
飯島伸子, 2007, 『新版 公害・労災・職業病年表 索引付』すいれん舎.
飯田哲也, 2000, 『北欧のエネルギーデモクラシー』新評論.
飯田哲也, 2002,「歪められた「自然エネルギー促進法」――日本のエネルギー政策決定プロセスの実相と課題」『環境社会学研究』No8 : 5-23.
石川禎昭, 1999,「ごみ処理の歴史的変遷と焼却施設建設――ごみ処理人生をふりかえって」『月刊廃棄物』25 (12) : 106-117.
石弘光監修, 1996, 『財政構造改革白書』東洋経済新報社.
石橋克彦, 2000,「地震列島では「地質環境の長期安定性」を保証できない」地層処分問題研究グループ『「高レベル放射性廃棄物地層処分の技術的信頼性」批判』原子力資料情報室 : 39-55.
石牟礼道子, 1969, 『苦海浄土:わが水俣病』講談社.
井田均, 2001, 『こうして増やせ！ 自然エネルギー』公人社.
井田均, 2005, 『主役に育つエコ・エネルギー』緑風出版.
井手敏彦, 1990, 『公害（ゴミ）――未完成交響曲』共同図書サービス.
伊藤周平, 2004, 『改革提言介護保険』青木書店.
伊藤守, 2012, 『ドキュメント テレビは原発事故をどう伝えたのか』平凡社.
今井照, 2012,「『仮の町』をどのように考えるか」『月刊自治研』通巻 636 号 : 10-15.
宇井純, 1968, 『公害の政治学:水俣病を追って』三省堂.
宇井純, 1971, 『公害原論Ⅰ』亜紀書房.
宇田川順堂, 1992,「分ければ資源 混ぜればゴミ」『地方自治ジャーナル』1992.9:30-37.
運輸経済センター, 1992, 『整備新幹線に関する調査 (2)』運輸経済研究センター.
NHK ETV 特集取材班, 2013,『原発メルトダウンへの道――原子力政策研究会 100 時間の証言』新潮社.
NHK 取材班, 1995,『NHK スペシャル 戦後 50 年その時日本は 第三巻 チッソ・水俣 工場技術者たちの告白 東大全共闘 二十六年後の証言』日本放送出版協会.
ＮＨＫ放送世論調査所, 1975, 『図説戦後世論史』日本放送出版協会.
大石武一, 1982, 『尾瀬までの道――緑と軍縮を求めて』サンケイ出版.
小野英二, 1971, 『原点・四日市公害 10 年の記録』勁草書房.
核燃料サイクル開発機構, 1999,『わが国における高レベル放射性廃棄物処分の技術的信頼性――地層処分研究開発第 2 次取りまとめ』核燃料サイクル開発機構.
角本良平, 1996, 『国鉄改革 JR10 年目からの検証』交通新聞社.
樫澤秀木, 1994,「法運動における「実体志向」と「プロセス志向」(1) ――産業廃棄物処理施設建設反対運動を事例として」『法学論集』鹿児島大学, 30 (1) :129-190.

角一典, 2008,『整備新幹線問題年表：1907-2007』法政大学社会学部科研費プロジェクト「公共圏と規範理論」.
川名英之, 1987,『日本の公害　第1巻　公害の激化』緑風出版.
川名英之, 1988,『日本の公害　第2巻　環境庁』緑風出版.
川名英之, 1993,『日本の公害　第9巻　交通公害』緑風出版.
川本隆史, 1997,『ロールズ――正義の思想（現代思想の冒険者たち　第23巻）』講談社.
環境エネルギー政策研究所編, 2014,『地域の資源を活かす再生可能エネルギー事業』金融財政事情研究会.
環境総合年表編集委員会, 2010,『環境総合年表――日本と世界』すいれん舎.
環境庁環境法令研究会編, 1992,『環境六法』中央法規出版.
環境と開発に関する世界委員会, 1987,『地球の未来を守るために』福武書店.
月刊介護保険編集部編, 2006,『介護保険ハンドブック』法研.
菊地英明, 2007,「貧困の測定」武川正吾・三重野卓編『公共政策の社会学――社会的現実との格闘』東信堂: 185-212.
北村俊郎, 2011,『原発推進者の無念――避難所生活で考え直したこと』平凡社.
桐生広人著・グリーンピース・ジャパン編, 2001,『核の再処理が子どもたちをおそう――フランスからの警告』創史社.
原子力市民委員会, 2013a,「緊急提言　原発再稼働を3年凍結し、原子力災害を二度と起こさない体系的政策を構築せよ」原子力市民委員会.
原子力市民委員会, 2013b,『原発ゼロ社会への道――新しい公論形成のための中間報告』原子力市民委員会.
原子力市民委員会, 2014,『原発ゼロ社会への道――市民がつくる脱原子力政策大綱』原子力市民委員会.
原子力総合年表編集委員会編, 2014,『原子力総合年表――福島原発震災に至る道』すいれん舎.
現代技術史研究会, 2010,『徹底検証21世紀の全技術』藤原書店.
現代人文社編集部, 2012,『司法は原発とどう向き合うべきか――原発訴訟の最前線』現代人文社.
高坂健次, 1998,「社会学理論の理論構造」厚東洋輔・高坂健次編『講座社会学1 理論と方法』東京大学出版会: 42-60.
厚生省生活衛生局水道環境部環境整備課, 1996,『容器包装リサイクル法　分別収集計画ガイドブック』ぎょうせい.
小西政三, 1979,『三島沼津石油コンビナート阻止の住民運動』三島民報社.
小西政三, 1996,『わたしの歩いてきた道』講談社出版サービスセンター.
後藤孝典, 1995,『ドキュメント「水俣病事件」　沈黙と爆発』集英社.
後藤弘子, 2013,「国会事故調：東京電力福島原子力発電所事故調査委員会が提案したもの――民主主義社会をどう作っていくのか」『学術の動向』18 (8): 14-19.
斎藤純一, 2000,『公共性』岩波書店.
酒井郁造, 1984,『見えない公害との闘い――三島地区石油コンビナート反対住民運動史』「見えない公害との闘い」編集委員会・編集発行.
酒井喜代子, 2002,「石油コンビナート阻止運動」みしま女性史サークル・女性政策室編『聞き書きみしまの女性たちの歩み－昭和生まれ編－』三島市総務部総務課女性政策室: 23-

37.

桜井淳, 2011, 『福島第一原発事故を検証する──人災はどのようにしておきたか』日本評論社.

佐々木力・飯田哲也, 2002, 「脱原子力運動の現在」『情況』2002年1・2月号: 8-27.

佐藤栄作, 1997, 『佐藤栄作日記 第四巻』朝日新聞社.

塩原勉, 1976, 『組織と運動の理論──矛盾媒介過程の社会学』新曜社.

「自然エネルギー促進法」推進ネットワーク, 1999, 『光と風と森が拓く未来 自然エネルギー促進法』(かもがわブックレット125) かもがわ出版.

「自然エネルギー促進法」推進ネットワーク, 2000, 『2010年自然エネルギー宣言』七つ森書館.

自治研事務局, 1964, 「中央各省庁の公害対策について」『月刊自治研』11月号: 32-42.

清水修二, 2011, 『原発になお地球の未来を託せるのか／福島原発事故──利益誘導システムの破綻と地域再生への道』自治体研究社.

社会保険審議会介護保険部会報告, 2004, 『介護保険制度の見直しに向けて』中央法規.

壽福眞美, 2013, 「社会運動、討議民主主義、社会・政治的「合意」──ドイツ核エネルギー政策の形成過程(1980〜2011年)」舩橋晴俊・壽福眞美編『公共圏と熟議民主主義』法政大学出版局: 239-271.

庄司光・宮本憲一, 1964, 『恐るべき公害』岩波書店.

神野直彦・金子勝, 2002, 『住民による介護・医療のセーフティーネット』東洋経済新報社.

杉並区消費者の会編, 1982, 『台所奮戦記──変わりゆく主婦の目』三一書房.

杉並正用記念財団編, 1983, 『「東京ゴミ戦争」──高井戸住民の記録』杉並正用記念財団.

高木仁三郎, 2011, 『チェルノブイリ原発事故(新装版)』七つ森書館.

田尻宗昭, 1972, 『四日市・死の海と闘う』岩波書店.

塚田龍二編, 1986, 『世界の清掃事業の歩み』杉並正用記念財団.

手作りエネルギー研究会, 2005, 『自然エネルギー大全』家の光協会.

土井和巳, 1993, 『そこが知りたい放射性廃棄物』日刊工業新聞社.

東京都清掃局, 1971, 『東京のゴミ──その現状と問題』東京都.

富田八郎, 1969, 『水俣病』水俣病を告発する会.

豊田誠, 1982, 「公害裁判と司法の機能」潮見俊隆ほか編『現代司法の課題』勁草書房.

内藤国夫, 1975, 『美濃部都政の素顔』講談社.

名古屋新幹線公害訴訟原告団編, 1991, 『静かさを求めて25年──名古屋新幹線公害たたかいの記録』名古屋新幹線公害訴訟原告団.

名古屋新幹線公害訴訟弁護団, 1990, 『静かさを返せ！ 物語 新幹線公害訴訟』風媒社.

西岡昭夫, 1970, 「駿河湾広域公害住民運動──三島・沼津から富士へ」宮本憲一編『公害と住民運動』自治体研究社: 189-212.

西岡昭夫, 1974, 「教育と公害」(公開自主講座「公害原論」実行委員会『公害原論講義録』第7学期10) 亜紀書房.

西城戸誠, 2008, 『「抗い」の条件──社会運動の文化的アプローチ』人文書院.

日本科学者会議編, 2003, 『環境問題資料集成4』旬報社(「再生可能エネルギー優先権供与法」: 198-202, 「アーヘンモデル」: 202-204).

日本学術会議, 2011, 「高レベル放射性廃棄物について(回答)」(2011年9月11日付、原子力委員会への回答).

日本学術会議, 2013, 「原発災害からの回復と復興のために必要な課題と取り組み態勢についての提言」(日本学術会議社会学委員会「東日本大震災の被害構造と日本社会の再建の道を探る分科会」)
日本国有鉄道再建監理委員会, 1985, 『国鉄改革――鉄道の未来を拓くために』運輸振興協会.
沼津市職員組合連合会, 1975, 『住民と共に歩む――沼津市におけるごみ収集と住民対話』沼津市職員組合連合会.
橋本道夫, 1988, 『私史環境行政』朝日新聞社.
蓮池透, 2011, 『私が愛した東京電力――福島第一原発の保守管理者として』かもがわ出版.
花田達朗, 1996, 『公共圏という名の社会空間：公共圏、メディア、市民社会』木鐸社.
原田正純, 1972, 『水俣病』岩波書店.
原田正純, 1985, 『水俣病に学ぶ旅』日本評論社.
土方文一郎, 1974, 『組織動態化の基本問題』産業能率大学出版部.
平野長靖, 1972, 『尾瀬に死す』新潮社.
平林祐子, 2013, 「何が「デモのある社会」をつくるのか――ポスト3.11のアクティヴィズムとメディア」田中重好・舩橋晴俊・正村俊之編『東日本大震災と社会学――大災害を生み出した社会』ミネルヴァ書房：163-195.
廣松渉, 1972, 『世界の共同主観的存在構造』勁草書房.
深井純一, 1977, 「水俣病問題の行政責任」宮本憲一編『講座地域開発と自治体2　公害都市の再生・水俣』筑摩書房：98-188.
深井純一, 1982, 「水俣病をめぐる国の責任」『公害研究』11（4）：21-28.
深井純一, 1985, 「新潟水俣行政の研究：熊本水俣病との比較」『公害研究』15（1）：54-61.
福島達夫, 1968, 『地域開発闘争と教師――沼津・三島、姫路、南島の住民運動』明治図書.
藤原保信, 2005, 『公共性の再構築に向けて』新評論.
復興庁・福島県・富岡町, 2013, 「富岡町住民意向調査 調査結果（速報版）」復興庁・福島県・富岡町.
舩橋惠子, 1978, 「社会変動と変革主体」吉田民人編『社会学』日本評論社：115-136.
舩橋晴俊・舩橋惠子, 1976, 「対抗的分業の理論」『現代社会学』3（2）：114-129.
舩橋晴俊, 1977, 「組織の存立構造論」『思想』8月号：37-63.
舩橋晴俊, 1980, 「協働連関の両義性――経営システムと支配システム」現代社会問題研究会編『現代社会の社会学』川島書店：209-231.
舩橋晴俊, 1982, 「社会学理論の三水準」『社会労働研究』Vol. 28, No.3・4：139-177.
舩橋晴俊・長谷川公一・畠中宗一・勝田晴美, 1985, 『新幹線公害――高速文明の社会問題』有斐閣.
舩橋晴俊・長谷川公一他, 1988, 『高速文明の地域問題――東北新幹線の建設・紛争と社会的影響』有斐閣.
舩橋晴俊, 1990a, 4月・7月「フランスにおける新幹線公害対策――緑地遊歩道とその実現過程（上・下）」『公害研究』Vol.19, No.4：61-67/ Vol.20, No.1：50-54.
舩橋晴俊, 1990b, 「社会制御の三水準――新幹線公害対策の日仏比較を事例として」『社会学評論』第41巻第3号：73-87.
舩橋晴俊, 1995a, 「環境問題への社会学的視座――『社会的ジレンマ論』と『社会制御シ

ステム論』」『環境社会学研究』創刊号,環境社会学会:5-20.

舩橋晴俊, 1995b,「熊本水俣病の発生拡大過程と行政組織の意志決定(一)」『社会労働研究』41(4):109-140.

舩橋晴俊, 1996a,「社会構想と社会制御」『岩波講座 現代社会学 第26巻 社会構想の社会学』岩波書店:1-24.

舩橋晴俊, 1996b,「熊本水俣病の発生拡大過程と行政組織の意志決定(二)」『社会労働研究』43(1/2):97-127.

舩橋晴俊, 1997,「熊本水俣病の発生拡大過程と行政組織の意志決定(三)」『社会労働研究』44(2):93-124.

舩橋晴俊, 1998a,「補助金制度の構造的欠陥——財政支出肥大化についての社会学的視点」『都市問題』第89巻・第4号:43-54.

舩橋晴俊, 1998b,「環境問題の未来と社会変動——社会の自己破壊性と自己組織性」舩橋晴俊・飯島伸子編『講座社会学12 環境』東京大学出版会:191-224.

舩橋晴俊, 1998c,「現代の市民的公共圏と行政組織——自存化傾向の諸弊害とその克服」青井・高橋・庄司編『現代市民社会とアイデンティティ——21世紀の市民社会と共同性:理論と展望』梓出版社:134-159.

舩橋晴俊, 1999,「環境社会学研究における調査と理論」舩橋晴俊・古川彰編『環境社会学入門』文化書房博文社:17-54.

舩橋晴俊, 2000,「熊本水俣病の発生拡大過程における行政組織の無責任性のメカニズム」相関社会科学有志編『ヴェーバー・デュルケム・日本社会——社会科学の古典と現代』ハーベスト社:129-211.

舩橋晴俊, 2001a,「『政府の失敗』と鉄道政策」舩橋晴俊・角一典・湯浅陽一・水澤弘光『「政府の失敗」の社会学——整備新幹線建設と旧国鉄長期債務問題』ハーベスト社:1-21.

舩橋晴俊, 2001b,「『政府の失敗』を生み出す意思決定過程の総合的分析」舩橋晴俊・角一典・湯浅陽一・水澤弘光『「政府の失敗」の社会学——整備新幹線建設と旧国鉄長期債務問題』ハーベスト社:169-200.

舩橋晴俊, 2001c,「政策決定改革の提案——フランス公益調査制度の教訓」舩橋晴俊・角一典・湯浅陽一・水澤弘光『「政府の失敗」の社会学——整備新幹線建設と旧国鉄長期債務問題』ハーベスト社:201-223.

舩橋晴俊, 2004,「環境制御システム論の基本視点」『環境社会学研究』10:59-74.

舩橋晴俊, 2006a,「「理論形成はいかにして可能か」を問う諸視点」『社会学評論』第57巻1号:4-23.

舩橋晴俊, 2006b,「行政組織の再編成と社会変動 環境制御システム形成を事例として」舩橋晴俊編『講座・社会変動 第4巻 官僚制化とネットワーク社会』ミネルヴァ書房:29-63.

舩橋晴俊, 2007,「核燃料サイクル施設立地の意志決定過程の特徴——社会制御システム論の視点から」『エネルギー政策と地域社会——青森県における核燃料サイクル施設と新エネルギー 法政大学社会学部政策研究実習 青森県調査報告書』法政大学社会学部舩橋研究室:107-132

舩橋晴俊, 2008a,「公共圏と科学の自律性」『学術の動向』Vol.13 No.1, 日本学術協力財団:77-79.

舩橋晴俊, 2008b,「「公共圏の創成と規範理論の探究」にアプローチするための社会学的

な基本視点」舩橋晴俊・石坂悦男編『公共圏の創成と規範理論の探求――現代的社会問題の実証的研究を通して（論文集Ⅰ）』（2007 年度科学研究費研究成果報告書）: 1-42.

舩橋晴俊, 2008c,「原子力の難点と自然エネルギーの可能性」法政大学社会学部舩橋研究室編『エネルギー政策と地域社会――青森県六ヶ所村・大間町・東通村、福島市の調査より（政策研究実習 2007 年度調査報告書）』: 137-160.

舩橋晴俊, 2010,『組織の存立構造論と両義性論――社会学理論の重層的探究』東信堂.

舩橋晴俊, 2011a,「社会制御システム論における規範理論の基本問題」『社会志林』57（4）: 119-142.

舩橋晴俊, 2011b,「災害型の環境破壊を防ぐ社会制御の探究」『環境社会学研究』17: 191-195.

舩橋晴俊, 2012a,「エネルギー戦略シフトと地域自然エネルギー基本条例」『月刊自治研』7 月号第 54 巻 634 号: 29-37.

舩橋晴俊, 2012b,「社会制御過程における道理性と合理性の探究」舩橋晴俊・壽福眞美編『規範理論の探究と公共圏の可能性』法政大学出版局: 13-43.

舩橋晴俊, 2012c,「原子力エネルギーの難点の社会学的検討」舩橋晴俊・長谷川公一・飯島伸子『核燃料サイクル施設の社会学――青森県六ヶ所村』有斐閣: 171-207.

舩橋晴俊, 2012d,「持続可能性をめぐる制御不能性と制御可能性」長谷部俊治・舩橋晴俊編『持続可能性の危機――地震・津波・原発事故災害に向き合って』御茶の水書房: 33-61.

舩橋晴俊, 2012e,『社会学をいかに学ぶか』弘文堂.

舩橋晴俊, 2013a,「高レベル放射性廃棄物という難問への応答――科学の自律性と公平性の確保」『世界』839: 33-41.

舩橋晴俊, 2013b,「原子力政策は何を判断基準とすべきか――政策転換に必要なパラダイム変革とは」『世界』848: 117-125.

舩橋晴俊, 2013c,「福島原発震災の制度的・政策的欠陥」田中重好・舩橋晴俊・正村俊之編『東日本大震災と社会学――大災害を生み出した社会』ミネルヴァ書房: 135-161.

舩橋晴俊, 2013d,「再生可能エネルギー普及のための統合事業化モデル」舩橋晴俊・湯浅陽一編『地域に根ざした再生可能エネルギー普及の諸問題――金融と主体の統合を求めて－論文集（Ⅰ）』（科研費プロジェクト「公共圏を基盤にしてのサステイナブルな社会の形成」基盤研究 A　2011-2014: 研究代表者　舩橋晴俊　課題番号 23243066）: 85-96.

舩橋晴俊, 2013e,「震災問題対処のために必要な政策議題設定と日本社会における制御能力の欠陥」『社会学評論』64（3）: 1-23.

舩橋晴俊・金山行孝・茅野恒秀編, 2013f,『「むつ小川原開発・核燃料サイクル施設問題」研究資料集』東信堂.

舩橋晴俊, 2013g,「グローバリゼーションとエネルギー・環境問題」宮島喬・舩橋晴俊・友枝敏雄・遠藤薫編著『グローバリゼーションと社会学』ミネルヴァ書房: 139-160.

舩橋晴俊, 2014a,「「生活環境の破壊」としての原発震災と地域再生のための「第三の道」」『環境と公害』43（3）: 62-67.

舩橋晴俊, 2014b,「再生可能エネルギー事業の普及のための今後の課題」環境エネルギー政策研究所編『地域の資源を活かす再生可能エネルギー事業』きんざい: 222-229.

星野重雄・西岡昭夫・中嶋勇, 1993,『石油コンビナート阻止――沼津・三島・清水二市一町住民のたたかい』技術と人間.

細谷英二, 1993,「国鉄の民営化とその後の歩み――株式上場への過程とその諸問題」(日中経済協力上海セミナーの報告資料).
北海道グリーンファンド監修, 1999,『グリーン電力』コモンズ.
堀田恭子, 2002,『新潟水俣病問題の受容と克服』東信堂.
堀江邦夫, 2011,『原発ジプシー 増補改訂版――被曝下請け労働者の記録』講談社.
本州四国連絡橋公団本州四国連絡橋史編さん委員会, 1985,『本州四国連絡架橋のあゆみ』財団法人海洋架橋調査会.
本間義人, 1980,『新幹線裁判』現代評論社.
増田雅暢, 2003,『介護保険見直しの争点――政策過程からみえる今後の課題』法律文化社.
真木悠介, 1971,『人間解放の理論のために』筑摩書房.
真木悠介, 1973,「現代社会の存立構造――物象化・物神化・自己疎外」『思想』No.587(1973年5月号): 592-620.(再録: 真木悠介, 1977,『現代社会の存立構造』筑摩書房.)
松本三和夫, 1998,『科学技術社会学の理論』木鐸社.(再録: 松本三和夫, 2016,『科学社会学の理論』講談社学術文庫.)
宮澤信雄, 1997,『水俣病事件四十年』葦書房.
宮本憲一編, 1977,『講座 地域開発と自治体1 大都市とコンビナート・大阪』筑摩書房.
宮本憲一編, 1979,『沼津住民運動の歩み』日本放送出版協会.
宮本憲一, 1989,『環境経済学』岩波書店.
武藤類子, 2014,『どんぐりの森から』緑風出版.
森有正, 1972,『木々は光を浴びて』筑摩書房.
森有正, 1975,『古いものと新しいもの』日本基督教団出版局.
森有正, 1978,「旅の空の下で」『森有正全集 第4巻』筑摩書房.
森有正, 1979a,「感想」『森有正全集 第5巻』筑摩書房: 180-219.
森有正, 1979b,「経験と思想」『森有正全集 第12巻』筑摩書房: 3-111.
山口博史, 2007,「フランスの公共事業における公益性の問題」田辺忠顕・千葉秀樹『公共事業における意思決定のプロセスと第三者機関の役割』社会基盤技術評価支援機構・中部発行: 275-291.
山口節郎, 2002,『現代社会のゆらぎとリスク』新曜社.
山路憲治編・原子力未来研究会, 1998,『どうする日本の原子力――21世紀への提言』日刊工業新聞社.
山名元, 2008,『間違いだらけの原子力・再処理問題』ワック株式会社.
山中貞則, 1997,「私の履歴書」『日本経済新聞』(1997年6月1日〜6月30日)
山之内秀郎, 1998,『新幹線がなかったら』東京新聞出版局.
山脇直司, 2008,『グローカル公共哲学』東京大学出版会.
湯浅陽一, 2001,「旧国鉄長期債務返済の計画と経緯」舩橋晴俊・角一典・湯浅陽一・水澤弘光『「政府の失敗」の社会学――整備新幹線建設と旧国鉄長期債務問題』ハーベスト社: 149-167.
横田一, 1998,『どうする旧国鉄債務』緑風出版.
吉岡斉, 1999,『原子力の社会史』朝日新聞社.
吉田和男, 1999,「地方行財政の政治経済学」寺田宏州編『地方分権と行財政改革』新評論: 19-53.
吉田文和・ミランダ・シュラーズ編訳, 2013,『ドイツ脱原発倫理委員会報告』大月書店.

寄本勝美, 1972,「ゴミ問題の背景とそれへの挑戦」『都市問題』6月号:78-97.
寄本勝美, 1981,『「現場の思想」と地方自治』学陽書房.
寄本勝美, 1990,『ごみとリサイクル』岩波書店.
和田武, 2008,『飛躍するドイツの再生可能エネルギー――地球温暖化防止と持続可能社会構築をめざして』世界思想社.
渡辺満久・中田高・鈴木康弘, 2009,「原子燃料サイクル施設を載せる六ヶ所断層」『科学』2009年2月号:182-185.

Arrow, Kenneth J., 1951, *Social Choice and Individual Values*, New York: Wiley. (=1977, 長名寛明訳『社会的選択と個人的評価』日本経済新聞社.)
Buchanan, James M., Charles Rowley K. and Robert Tollison D. (ed.), 1986, *Deficits*, Basic Blackwell. (=1990, 加藤寛監訳『財政赤字の公共選択論』文眞堂.)
Crozier, Michel, 1963, *Le phénomène bureaucratique*, Paris : Édition du seuil.
Crozier, Michel, 1970, *La société bloquée*, Paris : Édition du Seuil. (=1981, 景山喜一訳『閉ざされた社会:現代フランス病の考察』日本経済新聞社.)
Crozier, Michel, Huntington, Samuel P. and Watanuki, Joji, 1975, *The Governability of Democracies*, Trilateral Commission. (=1976, 綿貫穰治監訳『民主主義の統治能力』サイマル出版会.)
Crozier, Michel et Friedberg, Erhard, 1977, *L'acteur et le système*, Paris : Édition du Seuil.
Durkheim, Emile, 1895, *Les règles de la méthode sociologique*, Paris : Félix Alcan. (=1979, 宮島喬訳『社会学的方法の規準』岩波書店.)
Friedberg, Erhard, 1972, *L'analyse sociologique des organisations dans la série « Les dossiers pédagogiques du formateur »*, Paris : Grèp. (=1989, 舩橋晴俊・クロード・レヴィ・アルヴァレス訳『組織の戦略分析――不確実性とゲームの社会学』新泉社.)
Funabashi, Harutoshi, 2012, "Why the Fukushima Nuclear Disaster is a Man-made Calamity", *International Journal of Japanese Sociology*, No.21: 65-75.
Galbraith, John Kenneth, 1967, *The New Industrial State*, Princeton University Press. (=1984, 斎藤精一郎訳『新しい産業社会 上・下』講談社.)
GWEC Editorial Working Committee, 2014, *A General World Environmental Chronology*, Tokyo, Suirensha.
Giddens, Anthony, 1976, *New Rules of Sociological Method*, Hutchinson. (=1987, 松尾精文他訳『社会学の新しい方法基準』而立書房.)
Gouldner, Alvin Ward, 1970, *The Coming Crisis of Western Sociology*, Basic Books. (=1978, 田中義久他訳『社会学の再生を求めて』新曜社.)
Gurvitch, George, 1950, *La vocation actuelle de la sociologie*, P.U.F. (=1970, 寿里茂訳『社会学の現代的課題』青木書店.)
Habermas, Jürgen, 1990, *Strukturwandel der Öffentlichkeit : Untersuchungen zu einer Kategorie der bürgerlichen Gesellschaft*, Frankfurt : Suhrkamp Verlang. (=1994, 細谷貞雄・山田正行訳『公共性の構造転換――市民社会の一カテゴリーについての探求』未来社.)
Hardin, Garrett, 1968, "The Tragedy of the Commons", *Science*, 162:1243-1248.
Hobbes, Thomas, 1651, *Leviathan: the matter, form and power of a common-wealth ecclesiasticall and civill*, London. (=1971, 永井道雄・宗片邦義訳『リヴァイアサン』中央公論社.)
Janzing, Bernward, 2008, *Storfall mit Charme: Die Schonauer Stromrebellen im Widerstand gegen die*

Atomkraft, Doldverlag.

Johnson, Genevieve Fuji, 2008, *Deliberative Democracy for the Future: The Case of Nuclear Waste Management in Canada*, University of Toronto Press.（=2011, 舩橋晴俊・西谷内博美監訳『核廃棄物と熟議民主主義――倫理的政策分析の可能性』新泉社.）

Lawrence, P.R. and Lorsch, J.W., 1967, *Organization and Environment: Managing Differenciation and Integration*, Harvard Business School.（=1977, 吉田博訳『組織の条件適応理論』産業能率短大出版部.）

Lukács, Georg, 1923, *Geschichte und Klassenbewusstsein*,（=1987, 城塚登・吉田光訳『歴史と階級意識――マルクス主義弁証法の研究』白水社.）

March, James G. and Simon, Herbert A., 1958, *Organizations*, John Willy & Sons, Inc.（=1977, 土屋守章訳『オーガニゼーションズ』ダイヤモンド社.）

Merton, Robert K., 1969, "On Sociological Theories of the Middle Range", *On Theoretical Sociology: Five Essays, Old and New*, The Free Press: 39-72.（=1969, 森好夫訳「中範囲の社会学理論」日高六郎他編『現代社会学大系第13巻 社会理論と機能分析』青木書店：3-54).

Marx, Karl und Engels, Friedrich, 1845-46, *Die deutsche Ideologie*（草稿）.（=1974, 廣松渉編訳『新編輯版 ドイツ・イデオロギー』河出書房, 2002, 廣松渉編訳・小林昌人補訳『ドイツ・イデオロギー』岩波書店.）

Mead, George Herbert, 1934, *Mind, Self and Society*, University of Chicago Press.（=1973, 稲葉三千男他訳『精神・自我・社会』青木書店.）

Mills, Charles Wright, 1959, *The Sociological Imagination*, Oxford University Press.（=1965, 鈴木広訳『社会学的想像力』紀伊国屋書店.）

Popper, Karl Raimund, 1957, *The Poverty of Historicism*, London: Routledge,（=1961, 市井三郎・久野収訳『歴史主義の貧困』中央公論社.）

Rawls, John, 1971/1999=Revised edition, *A Theory of Justice*, Harvard University Press

Rawls, John, 1971/ 1999, *A Theory of Justice (Revised edition)*, Harvard University Press.（=2010, 川本隆史・福間聡・神島裕子訳『正義論』紀伊國屋書店.）

Ren21, 2010, *Renewables 2010: Global Status Report*.

Rivero, Jean, 1980, *Droit administratif*, Coll. Precis Dalloz, 9e ed.（=1982, 兼子仁他訳『フランス行政法』東京大学出版会.）

Sen, Amartya, 1992, *Inequality Reexamined*, Clarendon Press.（=1999, 池本幸生・野上裕生・佐藤仁訳『不平等の再検討――潜在能力と自由』岩波書店.）

Sloan, Alfred P. Jr., 1963, *My years with General Motors*, Crown Business.（=1967, 田中融二他訳『G.M.とともに』ダイヤモンド社.）

Smelser, Neil Joseph, 1962, *Theory of Collective Behavior*, Free Press.（=1973, 会田彰・木原孝訳『集合行動の理論』誠信書房.）

Tilly, Charles, 1978, *From Mobilization to Revolution*, Addison-Wesley.（=1984, 堀江湛監訳『政治変動論』芦書房.）

Touraine, Alain, 1973, *Production de la société*, Édition du Seuil.

Walzer, Michael, 1987, *Interpretation and Social Criticism*, Harvard University Press.（=1996, 大川正彦・川本隆史訳『解釈としての社会批判』風行社.）

Weber, Max, 1904, Die «Objektivität» sozialwissenschaftlicher und sozialpolitischer Erkenntnis, *Archiv für Sozialwissenschaft und Sozialpolitik, Bd.19*, Tübingen : Mohr.（=1998, 富永祐治・立野保

男訳, 折原浩補訳,『社会科学と社会政策にかかわる認識の「客観性」』岩波書店.)
Weber, Max, 1921-22, Soziologie der Herrschaft, in 1956, J. Winckelmann hg., *Wirtschaft und Gesellschaft, 4 aufl.*, Mohr.(=1960/1962, 世良晃志郎訳『支配の社会学（第4版）I・II』創文社.)
Weber, Max, 1921-22, Soziologische Grundbegriffe, in 1956, J. Winckelmann hg., *Wirtschaft und Gesellschaft, 4 aufl.*, Mohr. (=1970, 内藤・阿閉訳・改版)『社会学の基礎概念』角川文庫.)
Wildavsky, Aaron, 1964, *The Politics of the Budgetary Process*, Little Brown and Company, Inc.（=1972, 小島昭訳『予算編成の政治学』勁草書房.)

舩橋晴俊　履歴・研究業績

1. 履歴

　1948 年 7 月 17 日　　神奈川県生まれ
　2014 年 8 月 15 日　　逝去（クモ膜下出血）享年 66 歳

〈学歴〉
　1967 年 3 月 31 日　　神奈川県立平塚江南高等学校　卒業
　1967 年 4 月 1 日　　東京大学理科 I 類　入学
　1971 年 6 月 30 日　　東京大学工学部航空学科　卒業
　1971 年 7 月 1 日　　東京大学経済学部経済学科　入学（学士入学）
　1973 年 3 月 31 日　　東京大学経済学部経済学科　卒業
　1973 年 4 月 1 日　　東京大学大学院社会学研究科社会学専攻修士課程　入学
　1975 年 3 月 31 日　　東京大学大学院社会学研究科社会学専攻修士課程　修了
　1975 年 4 月 1 日　　東京大学大学院社会学研究科社会学専攻博士課程　進学
　1976 年 9 月 30 日　　東京大学大学院社会学研究科社会学専攻博士課程　退学
　1986 年 8 月　　　　フランス政府給費留学生として組織社会学研究所に留学
　　　　　　　　　　　M・クロジェに師事（〜 1988 年 8 月）

〈職歴〉
　1976 年 10 月 1 日　　東京大学文学部助手（社会学研究室）（〜 1979 年 3 月 31 日）
　1979 年 4 月 1 日　　法政大学社会学部専任講師（〜 1981 年 3 月 31 日）
　1981 年 4 月 1 日　　法政大学社会学部助教授（〜 1988 年 3 月 31 日）
　1988 年 4 月 1 日　　法政大学社会学部教授（〜 2014 年 8 月 15 日）
　1991 年 4 月 1 日　　法政大学社会学部教授会主任（〜 1993 年 3 月 31 日）
　2004 年 4 月 1 日　　法政大学社会学部長（〜 2006 年 3 月 31 日）
　2008 年 8 月 1 日　　日本学術会議連携会員（〜 2014 年 8 月 15 日）
　2009 年 4 月 1 日　　法政大学大学院委員会議長（〜 2011 年 3 月 31 日）
　2009 年 10 月 1 日　　法政大学サステイナビリティ研究教育機構長（〜 2013 年 3 月 31 日）
　2013 年 7 月 1 日　　法政大学サステイナビリティ研究所副所長（〜 2014 年 8 月 15 日）
　2014 年 8 月 15 日　　法政大学名誉教授
　　その他に，東京大学，大阪大学，京都大学，東北大学，名古屋大学，一橋大学等で，兼任講師を務めた．

〈受賞等〉
　1978 年 5 月 27 日　　第 19 回城戸賞
　2014 年 8 月 15 日　　正五位瑞宝中綬章

〈所属学会〉
　日本社会学会（1976-2014 年），社会経済システム学会（1982-2014 年），計画行政学会（1989-2014 年），環境社会学会（1992-2014 年），環境経済・政策学会（1995-2014 年），廃棄物学会（1996-2014 年），環境法政策学会（1997-2014 年），等．

〈学会役員〉
1990年6月　環境社会学会運営委員（〜1993年6月）
1995年6月　環境社会学会事務局長（〜1997年6月）
1997年6月　環境社会学会運営委員（〜1999年6月）
1997年11月　日本社会学会理事・データベース委員長（〜2000年10月）
1999年6月　環境社会学会編集委員長（〜2001年6月）
2001年6月　環境社会学会会長（〜2003年6月）
2003年6月　環境社会学会運営委員（〜2005年6月）
2003年11月　日本社会学会理事・社会学評論編集委員長（〜2006年10月）
2009年11月　日本社会学会理事・研究活動委員長（〜2012年10月）

〈社会的活動〉
1996年4月　大磯町まちづくり環境問題研究会コーディネータ（〜1999年3月）
　（1999年1月に大磯町は「平成10年度潤いと活力のあるまちづくり」優良地方公共団体自治大臣表彰を受けた）
1997年1月　大学院社会学分野単位互換制度運営協議会幹事校（〜1999年1月）
1999年4月　水俣病関西訴訟の控訴審で、水俣病の行政責任を問う論文（業績リストの34, 37, 39, いずれも『社会労働研究』所収）が書証として提出された
2001年4月　国家公務員採用1種試験（行政）試験専門委員（〜同年8月）
2002年4月　国家公務員採用1種試験（行政）試験専門委員（〜同年8月）
2003年8月　学術振興会特別研究員等審査専門委員（〜2005年7月）
（……中略……学術振興会科研費審査専門委員や多数の公的活動を担った）
2012年9月　（一社）えこえね南相馬研究機構アドバイザー（〜2014年8月）
2012年9月　日本学術会議「高レベル放射性廃棄物の処分に関する検討委員会」幹事として「回答　高レベル放射性廃棄物の処分について」を公表
2013年4月　原子力市民委員会座長（〜2014年8月）
2013年6月　日本学術会議「社会学委員会・東日本大震災の被害構造と日本社会の再建の道を探る分科会」委員長として「原発災害からの回復と復興のために必要な課題と取り組み態勢について」提言
2013年11月　（一社）大磯エネシフト理事（〜2014年8月）
2014年4月　原子力市民委員会座長として『原発ゼロ社会への道――市民がつくる脱原子力政策大綱』（241頁）を発表
2014年4月　「脱原発フォーラム」を実行委員長として開催
2014年4月　参議院外交防衛委員会で参考人として原発輸出問題について意見陳述
2014年7月12-13日　世界社会学会議横浜大会にあわせて、法政大学サステイナビリティ研究所、環境社会学会、世界社会学会議リサーチコミッティ24の共催で、Pre-Congress Conference "Sustainability and Environmental Sociology" を開催
2014年9月　日本学術会議「高レベル放射性廃棄物の処分に関するフォローアップ検討委員会 暫定保管と社会的合意形成に関する分科会」委員長としてとりまとめた「報告　高レベル放射性廃棄物問題への社会的対処の前進のために」が公表された

2. 研究業績

〈著書〉

1. 『新幹線公害——高速文明の社会問題』(長谷川公一・勝田晴美・畠中宗一と共著) 有斐閣, 1985年12月
   執筆：「新幹線公害問題とは何か (1章)」(長谷川公一と共著)：1-60
   「社会問題としての新幹線公害 (2章)」(単著)：61-94
   「国鉄はなぜ問題を放置しているのか (4章)」(単著)：117-143
   「政府・国会・裁判所はどう対応したか (5章)」(単著)：145-172
   「「公共性」と被害救済との対立をどう解決するか (8章)」(単著)：237-272

2. 『高速文明の地域問題——東北新幹線の建設・紛争と社会的影響』(長谷川公一・畠中宗一・梶田孝道と共著) 有斐閣, 1988年10月
   執筆：「大規模開発プロジェクトと地域問題 (1章)」(長谷川公一と共著)：1-42
   「東北・上越新幹線の建設と地域紛争 (2章)」(長谷川公一・畠中宗一と共著)：43-80
   「「未熟型」公共事業としての新幹線建設 (3章)」(単著)：81-109
   「建設計画の決定・実施過程と住民運動 (4章)」(単著)：113-154
   「構造的緊張の連鎖的転移——伊奈町のニューシャトルをめぐる利害調整過程 (5章)」(単著)：155-187

3. 『巨大地域開発の構想と帰結——むつ小川原開発と核燃料サイクル施設』(長谷川公一・飯島伸子と共編著) 東京大学出版会, 1998年1月
   執筆：「序論」(単著)：1-9
   「むつ小川原開発の経過と概要 (1章)」(単著)：11-41
   「開発の性格変容と意志決定過程の特質 (4章)」(単著)：93-119
   「開発過程と人口、経済、財政の変化 (6章)」(単著)：147-173

4. 『講座社会学12 環境』(飯島伸子と共編著) 東京大学出版会, 1998年12月
   執筆：「環境問題の未来と社会変動——社会の自己破壊性と自己組織性 (7章)」(単著)：191-224

5. 『新潟水俣病問題——加害と被害の社会学』(飯島伸子と共編著) 東信堂, 1999年2月
   執筆：「加害過程の特質——企業・行政の対応と加害の連鎖的・派生的加重 (2章)」(単著)：41-73
   「未認定患者の長期放置と「最終解決」の問題点 (8章)」(単著)：203-234

6. 『環境社会学入門——環境問題研究の理論と技法』(古川彰と共編著) 文化書房博文社, 1999年12月
   執筆：「環境社会学研究における調査と理論 (1章)」(単著)：17-54
   「公害問題研究の視点と方法——加害・被害・問題解決 (3章)」(単著)：91-124

7. 『講座環境社会学第1巻 環境社会学の視点』(飯島伸子・鳥越皓之・長谷川公一と共編著) 有斐閣, 2001年1月
   執筆：「環境問題の社会学的研究 (2章)」(単著)：29-62

8. 『講座環境社会学第2巻 加害・被害と解決過程』(編著) 有斐閣, 2001年7月
   執筆：「環境問題解決過程の社会学的解明 (1章)」(単著)：1-28

9. 『「政府の失敗」の社会学——整備新幹線建設と旧国鉄長期債務問題』(角一典・湯浅陽一・水澤弘光と共著) ハーベスト社, 2001年11月
   執筆：「総論 「政府の失敗」と鉄道政策研究 (1章)」(単著)：1-21

「山形・秋田のミニ新幹線の建設経過と意義（8章）」（湯浅陽一と共著）：131-147
「鉄道政策と「政府の失敗」——政策決定過程の総合的分析（10章）」（単著）：169-200
「「政府の失敗」の克服のために——改革の方法の提案（11章）」（単著）：201-223
10.『環境社会学』（宮内泰介と共編著）放送大学教育振興会，2003年3月
執筆：「環境社会学の課題と視点（1章）」（単著）：11-39
「環境問題の諸段階（2章）」（単著）：40-65
「新幹線公害問題（4章）」（単著）：91-111
「社会的ジレンマ論（10章）」（単著）：190-209
「環境負荷の外部転嫁と社会的ジレンマの諸類型（11章）」（単著）：210-229
「環境制御システム論（12章）」（単著）：230-249
11.『講座・社会変動 第4巻 官僚制化とネットワーク社会』（編著）ミネルヴァ書房，2006年7月
執筆：「組織領域における社会変動としての官僚制化とネットワーク化（序章）」（単著）：1-26
「行政組織の再編成と社会変動——環境制御システム形成を事例として（1章）」（単著）：29-63
12.『組織の存立構造論と両義性論——社会学理論の重層的探究』（単著）東信堂，240頁，2010年6月
13.『環境総合年表——日本と世界』（「環境総合年表編集委員会」代表として共編著）すいれん舎，2010年11月
執筆：序論、あとがき、複数の年表
14.『環境社会学』（編著）弘文堂，2011年3月
執筆：「現代の環境問題と環境社会学の課題（1章）」（単著）：4-20
「公害問題の解決条件——水俣病事件の教訓（2章）」（単著）：23-40
「環境問題の解決のための社会変革の方向（14章）」（単著）：235-253
15.『核燃料サイクル施設の社会学——青森県六ヶ所村』（長谷川公一・飯島伸子と共著）有斐閣，2012年3月
執筆：「むつ小川原開発と核燃料サイクル施設の歴史を解明する視点（序章）」（単著）：1-18
「巨大開発から核燃基地へ（1章）」（長谷川公一と共著）：19-84
「開発の性格変容と計画決定のあり方の問題点（2章）」（単著）：85-118
「開発による人口・経済・財政への影響と六ヶ所村民の意識（4章）」（単著）：139-169
「原子力エネルギーの難点の社会学的検討——主体・アリーナの布置連関の視点から（5章）」（単著）：171-207
16.『規範理論の探究と公共圏の可能性』（壽福眞美と共編著）法政大学出版局，2012年3月
執筆：「社会制御過程における道理性と合理性の探究（1章）」（単著）：13-43
17.『社会学をいかに学ぶか』（単著）弘文堂，158頁，2012年7月
18.『持続可能性の危機——地震・津波・原発災害に向き合って』（長谷部俊治と共編著）お茶の水書房，2012年9月
執筆：「持続可能性をめぐる制御不能性と制御可能性（2章）」（単著）：33-61
19.『「むつ小川原開発・核燃料サイクル施設問題」研究資料集』（金山行孝・茅野恒秀と共編著）東信堂，1496頁，2013年2月
執筆：「総説：『「むつ小川原開発・核燃料サイクル施設問題」研究資料集』の意義と編

集方針」（茅野恒秀と共著）：5-46

「第Ⅴ部　その他（年表・意識調査など）：解題」（単著）：1155-1164

「あとがき」（編者を代表して）：1489-1496

20. 『東日本大震災と社会学——提起された〈問い〉をめぐって』（田中重好・正村俊之と共編著）ミネルヴァ書房，2013 年 3 月

執筆：「大震災が突きつけた問い（序章）」（田中重好・正村俊之と共著）：1-23

「福島原発震災の制度的・政策的欠陥——多重防護の破綻という視点（5 章）」（単著）：135-161

21. 『公共圏と熟議民主主義——現代社会の問題解決』（壽福眞美と共編著）法政大学出版局，2013 年 3 月

執筆：「高レベル放射性廃棄物問題をめぐる政策転換——合意形成のための科学的検討のあり方（1 章）」（単著）：11-40

監訳：具度完「環境問題と公共圏　韓国の事例」：95-119

22. 『グローバリゼーションと社会学』（宮島喬・友枝敏雄・遠藤薫との共編著）ミネルヴァ書房，2013 年 7 月

執筆：「グローバリゼーションとエネルギー・環境問題——システム準拠的制御の可能性」（単著）：139-160

23. 『原子力総合年表——福島原発震災に至る道』（原子力総合年表編集委員会の代表として共編著）すいれん舎，2014 年 7 月

24. *A General World Environmental Chronology*（GWEC Editorial Working Committee の代表として共編著）すいれん舎，2014 年 7 月

25. 『持続可能なエネルギー社会へ——ドイツの現在，日本の未来』（共編者の壽福眞美氏により完成）法政大学出版会，2016 年 8 月

執筆：「原子力政策をめぐる社会制御の欠陥とその変革（第 7 章）」（単著）：205-233

26. 『社会制御過程の社会学』（単著）東信堂，2018 年 8 月

〈訳書〉

1. G・コンラッド／I・セレニィ『知識人と権力——社会主義におけるあらたな階級の台頭』（宮原浩二郎・田仲康博と共訳）新曜社，1986 年 6 月，（原著：Konrád, George and Szelényi, Ivan, 1979, *The Intellectuals on the Road to Class Power: A Sociological Study of the Role of the Intelligentsia in Socialism*, Harcourt Brace Jovanovich Inc.）

2. エアハルト・フリードベルグ『組織の戦略分析——不確実性とゲームの社会学』（クロード・レヴィ＝アルヴァレスと共訳）新泉社，1989 年 11 月，（原著：Friedberg, Erhard, 1972, *L'Analyse Sociologique des Organisations, dans la Série 'Les dossiers pédagogiques du formateur'*, Paris, GREP）

3. ジュヌヴィエーブ・フジ・ジョンソン『核廃棄物と熟議民主主義——倫理的政策分析の可能性』（西谷内博美と共監訳）新泉社，2011 年 7 月，（原著：Johnson, Jenevieve Fuji, 2008, *Deliberative Democracy for the Future: the Case of Nuclear Waste Management in Canada*, University of Toronto Press Incorporated）

4. M・クロジェ『官僚制』の日本語訳刊行予定

〈論文等〉

1. 「対抗的分業の理論」(舩橋惠子と共著)『現代社会学6』Vol.3 No.2, 講談社:114-129, 1976年11月.(似田貝・梶田・福岡編『リーディングス日本の社会学10 社会運動』東京大学出版会:110-121, 1986年12月に再録)
2. 「組織の存立構造論」(単著)『思想』第638号, 岩波書店:37-63, 1977年8月.(第19回城戸賞受賞.塩原・井上・厚東編『リーディングス日本の社会学1 社会学理論』東京大学出版会:167-176, 1997年2月に部分再録)
3. 「個人と集団」(単著) 竹内郁郎他編『テキストブック社会学(8)社会心理』有斐閣:34-50, 1979年4月.
4. 「定年退職をめぐる生活設計の諸類型」(単著)『月刊福祉』Vol.63 No.2, 全国社会福祉協議会:36-41, 1980年2月.
5. 「協働連関の両義性——経営システムと支配システム」(単著) 現代社会問題研究会編『現代社会の社会学』川島書店:209-231, 1980年12月.
6. 「社会工学の領域仮説と限界問題」(単著)『社会労働研究』Vol.27 No.2, 法政大学社会学部学会:39-61, 1981年3月.
7. 「社会工学の限界性と「漸次的社会技術」の理念」(単著)『社会労働研究』Vol.27 No.3・4, 法政大学社会学部学会:1-45, 1981年6月.
8. 「社会学理論の三水準」(単著)『社会労働研究』Vol.28 No.3・4, 法政大学社会学部学会:139-177, 1982年3月.
9. 「生活水準の変化」(単著) 青井和夫編『中高年齢層の職業と生活』東京大学出版会:95-126, 1983年2月.
10. 「「社会集団の基礎理論」のための方法意識と問題関心」:安田三郎・塩原勉・富永健一・吉田民人編『基礎社会学 第Ⅲ巻 社会集団』東洋経済新報社, 1981年 書評論文」(単著) 現代社会学会議編『現代社会学』17 アカデミア出版会:150-157, 1983年10月.
11. 「国家機構における新幹線公害問題の放置のメカニズム」(単著)『社会労働研究』Vol.30 No.3・4, 法政大学社会学部学会:1-25, 1984年3月.
12. 「新幹線公害の社会学的考察——国鉄組織における放置のメカニズム」(単著)『公害研究』Vol.13 No.4, 岩波書店:21-30, 1984年4月.
13. 「権力と情報——新幹線をめぐる地域紛争の事例から」(単著)『社会・経済システム』No.3, 社会・経済システム学会:39-43, 1985年11月.
14. 「新幹線公害の社会学的問題点」(単著)『環境研究』No.57, 環境調査センター:73-81, 1986年3月.
15. 「東北新幹線建設と住民運動——「支配システムと経営システム」の視角から」(単著) 栗原彬・庄司興吉編『社会運動と文化形成』東京大学出版会:123-156, 1987年5月
16. Ils sont fous, ces français!(単著) *Annales des Mines, Gérer et Comprendre*, no.9:46-55, France, 1987年12月.
17. Une culture au service de la production?; Quelques considérations sur la vie sociale et économie au Japon, (単著) *Annales des Mines, Gérer et Comprendre*, no.11:70-80, France, 1988年6月.
18. 「「社会的ジレンマ」としての環境問題」(単著)『社会労働研究』Vol.35 No.3・4, 法政大学社会学部学会:23-50, 1989年3月.
19. 「新幹線公害対策としての緑地遊歩道——フランス大西洋新幹線の事例」(単著)『社会労働研究』Vol.36 No.2, 法政大学社会学部学会:1-61, 1989年11月.

20.「〈研究動向〉フランスの市民生活と研究活動の環境」(単著)『理論と方法』数理社会学会, Vol.5 No.1: 131-140, 1990年.
21.「フランスにおける新幹線公害対策——緑地遊歩道とその実現過程(上)」(単著)『公害研究』Vol.19 No.4, 岩波書店: 61-67, 1990年4月.
22.「フランスにおける新幹線公害対策——緑地遊歩道とその実現過程(下)」(単著)『公害研究』Vol.20 No.1, 岩波書店: 50-54, 1990年7月.
23.「「行政の失敗」と公共事業の改革の方向」(単著)『都市問題』Vol.81 No.11, 東京市政調査会: 51-61, 1990年11月.
24.「社会制御の三水準——新幹線公害対策の日仏比較を事例として」(単著)『社会学評論』Vol.41 No.3, 日本社会学会: 73-87, 1990年12月.
25.「環境問題をめぐる配分の歪み——社会的ジレンマ論の視角から」(単著)『組織科学』Vol.24 No.3, 組織学会: 40-49, 1991年4月.
26. Social mechanism of environmental destruction : social dilemmas and the separate-dependent eco-system, (単著) Helmer Krupp (ed.), *Energy politics and the problem of global sustainability: Japan between short-term wealth and long-term welfare*, Springer Verlag: 265-275, 1992年.
27. Environmental problems in postwar Japanese society, (単著) *International Journal of Japanese Sociology*, No.1, The Japan Sociological Society: 3-18, 1992年10月.
28.「経済成長と環境問題」(単著)『改訂 社会福祉士養成講座12 社会学』中央法規: 220-236, 1992年3月.
29.「生産供給型社会制御システムと「合理性の背理」」(単著)『社会・経済システム』第11号, 社会・経済システム学会: 62-65, 1992年10月.
30.「環境問題と地域社会——社会的ジレンマ論の視点から」(単著)蓮見音彦・奥田道大編『21世紀日本のネオ・コミュニティ』東京大学出版会: 205-228, 1993年6月.
31.「交通公害対策と土地利用——新幹線緩衝緑地帯の日仏比較を事例として」(単著)『月刊 用地』Vol.26 No.315, 東京出版: 34-45, 1993年12月.
32.「社会制御としての環境政策」(単著)飯島伸子編『環境社会学』有斐閣: 55-79, 1993年12月.
33.「新潟水俣病における集団検診の限界と認定審査の欠陥——なぜ未認定患者が生み出されたか」(渡辺伸一と共著)『環境と公害』Vol.24 No.3, 岩波書店: 54-60, 1995年1月.
34.「熊本水俣病の発生拡大過程と行政組織の意志決定(一)」(単著)『社会労働研究』Vol.41 N0.4, 法政大学社会学部学会: 109-140, 1995年3月.
35.「環境問題への社会学的視座——「社会的ジレンマ論」と「社会制御システム論」」(単著)『環境社会学研究』創刊号, 環境社会学会: 5-20, 1995年9月.
36.「社会構想と社会制御」(単著)『岩波講座現代社会学 第26巻 社会構想の社会学』岩波書店: 1-24, 1996年11月.
37.「熊本水俣病の発生拡大過程と行政組織の意志決定(二)」(単著)『社会労働研究』Vol.43 No.1・2, 法政大学社会学部学会: 97-127, 1996年11月.
38.「環境問題と情報——公共圏の豊富化をめぐって」(単著)『社会と情報』No.3, 東信堂: 53-74, 1997年11月.
39.「熊本水俣病の発生拡大過程と行政組織の意志決定(三)」(単著)『社会労働研究』Vol.44 No.2, 法政大学社会学部学会: 93-124, 1997年12月.
40.「補助金制度の構造的欠陥——財政支出肥大化についての社会学的視点」(単著)『都

市問題』Vol.89 No.4, 東京市政調査会 : 43-54, 1998 年 4 月.
41.「現代の市民的公共圏と行政組織――自存化傾向の諸弊害とその克服」(単著) 青井和夫・高橋徹・庄司興吉編『現代市民社会とアイデンティティー 21 世紀の市民社会と共同性：理論と展望』梓出版社 : 134-159, 1998 年 4 月.
42.「二つの水俣病における政治システムの閉塞と情況化」(単著)『情況』1999 年 10 月号, 情況出版 : 65-76, 1999 年 10 月.
43.「容器包装と廃棄物問題についての企業の態度――「大磯町ごみ減量化・資源化推進調査研究会」アンケート調査に見る」(石川建次と共著)『リサイクル文化』62 号, リサイクル文化社 : 88-96, 2000 年 6 月.
44.「熊本水俣病の発生拡大過程における行政組織の無責任性のメカニズム」(単著) 相関社会科学有志編『ヴェーバー・デュルケム・日本社会――社会科学の古典と現代』ハーベスト社 : 129-211, 2000 年 6 月.
45.「分別保管庫の提案――廃棄物処分場に代えて」(単著)『環境社会学研究』第 6 号, 環境社会学会 : 119-124, 2000 年 10 月.
46.「社会学は政策科学にどのように貢献しうるか」(単著)『社会志林』Vol.47No.3, 法政大学社会学部学会 : 18-38, 2001 年 3 月.
47.「飯島伸子先生の業績と環境社会学会」(単著)『人文学報』318 号, 首都大学東京都市教養学部人文・社会系, 東京都立大学人文学部編 : 13-17, 2001 年 3 月.
48.「巻頭エッセイ 環境社会学の方法意識」(単著)『環境社会学研究』第 7 号, 環境社会学会 : 3, 2001 年 10 月.
49.「座談会 政策科学専攻への抱負」(阿部孝夫, 岡本義行との共著)『社会志林』47 (3) 法政大学社会学部学会 : 1-17, 2001 年.
50.「グリーンコンシューマー運動の類型と普及への課題」(単著)『月刊国民生活』Vol.32 No.3, 国民生活センター : 6-9, 2002 年 3 月.
51.「環境社会学の研究教育と情報技術」(単著)『大学教育と情報』Vol.11 No.1, 私立大学情報教育協会 : 24-26, 2002 年 6 月.
52.「飯島伸子先生の歩みと環境社会学の方法」(単著)『環境社会学研究』第 8 号, 環境社会学会 : 217-220, 2002 年 10 月.
53.「環境問題をめぐる政策的課題とコミュニケーション」(単著)『都市問題』Vol.93 No.10, 東京市政調査会 : 3-14, 2002 年 10 月.
54.「政策科学の諸領域と問題解決の総合性」(単著) 岡本義行編『政策づくりの基本と実践』法政大学出版局 : 3-17, 2003 年 12 月.
55.「環境社会学と社会学理論の対話をめぐる諸論点」(単著) 関西社会学会編『フォーラム現代社会学』Vol.3, 世界思想社 : 67-69, 2004 年
56. Intervention of the Environmental Control System in the Economic System and the Environmental Cluster, (単著) in György, Széll and Tominaga, Ken'ichi (eds.), *The Environmental Challenges for Japan and Germany: Intercultural and Interdisciplinary Perspectives*, Peter Lang: 137-159, 2004 年 8 月.
57.「環境制御システム論の基本視点」(単著)『環境社会学研究』第 10 号, 環境社会学会 : 59-74, 2004 年 11 月.
58.「公共事業の欠陥とその改革の方向」(単著)『社会志林』Vol.51 No.2, 法政大学社会学部学会 : 67-86, 2004 年 12 月.

59.「水俣病問題は保健医療社会学にどのような問いを提起しているのか——支配システム論と科学技術社会学の視点から」(単著)『保健医療社会学論集』Vol.16 No.2, 日本保健医療社会学会:16-27, 2006年1月.
60.「「理論形成はいかにして可能か」を問う諸視点」(単著)『社会学評論』Vol.57 No.1, 日本社会学会:4-23. 2006年6月.
61.「支配システムにおける問題解決過程——静岡県におけるコンビナート建設阻止を事例として」(単著)『社会志林』Vol.53 No.2, 法政大学社会学部学会:63-89, 2006年9月.
62. Minamata Disease and Environmental Governance, (単著) *International Journal of Japanese Sociology*, No.15, The Japan Sociological Society: 7-25, 2006年11月.
63.「環境問題を問う」(単著) 山﨑英則編『教育哲学へのいざない——教育の再構築と教育思想の展開』学術図書出版社:150-157, 2007年4月.
64.「公共事業における欠陥とその改革の方向——社会計画論の視点より」(単著) 田辺忠顕・千葉秀樹編『公共事業における意思決定のプロセスと第三者機関の役割』名工社:45-64, 2007年6月.
65.「特別寄稿 宇井純の仕事の社会学への示唆と距離」(単著)『環境社会学研究』第13号, 環境社会学会:233-238, 2007年11月.
66.「公共圏と科学の自律性」(単著)『学術の動向』Vol.13 No.1, 日本学術協力財団:77-79, 2008年1月.
67.「子どもに伝えたい環境問題」(単著) 小宮信夫編集代表『子育て支援シリーズ・第4巻 安全・安心の環境づくり 地域で守る・自分で守る』ぎょうせい:292-302, 2008年9月.
68.「環境に関する道理性と日本の役割」(単著)『学術の動向』Vol.14 No.1, 日本学術協力財団:42-46, 2009年1月.
69.「公害問題へのまなざし」(単著) 鳥越皓之・帯谷博明編『よくわかる環境社会学』ミネルヴァ書房:142-145, 2009年4月.
70.「環境控制系統対経済系統的干預与環保集群」(単著)『學海』2010 No.2, 學海編委会:69-84, 中国, 2010年3月.
71.「田中義久先生が探究したもの」(単著)『社会志林(田中義久教授退職記念号)』56 (4), 法政大学社会学部学会:5-10, 2010年3月.
72.「「経営システムと支配システムの両義性」からみた社会的合意形成」(単著)『季刊 政策・経営研究』2010 Vol.3, 三菱ＵＦＪリサーチ＆コンサルティング:72-88, 2010年7月.
73.「環境・経済・福祉サステイナビリティと制御可能性」(単著)『サステイナビリティ研究』Vol.1, 法政大学サステイナビリティ研究教育機構:40-49, 2010年8月.
74. The Duality of Social Systems and the Environmental Movement in Japan, (単著) Jeffery Broadbent and Vicky Brockman (eds.), *East Asian Social Movements: Power, Protest and Change in a Dynamic Region*, New York, Springer Press: 37-61, 2011年.
75.「社会制御システム論における規範理論の基本問題」(単著)『社会志林』Vol.57 No.4, 法政大学社会学部学会:119-142, 2011年3月.
76.「エネルギー政策と地域社会」(単著)『地方自治職員研修』621号, 公職研:34-36, 2011年8月.
77.「災害型の環境破壊を防ぐ社会制御の探究」(単著)『環境社会学研究』第17号, 環境社会学会:191-195, 2011年11月.

78. Why the Fukushima Nuclear Disaster is a Man-made Calamity,（単著）*International Journal of Japanese Sociology*, No.21, The Japan Sociological Society: 65-75, 2012 年 3 月．
79.「福島原発震災の教訓」（単著）『書斎の窓』No.615, 有斐閣：48-52, 2012 年 6 月．
80.「エネルギー戦略シフトと地域自然エネルギー基本条例」（単著）『月刊自治研』Vol.54 No.634: 29-37, 2012 年 7 月．
81.「環境制御システムの介入深化の含意と条件――循環と公共圏の視点から」（単著）池田寛二・堀川三郎・長谷部俊治編『環境をめぐる公共圏のダイナミズム』法政大学出版局：15-35, 2012 年 8 月．
82.「復興に向けた取組み態勢の構築を」（単著）『学術の動向』Vol.17 No.10, 日本学術協力財団：88-90, 2012 年 10 月．
83.「高レベル放射性廃棄物をめぐる新たな議論の枠組み――学術会議からの提言」（今田高俊と共著）『科学』Vol.82 No.12, 岩波書店：1295-1300, 2012 年 12 月．
84.「高レベル放射性廃棄物という難問への応答――科学の自律性と公平性の確保」（単著）『世界』No.839, 岩波書店：33-41, 2013 年 2 月．
85.「地域に根ざした再生可能エネルギーをどう普及するか」（講演録）『総研レポート』24 調二 No.3, 農林中金総合研究所，54 頁，2013 年 2 月．
86.「高レベル放射性廃棄物問題にいかに対処するか――学術会議「回答」と公平の回復」（単著）『社会運動』395 号，市民セクター政策機構：36-43, 2013 年 2 月．
87.「解説 放射能汚染被害の科学的解明のために，どういう取り組みが必要か」（単著）オリハ．V・ホリッシナ（西谷内博美・吉川成美訳）『チェルノブイリの長い影 現場のデータが語るチェルノブイリ原発事故の健康影響』新泉社：102-109, 2013 年 3 月．
88.「原子力市民委員会のめざすもの」（単著）『科学』Vol.83 No.6, 岩波書店：7-10, 2013 年 6 月．
89.「高レベル放射性廃棄物問題の取り組み態勢について，考えるべき論点」（単著）『学術の動向』Vol.18 No.6, 日本学術協力財団：40-45, 2013 年 6 月．
（『高レベル放射性廃棄物の最終処分について』学術会議叢書 21, 日本学術協力財団, 2014 年 11 月：89-97, および，島薗ほか編『科学不信の時代を問う』合同出版, 2016 年 5 月：102-109 に再録）
90.「原子力政策は何を判断基準とすべきか――政策転換に必要なパラダイム変革とは」（単著）『世界』848 号，岩波書店：117-125, 2013 年 10 月．
91.「震災復興について掘り下げるべき論点」（単著）『学術の動向』Vol.18 No.10, 日本学術協力財団：68-69, 2013 年 10 月．
92.「「原子力市民委員会」のめざすもの」（単著）『社会運動』404 号，市民セクター政策機構：4-8, 2013 年 11 月．
93.「「震災問題とマイノリティ」を考える視点――討論者の立場から」（単著）『学術の動向』Vol.18 No.11, 日本学術協力財団：44-47, 2013 年 11 月．
94.「震災問題対処のために必要な政策課題設定と日本社会における制御能力の欠陥」（単著）『社会学評論』Vol.64 No.3, 日本社会学会：1-23, 2013 年 12 月．
95.「「生活環境の破壊」としての原発震災と地域再生のための「第三の道」」（単著）『環境と公害』Vol.43 No.3, 岩波書店：62-67, 2014 年 1 月．
96.「高レベル放射性廃棄物処分場問題への対処――学術会議の「回答」をふまえて」（単著）『日本の科学者』Vol.49 No.1, 日本科学者会議編／本の泉社：19-24, 2014 年 1 月．

97.「原発震災の被害構造と生活再建・地域再生のための「第三の道」」（単著）『東日本大震災の被災地再生をめぐる諸問題』法政大学サステイナビリティ研究所：1-19, 2014年1月．
98.「震災復興問題における取り組み態勢の問題点——理論概念の構築を目指して」（単著）『東日本大震災の被災地再生をめぐる諸問題』法政大学サステイナビリティ研究所：21-35, 2014年1月．
99.「原発問題の社会的制御の回復方向」（単著）『前衛』No.905（汚染水問題シンポジウム），日本共産党中央委員会：174-179および197-198, 2014年2月．
100.「公共圏の豊富化を通しての制御能力の向上」（単著）河村哲二・陣内秀信・仁科伸子編著『持続可能な未来の探究：「3．11」を超えて』御茶の水書房：131-147, 2014年3月．
101.「解題：地域に根ざした再生可能エネルギー振興の諸問題」（単著）『サステイナビリティ』Vol.4, 法政大学サステイナビリティ研究所：3-5, 2014年3月．
102.「原発災害からの回復と復興のために必要な課題と取り組み態勢について」および「日本学術会議による「原発災害からの回復と復興のために必要な課題と取り組み態勢についての提言」」（単著）『学術の動向』Vol.19 No.4, 日本学術協力財団：59 & 60-65, 2014年4月．
103.「核燃料サイクルの正体から政策決定の変革へ」（河野太郎との対談）『科学』Vol.84 No.5, 岩波書店：506-517, 2014年5月．
104.「市民がつくる脱原子力政策大綱」（単著）『原子力資料情報室通信』480号，原子力資料情報室：1-4, 2014年6月．
105.「被災地再生のための「第三の道」と取り組み態勢の改革」（単著）『学術の動向』Vol.19 No.6, 日本学術協力財団：82-87, 2014年6月．（島薗ほか編『科学不信の時代を問う』合同出版，2016年5月：109-115に再録）
106.「再生可能エネルギー事業の普及のための今後の課題（終章）」（単著）環境エネルギー政策研究所編（法政大学サステイナビリティ研究所協力）『地域の資源を活かす再生可能エネルギー事業』金融財政事情研究会発行，株式会社きんざい販売：222-229, 2014年6月．
107.「「一つの志」を基盤に、多様な立場の大連合を」（単著）『社会運動』413号, 市民セクター政策機構：3, 2014年8月15日
108.「飯島伸子　環境社会学のパイオニア」（単著）宮本憲一・淡路剛久編『公害・環境研究のパイオニアたち』岩波書店：183-200, 2014年9月．
109.「脱原発へ　市民による公論形成」（単著）「災害と文明」取材班編『災害と文明』潮出版社：92-97, 2015年3月．
110.「日本環境政策、環境運動及環境問題史」（寺田良一と共著）『學海』2015 No.4, 學海編委会：62-75, 中国，2015年4月．
111.「日本環境社会学の理論的自覚とその自立性」（インタビュー記録の反訳・編集・補訂＝堀川三郎・高娜・朱安新）『社会志林』Vol.62 No.4, 法政大学社会学部学会：21-33, 2016年3月．
112.「福島原発震災が提起する日本社会の変革をめぐる３つの課題」（単著．英語発表原稿の翻訳・編集＝長谷川公一，茅野恒秀，羽深貴子，舩橋惠子）舩橋晴俊・田中重好監修，長谷川公一・山本薫子編『被災地から未来を考えるシリーズ第1巻　原発震災と避難』有斐閣：2-27, 2017年12月．

〈主な調査研究報告書〉
1. 『自動車排出ガス 51 年度規制問題の社会学的研究』1974 年度 東京大学大学院社会学研究科 馬場修一ゼミ研究グループ，1975 年．
2. 『1982 年度 名古屋新幹線公害問題調査報告書』社会問題研究会＋法政大学社会学部舩橋ゼミナール，1983 年 2 月．
3. 『1983 年度 東北・上越新幹線建設問題調査報告書』法政大学社会学部舩橋ゼミナール，1984 年 3 月．
4. 『新幹線をめぐる地域紛争の社会学的研究』1981 ～ 83 年度 科学研究費補助金（総合 A）研究成果報告書（研究課題番号 56310033）「公共的意思決定と社会的合意形成の研究」研究代表者・舩橋晴俊（社会問題研究会），1984 年 4 月．
5. 『東北・上越新幹線と地域社会―1984 年度調査報告書』法政大学社会学部舩橋ゼミナール，1985 年 3 月．
6. 『環境問題をめぐる社会的ジレンマと環境アセスメント』文部省「人間環境系」重点領域研究報告集 G025-N31-20，研究代表者・舩橋晴俊，1990 年 6 月．
7. 『1990 年度 むつ小川原開発・核燃料サイクル問題と地域振興に関する青森県調査報告書』法政大学社会学部舩橋ゼミナール，1991 年 3 月．
8. 『原子力施設をめぐる社会的ジレンマと地域紛争』文部省「人間環境系」重点領域研究報告集 G049-N37B-05，研究代表者・舩橋晴俊，1991 年 5 月．
9. 『1991 年度 むつ小川原開発・核燃料サイクル問題と地域振興に関する青森県調査報告書』法政大学社会学部舩橋ゼミナール，1992 年 3 月．
10. 『地域開発と環境保全をめぐる意志決定諸制度の機能』文部省「人間環境系」重点領域研究報告集 G057-N37B-08，研究代表者・舩橋晴俊，1992 年 12 月．
11. 『1992 年度 むつ小川原開発・核燃料サイクル問題と地域振興に関する青森県調査報告書』法政大学社会学部舩橋ゼミナール，1993 年 3 月．
12. 『新潟水俣病未認定患者の生活と被害：社会学的調査報告』飯島伸子・舩橋晴俊編（日本経済研究奨励財団奨励金，科学研究費重点領域研究分担金，東京都立大学研究奨励費，法政大学特別研究助成金による調査）1993 年 11 月．
13. 『1993 年度 むつ小川原開発・核燃料サイクル問題と地域振興に関する青森県調査報告書』法政大学社会学部舩橋ゼミナール・青森調査班，1994 年 3 月．
14. 『むつ小川原開発と核燃料サイクル施設問題』1992 ～ 94 年度 科学研究費補助金（総合 A）研究成果報告書（研究課題番号 04301013）「エネルギー政策と原子力施設をめぐる社会紛争の総合的研究」研究代表者・長谷川公一（地域開発研究会），1995 年 3 月．
15. 『1995 年度報告書　環境基本計画グループ』法政大学社会学部舩橋ゼミナール・環境基本計画グループ，1996 年 3 月．
16. 『1995 年度報告書　北陸新幹線調査』法政大学社会学部舩橋ゼミナール，1996 年 3 月．
17. 『1996 年度社会調査演習報告書～地球温暖化問題・緑地保全問題を考える～』法政大学大学院社会科学研究科，1997 年 3 月．
18. 『1996 年度社会調査演習報告書　九州新幹線調査』法政大学大学院社会科学研究科，1997 年 3 月．
19. 『1996 年度ゴミ問題調査報告書』法政大学社会学部舩橋ゼミナール，1997 年 3 月．
20. 『1997 年度ゴミ問題調査報告書』法政大学社会学部舩橋ゼミナール，1998 年 3 月．

21. 『1997年度社会調査演習報告書』（長野新幹線調査）法政大学大学院社会科学研究科, 1998年3月.
22. 『1998年度ゴミ問題調査報告書』法政大学社会学部舩橋ゼミナール, 1999年3月.
23. 「政策形成型住民参加による地域環境問題の解決」研究代表者・舩橋晴俊（『持続可能な社会と地域環境のための研究助成1998年度研究成果論文集』財団法人消費生活研究所）1999年11月.
24. 『1999年度グリーンコンシューマー「地域実験プロジェクト」調査報告書』法政大学社会学部舩橋ゼミナール, 2000年3月.
25. 『環境基本計画による環境問題の解決過程の研究』1997〜1999年度科学研究費補助金（基盤研究C2）研究成果報告書, 研究代表者・舩橋晴俊, 2000年4月.
26. 「政策形成型住民参加による地域環境問題の解決」研究代表者・舩橋晴俊（『持続可能な社会と地域環境のための研究助成1999年度研究成果論文集』財団法人消費生活研究所）2000年7月.
27. 『グリーンコンシューマー地域実験プロジェクト　調査報告書』法政大学社会学部舩橋研究室, 2001年3月.
28. 『2001年度グリーンコンシューマー運動　調査報告書』法政大学社会学部舩橋研究室, 2002年3月.
29. 『グリーンコンシューマー運動　調査報告書』法政大学社会学部舩橋研究室, 2003年3月.
30. 『2002年度　青森県核燃料サイクル施設問題調査報告書』法政大学社会学部舩橋研究室, 2003年3月.
31. 『社会制御システム論にもとづく環境政策の総合的研究』2001〜2003年度科学研究費補助金（基盤研究C・1）研究成果報告書, 研究代表者・舩橋晴俊, 2004年3月.
32. 『2003年度　むつ小川原開発・核燃料サイクル施設問題と住民意識』法政大学社会学部舩橋研究室, 2004年3月.
33. 『2004年度　むつ小川原開発・核燃料サイクル施設問題調査報告書』法政大学社会学部舩橋研究室, 2005年3月.
34. 『2005年度　むつ小川原開発・核燃料サイクル施設問題調査報告書』法政大学社会学部舩橋研究室, 2006年3月.
35. 『2006年度　エネルギー政策と地域社会—青森県における核燃料サイクル施設と新エネルギー』法政大学社会学部舩橋研究室, 2007年3月.
36. 『環境破壊の社会的メカニズムと環境制御システムの研究』2004〜2006年度科学研究費補助金（基盤研究C）研究成果報告書, 研究代表者・舩橋晴俊, 2007年3月.
37. 『2007年度　エネルギー政策と地域社会——青森県六ヶ所村・人間町・東通村・福島市の調査より』法政大学社会学部舩橋研究室, 2008年3月.
38. 『公共圏の創成と規範理論の研究：現代的社会問題の実証的研究を通して　論文集（I）』2007〜2010年度科学研究費補助金（基盤研究A）研究成果, 研究代表者・舩橋晴俊, 2008年3月.
39. 『公共圏の創成と規範理論の研究：現代的社会問題の実証的研究を通して　論文集（II）』2007〜2010年度科学研究費補助金（基盤研究A）研究成果, 研究代表者・舩橋晴俊, 2009年3月.
40. 『2008年度　エネルギー政策と地域社会——青森県六ヶ所村・むつ市・八戸市・岩手県葛巻町の調査より』法政大学社会学部舩橋研究室, 2009年3月.

41. 『環境問題・環境政策・環境運動の歴史的変遷と現在の課題：環境制御システム論の視点から考える』法政大学サステイナビリティ研究教育機構（サス研フォーラム講演記録集 1）2009 年．
42. 『公共圏の創成と規範理論の研究：現代的社会問題の実証的研究を通して 論文集（IV）』2007〜2010 年度科学研究費補助金（基盤研究 A）研究成果，研究代表者・舩橋晴俊，2010 年 3 月．
43. 『環境をめぐる公共圏のダイナミズム――中範囲の規範理論をめざして――論文集（V）』2007〜2010 年度科学研究費補助金（基盤研究 A）研究成果，研究代表者・舩橋晴俊，2010 年 3 月．
44. 『2009 年度 エネルギー政策と地域社会（4）――青森県六ヶ所村・八戸市・大間町・岩手県葛巻町の調査より』法政大学社会学部舩橋研究室，2010 年 3 月
45. 『2010 年度 エネルギー政策と地域社会（5）――青森県六ヶ所村・八戸市・岩手県葛巻町・秋田県の調査より』法政大学社会学部舩橋研究室，2011 年 3 月．
46. 『公共圏の創成と規範理論の探究――現代的社会問題の実証的研究を通して』2007〜2010 年度科学研究費補助金（基盤研究 A）研究成果報告書，研究代表者・舩橋晴俊，2011 年 5 月．
47. 『2011 年度 エネルギー政策と地域社会（6）――福島原発事故後の核燃施設と再生可能エネルギー』法政大学社会学部舩橋研究室, 2012 年 3 月．
48. 『地域間連携による地域エネルギーと地域ファイナンスの統合的活用政策及びその事業化研究』2009.10〜2012.9 社会技術研究開発事業研究開発プロジェクト，研究代表者・飯田哲也＋舩橋晴俊，2012 年 9 月．
49. 『2012 年度 エネルギー政策と地域社会（7）――福島原発事故後の核燃施設と再生可能エネルギー』法政大学社会学部舩橋研究室, 2013 年 3 月．
50. 『地域に根ざした再生可能エネルギー普及の諸問題――金融と主体の統合を求めて――論文集（1）』2011〜2014 年度科学研究費補助金（基盤研究 A）研究成果，研究代表者・舩橋晴俊，2013 年 7 月．
51. 『2013 年度 エネルギー政策と地域社会（8）――福島原発震災被災地の現状と地域再生をめぐる諸問題』法政大学社会学部舩橋研究室，2014 年 3 月．
52. 『東日本大震災の被災地再生をめぐる諸問題』2012〜2013 年度法政大学「東日本大震災復興支援研究助成金成果報告，法政大学サステイナビリティ研究所，2014 年 3 月．
53. 『災後の社会学 No.2』2012〜2015 年度科学研究費補助金（基盤研究 A）「東日本大震災と日本社会の再建―地震、津波、原発震災の被害とその克服の道」2013 年度報告書，研究代表者・加藤眞義，2014 年 3 月．
54. 『2014 年度 エネルギー政策と地域社会（9）――福島原発震災被災地の現状と地域再生をめぐる諸問題』法政大学社会学部舩橋研究室（後半代講を務めた茅野恒秀氏により完成），2015 年 3 月．
55. 『2015 年度 エネルギー政策と地域社会（10）――市民発電事業と地域振興』法政大学社会学部舩橋研究室（1 年間代講をつとめた湯浅陽一氏により完成), 2016 年 3 月．

〈国際学会・国際シンポジウム等での報告〉(単独)

1. Four logical stages of intervention by the environmental control system in the economic system. Kyoto Environmental Sociology Conference, Bukkyo University, Kyoto, Japan, October 20-23, 2001.
2. Intervention of the environmental control system in the economic system and the environmental cluster. Symposium on "Environment in Natural and Socio-cultural Context", German-Japanese Society for Social Science, Musashi Institut of Technology, Yokohama, Japan, October 4-6, 2002.
3. Concentration of radioactive wastes into Rokkasho Village: From the view point of environmental justice in Japanese society. RC24 (Environment and Society) of International Sociological Association, Seoul National University, Seoul, South Korea, June 29, 2004.
4. Theory of environmental control systems and normative principles for environmental policy. ⅩⅥ ISA World Congress of Sociology, Durban, South Africa, July 23-29, 2006.
5. Conditions for resolving environmental problems in a society under rapid economic growth: from the viewpoint of a meta-social-control-system, based on the Japanese experiences, Beijing Conference on Environmental Sociology, July 1, 2007.
6. Conditions necessary to foster the intervention of the environmental control system in the economic system. The International Symposium on East Asian Environmental Sociology: Problems, Movements and Policies, Hosei University, Tokyo, Japan, October 4-6, 2008.
7. Comparative study on different social effects of two energy policies. The second International Symposium on Environmental Sociology in East Asia, National Tsing Hua University, Hsinchu, Taiwan, November 13-15, 2009.
8. 「道理性と公共圏：環境問題はどのようにして解決できるのか」(Reasonability and the public sphere: How can we resolve environmental problems?). 国際シンポジウム「公共圏の創成と規範理論の探究」法政大学社会学部科研費プロジェクト「公共圏の創成と規範理論の探究」, 2010年5月23日.
9. Three theoretical perspectives for analyzing barriers against the environmental reform. ⅩⅦ ISA World Congress of Sociology, Gothenburg, Sweden, July 13, 2010.
10. Mission of Sus-ken faced with east-Japan grand earthquake disaster, 4th International Colloquium Tokyo on Sustainability Science & Education "Towards Reconstruction and Rebirth", Hosei University, October 5, 2011.
11. Why east Japan grand earthquake disaster occurred? A reflection from sociological viewpoints. 3rd ISESEA (International Symposium on Environmental Sociology in East Asia), Korea, October 21, 2011.
12. The Fukushima Nuclear Disaster as a man-made calamity. JSPS symposia 2012 "Risky engagements: encounters between science, art and public health", University of Manchester, U.K., January 5-6, 2012.
13. What should we learn from the Fukushima disaster? The International Symposium on Environmental Sociology in East Asia "Diversity: Environment and Society" Hohai University, Nanjing, China, November 2-4, 2013.
14. 「原子力政策をめぐる社会制御の欠陥とその変革」(The Flaws and Transformation of Social Control Regarding Nuclear Power Policies). 法政大学社会学部創設60周年記念国際シンポジウム「エネルギー政策の転換と公共圏の創造——ドイツの経験に学ぶ」法政大学,

東京, 2013年12月.
15. Three tasks of social change in Japan raised by the Fukushima Nuclear Disaster. Pre-Congress Conference "Sustainability and Environmental Sociology" organized by the Institute for Sustainability Research, Hosei University, Japanese Association for Environmental Sociology and Research Committee 24 of International Sociological Association, Yokohama, Japan, July 12-13, 2014.

○ その他に，国内の学会大会での口頭発表やシンポジウムでの基調講演・報告などが多数あるが，省略する．また，書評，事典項目執筆，新聞記事なども，多数あるが省略する．

〈舩橋晴俊追悼関連文献〉
1.『舩橋晴俊──研究・教育・社会変革に懸けた一筋の道』比較社会構想研究所（舩橋惠子編），163頁, 2015年7月12日.
2. *In MEMORIAM: THE LIFE OF PROFESSOR HARUTOSHI FUNABASHI*, the Institute for Sustainability Research, Hosei University in Collaboration with 5th International Symposium in Environmental Sociology in East Asia（ISESEA-5）, Tohoku University, 2015年10月30日.
3.『社会志林（舩橋晴俊教授追悼号）』62巻4号，法政大学社会学部学会, 2016年3月.
4. 茅野恒秀・湯浅陽一編著『環境問題の社会学の理論と実証』東信堂，近刊.

事項索引

※重要な概念は太字とした。

あ

悪循環 486
　　――的な閉塞 593
　　イニシアチブ回避の―― 146
新しい状況定義 687, 696
アーヘンモデル 680
アリーナ 64
　　外在的――における意志決定 512
　　外在的制御―― 310
　　制御―― 67, 218
　　制御――の8類型 307
　　実効的で公平な利害調整―― 484
　　主導的―― 415
　　政策決定―― 524
　　政治的―― 75
　　総意表出型の利害調整―― 234
　　第三者関与型の利害調整―― 234
　　適正な価値を体現した内的―― 484
　　内属的――における意志決定 512
　　内属的制御―― 310
　　二主体型の利害調整―― 234
　　中枢的―― 306
　　中枢的制御―― 66, 233
　　中枢的制御――群 303
　　統率―― 64, 67, 218
　　密室型の政策決定―― 613
　　利害調整―― 67, 72, 218, 220, 359

い

異議申し立て主体 201
意志 450
　　――決定手続き洗練問題 274
　　――の欠如 451
異質なものに対する開放性と接触 636
「以上の或るもの」(Etwas mehr, E) 43
一理ある論理 432
意図せざる帰結 28
意図せざる負の帰結 28

う

運動組織の形成と拡大 147

え

エネルギー・環境会議 684
エネルギー基本計画 504
エネルギー供給制御システム 370

エネルギー戦略シフト 676, 700
　　――の方向での政策転換 679
演繹的方法 253

お

重荷の回避 452

か

解決案の形成 309
解決策 309
　　――の決定 309
　　――の決定能力 604
　　――の実行能力 605
　　――の受容と実行 309
解決諸案の作成能力 604
介護保険制度 583
階層的主体性論 632
　　個人の主体性 117
　　集団の主体性 117
　　ネットワーク型の主体形成 633
　　複合組織型主体形成 634
階層的連鎖関係 303
概念 260
　　――解釈 261
開発 746
　　外発型―― 746
　　従属型の―― 746
　　植民地型の―― 746
　　内発的な―― 746
　　誘致型―― 746
外部環境の不確実性 69
加害者の行為の擁護的黙認 439
科学界による「一つの声」 630
科学技術振興機構 (JST) 748
科学的検討の場 695, 723, 737
　　統合・自律モデル 630, 698, 724
　　分立・従属モデル 630, 698
科学的研究 488
　　研究成果の使用 489
　　研究の遂行 489
　　研究の前提条件 489
　　研究の枠組み条件 488
科学的研究アリーナの自律性 629
科学的知見の適正な取り扱い 721
科学的知識 629
革新自治体 544

革新的・エネルギー環境戦略　688
革新的なアイディア　116
学習会　172, 388, 554, 750
核燃料サイクル　503, 504, 703
　　──政策からの撤退　727
過剰介入　319
課題定義の変質　467
課題別協議会　736
価値　24
　　社会を組織化する──　24
　　メタ──　25
価値合理性　636
　　開放的──　636
　　自己絶対化的──　637
　　自己批判的──　636
　　閉鎖的──　637
価値志向　577
価値序列　534
　　──の再定義　687, 696
　　──の再編成　534, 559
　　──の倒錯　490
価値と合理性の共有の程度　337
価値の再定義　114
価値理念　262
　　──に関係づけられた観点の設定　26
　　基盤的──　262
割拠的硬直性　414
環境アセスメント　353
環境エネルギー政策研究所　700
環境運動　356, 554
環境金融　526
　　日本型──モデル　385
環境社会学　652
環境制御システム　481, 533
　　──の形成　534, 587
　　──の形成過程　599
　　──の段階的形成　550
　　──の萌芽的形成　540
　　──の本格的形成　544
環境庁　545, 547
環境負荷の外部転嫁　508, 530, 670
環視　290
　　──作用　290
　　──条件　290, 313
　　──条件の欠如　490
患者家庭互助会　476
感受性　450
　　──の欠如　451
完全な過酷事故対策の不可能性　685
観点の組織化　10
完備性　586

──を備えた制御システム　292

き

機会構造　226
議会制度　292
　　──の調査委員会　628
帰結範囲　677
帰結無視型決定　530
技術　653
　　──的多重防護　672
　　──と自然生態系との関係　666
　　改善可能性を有する逆連動──　743
　　環境調和型──　653
　　環境破壊型──　653
　　逆連動──　743
　　逆連動型──　653, 666, 671
　　正連動型──　653, 666
　　両連動型──　667
基礎理論　3, 7
　　特定領域の──　7
　　領域横断的な──　7
機能要件　20
帰納的方法　253
　　合意形成に注目した──　253
規範原則
　　功利主義的──　623
　　正義論的──　623
規範的原則の根拠づけ　252
　　拒否根拠　252
　　支持根拠　252
　　発想根拠　252
規範的公準　250
　　規範的公準1　256
　　規範的公準2　256
　　規範的公準3　639
　　主体のあり方に即した規範的公準　639
規範理論　3, 249
　　──的問題設定の転回　272
逆順型合意形成問題　529
逆連動　93, 561, 664
　　──問題　241, 258, 585
　　──問題の難しさ　268
　　──を本質的に備えた技術　508
　　改善可能性を有する──技術　743
旧国鉄長期債務問題　392, 580
行政課題の自己目的化　320
行政官僚制のあり方　715
行政装置の整備　292
行政組織　435
　　──の国家賠償法上の責任　436, 494
　　──の機能的合理化　533

──の自己変革　467
──の無為無策　435
行政の加害責任　435
協働　36
協働関係　20
──の支配関係への変容　20
協働連関　36
──としての社会制御システム　37
──としての組織システム　37
──の二重の意味での両義性論　11
強度の両価性　505
共鳴基盤　176, 598, 632
共有された社会意識　47
共有地の悲劇　265
許容できない苦痛　269
岐路　220, 448

く

空間放射線量　708
具身の個人の主体的＝主観的な行為の集合　42
具体的行為システム　287
苦痛の防止可能性　269
熊本水俣病　435
──の放置のメカニズム　594
熊本大学研究班　437
グリーン・ニューディール政策　367

け

経営課題　54, 55
──群の再定義　114, 559
──の間の択一的競合（トレードオフ）　67
──の充足水準　60
中枢的──群　58
経営合理性　62
経営システム　54
経営システム先行型の変革　680
経営システムと支配システム　11, 12
──**の両義性**　38, 41
──**の両義性論**　8, 662
経営システムの改革　207
経営システムの経済基盤　62
　拠出型　62
　市場型　62
　租税型　62
経営問題　14, 64
──の解決　211
──の解決の要請　17
経営問題の困難さ　67, 240
　経営システム内在的困難さ　240
　支配システムのあり方に規定された困難さ　241

経験　638
──の深化　30, 635
──の論理　639
経済企画庁　472
経済の健全な発展との調和　544
決着　216
決定権限の布置　294
決定的瞬間　220
権威主義的社会構想　29
権威主義的社会体制　321
権限　72
──の限界　145
──の配分　72
──の分配　72
原子力安全委員会　502
原子力安全・保安院　503
原子力委員会　502
原子力規制委員会　683
原子力施設に依存した地域振興　523
原子力市民委員会　683, 684, 735
原子力資料情報室　502, 631
原子力発電　502
原子力複合体　513, 655, 672, 694
原子力の研究開発　501
原子力をめぐる制御問題　700
　技術的制御　700
　社会的制御　700
原発事故リスクの低減　367
原発の輸出　688, 703
賢明さ　262, 264, 691
原理論　4, 7
──**としての存立構造論**　17
言論の説得力　569, 628

こ

行為パターン　578
　想定外の──　578
　標準的な──　578
行為プログラム　61
──の整合化的再編　112
合意　626
──の質　626
　個別主義的──　626
　普遍主義的──　626
公益調査　352
──委員会　352
──制度　568
──のための事前協議　351
公害　541
──型の環境破壊　652
──関連14法案　546

——国会　546
　　——差止め訴訟　132
　　——対策基本法の制定　543
　　——防止　343
　　——防止条例　542, 548
　　見えない——との闘い　170
交換力　92, 235
公共圏（public sphere）　290, 315, 423, 611, 696
　　——と制御中枢圏との間の対抗的分業　612
　　——に取り囲まれた外在的制御アリーナ　313
　　——のあり方　305
　　——の果たす機能　611
　　——の批判作用　611
　　——の貧弱性　611
　　——の豊富化　678
　　——の豊富さ　295
　　——の豊富性　611
　　——の理性化　329, 613
　　——論　27
公衆衛生制御システム　481
交渉　76
　　——あるいは対話のためのアリーナ　202
　　——問題の自己選択問題への転換　621
公正　262, 264
厚生省　460
拘束効果　48, 441, 592
高速増殖炉原型炉「もんじゅ」　503
構造　11
構造化された二重基準　620
構造化された場　46, 48
構造的緊張　99, 214
構造と主体の再強化的な相互作用　591
構造変革過程　30, 66
硬直性　321
公的債務拡大装置　429
恒等式的な命題　297
衡平　262, 264
公民感覚　626
　　——の欠如　627
　　——の分布についての標準的な社会　627
　　——を備えた個人　330
　　——（公衆感覚）を有する主体　624
　　完全な——　626
　　通常の——　627
功利主義的な合理性基準　691
合理性　262, 263, 725
　　価値——　117, 262, 263, 600, 636
　　手段的——　262, 263
合理性・道理性をめぐる背理の克服　570
合理性と道理性の調和　570

合理性と道理性の背理と調和　562
合理性の背理　265, 432
合理性の不足　405
合理的戦略　49
高レベル放射性廃棄物　719
　　——の最終処分　719
　　——の最終処分場建設問題　528
　　——の最終処分地　744
公論形成の場　305, 316, 360, 423, 630, 695, 698
国際社会制御システム　13, 287, 296
5層の生活環境　731
国会の「事故調査委員会」　688, 702
国家財政への負担の転嫁　400
国家体制制御システム　13, 287, 291
固定価格制　377, 565
固定枠制　376, 377, 565
個別主体準拠的な功利主義的合理性　690
個別的利害関心の間の妥協形成　613
コミュニティパワー　747
根源的直観　635
コンセイユ・デタ　354

　　　　　　　さ

再稼働推進　685
災害型の環境破壊　652
災害増幅型技術　654
災害耐性を有するサステイナブルな社会　653
再建監理委員会（国鉄）　412
再生可能エネルギー　366, 525
　　——特別措置法　379, 745
　　——の導入・普及　365
　　——の普及政策　564
　　——優遇のための費用負担　374
財政制度　293
財政投融資制度　430
財政力　295
財団法人杉並正用記念財団　196
再秩序化　217
最底辺の視点からみた許容水準の設定　620
最底辺劣位　518
財の党派的分配　320
財の配分問題　71
財の分配問題　72
サステイナブルな社会　653
「三重の財」（富・情報・権力）の集積　645
暫定保管　721
　　——施設　726

　　　　　　　し

視界の相互内面化　200
事業化準備協議会　388

索　引　783

事業規模の段階的拡大　383
事業システム　13, 286, 288
　　拠出型　288
　　市場型　288
　　租税型　288
事業の成熟化　353
自己内処理原則　191
始源性　42, 635
自圏域内対処の原則　726
自己克服　636
自己中心的な態度　457
自己超越性　635, 638
市場における経済的合理性　338
市場の失敗　317
辞書式選好方式　618
システム　287
システム・主体・アリーナ間の連動　403
　　帰結集約型　403
　　帰結転嫁型　403
　　総合的決定・帰結集約・責任型　403
　　断片的決定・帰結転嫁・無責任型　403
システム準拠的な道理性　690
自然エネルギー促進議員連盟　376
「自然エネルギー促進法」推進ネットワーク　376
持続可能性　659, 660
　　暫定的な——　666
持続可能な日本社会　380
自存化　44
　　——傾向の諸弊害　319, 602
　　——した組織構造　45
　　——した地位役割構造　44
自治体制御システム　287, 291, 294
実効的な政府組織　303
実証を通しての理論の形成　16
実体的基準の共有による合意形成　271
私的な利害要求に対する超越性　606
私的二項関係　642
私的利害関心　68
指導性　605
　　——の欠如　607
指導標となるような着眼点　297
支配システム　12, 70
　　——における総合的選択　168, 210
　　——における部分的改革　209
支配システムの類型　88
　　交渉－緩格差型　88
　　忠誠・協調－平等型　88
　　対決－急格差型　88
　　抑圧－収奪型　88
支配システムの類型移行　243

支配の存立　22
支配者　70
　　——のもつ交換力　74
　　——＝統率者　86
　　——／被支配者　44
　　中間——　70
支配秩序　74
支配問題　85
司法制度　292
市民協方式　179
市民シンクタンク　631
社会学の知見に立脚した規範命題　32
社会規範　44
　　上位の水準の——　44
社会計画論　251
社会構想　3
社会システムと自然環境システムの相互作用　666
社会制御過程　4
　　単位的な——　31
　　複合的な——　32, 562
　　——における価値の機能　289
社会制御システム　13, 35, 286
　　——群の再編成　559
　　——の再編成　534
　　——の内部構成　290
社会制御能力の不足　717
社会制御の成功や失敗　4
社会制御の4水準　286
社会制度設計　631
社会全体を組織化する適正な原則　324
社会的合意形成　699
社会的事実　225
社会的ジレンマ　265
　　——論　669
　　加害型の——　670
　　自損型（あるいは自己回帰型）の——　670
社会的多重防護　655, 672
社会的な合意の程度　273
社会的供給制御システム　331
　　行財政型供給制御システム　331
　　市場型供給制御システム　331
　　非営利型供給制御システム　331
社会保険方式　583
社会を適正に組織する基盤的条件　25
弱者　82
自由　262
　　——という価値　24
　　——な視点転換　5
　　——な選択範囲　49
　　——の限定　25

平等な権利としての—— 25
集合的諸力 225
収奪型の受益圏／受苦圏構造 127
集団的主体形成 222
集団的変革主体の内的アリーナ 222
住民調査 173, 554
住民投票 503
住民メディア 173, 554
受益機会の拡大 573
受益圏 79, 505
　　——としての中心部 508
　　——の拡散 144
受益圏と受苦圏 201
　　——の重なり 201
　　——の構造 624
　　——の分離 144, 720
受益の格差 269
熟議民主主義 719
受苦圏 79, 505
　　——としての周辺部 508
　　——の局地化 144
受苦の解決可能性問題 270
受苦の費用化 142, 200, 510
主体・アリーナ群の布置連関 306
主体性 29, 51
　　——の発揮 29
　　——の未熟 643
　　価値合理性としての—— 51, 53
　　経験を鍵概念にした—— 30
　　個人主体の—— 30
　　コミュニケーション能力としての—— 51, 53
　　資源操作力としての—— 51
　　集団的—— 633
　　手段的合理性としての—— 51, 52
　　組織などの集合主体の—— 30
　　戦略分析学派の—— 30
主体的行為 631
主体と構造の両義性 12
主体中心的アプローチ 41
主体的な実践 18
手段の再定義 114
手段選択における合理性と内部的整合化 227
受動性 84
受忍限度の定義問題 270, 619
受容問題の解決 230
循環 664
消極的な役割定義 466
省エネルギー 742
使用済み核燃料中間貯蔵施設 504
情況化 217

情報の休眠化 465
情報の包括的取り集め 604
情報処理能力の限界 146
状況の定義 557
消費・生活システム 664
剰余財 81
食品衛生法適用問題 446
諸個人の主体的＝主観的行為 38
自立性 295
「私利偏重型」政策提案 608
人為依存的安全性 653
新幹線公害 122
　　——対策 567
人権 262, 263
新日本窒素株式会社 436
真の費用の事前の顕在化 409
真の費用の事前の潜在化と事後の顕在化 321, 515
真の費用の潜在化装置 429
親密性 642
信用保証制度 526

　　　　す

水産業制御システム 481
垂直的な関係 642
杉並清掃工場の建設問題 181
優れた個人 610
優れた公害対策を促進した要因 348
スリーマイル島原発事故 502

　　　　せ

生活再建 734
生活世界 645
正義 266
制御 287, 663
　　政府に対する—— 27
　　政府による—— 27
制御作用 331
　　再分配—— 332
　　社会的基準の—— 332
　　社会的供給の—— 331
　　社会的集計量の—— 333
制御システム 12, 15, 287
　　——の階層性 13
　　——の階層性論 11
　　三層構造の—— 294
　　4水準の階層的——モデル 661
制御の多段性 336
制御の多段的帰結 591
制御可能性 659
制御過程における価値の作用 586

索引 785

制御中枢　66, 228
　　——の有する整合化能力　228
　　——の有する「尊重性」と「超越性」　624
制御中枢圏　15, 290, 514, 696
　　——の指導性　611
　　——の制御能力の強化　319
　　——の劣化　611
制御努力の反射的効果　574
制御能力　674
　　直接的——　674
　　メタ——　674
　　メタ——の高度化　675
制御目標　566
　　——間の優先順序　587
　　——の再定義　603
　　——の設定のしかた　377
成型効果　48, 441, 592, 675
整合化努力　228
政策案形成の場　695
政策科学　6
政策議題設定　687, 696
政策決定の場　695
政策提案型NPO　631
清算事業団　406
政治システム　12, 70, 71
　　垂直的——　71
　　水平的——　71
　　——における緊急性　485
　　——における要求提出回路の閉塞　439, 493
政治システムの4状相　74
正順型合意形成問題　529
正当性イメージの維持　453, 463
正当性についての合意　74
正当性の主張　235
制度効果　443
整備新幹線　392, 398
政府の失敗　28, 602
政府制度　292
制約条件　68, 226, 258, 533
勢力関係　235
　　——のアンバランス　480
　　——の言論闘争化　237, 678
　　——の非暴力化　236
　　——の理性化　238
　　——の「論争的理性化」　678
　　交渉状相における——　238
　　対決状相における——　236
　　多数派形成型の言論闘争に基づく——　277
　　非暴力的な交換力に基づく——　277
　　暴力的な——　277
　　抑圧・隷属状相における——　235

勢力関係モデル　276, 325, 326, 623
　　——の法秩序化，非暴力化　327
　　——の民主化　699
　　——の理性化　278, 328, 624, 678, 700
　　一定程度理性化された——　624
　　法秩序下の強制力を伴った——　326
　　法秩序下の非暴力的な——　326
　　無法状態の暴力的な——　326
正連動　93, 561
　　——型技術に依拠した事業システム　681
世界風力エネルギー協会　747
セカンドタウン　741
責任追及の回避装置　430
石油化学コンビナート建設阻止運動　150
石油化学コンビナート対策三島市民協議会（三島市民協）　157
石油コンビナート進出反対沼津市・三島市・清水町連絡協議会（略称二市一町住民連絡協議会）　161
石油コンビナート進出反対沼津市民総決起大会　167
石油コンビナート反対沼津市民協議会（沼津市民協）　160
設計思想　343
　　——の一面性　127
切実性の消散　468
先鋭な格差　268
先鋭な被格差・被支配問題に対する鈍感さ　320
扇型関係　20, 63
　　重層化した——　63
専門家　357
戦略分析　30
　　——の主体観　48

そ

総合的社会制御システム　286, 291
総合的政策判断　629, 723
総合的な情報収集　229
総合性の欠如　405
総合性・包括性をもった政策論議　427
相剋性の調整　26
相転移　216
争点形成　220, 223
創発的特性　37, 42
増分主義（incrementalism）　338, 414
総量管理　721
組織構造（制度構造）　45
　　——の外在性　45
　　——の拘束性　45
　　——の優越性　45

組織システム（事業システム）　35
組織としての鈍感さと硬直性　145
「それ自体のあるもの」（als solches）　43
存在論的な二肢性　20
　　役割をめぐる——　43
尊重性　229, 606
存立構造論（genetic objectivation theory）　7
　　組織の——　8, 20

た

大気汚染問題　540
大規模な制御システム　644
対決　76
対抗的相補性　197
対抗的分業　181, 197
　　指導主体と異議申し立て主体との——　197, 211
対抗力　147, 569
第3の道（長期待避・将来帰還）　707, 739
対処の空白　466
対象的＝客観的組織構造　37
対象的＝客観的な法則性　18
太陽光発電　368
対立・紛争の回避　452
妥協点の移動　416
多数主体の関与　402
多段的帰結　592
　　正の——　592
　　負の——　592, 595
　　負の——の蓄積や増殖　592
多段的許容化　618
脱原発　581
多面的効果　575
多様な集団の広範な連帯形成　171
単位組織　20
段階進化的変革　599

ち

地域格差　524
　　縮小の機会　367
　　危険性／安全性という次元での——　524
　　経済的・財政的な次元で——　524
地域からのイニシアティブ　680
地域間連携　526
地域再生基金　711, 735, 741
地域自然エネルギー基本条例　384, 748
地域自然エネルギー事業　748
地域社会　734
　　——レベルでの補償　733
　　——レベルの被害　733
小さな変革実践　680

地位の分配　72
地位役割構造の主体的行為に対する優位化　20
チェルノブイリ原発事故　502
地下化（トンネル）　345
秩序維持制度　293
秩序形成　73
秩序の維持　26
知的洞察力　450
　　——の欠如　450
中央公害対策本部　551
「中心部－周辺部」論　508, 645
忠誠・協調　75
中範囲の社会学理論　8
超越性　229, 551, 559, 600, 606
長期避難自治体　705
長期避難者　704
調停　473
超党派的なメンバー構成　177
直接的所与性（als aolches, A）　20
直観的方法　253

つ

追認埋没型政策決定　608
通産省　461

て

定型性と物象性　37
Ｔ字型の研究戦略　6, 15
定常的運営　214
　　——過程　66
提訴自体の問題解決機能　136
提訴による対抗力　148
適応　644
的確な取り集め能力　219
適正な規範的原則　251
適正な社会規範の設定　572
手続き的正当性　192

と

ドイツの固定価格買い取り制　565
ドイツの再生可能エネルギー普及政策　372
ドイツの再生可能エネルギー法　373
東京ゴミ戦争　182
統合事業化モデル（再生可能エネルギー）　381
等身大の問題　120
統制問題　230
統率者　21
　　——の役割　69
　　——／被統率者　44
　　中央——　21
　　中間——　21

索　引　787

統率問題　230
動態化　217
道理性　262, 263, 725
道理性と合理性の尊重　325
討論と決定の手続き　625
独裁化　320, 608
独走化　319
取り組み課題設定　632
取り組みの場　315
　　――の空洞化　463
　　――の形成　687
　　公開された――　315
　　非公開の――　315

な

内的促し　635
内面化　421
　　逆順――　421
　　降順――　421
　　昇順――　421
　　正順――　421
内部構成の優劣　302
名古屋新幹線公害対策同盟連合会　131

に

二酸化炭素の排出　367
二者択一　738
　　――的枠組み　707
二重基準の克服　619
二重基準の連鎖構造　516, 518, 596, 744
二重の住民登録　709, 740
担い手組織形成の5ステップモデル　383, 387
日本学術会議　719
人気取り主義　318, 419
人間学的な関心　5
認識の断片化　465

ね

ネットワーク形成　553

の

能力　577
能力主義的原則　92

は

媒介　18
　　――としてのコトバ　19
　　――としてのヒト　19
　　――としてのモノ　19
　　――をめぐる主体性連関の逆転　18
背後仮説　8
配分（allocation）問題　65

配慮範囲の拡大　244
派生的・補償的メリットの利用　523

ひ

被圧迫問題　65
非営利型の経営合理性　338
被格差問題　83
　　――の解決　212
被格差問題・被排除問題・被支配問題　14
　　――の解決の要請　17
東日本大震災　693
被災者手帳　710, 736
被支配者　70
被支配者＝被統率者　86
被支配問題　84
　　――の解決　212
微少負荷累積型の環境破壊　652
肥大化　321
被統率者　21
非能率性　321
被排除問題　83
　　――の解決　212
被曝労働　671
批判的吟味　699
　　――と洗練　229
漂流　318

ふ

フィールドワーク型調査　6
風力発電　368
不可知論的態度　636
複合主体論　441
複合組織　20
　　――型主体形成　634
複合的な問題解決過程　281
福島原発震災　654
福島第一原発の汚染水問題　703
副次的アリーナ　306
複数アリーナの分立　402
不作為の役割効果　493
　　――・制度効果　453
不正　266, 578
　　――の放置　439
2つの規範的公準　255
　　支配システム優先の逐次的順序設定の公準　256, 509
　　2つの文脈での両立的問題解決の公準　256, 509
負担　65
　　――の格差　269
　　――問題　65

自己―― 584
　　――の自己回帰　727
　　――の切断　418
物象化　43
　　――した組織構造（制度構造）　42
　　――論　19
不適切な枠組　432
不当な排除　269
負の帰結　530
負の随伴的帰結の取り集めの不完全性　515
腐敗　320
普遍性のある解決策　120
普遍性のある問題解決原則　201
普遍的原則に立脚しての社会の適正な組織化　613
普遍的妥当性　252
　　――を有する問題解決原則　561
踏みつけ主義　519
　　――による破綻　520
フル規格新幹線　426
フレーミング効果　557
文化活動　177
紛争を通じての解決　203
分別収集　97
　　――の導入　101, 598
分別排出　113
分離　45
分立・従属モデル　723

へ

閉鎖的受益圏の階層構造　12, 70, 79
閉鎖的受益圏の階層構造の4類型　80
　　緩格差型　80
　　急格差型　80
　　収奪型　80
　　平等型　80
閉塞状況　486
別次元の受益についての取引条件　518
変革課題の共有　222
変革課題の設定　551, 552
変革行為　216
変革主体形成　215, 687, 696
　　個人的な――　215
　　集団的な――　220
変革力
　　操作的――　119
　　触発的――　118, 598
変貌　644
　　立場そのものの――　230

ほ

妨害の役割効果　493
　　――・制度効果　483
防災・減災技術　654
放射性廃棄物　671
　　――の削減　367
　　――問題　504, 506, 703
法政大学サステイナビリティ研究教育機構　742
法則構造論的アプローチ　41
報道姿勢　556
豊富な発案　229
法令の消極的解釈　445
補償問題　449
　　――に伴う紛争とそのコスト　449
補償要求運動　469
補助金　418, 595
　　――の多段的帰結　595
ホメオスタシス　59
本質的安全性　653, 671
本来性の探究　30, 121

ま

マクロ的視点　5

み

ミクロ的視点　5
ミクロ的利害関心　452
密室　314
水俣病の社会的顕在化　444
ミニ新幹線　426
美濃部都政　185
見舞金協定　473
民主化の進展　318
民主主義の統治能力　27, 322, 561

む

虫食い的・断片的着工　417
無知のヴェール　254, 619
　　――の機能的等価物　622
むつ小川原開発　503, 520, 746

め

メゾレベルの視点　5
メタ制御システム　536
　　――の担い手の段階的変化　550
メタ制御機能　536
　　――の高度化　559
メタ制御作用　536
メディアの報道　492, 555

も

目的設定の適切性　227

モノ取り主義　318, 418
問題解決過程の基本サイクル　213
問題解決原則　201, 561
問題解決の成否　302
問題形成　222, 308
問題状況の感受　221
問題の切実性　485

や

役割の権限の定義　44
役割効果　442
役割構造の対象的＝客観的自存化　22
役割分化集団　20

ゆ

歪められたケインズ政策　428
緩やかな連帯関係　356

よ

要求提出　220
要求の噴出　318
要求の経営課題への転換　142
　打算的な内部化　143
　道徳的な内部化　143
要素主体　441
　——の意志決定と行為　441
　——の統合　464
抑圧・従属　77
四大公害訴訟　543

り

理性的制御モデル　276, 325, 327, 624
　——への段階的・漸次的接近　275

理性的な論争に基づく勢力関係　277
流動化　219, 632
　——としての相転移　217
流動的集団　20
領域別社会制御システム　288
緑地遊歩道　344
理論の統合　9
　狭い意味の統合　9
　ゆるやかな意味での統合　9
臨界化　632
倫理的政策分析　512, 691

る

累積された事なかれ主義　146

れ

劣化　607
連結条件　282, 590
　——の不備　282
　——の変更　282
　不適切な——　432
連結的効果　591
連帯関係　600

わ

和解勧告　194
枠組み条件　282, 290, 531, 564, 567, 575, 581
　——の欠点　282
　——の相違　527
　——の変更　282
　——の優劣　302
　多様な——　575

人名索引

あ

秋山武夫　470, 497
安倍晋三　688, 702
有馬澄雄　497
アロウ, K.　318
飯島伸子　497, 554
飯田哲也　375, 515
池田勇人　472
石川禎昭　196
石橋克彦　507
石牟礼道子　435, 553
井田均　375
市井三郎　29
井手哲夫　497
井手敏彦　97, 98, 101, 106, 107
伊藤周平　583
伊藤蓮雄　446
伊藤守　657
今井照　740
入江寛二　455
宇井純　435, 483
ウィルダフスキー, A.　414
ヴェーバー, M.　7, 11, 28, 62, 254
ウォルツァー, M.　254
宇田川順堂　101, 107
大石武一　547
奥野重敏　497
小沢辰男　154, 174
小野英二　155
尾村偉久　460

か

角本良平　393, 399
加藤邦興　497
角一典　392, 601
金子勝　584
ガルブレイス, J.K.　146
川名英之　540
ガンジー, M.　236
菅直人　687, 701
北村俊郎　656
ギデンズ, A.　41
木村忠二郎　458
木村俊夫　546
ギュルヴィッチ, G.　225

桐生広人　506
キング, M.L.　236
汲田卓蔵　473
グラムシ, A.　628
グールドナー, A.W.　8
黒川真武　163
クロジェ, M.　30, 48, 52, 287, 594
渓内謙　29
高坂健次　249
後藤孝典　483
後藤弘子　702
小西政三　150, 174
ゴフマン, E.　11

さ

酒井郁造　150, 155, 158, 162, 170, 225
阪本勝一　460
桜井淳　673
桜井三郎　444
佐々木力　515
佐藤栄作　545
サミュエル, P.　342
サルトル, J.-P.　29
実川渉　497
清水修二　657
壽福眞美　701
庄司光　541, 553
ジョンソン, G.F.　512, 719
神野直彦　584
鈴木善幸　545
スミス, A.　251, 317
諏訪光一　458, 497
聖成稔公　478
瀬辺恵鎧　479
世良完介　479
セン, A.　82

た

高木仁三郎　502, 672
田尻宗昭　553
田中角栄　395, 423
千場茂勝　497
ティリー, C.　222
デュルケーム, E.　11, 47, 225, 587
寺本広作　474, 485
土井和巳　507

トゥレーヌ，A. 14, 41
豊田誠 497
トリッティン，J. 372

な

内藤大介 445
内藤祐作 185
中嶋勇 150, 554
西岡昭夫 150, 172, 175, 176, 554
西田栄一 455, 476, 497
西村栄一 186
野田佳彦 687, 701
橋本道夫 540
蓮池透 673

は

長谷川公一 343
長谷川泰三 158, 163
ハーディン，G. 669
花田達朗 315
ハーバーマス，J. 27, 315, 423
原田正純 435
坂東克彦 497
東竜太郎 185
ピカール，A.M. 347
土方丈一郎 222
日比野儀重 137
平林裕子 717
広瀬隆 502
廣松渉 18, 20, 43
深井純一 435
ブキャナン，J.M. 28
福田赳夫 472, 546
藤岡大信 497
舩橋晴俊 265, 321, 343, 392, 409, 497, 533, 657, 668, 669, 673, 694, 704, 746
フリードベルグ，E. 11, 30, 48, 52, 287
ブルニィ，M. 349
星野重雄 150, 174, 554
細川一 437, 456
ポッパー，K.R. 29, 321, 692
ホッブズ，T. 26, 251
保利茂 546
堀江邦夫 506
堀尾正靱 748

ま

真木悠介 7, 17, 18, 36
増田雅暢 583
松田心一 458
松波淳一 497
松本健男 497
松本三和夫 489
マートン，R.K. 8
マルクス，K. 11, 18, 36, 645
武藤類子 644
村山富市 440
水澤弘光 392
ミッテラン，F. 342
ミード，G.H. 7
美濃部亮吉 185
三村申吾 728
宮澤信雄 437, 456, 497
宮本憲一 28, 150, 160, 174, 541, 553, 601
三好礼治 465
ミルズ，C.W. 5
森有正 30, 635, 639, 640, 642, 656
守住憲明 497
森田愛作 131

や

安垣良一 407
山口博史 352
山地憲治 522
山中貞則 545
山名元 672
山之内秀一郎 393
湯浅陽一 392, 580
寄本勝美 103, 190

ら

ルカーチ，G. 18
ルソー，J.-J. 251
ローレンス，P.R. 227
ロルシュ，J.W. 227
ロールズ，J. 254, 269, 622

わ

和田武 371, 372, 680
渡辺満久 727
渡辺良夫 472
鰐淵健之 490, 497

地名索引

あ

青森県　503, 746
阿賀野川（新潟県）　436
秋田県　746
アーヘン（ドイツ）　371, 680
飯舘村（福島県）　706
大熊町（福島県）　706, 730

か

柏崎市（新潟県）　504
カナダ　719
キエフ（ウクライナ）　681
江東区（東京都）　182
小諸市（長野県）　407

さ

シェーナウ村（ドイツ）　681
清水町（静岡県）　96, 150, 541
不知火海（熊本県）　438
スウェーデン　727
杉並区（東京都）　182
スリーマイル島（アメリカ合衆国）　672

た

チェルノブイリ（ウクライナ）　671
ドイツ　365, 370, 564
東海村（茨城県）　503
東京圏　743
東京都　526
富岡町（福島県）　706, 730, 735

な

長泉町（静岡県）　155

長岡市（新潟県）　504
名古屋市（愛知県）　122, 567
　熱田区　123
　中川区　123
　南区　123
浪江町（福島県）　706, 730
新潟県　735, 743
沼津市（静岡県）　96, 150, 541

は

パリ（フランス）　342
フィンランド　727
福島県　704, 735, 743
双葉町（福島県）　706, 730
フランス　341, 567
ボン（ドイツ）　372, 680

ま

松井田町（群馬県）　407
巻町（新潟県）　503
三島市（静岡県）　96, 150, 541
水俣市（熊本県）　407
水俣湾（熊本県）　436
南相馬市（福島県）　735
御代田町（長野県）　407
むつ市（青森県）　504, 517

や

四日市（三重県）　97, 155, 540

ら

六ヶ所村（青森県）　503, 517, 520, 524, 719

著者

舩橋　晴俊（ふなばし　はるとし）（1948-2014）

法政大学名誉教授　社会学理論、環境社会学、社会計画論
履歴・業績の詳細は763〜778ページを参照

社会制御過程の社会学

2018年8月1日　　初　版第1刷発行　　　　　　　　　〔検印省略〕
　　　　　　　　　　　　　　　　　　　　　定価はカバーに表示してあります。

著者Ⓒ舩橋晴俊／発行者　下田勝司　　　　　　　　　印刷・製本／中央精版印刷

東京都文京区向丘1-20-6　　郵便振替00110-6-37828　　　　発　行　所
〒113-0023　TEL (03) 3818-5521　FAX (03) 3818-5514　　株式会社　東信堂
Published by TOSHINDO PUBLISHING CO., LTD.
1-20-6, Mukougaoka, Bunkyo-ku, Tokyo, 113-0023, Japan
E-mail : tk203444@fsinet.or.jp　http://www.toshindo-pub.com

ISBN978-4-7989-1454-1　C3036　Ⓒ Harutoshi FUNABASHI

社会制御過程の社会学	舩橋晴俊	九六〇〇円
組織の存立構造論と両義性論――社会学理論の重層的探究	舩橋晴俊	二五〇〇円
「むつ小川原開発・核燃料サイクル施設問題」研究資料集	茅野恒秀・金山秀孝編著	一八〇〇〇円
新版 新潟水俣病問題――加害と被害の社会学	舩橋晴俊・橋晴俊編	三八〇〇円
新潟水俣病問題の受容と克服	堀田恭子	四八〇〇円
新潟水俣病をめぐる制度・表象・地域	関礼子	五六〇〇円
被災と避難の社会学	関礼子編著	二三〇〇円
多層性とダイナミズム――沖縄・石垣島の社会学	高木恒一編著	二四〇〇円
放射能汚染はなぜくりかえされるのか――地域の経験をつなぐ	藤川賢編著	二〇〇〇円
公害・環境問題の放置構造と解決過程	藤川賢・渡辺伸一・堀畑まなみ著	三六〇〇円
公害被害放置の社会学――イタイイタイ病・カドミウム問題の歴史と現在	渡辺伸一・飯島賢二・藤川賢著	三八〇〇円
食品公害と被害者救済――カネミ油症事件の被害と政策過程	宇田和子	四六〇〇円
原発災害と地元コミュニティ――福島県川内村奮闘記	松井克浩	三二〇〇円
故郷喪失と再生への時間――新潟県への原発避難と支援の社会学	松井克浩	三六〇〇円
現代日本の地域分化――センサス等の市町村別集計に見る地域変動のダイナミックス	蓮見音彦	三八〇〇円
現代日本の地域格差――二〇一〇年・全国の市町村の経済的・社会的ちらばり	蓮見音彦	二三〇〇円
開発援助の介入論――インドの河川浄化政策に見る国境と文化を越える困難	西谷内博美	四六〇〇円
資源問題の正義――コンゴの紛争資源問題と消費者の責任	華井和代	三九〇〇円
自立支援の実践知――阪神・淡路大震災と共同・市民社会	似田貝香門編	三八〇〇円
[改訂版] ボランティア活動の論理――ボランタリズムとサブシステンス	西山志保	三六〇〇円
自立と支援の社会学――阪神大震災とボランティア	佐藤恵	三三〇〇円

〒113-0023 東京都文京区向丘1-20-6　TEL 03-3818-5521　FAX 03-3818-5514　振替 00110-6-37828
Email tk203444@fsinet.or.jp　URL:http://www.toshindo-pub.com/

※定価：表示価格（本体）＋税